承德年鉴

CHENGDE NIANJIAN

2020

承德年鉴编纂委员会　编

方志出版社

图书在版编目（CIP）数据

承德年鉴.2020/承德年鉴编纂委员会编.--北京：方志出版社，2020.12

ISBN 978-7-5144-4715-6

Ⅰ.①承… Ⅱ.①承… Ⅲ.①承德—2020—年鉴 Ⅳ.①Z522.23

中国版本图书馆CIP数据核字（2021）第011341号

承德年鉴（2020）

编　　者：承德年鉴编纂委员会

责任编辑：齐笑

出 版 者：方志出版社

地址　北京市朝阳区潘家园东里9号（国家方志馆4层）

邮编　100021

网址　http://www.zgfzcb.cn

发　　行：方志出版社图书经销中心

电话（010）67110500

经　　销：各地新华书店

印　　刷：承德金鼎源彩色印刷有限公司

开　　本：889×1194　1/16

印　　张：38.5

字　　数：1028千字

版　　次：2020年12月第1版　2020年12月第1次印刷

印　　数：0001～1000册

ISBN 978-7-5144-4715-6　**定价**：296.00元

编辑说明

一、《承德年鉴（2020）》以马克思列宁主义、毛泽东思想、邓小平理论、“三个代表”重要思想、科学发展观和习近平新时代中国特色社会主义思想为指导，坚持辩证唯物主义和历史唯物主义的立场、观点和方法，记述承德市自然、政治、经济、文化、社会、生态文明建设等方面情况，为各级领导科学决策提供参考资料，为国内外读者了解承德提供年度最新信息，为纂修承德市志积累资料。

二、本年鉴采用分类编纂，分为类目、分目、条目3个层次。

三、凡在本年度逝世的副市级以上领导干部、省级以上劳动模范、专家学者及对承德发展有突出贡献的知名人士以人物简介形式入年鉴。

四、本年鉴计量单位以《中华人民共和国法定计量单位》为准，土地面积延用“亩”。

五、本年鉴各稿均由市直各有关部门及各县（市、区）地方志编纂委员会专人撰写，并经主管领导审定。全局性综合数据以市统计局提供的为准，个别采用部门数据。

六、本年鉴中图片除特邀拍摄外均为供稿单位提供。

《承德年鉴(2020)》编纂委员会

刘树华　市民政局局长
池大勇　市住房和城乡建设局局长
刘宝龙　市农业农村局党组书记
李　浩　市林业和草原局局长
冯国杰　市工业和信息化局党组书记、局长
佟伊民　市总工会党组书记、常务副主席
王立功　承德日报社党组书记、社长
杨　磊　双桥区委副书记、政府区长
刘　洋　双滦区委副书记、政府区长
杨志勇　鹰手营子矿区委副书记、政府区长
甄毓敏　围场满族蒙古族自治县委副书记、政府县长
杨宪军　丰宁满族自治县委副书记，政府县长
李　东　隆化县委副书记、政府县长
刘志琦　承德县委副书记、政府县长
曹佐金　平泉市委副书记、政府市长
于　山　滦平县委副书记、政府县长
张　成　宽城满族自治县委副书记、政府县长
焦　军　兴隆县委副书记、政府县长
孙　潇　承德高新区工委副书记、管委会主任
刘　杰　承德市御道口牧场管理区党工委副书记、
　　　　管委会主任
奚晓红　市地方志办公室主任

《承德年鉴(2020)》编辑部

主　　编	奚晓红
副 主 编	迟卫国　路海红　阮翠霞
编　　辑	路海红　蔡国栋　兰　岚　袁　芳
	孙　杰　宋利大　程艳玲　袁树森
图片设计	王海琦
翻　　译	王　斌

承德市行政区划图

审图号：冀S（2020）067号

河北省制图院 二〇一九年七月

进入承德市区地标（承德高速公路入口）　　　（王海琦 摄）

承德市武烈河大桥傍晚景色　　（王海琦 摄）

承德避暑山庄水墨雪景　（王海琦 摄）

位于承德县境内的津冀六沟产业园区　　(市发展和改革委员会提供)

位于高新区冠峰路北的承德儿童医院项目正在建设中　　(市发展和改革委员会提供)

位于兴隆开发区的荣盛高端精密制造产业园项目新能源汽车　（市重点项目办公室提供）

施工中的丰宁抽水蓄能电站下水库进出水口　（市重点项目办公室提供）

围场郭家湾乡光伏扶贫电站　　(市发展和改革委员会提供)

位于宽城满族自治县西部的蟠龙湖梦幻小镇游客大厅正在施工　　(市重点项目办公室提供)

2019年6月6日，承德供电公司高新区供电中心员工对承德市第一中学考点的低压配电设备进行检查，并连接应急电源车，为高考顺利进行保驾护航

（国网承德供电公司提供）

2019 年 3 月 29 日，国网承德县供电公司头沟供电所员工到两家乡承德超凡种植合作社检查春耕春灌设备

（国网承德供电公司提供）

2019 年 3 月 29 日，国网承德县供电公司头沟供电所员工到两家乡承德超凡种植合作社检查春耕春灌设备

（国网承德供电公司提供）

2019 年 8 月 1 日，国网承德供电公司新峰共产党员服务队队员到卧龙镇下洼子村向果蔬大棚种植户讲解安全用电知识

（国网承德供电公司提供）

"四好农村路"建设全面铺开，交通助力脱贫攻坚效益越发凸显。400个村实现贫困村及所辖自然村道路全部硬化，为全市打赢脱贫攻坚战作出了交通贡献。建设美丽农村路17条段185千米，其中双滦被评为"四好农村路"省级示范区。

（此组图片由交通运输局提供）

围场美丽农村路"湖清线"

平泉辽河源旅游路

双滦区“云盘路”被命名为“河北省美丽农村精品示范路”

2019年7月16日至17日，京通线白河桥梁更换桥枕 （承德工务段提供）

2019年5月10日，京通线桃山隧道进行钢轨焊接工作 （承德工务段提供）

位于兴隆县的鑫澳技改扩能项目果干生产车间　　（市重点项目办公室提供）

位于承德市高新技术产业开发区的承德华远自动化设备有限公司的汽车底盘输送系统

（市工业和信息化产业局提供）

2019年是打赢脱贫攻坚战的关键一年，承德市把打赢脱贫攻坚战作为重大政治任务和第一民生工程，围绕着推进产业就业扶贫、解决“两不愁三保障”突出问题、攻克深度贫困堡垒、健全脱贫防贫长效机制、巩固提升脱贫成果等重点工作，合力攻坚，使全市脱贫攻坚工作取得了决定性成效。全市实现6.03万贫困人口稳定脱贫，贫困发生率下降到0.18%。丰宁、围场、隆化3个深度贫困县完成省级验收，达到退出标准，经批准退出贫困县序列。已脱贫出列的平泉、滦平、兴隆、承德等县脱贫成果持续巩固提升。

围场“春雨工程”+智慧分级诊疗健康扶贫模式，图为县级医疗影像诊断基地 （市扶贫办提供）

平泉市创新实施“三零扶贫”模式，图为布才应用菌科技发展基地工作人员在采摘运用新技术试种成功的黑木耳（市扶贫办提供）

围场城子镇八顷村玫珑瓜产业基地 （市扶贫办提供）

隆化县唐三营镇北戎肉牛养殖基地 （市扶贫办提供）

2019 年国庆节前夕，省级非遗传承人石俊凤与丰宁土城镇亳村沟门村非遗扶贫就业工坊的乡亲们用巨幅剪纸喜迎新中国成立 70 周年，表达对祖国母亲的祝福

河北省高级人民法院驻丰宁五道营村扶贫工作组积极为该村非遗扶贫剪纸就业工坊出点子、找销路，用剪纸元素研发设计的产品备受市场青睐

脱贫奔小康，五道营村新风貌

“非遗＋扶贫”拓宽致富路。丰宁被文化和旅游部确定为全国十个“非遗＋扶贫”试点县之一。2019 年，丰宁以设立非遗扶贫就业工坊为切入点，振兴传统工艺、助力精准扶贫，以丰宁满族剪纸、布糊画为龙头，在亳村沟门村、五道营村等建立了非遗扶贫就业工坊，积极推进传统工艺传承保护与贫困村脱贫致富的有机结合。

（此组图片由王海琦拍摄）

丰宁五道营村非遗扶贫剪纸就业工坊内，村民进行剪纸作品创作

邀请吉林草编技师传授草编技法

围场对建档立卡贫困户及留守妇女进行草编技术培训，编出合格产品在围场、坝上各景点售卖。国家环境保护部工作组，提供培训资金，重点打造哈里哈、台子水、扣花营、三义号、八十三号公路沿线5个村，完成200名草编能手的培训目标；建立草编工厂、草编合作社和电商平台，形成产销一体化模式，带动全乡300个贫困家庭稳定脱贫。看到围场草编产业发展的巨大潜力，承德县迅速掀起草编技术专业培训热潮，让小小的玉米皮成了贫困户脱贫的利器。

（此组图片由王海琦拍摄）

草编技术专业培训班上，学员们热情高涨，认真向老师请教

在围场木兰秋狝服务区，环保又实用的草编产品受到外地游客的欢迎

在草编专业技术培训班上，贫困户与留守妇女展示刚“出炉”的草编产品

小小玉米皮华丽转身变废为宝

隆化县有着悠久的水稻种植历史，素有“河北大米之乡”的美誉。隆化大米，是中国国家地理标志产品。

隆化水稻种植基地内无工矿企业，空气、水质污染少，为发展绿色食品提供了良好的生态环境。“隆泉”“伊逊河”等品牌的系列大米深受京津冀等大中城市消费者的青睐，成为该县农产品打入京津冀市场的一张王牌。

（此组图片由李春燕提供）

1 3

2 4

1. 水稻机械化插秧

2. 秧苗上插秧机架

3. 汤头沟镇传统手工插秧

4. 布施营村育秧大棚

随着从传统农耕走向机械化作业新时代，面积大的田地，基本都是由新型“职业种地人”驾驶现代化的播种机器种植，播种、施肥、浇水、铺膜等一次完成，图为围场满族蒙古族自治县朝阳湾农民在田里播种土豆

（王海琦 摄）

围场梯田被评为“中国美丽田园梯田景观”之一，也被称之为纬度最高的“中国最美”梯田，为本地休闲农业产业打出了一张新“名片”，提升了魅力乡村、美丽田园的知名度和影响力，图为位于朝阳湾镇的地膜梯田

（王海琦 摄）

双滦区西地乡肖店村股份经济合作社粮库　　（市农业农村局提供）

平泉市平房乡三线一带示范基地　　（市农业农村局提供）

承德是“京津冀水源涵养功能区”。为保障环京津最大“一盆水”——潘家口水库水质，两年多来潘家口水库承德水域启动了网箱养鱼清理工作，到2019年水库水体透明度大幅度提高，经环保部门检测，水库水质始终保持在Ⅲ类及以上。网箱彻底清除后，原来用网箱养鱼的渔民也在“弃‘渔’养水”后实现转型发展。

（此组图片由王海琦、胡九龙、陈琦嘉拍摄）

1 2 3
4

1. 转型上岸后的渔民在农家院为游客准备受欢迎的大鱼
2. 放弃网箱养鱼的刘立祥正在水库边查看自家养蜂情况
3. 在宽城潘家口水库库区后靠移民村里，移民在该村制衣厂缝制出口的羽绒服
4. 2019 年 7 月，拆除网箱养鱼两年后，潘家口水库水质得到根本改善，呈现出山青水秀的景致

承德广通信息网络有限公司播控中心机房　　（市文化旅游广电局提供）

双滦区融媒体中心指挥调度平台　　（市文化旅游广电局提供）

2019 年 9 月 4 日，承德市举办“传统文化进校园、进乡村”活动　（市文学艺术界联合会提供）

2019 年 11 月 18 日，承德首座现代化综合性博物馆——承德博物馆正式开馆。承德博物馆于 2016 年 7 月正式开工建设，总建筑面积 2.5 万多平方米，主体建筑地上、地下各一层。馆内展览共使用文物 688 件，其中珍贵文物 498 件，大部分文物是首次对外展出。图为承德博物馆鸟瞰图。博物馆位于承德市狮子沟桥东北角

（市文物局提供）

2019 年 6 月 29 日，承德“塞罕坝”杯一号风景大道马拉松赛开幕式在承德市围场满族蒙古族自治县御道口文化广场举行 （杜森 摄）

2019 年 12 月 12 日，承德市首届冰雪运动会开幕式之后的冰球展演比赛 （市体育局提供）

目录

特　载

专　文

大事记

市情概览

中共承德市委

承德市人大

承德市人民政府

承德市政协

纪检监察

民主党派·工商联

群众团体

法 治

军　　事

综合经济管理

农　业

工业和信息化

商　务

旅游　文化　广电

文 物

交 通

自然资源和城乡规划

城乡建设与管理

生态环境

银 行 业

保 险 业

教　育

科技

卫健 医保 体育

社会生活

县（市、区）

人　物

附　录

索　引

Contents

Chengde Municipal People's Government

Chengde committee of CPPCC

Discipline inspection and supervision

Democratic parties•Federations of industry and commerce

Mass organizations

Rule of law

Military

Integrated economic management

Agriculture

Industry and informatization

Business

Tourism, culture, radio and TV

Cultural relics

Transportation

Natural resources and urban-rural planning

Urban and rural construction and management

Ecological environment

Banking sector

Insurance industry

Education

Science and technology

Health, medical insurance and sports

Social life

Counties (cities or districts)

Personages

Appendix

AppendiIndexes

政府工作报告

——在承德市第十四届
人民代表大会第五次会议上
2020年1月15日
承德市人民政府市长　常丽虹

一、2019年工作回顾

刚刚过去的2019年令人难忘，举国上下欢庆新中国成立70周年，党心军心民心空前凝聚，汇聚起奋斗新时代的强大力量。一年来，我们深入学习贯彻习近平新时代中国特色社会主义思想和党的十九大精神，全面落实党中央国务院、省委省政府各项决策部署，在市委坚强领导下，紧紧围绕“12345”总体思路目标，攻坚克难，奋发作为，较好完成了市十四届人大四次会议确定的各项目标任务，为决胜全面建成小康社会奠定了更加坚实基础。预计全市生产总值增长6.5%左右，固定资产投资增长6.1%，一般公共预算收入增长7.6%，社会消费品零售总额增长8%，城乡居民人均可支配收入分别增长9%和11%，主要经济指标实现稳中有进、稳中向好。

（一）“三大攻坚战”取得关键进展。牢牢扛起“水源涵养、生态支撑”“脱贫攻坚、全面小康”职责使命，坚决筑牢首都政治和生态“护城河”。脱贫攻坚赢得决定性胜利。6.03万贫困人口实现稳定脱贫，丰宁、围场、隆化3个深度贫困县，316个贫困村将脱贫出列。持续深化八措并举“组合拳”，实施扶贫产业项目2476个，贫困村贫困户实现产业全覆盖。162个易地扶贫搬迁小区全部建成，5.8万人喜迁新居。丰宁“非遗＋扶贫”、围场“智慧分级诊疗”等一批扶贫模式在全国全省推广。坚持“鱼渔兼授”，133个东西部扶贫协作项目成果丰硕。生态环境创历史最好水平。深入实施水环境治理“三年百项重点工程”，大力推进绿色矿山建设“三达标”行动，全市新营造林198万亩、草地治理修复8.5万亩、水土流失治理640平方千米，19个地表水国省考监测断面水质优良率达到100%，完成洁净煤取暖79.7万户，市区$PM_{2.5}$平均浓度29.3微克，优良天数308天、全省第一。塞罕坝生态开发集团组建完成。兴隆获评全省第一个国家生态文明建设示范县。重点领域风险防控扎实推进。最大限度化解存量、严控增量，开展重点领域风险隐患排查整治，非法集资、互联网金融、房地产遗留问题等一批风险点得到及时依法处置。违法违规建设等领域清理规范取得重大进展。深入开展扫黑除恶专项斗争，安全生产、食品药品安全形势总体平稳，圆满完成70周年国庆大典等重大安保任务，群众安全感继续保持全省前列。

（二）结构调整迈出坚实步伐。坚持稳增长调结构双向发力、精准施策，持续强化实体经济帮扶，深入推进重点项目“3811”工程，实施亿元以上绿色产业项目281个，完成投资405亿元，绿色产业增加值占GDP比重提高5个百分点，服务业对经济增长的贡献率超过70%。传统产业迈向中高端。文化旅游、钒钛新材料、清洁能源产业掀开新篇章。成功举办第三届全市旅发大会、首届文创产品大赛，打造“武烈河百公里旅游文化产业走廊”，推出一批特色文创产品。国家雪上项目训练基地落户御道口、成为拉动我市冰雪产业新引擎，成功承办全国第二届青年运动会冰球赛和全省首届冰雪运动会越野滑雪、速度滑冰和冰球3项赛事。全年接待游客和旅游收入分别增长18%和22%以上。钒钛新材料产业链进一步延伸，组建承德钒钛产业技术创新联盟，高端五氧化二钒产量达到2.8万吨、增长64.7%。清洁能源发电量增长20.7%，丰宁抽水蓄能电站上水库大坝实现封顶。新兴产业积蓄新动能。大数据、特色装备制造、绿色食品及生物健康产业赋能提速。重磅推出“承德山水”农产品区域公用品牌，市场和社会反响良好，农产品京津市场占有率提高20%。实施鸿路装配式住宅、荣盛精密制造等特色装备制造重点项目38个。华明服务外包产业园落地大数据企业8家，承德高新区大数据研发展示中心、力海企业港聚集大数据电子信息企业28家，与北京大数据光纤实现直联直通。特色产业集群扩规模。承德县特色装备制造、兴隆营子果品加工等十大特色产业集群加快集聚，双滦钒钛新材料、高新区大数据智能感知基地列入省级战略性新兴产业示范基地，平泉食用菌成为全国示范产业集群，隆化肉牛、兴隆山楂获评中国特色农产品优势区，十个集群主营业务收入达到550亿元。

（三）改革创新实现重大突破。坚持以改革破解制约、以创新激发动能，体制机制活力进一步增强。创新示范区纳入国家战略。承德建设国家可持续发展议程创新示范区正式获国务院批复，成为全国6个创建城市之一和我市第一个全域性国字号发展平台，首批52个项目启动实施。“承德办事一次成”改革纵深推进。93%的行政权力事项和全部公共服务事项实现“一次办成”，“满意承德”城市综合服务平台正式运行，“互联网＋政务服务”网上可办率超过90%，企业开办时间压缩至2天以内，新增企业8079家、增长15%。重点领域改革全面发力。积极构建国有企业现代管理制度体系框架，行政企事业经营性国有资产实现统一规范依法管理，国投、国控集团健康运营，多元融资机制初步形成。农村综合改革扎实推进，承包地确权登记颁证基本完成，集体产权制度稳步实施，新增土地流转15.9万亩，新认定家庭农场221家。承德县入选全国农民合作社质量提升推进试点。科技支撑能力明显提升。新建工业设计和技术创新中心14个，新培育科技型中小企业341家、科技小巨人企业9家，新认定高新技术企业55家、实现三年翻两番。

（四）对内对外开放成果丰硕。更加重视对内对外开放，“引进来”、“走出去”力度进一步加大。全面对接京津。落地央企京企津企项目27个、总投资190亿元，怀丰产业园、津承六沟产业园等园区引进汽车零部件、电子智能卡等产业项目64个，总投资超500亿元。承德应用技术职业学院正式建成投用。深化开放合作。成功举办百家名企进承德、香港招商推介会等重大招商活动，签约重点项目84个，引进市外到位资金410亿元。制定出台稳外资稳外贸“十个一”举措，与“一带一路”沿线50多个国家建立经贸关系，双桥迈朗商贸、宽城升华压力容器等外贸企业逆势增长，全市外贸进出口35.2亿元、增长7%，新增外贸备案企业46家。夯实园区基础。实施基础设施和功能配套项目75个，新增入园企业237家，固定资产投资和税收收入分别增长7.8%和11.1%。

（五）城乡统筹发展呈现新面貌。高标准编制国土空间规划，优化国土空间结构和功能布局，扎实推进以人为核心的新型城镇化。中心城市带动力明显提升。大力推进“一带三区”城市发展战略，编制实施城市总体风貌、老城区“多规合一”等各类规划13项。南北部新城加快建设，高新区滨河路、武烈河步行系统环境整治提升等重点工程全面完工。改造老旧小区200个、综合管网167千米，中心城区路长制全面推行，全国文明城市创建取得新进展。基础设施建设实现突破。京沈高铁承德段工程全面完成，与东北各大城市实现通车。承德机场年旅客吞吐量42.5万人次，平均客座率创国内支线机场新高。承平高速前期加快推进，新建续建干线公路357千米，新改建农村公路1600千米。双峰寺水库下闸蓄水。承德博物馆和冰上运动中心建成投用、成为城市新地标。城乡环境面貌持续改善。实施县城重点建设项目92个，改造农村无害化卫生厕所16.1万座，城乡一体化垃圾收集处理率达到94%，1160个村达到美丽乡村建设标准。平泉、双桥获评省级洁净城市，丰宁中国马镇等7个小镇列入省级特色小镇，宽城化皮溜子镇、滦平周台子村分别入选全国乡村治理示范乡镇和示范村。全市常住人口城镇化率达到53.3%。

（六）**民生和社会事业全面进步**。大力实施十项民心工程20件民心实事，一般公共预算支出415亿元、增速排全省首位，民生投入占财政支出继续保持80%以上。城镇新增就业4.9万人，城镇登记失业率3.32%，高校毕业生就业率达到96.4%，城乡居民收入增速高于全省平均水平。城乡居民养老和基本医疗保险参保率分别达到98.5%和96.5%，城乡低保年标准分别提高600元和400元。开工改造棚户区1519套、改造农村危房4006户，超额和提前完成任务。新建改扩建学校幼儿园89所，办学条件进一步改善，医疗卫生“雨润工程”聚力补齐基层短板取得新成效，老百姓家门口的医院更放心。举办“高雅艺术进承德”36场、开展文化惠民演出1600余场，电视剧《最美的青春》、话剧《塞罕长歌》获国家“五个一工程奖”，塞罕坝林场先进群体荣获中宣部“最美奋斗者”，范振喜荣获全国“人民满意公务员”和全国“最美退役军人”，塞罕坝林场建设者和范振喜、孙德民入选2019年河北“十大新闻人物”，他们的模范事迹鼓舞激励着紫塞儿女奋勇前行！国防动员和“双拥共建”扎实开展，退役军人服务保障工作不断加强，人口计生、民族宗教、新闻出版广电、外事侨务、人民防空、史志档案、统计调查、气象地震、防灾减灾、援藏援疆、邮政通信、妇女儿童、老龄、残疾人等事业都取得了新进步。

过去的一年，面对经济下行压力持续加大的挑战考验，面对水源涵养生态支撑的重大责任，面对脱贫攻坚决战决胜的艰巨任务，我们认真学习贯彻习近平新时代中国特色社会主义思想和习近平总书记对河北对承德工作重要指示批示，牢记嘱托、克难攻坚、奋发作为，推动党中央和省委、省政府各项决策部署在承德落地见效。我们深入开展“不忘初心、牢记使命”主题教育，不断强化理论武装，全面提升政府治理能力和工作效能。我们坚决落实全面从严治党要求，严格执行中央八项规定及其实施细则精神，强化意识形态责任制，扎实推进廉洁政府建设，风清气正的良好政治生态进一步巩固发展。我们坚持依宪依法行政，自觉接受人大法律监督与工作监督、政协民主监督以及社会监督、舆论监督，办理人大代表建议252件、政协提案347件，按时办复率均为100%。

回顾一年来的奋斗历程，成绩来之不易，这是习近平新时代中国特色社会主义思想科学指引、生动实践的结果，是省委、省政府和中共承德市委正确领导的结果，是市人大、市政协和社会各界有力监督、大力支持的结果，是全市人民团结奋斗、拼搏竞进的结果。在此，我代表市人民政府，向全市380万人民，向人大代表、政协委员，向各民主党派、工商联、无党派人士和人民团体，向驻承人民解放军、武警部队官兵、政法干警和消防救援指战员，向一直以来关心和支持承德经济社会发展的国内外各界朋友，致以崇高的敬意和衷心的感谢！

安需思危，稳不忘忧。我们清醒地认识到，发展中还存在不少差距和问题，主要是：经济总量小，企业规模小，抗风险能力弱；产业结构偏重、产业层级偏低，新旧动能转换迫在眉睫；实体经济融资难融资贵问题比较突出，有效投资增长乏力；科技创新活力不足、能力不强，人才短缺对经济发展制约严重；防返贫任务艰巨繁重，巩固脱贫成果长效机制尚需完善；政府债务重，财政收支矛盾突出，财政金融风险不容忽视；项目落地难落地慢问题亟待破解，民营经济发展还面临不少"隐形壁垒"，营商环境有待进一步优化；一些工作人员不作为、慢作为、推绕拖现象依然突出，形式主义、官僚主义不同程度存在，政府服务效率和质量有待进一步改进，一些领域腐败问题时有发生。我们将奔着问题去，盯着问题改，以更大的决心、更坚决的态度、更有力的措施认真加以解决，绝不辜负人民希望和重托！

二、2020 年工作总体要求

今年是"十三五"规划收官之年、全面建成小康社会收官之年、打赢脱贫攻坚战收官之年，也是实现我们党第一个百年奋斗目标关键之年，做好各项工作意义重大、影响深远。今年政府工作的总体要求是：坚持以习近平新时代中国特色社会主义思想为指导，深入贯彻党的十九大和十九届二中、三中、四中全会精神，全面落实习近平总书记对河北对承德工作重要指示批示，增强"四个意识"、坚定"四个自信"、做到"两个维护"，认真落实党中央和省委、省政府决策部署，坚持稳中求进工作总基调，坚持新发展理念，坚持以供给侧结构性改革为主线，全面落实"六稳"举措，牢牢把握"三区一城"发展定位和"12345"总体思路目标，以建设国家可持续发展议程创新示范区为引领，聚焦"两区"建设、高质量发展、改革开放、创新驱动、全面小康、改善民生，扎实做好稳增长、促改革、调结构、惠民生、防风险、保稳定各项工作，确保决战决胜脱贫攻坚、全面建成小康社会，确保"十三五"圆满收官，确保人民生活水平持续提升和社会大局和谐稳定，奋力开创新时代全面建设"生态强市、魅力承德"新局面。

今年经济社会发展的主要预期目标是：生产总值增长 6.5% 左右，一般公共预算收入增长 6.5%，规模以上工业增加值增长 5%，固定资产投资增长 6%，社会消费品零售总额增长 9%，高新技术产业增加值增长 10% 以上，进出口总值增长 5%，实际利用外资增长 5%，城乡居民人均可支配收入分别增长 8% 和 10%。上述目标的设定，坚持稳中求进工作总基调，全面体现新发展理念和推动高质量发展要求，与全面建成小康社会指标体系和"十三五"规划目标任务有机衔接，综合考虑了宏观形势及我市发展的各方面支撑条件，兼顾需要与可能，统筹当前和长远，力求做到积极进取、务实可行。

做好今年经济社会发展各项工作，必须提高政治站位，毫不动摇树牢和践行新发展理念。创新、协调、绿色、开放、共享的新发展理念是新时代发展规律性、战略性、引领性的集中体现，是经济社会发展的根本遵循，对于承德发展意义重大。我们要更加自觉坚定地用新发展理念谋划、推动和评价发展，决不能再回到简单以国内生产总值增长率论英雄的老路上去，决不能再回到以破坏环境为代价换取一时发展的做法上去，也不能再回到粗放式发展的模式上去。必须扛起职责使命，毫不动摇推动生态优先绿色发展。作为习近平总书记亲自定位的京津冀水源涵养功能区和亲自倡导的塞罕坝精神发源地，承德最大的责任在生态，最大的优势也在生态。我们要切实提高贯彻落实习近平生态文明思想的政治自觉、思想自觉、行动自觉，大力弘扬塞罕坝精神，勇敢面对生态领域新挑战，积极探索绿色发展新路径，努力开创生态文明新境界，坚决扛起承德水源涵养、生态支撑重大责任，加快走出绿水青山变金山银山的承德之路。必须坚持稳中求进，毫不动摇扭住高质量发展第一要务。发展是我们党执政兴国的第一要务，也是我们解决一切问题的基础和关键。越是经济形势复杂、经济下行压力大，越要注重发展的高质量，坚决破除一切不符合高质量发展要求的理念和观念，保持战略定力和进取精神，加快培育新产业、激发新动能、打造新优势，让高质量发展成为新时代的承德主题。必须强化宗旨意识，毫不动摇坚持以人民为中心发展思想。人民对美好生活的向往就是我们的奋斗目标。我们要始终做到初心如磐、使命在肩，时刻把人民群众的操心事烦心事揪心事放在心上，想群众之所急、解群众之所忧，多出利民之策、多谋为民之举、多办惠民之事，努力让人民群众有更多的获得感幸福感安全感。必须抢抓难得机遇，毫不动摇坚定跨越赶超的信心决心。当前承德转型升级、绿色发展正处于重要的战略机遇期和窗口期，诸多重大机遇叠加，生态、文化、区位优势凸显，特别是获批国家可持续发展议程创新示范区，京沈高铁今年实现全线贯通，承德的发展将迎来一个全新的时代。风劲帆满，事在人为。我们一定倍加珍惜并牢牢抓住难得机遇，坚定决心信心，共同开创承德发展更加美好的未来！

三、2020年重点工作任务

今年全市改革发展稳定各项任务艰巨繁重，我们要把注意力集中到实现“十三五”规划圆满收官和全面建成小康社会上，集中到打好打赢“三大攻坚战”上，集中到承德创新发展、绿色发展、高质量发展上，深入开展“三创四建”活动，启动实施“2020攻坚落实年”行动，重点在十个方面实现攻坚突破：

（一）聚焦发展第一要务，坚定不移推动经济平稳健康增长。认真落实稳中求进工作总基调和“六稳”举措，坚决扭住稳增长这个“牛鼻子”，超前谋划、精准施策，为实现承德高质量发展争取更多主动、赢得更大空间。大力推进重点项目建设。坚持把抓项目、上投资作为经济工作重中之重，启动实施“项目建设攻坚年”和重点项目建设“63218”工程，聚焦全市“3+3”主导产业和县域“1+2”特色产业，谋划引进实施一批财源项目、战略性新兴产业项目、高新技术产业项目，新增年纳税500万元项目70个以上，力争完成投资600亿元以上。落实市县领导抓项目机制，全面推行“两线四牵引”工作法，加强项目集中开工和观摩拉练，进一步强化月调度、月通报制度，对县（市）区主要领导亲自谋项目、直接盯项目、带头跑项目情况定期“晾晒”，全力推动项目快落地、早见效。加快提升开发区承载和服务能力，深化10个高新区、经开区以及津承六沟、丰宁怀丰、平泉平西、兴隆兴谷4个协同发展产业园在人才、招商和基础设施等领域省市际合作，全年新增入园企业180家以上，固定资产投资和税收均增长15%以上。大力开展实体经济帮扶。企业强，全市经济才能强；民营经济好，全市经济才能好。要大力支持实体经济发展，做大做强民营经济。深入推进减税降费，全面落实支持民营企业改革发展政策措施。坚持“新官要理旧账”，加快清理政府拖欠民营企业账款存量，坚决杜绝新的增量，当好民营企业发展路上的守护者，让民营企业安心稳神谋发展，全市民营经济增加值增长6%以上，民间投资比重达到70%以上。持续深化“走千企帮万家”行动，市县企业发展服务中心和骨干企业驻企工作服务站、派驻政府服务代表实现全覆盖，大力加强企业家培训，满腔热情为企业服好务，打通政府服务企业“最后一百米”。认真落实《优化营商环境条例》，建立政务服务“好差评”制度，评价成果定期公开，全力营造重视企业、尊重企业家的浓厚社会氛围。大力推进消费扩容升级。承德旅游消费潜力巨大、大有可为。要从供给端发力，加快发展自驾游“后备箱”经济，开发有特色、高品质的地方产品，培育打造“夜经济”商圈，建设特色产品专营街区和一批特色产品专营店，突出抓好二仙居商业街、普宁小镇、鼎盛王朝文化街等“夜经济”示范街区，让承德旅游消费热起来、火起来。适应消费升级新特点新趋势，提升各类商业综合体、大型商超和社区便利店服务水平，促进零售业多元化发展。深入推进“互联网+流通”行动，鼓励支持发展区域电商，全年实现网络零售额140亿元以上，农村网络零售额增长20%以上。全力发展高铁经济，加快建设承德高铁商圈，推动实现与中心城区互动连接、相互支撑，进一步优化消费布局。大力提升金融服务能力。积极稳妥防范化解金融领域风险，坚决守住不发生系统性区域性风险的底线。加强和改进融资服务，建立“市县领导走金融”和“金融机构走基层”制度，完善金融机构服务实体经济评价激励办法，开展政银企常态化对接互动，探索搭建企业综合融资服务平台，增强金融服务经济发展的质效，新增企业贷款120亿元以上，全市贷款余额增长10%以上。强化金融改革创新，鼓励金融机构创新产品和服务，加大险资增信和险资直投力度，培育引导一批企业到多层次资本市场上市，承德银行河北雄安分行开业运营。支持金融机构健康发展，健全诚信激励和失信惩戒机制，依法严惩恶意逃废债务和违约失信等行为。

（二）聚焦新旧动能转换，坚定不移构建绿色产业体系。加快转型升级是赢得未来的关键所在，也是我市实现高质量发展必须迈过的一道坎。我们要深入实施系列三年行动计划，加快培育壮大全市“3+3”主导产业和县域“1+2”特色产业，力争绿色主导产业增加值占GDP比重达到60%，努力跑出绿色发展的加速度。做大做强优势产业提质量。文化旅游产业。围绕加快建设国际旅游城市，开展“旅游管理服务质量提升年”活动，力促全市旅游业质量上一个大台阶。办好第四届市旅发大会，启动长城国家文化公园等标志性工程，加快崔梨沟滑雪场、金山岭滑雪场、班夫国际旅游度假区和国家雪上项目训练基地大道速滑馆等重点项目建设，新建改建一批游客服务中心，坚决打击各种旅游“乱象”，“一号风景大道”争创省级旅游度假区。加大文创产品和旅游纪念品开发，推出一批有品质、有口碑、有市场的文化产品。避暑山庄及周围寺庙景区按“AAAAA+”标准提质升级，推动实现“一部手机游承德”，着力打造休闲旅游“网红”打卡地。文化旅游实现综合收入1265亿元，对全市GDP贡献率达到20%以上。钒钛新材料及制品产业。瞄准打造国际领先钒钛产业基地，加快发展钒中间合金、钛合金、含钒特钢等高端钒钛产品，推动承钢钒钛产业园、锦滦高纯钒和建龙高强无缝钢管等重大项目加快建设。全市钒产品达到3万吨以上、含钒特钢比例超过50%，实现主营业务收入500亿元。清洁能源产业。大力推动风电、光伏、水电3个千万千瓦级基地建设，装机62万千瓦光伏电站项目并网发电。加快“光伏+分散式风电+全钒液流储能+大数据”新能源示范项目建设，加快打造以远景能源、特变电工为依托的清洁能源装备制造基地。清洁能源电力装机突破720万千瓦，实现产值300亿元。培育壮大特色产业蓄势能。大数据产业。围绕打造“数据山庄”和大数据全产业链，力争引进百度数据审核中心、青云大数据云中心等一批新项目大项目，大数据及电子信息产业主营业务收入达到50亿元。着力提升大数据与实体经济融合指数，加快5G、区块链布局，推动人工智能、工业互联网、物联网应用发展。绿色食品及生物健康产业。围绕建设京津绿色农产品供应基地，积极推动与物美集团、首农集团、天津食品集团深度合作，做大做优“承德山水”区域公用品牌。建立健全准入和授权使用标准体系，全方位大力度宣传推介，全面提升品牌价值内涵和美誉度影响力，实现高点起步、健康发展。支持承德颈复康、兴隆希力、围场天原等中药企业加快发展特色、绿色和现代中药，争取更多品种纳入国家基本药物目录。绿色食品及生物健康产业实现增加值500亿元。特色装备制造产业。实施仪器仪表及检测装备等“四大提升行动”，推动克罗尼、五岳测控等仪器仪表企业向价值链高端迈进。加快承德高新区创元微型智慧科技园建设，支持比亚迪建设新能源重型载货汽车生产基地。建成两化融合示范企业和数字车间10个以上，特色装备制造业实现主营业务收入65亿元。加快打造产业集群增实力。开展县域特色产业振兴行动，加大对平泉食用菌、承德县特色装备制造、兴隆营子果品加工3个省级特色产业集群支持力度，打造在全国具有核心竞争力的优势集群。加快推进承德高新区智能仪器仪表、双滦钒钛新材料等集群向上下游产业链延伸、向“微笑曲线”两端高附加值拓展，打造战略性新兴产业集群示范和样板。各县（市）区加快制定产业集群发展规划，引导企业开展“三个一”行动，形成支撑区域经济新的增长极，力争十大特色产业集群产值达到650亿元以上，主营业务收入提高10个百分点以上。

（三）聚焦全面建成小康，坚定不移打赢脱贫攻坚收官战。决胜全面建成小康社会的冲锋号已经吹响，我们要万众一心加油干，越是艰险越向前，一鼓作气、乘势而上，补短板、抓巩固、促提升、防懈怠，胜利完成脱贫攻坚历史性任务。打好深度贫困“歼灭战”。持续深化八措并举“组合拳”，进一步把扶贫重心向未脱贫户倾斜，对剩余4726名贫困群众实行“一人一策、综合帮扶”，加大控辍保学、健康扶贫、农村危房改造、饮水安全提升工作力度，强化特殊贫困群众兜底保障，确保一户不落、一人不丢。深入开展脱贫攻坚“回头看”，严格按照“三落实”“三精准”“三保障”要求，查漏补缺，狠抓整改，高标准通过国家脱贫攻坚普查。打好稳定脱贫“巩固战”。持续推进产业、就业、科技和金融扶贫，进一步做大做强“九大特色扶贫产业”，全面做好易地扶贫搬迁土地复垦、后续产业发展工作，健全完善带贫减贫和利益联结机制，实施产业扶贫项目2100个。全面开展就业培训和就业帮扶，确保有劳动能力和就业愿望家庭至少一人就业。统筹推进基础设施和基本公共服务，巩固提升农村住房和饮水安全，全面实施乡村卫生服务一体化管理，把短板补得再扎实一些，把基础打得再牢靠一些，不断巩固稳定脱贫成效。打好致贫返贫“阻击战”。严格落实“四个不摘”要求，坚持抓重点、保基本、托底线，对退出的贫困县、贫困村和贫困户实施动态监测；对非持续稳定脱贫户、非贫困低收入户等边缘户，全部建立解决“两不愁三保障”问题等6个任务清单，逐村逐户逐人逐项落实帮扶政策。建立完善精准防贫长效机制，实施防贫台账管理，稳步实施创业就业补贴制度，全面推进防贫保险，探索建立社会救助基金，切实筑牢严防致贫返贫的“保护网”和“防火墙”。打好合力扶贫“协作战”。用足用好东西部扶贫协作机遇，充分发挥中省直、京津唐对口帮扶作用，确保100个帮扶项目全面高质量完成。扎实推进“千企帮千村”，结对帮扶企业达到800家以上。抢抓国家推进消费扶贫政策机遇，将更多优质农产品纳入京津供应链，力争消费扶贫突破5亿元。深化扶贫领域腐败和作风问题专项治理，实施扶贫对象、扶贫政策、扶贫资金和扶贫项目公开公示，让扶贫工作得到群众认可、经得起历史检验。

（四）聚焦“两区建设”，坚定不移优化生态环境质量。生态是承德第一优势和未来发展的核心竞争力。我们要认真贯彻习近平生态文明思想，加快推进“两区”建设，全力创建国家生态文明建设示范市县和“绿水青山就是金山银山”实践创新基地。标本兼治提升水环境。全面完成水环境治理“三年百项重点工程”，启动“800里滦河百项水质保护”工程，建设太平庄污水处理厂三期工程和高新区、双滦区尾水湿地。加强工业园区污水处理设施建设，全过程监管污水处理，中心城区和县城污水集中处理率分别达到95%和90%以上，重点镇具备生活污水处理和生活垃圾处置能力。严格落实河湖长、河湖管理员、河湖警长责任制，深化京承、津承生态环境联防联建联治，全面建设可视化监控系统，推行重点流域“一断面一策”精细管控，确保水环境质量和水源涵养能力进一步提升。精准施策改善空气质量。全面实施企业环保正负面清单制度，深入开展钢铁、水泥等重点行业超低排放改造，承钢、建龙达到环境绩效评价B级以上标准。全市“散乱污”企业保持动态清零。扎实做好冬季清洁取暖，持续巩固洁净煤替代成果。完成54台燃气锅炉低氮燃烧改造，淘汰35蒸吨及以下燃煤锅炉318台。强化国Ⅲ及以下排放标准柴油货车淘汰整治，加大新能源出租车替代力度，中心城区新能源公交车占比达到80%以上。深入推进中心城区和县城禁燃烟花爆竹，严禁露天秸秆和垃圾焚烧，确保大气环境质量持续改善、在全国排名进一步提高。久久为功开展国土治理。大力推进绿色矿山建设，巩固矿山企业环保达标治理成果，再关停矿山100家、矿山修复5平方千米。统筹山水林田湖草系统治理，启动实施坝上地区营造林等重点工程，完成营造林65万亩、退化草原修复40万亩，治理水土流失500平方千米。加强农业面源污染治理，实施化肥农药“零增长”行动，推进畜禽养殖废弃物处理和资源化利用。开展农用地质量类别划分和污染地块排查整治，重金属污染物排放量持续下降，全力维护土壤环境安全。大胆实践强化机制创新。严格执行“两区”规划、滦河潮河流域保护等规划，实现生态管控“一张网”全覆盖。持续用好自然资源资产负债表，健全完善领导干部绿色GDP考核体系。继续大力推行领导干部自然资源资产离任审计、生态环境损害责任终身追究办法，加快构建具有承德特色的生态文明法律制度体系，坚定不移走好绿色发展之路。

（五）聚焦重点领域改革，坚定不移激发内生动力。改革创新是加快发展的动力源泉。我们必须坚持解放思想，以深化改革破解发展难题，以优化环境营造发展生态。以“不见面、不用跑”为目标，深化“承德办事一次成”改革。全面优化各级政务服务大厅功能，科学功能分区，完善服务设施，90%进厅事项实现“一窗受理”“一次办成”，“六全”服务实现全覆盖。依托“满意承德”城市综合服务平台，加快“办事一次成”向“办事不用跑”转变升级，启动实施“承德办事网上行”“4611”工程，推动实现40%以上行政审批事项“不见面”网上审批、60%以上高频事项“全天自助”网上申报、100%公共服务事项“动动手指”网上办理、100%公共资源交易“无纸化”网上评标。大力推行企业投资项目承诺制，持续优化工程建设项目审批流程再造，出台政府投资管理办法，审批时限平均再压减20%以上，进一步提高政府服务效率，全力建设“数字政府”，以营商环境的清新空气让项目和企业投下信任票，为承德引来“金凤凰”。以“破瓶颈、补短板”为导向，大力推进重点领域改革。加快国企国资改革，制定出台国企改革“三年行动方案”，完善市属国有集团法人治理结构，推进经营性国有资产集中统一监管，创新开展国有资本投资、运营公司试点，提高资本运作能力和效益水平。推动塞罕坝生态开发集团健康运营，探索生态产品价值实现路径。积极稳妥推进财税改革，基本建成预算绩效管理体系，全面落实国家税改各项任务。深入实施农村综合改革，发展多种适度规模经营，全面完成农村集体产权制度改革，新组建股份经济合作社60家，新增流转土地10万亩。以“基层事、基层办”为根本，创新实施基层治理改革。学习推广新时代“枫桥经验”，健全完善基层社会治理。加快推进基层综合行政执法改革和乡镇（街道）机构改革，坚持重心下移、权力下放、力量下沉、保障下倾，着力构建权责利相一致的基层治理体制机制，逐步实现一支队伍管执法，切实解决基层“看得见管不了、管得了看不见”的问题，让基层有人有物有权，保证基层事情基层办、基层权力给基层、基层事情有人办。健全城乡社区综合网格化治理体系，完善乡镇街道基本公共服务职能，推动优质公共服务资源向基层延伸，促进政府治理、社会调节和村（居）民自治良性互动，打造共建共治共享的社会治理格局。

（六）聚焦京津冀协同发展，坚定不移构筑全方位开放格局。开放合作是提升承德经济发展活力的必由之路。我们要抓住用好协同发展机遇，以开放汇聚资源、拓展空间，推动新时代对外开放行稳致远。力促协同对接全面提速。持续深化“五合一”精准对接，全力推动京承、津承系列战略合作协议 36 个事项取得中期成果，确保承接产业转移项目 80 个以上、新落地 40 个以上。大力推动多领域对接协作，建立承接平台及承接项目信息库，引导优质教育、医疗资源向我市延伸。加快补齐交通基础设施短板，承德机场二期启动前期工作，承平高速开工建设，京沈高铁全线贯通。全方位对标、支持、服务雄安，推动节能产品和绿色建材产品进入雄安，高质量完成雄安绿博园“承德林”建设。力促精准招商全面提质。坚持“引进来、走出去”，聚焦粤港澳大湾区、长江经济带等资源外溢区域，组建市招商中心，建立招商图谱，组织好百家名企进承德等重大招商活动，大力推进以企招商、产业链招商、小团组招商，增强招商精准度，提高项目履约率，引进落地体量大、带动强的产业项目 50 个以上，引进市外到位资金 430 亿元以上。力促开放合作全面提效。深入落实稳外资稳外贸“十个一”举措，巩固欧美日韩等传统市场，开拓“一带一路”等新兴市场，建设重点国别、重点行业、重点采购商“数据库”，组织企业免费参展布展，推动梵纳瑞、莹科化工等企业拓展海外市场，外贸进出口总值 37 亿元，实际利用外资 2 亿美元，新增外贸备案登记企业 40 家。

（七）聚焦创新示范区建设，坚定不移实施创新驱动战略。创新是承德未来发展的持久动力。我们要坚持以建设国家可持续发展议程创新示范区为引领，大力支持创新创造，着力打造创新生态，加快创新承德建设步伐。落实国家战略、加快创新示范。认真落实国务院关于承德建设国家可持续发展议程创新示范区批复要求，谋划组织好创新示范区建设推进大会。积极争取并用足用好上级各项支持政策，制定出台具体推进方案和配套措施，全面实施“四大行动”16 项工程，组织实施重点项目 83 个，形成一批可持续发展标志性成果。成立承德市可持续发展促进中心和专家咨询委员会，争取国内外一批知名企业、科研机构、高校院所参与示范区建设，为十年建设期打下坚实基础。培育创新主体、打造竞争优势。全面落实“1+9+N”系列科技创新政策，大力开展科技型中小企业数量质量“双提升”、高新技术企业数量产值“双倍增”行动，力争全社会研发经费支出占生产总值比重达到 1.2% 以上，全市科技进步贡献率达到 57% 以上。支持电智尚公司等 50 家隐形冠军企业做优做强，新增高新技术企业 30 家、科技型中小企业 150 家、科技小巨人企业 10 家以上。大力推进高端人才引进“千人计划”，全面落实科技特派员制度，全年引进各行业高端人才 500 人，实施省级以上创新项目 30 项以上。深入推进县域科技创新跃升计划，支持平泉、承德县省级创新型试点建设。坚持质量强市、筑牢发展根基。深入开展文化旅游、制造业等质量提升十大行动，推动标准、质量、品牌、信誉联动提升。扎实推进“六大标准体系”建设，主导参与制定修订国际国家行业标准 6 项以上。加强知识产权保护，中国驰名商标和地理标志分别达到 15 件和 27 件。大力弘扬工匠精神，持续开展市政府质量奖评选，提高企业和社会质量意识，打造质量标杆企业 20 家以上。全面提升检验检测能力，支持双滦打造国家检验检测高技术服务业集聚区，“质量承德”建设迈出更大步伐。

（八）聚焦乡村振兴战略，坚定不移推进农业农村优先发展。“三农”是承德经济社会发展的重要基础，是全面建成小康社会的关键。我们要把乡村振兴作为新时代“三农”工作总抓手，深入实施“五大振兴”专项规划，以梯次创建乡村振兴示范区为带动，进一步促进农业提质、农民增收、农村繁荣。大力推进农业提档升级。围绕农业提品质、扩规模、强实力，深化“一环六带”产业布局和“五个百万”基地建设，扎实推进“一减四增”，再调减籽粒玉米30万亩，用于发展林果蔬菜、中药材等高效经济作物。大力发展“六个农业”，建成省级特色农产品优势区、现代农业精品园区20个。大力实施“扶龙行动”，做大做强“双30强”农业企业，支持打造亚欧果仁杏仁苷油膏、森源蛹虫草功能饮品、平安高科菊苣粉等一批高精深加工项目，实施千万元以上农业产业化项目160个。深入推进一产“接二连三”，支持40个联合体开展融合发展示范创建，打造销售收入超10亿元农业产业集群5个。力争国家农业高新技术产业示范区创建成功。大力改善农村人居环境。坚持全域推进、示范打造、专项整治相结合，深入实施农村人居环境整治三年行动，坚决打好“厕所革命”、道路交通及生活垃圾污水治理三场硬仗，完成80个村生活污水治理，行政村生活垃圾治理率达到90%以上，建设美丽农村路100千米以上。深入开展产业强村、美丽乡村、文明乡村、平安乡村“四村”联创，建设省级乡村振兴示范区2个。大力培育现代新型农民。启动实施农村创新创业带头人行动，整合农业科技资源，加快构建高素质农民教育培训体系，全年组织学习培训5万人以上，培养农业职业经理人、乡村工匠、文化能人2000人以上。开展群众性节日民俗活动，办好中国农民丰收节。大力推进农村移风易俗，弘扬良好家风、淳朴民风、文明乡风，让广袤的紫塞大地文明之潮涌动，迸发勃勃生机。

（九）聚焦宜居宜业城市建设，坚定不移加快新型城镇化步伐。推进以人为核心的新型城镇化是承德现代化进程中的必然选择。我们要全面对标国际国内一流城市，大力提升城市规划、建设和管理水平。坚持科学规划引领。围绕建设以首都为核心的世界级城市群重要节点城市，高质量编制完成市县两级国土空间规划，统筹城市功能、产业发展和生态保护，划定“三区三线”，推进“多规合一”，着力构建以国土空间规划为“底图”，各专项规划上下衔接、兼容互补的“一张图”规划体系。切实强化规划引领和刚性约束，制定完善产业发展、建设用地、风貌管控、生活圈配套公共设施4个清单，坚决做到规划有方向、建设有遵循、管理有标尺，以优化国土空间布局引领城市高质量发展。做大做强中心城市。深入实施“一带三区”发展战略，统筹推进南北新城建设和发展，谋划建设环城快速路网体系，重点推进楼宇经济、总部经济等46个城市提档升级项目，引入城市综合体、会展经济等高端业态，打造功能完善、产业发达、人居和谐的城市新区，激活城市经济，切实增强中心城市发展力和辐射带动力。加快污染和不适宜企业退城搬迁，盘活中心城区和县城低效用地，实现腾笼换鸟，为新产业新业态腾出发展新空间。坚持“房子是用来住的、不是用来炒的”的定位，促进房地产市场平稳健康发展。加快城市更新改造。启动中心城区二道牌楼和滦河老街历史文化街区改造提升工程，加强重点文物保护单位和历史建筑修缮保护，深入挖掘传承城市文化基因，进一步彰显地域特色。大力推进“城市双修”，深入开展小街小巷治理，加快中心城区老旧管网改造，实施美化、绿化、亮化工程32项。完成主城区水源地调整。大力推进智慧城市建设，启动智慧城管一期工程和智慧交管、智慧泊车建设，综合治理中心城区拥堵问题。打造智慧平安社区60个。垃圾分类实现公共机构全覆盖。力争全国文明城市创建成功。着力打造特色城镇。坚持“小县大县城”战略，突出产城融合、景城一体，大力提升县城建设特色和水平，力争省级园林县城、卫生县城全覆盖。精准确定环首都各县功能定位，加快打造承接非首都功能疏解的卫星城。健全完善城镇规划体系，着力推进30个中心镇、30个特色小镇建设，形成一批商贸小镇、旅游小镇、文化小镇。创新完善“三区同建”模式，推广平泉中心村建设经验，促进农业人口向中心镇中心村聚集搬迁，全市常住人口城镇化率达到55%。

（十）聚焦惠民利民实事，坚定不移保障和改善民生。民之所盼，政之所向。我们紧盯群众“急难愁盼”，从去年10月份开始广泛征集，反复征求各方意见，本着“量力而行、尽力而为、确保完成”的原则，谋划了13项民心工程27件民心实事，此次大会提交各位代表进行票决后，我们将逐项制定实施方案，并将抓落实情况定期向人民汇报、请人民阅卷，确保高标准高质量完成，努力将民心保障网越织越密，让城乡更美、民心更暖。把稳就业作为重中之重。深入实施就业促进工程和职业技能提升行动，大力推动高校毕业生、下岗失业人员、退役军人等重点群体就业。全市城镇新增就业4.6万人，城镇登记失业率控制在4.5%以内，确保零就业家庭继续保持动态清零，让承德的百姓就业稳、生活好。办好公平而有质量的教育。贯彻《新时代爱国主义教育实施纲要》，推动学生德智体美劳全面发展。启动实施“教育质量提升三年行动计划”，大力推动学前教育、基础教育、职业教育、高等教育提高质量，让承德的孩子有学上、更要上好学。推进社会保险扩面保支。深入实施全民参保计划，城乡居民养老保险、基本医疗保险参保率均保持在95%以上，全面推行长期护理保险，确保养老金按时足额发放。城乡低保应保尽保，年标准稳步提高。加快养老服务体系建设，新建扩建一批城镇街道居家养老服务中心，扩大城乡社区养老服务设施覆盖面，让承德的老人老有所养、安度幸福晚年。全力保障人民群众健康。坚持以人民健康为中心，统筹实施健康承德15个专项行动，加快医药卫生体制改革，深化“四医联动”，每个县（市）区至少建成1个医联体。全力抓好慢性病、传染病、肿瘤等重大疾病防控，加强全科、儿科医生培养，提高公共卫生和基本医疗服务水平，让群众病有良医、便捷就医。着力优化群众居住环境。实施城中村、老旧小区改造三年行动计划，加大城镇困难群众住房保障和改善力度，加强电梯、管网、消防、停车场等配套建设，完成老旧小区综合改造134个，建设连锁便利店、生鲜超市、便民市场50个，着力构建5分钟、10分钟、15分钟“便民服务生活圈”，让百姓居住的舒心、生活的方便。繁荣文化体育事业。大力弘扬社会主义核心价值观，完善公共文化服务体系，推动演艺集团等精品创作生产，继续推进“高雅艺术进承德”，开展文化惠民演出1300场。统筹推进竞技体育、群众体育和全民健身，实现行政村健身设施全覆盖、市县两级室内滑冰场馆全覆盖，让乐享文化、健康生活成为百姓新时尚。推动平安承德建设。全面加强安全及社会稳定等领域风险防控，扎实做好安全生产、食品药品安全、森林草原防火等工作，加强应急救援力量和应急管理工程建设，深入推进扫黑除恶专项斗争，创建“无黑”“无毒”城市，确保社会大局安全和谐稳定。同时，加强国防教育和国防后备力量建设，强化退役军人服务保障，力争全国双拥模范城“九连冠”。继续做好民族宗教、新闻出版广电、外事侨务、人民防空、史志档案、统计调查、气象地震、防灾减灾、援藏援疆、邮政通信、人口计生、妇女儿童、老龄、残疾人等工作，促进各项事业协调发展。

今年是“十四五”规划启动编制之年。“十四五”时期是我国全面建设社会主义现代化国家新征程的开局起步期，也是承德发展的全面加速期、质量提升期。编制好“十四五”规划是摆在我们面前的重大政治任务，意义重大而深远。我们将以改革精神、创新理念、科学方法，聚焦宏观政策导向，找准承德优势和短板，强化目标导向、问题导向、成果导向，加强全局性、前瞻性、关键性等重大问题研究，努力编制出一个符合承德实际、体现人民意愿、引领未来发展高质量的“十四五”规划。

置身“两个一百年”奋斗目标的历史交汇期，面对时代的呼唤、发展的重任、人民的厚望，我们一定不辱历史使命、不负人民重托，更加注重和加强政府自身建设，推进治理体系和治理能力现代化，努力建设法治政府、服务型政府、效能政府、诚信政府和廉洁政府。我们要进一步坚定理想信念，坚决把牢正确政治方向。增强“四个意识”，坚定“四个自信”，做到“两个维护”，认真学习贯彻习近平新时代中国特色社会主义思想，坚决贯彻落实习近平总书记对河北对承德工作重要指示批示，坚持党的集中统一领导，把党的全面领导贯彻落实到政府治理全过程和各方面，以建设新时代生态强市、魅力承德的扎实成效，践行初心使命、诠释忠诚担当，坚决当好首都政治“护城河”。我们要进一步树牢为民情怀，坚决维护群众根本利益。我们的政府是人民的政府，为人民服好务是我们的最高追求。我们要把人民群众的小事当作自己的大事，把人民群众的期待变成我们的行动，用真情解决群众的操心事烦心事揪心事，出实招破解发展中的不平衡不充分问题，勤勤恳恳，踏踏实实，努力把人民的希望变成美好的现实。我们要进一步推进依法行政，坚决维护社会公平正义。加强法治政府建设，忠实履行宪法和法律赋予的职责，以法治思维、法治方式深化改革、推动发展、化解矛盾、应对风险、维护稳定。严格规范公正文明执法，全面推行行政执法“三项制度”，加强“两法衔接”和公益诉讼，推动制定权责明晰、便于操作、科学完备的地方性法规。自觉接受人大法律监督、工作监督和政协民主监督，主动接受群众和舆论监督，强化统计、审计监督，让权力在阳光下运行。我们要进一步加强作风建设，坚决做到实干守诺担当。大力弘扬塞罕坝精神，提高“八种本领”，做到“五个过硬”，增强斗争精神，不为困难找理由，只为成功想办法，树加快发展雄心，立创先争优之志，努力让承德的发展开辟新天地、呈现新面貌。要创新行政管理和服务方式，注重效率、守约践诺，认准的事一抓到底、定下的事按期交账、承诺的事办成办好，切实提升政府执行力和公信力，让政府管理更有效率、服务更有温度。我们要进一步强化党风廉政建设，坚决做到廉洁从政。认真落实全面从严治党制度，深入推进政府系统党风廉政建设和反腐败工作。严格执行中央八项规定及其实施细则精神，深入开展纠正“四风”和作风纪律专项整治，力戒形式主义、官僚主义。政府要带头过紧日子，进一步压减“三公”经费支出，把有限的资源和财力用于“四保”和为民办实事，以反腐倡廉、廉政勤政的实际成效取信于民。

新时代承德发展充满希望，紫塞儿女大有可为。让我们更加紧密地团结在以习近平同志为核心的党中央周围，高举习近平新时代中国特色社会主义思想伟大旗帜，在中共承德市委的坚强领导下，同心同德、拼搏竞进，只争朝夕加油干，不负韶华再出发，为全面建成小康社会、夺取第一个百年奋斗目标伟大胜利贡献承德力量！

关于承德市2019年国民经济和社会发展计划执行情况与2020年国民经济和社会发展计划（草案）的报告

——在承德市第十四届
人民代表大会第五次会议上
2020年1月15日

承德市发展和改革委员会主任　刘海峰

一、2019 年计划执行情况

2019 年，全市上下坚持以习近平新时代中国特色社会主义思想为指导，坚持新发展理念，紧紧围绕各项目标任务，进一步加大经济调控力度，采取了重点项目逐月观摩调度、主要领域百日攻坚行动等一系列措施，有效地应对下行压力，确保了经济运行在合理区间。预计年初确定的 36 项计划指标中，有 33 项能够实现既定任务。其中，9 项约束性指标全部完成。

——生产总值增长 6.5% 左右，服务业增加值增长 10% 左右，固定资产投资增长 6.1%，达到年初计划要求。

——旅游总收入增长 22%，新认定高新技术企业 55 家，城镇化率提高 1.2 个百分点。

——新增城镇就业 4.9 万人，城镇登记失业率 3.32%，控制在 4.5% 目标以内；城镇、农村居民人均可支配收入分别增长 9% 和 11%；稳定脱贫人口 6.03 万人。

——每万元生产总值能耗和化学需氧量、二氧化硫、氨氮、氮氧化物排放量均超额完成既定任务；$PM_{2.5}$ 平均浓度下降率超额完成计划目标，新营造林 198 万亩。

在经济总体平稳的同时，受国内外复杂环境和生态管控、去产能、房地产调控等因素影响，经济下行压力进一步加大，运行中还存在一些矛盾和问题。一是工业运行低迷，受市场需求不旺、大气污染应急响应、国庆安保等因素影响，停减产企业增多，工业增长乏力，预计规模以上工业增加值、高新技术产业增加值分别增长 1.4%、7.5%，低于计划 3.1 个、4.5 个百分点；二是消费需求疲弱，汽车、石油制品等大额消费品拉动力减弱，受新兴消费业态、消费模式的冲击和分流影响，传统实体零售增速趋缓。预计社会消费品零售总额增长 8%，低于计划 1.5 个百分点；三是实体经济困难，营商环境仍有待提升，项目落地难现象依然存在，融资难融资贵问题未得到有效解决。对这些问题，我们将认真研究，采取有效措施努力加以解决。

二、2020 年经济社会发展主要目标

2020 年是全面建成小康社会和“十三五”规划收官之年，按照全面贯彻国家省有关精神、落实市委、市政府重大部署、兼顾连续性和稳定性的总体原则，力求在指标设置上做到与国家、省指标体系相衔接，与市委十四届七次全会安排相一致，与全面建成小康社会和“十三五”规划任务相匹配，

2020年国民经济和社会发展计划共设置6方面30项指标。主要目标为：

——综合实力不断增强，设置4项指标，生产总值增长6.5%左右，固定资产投资增长6%，社会消费品零售总额增长9%，公共财政预算收入增长6.5%。

——发展质量显著提高，设置5项指标，规模以上工业增加值增长5%，高新技术产业增加值增长10%以上，服务业增加值增长9%，旅游业总收入增长20%以上，农业产业化经营率提高0.5个百分点。

——创新驱动步伐加快，设置3项指标，技术合同成交总额达到18亿元，研发经费支出占生产总值比重提高0.44个百分点，新增高新技术企业30家。

——开放合作继续深化，设置3项指标，进出口总值增长5%，实际利用外资增长5%，开发区主营业务收入增长12%。

——生态环境稳步提升，设置9项指标，每万元生产总值能耗、二氧化碳排放量、PM2.5平均浓度和化学需氧量等污染物排放量完成省下达任务，新营造林65万亩。

——人民生活持续改善，设置6项指标，城镇、农村人均可支配收入分别增长8%和10%；常住人口城镇化率达到55%；城镇新增就业4.6万人，登记失业率控制在4.5%以内；居民消费价格涨幅控制在3.5%左右。

三、工作重点和主要措施

2020年，全市上下将按照市十四届人大五次会议要求，围绕全年经济社会发展目标，重点做好八个方面工作：

（一）着力确保经济平稳增长。深入学习中央经济工作会议和省委全会精神，坚持稳字当头，全面落实各项决策部署，确保“十三五”规划圆满收官、全面建成小康社会目标顺利实现。一是强力落实上级稳增长政策措施。坚持发展第一要务，全面做好“六稳”工作，统筹推进稳增长、促改革、调结构、惠民生、防风险、保稳定，对国家、省确定的各项决策部署和重点工作，结合实际制定落实方案，针对薄弱环节集中发力、弥补短板，确保中央、省委大政方针在我市落地见效。二是加快推进完成“十三五”既定任务。对年度发展目标和规划任务，逐项制定推进方案，明确职责分工和月度、季度目标，并列入综合考评和政绩考核目标，定期开展检查、督导、通报，确保“十三五”规划主要目标顺利实现。三是谋划好“十四五”时期发展。积极开展规划调研，聘请高层次规划编制机构共同研究，围绕“三区一城”定位，深入谋划好新一轮发展，形成高质量的“十四五”规划纲要。全面提出“十四五”时期我市政策诉求，筛选重大事项、重大项目和重大工程，制定专门推进方案，赴国家、省进行跑办争列，争取纳入上级规划。

（二）着力实施项目建设攻坚。坚持以重点项目建设为总抓手，以高质量项目带动高质量发展。一是高标准建设。深入实施重点项目建设“63218”工程，精准聚焦六大绿色主导产业谋项目上项目，全年争列省重点项目30个以上，实施市重点项目200个，重点推进超10亿元项目100个，谋划储备亿元以上项目800个。二是高效率服务。推行“两线四牵引”工作法〔两线：一条战线狠抓列入省市重点项目，一条战线狠抓已供地建设项目，两条线协同作战，精准推动项目实施；四牵引：即以土地出让保障、行政审批优化、项目会商会诊、包保考核通报为牵引〕，实施领导包联和对口帮扶、“全程包办”机制，继续实行第一时间推进法、会诊会商等机制。加强用地保障，将年度新增土地指标的60%以上用于省市重点建设项目。继续加大中央省预算内资金、专项债券等争取力度，举办小组团、点对点银企对接会议，有效缓解资金制约。实施差别化环保管控，争取有更多的项目列入省管控“白名单”。三是高起点谋划。开展项目“冬季攻坚”行动，围绕“十四五”规划、可持续发展议程创新示范区建设、京津冀“两区”建设等有利契机，成立市县两级重大项目谋划专班，将一批成长性好、带动力强的兴市立县的重大项目充实到项目库中，组织专业机构和有关部门进行专题研究论证，增强项目的科学性和可行性。

（三）着力加快产业转型升级。深入实施集群培育、龙头扶植、链条延伸、品牌打造、项目支撑“五大工程”，着力打造具有承德特色的现代产业体系。一是制定规划科学引领。加快推动主导产业“十四五”规划编制，紧跟产业发展的新技术、新业态、新模式，不断审视、及时调整、多方论证，防止理念落后、方向跑偏。积极跑办争列，力争京津冀大数据产业基地、京津绿色农产品供应基地、仪器仪表智能制造产业基地等列入上级规划。二是突出重点力求突破。对“3+3”主导产业逐个深谋细研，在产业基础高级化、产业链现代化上下功夫，做到一个产业一个抓手，一个产业一个亮点，一个县区一个园区，打造产业发展新的增长极。重点推进“清洁能源＋储能＋微电网＋大数据”“清洁能源＋储能＋制氢”等产业融合开发新模式加快实施；发挥钒钛产业研究院等平台作用，推进钒钛产业链向绿色制造方向发展；进一步放大“承德山水”区域公共品牌效应，提升绿色食品及生物健康产业价值链；推动承德比亚迪向生产新能源重型载货汽车方向转型，加快建设京津冀新能源重型载货汽车生产基地。三是破解制约激发活力。持续优化环境，搭建服务平台。全年组织两次以上政银企对接会，梳理企业融资具体问题，促进企业与金融机构精准对接，尽快建立主导产业发展基金，着力破解融资难制约；充分发挥石油高专、应用技术学院等高校技术力量，加强政校企合作、产学研衔接，推进产业创新平台建设；对已出台的民营经济发展20条等政策尽快制定实施细则，确保发挥实效。四是强化调度传导压力。六大主导产业分别成立工作专班，每个专班由一名市级领导牵头，相关部门明确一名副局长（主任）专门负责，抽调3～5名熟悉业务的工作人员脱岗负责产业的具体推动。建立“定期调度＋实地调研”工作机制，把每一个产业集群的发展现状、问题、方向都吃透摸准，发现共性内容，出台政策举措，普遍指导推动，选出龙头企业，重点支持扶持。建立主导产业工作指标考核体系，对推进情况进行定期督导考核。

（四）着力加强生态文明建设。坚持生态优先，以建设京津冀水源涵养功能区和生态环境支撑区为重点，持续提升生态环境质量。一是实施一批重点生态项目。推进山水林田湖草整体修复，实施好京津风沙源治理、京冀水源林等生态项目建设，不断增强绿色屏障作用，全年新营造林65万亩以上。二是努力提升环境治理水平。持续加强能耗、电耗、煤耗等指标调度，全面完成省下达的目标任务。全面落实大气、水、土壤污染治理任务，实施好污染减排重点工程，确保环境质量继续保持领先水平。三是不断完善生态文明体制机制。大力弘扬塞罕坝精神，推动落实京津冀水源涵养功能区和生态环境支撑区规划任务实施。积极探索生态文明体制机制，组织实施绿色发展考核，推动建立跨流域生态补偿机制。

（五）着力深化京津冀协同发展。紧紧抓住国家打造京津冀世界级创新平台和增长极的重大机遇，在服务京津、扩大开放中实现借力发展。一是继续深化与京津合作。认真研究《北京市推进京津冀协同发展行动计划（2018—2020年）》，在疏解非首都功能、打造集中承载地等领域，深入开展对接合作。力促京沈客专承德至北京段竣工通车，承平高速尽快开工，积极推动与京津建立稳定的流域横向生态补偿机制。全年与京津开展各类对接洽谈活动500场次，签署合作协议50项以上，达成合作项目50项以上。二是与京津共建重点承接平台。以怀丰产业园、津冀六沟产业园等园区为重点，全面完成园区“九通一平”建设，引进一批新能源装备、汽车配件等京津合作项目落地实施。抓好“承德绿色产品雄安展示中心”建设，支持绿色建材产品进入雄安新区市场。三是提升对外开放水平。落实精准招商行动计划，抓好香港经洽会、中国·天津投资贸易洽谈会、廊坊“5·18”国际经济贸易洽谈会等重大招商活动，力争引进一批世界500强企业、知名跨国公司来承投资。对备案外资项目全程跟踪服务，确保外资尽快到位。落实出口优惠政策，引导易合菲电器设备、三昌科技等企业拓展国际市场。

（六）着力提升改革创新动力。加快深化改革步伐，创新经济管理机制，激发经济发展内生动力。一是建立实施计划项目财政债务一体化管理机制。按照“一手抓发展一手防风险”的原则，依据国民经济和社会发展规划中的社会事业、公共服务需求，建立政府投资项目库，对所有项目实施计划管理；逐年编制年度项目计划，优化计划管理程序，坚持计划执行刚性，无计划不投资、有计划必实施；根据计划列入预算安排，并严格按计划进度建设；强化资金使用管理和跟踪问效，严禁私自超预算建设，防止形成新的政府债务。谋划设立政府投资项目代建管理机构，开展全程代办服务和监督管理，提高项目推进效率。二是推动重点领域改革。继续实施放管服改革，将“承德办事一次成”深化为“承德办事不用跑”，咨询、申报、预审、支付、办理、反馈所有环节全程在线，力争实现“不见面”审批事项达到40%以上。优化企业发展服务中心和公共资源交易中心运营，打造良好营商环境品牌。发挥国控集团、国投集团作用，推动国有资本平台做大做强，将所有经营性资产、行政事业资产纳入平台管理。创新城市建设和运营体制机制，理顺市本级和中心城区的行政权力。三是提升科技创新能力。加快落实国家可持续发展议程创新示范区建设任务，推进以企业为主体的技术创新体系建设，提升企业技术中心、工程实验室等平台建设水平和创新能力。实施“大众创业万众创新”行动计划，加强创业知识产权保护和资金支持力度，激发创新活力。

（七）着力促进城乡协调发展。落实新型城镇化和乡村振兴战略各项部署，推动城市经济、县域经济和农业农村加快发展。一是提高城镇化发展质量。坚持中心城市与县城（小城市）协调发展，有序推进城中村、老旧小区改造，加强城市排水防涝、地下综合管廊、海绵城市建设，大力发展智慧城市、绿色城市、人文城市，提高城市发展质量，增强辐射带动能力。加快企业退城搬迁，引导企业向园区聚集，有效盘活城区低效用地。二是加快发展县域经济。落实县域经济高质量发展的意见，实施产业集群发展能力提升工程，培育壮大“1+2”县域特色产业，带动县域经济增比进位。三是支持农业农村优先发展。以实施乡村振兴战略为总抓手，按照“产业兴旺、生态宜居、乡风文明、治理有效、生活富裕”的要求，全面实施乡村振兴战略规划、推进农业供给侧结构性改革三年行动计划，加快农业产业化重点项目建设，打造现代农业精品园区，促进农业增效、农民增收、农村繁荣。

（八）着力保障和改善民生。巩固“双创双服”活动成果，强力推进民心工程惠民实事，努力提高民生保障水平。一是巩固脱贫攻坚成果。围绕“一环六带”区域产业布局，积极培育食用菌、中药材、林果业等特色扶贫产业，全面完成各项脱贫任务，确保4726人稳定脱贫。二是加强就业社保工作。围绕高校毕业生、农村劳动力转移、去产能企业职工等重点群体，强化援企稳岗，实现城镇新增就业4.6万人以上。实施好以工代赈、农村公路、农村电网、危房改造等工程，改善农村生产生活条件。三是推动社会事业全面发展。进一步改善办学条件，加强基础教育标准化学校建设，推进教育资源均衡配置。实施改善医疗服务行动，扎实提升基层医疗结构综合诊治能力。加大价格管理和监督检查力度，努力营造良好的消费价格环境。

做好 2020 年全市经济社会发展工作任务艰巨、意义重大、使命光荣。让我们更加紧密地团结在以习近平同志为核心的党中央周围，全面贯彻落实市委十四届七次全会决策部署，自觉接受人大的指导和监督，虚心听取政协的意见和建议，奋发作为、锐意进取，确保全面建成小康社会和“十三五”规划圆满收官！

关于承德市2019年市本级预算和市总预算执行情况与2020年市本级预算和市总预算草案的报告

——在承德市第十四届
人民代表大会第五次会议上
2020年1月15日

承德市财政局局长　栾志宏

一、2019年预算执行情况

2019年，面对严峻复杂的经济形势，全市各级各部门坚持以习近平新时代中国特色社会主义思想和习近平总书记对河北对承德重要指示精神为指导，坚决贯彻落实国家、省市重大决策部署，认真执行市人大各项决议，树牢新发展理念，坚持稳中求进工作总基调，以推进供给侧结构性改革为主线，持续完善优化财政政策，狠抓预算执行管理，着力深化财税改革，有效防控财政风险，较好地完成了市十四届人大四次会议确定的目标任务，全市财政运行总体平稳、稳中有进、进中提质。

（一）全市预算执行情况

2019年，全市全部财政收入完成230亿元（快报数，下同），占预算的100%，同比增长6.5%。一般公共预算收入完成112.5亿元，占预算的101%，同比增长7.6%，其中税收收入完成81.4亿元，占一般公共预算收入的72.4%。政府性基金预算收入完成101.7亿元，占预算的77.2%，同比下降25.3%。国有资本经营预算收入完成4亿元，占预算的100.3%，同比增长61%。社保基金预算收入完成157.2亿元，占预算的99.1%，同比下降13.4%。

全市一般公共预算支出完成415.4亿元，占调整预算的93.9%，同比增长13%。政府性基金预算支出完成103亿元，占调整预算的76.4%，同比下降25.2%。国有资本经营预算支出完成4.1亿元，占预算的97.3%，是去年的13倍。社保基金预算支出完成158.8亿元，占预算的102.9%，同比下降4.2%。

（二）市本级预算执行情况

2019年，市本级全部财政收入完成14.6亿元（快报数，下同），占预算的134.2%，同比增长35.2%。一般公共预算收入完成9.5亿元，占预算的90.6%，同比增长22.5%。政府性基金预算收入完成24.2亿元，占预算的111.3%，同比增长19.8%。国有资本经营预算收入完成4亿元，占预算的100.3%，是去年的8.8倍。社保基金预算收入完成63.5亿元，占预算的95.1%，同比增长2.6%。

市本级一般公共预算支出完成71.8亿元，占调整预算的80.2%，同比增长11.8%。政府性基金预算支出完成2.8亿元，占调整预算的33.4%，同比下降61.5%。国有资本经营预算支出完成3.6亿元，占预算的85.5%，是去年的11.9倍。社保基金预算支出完成62亿元，占预算的100.7%，与去年持平。

回顾过去的一年，全市各级各部门在市委的坚强领导和市人大常委会的监督下，有效实施积极的财政政策，着力破解经济社会发展难题，各项工作取得了新的成效。

——争取支持再创历史新高。抓牢京津冀协同发展、脱贫攻坚、生态环境保护等重大历史机遇，累计争取上级转移支付资金230亿元，同比增加9亿元，其中争取省洁净煤取暖补贴资金2.98亿元、占全省的34.2%；成功争列国家财政支持深化民营和小微企业金融服务综合改革试点城市，获奖励资金4000万元；争取专项扶贫资金16.3亿元、获奖励资金5417万元，支持打赢脱贫攻坚工作；争取潮河流域、滦河流域补偿资金8.7亿元、重点生态功能区转移支付9.9亿元（其中市本级1.8亿元）、林业发展资金8.6亿元、大气及涉水污染治理资金5亿元，支持大气、水环境质量持续改善；争取上级企业养老保险调剂金17.2亿元，支持企业养老保险政策落地落实；争取中央和省专项资金18.1亿元，支持普通国省干道建设、养护等工作；争取中央、省基本建设资金12.8亿元，支持京津风沙源治理、保障性安居工程等重点项目建设；争取化解过剩产能资金6421万元，支持建龙特殊钢等企业化解过剩产能；争取专项资金8046万元，支持天大钒业、承德露露等40余家企业转型升级。此外，争取新增政府债务限额66.4亿元、同比增加10.6亿元、同比增长19%；争取再融资债券41.2亿元，债券资金争取额度为历年最高。

——助力发展迈出坚实步伐。坚持发展第一要务，认真落实支持民营经济发展、金融服务实体经济等系列政策措施，年度新增减税降费30.8亿元，筹集资金超6亿元偿还民营企业欠款，筹集资金20亿元支持建龙钒氮合金、天大钒业5000吨钛合金等百余个项目建设，年新增500万元以上纳税企业52家、达到479家；新增超亿元纳税企业2家、达到21家。划转至国控集团优质经营性国有资产5亿元，国控集团总资产增长11.6%、达到240亿元；国投集团累计投资项目17个、完成投资5.9亿元；开展担保业务2717笔、担保额度达152亿元。科技型中小企业技术创新增信基金、农业产业化增信基金为89家企业融资11.2亿元，“政银企户保”模式累计撬动金融机构贷款36.4亿元，实体经济持续发展壮大。累计纳入财政部PPP综合信息平台项目58个、投资概算692.3亿元，落地项目45个、投资规模达296.5亿元，引入社会资本271.4亿元。累计筹集资金3540万元，支持“承德办事一次成”改革，“智慧政务”系统、“满意承德”城市综合服务平台上线运营，全市营商环境日益优化。

——财政风险防控有力有效。《承德市各级政府隐性债务问责实施办法》《承德市政府性债务风险应急处置预案》等文件落地落实，偿债主体责任有效压实，累计偿还政府债务本息及服务费79.3亿元、棚改贷款还本付息3.6亿元，化解隐性债务32.1亿元，全市债务风险总体可控。财政暂付性款项管理和消化工作扎实有效推进，全年消化暂付款15.8亿元、超额完成任务。预算管理信息系统、财政专项资金监控系统、扶贫资金监控系统等有效发力，“123”资金监管体系落地生效，财政资金实现规范、安全、高效使用。制定印发《承德市市级机关培训费管理办法》《关于规范差旅伙食费和市内交通费收交管理有关事项的通知》《承德市加强市本级出国经费管理的补充规定》等文件，财政资金支出实现规范有序。扎实开展惠民惠农财政补贴资金“一卡通”等监督检查工作，累计发现问题46件，现已全部整改到位，有力保障了重大政策落实和财政资金有效使用。

——财税改革取得新的突破。财政预算绩效管理改革深入推进，《关于全面实施预算绩效管理的实施意见》等系列文件印发实施，绩效管理覆盖财政资金率达到100%，累计开展教育、社保、脱贫攻坚等领域重点评价项目59个、评价金额36.5亿元，追缴绩效缺失资金4988万元，全方位、全过程、全覆盖的预算绩效管理体系雏形初具。市直行政事业单位国有资产管理台账建成并运用，累计采集国有资产信息 1500 余条、纳入台账国有资产 400 余亿元。市级国有金融资本体制改革取得明显成效，纳入财政集中统一履行出资人职责监管企业 2 家，总规模达到 10.2 亿元。市以下财政事权和支出责任划分改革深入推进，其中教育领域市本级配套安排资金 8 项、3911 万元；医疗卫生领域市本级配套安排资金 7 项、4475 万元。政府采购、财政投资评审工作扎实有效，实现采购规模 52 亿元、资金节约率达 5%；完成项目评审金额 117.9 亿元、审减率达 13.1%。

——民生福祉持续改善提升。坚持尽力而为、量力而行、持续保障，各项民生政策落到实处，累计实现民生支出 346.7 亿元，占一般公共预算支出 83.5%。全年贫困县整合涉农资金 21.7 亿元、京津唐对口帮扶资金 5.4 亿元，支持 6.03 万贫困人口稳定脱贫，丰宁、围场、隆化 3 个深度贫困县顺利通过省级考核验收。安排资金 9.8 亿元，全面落实基层医疗卫生服务、公立医院改革、公共卫生服务、困难群众救助等政策，城乡居民基本养老保险基础养老金标准为 108 元、基本医疗保险补助标准达到 520 元，企业养老金待遇连续 15 年提高。山水林田湖草生态修复试点完工项目 30 个、投资 18.1 亿元，绩效考核连续两年位列全省第一，第二轮引滦入津上下游横向生态补偿机制成功落地。安排科技、文化、体育等领域资金 8.2 亿元，支持国家可持续发展议程创新示范区、党校后勤体制改革等重点工作，承德博物馆、冰上运动中心建成投用。安排教育保障资金 27.2 亿元，全面落实“两免一补”资助、城乡义务教育均衡发展等政策，承德应用技术职业学院正式建成招生。

在总结成绩的同时，我们也清醒地看到，财政经济运行仍面临着诸多困难和挑战，主要有：一是财政收支压力前所未有，财政收入增长基础不稳固以及减税降费落实力度加大，“三保”刚性支出与日俱增，加之债券争取受限额管理制度约束，空间越来越小，财政运转压力空前。二是风险防控压力前所未有，全市政府债务风险总体可控，但全市债务余额、综合债务率等指标在全省排名靠前，年需偿还债务近百亿元，同时暂付款余额较大，以我市当前可用财力水平，偿还、消化压力十分巨大。三是资金监管压力前所未有，违反财经纪律的现象仍时有发生，部门预算管理主体责任意识还需增强，等等。对这些问题，我们将高度重视，进一步强化问题导向，深化预算改革，加强收支管理，规范资金使用，防控运行风险。

二、2020 年预算安排情况

2020 年是全面建成小康社会和“十三五”规划收官之年，是实现第一个百年奋斗目标的决胜之年，编制执行好 2020 年预算，对促进市域经济社会创新发展、绿色发展、高质量发展具有重要意义。

（一）预算编制的指导思想和基本原则

2020 年预算编制的指导思想：坚持以习近平新时代中国特色社会主义思想和习近平总书记对河北对承德重要指示精神为指导，深入贯彻落实党的十九大和十九届二中、三中、四中全会，以及省委九届十次全会、市委十四届七次全会等精神，坚持稳中求进工作总基调，坚持新发展理念，坚持以供给侧结构性改革为主线，牢牢把握“三区一城”发展定位和“12345”总体思路目标，加力提效实施积极的财政政策，深化财税改革，优化支出结构，强化资金管理，防范财政风险，加快全面建设高质量财政步伐，统筹推进稳增长、促改革、调结构、惠民生、防风险、保稳定各项工作，为新时代建设生态强市、魅力承德提供有力的政策和资金支撑。

2020 年预算编制基本原则：

——依法理财。全面贯彻落实《中华人民共和国预算法》等财经法律法规，以及国家、省市重大决策部署，规范预算编制，明确主体责任，推进预算公开，强化刚性约束，推动预算工作法治化、制度化和规范化。

——突出重点。紧紧围绕市委、市政府决策部署，突出支持高质量发展，重点投向提升经济质量、脱贫攻坚、生态治理、乡村振兴、民生改善、文化发展、社会治理、基础设施等重点领域，更好发挥财政调控保障作用。

——统筹兼顾。量力而行、尽力而为，综合考虑民生政策、事业发展长远目标，合理确定保障范围和政策力度，确保财政可持续。强化各类资金统筹整合，盘活存量、用好增量，优化资金有效供给，全面实行综合预算。

——厉行节约。牢固树立“政府过紧日子、百姓过好日子”思想，坚持勤俭办一切事业，严格控制非急需、非刚性和一般性支出，“三公”经费做到只减不增，把财政资源更多地用于提供公共服务、保障民生各项支出。

——深化改革。全面贯彻国家、省市改革要求，深入推行“绩效预算＋零基预算”管理，以及市以下财政事权与支出责任等改革，加快建立全面规范透明、标准科学、约束有力的预算制度。

——讲求绩效。全面实施预算绩效管理改革，强化绩效理念，将绩效管理覆盖所有财政资金，贯穿预算编制、执行全过程。强化绩效评价结果应用，部门事业发展所需支出根据绩效高低，区分轻重缓急，合理确定安排顺序。

（二）全市预算草案

1. 一般公共预算。2020年全市一般公共预算收入安排增长6.5%，即一般公共预算收入120亿元，加上返还性收入16.6亿元、一般性转移支付收入165.5亿元、专项转移支付收入41.2亿元、调入资金79.5亿元、动用预算稳定调节基金7.2亿元，收入总计430亿元。

一般公共预算支出安排404.1亿元，加上上解支出5.2亿元、调出资金0.2亿元、债务还本支出20.5亿元，支出总计430亿元。年度预算收支安排平衡。

2. 政府性基金预算。收入预算安排181.4亿元，加上上级转移支付收入2亿元、调入资金0.2亿元、债务转贷收入17亿元（提前下达新增政府专项债务限额），收入总计200.6亿元。

支出预算安排120亿元，加上上解支出0.9亿元、调出资金71.4亿元、债务还本支出8.3亿元，支出总计200.6亿元。年度预算收支安排平衡。

3. 国有资本经营预算。收入预算安排10.9亿元。支出预算安排5.6亿元，加上调出资金5.3亿元，支出总计10.9亿元。年度预算收支安排平衡。

4. 社会保险基金预算。收入预算安排170.3亿元，支出预算安排171.5亿元，本年收支结余−1.2亿元，年末滚存结余73.8亿元。

（三）市本级预算草案

1. 一般公共预算

（1）收入情况。2020年市本级一般公共预算收入安排11亿元（含景区门票收入3.1亿元）。

（2）财力情况。根据拟确定的11亿元收入预期目标测算，一般公共预算总财力预计为55.5亿元，较2019年增加5.5亿元，同比增长11%，其中一般公共预算收入11亿元、上级补助收入6亿元、下级上解收入29亿元、调入资金2.3亿元（教育收费）、调入预算稳定调节基金4亿元、调入政府性基金3.2亿元。

（3）支出情况。坚持量力而行、尽力而为，继续压减一般性支出，按照“保工资、保运转、保基本民生、保脱贫攻坚”的支出顺序，最大限度保障民生及社会事业发展。2020年共安排55.5亿元，其中基本支出37.9亿元，占比68.3%；偿债支出4.9亿元，占比8.8%；政策性补助及运维类支出8.7亿元，占比15.7%；专项项目支出4亿元，占比7.2%。一般公共预算支出重点保障了“3+3”绿色主导产业、科技创新、脱贫攻坚、化解债务风险、污染防治、城市基础设施建设、城乡义务教育保障机制、保障性安居工程、承德机场运营及航线补贴、公交运营补贴、文明城市创建等支出。其中，民生支出共安排47.2亿元，占比85%。

（4）预算平衡情况。一般公共预算收入110000万元，加上返还性收入60769万元、一般性转移支付收入299079万元、专项转移支付收入39390万元、下级上解收入303526万元、调入资金55000万元、动用预算稳定调节基金40000万元，收入总计907764万元。

一般公共预算支出772067万元（含上级转移支付），加上上解支出13269万元、返还性支出13759万元、一般性转移支付支出85407万元、专项转移支付支出5896万元、债务还本支出17366万元，支出总计907764万元。年度预算收支安排平衡。

2. 政府性基金预算

（1）收入情况。收入预算为648679万元，其中国有土地使用权出让收入644008万元、污水处理费收入1860万元、福利彩票公益金收入1442万元、彩票发行机构和彩票销售机构的业务费用收入769万元、体育彩票公益金收入600万元，加上下级上解收入16000万元、上级转移支付收入12394万元、债务转贷收入63900万元（提前下达新增政府专项债务限额），收入总计740973万元。

（2）支出情况。支出预算为165616万元（含转移支付及专项债券支出），主要包括双峰寺水库PPP运营期付费20000万元、双峰寺地表水厂及配套供水管网工程18000万元、“两河一期”清算资金15000万元、政府专项债券利息及发行费支出9103万元、第三医院业务用房改建项目8000万元、主城区供水管网及设施改造提升工程7000万元、污水处理厂运营补贴4761万元、天然气价格补贴2000万元、市区主干道维修经费1500万元、园林局绿地养护经费1100万元，加上补助下级支出523357万元、调出资金32000万元、债务还本支出10000万元、债务转贷支出10000万元，支出总计740973万元。年度预算收支安排平衡。

3. 国有资本经营预算

（1）收入情况。收入预算为30500万元，其中承德银行、热力集团上缴股息股利收入3500万元，旅游集团、矿业集团上缴利润收入2000万元，国控集团等上缴其他国有资本经营收入25000万元。

（2）支出情况。支出预算为30500万元，其中企业改制及历史遗留问题支出702万元、下营房安置房支出13000万元、国控集团资本金注入11000万元、国投集团资本金注入4000万元、解决其他历史遗留问题支出1798万元。年度预算收支安排平衡。

4. 社会保险基金预算

2020年市本级社保基金预算总收入608588万元，降低4.1%；2020年社保基金预算总支出624066万元，增长0.6%。年度收支结余−15478万元，年末滚存结余256627万元。

（1）企业养老保险基金收支情况。2020年预算总收入329192万元，降低5.7%。其中：保费收入127278万元、上级补助收入164514万元、下级上解收入35000万元、利息收入800万元、转移收入1600万元。预算总支出364089万元，增长3.1%。其中：待遇支出245161万元、补助下级支出 117428 万元、转移支出 1500 万元。基金本年收支结余 −34897 万元，年末滚存结余为 35518 万元。

（2）机关事业养老保险基金收支情况。2020 年预算总收入 80817 万元，增长 1.2%。其中：保费收入 31333 万元、财政补助收入 28000 万元、上级补助收入 21140 万元、利息收入 345 万元。预算总支出 74339 万元，增长 8.8%，全部为待遇支出。基金本年收支结余 6478 万元，年末滚存结余 15488 万元。

（3）职工医疗保险基金（含生育保险）收支情况。预算总收入 109960 万元，降低 1.8%。其中：保费收入 106252 万元、利息收入 1330 万元、下级上解收入 2378 万元。预算总支出 103574 万元，增长 1%，全部为待遇支出。基金本年收支结余 6386 万元，年末滚存结余 112011 万元。

（4）城乡居民基本医疗保险基金收支情况。预算总收入 40796 万元，增长 10.8%。其中：保费收入 9447 万元、财政补助收入 20257 万元、利息收入 250 万元、下级上解收入 10842 万元。预算总支出 34229 万元，降低 17.1%。其中：待遇支出 30436 万元、大病保险支出 2530 万元、上解上级支出 1263 万元。基金本年收支结余 6567 万元，年末滚存结余 43222 万元。

（5）工伤保险基金收支情况。我市工伤保险在市级统筹，2020 年全市工伤保险基金预算总收入 36130 万元，降低 20%。其中：保费收入 36000 万元、利息收入 130 万元。预算总支出 36072 万元，降低 12.2%。其中：待遇支出 35652 万元、劳动能力鉴定支出 132 万元、工伤预防费用支出 288 万元。基金预算本年收支结余 58 万元，年末滚存结余 17486 万元。

（6）失业保险基金收支情况。我市失业保险在市级统筹，2020 年全市失业保险基金预算总收入 11693 万元，与去年基本持平。其中：保费收入 10502 万元、利息收入 502 万元、其他收入 250 万元、转移收入 39 万元、上级补助收入 400 万元。预算总支出 11763 万元，降低 14.3%。其中：待遇支出 6550 万元、稳岗补贴支出 3000 万元、技能提升支出 527 万元、其他支出 686 万元、上解上级支出 1000 万元。基金本年收支结余 −70 万元，年末滚存结余 32902 万元。

（四）高新区 2019 年预算执行情况与 2020 年预算草案

1.2019 年预算执行情况

2019 年，高新区全部财政收入完成 209368 万元（快报数，下同），占预算的 102.4%，同比增长 7.4%。一般公共预算收入完成 87281 万元，占预算的 101%，同比增长 8.1%，其中税收收入完成 67860 万元，占一般公共预算收入的 77.7%。政府性基金预算收入完成 198989 万元，占预算的 121.1%，同比增长 24.2%。社保基金预算收入完成 15809 万元，占预算的 386.4%，同比下降 49.9%。

高新区一般公共预算支出完成 93159 万元，占调整预算的 96.3%，同比下降 10%。政府性基金预算支出完成 161409 万元，占调整预算的 99.3%，同比增长 101%。国有资本经营预算支出完成 5000 万元，占调整预算的 100%。社保基金预算支出完成 14862 万元，占预算的 297.7%，同比增长 13.6%。

2.2020 年预算草案

按照《河北省预算审查监督条例》第三十七条"各级政府设立的各类开发区应当编制预算，并编入市级政府预算，报本级人民代表大会审查批准，接受本级人民代表大会及其常委会的监督"要求，高新区编制了 2020 年预算草案，同时提请市十四届人民代表大会第五次会议审议。

（1）一般公共预算安排。2020 年高新区一般公共预算收入安排 92950 万元，同比增长 6.5%，加上返还性收入 3133 万元、一般性转移支付收入 16079 万元、专项转移支付收入 4355 万元、调入资金 48366 万元（其中调入预算稳定调节基金 1859 万元、调入政府性基金 46507 万元），收入总计

164883 万元。

支出预算安排 105320 万元（其中：高新区四季度假滑雪小镇 PPP 项目安排 100 万元），加上上解支出 59563 万元，支出总计 164883 万元。年度预算收支安排平衡。

(2) 政府性基金预算安排。收入预算安排 225000 万元，主要包括国有土地收益基金收入 14600 万元、农业土地开发资金收入 400 万元、国有土地使用权出让收入 205000 万元、城市基础设施配套费收入 5000 万元，加上转移支付收入 7 万元、债务转贷收入 10000 万元，政府性基金收入总计 235007 万元。

支出预算安排 184010 万元，主要包括高新区高铁商圈整体提升 PPP 项目付费 22039 万元、承德高新区综合管廊项目 10000 万元、偿还 2020 年到期政府债券本息及支付发行费等支出 63502 万元、化解隐性债务本息 22217 万元、高铁入股资金 10000 万元，加上上解支出 4490 万元，调出资金（调入一般公共预算）46507 万元，政府性基金支出总计 235007 万元。年度预算收支安排平衡。

3. 社会保险基金预算安排

收入预算安排 17412 万元，同比增长 325.6%。支出预算安排 20980 万元，同比增长 320.2%。本年收支结余 −3568 万元，年末滚存结余 21482 万元。

（五）御道口牧场管理区 2019 年预算执行情况与 2020 年预算草案

1.2019 年预算执行情况

2019 年，御道口牧场管理区一般公共预算收入完成 3112 万元（快报数，下同），占预算的 81.9%，其中税收收入完成 2076 万元，占一般公共预算收入的 66.7%。一般公共预算支出完成 7356 万元，占调整预算的 50.5%。

2.2020 年预算草案

按照《河北省预算审查监督条例》第三十七条“各级政府设立的各类开发区应当编制预算，并编入市级政府预算，报本级人民代表大会审查批准，接受本级人民代表大会及其常委会的监督”要求，御道口牧场管理区编制了 2020 年预算草案，同时提请市十四届人民代表大会第五次会议审议。

(1) 一般公共预算安排。2020 年御道口管理区一般公共预算收入安排 4503 万元，同比增长 44.7%，加上一般性转移支付收入 2736 万元、调入资金 4000 万元，收入总计 11239 万元。支出预算安排 11239 万元。年度预算收支安排平衡。

(2) 政府性基金预算安排。收入预算安排 9000 万元，加上转移支付收入 10000 万元，收入总计 19000 万元。支出预算安排 15000 万元，加上调出资金 4000 万元，支出总计 19000 万元。年度预算收支安排平衡。

三、2020 年预算执行重点工作

2020 年，我们将围绕上述预算安排，认真落实市委、市人大决策部署和工作要求，统筹兼顾，突出重点，狠抓落实，扎实做好各项工作，确保完成全年预算任务。

（一）着力抓好预算执行，确保财政收支平衡。按照“以旬保月、以月保季、以季保年”要求，强化财政运行监测，发挥综合治税功能，加大税费征管力度，做到依法征收、应收尽收、均衡入库，同时完善收入监控体系，防止征收过头税、搞乱收费或虚收空转，持续提高收入质量。以绩效为导向，健全完善加快财政支出进度长效管理机制，落实支出承诺、预算预审、通报约谈等做法，力争资金早支出、早使用、早见效。牢固树立过紧日子思想，厉行节约、精打细算，大力压减一般性开支，优化支出结构，提高支出精准度，把有限的资金集中用于保重点、补短板、强弱项。以开展重大政策和项目评估为抓手，继续清理取消和整合现行各类专项资金政策，着力解决财政资金使用散、碎问题，集中财力保障“三保”“三大攻坚战”等重点领域。

（二）着力抓好政策运用，助推经济提质增效。严格落实减税降费政策，逐条逐项落细落实减税降费工作任务事项清单，执行政府性基金和行政事业性收费目录清单“一张网”要求，持续提升经济发展内生动力。深入实施“新财源项目”建设工程，健全完善重点项目“单位财源贡献率”评价体系，提高项目经济效益。建立政府投资项目“项目＋计划＋预算＋债务”全周期管控模式，发挥国投、国控集团两大平台作用，在先期注入资本金，引导撬动社会资本参与政府性项目建设基础上，分年度整合注入资金（包括债券资金）、资产、资源，逐步覆盖项目建设成本，在破解政府性项目筹资难同时，支持社会资本做大做强。加大筹融资力度，争取上级在转移支付、债券额度、改革试点等方面加大对我市支持，规范运用PPP、股权基金等模式，支持我市重点领域加快发展。

（三）着力抓好风险管控，坚决守住安全底线。稳妥化解地方政府存量债务和隐性债务，健全政府债务常态化管控机制，严格执行政府举债融资负面清单，适当控制政府投资规模和标准，做到凡没有资金筹集方案的一律不准上项目、不准开工建设，严禁违法违规融资担保，严禁以政府投资基金、PPP、政府购买服务等名义变相举债，逐年降低债务率。认真落实《河北省财政暂付款风险管控工作方案》，采取年初预算安排、盘活存量资金、追缴核销、债券依法转让、资产股权处置等途径，确保年内消化财政暂付款20%。持续关注基层财政的结构性困难，建立区级预算预审机制，督促县（区）级政府全面落实保障责任，支持基层做好“三保”工作，确保国家标准下的“三保”支出足额保障到位。强化养老保险基金统筹统支管理工作，确保养老金按时足额发放。

（四）着力抓好民生保障，办好惠民利民实事。坚持尽力而为、量力而行，用心用力用情做好民生保障工作，重点落实涉农资金整合政策，加大财政专项扶贫资金投入特别是深度贫困地区倾斜力度，用好财政扶贫资金监控系统，保障实现脱贫攻坚目标。千方百计筹集资金全力保障教育、社保、医疗、文化、科技等领域政策落地落实，特别是支持市委、市政府确定的民心工程和民心实事，着力健全完善多层次社会保障体系。持续改善生态环境，支持打好蓝天、碧水、净土、环境安全四大保卫战，重点做好山水林田湖草生态保护修复试点工作、加快建立省内横向生态补偿机制等工作，让人民群众共享改革发展成果。

（五）着力抓好改革落地，健全现代财政制度。深化全面实施预算绩效管理改革，重点对绩效运行和支出进度实施“双监控”，并围绕脱贫攻坚、污染防治、转型升级、民生保障等重点领域资金开展绩效评价，基本建成全方位、全过程、全覆盖的预算绩效管理体系目标。深入推进市级经营性国有资产集中统一监管改革，在全面摸清行政事业单位国有资产和国有企业经营性资产底数基础上，科学分类解决资产信息不完整、手续不全等问题，为整合盘活存量资产奠定基础。扎实推进文化、农业等领域市以下财政事权和支出责任划分改革，加快建立权责清晰、财力协调、区域均衡的政府间财政关系。继续深化税制改革，扎实推进政府采购制度、国有金融资本集中统一管理等改革，进一步激发财政发展内生动力。

做好2020年的财政工作，使命光荣，责任重大。我们将在市委的坚强领导下，以更加开阔的思路、更加有效的举措、更加务实的作风，落实市十四届人大五次会议的决议和要求，努力完成各项目标任务，为新时代全面建设生态强市、魅力承德做出新的贡献！

贫困山区推进中心村建设的“平泉样本”

承德市地方志办公室课题组

提要：河北省平泉市深入贯彻落实国家乡村振兴战略，大力实施中心村建设，创新实践贫困山区农民就地城镇化，形成了以中心村发展带动乡村振兴的“平泉样本”。平泉以“三区同建”为框架格局，用产业支撑、以环境吸引、靠创新引领，着力解决土地使用、资金筹集和人口聚集等难题。中心村建设的有力推进，形成了与撤县设市、脱贫攻坚、小城镇和美丽乡村建设多项任务互促共进的多赢局面，催生了一批产业特而强、功能聚而合、机制新而活的新型村镇，“两不愁三保障”得到有效落实，使乡村振兴有了“加速器”。目前，平泉市中心村建设仍面临资金投入不足、建设用地短缺、农民拆迁补偿等问题，需要继续以改革创新的精神实施新的举措，探索中心村建设新路径。

“产业兴旺、生态宜居、乡村文明、治理有效、生活富裕”是习近平总书记在党的十九大报告中，对实施乡村振兴战略的总要求，明确了乡村振兴战略的目标方向。平泉市作为国家可持续发展实验区、河北省新型城镇化试点，积极探索统筹城乡发展的有效途径，以中心村建设为抓手，将其作为推动经济发展和社会进步的动力，强化综合施策，推动了人口集中、要素集约、配套集聚，走出了一条贫困山区脱贫致富奔小康的路子，先后获得河北省中心村建设示范县、新农村建设先进县；平泉建成后的中心村，有的成为全国文明村和中国美丽乡村百家范例，有的成为中国少数民族特色村寨，有的成为河北省美丽乡村和河北省旅游示范区。被称为贫困山区推进城镇化的“平泉样本”，其建设经验被推向全国。

一、平泉市中心村建设的实施背景

契丹祖源，圣地平泉。平泉市地处河北省东北部，位于辽宁、内蒙古、河北三省区交界地，自古即为北方交通要道、商贾繁茂之地，曾是宋辽交往的前哨，历史文化源远流长。平泉是中国契丹文化之乡，辽河源头的契丹文化在这里独树一帜。草原游牧文化和中原农耕文化在这里碰撞融合，形成了独具特色的平泉文化。平泉因街中心平地有清泉涌出而得名。平泉古称“八沟”，清朝设“八沟厅”后改“平泉州”，1913 年始设县，2017 年 4 月 10 日，经国务院批准，平泉县更名为平泉市。平泉利用自身文化、区位、资源等优势，开拓进取、创新发展，取得了实际成效，打造了中国食用菌之乡、中国活性炭之乡和国家山杏产业示范区，建有亚洲最大的杏仁交易市场。平泉是全国文明县城、国家园林县城、国家卫生县城、全国科技进步先进县、全国文化先进县、全国平安建设先进县。2018 年，实现地区生产总值 174.6 亿元，全部财政收入 13.2 亿元。

尽管平泉发展有一定特色和基础，也有一定的亮点和成绩，但是，作为典型的北方山区县、环京津贫困地区，其农村发展存在着诸多严重困境：一是山多地少，村落分散。平泉是“七山一水二分田”的山区，山地多、河川多、平地少的现状造成了农业耕地分散、乡村聚落斑驳。2003—2012年，平泉从精简机构的目的出发，实行了一轮并村，原有的334个行政村减至291个，并有1918个自然村，最小的自然村只有9人。特别是伴随经济社会的高速发展，农村人口外流趋势显著，“空心村”“留守村”问题日益突出，资源难以聚集、投入难以覆盖。二是产业单一，贫困突出。2012年以前，平泉农业以传统玉米种植为主，附加值低，产业链短，其它农作物种植规模小、亩产低。平泉偏远农村由于资源特点没有矿业和加工制造业，以旅游为龙头的相关第三产业发展无力，资源综合利用差，缺乏增收渠道，农村普遍处于贫困状态。从“八七”扶贫攻坚开始，平泉就被确定为国家级贫困县，2014年建档立卡时，平泉仍识别出贫困村84个，贫困人口28362人，占到农村总人口的8.7%。三是基础薄弱，发展缓慢。原有的村落地处偏僻，水、电、路、通信等基础设施建设难度大、成本高、效益低，存在着发展不完善、建设不平衡的问题。2012年之前，大部分农户没有用上自来水，水质条件较差；一些偏远村大多都是土路、泥路、砾石路，出行不便，教育、医疗资源匮乏，上学难、看病难问题极为突出。零散居住和基础设施薄弱的问题不仅影响了生活水平，更是环境安全隐患。农村冬季取暖以散户燃煤为主，形成大气污染；生活垃圾随意倾倒或露天焚烧，污水直接排进河道。出行难、环境差等问题，严重制约了农村群众生产生活水平的提高。

制约农村发展的问题不彻底解决，贫困的难题就不能攻克，乡村振兴就无法实现，全面建成小康社会就无从谈起。党中央国务院始终把“三农”问题作为全党工作的重中之重，连续多年印发了中央1号文件，相继作出了精准脱贫、美丽乡村建设、全面小康建设、乡村振兴等重大战略决策部署，特别是印发的《乡村振兴战略规划（2018—2022年）》，对统筹城乡发展空间，完善城乡布局结构，分类推进乡村发展等作出了明确的规定、提出了具体的要求，指明了前进的方向。平泉认真深入学习领会国家的方针政策，全面开展调查研究，到发达地区学习考察，结合自身实际编制了《平泉县域村庄空间布局规划》，顺应村庄发展规律和演变趋势，根据不同村庄的发展现状、区位条件、资源禀赋等，将中心村建设整体规划、整体实施，逐步形成以中心城区为核心、重新规划的80个中心村（镇）环抱相拥、具有鲜明特色的现代化城镇集群。编制了《平泉县中心村风貌规划》，进一步强调传承历史文化、优化景观结构，整治人居环境、改造提升重点村。同时，出台了一系列保障规划实施的中心村建设制度举措。

二、平泉中心村建设的具体举措

平泉把实施中心村建设作为从根本上改变农民生产生活方式的必由之路，作为一项长期的战略性任务，按照合并行政村、发展中心村、治理空心村、搬迁偏远村的思路，整合各类资源，集中持续向中心村投入，促进人口集中居住、产业集聚发展、要素集约配置。经过几年的持续努力，农业产业不断壮大，农村面貌不断改善，农民幸福指数不断提升，为乡村振兴奠定了坚实基础。

（一）强力推进，建设“三区”

平泉全面实施中心村社区、产业园区和生态示范区“三区同建”，以此为突破口，启动中心村建设。

1. 建设高标准新型社区。平泉坚持把建设新型农村社区作为着力点，探索了建设新民居、改造提升自然村、整村易地搬迁三种建设模式，让农村居民因地制宜安家落户。截至2018年底，共建成42个农村新型社区，整合各类涉农资金3.2亿多元、撬动社会资金7.5亿多元，配套建设了学校、医院、文化活动中心、便民服务中心等公共服务设施，每个中心村给予基础设施改造资金200万元，用于完善水、电、路、通信、暖等基础设施，共有4万多名居民从低矮的平房搬进了具有田园特色、城市服务的居民小区。桲椤树社区是平泉首批推进的中心村之一，由6个行政村合并而成，面积58平方公里，11326口人，是河北省人口最多的农村社区，2018年该社区居民人均可支配收入达到14000元，是全国文明村。

2. 打造高水平产业园区。平泉将产业园区和扶持资金重点向中心村摆布，分类引进物流园区、设施菜大棚、活性炭产业园、食用菌加工厂等企业和项目，依托产业园区吸纳和富裕村民，实现园区就近招工、农民就近就业。截至2018年，全市共有79个投资1000万元以上的农业产业化项目和92个农业产业园区摆布在中心村，7300多户参与经营或入园打工实现增收，中心村居民不出家门就实现了稳定就业。卧龙镇八家社区坚持“新民居小区和产业园区”同步谋划、同步建设，社区内建有500亩食用菌园区、600亩绿化育苗园区，200亩设施菜园区、130亩花卉育种园区；引进了9家企业，提供就业岗位2000多个，为村民就地转移就业，就地城镇化提供了有力支撑。

3. 发展高质量生态示范区。平泉按照“产业生态化、生态产业化”的思路，打造了“山顶绿树盖帽、山中果树缠腰、平地菌菜唱主调”的立体化生态产业体系。在迁出地，推动“人退林进”，发展“人均百株果”等生态化产业，突破传统农业单一的农产品生产功能，将农业生产的各个环节与旅游业结合起来；在提升民俗体验、农家美食、林果采摘等旅游活动的同时，发展与林果业相关的创意文化、休闲农庄、绿色科技等产业，丰富生态农业旅游内涵。在中心村，开展植树、栽花、种草，重点在主干道两旁、产业园区周边、群众房前屋后建设小果园、小花园、小苗圃、小草坪，采取多种形式增加村内绿地面积。目前，中心村森林覆盖率高于全市2个百分点。柳溪镇薛杖子社区原来是扶贫重点村，在脱贫攻坚和中心村建设中，他们以辽河源国家森林公园为背景，以契丹民俗文化为主线，突出契丹特色、古风古韵的文化内涵，显山露水、依山傍水的生态内涵，建设林地面积31035亩，森林覆盖率高达85%，同时实施契丹始祖庙、契丹文化书院和中央美术学院写生基地等一批项目，大力发展旅游产业，实现户均增收2万多元，2016年脱贫出列，成为河北省旅游示范村、河北省美丽乡村重点村，实现了美丽蝶变。

（二）催生动力，产业支撑

“产业兴旺”是富民之本、强市之基，是平泉中心村建设的主要抓手。他们打造了食用菌、设施菜和林果主导产业，形成了“南果北菜全域菌”的产业发展格局。

1. 行政推动。为了做大做强主导产业，成立了市级食用菌技术服务中心、蔬菜站和林果总站；乡镇分别成立了农办、菌办和林业站；社会经济组织成立了食用菌分会、农民专业合作社和行业协会。全面建立起县、乡、社三级产业管理、服务网络体系。政府在土地、水利、电力配套建设上亮“绿灯”，制定了一系列激励政策，特别是市本级每年安排3000多万元财政资金、协调3亿多元金融贷款，为生产大户、重点企业解决资金短缺难题。

2. 龙头牵动。平泉不遗余力扶优做强龙头企业，到2018年，全市市级以上农业龙头企业63家，其中山庄集团被评为国家级龙头企业，呈祥有机蔬菜、亚欧果仁等16家企业被评为省级龙头企业，森源、润隆两个公司跻身“全国食用菌行业十大龙头企业”行列。

3. 典型带动。把培育高标准、高效益示范园区和培树致富典型作为重要抓手，全市先后建成专业乡镇 18 个、专业村 168 个，专业园区 600 多个，培树产业致富典型 78 个，带动 10 万多农户从事食用菌、设施菜和果品产业。

4. 品牌促动。在国家工商总局注册了“平泉”牌食用菌集体商标，培育出“三棵树”“乐野”等 16 个知名品牌、获得有机产品标识使用权 27 个，绿色食品 15 个，拥有“瀑河源”等中国著名商标 8 件，“三品一标”农产品 95 件，“平泉香菇”“平泉滑子菇”被评为农产品地理标志和生态原产地保护产品，绿色、有机、地理标志农产品认证达到 80.3%，“平泉香菇”品牌享誉全国。

5. 科技拉动。与中国农科院、中国农业大学、北京林业大学、河北农业大学、河北农科院等科研院校建立密切合作关系，建设了院士工作站，国家食用菌产业技术研发中心、全国生物质多联产工程技术研究中心、天津农科院科润黄瓜研究所落户平泉，先后引进新品种 100 多个，研发、推广新技术 200 多项，大幅提升了产业科技含量。

（三）释放红利，环境吸引

在贫困山区建设中心村，目的是把有限的资源集约利用，让更多群众享受到惠民政策。平泉对中心村实行“山、水、林、田、路”综合整治，提升“文、教、医、保、服”等公共服务水平。

1. 推进基础设施改造升级。2014 年到 2018 年，平泉累计投入资金 6.93 亿元，新修、整修农村公路 1032 千米，安装路灯 9811 盏，各村主要道路全部实现硬化亮化，实现了“村村通公交”，成功争创首批“四好农村路”全国示范县、河北省首批“优先发展公共交通示范城市”。架设高压线路 907.6 千米，切实提高了电能质量和供电可靠性；实施宽带网络光纤化改造和新建项目，实现光纤宽带入村、网络全覆盖。

2. 推进公共服务进村入户。所有乡镇中心卫生院实现楼房化，中心村标准化卫生室、文体活动中心、文化室全部建成使用，公共服务水平明显改善。全市建设安全饮水工程 119 处，铺设地下管路 122 万米、建设蓄水池 137 座，彻底解决了群众饮用水问题。累计新建垃圾填埋场 5 个、生活污水处理场建设项目 3 个，完成卫生厕所改造 8850 座；同时，为所有中心村配备保洁员，建立长效管护队伍，农村环境基本达到干净、整洁、宜居的目标。

3. 推进危旧房屋维修翻建。2014 年到 2018 年，全市共投入危房改造资金 2 亿元，其中市本级财政资金 3772.3 万元，先后维修房屋 11976 户、翻建 4232 户，贫困户住房安全率达到 100%。农村困难群众实现了“新房梦”，切实享受到了政策红利。2019 年 5 月 8 日，国务院办公厅对 2018 年落实重大政策措施真抓实干成效明显地方予以督查激励的通报中，平泉市因农村危房改造工作积极主动、成效明显而得到通报表扬，在 2019 年安排中央财政农村危房改造补助资金时，给予奖励或政策倾斜。

（四）创新引领，改革驱动

在贫困山区大力推进中心村建设，上级没有政策支持、群众等待观望、建设用地指标严重不足、资金筹措困难等等难题需要解决。平泉充分运用改革思维、市场办法，创新性地采取了一系列行之有效的措施，激发了全社会参与支持中心村建设的内生动力，中心村建设走上了健康发展的道路。

1. 土地资源经营。利用土地“占补平衡”“周转置换”政策，对偏远村实行整村搬迁、连片复垦，腾出的土地集中流转，建设产业园区，置换出的建设用地指标用于城市和项目建设，节余指标收益补偿给搬迁农户。对于不能整村搬迁的，严格实行“一户一宅”，搬到新居的农户必须将原住宅退出，将其作为奖励的“前置条件”。鼓励农户通过村委会协议方式转换购置中心村新住宅和二手住宅，对自愿退出原宅基地的农户进入中心村或进入城市自购房屋居住的农户，同样享受相关政策。通过这些举措，有效地激发了农户改善居住条件、迁入中心村的积极性，达到了整治“空心”农宅、拆除复垦或二次利用的目的。针对农村集体资源性资产多、经营性资产少的问题，指导25个村建立土地股份合作社，并按照“保底收益＋股份分红”模式，通过资源入股的方法，真正把“死资源”变为“活资产”，农民实现了“社员入股得租金、园区务工挣薪金、股份经营分红金”的“三金”梦。到2018年底，25个村累计增加集体收入487万元。

2. 产权制度改革。针对农村集体资产“家底”不清、农户占有集体资产“份额”不明的难题，平泉遴选情况复杂、遗留问题较多的南五十家子镇后甸子村作为试点，创新实施“四步走”的“四定”产权制度改革模式。第一步，科学评估定资产。按照“清查、登记、核实、公示、确认、上报”6个程序，采取“一查二问三盘点”的方式，对集体资产逐笔逐项清理核实，确保账目清晰、数据真实。第二步，依据户籍定成员。制定《村集体经济组织成员确认实施细则》，以公安户籍信息为基础，以村民组为单位，核实农村集体经济组织成员身份，并登记在册。第三步，量化分配定权属。拟定《股权改革实施方案》和《村股份经济合作社章程》，设置成员股、土地股、资金股，按照股权类别及比例进行量化，制定股份管理和收益分配办法，并按照股权证记载份额分配收益，实现“资产变股权，农民变股东”。第四步，挂牌运营定机制。成立“村股份经济合作社”，选举产生董事会、监事会，制定完善《董事会职责》等10项管理制度，健全集体资产运营的管理、监督和收益分配机制，为促进集体资产保值增值提供有力保障。到2018年，全市累计盘点核实资产总额7.7亿元，清理集体土地417.8万亩，确认农村集体经济组织成员身份34.7万人，192个村完成股权设置，颁发了“农村土地承包经营权证”和“农村集体经济组织股权证”，农村土地所有权、承包权和经营权权属基本明晰，全市有30多万亩土地经营权进行了流转，实现了“人地分离”，极大地释放了农村的发展活力。平泉市作为全国农村集体产权制度改革整县试点（第一批）已全部完成改革任务。

3. 建设资金筹措。一是财政专项资金撬动。为解决财政涉农资金“无偿补助、一投了之、效率不高”的问题，切实发挥财政资金“四两拨千金”作用，平泉探索实践财政资金股权化路径：把财政全额投资形成的资产交由市农业运营公司统筹管理，由农业主体经营使用，由村集体负责监管并获得收益，同时，撬动农户、村集体、经营主体、金融机构等社会资本入股，共同参与项目建设。二是涉农资金打捆投放。依照中心村建设需要，将中心村各类建设项目纳入财政、发改项目库进行管理，严格“统筹调配、整合使用”，将扶贫、交通、水利、发改、美丽乡村、农村环境面貌整治等各类资金整合，在确保资金用途不变、监管不变的基础上，集中向中心村摆布，最大限度地发挥资金的规模效益，累计整合各类项目资金3.5亿元支持中心村建设。三是增减挂钩市场交易。通过拆旧复垦、土地整理，将置换出的建设用地指标投入市场交易，在扣除土地整理费用后，剩余部分作为奖补资金补给搬迁农户，减轻了农民负担，调动了农民积极性。四是加强信贷资金运作。政府出面担保，与省国开行、省农发行等银行签订还款期限为30年的易地扶贫搬迁贷款合同，将贷款用于中心村各项建设。同时，充分利用多种渠道，加大跑办力度争取资金，对随时增加的上级涉农项目，确保更多资金摆放在重点推进的中心村。五是引导企业参与投资。建立了社会资金参与移民搬迁的具体办法和模式，将社区建设与特色小城镇建设统筹起来，运用市场化运作模式，引导龙头企业参与社区建设，村企共建、村企联建成为中心村建设的一个重要模式。

（五）四重保障，聚集人口

建设中心村，最重要的就是群众入住中心村，否则建成的中心村就会成为政府的巨大负担。为了把中心村真正建设成为民心工程，平泉通过“四重保障”，有效激活了群众搬迁意愿。

一重保障，尊重群众意愿聚集人。每个中心村启动之前，都充分征求党员和村民代表意见建议，不搞一刀切，不搞齐步走，条件成熟的、意愿强烈的才启动建设。在建筑选址、建设方案等前期设计时，既注重突出农村田园特色，更尊重农民风俗习惯，提供多种建设方式、多种住房户型供群众选择，让群众内心认可所建设的中心村，主动到中心村入驻。

二重保障，扩大创业就业留住人。每个中心村同步规划出居住小区、生产园区、商贸服务区，保证入驻中心村的农民有活干、有钱赚、能生活。同时对入住中心村的居民组织开展各类职业培训，优先安排创业就业。

三重保障，提升公共服务接纳人。在中心村建设幼儿园、小学、卫生所、活动广场、文体设施，让群众能够享受到相对较高质量的教育、医疗、文化等服务，用更高的幸福感吸引偏远山村居民入驻中心村。

四重保障，降低住房价格吸引人。中心村新建设的房屋质量由监理公司、村民代表和村干部共同监督，基础设施配套工程投入由市财政整合资金予以兜底，售价略高于成本，农民仅需付出城市商品房价格三分之一的资金，即可享受到与城市基本一致的生活水平。据不完全统计，全市 90% 以上的偏远山村群众渴望到中心村居住。

三、平泉中心村建设的实际成效

平泉中心村建设，是贫困山区改变农村面貌、壮大农业产业、提升农民幸福指数的一次全新探索。2012 年到 2018 年，平泉共启动 42 个中心村建设，全部建成农村社区，共减少行政村 53 个，新民居建成一万余套，总面积 105 万平方米，全市农村基础设施和公共服务设施建设等累计投资 24 亿多元，规划合并的 80 个中心村吸聚全市四分之一农村人口，4 万多名农民从生活环境恶劣、发展空间狭小的偏远山村搬迁到中心村居住，全市一半农民从中受益。农村经济得到较快发展，农村人均可支配收入达到 12531 元，农民过上了与城市居民基本一样的生活，为类似贫困山区加快城乡统筹、实现城乡一体化提供了有益借鉴。中心村建设的有力推进，形成了与脱贫攻坚、小城镇和美丽乡村建设、撤县设市多项任务互促共进的多赢局面。

（一）中心村建设与乡村产业振兴互促共进

通过中心村建设，平泉形成了以食用菌为主，以设施菜、经果林为辅的“一主两辅”富民产业格局，实现 3 个“全国第一”。

食用菌产业集群综合实力全国（县级）第一。食用菌总量 6.4 亿袋、产量 58 万吨，产业链产值 78 亿元，提供农民人均纯收入比重达到 46% 以上，具有“科技研发高端化、产业发展循环化、种植技术标准化、产品加工精深化、市场流通国际化、产业文化品牌化、富民成效普惠化”7 个特点，是集精深加工、科技研发、品牌服务、文化促动于一体的现代化食用菌产业集群。平泉是中国食用菌之乡、中国滑子菇之乡，全国食用菌行业十强基地县的荣誉实至名归。

设施黄瓜产业影响力全国第一。平泉是全国冬茬黄瓜的价格形成中心，设施菜大棚4.1万个，其中设施黄瓜种植面积12.7万亩，年产量120万吨、产值36亿元，产品畅销国内28个省市，以及俄罗斯、哈萨克斯坦等“一带一路”沿线国家。平泉被评为国家农产品质量安全示范县、全国森林标志产品创建基地、中国产业集群品牌50强。

山杏循环经济产业链条全国第一。平泉经果林面积101.6万亩，其中优质山杏林基地67万亩，产业链产值10亿元。培育了杏林春晓、乐野等杏仁加工企业11家，年加工杏仁1.4万吨，实现产值5.7亿元。特别是依托华净院士工作站、中国农大院士工作站、国家生物质多联产工程技术研究中心等高端科研机构，打造了“山杏—杏仁—杏仁露或杏仁粉（杏仁油）、山杏—杏核皮—发电—活性炭—文化创意产品（木醋液）”的循环经济产业链条，基本实现了产业闭合循环、资源充分利用。平泉活性炭企业34家，年产活性炭4.2万吨，果壳活性炭产销量约占全国的34%，华净公司是国内最大的果壳活性炭生产加工单体企业，建成了世界上第一个热电炭肥联产项目，被列为国家“十三五”林果重点推广项目。平泉被评为中国山杏之乡、中国活性炭之乡、国家山杏产业示范区。

（二）中心村建设与实施脱贫攻坚有机衔接

消除贫困、改善民生，是全党的重要使命。平泉在中心村建设过程中，注重与扶贫工作有机结合，“三零”扶贫模式是平泉推出的成功经验，与此同时实施全面健康工程，平泉高标准退出贫困县行列。

探索“三零”扶贫模式。平泉围绕特色主导产业，依托“政银企户保”金融扶贫平台，探索实施了投入“零成本”、经营“零风险”、就业“零距离”的“三零”产业精准扶贫模式，走出了一条让贫困群众直接受益、广泛受益、稳定受益的产业脱贫之路。一是投入“零成本”，就是由园区把大棚及菌棒等设施、设备先赊给贫困户，待贫困户获得稳定收益后再返还成本；或者由政府整合政策资金、金融部门提供贷款资金给龙头企业和农业园区，作为贫困户经营本金，使贫困户不花一分钱就能参与产业发展。二是经营“零风险”，就是技术、销售等高风险环节全部由企业和园区承担，贫困户只负责生产管理，构建企业、园区和贫困户新型利益联结体，让贫困户不用承担价格低、卖不动和亏本还贷等风险。三是就业“零距离”，就是把产业园区建在村边，让贫困户在“家门口”就业挣钱。从2015年到2018年，全市累计发展百亩以上“三零”扶贫园区112个，直接带动7900户、16300名贫困群众脱贫，户均年增收2.7万元。农村人均可支配收入由2011年的5677元增长到2018年的12531元，增长了近120%，增速高于城镇居民近30个百分点。“三零”产业精准扶贫模式被国家农业部评为“全国扶贫十大典型范例”，2017年得到时任国务院副总理汪洋的肯定性批示。2018年，平泉将“三零”产业扶贫模式广泛推广，农民自我发展、勤劳致富的能力不断增强。

实施全民健康工程。健康问题既是致贫的主要原因，也是影响群众幸福指数的重要指标。据统计，平泉因病致贫比例达到48%，通过持续关注农民健康、提高农村医疗水平、给予重病慢病救助，让农民少得病、治小病、减支出，有好身体，能发展产业，能劳动致富。实施“四重”医疗保险，让群众能有钱看病。提高农村医疗水平，让群众能及早看病。

实现尽早脱贫出列。“两不愁三保障”得到有效落实，贫困发生率由0.92%下降到0.6%，贫困人口人均纯收入由2014年的2012元提高到5616元，超过农村居民人均可支配收入增速110个百分点，生活质量明显提升，2018年7月，平泉高标准退出贫困县序列，得到了国家贫困退出评估组给予的“最实事求是地落实扶贫政策，最卓有成效地推动产业扶贫，最难发现问题的贫困县，达到高质量脱贫的目标”的高度评价。

（三）中心村建设与美丽乡村建设互利共赢

通过中心村建设，加快推进农村人居环境整治，平泉农村的村容村貌有了翻天覆地的变化。狭窄崎岖的泥土路变成了宽敞明亮的水泥路，路灯安到家门口，村村都配备了专门的保洁员、有了垃圾集中池，68%的农户用上了自来水、配备了干净整洁的新式厕所。以平泉市党坝镇永安社区为例，沿街进行了满族风格仿古建筑民居改造，整排的房屋错落有致，笔直的街道干净整洁，村民的生活幸福甜蜜。特别是通过环境的有效提升，告别了“脏、乱、差”。2014年永安社区被河北省民宗厅确定为“环京津少数民族特色村寨”，2015年被评为河北省美丽乡村，2017年3月被国家民委命名为中国少数民族特色村寨。目前，平泉有9个村荣获省级美丽乡村荣誉称号，梓椤树社区被评为中国美丽乡村百家范例。

在推进中心村建设中，平泉既注重挖掘各村的历史文化内涵，也注重现代产业与村庄建设的整合。他们选取产业基础较好、人口聚集程度较高、特色鲜明的中心村，重点推进了契丹小镇、山杏炭画小镇、花果小镇、欧李小镇、富硒小镇、光伏小镇、香菇小镇、黄瓜小镇、草莓小镇等各类特色小镇建设，成功培育一批产业“特而强”、功能“聚而合”、形态“小而美”，机制“新而活”的形态各异、特色鲜明的小镇。这些特色小镇，具有舒适生活的现代气息，特色鲜明的文化因素，一村一品的产业优势，既是中心村的样板和标杆，也是区域内农村发展的核心和引擎，得到群众的支持与称赞，为农村发展注入了强劲动能。

（四）中心村建设使撤县设市成果持续巩固

2017年4月县改市政策审批重启后，平泉成为全国首批、河北省第一个获批的县级市。撤县设市带来了平泉城市功能格局、结构体系重大转变。中心村建设推动了由农村政区向城市政区的转型，加快了全市城镇化进程。城镇化是现代化的必由之路，是解决农业、农村、农民问题的重要途径，是推动区域协调发展的有利支撑。平泉为推进统筹城乡发展、加快城乡一体化进程，充分发挥城镇化功能和作用，优化城镇化空间格局，将有限的资源要素向中心镇、中心村积聚，加速小城镇发展。2018年，平泉市建成区人口达17万人，城镇化率53%，建成区道路面积率19.82%，公共供水普及率98.52%，污水处理率95.2%，建成区绿地率46.98% ，人均公园绿地面积12.43平方米，燃气普及率99.76 %，集中供热普及率98%，生活垃圾无害化处理率98.51%，实现了市域发展思路、发展理念、发展水平的全面升级。平泉以中心镇作为节点，向上连接县城城区，向下辐射一般建制乡镇及中心村，拉动了县域经济增长，加快了城乡等值化进程。最终在全县范围内形成了功能明确、结构合理、联系紧密、环境优良的中心城区—中心镇—中心村三级聚落体系。

（五）中心村建设使乡村社区治理更加有效

中心村建成后，平泉乡村的每个社区人口规模至少为4000人，最大的梓椤树社区达到11326人，原有的行政村管理模式必须加以改变。平泉充分发挥党组织在基层的战斗堡垒作用，在较大的社区成立二级党委或党总支，把农村党支部建立在片区上，建立在产业链上，探索成立了片区党支部、产业党支部、合作社党支部，切实加强了党在农村的领导力量。在此基础上，按照15～20户一组的标准组成由党员任组长的互助组，将互助组组长组建成党小组，建立完善农村社区管理组织。为每名互助组长定岗位、定职责、定奖惩，把党组织向下无限延伸，通过党员作用的发挥，畅通上下信息沟通渠道，参与社会管理服务，通过各互助组长使群众的心声和基层信息及时反馈给上级党委政府，对出现的矛盾和问题、群众的诉求早知悉、早行动、早处理。建立了党组织精细化管理、党员服务圈、党员中心户牵头服务、村党支部书记竞选村代会主席、政法干部兼任村法制副主任等制度，并在每个中心村设立便民服务中心、综治工作站、创业帮扶平台、信息咨询中心等服务机构；实施警务活动进乡村，村民办理户口簿、二代身份证等可不出家门，由包村民警协助办理；法律宣传进乡村，包村干部入户走访，开展防电信诈骗、交通安全、禁赌禁毒等法制宣传，特别是对村里困难家庭做到每户必访、有难必帮；依靠村级基层组织，动员村里治安积极分子组成义务巡逻队开展治安巡逻等等，实现了“矛盾纠纷村里调”“农业技术村里学”“产业发展村里帮”“法律常识村里普”等“十个不出村”，合村之后矛盾明显减少，农村社会治安有了明显好转。2018 年，平泉市治安案件发生率同比下降 18.3%，信访量总体下降，息诉罢访率达到 94%，群众的安全感和满意度分别达到 90%、82%，呈逐年上升态势。

（六）中心村建设使精神文明建设锦上添花

在搞好中心村建设的同时，平泉始终注重乡风文明，加强农村精神文明建设，把弘扬社会主义核心价值观与挖掘村庄传统文化、培育新型农民结合起来。

1. 培树先进典型。平泉在中心村建设中，充分挖掘农村传统道德教育资源，通过“最美儿媳”“平泉好人”等典型培树，形成人人争做典型的良好局面；制定了 28 条村规民约和约束罚则，倡导文明新风、移风易俗。利用进村宣讲、张贴标语、广播电视等多种手段，形成推进社会公德、职业道德、家庭美德、个人品德建设的浓厚氛围。

2. 转变不良风气。针对部分贫困户“等、靠、要”思想，平泉改进帮扶方式方法，变原来简单的给钱给物为生产奖补、劳动补助、以工代赈等，并大力营造勤劳光荣的社会风气，积极推进“夺旗争星”活动，为脱贫户颁发脱贫光荣榜，用身边人、身边事的示范效应，让贫困群众打心眼儿里感到“幸福都是奋斗出来的”，真正树立起脱贫致富的信心。在全市 1900 名自主创业致富的贫困群众带动下，4900 多名贫困人口放下思想包袱，走上了勤劳致富路。

3. 注重技能培训。在“富口袋”的同时，平泉同步推进“富脑袋”，整合劳动人事、科技、文化、农业、林业等部门资源，依托人才市场、农广校等机构，为贫困人口就业创业提供信息咨询、技能培训等多种服务，开设各类培训班，培训贫困劳动力，不断增强能致富的本领，激发贫困人口想致富的愿望。

4. 提升全民素质。逐步提升全民“思想道德素质、科学文化素质、民主法治素质、文明礼仪素质和身心健康素质”，让农村居民长志气、提智力、增动力。

村容村貌、户容户貌、农民精神面貌焕然一新，乡村整体道德风尚显著提升，许多陈规陋俗被自觉摒弃，跳广场舞、阅读等新风新俗骤然兴起，农民群众文化生活不断丰富，实现了思想上有收获，素养上有提升，工作、创业热情高涨，家庭、邻里关系和谐安定。文明乡风、良好家风、淳朴民风吹遍农村大地，展开了文化繁荣、城乡和谐的新画卷。

四、平泉中心村建设的问题对策

中心村建设是一个庞大的系统工程，涵盖政治、经济、生态、文化、社会等各个方面，平泉广大基层干部和农民群众对农村美好前景热切期盼。但是中心村建设还面临着一些突出问题，需要在今后的工作中统筹加以解决。

（一）存在问题

1. 公共设施投入压力较大。脱贫攻坚行动以来，国家、省、市高度重视项目资金整合使用，通过整合项目资金集中向贫困村投放，使贫困村村庄面貌和产业发展得到极大提升，目前，很多贫困村基础设施和公共服务设施及产业发展远远高于非贫困村水平，导致非贫困村发展相对滞后，由于受现行项目管理政策影响，整合资金必须用于贫困村，不能用于非贫困村，因此资金使用实际效率不高，造成部分项目资金投入不集中，配套设施跟不上，加之平泉财政总量小，规划中的中心村建设项目资金需求大，公共设施投入压力大。

2. 增减挂钩政策难以落实。平泉每年可用土地指标总量较少，除去城市建设和重点项目用地，农村中心村建设用地指标十分短缺。平泉山区地块零散、新的规划与实际地块面积不符、土地预期收益少、拆迁安置难度大等诸多因素，影响中心村建设。

3. 建设手续缺乏国家标准。平泉在中心村建设推进中发现，从新民居供地到建设手续办理及验收颁证，没有国家标准，通过学习山东等先进省市经验，参照城市开发模式，确定了把土地供到行政村，待到工程竣工后，进行土地分摊颁证。住建、自然资源和规划、行政审批等部门办理手续只是地方政府的探索，地方政府运作起来难度较大，目前国家层面还没有建立相应标准。

4. 农民自主集中居住缺乏补偿。以平泉新民居建设为例，农户符合入住新民居条件的，自行拆除了原有房屋，没有或很少拆迁补偿，加上新房的建设成本，每个家庭入住新民居直接筹资在30万左右，农户压力很大。而易地扶贫搬迁中每个贫困户家庭和同步搬迁户只需要承担少量自筹资金就可以入住新房，中心村建设没有相应政策，缺少政策支撑，需要深入探讨。

（二）对策措施

1. 加大项目整合政策支持。按照2019年中央一号文件精神，制定项目资金整合支持农业农村优先发展专项政策，搞好项目资金整合的顶层设计，明确项目资金整合后，由县级政府统筹使用，重点用于实施乡村振兴战略。同时，从立项申报源头把关，切实把每一项建设需求对接到各部门的政策资金上，逐步实现由“被动整合”向“主动对接”的转变，加快生态环境、基础设施和公共服务设施配套。

2. 增加中心村建设土地供给。建议国家制定政策，每年专项给予中心村建设市（县）500亩土地指标，周转期限为8～10年，用于农村新民居和公共设施建设，持续改善农村居民生产生活条件。建议土地增减挂钩以实际村庄占地面积为准，便于项目申报和集中整理土地，放大土地增减挂钩收益，用于农户拆迁补偿和土地整理。制定政策鼓励“空心村”空宅农户自愿拆除房屋、交出宅基地使用权，杜绝搬迁群众“两头占”，由国家、省级财政予以资金奖励，腾退宅基地由基层政府统一管理调配。

3. 出台建设新民居鼓励政策。建议明确农村集中建设新民居供地、建设手续、监督管理、竣工验收和确权颁证部门职责和管理权限，统一印发集体土地和房屋确权颁证标准，维护农民群众合法权益，指导全国集体土地新民居建设健康有序开展。制定优惠政策，鼓励外乡人和城镇居民，在中心村开展合作建房，既提高外乡人和城镇居民参与中心村建设的积极性，又有效解决部分中心村建设资金困难的问题。

4. 加大农村人居环境整治扶持力度。农村人居环境整治让农村变得干净、整洁、漂亮，未来要强化农村人居环境整治长效机制建设，实现从“建起来”到“用起来”“管起来”的转变。建议国家加大农村人居环境整治项目资金扶持力度，特别是无害化卫生厕所改造、垃圾污水治理等方面，持续加大项目资金支持，加强技术创新，不断提升农民群众的获得感。建立由上到下的城乡一体资金筹措机制，加大中央、省市专项资金投入力度，确保农村环境卫生有人管、垃圾污水有处去、资金保障有着落。

5. 设立山区乡村振兴国家试点。建议设立国家乡村振兴战略试点县(市)，按照先行先试的原则，允许试点县（市）在乡村振兴战略实施中以中心村建设为突破口，在产业发展、脱贫攻坚、村民自治、环境整治、生态建设、人才引进、组织建设等方面进行大胆突破、试验示范，重点给予项目资金支持。

党中央提出实施乡村振兴战略的重大历史任务，各级各地正在围绕乡村振兴进行不同形式的创新探索。平泉的中心村建设，解决了山区农村基础设施投入少、公共服务覆盖难、农业生产效率低、生态环境压力大、农民生活成本高等一系列发展难题，实现了农村人口聚集、资源要素聚集、公共服务聚集，改变了传统农业种植模式，提升了农民生活品质，促进了农村繁荣昌盛，为全国贫困山区开展乡村振兴趟出了一条新路，形成了平泉样本，并且得到了多方面的认可和支持，使平泉继续示范先行，领跑未来。中心村建设已经成为推进平泉乡村振兴战略深入实施的有力抓手，激发了农村的勃勃生机。

（此文为承德市地方志办公室课题组撰写的专题文章，文章入选全国地方志“一体两翼”工程《中国地情报告（2019—2020)》。课题组组长奚晓红，执笔人：奚晓红、迟卫国、王亚力、杨继光、杨开宇）

强化责任担当　全力帮扶承德

2019 年，天津市帮扶河北省承德市工作认真贯彻落实习近平总书记关于扶贫工作的重要指示批示精神和天津市关于东西部扶贫协作工作的安排部署，不断提高政治站位，强化责任担当，深度协同合作，全面推动天津市东西部扶贫协作工作再上新台阶。

一、结合主题教育开展，全面深化党建引领

深入开展主题教育，将学习教育、调查研究、检视问题、整改落实贯彻始终，不折不扣抓好落实，让党旗在脱贫攻坚一线高高飘扬，让党徽在脱贫攻坚一线闪闪发光。

（一）抓实学习教育。在定期组织政治理论学习、订阅党报党刊的基础上，深入学习贯彻习近平总书记重要讲话精神和扶贫论述摘编，把握“守初心、担使命，找差距、抓落实”总要求，紧扣理论学习有收获、思想政治受洗礼、干事创业敢担当、为民服务解难题、清正廉洁作表率的目标，教育引导党员干部牢记初心和使命。同时，创新活动载体，组织开展了迎庆建党 98 周年主题党日等活动，到董存瑞纪念馆、塞罕坝林场参观学习，通过抓学习、强支部，向心力、凝聚力、战斗力显著增强。

（二）抓实调查研究。充分发挥基层党组织的战斗堡垒作用和党员的先锋模范作用，把脱贫攻坚工作当成党员党性锻炼的战场，充分发挥“在前靠前”的作用，强化“一线工作法”，通过深入基层、深入一线、进村入户，掌握第一手资料，实现把握群众需求，明确工作方向，矛盾在一线解决，效果在一线体现，确保帮扶工作不断提质增效。截至目前，工作队对天津帮扶的围场满族蒙古族自治县、隆化县 45 个深度贫困村全部进行了走访，工作队 20 名党政干部和 24 名长期专业技术人员全部完成结对认亲，共结对帮扶 89 个贫困户。

（三）抓实检视问题。结合主题教育实践活动，工作队坚持刀刃向内，深刻检视自身问题：一方面，针对解决“两不愁三保障”突出问题，全面升级加力，以隆化、围场两个深度贫困县、45 个深度贫困村为工作重点，加强统筹，推进新增资金、新增项目向深度贫困县倾斜，集中力量攻克深度贫困堡垒。另一方面，针对工作队组织架构不健全、不规范的问题，成立工作队临时党支部，并在五县（市）同步成立党小组，将组织建设延伸到“神经末梢”；建立健全“两级九组、条块结合”的工作队组织架构，健全完善制度机制，明确工作队主责、主业，做到各项工作有章可循，不断加强对工作队党员干部的教育、管理和监督。

（四）抓实整改落实。一是针对去年天津市市委巡视反馈问题，照单全收，通过召开整改推动会、专题民主生活会等方式，深刻剖析，全面整改，并针对问题多、责任大的单位和个人进行了专门约谈。特别是针对巡视组提出的天津援建的承德应用技术职业学院工程进度缓慢等问题，工作队征得承德市委市政府同意后，主动进位，专项整改，通过完善机制，保工期、保安全、保质量，全力推进整改落实。二是针对国扶办考核反馈问题，坚持补短板、强弱项、全落实，列出问题清单、任务清单、责任清单，完成一项，销号一项，动真碰硬，集中攻坚，迅速、坚决、全面、彻底地做好整改工作。三是按照市合作交流办关于中央脱贫攻坚专项巡视指出问题整改工作的统一安排部署，工作队紧密结合实际，对《通报》和汪洋、胡春华讲话精神进行了专题学习研究，对照共性问题和突出问题，深入开展自查，主动认领问题，建立工作台账，明确专人负责，本着有则改之、无则加勉、防患于未然的态度，自主整改，切实提升帮扶工作水平。同时，坚持举一反三、巩固延伸成果，坚持贯彻整改要求，狠抓制度执行，让整改成果落地生根，助推脱贫攻坚提质增效。

二、精准聚焦考核指标，全力攻克坚中之坚

按照《天津市帮扶河北省承德市 2019 年工作方案》和《工作任务清单》列出的具体工作任务，工作队在抓落实上升级加力，明确时间表、路线图，强化工作责任，挂图作战，确保项项落实到事，件件责任到人，确保规定动作规范有效不扣分，全力争取自选创新动作特色鲜明效果好多加分。

（一）组织领导进一步强化。一方面，两地高频对接。年初以来，工作队主动协助天津市对口各区分别与受援五县（市）积极对接，开展学习交流、实地考察等活动，召开联席会议，展开多方面合作，确保对 2019 年扶贫协作工作统一思想、形成共识，明确任务、合力攻坚，推动各项帮扶举措落实到位，共同为帮扶工作升级加力。2019 年以来，共开展调研对接 32 人次，召开专题研究部署扶贫协作工作情况会议 51 次。另一方面，健全协调机制。工作队进一步制定和完善与天津市五区、承德市扶贫协作办沟通协调机制，定期召开工作推动会，实现信息共享、资源共享，共同推进，凝聚帮扶合力。

（二）人才支援进一步加强。继续做好教育、医疗人才选派赴承挂职工作，进一步加强承德市基层干部、专业技术人才来津挂职培养、跟岗进修及培训工作。继续支持承德应用技术职业学院建设，做好 2019 年招生培养、教师培训等工作，2019 年已实现招生录取 1286 人。根据承德市产业发展实际需求，为承德市适龄建档立卡贫困人口开展岗前培训、订单培训和岗位技能提升培训等针对性就业技能培训。考核指标中东部向中西部选派党政挂职干部数（人）协议数为 15 人，天津实际派往承德 20 人，完成率 133%；向西部选派专业技术人才协议数为 60，截至目前共选派 149 人，完成率 248%；党政干部培训 2018 年为 489 人次，截至目前，完成 1424 人次，完成率 291%。

（三）帮扶资金进一步落实。组织推动承德五县（市）认真落实《天津市帮扶项目资金管理办法》要求，结合自身实际，精心设计、科学谋划、推动落实 2019 年市级资金项目 82 个。财政援助资金协议数为 2 亿元，截至目前实际完成 3.09 亿元，完成率为 155%；截至目前，社会帮扶资金完成 1977.74 万元，相比 2018 年的 979.64 万元，已完成 2018 年全年的 202%。

（四）消费扶贫进一步推开。一是积极开展招商宣传推介。帮扶工作队牵头组织参加了天津市东西部扶贫协作和支援合作产业帮扶专场招商推介会，积极探索东西部扶贫协作和脱贫攻坚新思路，帮扶工作队领队杨春武同志代表承德市委市政府向与会企业嘉宾进行招商推介，全方位展示承德的资源条件和招商引资重点产业，就承德市的自然文化、六大主导产业及投资优惠政策做了重点推介。二是线上线下创新展销方式。一方面打造区域品牌。积极推动承德市“承德山水”品牌的市场推广工作，扩大承德农产品的影响力，开拓多种新渠道，助力承德农产品走向更大的市场。通过在河北区和津南区建设的消费扶贫展销中心，积极开展线下销售，拉近了供销双方距离，方便天津市民购买。另一方面拓宽销售渠道。大力扶持建立天津“农晓时”电商销售平台，加强承德农特产品网络宣传力度，并充分发挥线上销售便捷、高效的优势，多渠道的将承德产品推广到天津以至全国。三是做好企业来承考察接待。陪同天津食品商贸公司考察了承德怡达食品、熙野农副产品、双承生物科技、冀康控股、隆化幽谷农业科技、河北硕盈食品、神栗食品等公司，组织参观了加工车间和农产品种植基地，对承德特色经营方向分别向商贸公司作了重点推介。天津食品集团与怡达食品股份有限公司等六家企业分别签署了采购协议，与神栗集团签订了消费扶贫采购协议，协议签约实现参访企业全覆盖。四是主动进位推进津承对接。工作队深度推进，积极作为，赴天津市有关部门、企业协会、企业集团，主动对接天津市各有关部门及企业，跟进推介会期间的对接项目落地落实，发挥好桥梁纽带作用，推进对口帮扶相关工作，进一步提高了承德的知名度和影响力，因地制宜，将承德的资源优势进一步转化为生产经营增长点，吸引天津企业到承德投资兴业，会同社会各界同心协力推动产业帮扶工作再上新水平，助力承德打赢脱贫攻坚战。参照考核指标中采购、销售结对地区特色农产品金额协议数 5150 万元，截至目前已完成 10237 万，完成率为 198.78%。

（五）造血功能进一步增强。一是突出园区带动效果。平泉市把帮扶资金的投向大部分用到了产业发展上面，谋划的产业项目帮扶资金投入比例达年度帮扶资金总额的 74.08%，借助“三零”模式，打造扶贫产业园区；承德县 2019 年已引进天津津雪节能科技有限公司，总投资 3000 万元，已在六沟园区租赁厂房，设备调试完毕，已试生产。二是强化龙头企业引领。全力推进天津食品集团投资建设的围场“百万只优质肉羊”项目，实施“三级五统”肉羊经营管理体系，创新了“七个一批”的带贫模式，目前，该项目一期工程已完工，带动 835 户贫困户增收。二期项目总投资 1.5 亿元，建设 3 个分厂，已于 2019 年 10 月已全部验收完工，将于年底前启动正常运营，年出栏商品羊将达 10 万只；三期项目总投资 1.2 亿元，年内动工，将着力推动畜产品的精深加工，随着项目二、三期的建设，预计还将带动建档立卡贫困户 1 万人增收。三是推进农业产业发展。工作队积极促进津承双方在 2018 年 5 月 16 日津承农业产业扶贫协作发展会议上签署的 22 项合作协议实施情况，现已落地 19 项，落实投资 14056 万元，带动近 8000 户农户增收，大大提高了承德市农业产业扶贫质量，提升科技水平，并对消费扶贫等方面工作积极起到促进作用。2019 年，工作队持续发挥桥梁纽带作用，加强津承双方在农业产业化项目方面沟通对接，积极促进双方深度交流。并于 5 月 15 日，在天津市召开的津承农业产业扶贫协作推进会议上，共签署的 21 项合作协议。四是开展精品文旅推广。3 月份天津金威旅行社考察兴隆旅游，拟开发兴隆雾灵山、溶洞、天子山、九龙潭等景区旅游线路。6 月份，由中央驻津新闻工作者协会组织的近 30 家中央媒体和天津本地主流媒体以及网络主流媒体组成的采访调研团赴兴隆开展采访调研，工作队会同兴隆县相关部门，把握协会调研需求，精心设计调研路线，引导调研团走访了以兴隆国家地质公园以及公园核心区域兴隆溶洞为代表的多个已开发和未开发的旅游景点景区，全面介绍了景区特色景观、故事传说、景点设施、接待能力等情况，召开专题调研座谈会，借助媒体平台，多维度推介承德文旅项目，吸引更多京津冀百姓到承旅游，助推区域发展。10 月份，天津市帮扶承德工作队助力天津—承德旅游推介和对口合作洽谈会，主动进位，介绍情况，开展推介，努力促进津承旅游对口合作意向达成，洽谈会上，天津市旅行社诚信建设促进会与承德市旅游协会进行了合作签约。截至目前，引进承德投资企业数 24 个，实际到位投资额 2.0713 亿元，完成去年全年的 134%。

（六）劳务协作进一步加深。一是组织开展大型招聘会。上半年，天津市五区分别与承德五县（市）人社局联合举办 2019 年“春风行动”暨对口帮扶招聘会等多场招聘会，提供岗位近 5500 个，当场达成签约意向约700人。二是加强交流培训锻炼。截至目前，已举办技能培训班12期，累计培训人数1200余人，其中贫困户300余人，实现就业100余人。三是建立长期劳务联系。五县（市）人社局人员赴外省市进行对接交流，引入人力资源公司，协助达成合作关系，设立人力工作站，推进开展劳动力资源输出等相关工作。同时，天津市五区每月为承德推介就业岗位，拓宽了劳动力就业渠道。完成贫困人口到东部结对省份就业数489人，协议完成率为233%。完成贫困人口省内就近就业数1992人，协议完成率为692%。完成贫困人口到其他地方就业数2341人，完成去年的389%。

（七）携手奔小康进一步增强。广泛动员社会力量参与扶贫工作，采取有效措施，扎实做好承德地区农产品产销对接工作，以消费促进贫困群众增收，促进精准脱贫。广泛动员企业、社会组织和爱心人士等社会力量参与扶贫协作，积极开展镇村、社区、企业、学校、医院等结对帮扶共建行动，开展结对认亲、助学助困、捐赠授技、公益助困等活动；动员社会各界组成支教团、医疗队、慰问组、爱心群开展多层面交流，助力更多建档立卡贫困人口脱贫。财政援助资金10935.9万元，携手奔小康结对完成率均超过2018年。

三、打赢脱贫攻坚战役，完成脱贫攻坚目标

2020年是实现全面建成小康社会的决胜之年，是打赢脱贫攻坚战的总攻之年。天津将继续提高政治站位，以习近平总书记关于扶贫工作的重要论述为指引，坚决贯彻《关于打赢脱贫攻坚战三年行动的指导意见》精神，全面落实《天津市推进东西部扶贫协作和对口支援三年行动方案》，增强责任意识，强化使命担当，紧盯脱贫攻坚中的重点难点问题，全力做好扶贫协作工作，全力助推受援地区贫困群众如期打赢脱贫攻坚战、取得最后的胜利。

（一）瞄准目标，全力冲刺考核各项标准。

紧密围绕七个方面工作，进一步加强与津承两地党委、政府及行业部门之间的沟通协商，强化顶层设计，在工作摆布上、项目安排上，新增资金、新增项目向深度贫困县倾斜、布局、集中，推进深度贫困地区加速脱贫；将重心集中投向更多带动能力强、支撑作用大、受益人群多的产业和民生项目；坚持因人施策，着力帮助他们解决在家庭收入、社会保障等方面存在的短板。制定每项工作的实施方案，倒排工期，挂图作战，责任到部门，责任到个人，确保高标准完成全年的各项工作。

（二）巩固成果，坚决防止脱贫县市返贫。

对已经脱贫摘帽的县（市），我们将延续攻坚期的主要脱贫举措，开展脱贫"回头看"，在教育，医疗，住房和饮水安全上下功夫，着力补齐短板，加固扶贫举措，稳定工作体系，保持一系列帮扶工作举措、项目建设的稳定性、连续性，健全完善后续保障措施，确保已脱贫人口的稳定生活，防止返贫和新增贫困人口。

（三）争先创优，不断创新扶贫方式方法。

坚持目标导向、问题导向，精准把握中央扶贫工作要求，在确保完成"规定动作"的基础上，进一步创新人才支持、产业合作、劳务协作、动员社会力量参与扶贫和贫困残疾人脱贫等工作方式方法：创新产业带动模式，研究如何从入股分红、土地流转、吸纳就业等传统方式向激发贫困户内生动力，全面参与产业建设等综合方式转变，提高帮扶效益；积极探索消费扶贫、旅游扶贫、电商扶贫、医疗扶贫等合作的新途径，立足当地实际升级加力，多出工作亮点和创新成效，立足冲刺更高标准，力争取得更优成绩。

（四）典型引路，合力助推承德脱贫攻坚。

努力扩大宣传影响。深入挖掘培养带贫成效好的典型案例，加强宣传报道。通过《人民日报》《经济日报》《天津日报》《今晚报》、天津广播电视台等主流媒体发表报道30余篇。2018年12月23日，《人民日报》第二版对我们积极探索“鱼渔兼授，志智双扶”帮扶新模式，进行了大篇幅专题报道。2019年7月14日，《经济日报》在头版“壮丽70年奋斗新时代”专栏中刊发长篇报道《让那河流改变了模样——重访新中国首个跨流域大型引供水工程》等，脱贫攻坚的热烈氛围更加浓厚。

广泛宣传帮扶典型。注重用先进典型引路，开展讲好天津帮扶承德扶贫故事活动，通过集中学习、开展自学、撰写心得、交流研讨等方式，深入学习宣传席世明、黄文秀等的模范事迹，大力开展宣传，以先进典型鼓舞精神，在广大干部职工中形成了一股学习先进、争当先进、赶超先进的良好氛围，并注重将学习成果转化为干事创业的实际行动，研究推动帮扶工作措施，全力确保天津帮扶承德工作取得新进展，促进帮扶工作再上新台阶。

（天津帮扶承德工作队）

大事记

1 月

3 日

河北省首批 55 个特色农产品优势区公布，其中承德市五个优势区入选：河北省平泉香菇特色农产品优势区；河北省滦平中药材特色农产品优势区；河北省围场马铃薯（种薯）特色农产品优势区；河北省丰宁小米特色农产品优势区；河北省隆化肉牛特色农产品优势区。

10 日

河北省科技企业孵化协会组织开展了 2018 年度河北省“品牌孵化机构”评选活动，承德高新区和合众创空间被评为 2018 年度河北省“十大品牌众创空间”。

11 日

2018 年河北省“十大最美消防救援卫士”颁奖典礼在石家庄举行，承德消防支队避暑山庄中队班长宜刚刚荣获 2018 年河北省“十大最美消防救援卫士”称号。

14 日

河北省人社厅发布通知，确定 50 家省级示范创业就业孵化基地，其中，承德市大学生创业园、承德县创新创业园、滦平泰融创业园、宽城大学生创业园 4 基地名列其中，并分别获得 50 万元奖补资金支持。

22 日

“2019 河北文化和旅游发布”活动在石家庄举行。承德市斩获 2018 省级旅发大会特别贡献奖等 5 大类 13 个奖项，获奖数量和类型均位居河北全省前列。获奖项目分别为：“2018 河北省旅发大会特别贡献奖”和“河北旅发大会优秀新业态项目奖”（承德国家“一号风景大道”）；兴隆县被评为 2018 河北优秀全域旅游创建单位；第三届河北省旅发大会在承德举办——打造生态旅游新样板被评为 2018 河北十大文化和旅游新闻；“恐龙惹火官微营销，山庄再成大众焦点”被评为 2018 河北十大旅游创新营销优秀案例；承德河北海航乐游之旅国际旅行社有限公司被评为 2018 河北十佳诚信经营旅行社；承德市智慧旅游大数据平台项目被评为 2018 河北十大智慧旅游项目；塞罕坝国家森林公园被评为不得不去的周末旅游目的地；国家“一号风景大道”自驾线路被评为不得不走的最美自驾线路；中国马镇被评为不得不约的网红打卡地；10 项全省“不得不看的精品演出”中，承德市占 3 项：话剧《塞罕长歌》、实景演出《鼎盛王朝 · 康熙大典》、沉浸式杂技马戏舞台剧《满韵骑风》。

23 日

2019 中国旅游产业发展年会在北京举行。在会上发布的“2018 年中国旅游产业影响力风云榜”中，河北旅游职业学院“为再造绿水青山输送优秀旅游人才——塞罕坝社会实践项目”成功入选 2018 中国旅游影响力院校社会实践项目 TOP10，成为河北省入选 2018 中国旅游影响力排行榜的唯一院校。

25 日

中共中央政治局就全媒体时代和媒体融合发展在《人民日报》社举行第十二次集体学习时，习近平总书记在《人民日报》移动报道指挥平台前同驻滦平县于营村第一书记吕晓勋进行了连线交流，通过视频向全国所有扶贫驻村第一书记和广大基层干部、亿万群众表示亲切问候和良好祝福。

28 日

科技部公示第三批“星创天地”备案名单，

承德市2家“星创天地”入选，它们是平泉市平泉绿世界星创天地和丰宁满族自治县御今农业食用菌产业星创天地。

2月

2日

国家机关事务管理局、国家发展改革委、财政部联合发文公布2017—2018年节约型公共机构示范单位名单，承德县中医院、滦平县职业技术教育中心被评为2017—2018年节约型公共机构示范单位。

5日

承德首届红红火火中国年皇家文化庙会在普宁寺前广场举行，本活动是以清皇家文化、满族民族文化为核心，围绕中华民族春节浓郁民族特色的一场皇家文化庙会。

9日

河北木兰围场小滦河国家湿地公园（试点）通过国家林业和草原局组织的验收，正式成为国家湿地公园。

13日

承德县、兴隆县、围场满族蒙古族自治县、承德市双滦区四县（区）被国家中医药管理局命名为“县级全国基层中医药工作先进单位”。

15日

由中央宣传部、中央文明办等16家单位联合主办的2018年学雷锋志愿服务最美志愿者、最佳志愿服务组织、最佳志愿服务项目和最美志愿服务社区“四个100”先进典型名单正式公布。承德市“小青橙”助力文明城市创建公益项目、市总工会“助力脱贫攻坚职工志愿服务乡村行”项目入选“最佳志愿服务项目”。

同日

承德市首个全流程电子招投标项目在承德市公共资源交易中心结束，该项目的完成标志着承德市公共资源交易向全程电子化、流程规范化、服务标准化、监督智能化转变，正式跨入公共资源交易全类型、全区域、全流程、全方位电子化的国内领先行列。

21日

滦平县潮河湿地野生动物保护协会在潮河一带观测到白天鹅19只，这是历年来在该流域观察到数量最多的一群白天鹅，且2019年白天鹅北返时间比往年提前了约一个月。

22日

中国研究型医院学会神经科学专委会脑炎协作组对中国地区主要的脑炎诊疗团队和医院予以推荐，发布了《脑炎专业诊疗推荐医院名单(2019版)》，即脑炎地图，承德市中心医院成为承德地区首家被推荐的脑炎诊疗医院。

26日

中华全国总工会举行全国先进女职工集体和个人表彰大会，表彰全国五一巾帼标兵岗和标兵，兴隆县特殊教育学校校长罗晓静获得“全国五一巾帼标兵”称号。

27日

承德市区第一家数字化预防接种门诊——双桥区大石庙镇中心卫生院数字化预防接种门诊成立。

3月

3日

2019年中国·承德“木兰秋狝”杯雪地摩托车越野大奖赛（御道口）在御道口牧场管理区雍乾狩猎场开幕。

5日

拥有“中国自驾游行业奥斯卡”美誉的中国自驾游路线年度评选结果在上海保利大剧院揭晓。在2018年度中国36条经典自驾路线评比中，承德市旅游和文化广电局推送的国家“一号风景大道”获奖，载入中国自驾游年鉴《爱驾者此生必驾三十六路》中，国家“一号风景大道”以“御驾承德——驰骋国家一号风景大道”为主题入选。

6日

在国内领先咨询机构迈点研究院发布的《AAAAA级景区品牌100强榜单》中，避暑山庄景区连续两次入围百强榜单。

13日

中共河北省委副书记赵一德就推进脱贫攻坚到承德市进行调研。

15日

承德市停止新办“独生子女光荣证”。

18日

据“全球铁合金网”直径为6毫米的HBR600含钒螺线在河北钢铁集团承钢公司研发成功。至此，该公司已经具备HRB600全规格含钒高强抗震钢筋生产能力，继续引领国内建筑用钢升级换代。

同日

第二届“中国最美森林”遴选活动揭晓榜单，茅荆坝针阔混交林、雾灵山温带森林、千松坝云杉林入选。

20日

承德市妇幼保健院、围场满族蒙古族自治县医院被国家卫生健康委员会确定为全国首批无痛分娩试点医院。

23日

承德市成为国内获得AAAA级证书最多的生态好水源集聚区。

26日

第二届中国地情论坛暨全国地方志“一体两翼”工程成果发布会在北京成功举办。承德市地方志办公室主任奚晓红等撰写的《河北塞罕坝生态文明建设实践》入选《中国地情报告（2018）》“生态文明篇”。

26—28日

联合国教科文组织亚太地区“非遗”国际培训中心中外嘉宾一行25人到丰宁满族自治县开展非遗考察活动。

28日

由中央电视台《中国影像方志》栏目组联合中共围场满族蒙古族自治县委宣传部联合拍摄的纪录片《中国影像方志·围场篇》在央视10套播出，时长40分钟。

29日

兴隆县、围场满族蒙古族自治县入选“2019中国避暑休闲百佳县”。

31日

由国务院扶贫办社会扶贫司、中国社会责任百人论坛联合主办的“首届中国企业精准扶贫优秀案例（2018）”发布会在京召开，会上发布了首版《中国企业精准扶贫50佳案例（2018）》和《中国企业精准扶贫分领域案例（2018）》，共收录80个企业精准扶贫优秀案例。其中，平泉市“一地生四金”扶贫模式列入《中国企业精准扶贫分领域案例（2018）》（“一地生四金”即“土地租金＋打工薪金＋入股分红＋发展乡村旅游挣现金”）。

同日

在中国现代文学馆举行的第四届“中国诵读艺术家颁奖盛典”上，来自承德市的诵读艺术家苏丙凡、杨海洁获得“第四届中国杰出诵读艺术家”称号。

4月

2日

中央文明办发布3月“中国好人榜”。经广大网友点赞评议，107位（组）身边好人光荣上榜。承德县走出的中国报恩网的创建者段非和他的妻子许利娜双双入选。

4日

河北恒钏10万立方米微晶发泡板材项目1号窑炉在丰宁满族自治县经济开发区满堂村成功点火试产，这是河北省首条建成投产的大型微晶发泡陶瓷生产线。

8日

由河北省侨联、中共承德市委统战部、市侨联主办，各县（市、区）委统战部、特教学校承办的澳大利亚“魏基成天籁列车”捐赠活动在承德市举行，此次活动共计捐赠价值超过2700多万元的蓝牙助听器和教学设备，帮助1293名听力残疾儿童和成年人重回“有声世界”。

12日

河北省高速公路承赤管理处视频短片《坚守路为家之别时圆》，荣获“网聚正能量感知新河北”优秀网络短视频创作征集活动一等奖。

15日

根据河北省委国安办和省教育厅部署，经相应各级党委国安办和教育行政部门遴选推荐，承德县第一中学被确定为“河北省国家安全教育实验学校”。

17日

河钢承钢拥有自主知识产权的高端含钒卷板ZSF5研发成功，填补了品种空白。

18日

国家体育总局冬运中心、河北省体育局、承德市政府、雍乾狩猎有限公司在北京签署《备战2022年北京冬奥会，建设河北承德国家雪上项目训练基地框架合作协议》。国家体育总局副局长高志丹，河北省人大常委会副主任、中共承德市委书记周仲明等出席签约仪式。国家体育总局冬运中心副主任宏江主持签约仪式。

同日

中国林场协会四届四次常务理事扩大会议在江西省南昌市召开，会上，对获得“2018年度全国十佳林场”单位进行授牌，木兰林管局北沟林场获此殊荣。

19日

中国种子协会联合农业农村部种业管理司、河北省种子管理总站、河北省种子协会向平泉市贫困户捐赠价值10万元的籽粒玉米种子。

23日

中华全国总工会召开2019年庆祝“五一”国际劳动节暨全国五一劳动奖和全国工人先锋号表彰大会，会上公布了全国五一劳动奖和全国工人先锋号名单，承德宽丰长丰矿业有限公司车间主任邓金辉获“五一劳动奖章”，河北怡达食品集团有限公司生产一包装车间、兴隆县农村信用合作联社兴隆镇信用社被评为“全国工人先锋号”。

26日

清乾隆碧玉交龙钮——避暑山庄印（乾隆印玺）回到避暑山庄博物馆并首次展出。该印玺于1914年离开承德。

同日

围场满族蒙古族自治县创新实行的“春雨工程＋智慧分级诊疗”健康扶贫新模式，在普惠当地老百姓的同时，成功入选2019年“大国攻坚聚力扶贫”第二届中国优秀扶贫案例。

27日

由中国旅游协会主办，中国旅游协会旅游商品与装备分会承办，浙江中国小商品城集团股份有限公司支持的2019中国旅游商品大赛在义乌落幕。承德避暑山庄旅游集团选送的“乾隆茶包装系统”获得本次大赛铜奖。

5月

1日

河钢承钢为中东国家生产的260吨PSB930 Φ50mm大规格精轧钢筋成功下线，直供该国重要工程项目，全部用于关键部位，这是河钢承钢该产品首次出口海外。

5日

根据河北省政府通知，承德县、滦平县、兴隆县退出贫困县序列。

6日

国务院下发关于同意承德市建设国家可持续发展议程创新示范区的批复。（国函〔2019〕

46号）

7日

在第二次全国地名普查总结电视电话会议上，承德市民政局荣获“全国地名普查先进集体”称号。

同日

根据河北省人力资源和社会保障厅、河北省财政厅联合签署发文的《关于确定2018年度高技能人才培训基地和技能大师工作室建设项目的通知》，承德顺天食品有限公司左爱东高级技师领办的杏仁及其相关产品检验分析室被评为国家级技能大师工作室。

9日

河北省政府省长许勤在承德调研检查脱贫攻坚工作。

10日

第二届“中国最美森林”颁奖盛典在北京举行，丰宁满族自治县国有林场管理处大滩林场千松坝云杉林入选“中国最美森林”。

15日

全国妇联在北京揭晓2019年度全国“最美家庭”名单，承德平泉市纪委监委第五纪检监察室副科级干部邢玉荣家庭，承德市丰宁满族自治县选将营乡娘娘庙村村民孙树明家庭获得2019年度全国“最美家庭”称号。

16—19日

由中国旅游协会主办、在浙江旅游职业学院举行的“鼎盛诺蓝杯”第十一届全国旅游院校服务技能（饭店服务）大赛上，河北旅游学院酒店管理系学生韩明轩、于鑫娟、武波涛荣获西餐宴会摆台、中餐宴会摆台、鸡尾酒调制一等奖，旅游管理系学生王天慧荣获中式铺床二等奖。

18日

在第十五届中国（深圳）文博会主题活动——第九届全国生态旅游文化产业发展高峰论坛暨2019中国最美县域榜单发布会上，“2019中国最美县域榜单”正式公布，兴隆县、承德县、围场满族蒙古族自治县、丰宁满族自治县、宽城满族自治县、滦平县榜上有名。

19日

“第三届工匠中国论坛暨2018第四届中国行业新标杆奖颁奖盛典”在北京召开，电视剧《最美的青春》荣获“2018中国电视剧行业新标杆品牌奖”。

23日

承德市公安局与中国人民公安大学食品药品与环境犯罪研究中心、阿里巴巴集团安全部在承德市公安局警官培训中心共同签订三方战略合作协议，建立全国首家警企研三方战训基地。

24日

由国家体育总局武术运动管理中心、中国武术协会、江苏省体育局、徐州市人民政府主办的在第四届中国·徐州“丝路汉风”国际武术大赛上，承德市武术爱好者齐峰获女子中年八卦掌二等奖和八卦掌双器械三等奖，同时作为志愿者荣获“武德风尚奖”运动员奖励。

27日

关注森林活动20周年总结表彰大会在北京全国政协礼堂召开，会议表彰了关注森林活动20周年突出贡献单位和关注森林活动20周年突出贡献个人。其中，塞罕坝机械林场总场获评“关注森林活动20周年突出贡献单位”，塞罕坝机械林场总场宣传办公室副主任董常春获评“关注森林活动20周年突出贡献个人”。

30日

承德快递行业工会正式成立，这是河北省首家快递行业工会。

6月

3日

承德市区武云桥公交站场改造工程完成并投入使用。

4日

承德市政府启动国家可持续发展议程创新示范区建设。

6日

河北省休闲农业主管部门与各市农业部门共同推出了36条“夏纳凉”系列休闲农业与乡村旅游精品线路，其中，承德的漂流避暑线路名列第29条，该线路包括：围场满族蒙古族自治县四道沟乡庙宫村→山湾子温泉度假旅游区→木兰围场坝上草原→国家一号风景大道。

10日

中共河北省委常委、河北省政府常务副省长袁桐利到丰宁满族自治县调研脱贫攻坚工作。

11—12日

河北省政协副主席、民盟河北省委主委边发吉一行到围场满族蒙古族自治县，就脱贫攻坚民主监督工作进行调研，并召开座谈会。

12日

由河北省大气办、中共河北省委宣传部联合开展的2018年“美丽河北·最美蓝天卫士”评选活动揭晓，河北全省共10人获得2018年“美丽河北·最美蓝天卫士”称号。承德市中级人民法院民事审判第四庭庭长聂国智榜上有名。

15—16日

国家体育总局局长苟仲文、副局长高志丹到位于围场坝上的承德国家雪上项目训练基地调研2022年冬奥会备战工作，观看冰雪项目塞罕坝“体能大比武”，并为获奖运动员颁发奖牌。

17日

河北省人大常委会副主任、中共承德市委书记周仲明带领承德市党政代表团赴北京市密云区学习考察、对接交流。密云区委书记潘临珠，区委副书记、代区长龚宗元与承德市党政代表团座谈。

同日

在国家发展改革委和浙江省人民政府联合举办的“2019年全国节能宣传周启动仪式”上，国家发展改革委环资司授予承德电智尚节能科技有限公司国际“双十佳”最佳工业节能技术清单荣誉牌。

18日

教育部职业技术教育中心研究所发布了《关于首批“1+X”证书制度试点院校名单的公告》，承德市四所学校名列其中，它们是：承德石油高等专科学校、承德护理职业学院、河北旅游职业学院、承德工业学校。

19日

非洲国家非物质文化遗产保护培训班人员一行19人到丰宁满族自治县开展“非遗”考察活动。考察团一行由来自非洲多哥、刚果（布）、刚果（金）、几内亚和中非5个国家文化和遗产部的官员组成。

24日

河北承德国家雪上项目训练基地揭牌仪式在围场坝上举行。河北承德国家雪上项目训练基地位于雍乾狩猎场内，地处承德市御道口坝上国家AAAA级景区——御道口草原森林风景区。

25日

第九届全国“人民满意的公务员”和“人民满意的公务员集体”表彰大会在北京举行。滦平县人大常委会原党组副书记、张百湾镇周台子村党委书记范振喜荣获第九届全国“人民满意的公务员”称号，并在人民大会堂受到习近平等党和国家领导人接见。

同日

第二届中国优秀扶贫案例报告会在人民日报社新媒体大厦举行，围场满族蒙古族自治县入选第二届中国优秀扶贫案例。

同日

位于承德市双滦区的宜佳旺警务站正式投入使用，这是承德市首个投入使用的警务站。

27日

国家林业和草原局批复了12个国家级自然保护区的总体规划，其中包括《河北塞罕坝国家级自然保护区总体规划（2019—2028)》。

同日

农村农业部、财政部公布2019年国家现代农业产业园创建名单，平泉市名列其中。

28日

中央文明办在云南曲靖举办全国道德模范与身边好人现场交流活动，并发布6月“中国好人榜”。其中，致富不忘本，捐款3亿元回报社会的承德市丰宁满族自治县胡麻营镇河东村党支部书记王福国榜上有名。

29日

由河北省体育局、承德市人民政府主办，承德市体育局、围场满族蒙古族自治县人民政府、御道口牧场管理区承办的2019承德“塞罕坝”杯首届“一号风景大道”马拉松赛在围场御道口文化广场开赛。来自美国、加拿大、肯尼亚、埃塞俄比亚等国家以及京、津、冀、内蒙古、辽宁等28个省份近5000名选手参加了比赛。110米栏亚洲冠军史东鹏和体操世锦赛冠军庞盼盼担任领跑嘉宾。

同日

承德避暑山庄文化创新中心成立暨文创旗舰店开业仪式在芳园居举行。此次开业的避暑山庄文创旗舰店，包括“乾隆多宝格”“乾隆茶舍”主题店面。“乾隆多宝格”内展销11个系列103种，近400款文创产品。

6月30日

根据承德市环境监控中心空气质量监测结果显示，承德市区PM_{10}平均浓度为70微克／立方米，同比下降22.2%，承德市区2019年上半年PM_{10}平均浓度历史上首次达到国家二级标准。

7月

2—3日

河北省人大常委会常务副主任范照兵率领立法调研组赴承德、张家口开展草原生态建设保护和太行山燕山绿化建设立法调研。

3—5日

中共河北省委常委、统战部部长冉万祥到隆化县调研脱贫攻坚工作，并召开河北省“五包一”单位定点帮扶隆化县脱贫攻坚座谈会。

4日

农业农村部组织开展第二批国家区域性良种繁育基地认定，围场满族蒙古族自治县被认定为马铃薯基地、平泉市被认定为食用菌基地。

6日

中华民族大赛马·2019传统耐力赛（河北丰宁站）开跑。来自北京、新疆、山东、江苏、内蒙古、黑龙江等20多个省份的170对人马组合参加比赛。经过角逐，22号骑手包文秀与他的马匹“速风”一举夺冠。

7日

国家发展改革委、农业农村部等七部委印发通知，同意110个单位创建第二批国家农村产业融合发展示范园。宽城满族自治县农村产业融合发展示范园榜上有名。

10日

哈尔滨至承德高铁通车，该路段全长约1000多千米，高铁运行时间4小时42分。

15日

承德市首批京津高校研究生社会实践基地授牌，该工作由承德市人力资源和社会保障局举办，承德市妇幼保健院、宽城升华压力容器制造有限公司成为承德市首批京津高校研究生社会实践基地。

16日

承德、密云、怀柔共同签署了“潮河流域生态环境联建联防联治合作协议”。根据该协议，三地按照“责任共担、问题共商、目标共治、信息共享”的协同机制，共同治理潮河流域生态环境。

同日

承德市首家省级“侨胞之家”在双滦区钢

城街道行宫社区正式挂牌成立。

18日

承德市推荐的河北省木兰林管局职工程李美荣获在山西朔州举行的“时代新人说——我和祖国共成长”绿水青山主题全国演讲比赛金奖。

同日

中外城市竞争力研究会公布“2019第十八届全球国家（城市）竞争力分类优势排行榜”，其中包含了23个分榜单。承德市在“2019中国最具特色旅游城市排行榜”中列第9位（共30座城市）。

20—22日

中共河北省委书记、省人大常委会主任王东峰在承德市调研检查。省领导高志立、周仲明参加调研检查。

21日

中共河北省委书记、省人大常委会主任王东峰在承德市会见澳门特别行政区行政长官崔世安，中央政府驻澳门联络办公室主任傅自应率领的澳门“新时代同心行”学习参访团一行。省领导高志立、周仲明、夏延军参加会见。

26—27日

中国侨联副主席、中央国家机关工委原副书记邵旭军赴承德市调研考察，中国侨联副主席、河北省侨联主席包东，承德市侨联主席徐毅陪同考察。

28日

由国家体育总局主办，中国冰球协会、河北省体育局、承德市人民政府承办的第二届全国青年运动会冰球比赛在承德市冰上运动中心开赛。本赛事是承德冰上运动中心建成后所承办的第一个国家级冰上体育赛事。

29—31日

河北省政协副主席葛会波率领省政协视察组到承德市就“京津冀生态环境支撑区建设情况”进行视察，并召开座谈会。

30—31日

全国人大常委会副委员长、民建中央主席郝明金在丰宁满族自治县开展脱贫攻坚专题调研，并召开民建帮扶丰宁脱贫攻坚工作现场推进会。全国政协副秘书长、民建中央副主席兼秘书长李世杰，省人大常委会副主任、中共承德市委书记周仲明陪同参加相关活动。

8月

5—6日

天津市党政代表团就进一步加强对口扶贫工作到承德市考察，中共中央政治局委员、天津市委书记李鸿忠，市委副书记、市长张国清，市委副书记阴和俊与河北省委书记、省人大常委会主任王东峰，省委副书记、省长许勤，省委副书记赵一德等参加活动。天津市领导李毅、梁宝明，市政府秘书长孟庆松；河北省领导高志立、周仲明，省政府秘书长朱浩文参加活动。承德市领导常丽虹、安国富、吴清海、杨春武参加了活动。

7日

中共河北省委副书记赵一德就扎实开展“不忘初心、牢记使命”主题教育，支持服务进出口企业发展到承德市调研。

8日

白求恩精神研究会、中国医师协会公布《关于表彰“人文爱心医院”“人文爱心科室”和第三届“白求恩式好医生”“白求恩式好医生提名奖”获得者的决定》，授予112个科室为2019年“人文爱心科室”，承德医学院附属医院老年病科名列其中。

9日

由冶金工业信息标准研究院、国家知识产权局知识产权出版社共同研究的《中国钢铁企业专利创新指数（2019）》正式发布，河钢承钢获得中国钢铁行业较强专利创新力企业称号。

12日

平泉市道虎沟一农户家里的视频监控拍摄到华北豹身影,该华北豹叼走了农户的两只小羊。因此，该地成为我国华北豹最北分布点。

13日

由承德市文物局主办的“蒙曼讲山庄”活动启动。承德籍著名历史学者、中央民族大学教授、全国妇联副主席（兼）、中央电视台《中国成语大会》《中国诗词大会》点评嘉宾蒙曼与众多市民、游客同游避暑山庄，将“形貌如中华成一统，名胜集全国于一园，文化融华夏五千年”的避暑山庄特质，用学者独特的阐述视角和解读方式，介绍给广大市民及游客。

19日

全国第十五届精神文明建设“五个一工程”表彰座谈会在京召开，承德市参与创作的以塞罕坝林场建设者感人事迹为题材的电视剧《最美的青春》、话剧《塞罕长歌》获优秀作品奖。

21日

“北京平谷·河北承德共建软硬镜微创医疗中心”揭牌仪式在承德市中医院举行，标志着承德市中医院与北京友谊医院平谷医院协同共建的软硬镜微创医疗中心正式投入使用。

同日

全国法院第六届微电影微视频颁奖活动在内蒙古呼和浩特举行，隆化法院法治微电影《本案不敲法槌》在此次活动中荣获“十佳微电影”(综合单元)，并取得排名第二的好成绩。

22日

承德医学院附属医院该院与隆化镇医院达成协议共建医联体，这是承德市首家公立医院和民营医院医联体。

23—25日

河北省人大常委会副主任、市委书记周仲明率承德市党政代表团赴重庆市考察学习城市规划建设、生态旅游、电子信息产业、医疗康养等方面的成功经验和做法。

25日

平泉市滨河游园中央悦城前的芦苇丛里出现5只黑鹳，该物种属于国家一级保护动物。

27日

承德市政府市长常丽虹率领承德市代表团赴唐山市就生态文明建设、城乡规划建设管理、全域治水筹融资模式、河道治理、智慧农业和农村人居环境整治等方面的成功模式和先进做法进行学习考察。

同日

在天津举行的第十次全国残疾人运动会上，代表河北省参赛的承德市运动员张凤菊以7米04的成绩夺得女子F40级铅球项目的全国冠军。

30日

在天津举行的第十届全国残疾人运动会上，代表河北省参赛的承德市运动员闫嘉彤夺得男子标枪F36级全国冠军，并打破了全国纪录，超世界纪录。此外，他还摘得铅球F36级铜牌。

9月

1日

承德市林业和草原局荣膺全国生态建设突出贡献先进集体。

2日

总投资5.6亿元的普宁文化休闲小镇项目建成正式投入使用。

3日

2019年全国教书育人楷模、全国优秀教师、全国教育系统先进集体等名单公布，兴隆县六道河中学校长贾利民荣获全国教书育人楷模称号；宽城满族自治县化皮镇中心小学教师赵亚磊、平泉市柳溪小学教师张艳芳、承德市第十六中学教师闫帅荣获全国优秀教师称号。

5日

人力资源社会保障部、教育部关于表彰全

国教育系统先进集体和全国模范教师全国教育系统先进工作者的决定发布，承德市高新区上板城镇初级中学获得“全国教育系统先进集体”称号。

同日

中央文明委命名表彰新一届全国道德模范，承德市王福国获全国道德模范提名奖。王福国是丰宁胡麻营镇河东村党支部书记，因带领全村村民脱贫致富而获此殊荣。

6日

由中国旅游协会主办，中国旅游协会旅游商品与装备分会承办的2019中国特色旅游商品大赛在四川国际旅游交易博览中心举行，承德市选送的“避暑山庄乾隆游”系列、“我是乾隆”茶器组获得银奖，“朕赐杏福”杏仁饮料获得铜奖，“水心榭”文具组获得入围奖。

7日

京津冀社会组织助力脱贫攻坚项目签约暨民政事业协同发展第三次联席会议在丰宁满族自治县召开。民政部副部长詹成付、河北省政府副省长张古江、承德市政府市长常丽虹出席会议。

同日

2019第十届环中国暨中国一号风景大道国际公路自行车赛在御道口鸣枪开赛。国家体育总局副局长、党组成员高志丹，河北省人大常委会副主任、承德市委书记周仲明，中国自行车运动协会主席沈金康，中体产业集团股份有限公司董事长、总裁、中国自行车运动协会副主席王卫东，河北省体育局副局长李东奇，承德市副市长郭士刚等出席开幕式，并为赛事鸣枪发令。女子赛首次列入环中国序列。

13日

移动5G信号覆盖避暑山庄的部分主要景点，避暑山庄成为全国首批覆盖中国移动5G信号的AAAAA级景区。

18日

蒙曼做客承德百姓文化公益大讲堂，为近千名市民讲解古诗词。

同日

中国民间文化遗产抢救工程——河北省燕赵老字号、古代贡品普查认定经验交流会暨牌匾与证书颁发仪式在石家庄举行。承德市九龙醉酒业、满族吴氏刻瓷入选河北省第三批燕赵老字号保护名录项目。

24日

全国绿化委员会印发《关于表彰全国绿化模范单位和颁发全国绿化奖章的决定》，承德市刘海莹（满族，塞罕坝机械林场总场场长）、王国斌（塞罕坝机械林场总场工人）、杨印聪（满族，承德市林业局科学技术与宣传科科长）、上官承志（满族，承德市双滦区农牧林业和水务局局长）、刘利民（朝鲜族，木兰围场国有林场管理局桃山林场工人）、魏淑君（女，满族，承德华净活性炭有限公司农民）6人获得全国绿化奖章。

25日

中共中央宣传部表彰“最美奋斗者”，塞罕坝林场先进群体名列其中。

27日

全国民族团结进步表彰大会在北京召开，承德市围场满族蒙古族自治县人民政府、承德市双桥区潘家沟街道办事处在会上荣获全国民族团结进步模范集体称号；梁六十三（蒙古族，承德市民族宗教局民族科科长）、王桂玲（蒙古族，隆化县七家镇西地村妇联主任）被授予全国民族团结进步模范个人称号。

同日

由承德市文化康养产业发展促进会、大稿国际文化有限公司和法国亚洲艺术家联合会联合主办的“国际当代艺术系列展”活动在承德市启帷。本次活动是承德市第一次以环境装置、智能互动与新媒体、雕塑绘画等当代艺术形式为纽带，组织的一场国际化文化艺术交流盛事。

10 月

1 日

小滦河承德围场段获得评河北省“秀美河湖”称号。

9 日

承德市正式启动贫困人口动态管理和贫困退出工作。

10 日

以承德避暑山庄旅游集团名义选送参赛的“避暑山庄乾隆游”“乾隆茶”系列产品在“2019河北文创和旅游商品创意设计大赛”中，以专家评委打分第一名和总评分第一名的成绩获得了本次大赛的金奖。

18 日

由承德避暑山庄旅游集团所属承德避暑山庄文化创新中心报送、河北省旅游协会选送的“塞罕红旗松”摆件系列文创产品，在全国红色旅游文创产品和红色旅游演艺创新成果遴选活动中获评全国优秀红色旅游文创产品。

同日

全国森林旅游推介会发布2019寻找中国森林旅游美景推广地成果，兴隆雾灵山荣获2019中国森林旅游美景推广地“最佳森林休闲体验地”荣誉称号。

19 日

在第七届世界军人运动会男子25米手枪军事速射团体比赛中，由承德籍运动员金泳德和队友谢振翔、姚兆楠组成的中国队团结合作，成功摘得本届军运会首金。

同日

平泉市南五十家子村举行郭小川研究会创作基地揭牌仪式。

同日

2019年河北省中职学校学生动画片制作技能大赛落下帷幕，承德县职教中心在此次人赛中荣获团体一等奖。

22 日

教育部正式公布2019年全国青少年校园足球特色学校、试点县（区）和“满天星”训练营遴选结果名单。承德市5所学校被命名为全国青少年校园足球特色学校，即承德县第四小学、承德县上谷镇良杖子中心小学、滦平县第三小学、丰宁满族自治县小川小学、丰宁满族自治县平安堡中学。

23 日

滦平县红旗镇桥头村后山东侧发现一块清代光绪十八年（1892）修路功德牌。该修路功德牌虽未经修复但保存完好。

同日

在第七届世界军人运动会男子25米中心发火手枪团体比赛中，由承德籍运动员金泳德与队友高铮、姚兆楠组成的中国队以1744环获得金牌。此前，金泳德与队友合作已获得本届军运会首枚金牌。

27 日

“2019年首届中国马镇国际定向马术三项赛”圆满落下帷幕。本次比赛分为国际组，国内组及少儿组三个组别，为期两天，是河北省举办的马术赛事中，外籍选手参赛人数最多的一次。

31 日

承德全市所有行政村4G网络和宽带网络实现全覆盖。

11 月

1 日

第四届京津冀果品争霸赛新闻发布会在廊坊国际会展中心举行。兴隆县鑫鑫怡然家庭农场选送的燕山短枝板栗获“果王”称号。

2 日

由新华社《半月谈》杂志社举办的第二届

社会发展高峰会暨2019文旅产业资源链接会在北京全国人大会议中心举行，承德荣获“2019美好生活·中国十佳宜居宜业宜游城市”，这是河北省唯一上榜的城市。与承德一同入选该榜单的还有扬州市、烟台市、海口市、佛山市、乐山市、金华市、福州市、荆门市和昆明市。

同日

由农业农村部举办的第二届国家农产品质量安全县与农产品经销企业产销对接活动在江苏省徐州市国际会展中心举办。活动现场公布了第二批211个国家农产品质量安全县（市）名单，平泉市和承德市双滦区榜上有名。

3日

世界首条可再生能源柔性直流电网—张北柔性直流电网试验示范工程±500千伏丰宁—北京线路(3标段)主体竣工。

6日

全国普法办发出通知,通报表扬全国“七五”普法中期先进集体和先进个人，承德市共有1区2个集体2名个人获得殊荣。其中，双滦区被评为“全国‘七五’普法中期先进县（市、区)”，承德市法治宣传教育领导小组办公室、丰宁满族自治县司法局获评“全国‘七五’普法中期先进集体”，滦平县司法局法治宣传教育股股长庄磊、宽城满族自治县司法局法治宣传教育股股长王欣获评“全国‘七五’普法中期先进个人”。

9日

被誉为“承德爱迪生”的张占海在第二十三届全国发明展览会·一带一路暨金砖国家技能发展与技术创新大赛上，凭借项目“造林用纸质无底营养杯”在2000多个参赛项目中脱颖而出，荣获“发明创业奖·项目奖”银奖。

同日

承德市政府市长常丽虹率承德代表团赴天津市对接交流津承东西部扶贫协作工作，天津市政府副市长李树起会见常丽虹一行，并与承德代表团举行津承东西部扶贫协作联席会议。

13—14日

全国人大常委会副委员长、农工党中央主席陈竺到承德调研中医药传承创新发展和癌症防治工作。

14日

生态环境部正式命名第三批84个国家生态文明建设示范市县，兴隆县被授予第三批国家生态文明建设示范县称号。这是河北省首个获此荣誉称号的市县。

17日

“新中国70年，镇馆之宝70件”文物和档案故事网上征集评选活动结果在中国青年网公示，承德市报送的两件作品荣列“最震撼网民的70件‘镇馆之宝’”名单。它们分别为承德县博物馆报送的《朝梁子村的账本》及承德市委网信办报送的《记录历史瞬间，见证祖国辉煌》。

18日

在由农业农村部主办的第十七届中国国际农产品交易会上，中国农业品牌目录300个具有代表性的特色农产品区域公用品牌正式发布,“平泉香菇”农业品牌位列其中。

同日

承德市承德博物馆正式落成并对外开放，该承德博物馆全称为承德民族团结清文化展览馆暨承德市博物馆。

19日

平泉市承德亚欧果仁有限公司的果仁破碎取仁装置、承德华净活性炭有限公司的生物气化多联产技术和杏林春晓承德生物科技有限公司的一种从苦杏仁中提取多种有效成分的方法同时荣获国家林业和草原局颁发的“中国林业产业创新奖”，该奖项是经国务院批准设立的林业产业最高荣誉。

22日

中国科学院2019年共产生中国科学院院士64名和外籍院士20名。其中，河北滦平崔铁军教授当选中国科学院信息技术科学部院士。

同日

国家林业和草原局履行《联合国森林文书》示范单位建设工作会议在四川召开。会上，塞罕坝机械林场被确定为履行《联合国森林文书》示范单位，是河北省唯一一家被授牌的单位。

30 日

第四届美丽乡村国际微电影艺术节表彰典礼在广东省江门市举行，由兴隆县选送的微电影《青松岭新传》获最佳故事片奖，王久侠获最佳编剧奖。

12 月

10 日

再现塞罕坝建设者感人事迹的青春励志电影《那时风华》，开始在全国公映。

11 日

农业农村部发文，确定 120 个县和 8 个市辖区为全国农民合作社质量提升整地区推进试点单位，承德县入选。

12 日

由承德市政府主办，市体育局、市教育局承办的承德市首届冰雪运动会在承德市冰上运动中心开幕。市长常丽虹出席开幕式并宣布运动会开幕。

同日

北京首都开发集团向丰宁满族自治县捐赠扶贫资金仪式在承德市行政中心举行。首开集团党委书记、董事长潘利群，党委副书记、董事刘占山等嘉宾莅临仪式。承德市政府市长常丽虹出席并讲话。会上，首开集团向丰宁满族自治县捐赠扶贫资金 284 万元。

同日

卫生部原部长、中国民族卫生协会首席顾问高强一行到承德市调研。中国民族卫生协会会长吴英萍，中国民族卫生协会副会长兼秘书长钱阳明，中国药师协会副会长、北京医学奖励基金会理事长颜晓文参加调研。北京医学基金会肿瘤防治项目经理、中国药师协会中药分会专家参加活动。

20 日

在承德市冰上运动中心——河北省残疾人冰上项目训练基地内举办承德市首届残疾人冰雪运动季暨残健共融活动，来自承德市各县(市、区)的 39 名残疾人、市特教学校的 20 余名师生，参加此活动。

24 日

中央宣传部、退役军人事务部、中央军委政治工作部联合发布 2019 年“最美退役军人”先进事迹，滦平县周台子村党委书记范振喜位列其中。

24 日

河北新闻网开展的 2019 年度“河北省网民留言办理工作先进单位及先进个人”评选结果出炉。承德市城市管理综合行政执法局获评“河北省网民留言办理工作先进单位”。承德市卫生健康委员会白云获评“河北省网民留言办理工作先进个人”称号。

25 日

北京市举行第十二届首都见义勇为好市民宣讲表彰会，在北京昌平区从事个体经营的兴隆人张立华因抢救落水卡车司机被评选为首都见义勇为荣誉市民。

27 日

第七届中国旅游产业发展年会在海南三亚开幕，会上揭晓的“2019 年中国旅游产业影响力风云榜”中，由承德市旅游和文化广电局申报的两个项目获奖，其中：国家“一号风景大道”荣获“2019 旅游扶贫年度典型案例”称号，鼎盛文化产业投资有限公司荣获“中国旅游影响力双创企业”称号。

28 日

河北省政府公布第七批省级非物质文化遗产名录，承德市以下项目入选。传统音乐类：

穹览寺音乐、铢铢镲；曲艺类：凌河大鼓；传统美术类：铜板浮雕画、面塑、泥塑；传统技艺类：宫绣、古琴斫制技艺、陈家熏鸡制作技艺、皮影雕刻技艺、丰宁铁艺灯笼、天木陈香制作技艺、丰宁九龙醉酒酿造技艺；民俗类：丰宁满族婚礼。

30日

承德石油高等专科学校获评“2019年全国网络搜索热度50强高职院校”“2019年河北省五大就业竞争力高职院校”。

同日

承德应用技术职业学院获评“2019年河北省五大高中生关注高职院校”“2019年河北省五大中学信赖高职院校。

同日

承德市消防救援支队正式挂牌。

建置区划

【地理位置】 承德市位于北纬40°11'24.75"～42°37'04"，东经115°54'10"～119°14'24.71"。地处河北省东北部，华北与东北地区过渡带。东、东南与辽宁省朝阳市、河北省秦皇岛市相邻，南、西南隔长城与北京市、天津市、河北省唐山市毗邻，西与张家口市相连，西北、北、东北与内蒙古自治区锡林郭勒盟、赤峰市接壤。人民政府驻双桥区府前路1号，电话区号0314，邮政编码067000，距省会石家庄540千米，距首都北京251千米。辖区东西最大距离278千米，南北最大距离270千米，总面积39489.54平方千米。

【建置沿革】 **旧石器时代** 承德境内已有人类活动。1988年，承德市鹰手营子矿区营子镇东北四方洞出土了石器575件、动物遗骨1765件，这是在河北省境内发现的第一处旧石器时代洞穴遗址，也是在燕山山脉深处首次发现的旧石器时代的遗迹，距今约有3万～5万年。四方洞遗址现为国家级文物保护单位。

新石器时代 丰宁、承德县、平泉、围场等地先后发现了原始人使用过的生产和生活工具。如2008年6月被发现的凤凰山遗址，位于承德市双桥区冯营子镇冯营子村西北约700米的凤凰山坡下，出土了石斧、石刀等磨制石器约200件，经专家鉴定，这些石器为7000年前新石器时代赵宝沟文化的文物，这一发现填补了承德新石器时代考古的空白。距今约6660～4870年的内蒙古赤峰红山文化已经存在于今承德地域。近年，辽宁省朝阳市、内蒙古赤峰市考古的新发现，说明承德境内的辽河流域已经成为中华文明在北方的扩展之地，也是东北渔猎文化和中原农耕文化的结合部。4000～3400年前，承德地域的原始人，逐渐从母系氏族过渡到父系氏族，私有制逐渐诞生。

商朝时期 境内仍然生活着若干氏族部落，在丰宁黄旗镇二道桥子村发现的亚鼎，说明亚氏部落已归附于商王朝。经考证，当时承德地域的土方氏族，也从属于商朝，其范围在今丰宁、隆化、承德、平泉一带。

周朝时期 北方少数民族开始进入今承德地区。春秋战国时期，山戎、东胡逐渐占据了今承德地域。后来，山戎衰落，逐渐被东胡吞并。历史上，山戎曾与燕国多次发生战事，齐桓公也曾多次征伐山戎。山戎战败之后，逐渐依附燕国，承德地域逐渐成为燕国统治地区。因此，战国时期，承德属燕国右北平郡、渔阳郡。燕、赵、秦列国在今承德地区争霸不休。此时，东胡族逐渐衰落，匈奴逐渐兴盛，并严重威胁燕国的安全。燕国为了抵御匈奴，开始修筑长城。长城共分为燕南、燕北两段，燕北长城始于今张家口、独石，东北行经内蒙古多伦县境，由东行经今承德的丰宁、围场两县，进入内蒙古赤峰和辽宁朝阳境域，至朝鲜边境。秦始皇二十六年（前221），秦国消灭了齐、楚、燕、韩、赵、魏六国，今承德地域纳入秦的版图，仍属右北平郡、渔阳郡，为东胡民族生活之地。

秦汉时期 秦王朝在承德地域继续利用燕北长城防御匈奴，并不断修建新城。在围场发现的3件秦代铁权，证明了秦王朝对承德拥有统辖权。秦末汉初，今承德境属冒顿匈奴左地。西汉王朝建立以后，今承德境域尽入西汉的版图。汉武帝元封五年（前 106），境属汉幽州刺史部渔阳郡、右北平郡（塞地）。人们在承德境内发现了数量众多的汉代古城址和驻军遗址，围场、丰宁、承德县、平泉、滦平的古城遗址出土了汉代的兵器和生活用具，证明当时毗邻今承德地域的匈奴不断南侵，与西汉军队发生战争。为防御匈奴，汉朝修建了若干段长城，主要以烽燧为主，穿越今丰宁、滦平、隆化、承德县境域，以丰宁境内最多。

西汉末年 承德今境属乌桓民族的势力范围。建武元年（25），东汉建立以后，今承德地域归东汉统治。此时，承德全境被乌桓民族占据。东汉末年，曹操北征乌桓，大获全胜。三国魏时，今承德全境属鲜卑轲比能部。

西晋时期 今承德境域先后被鲜卑族宇文部、段部、慕容部、拓跋部控制。东晋时期，北方先后建立 16 国，为匈奴、鲜卑、羯、氐、羌“五胡”控制，今承德境先后为前燕、前秦、后燕统治。

北魏时期 太元十一年（386），鲜卑拓跋部建立北魏政权，今承德地域尽归北魏统治，元嘉十五年（438）后，为北魏拓跋鲜卑索头部统治。设立州郡后，今承德属安州广阳郡。北魏诸帝多次沿丰宁、隆化、平泉等地征伐北燕，最终灭掉北燕。

隋唐时期 隋朝时，北方的少数民族有柔然、契丹、厍莫奚等。厍莫奚，又称奚族，散居在今丰宁、围场、承德县和兴隆东北、滦平西北部，与汉人和平相处。唐朝，承德地域居住着契丹、厍莫奚两个游牧民族，由于地方官吏的欺压，契丹、厍莫奚两族民众不断反抗，唐军多次与其展开大战，但多失利。

宋辽金时期 建隆元年（960），后周大将赵匡胤建立宋朝。与此同期，天祐四年（907），契丹贵族耶律阿保机建立契丹国，清泰三年（936），改称辽国，今承德全境均被辽国统治，为辽中京道北安州兴化县属地。承德地处辽中京（今内蒙古赤峰市宁城县大明城）与南京（今北京）、西京（今山西省大同市）之间，位置重要。辽在此修有驿道，并建有多处驿馆。前后有 7 位辽帝 36 次到今丰宁的炭山（今滦河源头猴顶山一带），或避暑游猎，或接见外国使节，万处理军政大事。同时，承德也成为当时辽宋两国互访的必经之路。今承德地域出土了大量辽代文物，在隆化县发现的辽国摩崖造像，在平泉县发现的辽墓壁画，生动地再现了辽代的文化艺术发展状况。政和五年（1115），女真族完颜部首领阿骨打建立大金国，绍兴二十三年（1153），迁都燕京（今北京），今承德地域为北京路大定府统辖。金国为了防御蒙古族入侵，修建规模宏大的长城，实际上，只是界壕、边堡、堑壕。金代界壕在今丰宁尚存 7.5 千米，并有边堡 1 座。金与辽国、北宋战事不断，今承德地域曾发生过数次大型战事。

元朝时期 开禧二年（1206），成吉思汗于漠北建立蒙古汗国，咸淳七年（1271）改国号为大元，定都燕京（今北京），又称大都。元先后灭掉金和南宋，统一中国，今承德地域尽入元境，属中书省上都路兴州宜兴县、兴化县。当时，在丰宁、滦平、隆化、围场等县，有大批蒙古人集中居住。在承德境域，有两条通往元上都（原名开平，今内蒙古自治区正蓝旗境内）的通道，也是军事要道。元帝曾多次在凉径川（今丰宁滦河上游金莲川）驻跸，以纪念祖宗发迹之地。元朝统治者崇奉佛教，在承德地域建有大量佛寺，至今仍有遗存。

明朝时期 大将常遇春曾率军经承德地域追击元军残余兵力，大败元军。元朝的残余势力被驱逐至漠北（内蒙古高原）。数十年后，承德境域由接受明廷封号的蒙古诸部代为统治，属大宁都指挥司兴州卫，后改属诺音卫。明迁都北京后，承德直属京师管辖。明中后期，境内大部分为兀良哈三卫中的朵颜部辖地。为了防御元朝蒙古族残余势力南侵，明廷下令修建万里长城，称为明长城。承德境内的明长城位于今宽城、兴隆、承德县、滦平 4 县，有敌楼 860 余座、墩台 301 座、关隘 55 处，著名的金山岭长城即在此列。万历四十四年（1616），女真首领努尔哈赤建立后金。崇祯元年（1628），后金占领今承德境地。崇祯九年(1636),后金改为大清。崇祯十七年(1644)9月，清军占领北京后，今承德地域全部纳入清朝版图。

清朝时期 清代初期，今承德境域属直隶省。雍正元年（1723），以今承德市为中心设立热河厅（今承德市双桥区和承德县），西北设喀喇河屯厅（今双滦区和滦平县），再往西北设四旗厅（今丰宁、隆化县），东设八沟厅（今平泉及兴隆、宽城一部分），再往东设塔子沟厅（今朝阳市凌源县、喀左县）。雍正十一年（1733），热河厅改设直隶承德州，清廷取“承先祖德泽”之意，命名为承德。乾隆七年（1742），直隶承德州又改为热河厅，后从八沟厅划出乌兰哈达厅（今赤峰市区），从塔子沟厅划出三座塔厅（今朝阳市区）。乾隆四十三年（1778），升热河厅为承德府，下辖的八沟厅改称平泉州，喀喇河屯厅改称滦平县，四旗厅改称丰宁县，乌兰哈达厅改称赤峰县，三座塔厅改称朝阳县，塔子沟厅改称建昌县。嘉庆十五年（1810），设热河都统，驻承德府，治所在今境。光绪二年（1876），设立围场厅。光绪二十九年（1903），升朝阳县为朝阳府，建昌县归属其下。光绪三十一年（1905），围场厅划归宣化府。宣统二年(1910),设立隆化县。宣统三年（1911），围场厅还归承德府。清末，承德府共辖平泉州、滦平县、丰宁县、隆化县、围场厅，计1州、3县、1厅。

热河省设立时期 1914年，设热河特别行政区，今承德、滦平、隆化、丰宁、围场、平泉归其管辖。1928年，撤区建热河省，省会设于今承德市区，今承德市全境归热河省管辖。1933年3月，日本侵略军占领承德，热河省所属各县相继沦陷。1938—1941年，中共冀东区和平北区党组织及其领导的八路军开展抗日斗争，创建和扩大抗日根据地，在伪满热河省及其边缘地区相继组建多个抗日联合县。1945年8月，抗战胜利，人民政权接管热河省，10月，建承德市，为热河省省会。热河省下辖1市5区。1946年8月，国民党军进攻热河，中共热河省委坚持领导敌后斗争，曾成立中共承德工委。解放战争时期，热河各县属冀察热辽解放区。1948年11月，承德第二次解放后，成立承德市政府，今承德境域隶属热河省。1949年10月1日，中华人民共和国成立，承德仍属于热河省。当时，热河省管辖承德及赤峰2个市18个县7个旗，承德市及其下辖的丰宁、滦平、隆化、围场、兴隆（1930年河北省批准设置兴隆县，1933年4月始为抗日联合县；日本投降后兴隆县建制恢复，隶属冀热辽区辖，1949年3月隶属热河省辖）、平泉、青龙、承德县均在热河省管辖之内。

热河省撤销之后 1955年12月，撤销热河省，承德境域划归河北省管辖。1956年建立承德专区，辖上述8县1市。1958年12月承德县建制撤销。1960年3月承德专区与承德市合并，1961年5月承德专区与承德市分设，恢复承德县建制。1963年，设立宽城县，划归承德专区管辖。1983年5月6日，青龙县划归秦皇岛市管辖。1984年承德市改为省辖市，辖承德县、双桥区、双滦区、鹰手营子矿区。1993年6月，承德地区与承德市合并。承德市下辖3区8县，即双桥区、双滦区、鹰手营子矿区和承德县、兴隆县、平泉县、滦平县、隆化县、丰宁满族自治县、宽城满族自治县、围场满族蒙古族自治县。近年来，经国家及省民政部门陆续批准，承德县冯营子、东西营、双峰寺、上板城划归双桥区；滦平县西地、陈栅子划归双滦区。

【行政区划】 2019年年末辖双桥区、双滦区、鹰手营子矿区3个市辖区，承德、兴隆、滦平、隆化、丰宁、宽城、围场7个县（其中：3个民族自治县：丰宁满族自治县、宽城满族自治县、围场满族蒙古族自治县），代管平泉1个县级市。共有14个街道、109个镇、95个乡（其中23个民族乡）。

表1　　2019年承德市行政区划一览表

县(市、区)	所含建置镇	所含乡	所含街道办事处
双桥区	水泉沟镇、狮子沟镇、牛圈子沟镇、大石庙镇、冯营子镇、双峰寺镇、上板城镇	—	西大街街道办事处 头道牌楼街道办事处 潘家沟街道办事处 中华路街道办事处 新华路街道办事处 石洞子沟街道办事处 桥东街道办事处
双滦区	双塔山镇、滦河镇、大庙镇、偏桥子镇、西地镇	陈栅子乡	元宝山街道办事处 钢城街道办事处 秀水街道办事处
鹰手营子矿区	鹰手营子镇、北马圈子镇、寿王坟镇、汪家庄镇	—	铁北路街道办事处
承德县	下板城镇、甲山镇、六沟镇、三沟镇、头沟镇、高寺台镇、三家镇、鞍匠镇、上谷镇、磴上镇、新杖子镇、石灰窑镇	东小白旗乡、刘杖子乡、孟家院乡、大营子乡、八家乡、满杖子乡、五道河乡、岔沟乡、岗子满族乡、两家满族乡、仓子乡	—
兴隆县	兴隆镇、半壁山镇、挂兰峪镇、青松岭镇、六道河镇、平安堡镇、北营房镇、孤山子镇、蓝旗营镇、雾灵山镇、李家营镇、大杖子镇、三道河镇、大水泉镇、蘑菇峪镇	南天门满族乡、八卦岭满族乡、陡子峪乡、上石洞乡、安子岭乡	—
滦平县	滦平镇、长山峪镇、红旗镇、金沟屯镇、虎什哈镇、巴克什营镇、张百湾镇、付营子镇、大屯镇、火斗山镇	平坊满族乡、安纯沟门满族乡、小营满族乡、西沟满族乡、邓厂满族乡、五道营子满族乡、马营子满族乡、付家店满族乡、两间房乡、涝洼乡	中兴路街道办事处
隆化县	韩麻营镇、中关镇、七家镇、汤头沟镇、张三营镇、唐三营镇、蓝旗镇、步古沟镇、郭家屯镇	荒地乡、章吉营乡、茅荆坝乡、尹家营满族乡、庙子沟蒙古族满族乡、偏坡营满族乡、山湾乡、八达营蒙古族乡、太平庄满族乡、旧屯满族乡、西阿超满族蒙古族乡、白虎沟蒙古族满族乡、碱房乡、韩家店乡、湾沟门乡	安州街道办事处
丰宁满族自治县	大阁镇、大滩镇、鱼儿山镇、土城镇、黄旗镇、凤山镇、波罗诺镇、黑山咀镇、天桥镇、胡麻营镇	万胜永乡、四岔口乡、苏家店乡、外沟门乡、草原乡、窟窿山乡、小坝子乡、五道营乡、南关蒙古族乡、选将营乡、西官营乡、王营乡、北头营乡、石人沟乡、汤河乡、杨木栅子乡	新半路街道办事处

续表 1

县(市、区)	所含建置镇	所　含　乡	所含街道办事处
宽城满族自治县	宽城镇、龙须门镇、峪耳崖镇、板城镇、汤道河镇、桲罗台镇、碾子峪镇、亮甲台镇、化皮溜子镇、松岭镇	塌山乡、孟子岭乡、独石沟乡、铧尖乡、东黄花川乡、苇子沟乡、大字沟门乡、大石柱子乡	—
围场满族蒙古族自治县	围场镇、四合永镇、克勒沟镇、棋盘山镇、半截塔镇、朝阳地镇、朝阳湾镇、腰站镇、新拨镇、龙头山镇、御道口镇、城子镇	道坝子乡、黄土坎乡、四道沟乡、蓝旗卡伦乡、银窝沟乡、新地乡、广发永乡、育太和乡、郭家湾乡、杨家湾乡、大唤起乡、哈里哈乡、张家湾乡、宝元栈乡、山湾子乡、三义永乡、姜家店乡、下伙房乡、燕格柏乡、牌楼乡、老窝铺乡、石桌子乡、大头山乡、南山嘴乡、西龙头乡	—
平泉市	平泉镇、黄土梁子镇、榆树林子镇、杨树岭镇、七沟镇、小寺沟镇、党坝镇、卧龙镇、南五十家子镇、北五十家子镇、桲椤树镇、柳溪镇、平北镇、青河镇、台头山镇	王土房乡、七家岱满族乡、茅兰沟满族蒙古族乡、道虎沟乡	—

（供稿　靳适维）

地质地貌

【地质】　区域大地构造位置　承德市区域大地构造位置处于兴蒙地槽和华北地台两个Ⅰ级构造单元内，即以北纬42°线的康保—围场—赤峰东西向深大断裂为界，以北为内蒙古—大兴安岭地槽褶皱带，以南是华北地台。华北地台又以丰宁—隆化深断裂及密云—喜峰口深断裂两个东西向断裂为界，进一步分为三个Ⅱ级构造单元，自北向南依次为内蒙地轴、燕山台褶带和迁西陆块。承德市幅员辽阔，区内地质构造复杂，地层出露齐全，岩浆活动强烈，地质条件优越，岩石多样，矿产丰富。

地层　区内地层可以分为变质表壳岩和未变质的沉积地层。从构造演化角度来看可分为两套构造层，下部的变质表壳岩及其中的变质深成侵入体为结晶基底（以吕梁运动为界，距今约18.5亿年），上部为沉积盖层，由中—新元古代、古生代、中生代至新生代地层组成，其中中生代主要为火山—沉积岩地层。从老至新为：古老结晶基底。区域结晶基底可以分为两套地层。下部为太古界迁西岩群。上部为元古界单塔子群、红旗营子群地层。沉积盖层。在古老结晶基底之上，依次沉积形成了中—上元古代海相碳酸盐及碎屑岩交互沉积、早古生代稳定的浅海台地碳酸盐岩沉积、晚古生代的稳定海陆交互相—陆相碎屑岩沉积、中生代陆相火山岩、火山沉积岩组合和新生代山前和山间沉积岩夹火山岩组合，构成区域沉积盖层。

构造　承德区域地质构造发育且复杂多样，主要构造表现形式有断裂构造、韧性剪切带、推覆构造、褶皱构造等。

岩浆岩 区内地质历史时期岩浆活动曾剧烈而频繁，持续时间较长，从早前寒武纪岩浆岩侵入体到新时代火山活动均有出露。

【地貌】 承德市为华北平原与内蒙古高原的过渡地带，大马群山脉尾闾的东猴顶山、宜肯坝、豪松坝、塞罕坝从西部伸向东北，把全市分割成两大部分。西北为内蒙古高原的边缘，俗称“坝上”；东北部为七老图岭、努鲁儿虎和杜岭山脉；西南与南部为燕山山脉。从而构成了全市西北高，东南低的地势。就地貌单元而论，全市分为坝上高原与冀北山地两大地貌类型。冀北山地由高到低依次为中山、低山、丘陵和盆地顺序排列。这种由西北向东南阶梯下降的地势，明显地影响了全市的气候、水文、土壤和植被等自然因素，从而形成了土地利用上的地域差异。这种特定的土地资源条件，对农业生产的立体布局，充分和合理利用土地资源具有重要意义。

坝上高原 坝上高原位于丰宁、围场两县的西北部，属于内蒙古高原的一部分。其南缘以东猴顶山、老窝铺、姜家店一线为界，其他部分止于省、市界。总面积663.65万亩，占全市土地总面积的11.2%，占全省坝上高原总面积的25.9%。坝上高原平均海拔为1000～1700米，地势南高北低，坝缘翘起，属典型的波状高原。坝头地带切割较碎，多呈垄状低山，相对高度在200米左右，坡度较陡，一般为20°～40°。坝头以北为低山和缓丘相间分布，丘陵坡度一般为5°～10°，多呈台状分布，相对高度为50～100米。山丘之间有黄土分布，河谷两侧为耕地分布区。其内分布有固定和半固定沙丘，风蚀洼地和花岗岩、变质岩残丘。加之湖泊（泡子）点缀在其间，使高原呈现疏缓丘陵散布的景象，不仅具有一般高原的状态，又有多湖淖滩梁的特点。夏季绿草如茵，百花盛开，争奇斗艳，令人流连忘返，被称为“水的源头、林的海洋、花的世界、鸟的天堂、云的故乡”，是不可多得的避暑胜地和旅游景观。

冀北山地 冀北山地主要由燕山、七老图岭和阴山山脉的余脉构成，总面积5264.04万亩，占全市土地总面积的88.8%。其地貌由中山、中低山、低山及河流谷地、山间盆地组成。其中，中山、低山类型面积较大。境内有海拔1000～2000米的山峰30余座，2000米以上的山峰10座。东猴顶山海拔2293米，为全市最高峰；其次为小梁山，海拔2206.5米，两座高山都分布在丰宁满族自治县的西部边陲。位于兴隆县境内的雾灵山为燕山主峰，海拔2116.2米，居第六位。纵观整个山区，群山环绕，流水切割侵蚀作用强烈，地表支离破碎，沟谷纵横，河流交错，构成了复杂的山区地貌，影响太阳辐射和水热资源的再分配，形成了不同的小气候，使全市土地利用和农业生产呈现多样性的特点。冀北山地又可分为坝下山地和燕山山地两大部分。坝下山地：主要由中山、低山、丘陵、山间盆地和河流谷地组成。包括丰宁、围场两县的坝下地区，以及隆化县、滦平县、承德县、平泉县和双桥区、双滦区的大部分地区，总面积4483.8万亩，占全市土地总面积的75.6%，占坝下地区总面积的85.3%。全区地势自西北向东南呈阶梯式倾斜，一般海拔在1300～1500米，相对高度500～800米，山势坡度多在25°～35°以上。北部坝根地区，河谷多为“V”形谷，狭窄，阶地不发育，山体阴坡森林植被保存较多。中南部地势降低，由低山丘陵和较宽的河流谷地组成，耕地多分布在滦河、潮河等干流及其支流的两侧阶地上，是全市农产品的主产区。燕山山地：位于承德市的最南部，长城北侧，包括兴隆、宽城两县和鹰手营子矿区，总面积780.24万亩，占全市总面积的13.2%，占坝下地区总面积的14.7%，属长城以北燕山山脉主脉区。该区山地面积较广，海拔一般为400～1200米，高差多在150～700米之间，坡度在40°以上。山高谷深，沟川并列，地势

复杂。燕山山脉主峰雾灵山位于本区西部，海拔2116.2米，为最高控制点。其东部最高峰为都山，海拔1846米。该区耕地较少，且多为坡地，水土流失严重。

（供稿 魏舜煜）

【土壤】 承德市土壤类型，按全国第二次土壤普查时的发生学分类，共13个土类，31个亚类。其中地带性土壤5个土类，包括棕壤、褐土、灰色森林土、栗钙土和黑土；隐域性土壤8个亚类，包括潮土、风沙土、粗骨土、新积土、石质土、草甸土、山地草甸土和沼泽土。棕壤，是承德市分布面积最大的土壤类型。总面积191731.46公顷，占全部土类面积的47.6%，广泛分布于坝下地区海拔约700米以上的山地垂直带上，包括典型棕壤、棕壤性土、潮棕壤3个亚类。褐土，是承德市坝下地区的基带土壤，总面积148521.65公顷，占全部土类面积的36.9%，包括五个亚类：淋溶褐土、典型褐土、石灰性褐土、潮褐土和褐土性土。灰色森林土，呈带状分布于围场、丰宁坝上地区，总面积18386.77公顷占全部土类面积的4.56%。分典型灰色森林土、暗灰色森林土两亚类。栗钙土，是坝上地区的地带性土壤之一，全部分布在丰宁县北部坝上地区，总面积12814.87公顷，占全部土类面积的3.2%，含暗栗钙土，典型栗钙土、淡栗钙土、草甸栗钙土和栗钙性土，共5个亚类。黑土，是坝上地区的地带性土壤，仅分布于围场坝上红松洼一带的高原面上，仅典型黑土一个亚类。总面积1615.21公顷，占全部土类面积的0.40%，主要分布在围场东北部地区。潮土，广泛分布于坝下地区的河谷低阶地上，总面积7737.27公顷，占全部土类面积的1.92%。分典型潮土、盐化潮土两个亚类。风沙土，分布在围场、丰宁两县北部，坝上地区分布较集中。仅草原风沙土一个亚类。总面积4942.56公顷，占全部土类面积的1.23%。粗骨土，分布于坡度较大、侵蚀严重的山地阳坡，中南部分布较多，其他地区呈零星分布。仅中性粗骨土一个亚类。总面积2882.46公顷，占全部土类面积的0.72%。新积土，主要分布在承德中南部河漫滩阶地上，总面积2821.73公顷，占全部土类面积的0.70%。分典型新积土和冲积土两个亚类。石质土，主要分布于中南部的石灰岩、砂砾岩山地。仅中性石质土一个亚类。总面积2164.70公顷，占全部土类面积的0.54%。草甸土，主要分布在围场、丰宁坝上和接坝地区，隆化县西北部有少量分布。总面积2130.09公顷，占全部土类面积的0.53%。分典型草甸土、石灰性草甸土、潜育草甸土和盐化草甸土四个亚类。山地草甸土，主要分布在围场北部，平泉、隆化、滦平也有少量分布，分布于棕壤以上的山地垂直带上，仅典型山地草甸土一个亚类。总面积2048.96公顷，占全部土类面积的0.51%。沼泽土，分布在围场、丰宁坝上地区的河谷、洼地上，总面积1935.74公顷，占全部土类面积的0.48%。分草甸沼泽土、泥炭沼泽土、腐泥沼泽土3个亚类。

表2 **2019年承德市主要土类面积及占比情况一览表**

土　类	面积（公顷）	百分比	主要分布	其他备注
棕壤	1917314.6	47.6%	全部（除坝上）	主要土类
褐土	1485216.5	36.9%	全部（除坝上）	主要土类
灰色森林土	183867.7	4.56%	围场、丰宁坝上	带状分布
栗钙土	128148.7	3.2%	丰宁北部坝上	
潮土	77372.7	1.92%	河流水域	

续表 2

土　类	面积（公顷）	百分比	主要分布	其他备注
风沙土	49425.6	1.23%	丰宁坝上	
粗骨土	28824.6	0.72%	中南部集中	
新积土	28217.3	0.70%	承德东南部	
石质土	21647.0	0.54%	承德东南部	
草甸土	21300.9	0.53%	围场、丰宁坝上	隆化条状分布
山地草甸土	20489.6	0.51%	围场北部	
沼泽土	19357.4	0.48%	围场坝上	
黑土	16152.1	0.40%	围场东北部	
未分类	3208.87	0.71%		

表 3　　**2019 年承德市土壤养分平均值一览表**

养分种类	有机质	全氮	有效磷	速效钾	有效锰	有效铁	有效锌	有效铜	pH
单位	克/千克	克/千克	毫克/千克	毫克/千克	毫克/千克	毫克/千克	毫克/千克	毫克/千克	
平均含量	18.98	0.94	18.73	143.32	21.44	24.59	1.59	1.22	7.02

（供稿　王亚军）

河流水系

承德市河流分属三大流域，即滦河流域、潮白蓟运河流域、辽河流域。滦河流域集水面积为 28878 平方千米，占全市总面积的 72.5%，主要一级支流有小滦河、兴洲河、伊逊河、武烈河、老牛河、柳河、瀑河、澈河等。潮白蓟运河流域集水面积为 6777 平方千米，占全市总面积的 17.0%，主要一级支流有潮河、白河等。辽河流域集水面积 4154 平方千米，在承德市分为辽河南和辽河北两部分，分别占全市总面积的 7.0% 和 3.4%，主要一级支流有大凌河、阴河、西路嘎河、老哈河等。

【滦河流域】　滦河流域内流域面积大于 1000 平方千米的一级支流 8 条，分别为小滦河、兴洲河、伊逊河、老牛河、瀑河、柳河、澈河、武烈河；二级支流 1 条，蚁蚂吐河。

小滦河　小滦河是滦河一级支流，发源于围场县坝上陡林子，在隆化县郭家屯镇西屯村汇入滦河。河长 152.1 千米，流域面积 2038 平方千米，多年平均径流量 1.1 亿立方米，实测最大 1.39 亿立方米，最小 0.57 亿立方米，年平均流量 4.38 立方米／秒。1917 年调查测算最大洪峰流量达 924 立方米／秒。

兴洲河　兴洲河是滦河一级支流，发源于丰宁县选将营乡杨树底下村北，在滦平县张百湾镇张百湾村汇入滦河。河长 125.95 千米，流域面积 1965 平方千米，多年平均径流量 1.42 亿立方米。1939 年调查测算最大洪峰流量为 940 立方米／秒。

伊逊河　伊逊河是滦河一级支流，发源于围场县哈里哈乡老岭山，在双滦区西地乡下湾子村汇入滦河。河长236.73千米，流域面积6734平方千米，多年平均径流量3.98亿立方米。1958年实测最大洪峰流量为2020立方米／秒。

武烈河 滦河一级支流，发源于围场满族蒙古族自治县道至沟，在双桥区雹神庙村汇入滦河。河长118.63千米，流域面积2606平方千米，多年平均径流量2.63亿立方米。1938年历史调查最大洪峰流量4500立方米／秒。

老牛河 老牛河是滦河一级支流，发源于承德县五道沟乡圣祖庙，在下板城镇中磨村汇入滦河。河长80.94千米，流域面积1686平方千米，多年平均径流量1.75亿立方米。1983年实测历史最大洪峰流量为3570立方米／秒。

柳河 柳河是滦河一级支流，发源于兴隆县南双洞乡八拨子岭，在柳河口村汇入滦河。河长156.23千米，流域面积1195平方千米，多年平均径流量2.54亿立方米。1962年实测历史最大洪峰流量为2740立方米／秒。

瀑河 瀑河是滦河一级支流，发源于平泉县七老图山南麓，在宽城县瀑河口村汇入滦河。河长155.77千米，流域面积1991平方千米，多年平均径流量2.54亿立方米。1962年实测历史最大洪峰流量为3830立方米／秒。

潵河 潵河是滦河一级支流，发源于兴隆县樟帽山林场，在迁西县潵河桥镇北汇入滦河。河长98.3千米，流域面积1136平方千米，多年平均径流量2.47亿立方米。1962年实测历史最大洪峰流量2180立方米／秒。

蚁蚂吐河 蚁蚂吐河是滦河二级支流，又称伊玛图河，发源于围场县燕格柏乡大骡马沟，在隆化县山咀村汇入伊逊河。河长143.13千米，流域面积2422平方千米，多年平均径流量1.456亿立方米。1985年调查测算最大洪峰流量为546立方米／秒。

【潮白蓟运河流域】 由潮河、白河及蓟运河三条河流汇聚而成。潮河干流发源于丰宁满族自治县上黄旗哈拉海沟，经过丰宁满族自治县城、滦平县部分乡镇汇入密云水库，干流全长253千米，在承德市境内205.21千米。白河干流发源于张家口市大马群山，其两条支流汤河和天河均发源于丰宁满族自治县西部的东猴顶；蓟运河支流泃河、州河发源于兴隆县南部。潮白河涉及承德市丰宁、滦平、兴隆和承德县4个县，境内总面积6776.74平方千米，占密云水库上游流域面积的38.7%，是首都北京的主要水源地。

潮河 潮河是潮白河的上源之一，发源于丰宁县哈拉海湾村，经古北口南入密云水库。河长205.21千米，流域面积4787.39平方千米，地处燕山山脉中段，北高南低，年降雨量550～650毫米，多年平均径流量3.51亿立方米。1961年实测实测历史最大洪峰流量484立方米／秒。

汤河 汤河是白河支流，发源于丰宁满族自治县南台子村，于汤河乡大草坪村汇入北京市怀柔县，在汤河口入白河。在丰宁满族自治县境内河长65.99千米，流域面积622平方千米，地处燕山山脉中段，西北高东南低，多年平均径流量0.48亿立方米。

【辽河流域】 发源于平泉和围场，境内流域面积3568.9平方千米，干流全长64.93千米。辽河水系支流老哈河、阴河、西路嘎河及大凌河，西路嘎河和老哈河为辽河水系上源，老哈河为主源，是辽河源头，大凌河属山溪性河流，直接入海。

大凌河 发源于平泉东北部的榆树林子和九神庙分水岭，境内流域境内面积434.9平方千米，干流全长4.87千米。小凌河（大凌河西支）为大凌河一级支流，在平泉县东北部有两支上源，两源汇流后汇入小凌河，于喀喇沁左翼蒙古族自治县汇入大凌河。在平泉县境内河长4.87千米，流域面积434.9平方千米，多年平均降雨量576毫米，承德市境内多年平均径流量0.38亿立方米。

阴河 发源于围场满族蒙古族自治县庙子沟，经围场张家湾乡至内蒙古自治区的蒙古营子汇入赤峰境内。是老哈河二级支流，下游汇入老哈河的一级支流英金河，在围场满族蒙古族自治县境内部分又称新拨河，在围场县内河长71.23千米，流域面积1534.8平方千米，源头高程1500米，出境高程990米，流域属半干旱半湿润地区，年降水量490毫米，承德市境内多年平均径流量0.79亿立方米。1958年调查测算最大洪峰流量为415立方米／秒。

西路嘎河 位于围场境内，也称乌拉岱河，发源于围场县东部夹皮川漫甸山，于杨家湾乡兴巨德村北汇入内蒙古自治区赤峰市入辽河。在围场满族蒙古族自治县河长61.73千米，流域面积685平方千米，源头高程1300米，出境高程874米，流域属半干旱半湿润地区，年降水量460毫米，承德市境内多年平均径流量0.23亿立方米。

老哈河 位于辽河水系西辽河南源，发源于平泉县柳溪乡光头山，于内蒙古宁城县甸子乡入西辽河。在平泉境内河长64.93千米，流域面积914.2平方千米，源头高程1520米，出境高程610米，流域属中温带丘陵盆地半干旱区，大陆性季风气候，年降水量550毫米，年平均径流量0.84亿立方米。

表4

2019年承德市主要河流情况一览表

流域名称	河流名称	河流等级	流域面积（平方千米）	起点	终点	长度（千米）
滦河流域	小滦河	一级支流	2038	围场满族蒙古族自治县西北部塞罕坝上	滦河	152.1
	兴洲河	一级支流	1965	丰宁满族自治县选将营子川	滦河	125.95
	伊逊河	一级支流	6734	围场满族蒙古族自治县哈里哈乡	滦河	236.73
	武烈河	一级支流	2606	围场满族蒙古族自治县道至沟	滦河	118.63
	老牛河	一级支流	1686	承德县五道沟乡	滦河	80.94
	柳河	一级支流	1195	兴隆县南双洞乡	滦河	156.23
	瀑河	一级支流	1991	平泉县七老图山南麓	滦河	155.77
	潵河	一级支流	1136	兴隆县樟帽山林场	滦河	98.3
	蚁蚂吐河	二级支流	2422	围场满族蒙古族自治县燕格柏乡	伊逊河	143.13
潮白蓟运河流域	潮河	一级支流	4787.39	丰宁满族自治县上黄旗哈拉海沟分水岭	密云水库	205.21
	汤河	一级支流	622	丰宁满族自治县南台子村	白河	65.99
	安道木河清水河	一级支流	494	承德县、兴隆县	密云水库	
	白河	一级支流	820	丰宁满族自治县	黑河	54
	泃河	一级支流	289	兴隆县		
	沙河	一级支流	386	兴隆县		
辽河流域	大凌河	一级支流	434.9	平泉县榆树林子	辽河	4.87
	阴河	一级支流	1534.8	围场满族蒙古族自治县庙子沟	英金河	71.23
	西路嘎河	一级支流	685	围场满族蒙古族自治县东部	辽河	61.73
	老哈河	一级支流	914.2	平泉县柳溪乡光头山	辽河	64.93

（供稿　滕树海　刘玉铭）

自然环境

承德属于暖温带向寒温带、半湿润向半干旱过渡的大陆季风型燕山山地气候，年平均气温 8.0℃，年平均降雨量 531.0 毫米，年平均日照时数 2638.1 小时。2019 年，全市年平均气温 8.4℃，较常年（8.0℃）偏高 0.4℃，；年平均降水量 491.3 毫米，较常年（531.0 毫米）偏少 7.5%；年平均日照时数 2640.8 小时，接近常年。按照气候异常度的划分标准，气温、降水、日照均属于正常年份。

【气温】 2019 年全市各县（市）区年平均气温在 5.3℃～10.4℃之间，平均为 8.4℃，与常年值（8.0℃）相比偏高 0.4℃，与 2018 年（8.2℃）相比升高了 0.2℃，属于气温正常年份。2019 年全市年平均气温分布为：北部 5.3℃～7.9℃，中部 8.4℃～10.0℃，南部 8.7℃～10.4℃。全市各县气温距平在 -0.4℃～1.0℃之间，除围场、隆化和兴隆偏低外，其他县（市）区均偏高。围场和承德县偏低最多，偏低 0.4℃，市区偏高最多，偏高 1.0℃。

【降水】 2019 年全市年平均降水量 491.3 毫米，较常年（531.0 毫米）偏少 39.7 毫米，降水距平百分率为 -7.5%，根据气候异常度的划分标准，属于降水正常年份。2019 年全市降水季节分布不均匀，冬季降水显著偏少，春季降水偏多，夏季、秋季降水属于正常年份。降水量的空间分布为：北部 396.5～502.9 毫米，中部 419.8～525.9 毫米，南部 508.3～604.8 毫米。从降水距平百分率来看，各县（市）区降水距平百分率在 -17.8%～12.6% 之间，丰宁偏多最多为 12.6%，属于正常年份。兴隆偏少最多为 -17.8%，属于降水偏少年份。

【日照】 2019 年，全市年平均日照时数 2640.8 小时，较常年（2638.1 小时）偏多 2.7 小时，属日照正常的年份。从全市各县（市）区日照时数距平分布来看，围场日照时数偏少最多，达到 111.2 小时，属于日照偏少年份。其他县（市）区接近常年，其中宽城偏多最多为 96.2 小时。各县（市）区日照时数在 2528.1～2747.0 小时之间，丰宁日照时数最多，宽城日照时数最少，中北部地区多于南部地区。

自然灾害

2019 年承德市主要天气气候事件有干旱、高温、冰雹、大风、沙尘、寒潮等，种类虽多，但属于气象灾害损失较轻年份。

【干旱】 2019 年冬季和春初，承德降水偏少，出现气象干旱。2018 年 12 月 -2019 年 3 月，全市平均干旱日数 96.1 天，较常年偏多 62.1 天。各县（市、区）干旱日数均超过 60 天，其中市区最多，为 113 天。

【高温】 2019 年承德平均高温日数 3.6 天，是常年的 1.4 倍。空间分布上，高温集中在中部地区。市区高温日数最多，为 9 天；其次是承德县，为 8 天。高温过程主要出现在 5 月 23-24 日、6 月 20 日、22-24 日、7 月 3-4 日和 21 日。其中 7 月 21 日高温影响范围最广。7 月 21 日，全市均出现高温，其中滦平出现了年内全市极端最高气温，为 38.7℃，突破同期滦平最高气温历史极值。

【冰雹】 2019 年承德市共出现 8 次冰雹过程，较常年偏少 63.6%，丰宁、隆化、滦平、市区、兴隆和宽城均出现冰雹，出现时间分别为：5 月 15 日、6 月 2 日、6 月 12 日、7 月 25 日、8 月 15 日、9 月 1 日和 9 月 21 日。最强风雹灾害出现时间为 5 月 13 日，出现地区为兴隆。兴隆县半壁山镇、蓝旗营镇、北营房镇、孤山子镇、三道河镇、大水泉镇、李家营镇、安子岭乡共8个乡镇突遭风雹灾害，多数冰雹直径超5厘米，个别超8厘米，受灾地区均为山楂和板栗主产区。全县林果及农作物损失惨重，受灾面积8144.26公顷，减收3～8成，受灾人口41694人，无人员伤亡，直接经济损失20487.95万元。

【大风】 2019年承德市平均大风日数20.3天，较常年值（8.2天）偏多12.1天，为1975年以来最多。丰宁出现大风日数最多，为70天，其次隆化29天，宽城21天，市区19天，围场15天，其他县（市）区在10天以内。5月出现大风最多，占全年的18.1%，其次是3月，占全年的15.5%。全年累计出现12次影响范围超过4个县（市）区的大风过程，其中5月19—20日大风灾害较重，19日全市均出现灾害性大风，20日全市除承德县外都出现灾害性大风，影响范围为1982年以来历史同期（5月中旬）最广。日极大风速出现在丰宁，为26.5米/秒(风力10级)。

【沙尘】 2019年承德市平均沙尘日数1.8天，较常年偏少30.8%。全年出现扬沙10次，浮尘7次，未出现沙尘暴。沙尘天气主要出现在春季和秋季，丰宁、围场、隆化、滦平和市区5个国家站出现沙尘天气，围场的沙尘日数最多，为5天。沙尘影响范围超过4个县（市）区的有2次：4月17–18日和11月17–18日。其中，11月17–18日的沙尘天气影响最大，17日承德市围场、隆化和市区出现扬沙，单日沙尘影响范围为历史同期（11月中旬）最广，18日围场和市区出现扬沙。

【寒潮】 2019年影响承德的冷空气过程共44次，较常年偏多5.3次，全市平均寒潮日数23.8天，较常年偏多11.7天，为1981年以来最多年。春季最后一次寒潮发生在5月31日，秋季最早的寒潮出现在10月4日，11月发生寒潮最多。影响范围超过4个县(市)区的寒潮降温过程共23次，其中11月17—20日寒潮持续时间最长，影响范围最广，降温幅度最大。11月17—20日，各县（市）区均出现寒潮，除宽城外，其他8个气象站均达强寒潮，其中丰宁、围场、隆化、市区和兴隆达特强寒潮。各县（市）区24小时最低气温最大降幅均突破同期历史极值；隆化、市区和承德县最低气温48小时最大降幅突破历史极值。受低温寒潮天气影响，20日全市平均最低气温降幅达13.9℃，其中围场最低气温降幅最大达16.8℃。

（供稿　刘文辉）

自然资源

【土地资源】 承德市土地总面积3948953.23公顷，其中农用地3091265.38公顷，占辖区总面积的78.28%；建设用地123831.34公顷，占辖区总面积的3.14%；未利用地733856.51公顷，占辖区总面积的18.58%。

【矿产资源】 承德市已发现各类矿产90种（能源矿产6种，金属矿产30种，非金属开采52种，水汽矿产2种），经勘查并有储量记载的有59种，开发利用的52种，探明矿产地353处。其中，油页岩、钒、钛、钼、银、铅、铂、钯、萤石、磷矿、金、矿泉水12种矿产资源储量居全省首位；铁、铜、硫铁、沸石、锌5种居全省第二位；地热资源也有一定优势。

矿产资源分布情况。铁矿资源分布：单一磁铁矿（鞍山式）主要分布在兴隆南部、丰宁的杨营子—石灰窑、滦平的周台子、宽城的豆子沟；钒钛磁铁矿（大庙式）主要分布在承德县、双滦区和隆化县的大乌苏沟；超贫钒钛磁铁矿主要分布在滦平的红旗和小营、宽城的孤山子和亮甲台、平泉的娘娘庙和沙坨子。金、银矿、铂钯矿主要分布在宽城满族自治县、平泉市、丰宁满族自治县；铜、钼矿主要分布在丰宁满族自治县、平泉市。油页岩分布在丰宁满族自治县、围场满族蒙古族自治县。

优势矿产资源储量概况。黑色金属矿产储量，钒、钛矿产资源储量居全省首位，铁矿占全省储量的36%，按矿石类型分类，主要分单一磁铁矿（鞍山式），钒钛磁铁矿（大庙式），超贫钒钛磁铁矿等三类。钒保有储量97.20万吨；钛保有储量3011万吨；单一磁铁矿保有储量1.88亿吨；钒钛磁铁矿保有储量13.60亿吨；超贫钒钛磁铁矿保有储量30.14亿吨。有色金属矿产储量，钼保有储量39.59万吨（占全省的48.1%）；铅保有储量60.58万吨（占全省的51.2%）；锌保有储量109.14万吨（占全省的28.9%）；铜保有储量26.74万吨（占全省的22.4%）。贵金属矿产储量，金保有储量111.45吨（全省的45.7%）；银矿保有储量为3665.15吨（占全省的53.3%）；铂保有储量8.56吨（占全省的100%）；钯保有储量1.85吨（占全省的100%）。能源矿产储量，油页岩矿保有资源储量10809万吨（占全省的97.3%），含页岩油671万吨。非金属矿产，萤石保有储量894.8万吨，占全省89.65%；硫铁矿保有储量1028.8万吨（占全省29.7%）；磷矿保有储量3.47亿吨（占全省65.4%）；沸石矿保有储量2215万吨（占全省3.8%）；水泥用灰岩3.72亿吨（占全省6.3%）。

（供稿　魏舜煜）

【水资源】 承德市是首都圈的“水源高地”，东有潘家口和大黑汀水库，西有潮河等流入密云水库，是京津冀首都圈的重要水源区。潘家口水库的93.4%水量和密云水库56.7%的水量来自承德。根据全国水资源综合规划评价结果，承德市多年平均（1956—2000年）地表水资源量为36.0亿立方米，地下水资源量为17.1亿立方米，扣除地表水和地下水资源重复计算量，全市水资源总量为37.6亿立方米，人均水资源量为995立方米。全市水资源具有时空分布不均，年际变化异常悬殊的特点。受降水及地形地貌等因素的影响，水资源量从北向南、从上游向下游递增，北部围场、丰宁径流深在55毫米以下，兴隆、宽城满族自治县南部沿长城一线多年平均年径流深为170～230毫米。由于全年降水量主要集中在7—9月，导致径流在年内分配也不均匀，全年径流近70%集中在汛期，特别是丰水年汛期径流占比高达80%，南部平泉、宽城、兴隆高达90%。全市水资源量的年际变化也很大，天然年径流量特征值Cv都在0.5以上，全市1959年径流量最大为109.06亿立方米，2000年最小为9.23亿立方米，两者相差近12倍。

承德境内包括三个水资源三级区，分别是滦河山区、北三河山区及和西拉木伦河及老哈河区。从境内三个区的水资源量来看，滦河流域平均年径流量26.46亿立方米，水资源量为27.22亿立方米，占全市水资源总量的73.5%。北三河区的潮白蓟运河流域在承德市境内分为两片，一片为西部的潮白河水系，平均年地表径流量为5.25亿立方米，水资源总量为5.37亿立方米，另一片为南部的蓟运河水系，是全市降水量及单位面积产水量最大的地区（单位面积产水量为全区平均值的2.7倍），平均年地表径流量为1.69亿立方米，水资源总量为1.72亿立方米。辽河流域北片的阴河、乌力代河、西路嘎河，平均年径流量为1.42亿立方米，水资源总量为1.45亿立方米；南片的大凌河和老哈河，年径流量为2.22亿立方米，水资源总量为1.25亿立方米。

承德市地下水为典型的浅层地下潜水，含水层为山间河谷盆地极薄含水层类型，含水层厚度多为5～13米，水位埋深多在1～6米，含水层水量调蓄能力极弱。受地下水含水层特性影响，承德市地下水主要为河川基流，地下水与地表水相互转化极其剧烈，其富水程度与地表径流大小密切相关，呈现丰枯同步、多寡一致的特征。

（供稿　滕树海　刘玉铭）

【能源】 截至2019年年底，全市电力供应能力总装机达到809.34万千瓦，发电量达到195.10亿千瓦时。其中，火电装机181.86万千瓦，发电量达85.91亿千瓦时；风电装机达到457.87万千瓦，发电量90.89亿千瓦时；光伏发电装机162.26万千瓦，发电量17.52亿千瓦时；小水电4.95万千瓦，发电量0.36亿千瓦时；生物质发电2.4万千瓦，发电量0.42亿千瓦时。全市原煤产能75万吨，产量35.6万吨。全市已探明的地热温泉点有12处，均属低温地热（25℃～90℃），现有丰宁洪汤寺、围场山湾子、隆化七家、茅荆坝、承德县头沟等地8处地热资源被开发利用。浅层地热供暖面积达477万平方米，污水源热能供暖面积达19.9万平方米。

（供稿　杨　烁）

人口·民族·宗教

【人口】 2019年年末，全市常住总人口达到358.27万人，较上年同期增长0.1%，继续保持稳定低速增长。全市人口自然增长率为3.7‰，比上年增长2个千分点；人口出生率为10.9‰，比上年下降0.3个千分点，出生人口3.9万人，比同期减少0.1万人；死亡率为7.2‰，比上年下降0.5个千分点，死亡人口2.6万人，比同期减少0.2万人。分性别结构看，全市男性人口182.2万人，女性人口176.1万人，男女性别比为108.4（女性=100）。分城乡结构看，全市常住人口城镇化率为53.3%，比上年提高1.2个百分点，城镇人口达190.8万人，比上年增加4.5万人。分区域结构看，人口最多的县、市（区）为平泉市，常住人口45.5万人；人口最少的县（市、区）为营子区，常住人口6.34万人。其余各县（市、区）依次为围场满族蒙古族自治县42.8万人，承德县39.4万人，隆化县37.7万人，丰宁满族自治县36.6万人，双桥区34.8万人，兴隆县32万人，滦平县29.5万人，宽城满族自治县25.8万人，双滦区16.4万人，开发区11.5万人。分年龄结构看，少儿人口比重基本持平，劳动力资源人口继续下降，老年人口比重上升。全市0～14岁少儿人口占常住人口的比重为17.99%，比上年下降0.04个百分点；15～59岁劳动力资源人口占常住人口的63.68 %，比上年下降0.18个百分点；60岁及以上老年人口占常住人口的18.33%，比上年提高1.32个百分点。

（供稿　王　欣）

【民族】 承德市是民族大市，全市有满、蒙、回、朝鲜等54个少数民族成分（无乌孜别克族），少数民族人口176.53万人（满族153.49万人，蒙古族18.81万人，回族3.16万人，其他51个少数民族共1.07万人），占全市总人口的46.26%，占全省少数民族人口的46.98%，除营子区外，其余县区均为省民族工作重点县区。有3个自治县（丰宁1987年建县；宽城1989年建县；围场1989年建县），3个民族县（市）（在河北省享受自治县相关政策待遇，滦平，2002年省政府批准；隆化，2002年省政府批准；平泉，2004年省政府批准），有23个民族乡（全省50个），1775个民族村（含自治县、民族县、民族乡所辖村），全市780个建档立卡贫困村中有民族村643个。

【宗教】 承德市佛教、道教、伊斯兰教、天主教、基督教五教俱全，有五个市级宗教团体，有信教群众7.4万人，认定备案教职人员188人，宗教活动场所150处，百人以上教徒聚居村189个，其中单一宗教信教人数千人以上或占全村人口30%以上的重点教徒聚居村38个。兴隆、围场、滦平、平泉、隆化、双桥区为省宗教工作重点县（市、区）。

（供稿　黄自强）

中共承德市委

综　　述

【概况】 2019 年，中共承德市委始终坚持以习近平新时代中国特色社会主义思想为指导，深入学习贯彻中共十九大和党的十九届二中、三中、四中全会和中央经济工作会议精神，认真落实习近平总书记对河北对承德重要指示批示，严格按照省委、省政府决策部署，坚定不移推进政治建设、经济建设、文化建设、社会建设、生态文明建设和党的建设，推进新时代全面建设“生态强市、魅力承德”迈上新台阶。

【凝聚发展共识】 加强创新理论武装。始终以习近平新时代中国特色社会主义思想武装头脑、指导实践、推动工作，以上率下推动“两学一做”学习教育常态化制度化，市委理论中心组集中学习 17 次。认真学习贯彻党的十九届四中全会精神，市委常委分别到联系点开展集中宣讲，带动全市各级党组织开展各类宣讲 3600 余次，15.5 万名党员干部通过“学习强国”自主学习，营造了浓厚的政治氛围、舆论氛围和社会氛围。深入开展“不忘初心、牢记使命”主题教育。带头抓好学习教育，市委理论学习中心组集中学习 8 次，在市委党校开展为期一周的集中学习研讨，带动全市各级党组织开展集中学习 2 万余次。带头开展调查研究，全市确定 23 个调研课题，深入农村、社区、企业、学校等 270 个基层单位开展调查研究，召开调研成果交流会，为科学、民主、依法决策提供了重要参考。带头检视问题，坚持开门搞教育，认真开展自查自纠，面向全社会发放征求意见表、召开不同层面座谈会，全市征求到意见建议 4549 条。带头整改落实，抓好 10 个专项整治，全市涉及的 43 个方面 476 个问题，共制定整改措施 826 条，已完成整改或取得明显成效 803 条，占比 97.22%。坚决落实党中央和省委、省政府重大决策部署。认真贯彻落实习近平总书记对河北对承德重要指示批示，出台落实意见，建立落实台账，细化分解到市级领导，明确牵头部门、完成时限，凝神聚力抓好落实。认真贯彻省委“3689”工作思路和各项部署要求，反复研究调度，建立完善推进落实机制和任务清单。紧紧围绕“三区一城”发展定位和十三五“12345”发展战略，强力推动承德创新发展、绿色发展、高质量发展。2019 年，预计全市生产总值增长 6.5% 左右，固定资产投资增长 6% 以上，一般公共预算收入增长 7.6% 左右，城乡居民人均可支配收入分别增长 10.6% 和 11.5% 以上，全市经济保持了稳中有进、稳中向好的发展势头。

【加强生态文明建设】 坚定不移推进生态建设。深入实施京津风沙源治理、京冀水源林、森林质量提升、小流域综合治理等重点生态建设工程，全年营造林 178 万亩，森林覆盖率提升到 58.1%；草地治理修复 8.5 万亩、水土流失治理 620 平方公里。坚决打好环境治理“五大攻坚战”。推进“碧水”攻坚战，深入落实“河长责任制”，与京津建立区域联建联防联治协作机制，全市 19 个国省考断面水质达标率 100%，水环境质量始终保持全省领先。推进“蓝天”攻坚战，聚焦“两高”“两散”“两车”“三尘”等关键环节，实现农村洁净型煤取暖全覆盖。1—11 月份，

市区 $PM_{2.5}$ 平均浓度28微克／立方米，空气质量继续保持京津冀领先。推进“净土”攻坚战，全面实施国家“土十条”、省“土五十条”，加强土壤污染治理与修复，土地面源污染得到有效控制。推进绿色矿山整治攻坚战，稳步实施绿色矿山百矿关停、百矿复绿“双百行动”，全市修复绿化矿山10平方千米，压减矿权66个，关停矿山50家。坚决打赢生态环境大排查大整治攻坚战，深入开展生态环境大排查大整治攻坚行动，排查出的1528个问题全部整改到位，潮河上游滦平段违法违规建设破坏生态环境问题整改初见成效。持续用力发展生态经济。牢固树立生态经营理念，发展“3+3”主导产业，打造281个生态旅游示范村。组建了承德塞罕坝生态开发集团公司，内联基地、外联市场，探索走出“一二三产业融合发展、林上林中林下全面开花”的森林经营新路。健全完善生态文明制度机制。全面启动新一轮国土空间规划编制工作，编制完成了“两区”建设规划、滦河潮河流域保护规划、塞罕坝及周边生态保护规划等一系列规划。深入推进生态文明“1+1+N”制度体系建设，编制完成绿色发展战略环境评价准入清单、总体报告和“三线一单”报告。深化“GEP”考核评价体系，加大对县（市、区）绿色系数考核，建立差异化绩效考核，倒逼各级党员干部全力推进“生态优先、绿色发展”。

【力促绿色发展】 坚持把全市“3+3”主导产业和各县（市、区）“1+2”特色产业作为调整经济结构、推动转型升级、加快新旧动能转换的关键支撑，深入实施集群培育、龙头扶植、链条延伸、品牌打造、项目支撑“五大工程”，全市绿色产业增加值占GDP的比重达到40%，提高5个百分点。文化旅游产业提档升级，1—11月份，全市接待游客7528万人次，实现旅游收入920亿元，同比增长13%和19%。举办“第一届国际钒钛产业链优势资源对接会”，钒钛新材料产业高质量发展规划获省政府批复，承钢4500吨亚熔盐提钒生产线达产见效，建龙3000吨钒氮合金、天大钒业5200吨钛合金用高端中间合金项目竣工投产。河北燕山钒钛产业技术研究有限公司注册成立。成功打造“承德山水”农产品区域公用品牌，与京津冀供销系统及天津食品集团签订五方战略合作协议，在北京、天津及廊交会举办大型推介活动，探索出一条以区域公用品牌为引领的新路子。坚持把民营经济作为市域经济发展主力军，全面落实减税降费政策，让企业轻装上阵。深入开展“双创双服”“走千企帮万家”活动，持续加强市县两级企业发展服务中心建设，探索建立驻企“政府工作服务站”和“政府工作服务代表”制度，累计为企业解决问题2100个，减轻企业负担33亿元，新增500万元以上纳税企业52家，新增规上企业44家。前三季度，全市民营经济实现营业收入3106亿元，同比增长6.4%。坚持把项目作为中心之中心、要务之要务，深入实施“3811”工程，开展重点项目“提质、增比、进位”擂台赛，不断提升项目质量。共实施亿元以上项目831个，其中10亿元以上项目104个。京沈客专京承段加快推进，明年将全线贯通；承德机场航线增至8条；承平高速已具备开工条件；双峰寺水库下闸蓄水，制约承德发展的基础设施瓶颈得到有效破解。

【实施乡村振兴战略】 始终把农业农村发展摆在突出位置，严格落实乡村振兴规划实施意见，深入推进农业供给侧结构性改革，加快补齐全面建成小康社会短板。牢牢把握“产业兴旺、生态宜居、乡风文明、治理有效、生活富裕”总要求，持续做大现代农业，实施千万元以上农业产业化项目162个、总投资639.5亿元；国家级重点农业龙头企业达到7家，居全省第一位；省、市级龙头企业分别达到86家、462家；农业产业化经营率预计达到71.2%、增长0.9%；平泉市食用菌产业园入选全省唯一国家现代农业产业园创建名单。深入开展农村人居环境综合整治，推进生活垃圾、污水治理和厕所革命，540个行政村实现“村收集、乡镇转运、县集中处理”，农村厕所改造完成16.1万座。持续深化农业农村综合改革，高质量推进农村产权制度改革、土地“三权分置”改革，全面完成村级集体资产清产核资、土地承包权确权颁证工作。累计流转农村土地166.3万亩，流转率超过40%。坚持把脱贫攻坚作为重要政治任务、第一民心工程，围绕“两不愁、三保障”目标和饮水安全，深入推进“十大专项行动”，加快八措并举“组合拳”全覆盖，累计实施产业扶贫项目2476个、实现村村户户产业全覆盖。聚焦贫困人口义务教育、基本医疗、住房和饮水安全，深入推进易地扶贫搬迁、危房改造和农村基础设施建设，162个易地扶贫搬迁小区全部建成、5.8万人喜迁新居。聚焦防止增贫返贫，制定《关于建立健全脱贫防贫长效机制的实施意见》，抓好长效稳定增收。6.03万贫困人口稳定脱贫，贫困发生率下降到0.18%，丰宁、围场、隆化3个深度贫困县顺利通过省级考核验收。

【推进京津冀协同发展】 充分发挥区位优势，全方位对接京津、融入京津、服务京津，借力借势推动发展，经济社会发展动力和活力得到有效激发。全面扩大对外开放。深化与京津“五合一”精准对接，落地央企京企津企项目27个、总投资190亿元；怀丰产业园、津冀六沟产业园引进汽车零部件、电子智能卡等重点产业项目64个。深入开展面向粤港澳大湾区、长三角的开放合作，先后组织香港招商推介会、百家名企进承德等系列重大招商活动，与“一带一路”沿线50多个国家建立经贸关系，累计签约重点项目84个、总投资577亿元，引进市外到位资金410亿元，新增外贸备案登记企业46家。

【增强发展动能】 坚持向改革要动力，以改革促发展，召开8次市委全面深化改革委员会会议，听取汇报34次，审议改革文件39个，出台改革方案83件，32项国省级改革试点扎实有效推进。坚持以“承德办事一次成”为主线，加快推进“放管服”改革，全市平均93%的行政权力事项和100%的公共服务事项进入“一次办成”清单。企业开办时间压缩至2天以内，不动产登记实现“三网融合”，“排长队、黄牛号”等问题得到彻底解决。坚持以“十项改革”为重点，制定供给侧结构性改革、国企改革、投融资改革、四医联动改革等任务台账。探索市场化招商、政银企会商、国有资本授权经营新模式，远程医疗、医联体、医供体建设经验在全省推广。制定市属国有企业系列改革办法，搭建国有企业管理制度体系框架，推动国有资产监管工作走上制度化、规范化轨道。巩固党政机构改革成果，全市机构设置更加优化、协同高效。持续加大科技创新力度。成功获批国家可持续发展议程创新示范区，成为全国6个获批城市之一，是承德近年来首个国家级创新平台。以此为引领，强力推进高质量发展，已研究探索28项先行先试政策，搭建了国家级创新驱动平台。深入实施十大科技创新工程，持续推动绿色主导产业创新发展，全市新认定高新技术企业55家，总数达到188家，新增科技型中小企业341家、总数达到1970家，新增科技小巨人企业9家、总数达到71家；市级以上科技研发服务平台达到264家，科技成果转化交易额达到15.6亿元。抓好“放管服”改革，深入开展“三深化三提升”活动。完善各级领导干部包联企业、项目等制度，构建亲清新型政商关系，帮助企业和群众解决了一大批实际问题。持续提升“互联网＋政务服务”和“满意承德”城市综合服务平台功能，市县两级网上可办率达到90%以上。截至年底，全市市场主体净增2.49万户、增长13%，其中新增企业7439户。

【保障和改善民生】 发展民生事业，年初确定的

“十大民生工程”20件民心实事全面完成，民生投入占财政支出达到80%以上。坚持教育优先，与天津合作的承德应用职业技术学院建成招生。新建改扩建学校幼儿园89所，中小学校课后延时服务在全市推开，近10万名中小学生和家庭从中受益。加快推进医药卫生改革，城乡居民养老保险、基本医疗保险参保率分别达到98.5%和96.5%，城乡低保年标准分别提高600元和400元，县乡一体化、医联体建设走在全省前列。文化惠民活动扎实推进，承德博物馆、冰上运动中心建成投用，成为城市新地标。城镇登记失业率3.34%，高校毕业生就业率达到96.4%；改造棚户区1519套、农村危房4006套。深入开展扫黑除恶专项斗争，全力创建“无黑城市”，打掉涉黑组织5个、恶势力集团32个、涉恶团伙218个，破获案件1543起。做好信访稳定工作，完成全国“两会”、新中国成立70周年、北戴河暑期安保等敏感时期安保任务，进京访赴省访总量继续保持全省最低。强化退役军人管理服务工作、“两站三中心”加快建设、政策落实、保险接续等工作走在全省前列。制定颁布《城市市容和环境卫生管理条例》，稳妥推进司法体制综合配套改革，努力让人民群众在每一个司法案件中感受到公平正义。借鉴“枫桥经验”，全面推行农村调解员制度，及时解决矛盾纠纷，维护社会和谐稳定。认真抓好安全生产、食品药品安全、森林草原防火、文物防火防盗等工作，被评为“全国社会治安综合治理先进集体”。举办防范和化解重大风险专题研讨班，紧盯七大重点领域，深入排查风险隐患，对风险点实行清单管理。化解金融风险，做好政府债务化解工作，深化融资性担保机构、小额贷款公司、互联网金融等重点领域监管，20个风险点处置取得显著成效。

【抓好党的建设】 坚持把党的全面领导贯穿于政治、经济、文化、社会、生态文明建设各个方面，加快推进国家治理体系和治理能力现代化。牢牢掌握意识形态领导权主动权，专题研究意识形态工作8次，分析研判意识形态领域情况23次，把意识形态责任制落实情况纳入市委巡察重要内容，对28个市直部门和9个市管企业进行监督检查。全面加快融媒体中心建设，11个县（市、区）实现全覆盖。走好网上群众路线，成立市级互联网行业党委，高标准建立互联网舆情应急指挥中心，深入开展“扫黄打非”“紫塞净网”专项行动，承德市网络舆情热度始终保持全省较低。持续加强领导班子和干部队伍建设，2019年，研究任免干部19批次373人次，提拔63人，进一步使用24人，转任同级领导职务9人，平职调整277人，改善了干部梯次结构。开展各级干部培训班1076期，培训各级干部13.7万余人次。建立“三位一体”综合考核评价体系，极大激发了干事创业的积极性。全面做好干部个人事项报告、离任审计、档案管理等各项工作，构建全方位监督格局。加强基层组织建设，完成全部218个软弱涣散村党组织整顿工作，村党组织书记培训实现全覆盖，组织600余名村党组织书记赴浙江、天津开展专题培训，战斗堡垒作用极大加强。持续保持惩治腐败高压态势，全市纪检监察机关共处置问题线索5643件，立案1998件，结案1831件，给予党纪政务处分2096人，移送司法机关34人。共查处违反中央八项规定精神问题258件，处理373人。召开警示教育大会2次，集中通报、播放违纪违法典型案件片2次，产生了很大震慑和警示效应。启动市委第八轮巡察工作，对12个市直单位党组织开展常规巡察，市县联动对“村子乱、班子弱、发展慢”的45个重点村开展延伸巡察。狠抓干部队伍作风建设，制定出台《关于对被错告、诬告陷害党员干部实施澄清正名的办法》，激发了广大党员干部狠抓落实、担当干事的自觉性和主动性。

（供稿　杨铁瑛）

重要会议

【市委全体会议】 11月13日，市委召开第十四届委员会第六次全体会议。会议以习近平新时代中国特色社会主义思想为指导，深入学习贯彻党的十九大和十九届二中、三中、四中全会和省委九届九次全会精神，全面落实习近平总书记对河北、对承德工作重要指示和党中央决策部署，报告市委十四届五次全会以来市委常委会工作，研究部署当前和今后一个时期的重点工作，审议通过《中共承德市委关于深入贯彻〈中共中央关于坚持和完善中国特色社会主义制度、推进国家治理体系和治理能力现代化若干重大问题的决定〉的实施意见》《中国共产党承德市第十四届委员会第六次全体会议决议》，扎实推进治理体系和治理能力现代化，确保如期全面建成小康社会，奋力开创新时代生态强市、魅力承德新局面。

12月21日，市委召开第十四届委员会第七次全体会议，会议以习近平新时代中国特色社会主义思想为指导，深入学习贯彻党的十九大和十九届二中、三中、四中全会和中央经济工作会议精神及省委九届九次、十次全会精神，全面落实习近平总书记对河北、对承德工作重要指示和党中央决策部署，总结2019年全市经济工作，分析经济工作面临的形势，部署2020年全市经济工作任务；审议通过《中国共产党承德市第十四届委员会第七次全体会议决议（草案）》，扎实推进经济高质量发展，确保全面建成小康社会和“十三五”规划圆满收官，奋力开创新时代全面建设生态强市、魅力承德新局面。

【常委及扩大会议】 1月2日，市委召开十四届常委会第67次会议。传达学习省委九届八次全会精神、省委、省政府领导关于长河流域（宽城段）生态环境治理情况的批示精神、全省基层党建工作述职评议会议精神、全省教育大会精神。研究讨论并原则同意《周仲明在中国共产党承德市十四届委员会第五次全体会议上的讲话》《常丽虹在中国共产党承德市十四届委员会第五次全体会议上的讲话》《关于组建和调整市委有关议事协调机构的意见》《承德市城市市容和环境卫生管理条例》。

1月9日，市委召开十四届常委会第69次会议。学习国家科学技术奖励大会精神、中共中央《关于深化统计管理体制改革提高统计数据真实性的意见》《统计违纪违法责任人处分处理建议办法》《防范和惩治统计造假、弄虚作假督察工作规定》等有关统计改革重要文件精神、省总工会第十三次代表大会精神、全省扫黑除恶专项斗争视频会议精神。研究讨论并同意《2018年度市委常委民主生活会方案》《关于承德市第十四届人民代表大会第四次会议有关具体事项的请示》。

1月20日，市委召开十四届常委会第71次会议。传达学习习近平总书记在京津冀三省市考察并主持召开京津冀协同发展座谈会议时重要指示精神、省委常委会议精神和省委、省政府领导关于潮河上游滦平段违建问题、长河沿线（宽城段）问题整改查处情况的批示精神、河北省十三届人大二次会议精神和河北省政协十二届二次会议精神、中央农村工作会议精神和全省农村工作暨扶贫开发工作会议精神、河北省推进质量强省和标准化战略大会精神、全省优秀退役军人和退役军人管理服务工作先进单位先进个人表彰大会精神、全省科学技术奖励暨科技创新大会精神、中央政法工作会议精神和全省政法工作会议精神。研究讨论并原则同意《政府工作报告》《2018年国民经济和社会发展计划执行情况及2019年国民经济和社会发展（草案）的报告》、市财政局关于2018年预算执行情况及2019年预算编制情况的汇报意见、《关于坚持农业农村优先发展扎实推进乡村振兴战略实施的意见》《市委常委班子对照检查材料》。

1月25日，市委召开十四届常委会第73次会议。传达学习省委、省政府领导关于长河沿线（宽城段）问题整改查处情况的批示精神、省纪委九届四次全会精神、全省宣传部长会议精神、全省组织部长会议暨全省干部教育培训工作会议精神、全省老干部局长会议精神，研究部署相关工作。

1月29日，市委召开十四届常委会第74次会议。传达学习省委常委会会议精神、全省统战部长会议精神。研究讨论并原则同意《市政协2019年协商民主工作及相关重点工作计划》。

2月11日，市委召开十四届常委会第75次会议。传达学习《关于党的十九大以来中央政治局贯彻执行中央八项规定情况的报告》，省委常委会两次（扩大）会议精神，省委办公厅、省政府办公厅《关于潮河上游滦平段违法建设破坏生态环境问题的通报》，研究部署相关工作。

2月18日，市委召开十四届常委会第76次会议。传达学习习近平总书记对信访工作重要批示精神和全国信访系统电视电话会议精神、全省党政主要领导干部“坚持底线思维，着力防范化解重大风险”专题研讨班精神、全省沿海经济带建设工作会议精神。研究讨论并原则同意《承德市打赢脱贫攻坚战实现稳定脱贫可持续发展的意见》。听取了围场满族蒙古族自治县、丰宁满族自治县、隆化县（以下简称“三县”）脱贫攻坚工作情况汇报，研究讨论并原则同意三县《脱贫攻坚方案》。

2月28日，市委召开十四届常委会第77次会议。传达学习全省县域经济暨新型城镇化工作会议精神，全省高校党的建设和思想政治工作会议精神，省委办公厅、省政府办公厅《关于认真开展侵占生态保护红线违法违规房地产项目排查整治的通知》。听取水污染防治工作情况汇报、矿山环境整治和绿色矿业发展示范区建设工作情况汇报，研究讨论并原则同意《承德市建设国家绿色矿业发展示范区攻坚行动2019年实施方案》《市委常委会委员工作分工的建议》。

3月20日，市委召开十四届常委会第78次会议。传达学习中共中央《党政领导干部选拔任用工作条例》《中国共产党重大事项请示报告条例》、中共中央办公厅《关于解决形式主义突出问题为基层减负的通知》、全省传达学习贯彻全国“两会”精神领导干部会议精神、省委副书记赵一德莅承调研脱贫攻坚工作和省委常委、政法委书记董仚生到承德检查全国“两会”安保工作有关精神。研究讨论并原则通过《关于落实习近平总书记对河北对承德重要指示批示的意见》《关于巡视整改进展情况的通报》《关于省委巡视组反馈意见整改进展情况不宜公开事项的说明》。听取2019年全市扶贫宣传工作和扶贫扶志工作安排部署及开展情况汇报、全市信访工作情况汇报、全市安全生产工作情况汇报。

4月4日，市委召开十四届常委会第81次会议。传达学习省委、省政府关于贯彻落实习近平总书记重要批示精神切实做好森林草原防火和安全稳定工作的有关文件精神，全省对台工作会议精神，宗教工作座谈会议精神和全省宗教工作督查反馈意见整改专题会议精神。研究讨论并原则同意《关于进一步做好森林草原防火和安全稳定工作的通知》《2019年干部教育培训工作计划》《关于撤销中共承德市城市建设资金管理办公室党组的请示》。

4月22日，市委召开十四届常委会第82次会议。传达学习全省巡视巡察工作会议暨九届省委第六轮巡视工作动员部署会议精神、全省重点工作大督查工作推进会精神。听取全市第一季度经济运行情况汇报、全市扶贫脱贫工作情况汇报、全市信访工作情况汇报和双滦区信访工作情况汇报。研究讨论并同意市委组织部关于2019年度驻村干部、驻村工作队和结对帮扶责任人调整的意见，由市委组织部抓紧调整；市督考办关于市管领导班子和主要领导干部2019年度考核评价分类及指标体系设置的意见，由市督考办抓紧组织施行。

5月14日，市委召开十四届常委会第84次会议。传达学习省委、省政府领导关于扶贫脱贫工作批示精神和省委常委会会议精神，全省脱贫攻坚成效考核整改工作会议精神，全国公安工作会议精神和全省传达全国公安工作会议精神电视电话会议精神，中央机构编制委员会第一次会议精神，省长许勤到承德调研精神、省委办公厅《关于石家庄市鹿泉区和保定市部分县（区）项目违法建设、违规收储土地问题的通报》。听取平安承德建设和全市扫黑除恶专项斗争工作情况汇报，研究并同意市委政法委提出的下步工作建议。研究讨论并原则同意《关于进一步提高科学决策民主决策依法决策水平的实施意见（讨论稿）》《关于在全市开展“乡村振兴党旗红”活动的实施方案（讨论稿）》。

5月31日，市委召开十四届常委会第87次会议。传达学习习近平总书记在解决“两不愁三保障”突出问题座谈会上的重要讲话精神、《省委办公厅、省政府办公厅关于2018年扶贫开发工作成效考核情况的通报》和全省扶贫办主任会议精神、全省推进高质量发展全面建成小康社会专题研讨班精神、全省违法违规用地建设采矿采砂和破坏生态环境问题专项整治动员部署电视电话会议精神、省委国安委2019年度重点工作推进会议暨全省党委国安办主任会议精神、全省公务员工作会议精神。听取全市信访工作情况汇报和双桥区信访工作情况汇报。会议研究讨论并原则同意《承德市2018年国家脱贫攻坚成效考核反馈问题整改工作实施方案（讨论稿）》《承德市隆重庆祝中华人民共和国成立70周年广泛组织开展“我和我的祖国”群众性主题宣传教育活动落实意见（讨论稿）》。

6月6日，市委召开十四届常委会第88次会议。传达学习中央和省委“不忘初心、牢记使命”主题教育相关会议精神、全省公安工作会议精神，研究部署相关工作。

6月26日和6月28日，市委召开十四届常委会第89次会议。传达学习中共中央关于干部违纪问题查处情况及教训警示的通报、全国市县巡察工作推进会等有关会议精神、中央纪委办公厅《关于贯彻习近平总书记重要批示精神，深入落实中央八项规定精神的工作意见》及省纪委视频会议主要精神、全国地方政协工作经验交流会和全省政协系统工作经验交流会议精神、河北省2019年第一批县（市、区）委书记脱贫攻坚“擂台赛”精神、全省易地扶贫搬迁工作推进会议精神。听取全市信访工作情况和承德县信访工作情况汇报、全市意识形态工作情况汇报。研究讨论并原则同意《关于扎实推进高质量发展加快全面建成小康社会的实施意见（讨论稿）》《塞罕坝机械林场及周边地区可持续发展规划（讨论稿）》《承德市可持续发展规划（2018—2030）（讨论稿）》《承德国家可持续发展议程创新示范区建设方案（2018—2020年）（讨论稿）》《承德国家可持续发展议程创新示范区2019年实施方案（讨论稿）》《关于完善和落实高质量发展统计指标体系的意见（讨论稿）》《关于加强新时代公安工作的若干意见（讨论稿）》《市管优秀专家的选拔管理意见（讨论稿）》和市委组织部关于市管领导班子和市管干部2018年度综合考核评价的意见。

7月26日，市委召开十四届常委会第90次（扩大）会议。传达学习习近平总书记在中央政治局第十五次集体学习时的重要讲话精神、习近平总书记和丁薛祥在中央和国家机关党的建设工作会议上的讲话精神和省直机关党的建设工作会议精神、习近平总书记在深化党和国家机构改革总结会议上的重要讲话精神和全省机构改革总结会议精神、省委书记王东峰莅承调研精神、省委办公厅和省政府办公厅《关于坚决落实习近平总书记重要指示和全国重点地区防汛抗旱工作会议精神全力做好防汛抗旱工作的通知》文件精神、省委主题教育办公室《关于做好向“全国优秀共产党员”张富清学习活动有关工作的通知》、河北省第十次归侨侨眷代表大会精神、河北省文联第十次代表大会和河北省作协第七次代表大会精神、全省解决形式主义突出问题为基层减负工作推进会议精神。听取全市信访工作情况汇报和滦平县信访工作情况汇报、上半年全市脱贫攻坚工作开展情况汇报、上半年党风廉政建设和反腐败工作情况汇报、全市巡察工作情况汇报。

8月8日，市委召开十四届常委会第91次会议。传达学习天津市党政代表团莅承考察精神、全省生态文明建设暨乡村治理工作会议精神、省委《关于贯彻落实〈党中央领导经济工作规定〉的意见》文件精神、省委议军会议暨述职评议会议精神。研究并同意市委组织部关于调整市委直属国有企业党委隶属关系的汇报，由市委组织部按照规定程序办理。

8月22日，市委召开十四届常委会第93次会议。传达学习省委关于印发《深入贯彻落实〈中国共产党宣传工作条例〉责任分工方案》的通知、省纪监委推进市县纪委深化派驻机构改革工作培训会议精神、全省巡察工作调度会议精神。听取了东西部扶贫协作工作进展情况汇报。研究讨论并原则同意《承德市2019年采暖季洁净煤取暖工作实施方案（讨论稿）》。

9月9日，市委召开十四届常委会第96次会议。传达学习中央和省委“不忘初心、牢记使命”主题教育第一批总结暨第二批部署会议精神、全省基层党建质量提升骨干培训会议精神。听取全市和承德高新区信访工作情况汇报、全市安全生产工作情况汇报。研究讨论并原则同意《中共承德市委关于在全市开展第二批“不忘初心、牢记使命”主题教育的实施意见（讨论稿）》《承德市领导班子和领导干部年度综合考核评价办法（试行）（讨论稿）》《市管领导班子2019年度考核指标体系调整方案（讨论稿）》。

9月19日，市委召开十四届常委会第97次会议。研究讨论并原则同意《中共承德市委常委会关于组织开展“不忘初心、牢记使命”主题教育的实施方案（讨论稿）》《中共承德市委常委会“不忘初心、牢记使命”主题教育“学习教育”工作方案（讨论稿）》《中共承德市委常委会“不忘初心、牢记使命”主题教育“调查研究”工作方案（讨论稿）》《中共承德市委常委会“不忘初心、牢记使命”主题教育“检视问题”工作方案（讨论稿）》《中共承德市委常委会“不忘初心、牢记使命”主题教育“整改落实”工作方案（讨论稿）》。

9月24日，市委召开第十四届98次常委会（扩大）会议。研究部署庆祝新中国成立70周年信访稳定和安保工作。

10月1日，市委召开第十四届99次常委会（扩大）会议。集中收听收看并学习庆祝中华人民共和国成立70周年大会精神，认真聆听习近平总书记的重要讲话。

10月12日，市委召开第十四届100次常委会会议。传达学习省委主题教育领导小组《关于认真落实习近平总书记重要讲话精神深入推进自觉主动学及时跟进学联系实际学笃信笃行学的通知》、中央和省委政协工作会议精神、省委《关于进一步推进新时代巡视巡察工作高质量发展的意见》、全省党史工作会议精神、2019年国家脱贫攻坚督察意见反馈会议精神。听取全市“不忘初心、牢记使命”主题教育工作汇报。研究讨论并原则通过《关于深化市纪委监委派驻机构改革的实施意见（讨论稿）》及相关文件、《承德市厅级领导干部配偶、子女及其配偶经商办企业的禁业范围（讨论稿）》《关于市委常委工作分工调整的建议（讨论稿）》。

10月18日，市委召开第十四届101次常委会会议。传达学习中央主题教育巡回督导组、省委主题教育巡回指导组和领导小组办公室抽查调研组莅承调研检查工作精神。听取全市“不忘初心、牢记使命”主题教育专项整治工作情况汇报、全市人防系统腐败问题全面调查整顿工作开展情况、全市前三季度经济运行情况汇报。

10月24日，市委召开第十四届102次常委会会议。传达学习全省第二批主题教育推进会议、干部监督工作会议和抓党建促农村宗教治理工作座谈会精神。听取全市食品药品安全工作情况汇报。研究讨论并原则同意《承德市2019年贫困退出核查初审及脱贫攻坚成效考核工作方案（审议稿）》《市委常委会对照党章党规找差距专题会议方案（审议稿）》《关于新时代加强和改进人民政协工作的实施意见（审议稿）》《承德市城市供热条例（审议稿）》和市委组织部关于全市公务员职级晋升工作情况的汇报。

11月4日，市委召开市委第十四届103次常委会（扩大）会议。传达学习党的十九届四中全会和省委常委（扩大）会议精神、全国和全省扫黑除恶专项斗争第二次推进会议精神。研究讨论并原则同意市委常委会主题教育问题清单和整改落实方案。

11月11日，市委召开第十四届常委会第104次（扩大）会议。传达学习中央、省委关于认真学习宣传贯彻党的十九届四中全会精神的有关通知和省委九届九次全会精神、全省贯彻落实《中国共产党政法工作条例》暨推进基层社会治理现代化工作会议精神、《中国共产党（行政学院）工作条例》，研究部署相关工作。

11月20日，市委召开第十四届106次常委会会议。传达学习全省领导干部政治性警示教育大会精神。研究讨论并原则同意市委组织部关于拟在承德应用技术职业学院、围场红松洼国家级自然保护区管理处设立党委、纪委，在河北省农业广播电视学校承德分校、丰宁千松坝林场设立纪委的请示。

11月22日，市委召开第十四届107次常委会会议。传达全省房地产开发项目清理规范工作会议精神。听取全市违建别墅清查整治工作情况汇报、全市洁净煤取暖工作情况汇报。研究讨论并原则同意《承德市房地产开发项目清理规范工作方案》研究部署相关工作、市委组织部关于市直机关公务员首次晋升一级调研员和县区领导班子首次晋升二级巡视员、一级调研员相关汇报。

11月30日，市委召开第十四届108次常委会会议。传达学习全国县级巡察办主任提级培训班精神。听取做好省扶贫成效考核评估反馈问题整改工作和国家考核准备工作的汇报、全市“不忘初心，牢记使命”主题教育工作情况汇报和专项整治工作情况汇报。研究讨论并原则通过《市委常委“不忘初心、牢记使命”专题民主生活会方案（审议稿）》《市委常委班子“不忘初心、牢记使命”专题民主生活会检视剖析材料》。

12月3日，市委召开十四届常委会第109次会议。研究讨论并原则同意市人大常委会党组《关于召开承德市第十四届人民代表大会第五次会议有关事宜的请示》、市政协党组《关于召开政协承德市第十四届委员会第四次会议的请示》。

12月18日，市委召开十四届常委会第111次（扩大）会议。传达学习中央经济工作会议和省委九届十次全会精神，研究部署相关工作、全省人大工作会议精神。听取2019年全市经济社会发展情况和2020年经济社会发展工作安排汇报、全市信访工作情况汇报、全市扶贫宣传工作和扶贫扶志工作情况汇报、全市党风廉政建设和反腐败工作情况汇报。会议研究讨论市委十四届七次全会相关事宜。研究讨论并原则通过《承德市人大常委会2020年度立法计划（草案）》。

12月31日，市委召开第十四届114次常委会会议。听取市人大常委会党组、市政府党组、市政协党组和市法院党组、市检察院党组工作情况汇报、全市巡察工作情况汇报。研究讨论提交市“两会”审议的市政府3个报告。研究讨论并原则同意《关于贯彻落实〈中国共产党政法工作条例〉的实施意见（审议稿）》、市人大常委会党组《关于召开承德市第四届人大五次会议有关具体事项的请示》。

【市委议军会议】 12月21日，承德市召开2019年市委议军会议暨党管武装工作述职评议会议。省人大常委会副主任、市委书记、军分区党委第一书记周仲明主持会议并讲话。他强调，要坚持以习近平新时代中国特色社会主义思想和习近平强军思想为指导，忠诚履职，奋发有为，不断提升全市国防动员和后备力量建设水平。市委副书记、市长常丽虹出席会议并讲话。市人大常委会主任韩福才、市政协主席刘文勤出席会议。

周仲明肯定全市党管武装工作取得的成绩。要强化使命担当，坚决扛起党管武装的重大政治责任。牢固确立习近平新时代中国特色社会主义思想和习近平强军思想在国防和军队建设中的指导地位，把牢政治方向，强化责任意识，严格制度落实，为全市国防动员和后备力量建设创造良好条件。市委常委、承德军分区政治委员刘卫平讲评了全市党管武装工作，部署下一步党管武装工作。承德军分区司令员董彦省传达学习了习近平总书记关于国防和军队建设重要讲话及省委议军会议暨党管武装述职评议会议精神，并汇报了有关议题。各县（市、区）人武部党委第一书记作党管武装工作述职。市委常委、市政府分管副市长，市直有关单位负责人，承德军分区处级以上领导干部、驻承部队团级以上单位和各人武部负责人参加会议。

【全市性专题会议】 1月7日，承德市集中收听收看全省推进质量强省和标准化战略大会后衔接召开承德市会议。省人大常委会副主任、市委书记周仲明在会上强调，深入贯彻新发展理念，加快推进质量强市和标准化战略，提升“承德标准”“承德品牌”形象，让“质量第一、效益优先”成为全市的价值追求和时代精神。市委副书记、市长常丽虹主持会议。副市长苏铁成出席会议。省第二督查组副组长，市政府秘书长，市直有关部门单位主要负责人，市邮管局、人行承德分行主要负责和分管负责人，企业代表，市市场监管局科级以上干部在主会场参加会议。各县（市、区）、承德高新区、御道口牧场管理区设分会场。

1月21日，承德市召开农村工作会议暨扶贫开发工作会议。河北省人大常委会副主任、中共承德市委书记周仲明出席会议。中共承德市委副书记、市长常丽虹主持会议。市领导安国富、吴清海、丁然、董正国、王成、王利华出席会议。会议强调，要聚焦农业供给侧结构性改革，聚焦农村人居环境综合整治；聚焦农村土地制度、集体产权制度、农村财政金融服务等方面开展工作。要紧盯“两不愁、三保障”目标，强化综合施策，健全长效机制。要严格落实“四级书记责任制”，深入开展“乡村振兴党旗红”活动，确保农业农村和扶贫开发各项目标任务落地落实。市政府秘书长，各县（市、区）、自治县党委和人民政府主要负责人，承德高新区党工委书记、管委会主任，御道口牧场管理区管委会主任，市直各单位、各人民团体、省属以上企事业单位主要负责人，市农业农村局、市扶贫办科级以上干部在主会场参加会议。各县（市、区）、承德高新区、御道口牧场管理区设分会场。

2月20日，承德市收听收看全省县域经济暨新型城镇化工作会议后衔接召开承德市会议。河北省人大常委会副主任、中共承德市委书记周仲明出席会议并讲话。市委副书记、市长常丽虹主持会议，省第二督查组组长张建军，市领导李晋宇、丁伟出席会议。市政府秘书长，市直有关单位、省属以上有关企事业单位主要负责人在市主会场参加会议。各县（市、区）、承德高新区、御道口牧场管理区设分会场。周仲明强调，要精准确定发展定位，坚定不移发展特色产业，突出做好精专特文章；稳步有序推进新型城镇化，突出县城、园区、特色小镇建设；坚持不懈发展民营经济，全力支持民营经济发展壮大；全力以赴上项目，全提升县域经济发展支撑力。常丽虹强调，要坚持规划引领、多规合一，加快补齐基础设施短板，强化以城带乡、城乡统筹，持续推进新型城镇化向高质量发展。

2月26日，承德市召开生态环境问题大排查大整治工作领导小组会议，专题调度水污染防治、侵占生态保护红线违法违规房地产项目排查整治、国家绿色矿业发展示范区建设等工作。会议强调，要切实担负起生态支撑、水源涵养政治责任，为推进全市创新发展、绿色发展、高质量发展提供坚强保障。省人大常委会副主任、市委书记周仲明，市委副书记、市长常丽虹出席会议并讲话。市领导丁伟、苏铁成、王成、刘宏伟出席会议。市政府秘书长，市政府办公室、市自然资源和规划局、市生态环境局、市城市管理综合行政执法局负责人参加会议。

3月29日，承德市召开精神文明建设委员会全体（扩大）会议暨创城工作推进会议。省人大常委会副主任、市委书记周仲明出席会议并讲话。他强调，要坚定信心、振奋精神、务求实效，进一步把创城工作抓细、抓实、抓深，全力以赴完成今年创建全国文明城市目标任务。市领导李晋宇、刘新宇、刘宏伟出席会议。市文明委各成员单位、创城工作领导小组成员单位主要负责人及创城办全体人员在主会场参加会议。双桥区、双滦区、营子区和承德高新区设分会场。

6月27日，承德市公安工作会议召开。省人大常委会副主任、市委书记周仲明出席并讲话。市领导苏铁成、董正国、宁金龙，省第二督查组副组长金东海出席。苏铁成主持。周仲明指出，要坚决提高政治站位，切实增强做好新时代公安工作的政治责任感和使命感。要旗帜鲜明讲政治，毫不动摇坚持党对公安工作的绝对领导；要深入学习贯彻习近平总书记重要讲话精神，持之以恒贯穿公安工作始终；要主动担当公安机关的职责使命，坚决捍卫中国特色社会主义事业；要准确把握新时代公安工作方法路径，加快建设中国特色现代警务体系。会议传达全省公安工作会议精神，苏铁成就落实好会议精神讲了具体意见。市政府秘书长，市委有关部门、市直各有关单位、各人民团体、省属以上企事业有关单位主要负责人，各县（市、区）党委书记、政法委书记、公安局长，承德高新区党工委书记、管委会分管副主任、公安局长，御道口牧场管理区管委会主任，市公安局班子成员及相关处室主要负责人参加会议。

7月9日，河北省人大常委会副主任、中共承德市委书记周仲明主持召开承德全市“医联体”建设调度会议，听取市政协、市卫健委、围场满族蒙古族自治县卫计局关于承德市“医联体”建设情况汇报及外地先进经验做法。市政协主席刘文勤出席会议。省第二督查组组长应邀出席会议。周仲明要求，要全面搞好医疗体制改革顶层设计，要把“雨润工程”融入医疗扶贫全过程，融入医联体、医共体建设实践中，积极推进乡镇卫生院标准化建设，有效解决基层医疗机构人才培养和基层医疗条件落后问题，着力解决基层百姓看病远、看病贵、看病难的问题。市政协科教卫体委、市卫健委主要和分管负责人；市委办公室、市政府办公室、市财政局、市医疗保健局、市民政局、市扶贫办主要负责人；围场满族蒙古族自治县卫计局主要负责人参加会议。

7月26日，承德市集中收听收看全省信访稳定安全生产工作会议后，衔接召开承德市会议。省人大常委会副主任、市委书记周仲明出席会议并讲话。市人大常委会主任韩福才、市政协主席刘文勤出席会议。周仲明指出，要坚决提高政治站位，切实增强工作责任感和使命感。承德是首都“北大门”，必须用特殊的认识、特殊的责任、特殊的标准、特殊的付出，全力做好信访稳定和安全生产工作。周仲明要求，要切实加强领导，层层压实责任。严格落实信访稳定和安全生产责任制，压实领导责任，严格督导检查，严格考评奖惩，尽心尽力、尽职尽责，坚决当好首都政治“护城河”，向新中国成立70周年献礼。市委常委，市人大常委会、市政府、市政协领导成员，市公安局局长、市法院院长、市检察院检察长；市人大常委会、市政府、市政协秘书长，市直有关单位、省属以上有关企事业单位主要负责人在主会场参加会议。各县（市、区）、承德高新区、御道口牧场管理区设分会场。

7月30日，承德市集中收听收看全省退役军人工作会议后衔接召开承德市会议。省人大常委会副主任、市委书记周仲明在会上强调，要提高思想认识，强化服务保障，严格落实政策，压实工作责任，不断提升全市退役军人工作水平。市委副书记、市长常丽虹主持会议。市领导苏铁成、刘卫平、宁金龙出席会议。周仲明指出，做好退役军人工作，事关经济社会发展和国防军队建设大局，要提高政治站位，统一思想认识，深刻领会习近平总书记关于退役军人工作重要论述，牢牢把握中央和省委省政府关于退役军人工作的部署要求，高度重视退役军人工作，弘扬拥军优属优良传统，尊重、优先、关心退役军人，坚决担负起首都政治“护城河”重大责任。省第二督查组有关负责人、市直相关部门负责人在市主会场参加会议。各县（市、区）、承德高新区、御道口牧场管理区设分会场。

8月1日，召开重点项目观摩擂台赛暨经济运行调度会议，周仲明讲话，常丽虹主持会议。市领导韩福才、刘文勤、安国富、武力斌、李晋宇、刘新宇、吴清海、苏铁成、杨培苏、任武军、郭士刚、董正国、王成出席相关活动。周仲明指出，全市上下坚持以习近平新时代中国特色社会主义思想为指导，认真贯彻中央和省委、省政府决策部署，全面落实“六稳”举措，全市经济呈现总体平稳、稳中有进的良好态势。周仲明要求，要驰而不息转作风、抓落实。全面做好清仓盘点，完善推进机制，凝聚强大合力，坚决完成全年工作任务。同时，要做好矿山环保达标、脱贫摘帽、违建别墅清查整治、纠“四风”、民生实事等各项工作。市发改委通报上半年全市重点项目建设情况，各县（市、区）、承德高新区进行交流发言。市政府秘书长，市直有关部门和金融机构主要负责人及各县（市、区）委书记、县（市、区）长、常务副县（市、区）长，承德高新区、御道口牧场管理区负责人等参加活动。

9月10日，第三届承德市旅游产业发展大会暨旅游文化推介会在双滦区举行。省人大常委会副主任、市委书记周仲明出席开幕式并宣布第三届承德市旅游产业发展大会开幕。省文化和旅游厅党组成员、省文物局局长张立方致辞，市委副书记、市长常丽虹作旅游推介。文化和旅游部中外文化交流中心副主任张红革，市人大常委会主任韩福才，市政协主席刘文勤，市委副书记安国富，市委常委、宣传部部长刘新宇，市委常委、政法委书记、市政府党组成员苏铁成，市委秘书长傅海旺出席。苏铁成主持。开幕式上播放了承德招商宣传片。此次旅发大会由双滦区、双桥区、平泉市、隆化县承办。国家、省直部门有关负责人，省内设区市旅游部门主要负责人，北京市、天津市、辽宁省、内蒙古自治区、西藏自治区等友好城市旅游部门主要负责人，北京国稷信业贸易有限公司、河北建设集团等知名涉旅企业负责人，北京青年旅行社等省内外重点旅行商代表，各县（市、区）及市直相关部门负责人参加活动。《人民日报》、中央人民广播电台、人民网、中新社、国际在线等国内知名媒体到会采访。

12月19日，中共承德市委召开党外人士通报会，深入学习贯彻党的十九届四中全会、中央经济工作会议和省委九届十次全会精神，听取各民主党派、工商联和无党派人士意见建议。省人大常委会副主任、市委书记周仲明主持会议并讲话。市委副书记、市长常丽虹通报2019年全市经济发展情况和2020年经济工作初步安排。民革承德市委主委、市政协副主席张富民，民盟承德市委主委、市政协副主席白宝君，民建承德市委主委、市政府副市长郭士刚，民进承德市委主委、市人大常委会副主任孔庆龙，农工党承德市委主委、市政协副主席郭靖涛，九三学社承德市委主委、市政协副主席李建华，市工商联主席董旭明，无党派人士代表张树国、封捷然先后发言。大家一致赞同中共承德市委、承德市人民政府对当前全市经济形势的分析和明年经济工作的安排。大家一致表示，要始终坚持以习近平新时代中国特色社会主义思想为指导，全面贯彻中共中央和省、市委各项决策部署，坚决做中国共产党的好参谋、好帮手、好同事，为全面建设新时代生态强市、魅力承德做出新的更大贡献。周仲明指出，市各民主党派、工商联负责人和无党派人士代表分别结合各自工作实际提出了很好的意见建议，市委、市政府认真研究、积极采纳，切实把大家的智慧转化为实际工作成效，体现到明年工作的安排部署和具体实践中。市委秘书长，市委统战部相关负责人，各民主党派专职副主委参加会议。

（供稿　刘云鹏）

重要文件

【实施乡村振兴战略】 2月26日，市委、市政府下发关于坚持农业农村优先发展扎实推进乡村振兴战略实施的意见。十九大以来，全市上下认真贯彻落实党中央、国务院和省委、省政府“三农”工作决策部署，在实施乡村振兴战略的开局之年，脱贫攻坚取得阶段性成果，农业供给侧结构性改革成效初步彰显。2019—2020年是全面建成小康社会的决胜期，责任重大、任务艰巨，必须以更大的决心，更有力的举措，扎实推进乡村振兴战略实施，为全面建成小康社会打下坚实的基础，提出实施意见。

【落实“三深化三提升”】 3月7日，市委、市政府下发关于深入落实“三深化三提升”活动的通知。为深入贯彻习近平新时代中国特色社会主义思想和中共十九大精神，全面落实习近平总书记对河北、对承德工作重要指示批示和党中央决策部署，扎实做好改革发展稳定和党的建设各项工作，全力推动国家和省各项决策部署，以优异成绩庆祝中华人民共和国成立70周年，按照省委、省政府关于“三深化三提升”活动的有关要求，切实贯彻到底、落实到位，下发通知。

【整治腐败】 3月8日，市委、市政府印发关于深入开展群众身边腐败和作风问题专项整治的实施方案。为推进全面从严治党向基层延伸、推动党中央重大决策部署和政策措施不折不扣贯彻落实，按照十九届中央纪委三次全会、省纪委九届四次全会和市纪委十四届三次全会的部署要求，确保专项整治工作有序开展，制定方案。

【打赢脱贫攻坚战】 3月15日，市委、市政府下发关于印发承德市打赢脱贫攻坚战实现稳定脱贫可持续发展的实施意见的通知。为深入贯彻党中央、国务院和省委、省政府关于打赢脱贫攻坚战的各项决策部署，确保承德市打赢脱贫攻坚战实现稳定脱贫可持续发展，根据河北省《打赢脱贫攻坚战实现稳定脱贫可持续发展的意见》（冀办〔2019〕3号），下发通知。

【生态旅游产业扶贫示范区建设】 4月16日，市委、市政府印发关于推进国家“一号风景大道”生态旅游产业扶贫示范区建设的实施意见的通知。为进一步发挥生态优势，发展生态产业、全面提升国家“一号风景大道”管理运营水平，推进承德市生态旅游产业高质量发展，助力深度贫困地区打赢脱贫攻坚战，下发通知。

【开展“乡村振兴党旗红”活动】 5月23日，市委下发关于在全市深入开展乡村振兴党旗红活动的实施意见。为深入贯彻落实中央和省、市关于实施乡村振兴战略的重大决策部署，提高农村基层党组织领导农村经济社会发展能力，推动农村基层党建全面进步、全面过硬，确保乡村振兴目标任务如期顺利完成，制定实施意见。

【激励干部担当作为实施容错纠错】 5月28日，市委印发关于进一步激励干部担当作为实施容错纠错的办法（试行）的通知。为深入学习贯彻习近平新时代中国特色社会主义思想和党的十九大精神，营造勇于创新、敢于担当、合理容错、服务发展的良好环境，充分调动全市干部干事创业的积极性，奋力开创新时代“生态强市、魅力承德”建设新局面，下发通知。

【市属国有企业监督管理】 6月5日，市委、市政府下发关于印发承德市市属国有企业监督管理办法的通知。为加强对市属国有企业监督管理，按照“权责明晰、突出重点、放管结合、稳妥有序”的原则，切实落实国有资产保值增值责任，支持和促进企业平稳、健康发展，下发通知。

【贯彻落实党内关怀帮扶】 6月10日，市委下发关于贯彻落实河北省党内关怀帮扶实施细则的通知。注重党内关怀帮扶是党的政治优势和优良传统，为全面贯彻中央精神，坚持严管和厚爱、激励和约束并重，把政治关怀放在首位，热情关怀帮扶党员，引导激励广大党员不忘初心、牢记使命，履职尽责、担当作为，在推进新时代“生态强市、魅力承德”中当先锋、作表率，下发通知。

【“不忘初心、牢记使命”主题教育】 9月11日，市委下发关于开展第二批“不忘初心、牢记使命”主题教育的实施意见。为全面贯彻落实习近平总书记重要讲话精神和党中央决策部署，扎实深入开展第二批“不忘初心、牢记使命”主题教育，根据中共中央《关于在全党开展“不忘初心、牢记使命”主题教育的意见》（中发〔2019〕19号）、《关于开展第二批“不忘初心、牢记使命”主题教育的指导意见》（教组发〔2019〕24号），中共河北省委《关于在全省开展“不忘初心、牢记使命”主题教育的实施意见》（冀发〔2019〕27号）、《关于开展第二批“不忘初心、牢记使命”主题教育的指导意见》（冀教组发〔2019〕24号）等文件要求，结合承德实际，提出实施意见。

【贯彻中央重大问题决定】 11月15日，市委下发深入贯彻中共中央关于坚持和完善中国特色社会主义制度、推进国家治理体系和治理能力现代化若干重大问题的决定的实施意见。为深入贯彻习近平总书记重要讲话和党的十九届四中全会及省委九届九次全会精神，全面落实《中共中央关于坚持和完善中国特色社会主义制度、推进国家治理体系和治理能力现代化若干重大问题的决定》和《中共河北省委关于深入贯彻〈中共中央关于坚持和完善中国特色社会主义制度、推进国家治理体系和治理能力现代化若干重大问题的决定〉的实施意见》，切实把制度优势转化为治理效能，为新时代全面建设“生态强市、魅力承德”提供有力保证，制定实施意见。

【精神文明建设四项机制】 12月27日，市委、市政府下发关于印发承德市精神文明建设工作四项机制的通知。为加强党对意识形态工作尤其是精神文明建设工作的领导，全面提升群众性精神文明创建活动实效，根据中共中央、国务院《新时代公民道德建设实施纲要》的有关要求，结合承德市实际，下发通知。

到承德视察调研领导

【国家及部委领导】 2月22日至23日，农业农村部党组成员、中央农办秘书局局长吴宏耀率调研组一行到平泉市就产业脱贫、乡村振兴等情况进行调研。河北省委农办主任、农业农村厅厅长土国发，中共承德市委副书记安国富，承德市委常委、统战部部长吴清海，承德市政府副市长、平泉市委书记董正国，承德市政府副市长王成参加调研。吴宏耀一行到平泉市部分扶贫产业、乡镇乡村实地调研。先后来到河北燕赛生物科技有限公司、平泉中润农业发展有限公司、承德亚欧果仁有限公司、承德森源绿色食品有限公司、梈椤树“两区同建”产业扶贫园区、梈椤树中心村建设示范区、南五十家子镇后甸子村、金稻田生物科技有限公司等地，实地察看了扶贫产业现状，并向扶贫产业主要负责人、在扶贫产业打工的贫困户了解扶贫成果；到北五十家子镇南坡村、梈椤树社区入户走访当地已脱贫贫困户，详细了解他们的生产生活情况和扶贫政策落实情况。

5 月 7 日至 10 日，中共中央政治局委员、全国人大常委会副委员长王晨率全国人大常委会水污染防治法执法检查组在河北开展执法检查期间，在承德查看了生活垃圾无害化处置、千松坝林场水源涵养林建设情况。王晨强调，要保持战略定力，加强法律实施，探索以生态优先、绿色发展为导向的高质量发展新路子。加快建设首都水源涵养功能区、京津冀生态环境支撑区，把保水量、提水质作为重大政治任务，依法强化水源地保护，构建水污染防治长效机制。

6 月 15 日至 16 日，国家体育总局局长苟仲文、副局长高志丹到位于围场坝上的承德国家雪上项目训练基地调研 2022 年冬奥会备战工作，观看冰雪项目塞罕坝“体能大比武”，并为获奖运动员颁发奖牌。河北省人大常委会副主任、承德市委书记周仲明，承德市政府副市长郭世刚陪同调研并出席活动。

7 月 26 日至 27 日，中国侨联副主席、中央国家机关工委原副书记邵旭军到承德市调研考察，中国侨联副主席、河北省侨联主席包东，承德市侨联主席徐毅陪同考察。

7 月 30 日至 31 日，全国人大常委会副委员长、民建中央主席郝明金在丰宁满族自治县开展脱贫攻坚专题调研，并召开民建帮扶丰宁脱贫攻坚工作现场推进会。全国政协副秘书长、民建中央副主席兼秘书长李世杰，省人大常委会副主任、承德市委书记周仲明陪同参加相关活动。郝明金一行先后到大滩镇下营村、小北沟村和游客服务中心，实地考察光伏扶贫、“旅游＋扶贫”、“道德银行＋爱心超市”、“非遗＋扶贫工坊”等项目，走访慰问贫困户，详细了解产业带动脱贫情况。

9 月 5 日，以“新时代、新钒钛、新产业”为主题的第一届河北承德国际钒钛产业链优势资源对接会议在承德市召开。中国工程院院士干勇、中国航发北京航空材料研究院总工张国庆、澳大利亚钒业公司总经理 Vincent Algar 等嘉宾应邀出席会议。河北省人大常委会副主任、中共承德市委书记周仲明出席会议。中共承德市委副书记、承德市政府市长常丽虹致辞。市领导李晋宇、付海旺出席。河钢集团总经理彭兆丰、中国电建集团江西省电力建设有限公司董事长邹胜萍出席，河钢承钢董事长耿立唐主持会议。会上，河钢钒钛与中国电建签订 200 兆瓦光伏发电—5 兆瓦 /20 兆瓦时全钒液流电池储能示范项目合作备忘录。周仲明、常丽虹、李晋宇、彭兆丰等领导和嘉宾出席签字仪式。干勇等专家学者就钒钛产业链延伸及产业转型升级的方向等主题作辅导报告。

9 月 7 日，京津冀社会组织助力脱贫攻坚项目签约暨民政事业协同发展第三次联席会议在丰宁满族自治县召开。民政部副部长詹成付、河北省政府副省长张古江、承德市政府市长常丽虹出席会议。会上，举行了京津冀社会组织助力脱贫攻坚项目签约仪式。三地民政部门负责人介绍了本地民政工作协同发展和引导动员社会组织助力脱贫攻坚活动情况，参加河北脱贫攻坚的社会组织代表和受援地代表分别进行了发言。

11 月 6 日，为期三天的中英“第二届双墙对话研讨会暨长城保护联盟第二届年会”在滦平县境内的金山岭长城风景区圆满闭幕。中英第二届“双墙对话”由国家文物局指导，中国文化遗产研究院、英格兰遗产委员会、长城保护联盟共同举办。国家文物局、河北省文物局、中国文化遗产研究院、中国长城沿线12个省（自治区、直辖市）文物部门、长城保护联盟成员单位中方代表，以及来自英格兰历史建筑暨遗迹委员会、纽卡斯尔大学、哈德良长城保护管理研究机构、英国文化教育协会、联合国教科文组织亚太地区世界遗产培训中心等相关负责人参加了此次会议。国家文物局副局长胡冰出席开幕式并讲话。大会研讨阶段，中英双方分别做了长城资源调查与明长城的基本构成、哈德良长城及其他罗马边界研究的主旨发言，围绕管理、保护、研究、考古调查、开放利用、社会参与6个专题，分别介绍中国长城和英国长城最新成果并展开讨论。现场考察阶段，两国和长城沿线专业人员针对各类不同时期开展的长城保护维修工程，以及面临保护难题或计划开展保护维修的具有代表性长城点段进行了现场讨论。会议还发布了《中国长城保护报告2017—2018》和第一届《双墙对话：哈德良长城与中国长城保护管理研讨会论文集》。

11月13日至14日，全国人大常委会副委员长、农工党中央主席陈竺到承德调研中医药传承创新发展和癌症防治工作。陈竺一行先后到承德市中医院、承德医学院附属医院的相关科室、病房，详细了解“六位一体抗癌法”和“互联网+医疗”远程医疗服务等工作，并与医护人员和患者深入交流，随后召开座谈会，听取了承德市和相关医院汇报。省人大常委会副主任、承德市委书记周仲明，河北省政协副主席、农工党河北省委主委王宝山陪同参加相关活动。

12月12日，卫生部原部长、中国民族卫生协会首席顾问高强一行到承德市调研。中国民族卫生协会会长吴英萍，中国民族卫生协会副会长兼秘书长钱阳明，中国药师协会副会长、北京医学奖励基金会理事长颜晓文参加调研。河北省人大常委会副主任、中共承德市委书记周仲明出席并主持座谈会。承德市领导常丽虹、韩福才、刘文勤、郭士刚，市委秘书长傅海旺出席座谈会。高强、吴英萍分别讲话，周仲明致辞。会上，中国民族卫生协会与承德市政府签署了战略合作框架协议，并为承德市中医院授牌，共同建设“中国民族卫生协会中西医结合肿瘤防治基地”。在承德期间，中国民族卫生协会一行到承德市中医院进行了实地调研。北京医学基金会肿瘤防治项目经理、中国药师协会中药分会专家，承德市直有关部门负责同志参加相关活动。

【北京市领导】 3月12日，承德市与北京市住房和城乡建设委员会签署绿色砂石骨料基地建设合作备忘录。北京市住建委副主任冯可梁，承德市委常委、副市长任武军，副市长刘宏伟出席签约仪式。合作备忘录签署后，承德市按照年产1000万吨砂石骨料的规模和运输实现“公转铁”的条件，推进建设2～3个绿色砂石骨料基地，并在5年内组织完成建设，京承双方共同组织对绿色砂石骨料基地进行确认。北京市住建委负责协调铁路部门提供绿色砂石进京铁路运输服务，组织开发绿色砂石运输专用集装箱和新能源接驳车，必要时协助承德市引进绿色砂石骨料生产技术和建设资金。

7月16日，潮河流域生态环境联建联防联治合作协议签约仪式在滦平县举行，河北省人大常委会副主任、中共承德市委书记周仲明出席并致辞。中共北京市密云区委书记潘临珠、密云区代区长龚宗元、副区长范永红，中共北京市怀柔区委书记戴彬彬、怀柔区代区长于庆丰、副区长李志遂，北京市生态环境局调研员赵兴利、北京市水务局密云水库管理处主任刘大根，中共承德市委副书记、承德市政府市长常丽虹，承德市领导任武军、刘宏伟出席仪式。任武军主持。承德、密云、怀柔共同签署了《潮河流域生态环境联建联防联治合作协议》，根据该协议，三地按照“责任共担、问题共商、目标共治、信息共享”的协同机制，共同治理潮河流域生态环境。

8月15日，承德市召开与物美集团、北京农投公司合作对接座谈会。河北省人大常委会副主任、中共承德市委书记周仲明与物美科技集团总裁张斌、北京市园林绿化局副巡视员贲权民、北京市农业投资有限公司总经理刘京川进行座谈交流。市委副书记、市长常丽虹主持，市领导吴清海、王成参加座谈会。会上，播放了承德宣传片，推介了承德农业产业及农产品。物美联合投资、北京市果树产业发展基金、市直有关部门负责同志参加座谈。市政府秘书长崔万峰，市直相关部门主要负责人，各县（市、区）发改部门负责人，河钢承钢有关代表参加会议。

12月6日，由承德市人民政府、北京农学院、中国建筑节能协会共同举办的中国（承德）第十二届生态城市与矿山绿化会议在承德市召开，会议的主题是“探索生态城市成功实践，促进矿山绿化创新发展，助推承德可持续发展议程创新示范区建设”。本次会议是北京大专院校、专业协会与承德市开展产学研创新合作，建设生态城市，助推经济转型升级搭建的一个重要的合作交流平台，对承德市加快推进京津水源涵养功能区建设和生态环境治理起到重要推动作用。承德市人民政府市长常丽虹、北京农学院校长王慧敏、中国建筑节能协会原会长郑坤生出席会议并致辞。承德市政府副市长王成、副市长崔万峰出席会议，市发改委、市农业农村局、市科技局等市直有关部门负责同志，各县（市、区）政府，高新区管委会、御道口牧场管委会政府负责人、各县（市、区）相关部门负责人以及承德市重点矿业企业、尾矿综合利用企业负责人参加会议。

【天津市领导】 8月5日到6日，天津市党政代表团就进一步加强对口扶贫工作到承德市考察，中共中央政治局委员、天津市委书记李鸿忠，市委副书记、市长张国清，市委副书记阴和俊与河北省委书记、省人大常委会主任王东峰，省委副书记、省长许勤，省委副书记赵一德等参加活动。天津市领导李毅、梁宝明，市政府秘书长孟庆松；河北省领导高志立、周仲明，省政府秘书长朱浩文参加活动。承德市领导常丽虹、安国富、吴清海、杨春武参加了活动。考察期间，天津市党政代表团先后到承德应用技术职业学院、河北津垦奥牧业有限公司、塞罕坝机械林场尚海纪念林、塞罕坝机械林场展览馆、小滦河国家湿地保护区等地，详细察看对口扶贫项目，进一步对接河北省扶贫需求，看望天津市帮扶干部和技术人员，并认真学习贯彻习近平总书记对塞罕坝机械林场建设者先进事迹的重要批示，大力弘扬塞罕坝精神，与河北省共谋加强生态文明建设的举措。

10月11日，天津—承德旅游推介和对口合作洽谈会在承德市举行。承德市委常委、副市长杨春武，天津市文化和旅游局二级巡视员康书祥出席活动并致辞。会上，天津市文化和旅游局、蓟州区文化和旅游局、天津滨海泰达航母旅游集团、天津市中富国际旅行社等部门和单位进行了旅游资源推介。同时，天津市旅行社诚信建设促进会与承德市旅游协会进行了合作签约。

【河北省领导】 3月13日，中共河北省委副书记赵一德就推进脱贫攻坚到承德市进行调研。赵一德先后到承德兴隆县周家庄村、鑫澳食品有限公司和鹰手营子矿区跳沟村、青果种植有限公司，与贫困群众、村干部和驻村干部讨论产业扶贫、就业扶贫、健康扶贫、易地扶贫搬迁推进措施，和企业负责人探讨扶贫带贫实招，对承德市脱贫攻坚工作给予充分肯定。

5月8日至9日，河北省政协副主席沈小平到扶贫包联县承德县调研指导脱贫攻坚工作。沈小平一行深入承德县二道营村、苇子峪村和甲皮山村，实地查看产业扶贫项目，走访慰问贫困群众，并与县乡村干部进行深入交流。他要求，要坚持目标导向，既要确保完成2个新纳入贫困村和剩余贫困人口的脱贫任务，又要防止已脱贫人口返贫，还要做好国家抽查评估的各项准备工作，确保国考和省考结果的一致性。

5月9日，河北省政府省长许勤在承德调研检查脱贫攻坚工作。省领导周仲明、省政府秘书长朱浩文一同调研检查。在丰宁满族自治县土城镇苇子沟村、隆化县隆化镇哑叭店村，许勤随机走访贫困户，询问他们的生产生活情况，考察村医疗卫生室，与驻村工作队交流，了解“两不愁三保障”措施落地情况、落实效果。许勤还考察了隆化县银泰服装扶贫工厂，要求市县因地制宜抓好产业就业扶贫，壮大县域特色产业，发展增收作用明显的种植养殖业、农产品加工业、休闲农业和乡村旅游业等,实现脱贫产业可持续发展。

6月10日，中共河北省委常委、河北省政府常务副省长袁桐利到丰宁满族自治县调研脱贫攻坚工作，市委常委、常务副市长李晋宇陪同调研。袁桐利一行深入南关乡两间房村，实地调研亿博集团香椿产业扶贫项目、扶贫手工车间、“道德银行＋扶贫爱心超市”，到贫困户家中走访交流，详细询问他们生产生活情况，与贫困群众研究脱贫路径，并召开脱贫攻坚座谈会，对做好下一步工作提出明确要求。

6月11日至12日，河北省政协副主席、民盟河北省委主委边发吉一行到承德市围场满族蒙古族自治县,就脱贫攻坚民主监督工作进行调研,并召开座谈会。副市长王成出席座谈会。调研组一行分为文化旅游组、教育扶贫组、医疗卫生组和易地搬迁组四个组别，实地考察了承德万家客栈企业管理有限公司、哈里哈乡扣花营村乡村文化及旅游扶贫、哈里哈乡猎苑满乡乡村旅游示范区、围场职教中心、腰站中学、永合栈小学、医院影像中心、银窝沟乡卫生院、桃山集中安置区、海字村，并听取了相关工作汇报。

7月2日至3日，河北省人大常委会常务副主任范照兵率领立法调研组赴承德、张家口开展草原生态建设保护和太行山燕山绿化建设立法调研。范照兵一行到承德市隆化县、围场满族蒙古族自治县、塞罕坝机械林场、御道口牧场、丰宁满族自治县，以及张家口市沽源县、张北县、崇礼区实地查看造林绿化、退化草地治理、光伏发电、节水灌溉等项目情况，并召开相关部门座谈会，广泛听取意见建议。

7月3日至5日，中共河北省委常委、统战部部长冉万祥到隆化县调研脱贫攻坚工作，并召开省“五包一”单位定点帮扶隆化县脱贫攻坚座谈会。冉万祥先后实地调研了隆化县七家镇南营村党群服务中心、西道村“拾莓有稻”草莓产业园，荒地乡东村云泉牧业养牛基地，隆化银泰服装扶贫车间，围场天原药业股份有限公司，并和基层干部群众交谈，了解当地脱贫攻坚情况。随后召开省“五包一”单位定点帮扶隆化县脱贫攻坚座谈会听取汇报，研究下步脱贫措施。省委统战部常务副部长邹平，省交通运输厅党组书记、厅长单宝风，市委副书记安国富，市领导吴清海、王成、张富民陪同参加相关活动。调研期间，冉万祥还对承德市宗教工作进行了检查；出席了河北省侨商会、省江苏商会扶贫捐赠仪式。中国邮政储蓄银行河北省分行、省侨商会、省江苏商会、迁安市政府、唐山三友集团化工股份有限公司和承德市相关县区、部门有关负责人参加调研或出席活动。

7月17日，河北省人大常委会党组书记、副主任范照兵在承德市召开守初心担使命、找差距抓落实座谈会。市人大常委会主任韩福才，副主任王素芝、李兴臣主席座谈会。范照兵指出，要以开展主题教育为契机，深入学习贯彻习近平总书记关于坚持和完善人民代表大会制度的重要思想，按照党中央和省委决策部署，守初心、担使命、找差距、抓落实，推动新时代人大监督工作理论和实践创新。

7月20日至22日，中共河北省委书记、省人大常委会主任王东峰在承德市调研检查，省领导高志立、周仲明参加调研检查。王东峰到围场满族蒙古族自治县，详细了解扶贫脱贫工作开展情况，对做好下一步工作提出明确要求。实地考察了塞罕坝机械林场、七星湖生态湿地和御道口太阳湖湿地，参观了塞罕坝展览馆并看望护林员刘军、齐淑艳夫妇，代表省委、省政府向他们表示衷心感谢、致以崇高敬意，勉励他们扎根林场、继续奋斗，为生态文明建设作出新贡献。王东峰还深入到承德市规划展览馆、博物馆等地，了解城市规划建设、文化保护等工作，强调要坚持以规划为先导，优化城市功能布局和产业布局，传承保护历史文化，打造国内外知名的文化和旅游名城。

7月29日至31日，河北省政协副主席葛会波率领省政协视察组到承德市就“京津冀生态环境支撑区建设情况”进行视察，并召开座谈会。承德市政协主席刘文勤，中共承德市委常委、承德市政府副市长杨春武，承德市政协副主席信祥出席座谈会。葛会波一行对承德市近年来生态文明建设工作所取得的成绩给予充分肯定。

8月7日，中共河北省委副书记赵一德就扎实开展“不忘初心、牢记使命”主题教育，支持服务进出口企业发展到承德市调研。中共承德市委副书记安国富陪同调研。赵一德考察了承德市神洲药业开发有限公司、河北长城绿源食品有限公司，仔细询问企业生产经营情况，主持召开座谈会，听取承德热河克罗尼仪表有限公司、舒适家用品有限公司、神栗食品有限公司和承德市、省直有关部门负责人发言，深入了解企业发展遇到的困难，研究支持企业发展的举措。

8月27日，河北全省美丽庭院创建观摩推进会在围场满族蒙古族自治县召开。会议实地观摩学习了承德市和围场的创建经验，就进一步推动全省美丽庭院创建工作进行安排部署。河北省妇联主席贾玉英出席会议并讲话。中共承德市委副书记安国富出席会议并致辞。会议实地观摩了围场哈里哈乡三义号村、八十三号村和获得各项优秀奖项的“漂亮房子”，参观了共享庭院、巧手创富示范户、身教胜于言教的“最美家风”小院、散发着浓浓书香的“文化小院”、展现巾帼志愿服务之美的“和美之家”。会上，观看了承德市美丽庭院创建工作专题片，承德市妇联、围场满族蒙古族自治县、平泉市、滦平县、围场四合永镇营字村、美丽庭院讲习所优秀讲师代表作大会发言。河北省妇联副主席崔士霞、薛寒、张继华、韩霞，兼职副主席赵鱼企、许晓辉出席会议。全省各市妇联主席、主管副主席、宣传部长，各市有关县区主管领导、妇联主席等参加会议。承德市各县（市、区）分管领导和妇联主席参加会议。

8月27日至28日，河北全省就业政策落实服务落地暨就业扶贫工作现场推进会在承德市召开。河北省人社厅副厅长赵爱平带领考察团赴隆化县，对就业扶贫工作进行调研。中共承德市委常委、承德市政府副市长何军出席推进会并讲话。考察团先后到隆化县就业扶贫车间、农民工返乡创业基地、东西部协作基地等地进行实地考察，并对就业扶贫工作开展情况进行交流。推进会上，宣读了8月19日李克强总理主持召开部分省份稳就业工作座谈会精神和8月15日至16日全国部分省份返乡创业工作现场交流会精神，强调要进一步推动就业政策落实服务落地，着力推进就业扶贫向纵深发展。

11月14日，河北全省检察机关行政检察工作现场会在承德市召开。这次会议是河北省检察机关内设机构改革后召开的首次行政检察工作会议。河北省人民检察院党组书记、检察长丁顺生，副检察长何秉群出席会议并讲话，检委会专职委员任国强主持会议。中共承德市委副书记、承德市政府市长常丽虹出席会议并致辞。市委常委、政法委书记苏铁成到行政检察工作现场观摩，市人民检察院党组书记、检察长白振平出席会议。何秉群全面总结了2015年以来全省行政检察工作开展情况，明确了今后一个时期全省行政检察工作的基本思路，并就加强行政检察工作提出明确要求。会上观看了承德市人民检察院行政检察工作汇报短片，保定市人民检察院及承德市鹰手营子矿区、邯郸市广平县人民检察院做了交流发言。会后，与会人员就承德市人民检察院行政检察工作进行现场观摩。

附：中共承德市委领导名录

市委书记：周仲明

市委副书记：常丽虹（女）
安国富（回族）

市委常委：武力斌
李晋宇
刘新宇（满族）
吴清海（满族）
苏铁成
董正国（满族）
杨培苏（女）
刘卫平
任武军
杨春武
何　军

市委委员（按姓氏笔画为序）：
于　山（满族）
王　成
王　江（满族）
王　毅
王成军（满族）
王国维（满族）
王贺民（满族）
方志勇（满族）
朱守仓（满族）
任武军
刘卫平
刘文勤
刘众民（满族）
刘志琦
刘宏伟
刘新宇（满族）
刘福明
齐建文（满族）
关利军（满族）
安国富（回族）
祁　军
苏铁成
李　东（满族）
李晋宇
杨玉甫（满族）
杨春武
杨宪军（满族）
杨海龙（满族）
杨培苏（女）
吴清海（满族）
佟伊民（满族）
谷宏健
陆文龙
何　军
武力斌
范振喜（满族）
周仲明
房宝占（满族）
赵春丽（女）
赵振清（满族）
段向东（满族）
秦　涛
袁丽枝（女）
栾志宏
高浚力（蒙古族）
曹佐金
常丽虹（女）
崔万峰（满族）
董正国（满族）
韩福才（满族）
傅海旺（满族）
焦　军
甄毓敏（女，满族）

薛青松（满族）

候补市委委员：

李　浩（满族）

高俊虎（满族）

宋清礼

杨宝林（满族）

李桂梅（女，满族）

市委秘书长：丁　伟（4 月免）

傅海旺（满族，9 月任）

副 秘 书 长：王和平（满族）

孙成伟（2 月免）

王泽辉

任溧馨（4 月免）

苗立田（满族）

杨海涛

胡　伟

李　勇

纪正红

孙　立

市委办公室

【概况】 2019 年，市委办公室坚持以习近平新时代中国特色社会主义思想为指导，深入学习贯彻党的十九大和十九届二中、三中、四中全会精神，认真组织参加新中国成立 70 周年庆祝活动，扎实开展“不忘初心、牢记使命”主题教育，紧紧围绕市委中心工作和全市发展大局，适应新时代新要求，提高政治站位，加强理论武装，聚焦主责主业，注重统筹协调，努力担当作为，全面完成了各项工作任务。

【参谋服务】 围绕中心大局，当好参谋助手，全面提高决策服务水平。紧紧围绕市委中心工作，紧跟市委主要领导工作思路，坚持立足全局、着眼长远，结合承德发展的阶段性特征，深入研究事关创新发展、绿色发展、高质量发展等重大问题，不断强化以文辅政的能力水平，当好参谋部、智囊团。坚持增强文稿的思想性、针对性、指导性、可操作性，更好地指导实践、解决问题、推动工作。按照“精致、细致、极致”的要求，起草文稿力争全面准确体现中央和省、市委相关精神，符合全市实际情况，力争做到“每篇文稿都是精品”。健全完善文稿起草集体研讨机制，重要文稿邀请有深厚理论功底和丰富实践经验的县（市、区）和部门领导、一线工作人员参与，共同研究讨论，提高文稿起草质量。全年起草各类文稿 380 余篇、160 余万字。

【信息工作】 坚持围绕大局报送信息、反映情况，做好党委的“千里眼”“顺风耳”。围绕落实中央和省、市委重大决策部署，聚焦影响承德市发展的前瞻性、战略性问题和制约经济社会发展的深层次因素，寻根溯源，深入研究，形成了一批有情况、有分析、有思考、有建议，参考价值较高的精品信息，分别被中办和省委办公厅采用。2019 年，共向中办和省委报送各类信息 260 条，编发内刊信息 693 条、文章 113 篇，编发《每日动态》95 期、《承德情况》30 期，党委信息服务全市经济社会发展和市委领导科学决策取得新成果。

【社情民意办理】 2019 年，社情民意交办件数量突增，对省委交办的涉及承德市社情民意交办件，始终做到第一时间提出合理化拟办意见建议，第一时间呈市委领导审阅、签批，第一时间对市委领导签批的办理意见进行交办，第一时间对办理情况进行督办、反馈。全年办理省交办的群众通过人民网给省委书记留言中，涉及承德市商品房销售、拆迁返迁、农民工工资等社情民意事项 16 大类 47 项，解决或推动解决了一批关系群众切身利益的实际问题，为化解基层群众隐性矛盾纠纷，起到了积极作用，受到省委社情民意办公室领导的充分肯定和群众的好评。

【调查研究】 紧密结合市委决策部署、工作思路和目标举措，坚持理论联系实际，围绕京津冀协同发展、十大绿色产业、生态建设、脱贫攻坚等重点工作，深入开展调查研究活动，认真谋划推进重大战略、重点工作的思路举措，提出了一些具有战略性、开创性、建设性的参谋建议。全年先后提出工作建议80余项，并围绕相关工作拟制了多项具体举措，对全市一些重点工作的推进，起到了积极作用。承接中央领导和省部级领导莅承调研任务36批次，服务市委领导调研活动150余次，重大活动服务保障水平明显提高。

【公文运转】 严格落实党内法规和规范性文件前置审核制度，组织协调市委聘请法律顾问和公职律师工作。严把公文审核关，全年共审核各类公文298件，约180万字。认真抓好党内规范性文件备案工作，全年向省委报备36件，全部合法合规，继续保持全省领先水平。审查市直各单位、各县（市、区）报备文件195件，纠正和提醒48件，撤备37件。积极开展党内法规业务培训7期，高标准完成了党内规范性文件第二次清理工作。在文件运转上，坚持雷厉风行、紧抓快办，做到“件件有着落、事事有回音”。全年共办理上级来文900余件，平级来文300余件，办理请示、报告及转呈件520件。以“承发”“承字”文件形式发文118件，同比减少53%，印制各类公文136万页，外发和接收机要件5000余份，传输电子公文330件，整理档案资料1200余件，均做到及时、准确、规范、高效。

【提高会议质量】 加强会议计划管理，严控计划之外增开的会议，严控市领导与会人数，切实减少领导陪会，无讲话、发言任务和工作联系的市领导不再陪会。坚持做到积极主动、程序规范。安排专人做好日常议题收集汇总工作，提前谋划、主动沟通，坚持被动中求主动。会议通知实行“三重通知法”（文件通知、微信通知、电话核实），会议组织实行专人专盯（会场内有人记录、会场外有人提醒、有人服务），通过不断创新方式方法，确保会议实现了高质量、高效率。完成了市委全会、市委常委会、调度会等共200余次的会议组织服务工作，坚持做到了“零”差错。严格执行公务接待规定，按照“严、细、深、实、快”的工作原则和“标准化、专业化、精细化”的工作要求，重点完成了中央政治局委员、全国人大常委会副委员长王晨，中央政治局委员、天津市委书记李鸿忠等党和国家领导人到承接待任务共计6批，完成了省人大常委会主任、省委书记王东峰，省长许勤，天津市党政代表团等接待任务。全市全年累计接待来宾240批次3646人次，全年公务接待“零”失误。

【应急值守】 严格按照国家和省对应急值守工作的各项标准，深入贯彻市委主要领导对值班工作的总体要求，上下联动、左右协调，同频共振、共同发力，完成了全市紧急突出事件信息报送工作。2019年，共办理值班报告357期、向省报告紧急突发事件信息10次。全部做到及时、准确、规范、高效。抓好春节、“五一”“十一”、十九届四中全会期间等特殊重点时期值班工作，对13个县（市、区）、81个市直重点部门值班工作进行检查抽查，保证了全市在特殊敏感时期，值班应急工作万无一失。

【机要保密】 扎实开展保密安全风险大排查活动，全年共完成市级各类重要涉密会议和文件传达、重要领导调研、市“两会”等重大政务活动的保密技术服务保障工作100余次，“零”失误完成全年任务，发挥了“生命线、保障线、指挥线”的重要作用。做好紧急重要电报办理和随行领导服务工作，电报随到随办、做到“零”停留，共收发办理各类电报4.4万余份，未发生压误、错办、漏办现象。全年组织6次应急密码通信演练，对演练中发现的问题及时进行了整改。市委保密机要局被评为市级机要密码部门业务考核优秀达标单位，连续25年获得省先进。

【服务保障】 信息化建设，依托统一的公务内网平台，构建了“大督查、大交换、大值班、大信息”格局，逐步实现了机关办公网络化、数字化、无纸化，大幅度加快了公文运转速度，推进了机关办公自动化和标准化。成立承德市安可替代工程领导小组，制定实施方案，明确工程时间节点和任务要求，确保党政机关电子公文系统安全可靠替代工作有序推进。财务工作，不断创新工作思路、严格规范财务管理，圆满完成了各项工作任务。后勤保障，不断改进车辆管理调度方式，通过合理安排用车时间、集中乘车优先、租借结合等方式保障公务用车260余次。适应市委领导调整、办公室机构增加、人员增多的变化，及时调整改造办公用房5间，保证了正常办公需要。

【重点专项工作】 开展为基层减负工作。制定了《关于进一步精文减会的具体措施》，加强对发文的统筹管理，实行计划发文，文件精简卓有成效，全年市级印发文件4111件，较去年同期减少56.19%。按照“少开会、开短会，从严控制会议总量，严控会议规模的要求”，通过严格审核把关会议规模、数量，合并套开会议等方法，全年市级召开会议227次，较上年同期减少39.14%，会议削减达到预期。督查检查考核实行“计划制”和“审批备案制”。2019年，全市开展督查检查考核59项，较上年同期减少66.09%。发挥了全市重点工作大督查办公室、驻县（市、区）大督查服务工作组作用，防止多头督查、重复督查。真正做到了为基层松绑减负，让党员干部有更多时间往下面跑、更多时间抓落实、更多精力研究工作。扎实开展违反中央八项规定精神专项整治工作。制定了《违反中央八项规定精神突出问题专项整治工作方案》，在全省率先纳入“领导干部利用名贵特产、特殊资源谋取私利”整治内容，受到省专项办表扬，并在全省电视问政工作观摩会中向各市推广。以规范建立专项整治工作双台账为抓手，针对6个方面任务，建立25项问题清单，制定35项整改措施，明确责任单位、时限要求、整改方向，做到整治全覆盖。目前全市共发现问题和线索194件，整改整治完成194件，处理247人。印发通报45期，通报各类典型案例81起，以案促改，用身边事教育身边人，形成有力震慑。同时，深入开展纠“四风”工作，紧密结合“三深化三提升”活动，采取暗访督导、问题查究、电视问政等措施，对专项整治发现的各类问题严肃认真查处整改。全年组织各类明察暗访10次，电视问政6期，盯办会风会纪20余次，共查处“四风”问题136件，党纪政纪处分127人。

【督查督办】 全面落实“督考问用四位一体”工作落实机制和“四干四有”工作法，不断优化工作思路、实化工作举措、提升工作标准，有效发挥了督查“利剑”作用。建立了市委、市政府2019年度重点工作台账236项，进一步把责任、任务、目标落实到每位市级领导、每个县区和市直部门，定期“催账”，年终“要账”，督查事项按计划有序推进，总体实现了“事事有回音、件件有着落”的目标。起草了《市委十四届六次全会决策部署重点工作责任分工方案》，将全会任务分解为13方面57项重点工作，待印发后持续盯办。紧盯市委主要领导“批办件”抓落实。全年办理涉及脱贫攻坚、乡村振兴、规范小餐桌、老旧小区改造等方面14项批办件。统筹开展专项督查。组织森林草原防火、生态环境治理、矿山环境整治、扫黑除恶等方面专项督导20次，压实了工作责任，促进了工作落实。督好“建议”“提案”反馈。配合人大、政协督办党委部门承办人大代表建议、政协委员提案情况，全年盯办市人大代表建议13件、政协委员提案37件，答复、反馈满意度显著提高。强化重点工作调度。对各县区党政主要负责人亲自主抓的重点工作（项目）情况进行定期调度分析和反馈报告11期。对市领导包保项目、经济指标等情况进行跟踪盯办，通报2期，全市重点工作（项目）推进取得了积极成效。全年累计立项分解、跟踪督办5大类450余项重点工作，下发督办通知及函件533份，有力地促进了重点工作的落实。

【国家安全工作】 为深入贯彻落实中央和省、市委关于国家安全工作的新部署新要求，研究制发了《中共承德市委国家安全委员会2019年工作要点》，将国家安全工作中的重点目标任务细化分解为7方面32项具体任务，明确了牵头市领导、牵头部门和责任单位。围绕全市国家安全重点工作，到各县（市、区）进行督导检查，紧盯工作落实，有效防范化解各领域重大风险隐患，扎实推进国家安全各项工作有序开展。组织开展了喜迎中华人民共和国成立70周年"为主题的"4·15"全民国家安全教育日宣传教育活动，共有社会各界群众3万余人参加，进一步提高了广大市民的国家安全意识和保密意识，营造了国家安全人人有责的浓厚氛围。

附：市委办公室领导名录

市委副秘书长、办公室主任：祁　军

市委办公室副主任、市委招待处处长：张宏生

市委督查室主任：吴小军

市委信息中心（市委社情民意办公室）主任：孙秀军

（供稿　杨铁瑛）

组　织

【概况】 2019年，在市委的正确领导下，全市组织系统深入贯彻落实新时代党的组织路线和全国、全省、全市组织部长会议精神，认真组织开展"不忘初心、牢记使命"主题教育，统筹推进领导班子和干部队伍建设、基层党组织和党员队伍建设、人才队伍建设等各项工作，全面提升党的建设和组织工作质量，圆满完成了年初确定的各项目标任务。谋划推进第二批"不忘初心、牢记使命"主题教育取得丰硕成果。树立正确导向，建设忠诚干净担当的高素质专业化干部队伍。注重分类指导，统筹推动各领域基层党组织全面进步全面过硬。坚持以用为本，加快建设符合承德改革发展需要的人才队伍。坚持严实标准，组织系统规范化建设进一步巩固提升。党建制度改革、组织史征编、大学生村干部、信息化建设、干部统计、信访接待、安全生产、保密和老干部等工作也都取得新成效。同时，充分发挥组织部门和组织工作职能作用，完成了党中央和省市委安排部署的市县机构改革、职务与职级并行、重点工作大督查、驻村工作队和帮扶责任人管理等重点工作。

【"不忘初心、牢记使命"主题教育活动】 紧扣总要求和目标任务，发挥组织者和参与者双重作用，推动主题教育取得明显成效。

组织领导。提前抽调精干力量成立组织机构，坚持上下沟通协调，制定全市主题教育实施意见、市委常委会"1+4"方案等文件，压实各级各部门和巡回指导组责任，营造浓厚的舆论氛围。

学习教育。全市发放学习书目30余万册，开展特色活动11项。县处级以上领导班子举办理论中心组学习、专题读书班和专家辅导讲座1607场次；各级党组织举办先进事迹报告会、组织赴红色教育基地和反腐倡廉教育基地培训党员干部23.2万余人次。

调查研究。全市县处级以上领导干部确定调研课题1500余个，开展调研1.3万余次，征求意见建议6700余条，发现问题4500余个，提出对策措施8000余条，立行立改解决问题3800余个，形成调研报告1600余篇，讲专题党课1600余场次。

检视问题。协调市委常委会和各位常委开门搞教育，开展“三问三查三看”和群众评议活动，聚焦“18个是否”对照检视。推动各单位在“十个征求”基础上公开征集意见建议。组织民生关注度较高的5家市直单位进行电视问政、17家市直单位开展电视专访，公开专项整治结果。市党政班子收集意见建议1366条，县处级以上领导班子征求意见建议14342条。推动各级各部门召开专题民主生活会，市级领导班子查找问题61项、制定整改措施82项，县处级以上领导班子查找问题3122项、制定整改措施3681项。

整改落实。协调推进立行立改，市委常委会和各位常委分别梳理问题22个、176个，完成整改18个、132个；县处级以上领导班子梳理问题3455个，完成整改3174个。协调推进兴办一批民生实事、化解一批信访积案、整改一批安全隐患，计划实施的20件民生实事完成11件；化解交办信访积案435件；辨识安全风险10.6万项，完成国家和省督查问题整改331项。协调推进“十个专项整治”，梳理476个问题，制定整改措施826条，完成整改或取得明显成效803条，出台制度文件402个。

【领导班子和干部队伍建设】 印发《关于贯彻落实〈党政领导干部选拔任用工作条例〉的通知》，出台《关于加强选调生跟踪管理的通知》《市属国有企业领导人员管理办法》，修订完善《市委管理干部职务名称表》，衔接配套的干部人事制度体系进一步完善。坚持新时期好干部标准和“六个旗帜鲜明”用人导向，突出政治标准，严把程序关、能力关、作风关、廉洁关，注重在改革发展稳定一线选用干部。2019年，全市调整市管干部21批465人次，转隶科级及以下干部113人，调入市直单位116人，各级领导班子和干部队伍结构进一步优化。配合省委组织部完成优秀年轻干部调研，纳入市本级掌握优秀年轻干部213名。组织实施乡镇“90后”年轻干部培养选拔倍增计划，全市配备“90后”乡镇副科级干部74名、乡镇党政正职1名，35岁及以下乡镇党政正职28名。招录选调生107人，培训选调生代表155人。 成功实施2019年度公务员“四级联考”，新录用598名，公开遴选26名，完成新录用人员初任培训。认真组织评选第九届全国“人民满意的公务员”“人民满意的公务员集体”，范振喜被授予全国“人民满意的公务员”并受到中央领导接见。做好援疆援藏工作，赴新疆尉犁县对16名援疆干部人才实地考核，成功选派援藏专业技术干部3名、援疆教师6名。抽调近200名干部参与扶贫协作、巡视巡察、主题教育等中心工作，对表现优异的有计划调整使用。完成本科院校党委换届、市属高校年度考核工作，高职高专党委换届工作稳步推进。

【干部教育培训】 制定《关于贯彻落实〈2018—2022年全省干部教育培训规划〉的实施意见》《2019年全市干部教育培训工作计划》，把习近平新时代中国特色社会主义思想作为干部教育培训的主课，开办习近平生态文明思想专题培训班、青年干部理论读书班、统战理论培训班，订购第五批全国干部教育培训教材支持干部在职自学。聚焦精准扶贫脱贫、防范化解重大风险、财政金融业务等重点领域，举办专题班526期，培训干部6.9万余人次。将学习塞罕坝精神列入市委党校主体班次必修课程，开展专题授课21次，培训党员干部2700余人。督促各县（市、区）、市直各单位干部参加河北干部网络学院培训，注册学员人均学时数达到71.38学时，在全省设区市排名第3位。

【完善干部考核评价体系】 制定出台《承德市市管领导班子和市管干部综合考核评价办法（试行）》《市管领导班子和主要领导干部2019年度考核评价分类及指标体系》，完善年度考核、平时考核、专项考核、任期考核“四位一体”综合考核评价体系，突出脱贫攻坚、绿色发展、高质量发展相关指标考核，差异化设置经济社会发展绩效考核指标权重，强化考核的“指挥棒”和“风向标”作用。审核市直部门纳入综合考核事项，开展“一票否决”和签订责任状事项清理，深化综合研判和信息共享机制，对各项考核结果补充印证，督考问用抓落实效能不断增强。

【强化干部监督管理】 深入落实随机抽查和凡提必核要求，查核领导干部个人事项报告281人，对存在瞒报漏报情形给予提醒谈话并责令作出检查94人、诫勉谈话20人。对64个单位（含13个县市区）开展选人用人“一报告两评议”，将结果全部反馈单位主要负责人，对评议结果偏低的个别单位主要领导进行提醒谈话。严格执行干部选拔预审备案制，预审县（市、区）调整干部1566人次。委托市审计部门对机构改革期间离任的12名党政主要领导进行经济责任审计，对承德县、宽城县党政主要领导进行自然资源资产任中审计。深入整治“干事创业精气神不够、患得患失不担当不作为”问题，处置相关问题111件、105人。严格出国（境）备案和证件集中管理，审批备案因公出国（境）96人次、因私出国（境）301人次。以干部人事档案规范化、集中化、数字化建设为统领，学习观摩外市经验做法，拟成立19家管理中心，实行“1+5+13”集中管理模式，同步推进干部信息管理系统建设。制定《市管干部人事档案规范审核工作实施方案》，对8家市属国企管档人员进行培训，审核干部人事档案8.3万卷。

【人才队伍建设】 树立大人才观，努力补齐短板，切实增强各类人才引领支撑作用，服务全市改革发展。完善人才发展体制机制。认真落实牵头抓总职责，将人才工作列为县（市、区）党委书记落实党建责任制述职重要内容，召开人才工作领导小组会议，听取县（市、区）组织部长专项述职，对全年工作作出安排部署。研究制定《市管优秀专家选拔管理意见》，细化《关于鼓励引导人才向艰苦贫困地区和基层一线流动的若干措施》责任分工，明确18个市直部门职责，抓好35项具体任务落实。组织市管优秀专家、驻市企业负责人等143人赴苏州、深圳等发达地区培训，协调市财政核发引才补助资金287万元。认真落实燕赵英才服务卡制度，建立燕赵英才服务卡管理系统并正式投入运行，努力营造良好的人才发展环境。吸纳引进高层次人才。深化与京津组织、人社部门沟通，在人才信息资源共享、加强人才学习交流等方面开展合作，联合发布紧缺人才目录3283个。开展京津承扶贫协作干部人才挂职交流，选派256名干部人才赴京津挂职，接收265名京津干部人才来承德市交流，利用京津帮扶资金培训干部人才3222人次，推进“京津高校研究生暑期社会实践基地”建设，实施“双招双引”“进名校引英才”等系列活动，柔性引进各级各类人才785人，引进国外专家33人次，承德应用技术职业学院建成招生，人才总量和质量实现“双提升”。拓宽人才创新创业和服务发展途径。加强科技创新平台建设，新增院士工作站2家、省级技术创新中心9家、产业技术研究院1家。实施拔尖人才助力脱贫攻坚行动，组织385名拔尖人才深入基层，为近9000名群众、教师、乡镇医务人员提供服务，发放宣传资料1.2万份、科技图书（光盘）3000册（盘），培训农业技术骨干3100余人次。遴选78名专业技术拔尖人才，在媒体公布专业特长和联系方式，为基层提供服务。

【基层党组织建设】 以“基层党建质量提升年”

为统领，深入开展“脱贫攻坚党旗红”和“乡村振兴党旗红”活动，制发《关于在全市深入开展“乡村振兴党旗红”活动的实施意见》，“脱贫攻坚党旗红”活动典型经验在全省推广，平泉市代表承德在全国村党组织书记培训班上做了经验介绍。实施“领头羊”工程,在省“万人示范培训”基础上，实现换届后村党组织书记市级培训全覆盖，集中培训205名乡镇组宣部长，组织570名村党组织书记外训。加强村级后备干部队伍建设，推行村（社区）党组织书记备案管理。制定《关于在全市深入开展“八化四评”加强和改进城市基层党建工作的实施意见》，巩固全省城市基层党建工作示范市创建成果。推动国有企业30项重点任务落实,抓好党建要求进章程“应进未进”、党组织“应建未建”、按期换届“应换未换”问题整改。深入开展“红色领航争双强”活动，全年培训9044人次，非公有制企业和社会组织党组织覆盖率分别达到92.4%和90.8%，建立党组织活动阵地1258个，打造市级示范点20个，建立党群活动服务中心16个。围绕基层党组织建设规范达标，通过印发通报、开展督查，推动各县（市、区）将基层党建经费足额列入财政预算、农村综合服务站达到“六有”标准、落实“四议两公开”机制、严格党内生活制度。推进软弱涣散基层党组织整顿,全部落实“四包一”举措，转化率达到100%。推行“三定两报一纪实”机制，建立党组织换届提醒机制，为基层党支部统一配发工作手册，规范基层党组织政治生活。探索实施“六明确四不开”要求，推行党员参加组织生活提醒告诫制度，督促党员领导干部过好双重组织生活。推动基层党组织开展参加一轮学习交流、讲一次专题党课、开展一次志愿服务、重温一次入党誓词、召开一次组织生活会等“十个一”活动,各基层党组织和广大党员均按要求抓好落实。组织开展专项检查，对发现问题印发通报、跟踪督导，确保整改落实到位。

【党员发展教育管理】 严把发展党员政治审查关，强化发展党员工作责任追究，新发展党员3965名，其中产业工人227名、高知识群体68名、非公有制企业人员239名、新社会组织人员21名，党员队伍结构进一步优化。深入推进党员“先锋指数”积分制管理，两次调度窗口单位和服务行业落实情况。推进连续3年不发展党员村整改，全市344个村纳入专项整治，已完成整改307个。在宽城试点开展发展党员违规违纪问题排查工作，整治存在突出问题。指导制定《发展党员违规违纪问题认定处理办法和责任追究办法》，筛选30个经典案例，为工作全面推开提供支撑。制发《规范党员党籍和组织关系管理的若干要求》，加强“全国党员信息管理系统”维护使用，对百人以上支部集中整改，审核中华人民共和国成立前老党员、18岁以下党员及其他党员信息异常情况，市内实现党员信息网上即时查询和党组织关系无纸化转接。

【党员电教远教工作】 督导县（市、区）新建电教远教站点353个，启动实施第五届“聚焦县区、对标先进”主题制片培训工作。推进承德紫塞先锋网站、手机版和微信公众号建设。拍摄制作电教远教课件57部，《相伴存瑞六十年》荣获第十五届全国党员教育电视片观摩交流活动三等奖，《拼命书记范振喜》荣获优秀奖。

【承担中心工作和重点任务】 市县机构改革。对市县机构改革方案严格把关、督导落实，深研人员转隶原则，稳妥做好干部调配、职务任免工作，圆满完成承德应用技术职业学院机构设置报批工作，各级各部门均按时完成改革任务。职务与职级并行。全市非领导职务套转工作已经完成，套转综合管理类公务员（参公）单位人员7871人。市直单位产生首次晋升一级调研员人选95人，按规定程序实现职级晋升。科级（含）以下干部职级晋升已完成预审，晋升工作全面展开，晋升职级374人。稳妥推进其他职务序列改革，公安系统执法勤务、警务技术序列改革完成职级套改，法检系统职务职级晋升工作扎实推进。重点工作大督查。构建省市县三级联动机制，实施问题梳理精准、原因分析精准、督办意见精准、盯办回访要账为主要内容的“三精准一盯办”工作法，形成了目标同向、步调协同、方式互补、效果叠加效应。围绕中心工作开展日常督查，针对阶段性任务实施专项督查，发现反面典型41个，督办群众投诉举报和自查问题638个，督查反馈率100%，市党政主要领导批示56次。驻村工作队和帮扶责任人管理。调整市直驻村工作队20个、驻村干部166名，推动各县（市）按比例调整。组织高强度、高频次明察暗访，加大随机抽查力度，督导驻村干部8921人次，约谈派出单位主要负责人84人次、乡镇党委书记32人次，召回驻村干部5名。直接培训市直驻村干部572名，市县累计培训14117人次。市县择优选派结对帮扶责任人58818名，结对帮扶贫困户176285户，帮办实事8万余件。协调落实驻村工作经费和津补贴，在选拔任用、评职晋级、评优评先方面优先考虑驻村干部，市县提拔使用扶贫干部520名，其中有驻村经历的220名，有效激发了工作动力，承德市脱贫攻坚顺利通过国家考核验收。

【落实“一岗双责”】 突出思想建部、政治强部、制度治部，努力建设模范部门和过硬队伍。推动主体责任和“一岗双责”落地见效。印发《2019年落实全面从严治党主体责任加强党风廉政建设工作要点》，调整充实部机关党风廉政建设主体责任领导小组，针对加强政治建设、压实工作责任、抓好作风建设、发挥职能作用4方面18项工作作出规定，对领导班子主体责任、机关主要负责人、班子成员“一岗双责”提出明确要求。巩固提升意识形态工作成果。围绕市委“意识形态工作责任清单”中涉及组织部门的任务抓好落实。把意识形态工作纳入干部教育培训计划，列为各级党组织书记抓基层党建述职评议和各级民主生活会、组织生活会重要内容，推动市管领导班子意识形态工作考核全覆盖，提升抓意识形态工作的责任感和自觉性。结合新闻媒体报道计划和用稿需求，及时整理推送组织工作好经验、好做法和先进典型人物事迹，发表有影响力网评文章24500多篇，承担的《大力发现储备优秀年轻干部问题研究》获全省组织系统调研成果二等奖。制定出台《2019年组织工作要点》《关于2019年组织工作责任目标分解的通知》等文件，建立月季工作报告、重要工作专报、定期报送通报、重点工作重要事项督办和定期调度“五项推进机制”，综合采取书面催办、情况报送、实地检查、约谈访谈、定期调度、回访调研等形式，实时掌握工作进度，编发《组织部长月报》10期，在组织系统形成了“一盘棋”工作格局。大力弘扬优秀组工文化，深入开展“读书富脑”“岗位练兵”活动，分期分批安排机关干部到各级党校、组干学院、上级机关学习，组工干部综合素质不断增强。强化实践锻炼，向兴隆县大碌洞村、诗上庄村和隆化县南营村择优选派驻村干部，选派65名干部开展志愿服务、结对帮扶工作，协调落实慰问资金20余万元、项目资金256万元，办成了一批实事好事。

附：市委组织部领导名录

市委常委、组织部部长：杨培苏（女）

常务副部长：段向东（满族）

副部长（正处级），市委，市政府副秘书长（挂职），市督查考核委员会办公室主任：

王春田（满族）

副部长：胡伟纲（兼）

贺长青（满族，兼）

副部长（正处级）：高旭升（满族，10月免）

副部长，市委非公经济组织和社会组织工委书记（兼）：

韩跃华（满族）

副部长，市公务员局长（正处级）：贠福东
副　　部　　长：杨立君（满族）

（供稿　龙　颖）

宣　传

【概况】　2019年，承德市宣传思想战线坚持以习近平新时代中国特色社会主义思想和党的十九届四中全会精神为指导，扎实履行举旗帜、聚民心、育新人、兴文化、展形象的使命任务，为建设新时代“生态强市、魅力承德”提供了坚强思想保证和强大精神力量。

【理论武装】　持续推动习近平新时代中国特色社会主义思想深入人心，坚持以市委理论学习中心组为龙头，引领各级中心组和党员干部自觉主动学、及时跟进学、联系实际学、笃信笃行学。围绕脱贫攻坚、生态文明建设等专题，特别是紧密结合开展“不忘初心、牢记使命”主题教育，组织市委理论中心组集中（扩大）学习和专题研讨。建好用好“学习强国”平台，全市利用“学习强国”平台进行学习的党员干部达14.4万人。精准推进面向全社会的宣传宣讲，探索创新“365百姓故事汇”“社区讲堂”、农村“大喇叭”等载体，扎实开展党的创新理论“六进”活动。全年围绕习近平新时代中国特色社会主义思想、“我看七十年·追梦新时代”和“党的十九届四中全会精神”等主题，开展各类特色宣讲3600余场次，党的创新理论不断深入人心、落地生根。

【意识形态工作】　市委常委会专题研究意识形态工作，分析研判、协调部署相关工作任务，狠抓主体责任落实。深入抓好中央和省委巡视整改，反馈问题全部整改到位。加强阵地建设和管理，加强主流媒体建设，推动财政保障体制改革，破解了承德日报社、承德广播电视台建设发展的困境，为主流媒体良性运转提供了坚强保障；加快媒体融合发展步伐，双滦区、平泉市、承德县、隆化县、围场满族蒙古族自治县、滦平县、宽城满族自治县、兴隆县、丰宁满族自治县9个县区（市）和市级融媒体中心先后挂牌运营。深入开展“扫黄打非”，持续加大对文化市场、图书市场、群艺广场、演艺场所的排查整顿清理力度。强化网络风险防控，市委主要负责人与各县区（市）、主要涉网部门“一把手”签订《网络安全责任书》，网络安全主体责任进一步夯实。

【网络舆论宣传】　组织各媒体开设“壮丽70年·奋斗新时代”“在习近平新时代中国特色社会主义思想指引下”等专栏专题50余个，推出系列评论社论200余篇；围绕脱贫攻坚、文明城市创建等重点工作，组织媒体开设“坚决打赢精准扶贫精准脱贫攻坚战”等专栏专题30多个，推出重点报道300余篇。聚焦脱贫攻坚、生态文明建设、民生保障等主题，邀请中央、省重点新闻媒体关注绿色矿山发展“双百行动”等特色做法和成效，先后在《人民日报》、新华社、中央电视台等媒体刊播《河北承德：新能源支撑绿色发展》《鱼渔兼授 智志双扶》等一批有影响的深度报道。组织庆祝中华人民共和国成立70周年群众性主题宣传教育活动，以“我和我的祖国”为主题，开展主题宣讲、共和国故事会等13个系列28项具体活动，累计5200余场次。围绕庆祝中华人民共和国成立70周年、“不忘初心、牢记使命”主题教育等重点，组织运用互联网H5、抖音短视频等新技术手段加大传播力度，全年在中央重点新闻网站推送稿件890余篇，创作新媒体作品420个，转发85万条次。

【精神文明建设】　举全市之力创建全国文明城市。通过落实领导包保、定期督导、问题提示、工作通报、约谈问责等制度，组织开展常态化的督导检查和文明志愿服务，城市人文环境大幅度提升，顺利完成全省和全国年度测评。认真总结丰宁满族自治县“道德银行＋扶贫爱心超市”“非遗＋扶贫”“旅游＋扶贫”工作模式，经验做法在全省精神扶贫文化扶贫现场观摩会上推广，并在《人民日报》《中国精神文明报》等中央媒体刊发。抓好平泉市、滦平县试点工作，围绕扶贫扶智、移风易俗等农村群众实际需求，广泛开展“讲、评、帮、兴、育”文明实践活动。全市共建成新时代文明实践中心 6 个、新时代文明实践所 48 个、新时代文明实践站 418 个。传承红色基因、传统文化进校园、学生志愿服务、“劳动美”社会实践、“红领巾向新中国成立 70 周年献礼”等各类活动的小学生参与率达到 100%；全市 554 所中小学校、7 所大中专院校按照“六好”标准深化文明校园创建，创建率达到 100%，丰宁满族自治县二小、营子区滨河路小学文明校园创新案例入选全国经验汇编。

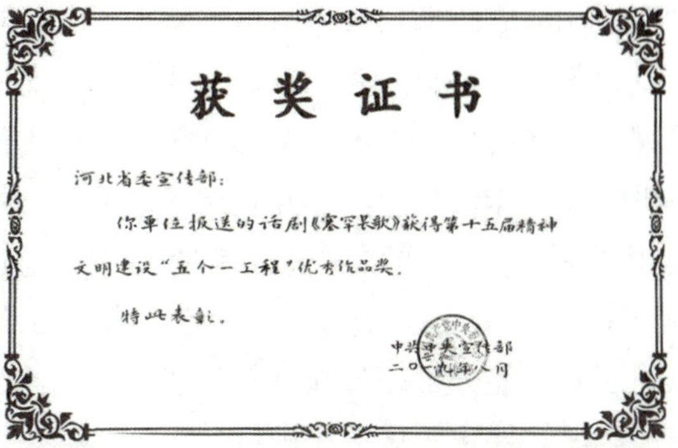
获奖证书

河北省委宣传部：

你单位报送的话剧《塞罕长歌》获得第十五届精神文明建设“五个一工程”优秀作品奖。

特此表彰。

中共中央宣传部

二〇 年八月

2019 年 8 月，承德参与创作的话剧《塞罕长歌》获第十五届中宣部“五个一工程”优秀作品奖

【文化事业和产业】 精心指导和抓好文物保护工作，承德博物馆建成投用并实现对公众开放。电视剧《最美的青春》、话剧《赛罕长歌》获得全国“五个一工程”奖，同时和歌曲《最美的颜色》《林为情思风作马》《妈妈喜鹊山桃花》3 部作品荣获全省“五个一工程”奖，电视剧《最美的乡村》、电影《塞罕坝上》进入后期制作。完成文化扶贫演出 35 场次，举办“承德百姓文化公益大讲堂”、第五届文化艺术展演季、高雅艺术进承德、文化演艺进景区、文化进万家、戏曲文化进校园等系列文化惠民活动 130 余场次。《木兰秋狝大典》实景演出、隆承大马戏等一批文化旅游融合类项目正式运营，天成纳米绿色印刷产业基地、雅歌包装技改升级等文化科技融合类项目运营良好，“21 世纪避暑山庄”文化旅游产业园区创建国家级文化产业示范园区工作取得新进展，完成投资 170 多亿元；全市规模以上文化企业达 66 家。

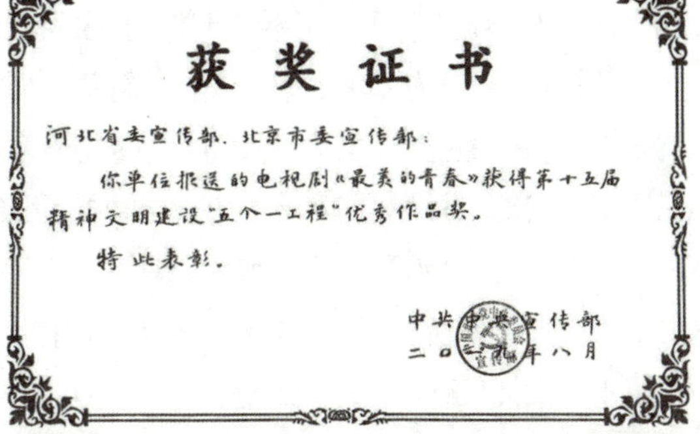
获奖证书

河北省委宣传部、北京市委宣传部：

你单位报送的电视剧《最美的青春》获得第十五届精神文明建设“五个一工程”优秀作品奖。

特此表彰。

中共中央宣传部

二〇 年八月

2019 年 8 月，承德参与创作的电视剧《最美的青春》获第十五届中宣部“五个一工程”优秀作品奖

【新闻出版】 印发《关于做好 2019 年出版物发行工作和印刷复制暨内部资料性出版物管理工作的通知》，建立健全监管机制，全面提升工作科学化、规范化、制度化水平，更好地促进产业发展。按照省新闻出版工作年度核验要求，完成 2019 年度全市 135 家印刷企业、357 家出版物发行企业、30 家内部资料性出版物审读、核验工作。开展 2019 年知识产权宣传周版权宣传系列活动，切实加强版权管理和保护，营造良好、健康的版权氛围。承德市“21 世纪避暑山庄”文化旅游管理处荣获河北省版权示范单位称号。联合网信办、旅游和文化广电局、公安局、通信办印发《关于开展打击网络侵权盗版“剑网 2019”专项行动的通知》，加大版权执法监管力度，提升版权管网治网能力。

【实施软件正版化】 为加强对全市软件正版化工

作的组织和统筹协调，建立由市委常委、宣传部长为总召集人，市政府办、市财政局、市市场监督管理局等17个成员单位组成的承德市推进使用正版软件工作联席会议，并制定了《承德市推进使用正版软件工作联席会议制度》、《承德市2019年推进使用正版软件工作方案》，提出工作要求、明确职能分工，加强日常管理，强化监督检查，确保软件正版化工作进展。

【电影放映与管理】 做好属地影院日常监管工作，持续推进电影市场专项治理。2019年全市各影院共申请中央、省补助地方电影事业发展专项资金301万，推进承德市电影市场健康繁荣发展。开展了庆祝中华人民共和国成立70周年优秀电影展映活动，组织号召全市党员干部观看爱国主义教育影片《古田军号》，传播红色文化、传承红色基因。“三个一”工程（每月为每个行政村放映一场公益电影）是2019年市委、市政府重点惠民工程之一。2019年圆满完成农村公益电影放映任务，为全市2485个行政村放映农村公益电影30047场，观众人数达243.9万人，用公益电影传播党的声音，配合农村法治、道德、文明教育，改善村风村貌，充分发挥农村公益电影的社会效益。

【干部队伍建设】 把深入学习习近平新时代中国特色社会主义思想和中共十九大精神作为重要政治任务，紧密结合开展“不忘初心、牢记使命”主题教育，下大力抓好班子、带好队伍，强化“四个意识”，坚定“四个自信”，落实“两个维护”。深入开展加强脚力、眼力、脑力、笔力实践锻炼和岗位培训，掌握新知识、熟悉新领域、开拓新视野，所属干部作风素质、业务能力进一步增强。严格落实党风廉政建设主体责任，加强廉政教育，组织廉政谈话，开展廉政党课，筑牢了拒腐防变思想防线。

附：市委宣传部领导名录

部　　　　　　长：刘新宇（满族）
常　务　副　部　长：王　强
副部长、市文明办主任：冉　君（女，蒙古族）
副　　　部　　　长：刘俐宏（女）
邱亚民（满族）
李　坚（女，满族，12月任）
市文明办副主任：刘金生

（供稿　张　勇）

统　战

【概况】 2019年，承德市统战系统围绕中心、服务大局，民主党派、党外知识分子和新的社会阶层人士统战工作取得新突破；民族宗教领域保持和谐稳定；非公有制经济取得新亮点；港澳台侨工作取得新发展；机构改革顺利推进；统战工作纳入市委、市政府年度考核体系；省委领导批示件得到认真落实；“千企帮千村”精准扶贫行动取得新成绩；东西部扶贫协作社会动员专项工作等一批重大事项取得积极进展，重点难点工作强力推进。

【民主党派等人士统战工作】 印发《贯彻落实〈中共河北省委关于加强中国特色社会主义参政党建设的实施意见〉分工方案》《关于推进全市党外知识分子深入学习贯彻习近平新时代中国特色社会主义思想的工作方案》；组织民主党派、党外知识分子和新的社会阶层人士开展或参与各种形式培训21期次，凝聚了政治共识，增强了综合素质。制定《中共承德市委2019年度政党协商计划》，组织召开协商会等4次；组织民主党派形成调研文章11篇；提案、议案、建议210余篇，11篇提案获市政协优秀个人提案；社情民意信息140多条，受到省、市领导的高度重视和批示，许多意见建议被采纳；协调开展脱贫攻坚民主监督4次，提出针对性意见建议；推荐特约监察员2名；组织开展公益活动30余次，累计捐款捐物折合人民币60余万元。坚持和利用民主党派建言献策“直通车制度”，组织各民主党派报送“直通车”意见建议72条，编印《建言直报》9期，得到市领导19次批示；制定《承德市党外代表人士工作“日、月、年”制度》，开展谈心走访300余次，提出意见建议86条，帮助解决实际困难53件次，该项工作获得全省统战工作实践创新成果三等奖；8月份，在平泉市组织开展“日月年”主题日活动，邀请其代表50余人参会；在双桥区召开全市新的社会阶层人士现场观摩大会，创建河北旅游职业学院大学生创新实践基地，延伸了高校统战工作触角。深入开展“不忘合作初心，继续携手前进”主题教育活动，制定工作方案，召开专题会议，抓好典型宣传，宣传稿件在省委统战部专刊、《团结报》、《承德日报》刊发；组织、指导各民主党派市委领导班子分别召开主题教育专题民主生活会；推动11个县市区组建2个新的社会阶层人士联谊组织和14个新的社会阶层人士联络站。

【民族宗教领域统战工作】 结合中央宗教工作督查整改意见和承德市实际，会同市委全面深化改革委员会办公室在全市宗教领域开展“提、治、管、创”专项行动。与拉萨市委统战部建立跨区域信息互通机制和协作联防机制；与北京、天津、四川、新疆、内蒙古、山西、辽宁等地实现信息共享、联控联防，跨区域合作机制正在有序推进中。印发《关于建立在承新疆、西藏籍少数民族群众服务管理工作联络员工作的意见（试行）的通知》，组织召开市委有关部门、市直有关单位等23个部门参加的承德市涉疆人员服务管理工作协调会议。

【非公有制经济统战工作】 深入学习贯彻习近平新时代中国特色社会主义思想和党的十九大精神，认真落实习总书记在民营企业座谈会上的重要讲话精神，结合开展的“不忘初心、牢记使命”主题教育活动，强化非公经济领域理想信念，帮助广大非公有制经济人士不断提高政治理论水平和政治素养，6月，组织部分非公有制经济代表人士赴延安举办“不忘初心、牢记使命”理想信念教育培训班活动。引导全市949家民营企业参与“千企帮千村”精准扶贫行动，帮扶1041个村（其中建档立卡贫困村936个）实现结对帮扶，实施帮扶项目2315个，累计投入资金3.0005亿元，惠及贫困人口201533人。4家企业被评为全省“千企帮千村”行动先进企业，其中双承生物科技公司被全国工商联评为“万企帮万村”精准扶贫先进企业。会同工商联引进“千喜鹤”项目入驻隆化县，一期投资4500万元已落地。推进“泛海助学”行动，为全市133名贫困大一新生争取泛海集团助学款66.5万元。

【港澳台和海外侨胞统战工作】 全年接待港澳及海外代表人士团组2个、到承参访台湾团组13个，自主组团赴台交流团组2个。举办“冀台同韵·美丽乡村”之承德绿色农业发展主题论坛；参加第十七届冀台经济合作洽谈会；组织各县区致富带头人参加省台办组织的培训；认真处置“关于台商赵少威反映巨室音乐小镇停工事”的涉台投诉。争取到港澳籍省政协委员“助学圆梦”行动帮扶资金174万元，为全市100名家庭贫困大学新生提供三年学费和住宿费。与澳大利亚华侨慈善基金会成功对接，争取到价值超过2700万元的助听设备，帮助全市1293名听力残疾儿童和成年人重回“有声世界。协助省委统战部组织河北省侨商会为隆化县厂沟门村和西底沟村捐助款项40万元。全面核查贫困归侨侨眷帮扶情况，为67户176人建档立卡贫困归侨侨眷发放15万元救济金。建立出国留学人员在承举办企业人才库。推荐6名优秀教师进入河北省外派教师人才库，推选1名优秀青年教师赴意大利米兰中意国际学校任教。成功创立承德市首家新侨工作站、新侨创新创业基地。12月，承德市侨办、市侨联在市中心广场举办《中华人民共和国归侨侨眷权益保护法》普法宣传日活动，向广大归侨侨眷和民众宣讲法规知识，发放《侨务法律法规学习手册》、知识卡等200余份，宣传画500余张。

【构建大统战工作格局】 首次将统战工作纳入市直单位领导班子和市管干部综合考核体系，印发《2019年度市直单位统一战线工作考核办法》，由过去单独重复考核向集中统一考核转变，充分发挥考核督导作用，实现由以往统战部门单干，变为推动各级各部门党组织自觉主动地抓好统战工作。制定《各民主党派承德市委领导班子和市管干部年度综合考核办法》，实现民主党派考核与党政机关考核相衔接，120余名党外代表人士进行书面述职。按照承德市扶贫开发和脱贫工作领导小组《关于承德市高质量推进东西部扶贫协作打好脱贫攻坚战2019年实施方案》要求，积极与天津市委统战部对接，制定《关于2019年实施东西部协作扶贫社会动员专项工作方案》，与天津共同确定四个慈善帮扶项目，并按计划顺利推进。统战理论纳入全市党政领导干部主体班培训内容，举办2019年第一期统战理论培训班，参训人数达到100余人。

【信息宣传】 全年报送各类统战信息207条，市级以上媒体刊载统一战线宣传稿件36篇(则)。其中，“180万元善款助百名寒门学子圆梦”“承德市委统战部赴双桥区调研台资企业”等一批稿件，被中央统战部内刊和《河北日报》等刊发。撰写的《提高政治站位、敢于较真碰硬、坚持依法合规，打赢露天宗教造像治理攻坚战》经验材料在全省转发。两项统战理论政策研究创新成果和两项统战工作实践创新成果在全省通报表彰。首次举办全市统战信息员和党外特约信息员培训班。

【机构改革】 根据《中共河北省委办公厅、河北省人民政府办公厅关于印发〈承德市机构改革方案〉的通知》，中共承德市委统一战线部（简称市委统战部）为市委主管统一战线工作的职能部门，统一领导市民族宗教事务局，加挂市委台湾工作办公室（市政府台湾事务办公室）、市政府侨务办公室牌子之规定，制定“三定方案”，完成职能划转、业务衔接等工作，市、县两级全部实现由同级党委常委担任专职统战部部长，为全面加强党对统战工作集中统一领导提供重要保障。

附：市委统战部领导名录

部　　长：吴清海（满族）
常务副部长：谭玉广
副 部 长：王冰玉（满族）
　　　　　郭紫金
　　　　　董鹏普（满族）
　　　　　杨国新（满族）
　　　　　王　义

（供稿　张　军）

机关工委

【概况】 2019年，全市市直机关工委工作在市委的坚强领导下，以习近平总书记在中央和国家机关党建工作会上的重要讲话为根本遵循，以开展“不忘初心 牢记使命”主题教育为契机，深入贯彻习近平总书记“争做三个表率，创建模范机关”的指示要求，认真贯彻市委市直机关党建工作座谈会精神，以党的政治建设为统领，围绕中心、服务大局、创新融合、担当实干，市直机关党的建设质量明显提升。

【理论武装】 以学习习近平新时代中国特色社会主义思想和党的十九大、十九届四中全会精神作为重点，结合实际搭建平台，创新载体，开展大学习、大培训、大宣讲活动，利用“学习强国”、河北干部网络学院等学习平台参加习近平新时代中国特色社会主义思想学习活动，检验学习成果，激发学习热情。实现了市直机关党组织和党员干部学习宣传党的十九届四中全会精神全覆盖。市直机关党员干部主动担当习近平新时代中国特色社会主义思想的宣传员，到基层、扶贫联系点、结对共建社区与基层群众面对面、开展宣讲活动200余场，受众达15000余人次，市直机关共有3人获评市级理论宣讲先进个人。把意识形态工作作为机关党的建设的重要内容，认真组织实施《市直工委2019年落实意识形态工作责任制实施方案和“三清单四办法”》，进一步完善意识形态工作职责和具体情况的处置办法。举办市直机关意识形态工作培训班，对党务干部及宣传委员进行意识形态工作专题培训。定期听取意识形态工作汇报，定期通报意识形态领域情况，定期分析研判意识形态工作形势，研究部署工作。

【机关作风整顿】 举办6期“电视问政”，搭建了政府、媒体和服务对象（群众、市场主体）的三方联动平台，问计于民、问需于民、接受监督，听民声、纳民策、解民忧。住建局等6个市直部门领导分别参加“电视问政”，面对面接受群众“问政”，促使群众反映强烈的热点问题和干部作风问题、制约改革发展的难点问题得到了解决，营造了风清气正、干事创业的工作氛围和公平高效的营商环境。根据中共承德市委、承德市人民政府和中共承德市委“不忘初心、牢记使命”主题教育领导小组办公室的安排，委托第三方调查机构对97个市直单位集中开展了承德市直机关“三深化三提升”活动和作风纪律整治群众满意度测评（其中：参加测评的“三深化三提升”群众满意度测评单位47个；作风评议单位50个）。市直各单位将群众满意度测评作为促进全市党员干部转作风、树新风，激励新时代新担当新作为，进一步提升高质量发展水平，提升工作效能和营商环境，提升保障改善民生水平，营造风清气正、干事创业的浓厚氛围和良好政治生态的重要举措，促进了市直机关“三深化三提升”活动、作风纪律整治和“开门抓教育”工作的开展。经第三方手机电子问卷调查平台开展测评调查，市直97个参评单位测评结果，总体满意度为94.18%，均在“满意”等次，较上年有大幅提升，推动了广大群众对承德“政治生态好、自然生态好、干部精神状态好、发展势头好”的普遍认同。

【基层党组织建设】 中共承德市委市直机关工作委员会直属党委2个、机关党委43个、总支21个、支部13个，党员12145人，其中在职党员7793人。下发《市直机关开展“基层党建质量提升年”活动实施方案》和“十条标准”，把机关党建标准立起来、要求严起来、工作实起来。落实配齐配强市直机关党组织班子，借机构改革和换届之机，将政治素质强，综合素质高的党员选入党务干部队伍。树立一切工作到支部的鲜明导向，充分发挥基层党支部的政治功能，按照《基层党组织规范化工作标准》要求，严格基层党组织规范化建设，记好《党支部工作手册》，建立健全党支部活动履职纪实信息系统，党支部党建工作弱化、虚化、边缘化问题基本得到解决。向20个基层党组织下拨党费69万元，新建标准化党员活动室22个，市直机关工委所属机关党委（直属总支、支部）党员活动室标准化率达到81%。2019年新发展党员153名。举办党费管理工作培训班，党费收缴基数、比例、使用范围特别是党费专户的管理得到了进一步的规范和统一。印发《关于切实关心关爱机关干部身体健康的通知》，关心关爱老党员、生活困难党员，建立了市直机关中华人民共和国成立前老党员、因公牺牲党员等台账，在元旦、春节期间和“七一”前组织慰问老党员和困难党员182人，发放慰问金17.8万元。

【精神文明建设】 成立“魅力承德先锋行”志愿服务活动指导中心，对市直机关党员志愿服务活动进行规划、指导、组织、协调和宣传。市直工委所属党组织注册党员志愿先锋服务队78个，注册党员志愿者7000余名，基本实现了市直机关在职党员全覆盖。本着“围绕中心、建设队伍、服务群众”的原则开展了丰富多彩的党员志愿服务活动，市直机关各志愿服务队与双桥区街道、社区开展“一对一、多对一”结对共建活动，年内开展志愿服务650余次，参加义务植树、绿化美化、节能减排、整治污染、修复生态等生态文明实践活动3万多人次。市直机关“魅力承德先锋行志愿服务队”每天早、晚交通高峰时段，在市区进行交通引领，为创建全国文明城市贡献了力量。为缓解市区供血需求，开展以“服务人民我带头 无偿献血我先行”为主题的无偿献血公益活动，市直机关259位党员干部无偿献血83000毫升，解决了承德市血浆供应不足的燃眉之急。2019年，市直机关获市级优秀志愿者2人，先进志愿服务组织3个，志愿服务创新项目2个。

【党风廉政建设】 召开两次党风廉政建设和反腐败斗争专题会议，对党风廉政建设责任进行细化分解。精准运用监督执纪“四种形态”，审理党员违纪案件15件，对18名违纪党员进行了纪律处分。坚持查办案件、制度建设、思想教育衔接贯通，一体推进不敢腐、不能腐、不想腐机制。开展政治性警示教育，组织市直机关党员干部收看学习《一抓到底正风纪》《在警醒中奋进》等警示教育片，召开整治群众身边腐败问题专题民主生活会。元旦、春节、“五一”、端午节、中秋节、国庆等重要节日节点，利用市直机关党建微信平台向全体党员发送作风纪律“微提醒”，始终让党员干部心中有戒。推动市直机关党组（党委）健全纪检机构，配齐配强机关党委、总支和支部纪检委员，做到机构、人员、责任“三落实”。实现工委直属市直单位机关党组织“三落实”全覆盖。组织开展市直机关纪委委员、纪检委员履职能力培训，加强与派驻纪检监察组的联系配合，协助部门党组（党委）履行全面从严治党责任，机关纪委对基层党组织和党员干部的教育、监督作用进一步提升。

附：中共承德市委市直机关工作委员会领导名录

常务副书记：聂红中（满族）
副　书　记：苏海玉（满族）
　　　　　　刘秀芬（女，满族）
　　　　　　常会友
　　　　　　高永阁（满族）
纪工委书记：孙宝贵

（供稿 张　超）

机构编制

【概况】 2019年，全市机构编制工作在市委、市政府的正确领导和省委编办的具体指导下，坚持以习近平新时代中国特色社会主义思想为指导，深入贯彻党的十九大和十九届二中、三中、四中全会精神，全面落实习近平总书记对河北、承德工作重要指示批示精神，坚决贯彻《中国共产党机构编制工作条例》，健全完善党管机构编制制度体系，扎实推进市县党政机构改革、事业单位改革、乡镇和街道改革、重点领域体制机制改革，统筹配置机构编制资源，为推进承德国家治理体系和治理能力现代化，建设“生态强市、魅力承德”提供有力体制机制保障。

【党政机构改革】 将抓好党政机构改革工作作为

首要的政治任务，坚持全市“一盘棋”思想，科学谋划、精心组织、市县两级党政部门“三定”规定均印发完成，涉改部门人员划转全部到位，各项工作任务圆满完成。加强和优化深化改革、依法治市、国家安全、网络信息、财经、外事、机构编制、审计、教育、农业农村10个党委议事协调机构，完善办事机构设置，确保市、县党委对重大工作领导的高效、协同、有序。进一步强化党委机关职能配置，强化党的组织、宣传、统战、政法等机关归口协调、统筹工作职能。进一步加强反腐败工作统一领导，组建各级监察委员会，与纪委合署办公，单独设置巡察机关，实现监察、巡察全覆盖。重新界定各部门职能职责，审核印发市直党政部门“三定”规定，各级党政机关职责边界更加清晰，职责衔接更加紧密、运行更加高效。加强生态环境保护，组建了生态环境、自然资源和规划、林业和草原等机构；坚持以人民为中心的发展思想，组建卫生健康、医疗保障等机构；构建审批更简、监管更强、服务更优的政务服务和营商环境，方便群众和企业办事，市县两级全部设立行政审批局。在中央办公厅、国务院办公厅印发《关于推进基层整合审批服务执法力量的实施意见》后，迅速成立工作专班，指导协调和统筹推进改革工作，明确各县（市、区）为改革实施工作责任主体，负责本区域内各项改革措施组织实施和落实工作。在省委编办研究起草《关于深化乡镇和街道改革的意见》过程中，针对乡镇和街道职能配置、机构设置、人员编制、领导职数、执法体制等情况，在进行前期调研、交流研讨、摸清基层底数及存在问题的基础上，三次向省委编办提出意见建议并被吸收采纳。

【事业单位改革】 立足于“政事分开、事企分开、管办分离”的总要求，高标准严要求快节奏推进各领域事业单位改革工作。完成承担行政职能事业单位改革。将承担行政职能事业单位改革纳入党政机构改革，统筹推进、同步实施，以法律为依据，以政策为准绳，严格对照各部门权责清单，除行政执法机构外，将市直完全、主要和部分承担行政职能事业单位全部纳入改革实施范围，就事业单位承担行政职能划分认定、编制锁定、人员划转等事项及时与相关单位进行协调沟通，依法依规将界定的市直44个事业单位承担的行政职能划归行政机关，实现了政事分开。推进公益类事业单位改革。严格落实《关于进一步开展全市事业单位清理规范工作的意见》，分步分批有序推进，规范整合职责相近、设置重复分散、职能弱化、规模过小的事业单位，调整优化事业单位设置布局。对于清理规范未完成的部门，暂停用编核准，倒逼部门主动开展清理规范工作。年内，全部完成并向市直517家事业单位下发清理规范批复，进一步优化资源配置，提高事业单位公益服务水平和效率。审慎稳步推进经营类事业单位改革。按照全省统一部署，坚持由易到难、不等不靠、成熟一个、改革一个的原则，对市直42家生产经营类事业单位开展摸排分析、风险评估，严控人员编制，实行退一收一、只减不增，人员只出不进。多次与各涉改单位和主管部门对接，明确改革路径。及时会同人社、财政、国资委等有关部门指导督促各涉改单位和主管部门在政策允许范围内，坚持一事一议、一事一策，逐一细化机构撤改、人员安置、资产清查、财产处置等工作，研究化解改革推进中的矛盾和风险，为推进改革工作夯实基础。

【综合行政执法改革】 结合党政机构改革，聚焦执法层级多而散、执法人员身份多样、执法职责不清、关系不顺等问题，统筹执法资源和执法力量，细化明确执法队伍主要职责，推动五个领域综合行政执法体系更加顺畅、执法职能更加明确、执法效率更加高效。多次组织相关部门召开座谈协调会，共同研究在改革中遇到的困难和问题，在政策允许范围内为部门提供最大限度的支持和帮助。对政策未具体明确的事项，及时进行汇总整理，向省委编办、市委编委进行专题汇报，研究解决方案。通过积极争取，联动调整，高标准统一五个领域执法机构规格，保证市级综合行政执法改革顺利推进。依据机构编制台账，对涉及综合行政执法改革的机构、编制、人员以及执法事项、执法频次进行了梳理和甄别，比对梳理出市和市辖区涉及五个领域25个部门48个机构65项执法职责，经过研究论证和多轮匡算，统一锁定执法人员的编制底数，搭建起市县两级综合行政执法机构框架，并划清市级执法人员编制范围，确保改革稳步迈入全面实施阶段。省实施方案印发后，及时联合市委改革办共同印发抓好五个领域综合行政执法改革通知，明确改革主责部门、完成时限和相关要求。对五个领域综合执法改革实施方案进行审核并提出修改意见建议，顺利通过市政府常务会议和市委深改委会议审议并印发实施。将五大领域不同部门和市辖区设置的执法队伍分别进行整合，所有执法职责一次向综合执法队伍划转到位，其他机构执法职责全部归零。通过撤建副处级机构5个，整合撤销科级机构15个，划转调剂不同性质编制383名，重新确定14个机构的名称和职责，组建市场监管、生态环境保护、文化市场、交通运输、农业五个综合执法机构，明确综合行政执法机构的编制、人员、职数和职责等相关事项，制定五大领域综合行政执法机构"三定"规定，构建起一支队伍管执法新格局。

【服务改革发展大局】 保障重点工作。围绕贯彻落实京津冀协同发展和精准扶贫两大国家重大战略部署，加强应用型人才培养，组建完成承德应用技术职业学院；围绕加快承德市对外开放步伐，积极构建产业链招商合作新平台，组建完成承德市招商服务中心；围绕建设国家可持续发展议程创新示范区，促进全市经济社会可持续、高质量发展，组建完成承德市可持续发展促进中心；围绕进一步深化推进"放管服"、"承德办事一次成"改革工作，转变政府职能，优化营商环境，加大支持企业发展力度，组建完成承德市企业服务发展中心。同时，优化调整纪检监察、公安警务等机构职责。创新供给方式。为解决高考改革实施"3+1+2"模式以来，承德第一中学出现的由教师年龄结构、学科结构不合理造成的专业教师短缺问题，主动探索机构编制挖潜创新，研究使用周转编制，下发《关于同意河北承德第一中学使用周转编制的批复》，对周转编制用途和周转期限作出了明确规定。制发《关于建立中小学教职工编制周转池制度的实施方案（试行）》，从改变"重管轻用"传统编制管理模式入手，推进编制供给侧改革，明确周转池编制用编进人标准，确保有限的编制充分发挥使用效益。引领体制机制改革。利用跑办机构编制事宜的契机，向上级部门汇报基层机构编制工作现状和工作堵点，特别是围绕中小学教师职工编制统筹使用问题，由中央编办牵头，联合三部委印发《关于进一步挖潜创新加强中小学教职工管理的指导意见》，为全市开展机构编制挖潜创新工作提供了政策支撑。进一步明确承德高新区主体责任，结合高新区功能定位，调整管理机构设置，实行人员控制数管理和全员聘任制，赋予高新区调整内设机构和人员使用的自主权，形成综合设置、精干高效的高新区管理体制。进一步创新高校人员编制管理，促成河北民族师范学院列为省高校人员总量管理试点单位，实行高校人员总量管理和备案制，实现资源配置效用最大化。

【权责清单调整】 按照中央编办统一部署，严密安排、严格标准、严把质量，做到部署到位、调整到位、汇聚到位，在规定时限内率先完成市县两级政府部门权责清单动态调整、数据汇聚及对接工作，共汇聚上传33个政府部门3017项行政权力、1299项责任事项，11个县（市、区）政府部门权责清单同步上传过审，为实现清单同"三定”规定有机衔接提供了数据支撑，工作成效得到中央编办书面表扬。

【严控机构编制】 认真贯彻执行《中国共产党机构编制工作条例》，研究制定机构编制事项论证办法，推进机构编制法治化进程。严格执行机构编制实名制管理和编制使用核准制度，强化机构编制前置管理，制定《中共承德市委机构编制委员会工作规则》《中共承德市委机构编制委员会办公室工作细则》《关于进一步规范机构编制管理的通知》，严格落实“一支笔”审批制度，加强机构编制刚性约束，提升机构编制管理科学化、规范化、法定化水平。

【事业单位登记管理】 利用网上登记管理平台，推行“一站式”办理全部行政许可业务，通过服务承诺、首问负责、流程公开、限时办结等服务方式，不断缩减工作流程，压缩在线办理时限，做到所有服务事项办理流程一次告知，节约服务对象办事成本。全市 2693 个事业单位的年报及时在“承德事业单位在线”网站上进行了公告。

【机构编制督查指导】 落实全省机构编制违规问题专项整改工作，市直违规设置机构全部整改到位。加强与纪检监察、人事、审计等部门沟通联系，将规范机构编制管理纳入巡视巡察、选人用人专项检查、党政领导干部经济责任审计等工作，理顺工作机制，形成监督检查工作合力。强化县级机构编制管理和统筹指导力度。注重对县级机构编制及运行情况的总体掌握，加强对党政机构改革、事业单位改革等重点工作的统筹力度，做到开展业务指导有的放矢。对报送的县级机构编制事项，严格执行政策规定，规范审批程序，不断提高县级机构编制规范管理指导水平。

【干部队伍建设】 牢牢把握党的机关、政治机关的职能定位，始终把建设一支政治过硬、业务精湛、作风优良的机构编制队伍摆在重要位置，抓在日常抓在经常，推动树牢“四个意识”、坚定“四个自信”、落实“两个维护”，展现新时代机构编制队伍的新气象新作为。紧紧围绕贯彻落实党的十九大精神和习近平总书记关于机构编制工作重要论述，坚持把加强党的领导落实到机构编制工作全过程和各环节，不断提高政治站位、强化政治责任。牢牢把握思想教育和意识形态工作主动权，采取多形式多载体，有力提升全市机构编制队伍的思想政治素质和业务工作能力，精心举办全市机构编制业务培训，辑印学习资料汇编，组织直观式教育体验活动。

附：市机构编制委员会办公室领导名录

主　　任：胡伟纲

副 主 任：胥广和

李松华（满族）

王　炜（满族）

（供稿　赵国栋）

政策研究

【概况】 2019 年，全市政策研究工作担当务实、积极作为，在文稿起草、课题调研、改革推进和机关建设等方面，较好地完成市委、市政府交办的各项工作任务。全年共起草市委文件、领导讲话、署名文章等重要文稿 70 余篇；编发《研究与决策》19 期，批示率 80%，多篇调研成果中提出的建议已进入市委、市政府决策，并在全市推广。编发《改革动态》21 期，编发《承德建设》12 期，修改、编排稿件 300 余篇、100 余万字。

【文件起草】 认真领会中央和省、市委精神，准确把握领导意图，使文稿真正起到谋划全局、指导实践、推动工作的作用。起草《中共承德市委关于进一步提高科学决策民主决策依法决策水平的意见》和给省委关于《中共承德市委关于进一步提高科学决策民主决策依法决策水平的实施意见的制定说明》，起草《中共承德市委对省委九届八次全会以来工作的意见建议》和《中共承德市委对省委九届八次全会〈实施意见〉的意见建议》，起草《贯彻落实党的十九大报告重要改革举措实施规划（2018—2022年）》，起草《关于承德政治生态情况汇报》，起草市委十四届六次全会关于《中共承德市委关于深入贯彻〈中共中央关于坚持和完善中国特色社会主义制度、推进国家治理体系和治理能力现代化若干重大问题的决定〉的实施意见》以及说明和决议，起草生态环境部部长李干杰在承德时书记周仲明关于《承德市生态环境保护和扶贫开发情况汇报》，书记周仲明赴高新区调研指导“不忘初心、牢记使命”主题教育暨部分县区主要负责人座谈会讲话提纲等30余篇重要文稿。

【政策研究】 为促进承德市优势产业、潜力产业加快发展，坚持以更开阔的视野审视思考，组成专题调研组赴浙江、福建、广东、贵州等地实地学习、典型剖析，及时借鉴外地经验，形成系列调研报告。分别为《对标珠海：我们离全国文明城市有多远》《从绍兴看承德“闲置农房激活”改革大有可为》《对标南平：工厂化、集群化，“小蘑菇”也成“大产业”》《对标安顺：承德旅游还需做什么？》《对标贵阳：“承”云而上正当时》。

【决策建议】 针对承德市经济社会发展中存在的深层次矛盾和问题，以敏锐的嗅觉和独特的视角，深入调研、深刻思考，形成调研报告，以《研究与决策》形式报送市四大班子相关领导。主要包括《“包袱”完全可以变“宝库”》《扭住问题整改牛鼻子 确保高质量脱贫出列》。

【改革创新】 注重挖掘典型、宣传典型、运用典型，指导基层改革创新。围绕推进承德市脱贫攻坚，实现乡村振兴，撰写《促进脱贫攻坚与乡村振兴有机衔接的几点建议》《“中国肉牛之乡”缘何落户隆化》《“小水稻”种出新希望》《筑强堡垒树先锋，脱贫攻坚党旗红》等文章。

【对上宣传】 全年共编发《改革动态》21期，向省委改革办报送信息242篇，刊发14篇，其中“深挖生态资源实行“N+1”扶贫模式”被《河北改革动态》刊载后，河北省委副书记赵一德作出重要批示。开通“承德改革”公众号，择优发布各地各单位改革特色经验和典型做法，承德改革的影响力进一步提升。编印改革典型案例合集。中央电视台、《人民日报》等国家级媒体对承德改革报道110余次。《中国改革报》对承德市以“两山”理论推动森林资源资产化、“非遗＋扶贫”、创新乡村医疗服务新模式等多项改革经验进行了集中报道。

附：市委研究室领导名录

主　　任：王泽辉

副 主 任：李晓莉（女）

　　　　　杨延平

　　　　　曹进波

（供稿　宋　浩）

信　访

【概况】 2019年，承德市信访工作总体呈现出进京赴省“两少三降”的良好局面。“两少”即全市发生进京个体访538批564人次，同比分别上升15.5%和11.7%，绝对量全省较少；发生赴省个体访419批589人次，全省较少。“三降”即发生进京集体访45批225人次，同比分别下降13.5%和34.2%；发生赴省集体访18批117人次，同比分别下降21.7%和25.9%；发生到北京非接待场所有关人员29人次（省通报截至10月份），同比下降63%。此外，完成了包括新中国成立70周年庆典等一系列重大安保任务，成绩来之不易，有目共睹。

【领导包联接访】 市级党政主要领导以上率下，包案督访，切实解决问题，市级包联案件化解工作取得进展。3月6日，市委书记周仲明亲自到市信访局接访约访包联信访案件，重点调度了林草局职工反映办理产权证问题等4件信访案件。7月12日，市委书记周仲明再次到信访局接待调度了双滦区久合玫瑰湾项目部分业主反映开发商代收契税问题等4件重点信访事项，并就信访工作提出“四个必须到位”要求。4月12日，市长常丽虹因中央党校学习，专门安排市政府秘书长崔万峰赴营子区调度汪庄镇涝洼滩村高爱民反映危房改造等2个信访案件。8月9日，市长常丽虹亲自接待调度了围场尘肺病等4件信访案件。其他市领导也分别采取接访（约访下访）、调度会商、实地督查、签批意见等方式，推动包联案件妥善化解。截至年底，全市第一批178件市级领导包联重点案件，已全部按期办结，息访158件，息访率为88.8%；第二批156件包联案件，已办结152件，息访119件。健全领导干部公开接访长效机制，协调推动各级领导干部认真落实信访接待日制度，实现常态化、长效化、制度化，并通过重点约访、跟踪督办等，解决大量热点难点问题，减少信访问题的积压上行。2019年，各县区（市）县级党政领导干部累计公开接访4063批次23859人次，接待信访案件3325件，约访下访1024次，接待协调案件1103件。

【化解信访矛盾】 按照国家信访局提出的“最多访一次”要求，扎实推动落实信访事项首接首办负责制，不断规范信访事项办理程序和环节，工作质量和一次性办结率明显提高，信访诉求处理机制日臻完善。2019年，市级信访部门共受理群众来访1289批19729人次，转办受理群众来信2996件，转办受理网上信访2928件，绝大多数问题得到依法妥善解决或取得实质性进展，信访群众满意度不断提升。全系统信访事项按期答复率达100%，全市信访机构和有权机关群众满意率分别达96.4%和97.1%。下大力做好国家和省交办的攻坚案件化解工作，明确工作要求和工作时限，并通过一线协调调度、向“一把手”发《督办函》等工作举措推动攻坚案件有效化解，确保案件实现“三个到位”，信访人息诉息访。2019年，国家累计交办攻坚案件7件，省交办攻坚案件36件，已全部按期化解。

【规范信访秩序】 2019年，针对群众进京、赴省和到市访情况，先后向12个县区（市）和8个市直部门进行有针对性的点对点通报，提出存在问题和改进建议，各县区和市直部门高度重视，收到较好效果。报请市联席会议对上半年因“四项指标”被省倒排通报和进京赴省上访问题突出的县区单位进行集中约谈，有效推动相关县区加强和改进工作，工作成效显著提升。起草制定《承德市信访听证暂行办法》《承德市关于推进群众信访“最多访一次”的实施意见（试行）》两个文件，为推动重点疑难复杂信访事项化解终结和提高信访事项一次性办理效率提供强有力制度支撑，信访工作规范化水平不断提升。

【确保信访稳定】 2019年，完成年度各个重要敏感节点的信访维稳工作任务。全国“两会”期间，承德市未出现滞留、到北京非接待场所有关人员以及出丑滋事问题，国家局登记承德市进京访人员全省第二少；“一带一路”峰会期间，实现了“四个未发生”；亚洲文明对话大会期间，承德市未发生到北京和会场驻地上访；北戴河暑期安保实现了“零上访”；特别是在“新中国成立70周年”期间，实现了“两少五个未发生”，即发生进京访55批次57人次，全省第三少；马家楼接济中心分流承德市外围查控人员5人，全省最少；未发生进京集体访，未发生到北京非接待场所涉访，未发生赴省集体上访，未发生群体性聚集和极端个人事件，未发生因信访问题引发的媒体负面炒作问题，确保了绝对安全。承德市是全省唯一一个没有人员、车辆违反“两个一律”的市，受到省驻京指挥部的表扬，真正发挥了首都政治“护城河”作用。

附：市信访局领导名录
局　　长：庄爱新
副 局 长：张俊东（满族）
　　　　　葛利军
　　　　　郝秀喜

（供稿　王振峰）

老干部工作

【概况】 2019年，在市委市政府的正确领导下，在省委老干部局和市委组织部的正确指导和大力支持下，承德市老干部系统坚持以习近平新时代中国特色社会主义思想为引领，以扎实开展“不忘初心、牢记使命”主题教育为动力，以开展“大调研大走访”活动为抓手，全力推动承德市老干部工作再上新台阶。截至2019年末，承德市共有离退休干部38903人，其中离休干部1063人，退休干部37840人。其中离休干部：市直单位521人，承德县47人，围场满族蒙古族自治县52人，丰宁满族自治县75人，隆化县60人，滦平县58人，平泉市78人，宽城满族自治县49人，兴隆县74人，双桥区26人，双滦区9人，鹰手营子矿区14人；行政机关445人，事业单位330人，企业单位288人；享受正副市（厅）级（含享受）21人，正副处（县）级（含享受）543人，享受正副乡（科）级待遇499人；抗日战争时期参加革命工作81人，解放战争时期参加革命工作982人；80～89周岁410人，90周岁以上653人。

【老干部政治待遇】 针对离退休干部实际，围绕完善“八项制度”，突出政治引领，开展一系列喜闻乐见的活动，推动离退休干部政治待遇落实。1月28日，召开市级实职离退休干部迎春节座谈会，省人大常委会副主任、市委书记周仲明主持会议并作重要讲话，市委副书记、市长常丽虹通报2018年全市经济社会发展情况和2019年重要工作安排，听取老干部的意见和建议，凝聚共识，共谋发展。3月，市委常委、组织部部长杨培苏主持召开老干部意见建议交办调度会，就市级实职离退休干部在迎春座谈会上提出的5个方面的12项问题研究具体落实措施。组织召开市直离退休干部形势通报会，集中观看《一抓到底正风纪》《在警醒中奋进》两部专题片，对离退休干部进行警示教育。组织市级实职离退休干部参观承德不老山庄医养结合养老社区，满足个性化养老需求；组织离退休干部参观高铁站，乘坐高铁赴平泉市参观考察，了解“新中国成立70年来”城乡建设新成就；组织市级离退休干部参观考察全市第三届旅游产业发展大会成果，了解掌握全市经济社会发展情况和承德市旅游产业发展取得的新成就。邀请承德附属医院老年病科专家向市直各单位副处级以上离退休干部及老干部局工作人员等130余人系统讲解老年常见病及预防保健等知识，进一步增强广大老年人的养生保健意识。5月和10月在小热河广场分别举办第41届、第42届市直老干部“长寿杯”门球赛，进一步推动和普及门球活动。

【老干部生活待遇】 认真落实中组部“加强老干部工作信息化精准化规范化建设”要求，与市委组织部联合印发《承德市离退休干部服务管理工作规范》，提出27条精准服务规范，将精准化服务理念具体化为服务离退休干部的日常工作。开展走访慰问活动。春节前，市委书记周仲明、市长常丽虹等四大班子领导分12组慰问52名实职市级离退休干部和26户遗属，送去组织关心和新春祝福。协调55万元慰问资金，走访慰问518名新中国成立前参加工作的市直离休干部。市四大班子主要领导分两组走访慰问6名市级离休干部，送去纪念章和慰问金。通过认真核查离休干部信息，准确、及时地将慰问金转入市直各单位账户；对于无主管部门的企业离休干部，由局主要领导和分管领导带领工作人员入户走访，将慰问金送到离休干部手中，实现走访慰问全覆盖。重阳节期间筹措资金4.8万元，慰问48名基层关工委“五老”。分赴七个省市对20名易地安置的离休干部进行慰问。做好特困帮扶工作。在市直单位提交特困帮扶申请的基础上，经过仔细审查、专人逐一入户走访核实、局务会研究，最终确定帮扶对象，并对特困帮扶对象建档立卡，实行动态管理，精准帮扶。全年投入帮扶资金30万元，帮扶特困离退休干部和遗属89人。医药费报销不及时问题协调解决。协调公费医疗办等相关部门，使易地安置离休干部医药费不能定期核销问题得到彻底解决。及时落实离休干部护理费提高标准政策，市局共审批38人。扎实做好信访接待工作。全年共接待老干部来电来访100余次。推进市老干部活动中心历史遗留问题的解决，将单位性质由财政零补助单位改为财政定额补助单位，职工工资、五险一金和取暖费等纳入财政预算，协调解决欠发部分职工工资和养老保险问题，保持职工队伍稳定。扎实做好“燕赵红枫”离退休干部服务管理系统推广使用，截至年底，已录入离退休干部16261名，信息管理员1028名。

【发挥老干部作用】 按照省委老干部局要求，5月份，印发实施方案，开展“大调研大走访”暨寻找“最美夕阳”活动，在全市掀起调研走访的热潮。市局分6个组，到部分县区、市直单位开展专题调研，召开离退休干部座谈会，开展“忆初心、谈奋斗、看成就、话心声”微视频征集，鼓励离退休干部畅谈“我看新中国成立70周年新成就”心声感言。截至8月底，全市共走访离退休干部18120名，征集“我看新中国成立70周年新成就”心声感言3013条、“我为承德转型发展献一策”1768条；推荐“最美夕阳”27名，其中闫喜荣、于文龙分别被评为全省“最美夕阳”和“最美夕阳”提名人选，受到省委老干部局表彰。7月份，省委组织部副部长、老干部局局长赵月霞到承调研，对承德市老干部工作和“大调研大走访”活动开展情况给予充分肯定。抓住庆祝新中国成立70周年重要契机，投入15万元打造24个“五老”活动阵地，充分发挥“五老”优势作用，深入开展“腾飞中国·辉煌70年”系列主题教育活动：与相关部门联合举办“承德市儿童青少年视力健康管理工程”实施一周年座谈会暨呵护双眼拥有光明万人签名活动；“六一”前夕，组织“五老”志愿者走进市实验小学、温家沟社区五老民乐团、双桥区关工委、平泉庙后小学看望慰问贫困学生及儿童，为他们送去价值6000元学习用品及玩具，为15名贫困孩子送去慰问金共3万元；全面启动全市家庭教育暨“在线家长会”家庭教育培训项目，注册登记35万人。10月10日，承德市家庭教育大课堂第一讲，在线学习22万人；“聚焦新时代，关爱青少年”摄影展在市行政中心大厅成功举办，共展出120幅作品，用镜头记录社会各界对青少年健康成长的关爱；与相关单位联合举办承德市第三届“书香承德”青少年读书大赛，全市七县一市四区和市直中小学生超过10万人参与。此外，精心组织100余名老干部志愿者深入社区、学校、街道，发现不文明行为100余起，上传不文明现象图片170多张，为创建全国文明城市出力献策、发挥正能量。

【老干部党组织建设】 结合实际，与市委组织部、市财政局联合出台《关于进一步加强和改进离退休干部党建工作的实施意见》，落实离退休干部党支部书记每月200元工作补贴；在全市离退休干部党组织开展创建"五星级离退休干部党支部"和"五星级离退休干部党员"活动，做好全省"五星级离退休干部党支部""五星级离退休干部党员"推选工作。平泉市老科协党委等6个离退休干部党支部被评为"五星级离退休干部党支部"；承德县人大常委会原副主任张贵晨等5人被评为"五星级离退休干部党员"，受到省委老干部局表彰。平泉市老科协党委受到中央组织部表彰，是河北省受到表彰的4个离退休干部先进集体之一。

【老年大学建设和老干部活动阵地改善】 多措并举，协助市教育局推进全市新建60所老年大学工作，有效破解老年大学"一座难求"等问题。11月对全市13个县区市新建的60所老年大学进行实地验收。组织学员参加全省"辉煌70年——水墨中的美丽河北"老年书画展，荣获一等奖1个、二等奖4个、优秀奖1个；10月，市委老干部局、市老年大学举办"我和我的祖国"庆祝新中国成立70周年老年大学书画摄影展，共展出书画作品226幅、摄影作品80幅，以艺术的形式诠释新中国成立70年来各行各业的时代风貌，充分展现市老年大学师生对党和祖国的热爱之情以及多姿多彩的校园文化生活。

全市老干部系统践行服务宗旨，改善老干部学习活动阵地条件，努力为广大离退休干部提供环境舒适、设施齐全、功能完善的学习活动阵地。在市委市政府的重视和支持下，投资900万元改造市老干部活动中心和老年大学综合楼。4月，市委常委、组织部部长杨培苏到市老干部活动中心调研，现场查看老年大学综合楼装修改造工程，召开座谈会协调推进有关事项。协助市机关事务服务中心推进工程建设，老年大学综合楼年底进行验收。隆化县投入近15万元，维修门球场和其他活动设施。兴隆县投入资金13万元改造活动中心水电暖设施。9个县市区活动中心（含老年大学）面积达到或超过2000平米。经省局验收，为丰宁满族自治县老干部活动中心争取奖补资金18万元。

【信息宣传】 严格管理局属微信公众号。建立公众号管理员和微信群群主负责制，从讲政治的高度，搞好正面宣传，加强舆论引导。充分利用微信公众号、工作简报等平台，及时宣传承德市老干部工作的先进经验和做法，总结推广典型事迹，培树宣传临终缴纳8100元特殊党费的市林草局离休干部刘得录、发挥科技优势助力脱贫攻坚的平泉市老科协党委、坚持奉献30余年的宽城"九老"普法队等一批先进典型，扩大老干部工作的社会影响力。其中离休干部刘得录事迹先后在承德电视台、《河北日报》等媒体报道。承德市老干部工作、承德市老年大学、承德关心下一代三个微信公众号共推送信息222篇；在《中国老年报》发表信息4篇，中组部离退休干部工作微信公众号发表信息3篇；在河北老干部工作微信公众号发表信息23篇，在《老人世界》发表信息6篇。以"大调研大走访暨寻找最美夕阳"活动为抓手开展调查研究，向省局报送调研报告4篇。10月7日重阳节，由主管局长带队，做客承德电台百姓热线直播栏目，与全市老干部进行沟通和交流，虚心听取意见建议，解答政策。

【干休所工作】 加强所内设施设备的维护和管理，做好所院内地下23个污水井及污水管网疏通工作。利用休息时间清理干休所院内生活垃圾6车。及时联系园林局修剪院内临街树木，为6户居民解决因树木茂盛枝叶过多造成房屋遮光和容易掉落隐患。

附：市委老干部局领导名录
局　　长：贺长青（满族）
副 局 长：张晓军
　　　　　李兆军
　　　　　倪进能

（供稿　仉青岭）

党　校

【概况】　2019年，承德市党校系统在市委市政府的正确领导和上级党校的指导下，坚持以习近平新时代中国特色社会主义思想为指引，深入学习贯彻习近平总书记关于党校办学治校系列重要指示精神，贯彻落实党的十九大和十九届二中、三中、四中全会精神，以《中国共产党党校（行政学院）工作条例》为指引，以建设高素质的干部队伍为目标，紧紧围绕市委、市政府重点工作，聚焦主业主课，突出教学和科研两大重点，全面从严治校，狠抓后勤保障，扎实开展各项工作。

【培训工作】　全年共举办各类主体班8期，培训学员近800人。其中，扶贫系统研讨班5期、全市党政领导干部统战理论培训班1期、全市深入学习贯彻习近平生态文明思想专题研讨班1期、青年干部学习贯彻习近平新时代中国特色社会主义思想理论读书班1期。对外培训接待单位层级多、涉及领域广全年接待36个单位举办的非主体班次47期，在校培训累计189天，培训学员5545人，实现收入377.8万元。

【学历教育】　完成2019级在职研究生法学专业招录工作，录取54人。顺利完成2016级公共管理和政治学两个专业105名毕业生毕业工作以及2015级法学和党史党建专业8名毕业生补答辩工作。

【教学科研】　始终把主业主课意识贯穿教学过程始终，从结构安排和课程设置上保证主课主业不低于70%的要求。实施集体备课制度，进行跨科室集体备课，鼓励教师广泛采用研讨式、互动式等授课方式。坚持从严治学，对学员实行科学有效的管理，严抓严管。全年共取得科研成果50项，其中国家级9项，省级18项，市级23项。同本市高校科研部门沟通交流，探索适合校情的科研管理制度和科研工作新机制。全年共编印校刊《求实论坛》4期。先后举办全市党校系统纪念五四运动100周年和庆祝中华人民共和国成立七十周年理论研讨会，全市党校系统30多位教师参加这两项活动。加强工作情况的上传下达和横向交流。

【队伍建设】　着力能力提升，强化师资队伍建设，全年先后派出44人次外出培训。继续加大年轻教师的培养力度，全年所有专兼职教师轮讲一次，个别年轻教师讲授2次。加强教学督导，继续坚持以学员测评、课堂督导等方式向教师反馈课堂信息。按照“政治强、业务精、作风好”的原则，培养一批高素质的行政管理人才。努力锤炼求真务实、敢于担当的优良作风，提高工作效率，为全校中心工作提供坚实保障。

【基础工作和后勤保障】　抓好机关党务、党风廉政建设、机关财务、人事劳资、摄影摄像、办文办会、车辆管理、材料信息、物品采购等各项基础性工作。多次深入双桥区上营房社区开展“七一”志愿讲党课、宣传宪法修正案等志愿服务活动，开展创建全国文明城市志愿服务交通引领活动。协调规范市委党校实训基地项目建设。顺利保障市委理论学习中心组集中（扩大）学习暨学习贯彻习近平生态文明思想专题研讨班、河北省第九届全国“人民满意的公务员”和“人民满意的公务员集体”先进事迹巡回报告会（承德站）等市内大型会议的召开。

附：市委党校领导名录

校　　长：杨培苏（女，兼）

常务副校长：杨宝林（满族）

副 校 长：闫　坤

聂志信（满族）

律　波（满族）

闫晓斌

（供稿　刘艳南）

党　史

【概况】 2019年，在市委的坚强领导下，在省委党史研究室的有力指导下，全市党史工作深入贯彻落实党的十九大、十九届二中、三中、四中全会精神，坚决贯彻执行党中央、省、市委重大决策部署，深入学习贯彻习近平新时代中国特色社会主义思想，特别是习近平总书记对河北、承德工作重要批示指示以及关于党史工作的重要论述精神，围绕中心，服务大局，扎实推进党史研究、征编、宣教、机关党的建设等各项工作，在发挥党史以史鉴今、资政育人上取得了新成效。

【完成上级部署任务】 征集热河时期党组织、蒙满学校、陈镜湖等口述史资料，向省室上报11篇；其中关于党组织成立（1篇）、回忆蒙藏学校（2篇）、回忆韩麟符（6篇）。根据省室要求，对上报的改革开放40年口述资料中的38篇进行核对并补充相关资料。组织开展河北省党史界庆祝新中国成立70周年征文活动，共组织撰写并上报论文9篇，其中，编研科撰写《浅析改革开放以来欠发达地区脱贫的成就及经验——以承德市脱贫进程为例》及承德县委办上报的《京津冀协同发展》等2篇文章入选《河北省党史界庆祝新中国成立70周年论文集》。完成《中国共产党河北年鉴》（2018年度）“承德市部分”相关内容的撰写和上报工作。

【党史编研】 推进《中国共产党承德历史》第二卷（1949—1978）撰写。截至10月，完成第一稿，包含16章65节172目，共46.2万字。此后，依据《关于建国以来党的若干历史问题的决议》《中国共产党的九十年》《中国共产党历史》（第二卷）《中国共产党河北历史》（第二卷），提出修改意见1000余条，并结合《承德市志》《承德农业志》《承德市大事记》《承德地区大事记》等资料进行修改完善。通过召开业务工作会议和电话、微信等多种形式与各县（市、区）的紧密联系，各县（市、区）党史业务工作有序进行、重点推进。平泉市、丰宁满族自治县、滦平县、隆化县党史二卷均已由中共党史出版社或河北人民出版社正式出版；围场满族蒙古族自治县、兴隆县进入出版印刷阶段；承德县初稿已完成进入审稿阶段。全市的党史业务和党史二卷编写工作局面良好。编辑出版《追逐梦想，砥砺前行—纪念改革开放40周年》，全书共35.5万字，2019年11月正式出版。为庆祝中华人民共和国成立70周年，为“生态强市，魅力承德”建设，为开展“不忘初心、牢记使命”主题教育提供重要的史料书籍。协助市文物局完成承德市博物馆陈展相关资料及图片搜集工作。组织查阅并提供了从“一五”期间以来近70年的档案资料20余条、图片60余幅，内容涉及工业、农业、工商业、乡镇企业、畜牧业、科技、教育、旅游、文化、艺术、卫生等各个方面，系统全面展示承德的发展历史和伟大成就，为博物馆陈展提供了翔实的史料支撑。研究整理承德籍抗战将领白凤翔将军史料。根据市政协的提案，组织专门人员对白凤翔事迹材料的挖掘和研究，通过查找书籍史料，整理出白凤翔个人简历和有关资料，清晰完整理清白凤翔的事迹脉络，为进一步挖掘白凤翔相关事迹提供了基础。加强党史业务交流及业务资料的使用工作，认真接待市内外相关人员来访、资料查询：接待深圳权健集团相关人员，查询查阅各县县志，协助联系沟通，为《权健集团志》提供资料；对原冀察热辽军区第十八军分区政治部主任李耀之资料的整理，查阅《热河革命史》《热河组织史》《朝阳党史》等资料，整理李耀之相关历史资料并提供给其子李大华；为市农业局撰写《农业志》提供研究资料；为“承德新鲜事”提供改革开放以来承德大事，发挥本部门存史鉴今、资政育人的作用。完成了27.6万字的《承德大事记》(2018)的编辑出版工作。组织完成《承德年鉴》“党史研究”部分的撰写、报送工作。

【党史宣教】 组织全市及县区党史部门党史信息的上报工作，全年被河北党史网刊登信息10余篇。完成水泉沟“万人坑”史料征集和核审工作。根据省委党史研究室、市委安排，承担了水泉沟“万人坑”史实审定和史料核实任务。开辟媒体宣教阵地，适应视觉文化时代“求变、求新、求活力”的要求，与承德报社合作，在“和合承德”开设了承德党史网，设置了党史动态、党史研究、党史宣教、党史故事、党史学习、县区之窗6个栏目，及时向推送党史知识，实现党史进网络，推动党史“六进”工作。

附：市委党史研究室领导名录

主　　任：张立军（5月免）

　　　　　赵树才（5月任）

副 主 任：杨迎春

　　　　　李　伟

（供稿　刘占广）

档　案

【概况】 2019年，承德市档案系统认真学习宣传贯彻习近平新时代中国特色社会主义思想和党的十九大精神，以党建工作引领档案事业发展，认真履行“为党管档，为国守史，为民服务”职责，围绕市委市政府中心工作，按照“221”工作思路（即：坚守“党规党纪”和“档案安全”两条底线，抓住“服务”与“开发”两个重点，紧盯“建成国家级数字档案馆”目标），坚持把发展摆在核心位置，突出抓重点、补短板、强弱项，各项档案工作取得了显著成绩。市委书记周仲明在承德市档案馆《关于近期重点工作开展情况的报告》上做出“工作思路清晰，重点突出，措施有力，应予充分肯定”的批示。2019年，承德市档案馆被人力资源和社会保障部、国家档案局授予“全国档案系统先进集体”称号，被承德市妇联授予“承德市三八红旗集体”称号。

【档案法制建设】 认真学习习近平总书记“全面贯彻实施宪法，是建设社会主义法治国家的首要任务和基础性工作”和“档案工作走向依法管理，走向开放，走向现代化”等重要论述和重要指示精神，主要领导履行第一责任人职责，亲自研究，亲自部署，亲自推进，把党内法规制度建设与党建其他工作同部署，同落实。理论中心组专题学习《中国共产党政法工作条例》《中华人民共和国宪法》，组织职工开展以“尊崇宪法、学习宪法、遵守宪法、维护宪法、运用宪法”为主题的学习讨论活动，不断强化依法治国和依法治档观念。分专题解读《中华人民共和国档案法》《中华人民共和国保守国家秘密法》《中华人民共和国国家安全法》《河北省档案工作条例》《机关档案管理规定》等法律法规，提升法律素养。深入社区等基层立档单位，宣传档案法律法规，提高社会依法治档意识。

【档案资源建设】 抓住新形势下档案工作发展契机，更新档案资源建设的观念，建立具有自身特色的档案馆馆藏体系。征集接收原承德市委宣传部副部长齐济南移交的书籍、手稿、书画等资料58卷，进一步丰富了名人档案专库。在旧书网征集《热河》《热河政治改革政治意见书》《热河概况》《热河政报》《热河民政汇刊》《关于热河之蒙盐》《幽燕六百年——京津冀城市群的前世今生》等档案资料。为确保机构改革涉改单位档案不散不乱，开展涉改单位档案移交服务工作，共接收8个涉改单位档案4427卷、2285件。以市委办名义下发通知，要求各单位严格按照归档范围将每年形成的文件材料及时整理归档，特别强调要将市级领导在职务活动中形成的各类文件及时归档，确保单位档案纵向不断档，横向不缺项，齐全完整保存基本历史面貌。

【档案信息化建设】 继续实施“存量数字化，增量电子化，服务网络化”战略，扎实推进档案信息化工作。为进一步提升市档案馆服务能力，结合“承德办事一次成”档案服务改革和开展“三深化三提升”活动，提出“建成国家级数字档案馆”目标，举全馆之力，实施“数字转型”工程，进一步提升市档案馆整体工作水平。经过全馆职工连续5个月夜以继日坚持不懈地努力，国家级数字档案馆建设取得阶段性成果。6月，市档案馆已通过了省委办公厅、省档案馆联合组成的测试小组初测，并按照省联合初测组提出的整改意见整改完毕，准备申请国家档案局正式测评。待通过国家档案局正式测评后，承德市将成为河北省市级档案馆中，首家达到国家级数字档案馆建设水平。至2019年末，市档案馆完成馆藏文书档案存量数据100余万条，全文数据库1100万幅，声像档案数字化率达到100%。达到了传统手工查询向电子档案查询的转变。全年，接收承德市委、市政府等12个部门增量目录数据4.3万条，全文数据59.6万幅。

【档案服务机构改革】 扎实做好全市机构改革档案各项工作，对市直机关进馆单位室藏档案进行摸底调查，起草了《承德市关于加强机构改革中档案管理工作的通知》，保证档案顺利接收做好预案。根据《机构改革档案管理移交工作实施方案》的要求，加强指导、建立通道，启动备库，开展接收，确保撤并机构档案随时能够安全移交。成立了领导小组，5个工作专班，主要领导挂帅，深入涉改单位，亲自调研，对涉改单位下发“档案移交工作提示卡”，明确责任，把工作落到实处。对涉改的安监局、质监局、农工委等6个撤并单位和10个合并单位进行点对点指导，确保档案归属和流向明晰，整理科学，安全有序。原市委常委、市委秘书长丁伟，市委常委、市委组织部部长杨培苏在档案移交管理工作专报上做出批示，称赞市档案馆“安排细致，工作有序，组织得力”，“站位高，行动快，工作实”为承德市机构改革顺利进行做出了应有的贡献”。

【档案安全】 坚持积极防御、综合防治的方针，牢固树立档案信息安全观念，进一步加强档案安全管理工作。认真贯彻落实党中央、国务院关于档案安全的各项指示，始终强调维护档案安全是档案保管工作的第一要务，明确档案安全体系是促进档案事业更好发展的重要内容和基础性工作，坚持安全第一的战略要求。建立健全完善档案库房管理制度，加强档案馆库值班值守，组织开展消防知识培训，增加安全投入4万多余元，购置更换馆库灭火器72个，安装加固库房防盗窗、防盗门，为档案安全提供更加坚实的保障。强对涉密信息系统、涉密计算机和涉密载体的保密管理。按照涉及国家秘密的信息系统分级保护要求，严防档案在传输过程中失泄密，针对不同的数据载体制定相应的保管方案，保证数据载体的可用和安全。

附：市档案馆领导名录

馆　　长：吴景新（满族，4月免）
　　　　　任溧馨（4月任）
副 馆 长：周东来（满族）
　　　　　年晓燕（女，满族）
　　　　　周书星（满族）

（供稿　朱　虹）

重大活动接待

【概况】 2019年,全市接待工作按照“深、细、严、实、快”原则和“标准化、专业化、精细化”要求，高标准地完成了各项任务，树立了承德市公务接待良好形象。截至2019年12月10日，全市累计接待来宾240批3646人次，副省部级以上来宾52批106人次,厅级来宾47批331人次，其它人员15批128人次；随同国家级、省部级和厅级领导到承随行工作人员1546人次。完成了省人大常委会主任、省委书记王东峰，省长许勤，天津市党政代表团，全国人大水污染防治执法检查，省脱贫攻坚成效实地考核等重大团组接待任务，其中省委“不忘初心、牢记使命”主题教育第二巡回指导组先后8次来承巡回指导长达40余天；配合完成了承德市第三届旅游产业发展大会，澳门特区参访团，省领导赴宽城、围场县两县参加县庆活动等全市重大接待活动；重点完成了中央政治局委员、全国人大常委会副委员长王晨，中央政治局委员、天津市委书记李鸿忠，全国政协副主席李斌，全国人大常委会原副委员长华建敏，全国人大常委会副委员长、民建中央主席郝明金，全国人大常委会副委员长、农工党中央主席陈竺等党和国家领导人来承接待任务共计6批，全年公务接待“零”失误。

【接待保障工作】 全年贯彻落实中央八项规定精神、省市《关于贯彻落实中央八项规定实施细则的实施办法》《国内公务接待实施细则》等文件精神不放松，同时针对承德市2020年起实行的《关于规范差旅伙食费和市内交通费收交管理有关事项的通知》进行提前谋划和统筹，确保各类各项接待活动符合相关规定。持续推行岗位责任制，规范接待职能，积极契合2019年《关于进一步加强和改进省市县领导赴基层调研检查工作的通知》《关于进一步加强和改进公务接待工作的实施意见》等文件精神，精心编纂《公务接待工作文件汇编》，进一步严格公务接待标准和接待纪律。

【提升服务质量】 探索接待工作新方式，做细每一个接待环节，做精每一个服务项目，突出精细化、个性化、特色化等特点，不断提高工作质量。事前统筹重谋划。针对少数民族特点，在就餐场所单独设立少数民族就餐区域，满足不同特点来宾的各类需求，第一时间制作向来宾提供详细调研考察信息服务的接待手册。全国政协党组成员、副主席李斌来等领导到承考察时，对制作具有承德文化特色的接待手册提出了表扬。膳食安排亮特色。7月，澳门特区政府行政长官崔世安，中央政府驻澳门联络办公室主任傅自应率澳门“新时代同心行”学习参访团一行140人到承德市考察就餐时，参照外事接待活动特点，因地制宜，集思广益，定制了承德风光喷绘台面、民族特点伴餐音乐、中西结合膳食用餐的详细操作方案，并抽取骨干精心操作，受到了来宾的一致好评。与协议酒店共同推出符合本地特色的公务接待菜品库，并持续不断更新，旨在向领导和来宾充分体现承德市浓郁的地方文化特色。住宿安排凸效果。不断细化接待工作各项要求，根据客人的不同要求和特点，合理安排住宿地点，营造舒适住宿环境。5月，中央政治局委员、全国人大副委员长王晨，率全国人大常委会执法检查组到承德市开展水污染防治法执法检查调研时，制定一线接待人员和协议酒店服务人员双重负责的“重要接待活动客房物品质量验收”办法，从客房的室温是否合适、上下水是否畅通，到生活用品及床上用品的配置摆放，都进行了深入细致的研究安排，通过定时、定人，反复检查与验收，做到了全面、细致、周到。随行服务显周全。在接待专用车辆上配置冷热水、纸巾、地图、报纸等用品，为来宾适时提供服务。8月，中央政治局委员、天津市委书记李鸿忠率天津市党政代表团来承德市考察期间，力求将服务发挥极致，针对夏季强对流天气频繁的特点，建立与气象部门专线专联的工作机制，取得第一手气象信息，及时部署相关措施，做到有备无患，确保考察活动顺利进行。事后总结有条理。接待任务完成后，进行梳理汇总，找出存在的问题，提出相应的改进意见，为有针对性提供个性化服务打下坚实的基础。

【持续优化接待细节】 打造公务接待服务团队。与协议酒店进行磋商，使用优秀服务人员组成重要接待活动服务小组。统筹衔接接待活动节点。对普宁机场、承德南站等交通枢纽进行深入对接，明确迎送标准环节，与接待流程各要素紧密衔接，为圆满顺畅完成接待工作提供有效保障。持续接待任务总结交流制度。为达到接待信息全局掌握、接待工作有条不紊的目的，针对每次任务的不同特点进行“举一反三”式的例行研究讨论，做到了“细节小事人人知、工作资源大家享”的工作局面。坚持财务审核制度。原市接待办并入市委办后，针对市委办提出的接待经费支付方式和渠道按原有管理办法执行，不需提交室务会研究的具体意见，为保证各项开支符合相关规定，持续贯彻落实“一岗双责”，凡涉及财务问题，都由集体研究决定，建立了由财务人员和党支部纪检委员组成的财务审核小组对接待账单进行专门汇总审核，并经由处级领导和接待科室负责人召开专项会议，集体研究通过后，形成会议纪要，连同相关手续按程序交予财务科，确保了各类各项接待工作财务情况严密准确。充分调动人员积极性。针对一线接待人员不足的情况，将工勤人员扩充到一线接待队伍，挖掘各类潜能，发挥各自作用，通过业务历练，互相配合，确保各类接待任务顺利完成。保障全省重点任务和组织全省公务接待服务交流培训活动。本着明确服务标准，提高服务技能，促进交流借鉴的目的，选派优秀服务工作人员，赴雄安新区配合保障全省重点接待任务。此外，主动协调一线接待人员及协议酒店服务人员，参加由省委办公厅举办的全省公务接待服务交流培训活动，共计2批6人次。

【落实完善工作机制】 完善调度预案机制。针对实际接待中小事不断，临场情况不易掌控的情况，在认真研究制定每一次接待方案的同时，坚持同步制定配套预案，逐步积累、建立分级分类的预案体系。每逢重大重要接待任务，成立相应的接待工作领导小组，及时召开调度工作会议，明确分工作职责，确保在任务过程中严格执行。完善分析汇总机制。持续对中央八项规定出台以来接待任务的专项梳理分析，在充实预案体系的基础上，全程回顾深入总结，重点筛查流程中的欠缺和突发状况，有针对性地开展调查研究，形成解决措施，纳入预案体系并通报全体工作人员掌握。完善专业培训机制。进一步重视对接待工作人员的培训，特别是对临场一线工作人员，针对接待旺季期间来宾集中的特点，拟建全市一线接待人员培训机制，进一步提高承德市各级各类接待工作人员业务水平，从而保证承德市接待队伍的健康、长效发展。

【整合资源】 把公务接待工作的重心定位在当好城市名片和交流窗口上，主动整合各类资源，在依法合规的前提下，推动接待工作向交流、展示、共享的平台发展，在具体工作中坚持向机制要规范、向细节要质量的原则，边干边建，促进接待工作规范化建设常态长效发展。整合媒介资源。为确保接待工作的政治性、时代性，要围绕京津一体化、绿色产业、生态建设、脱贫攻坚等大局出发，沟通协调区域内各种政治资源，深入挖掘提炼，作为接待人员强化业务技能的必修课，利用各类媒体资源，促进共享共联，发挥接待工作开放优势，形成对地方特色文化的有效推介，赋予接待工作鲜明的政治文化内涵。整合文化资源。坚持从承德市经济发展大局出发，学习领会承德市发展形成的特色地理和季节优势资源，对接待工作规律性特征进行深入分析，科学研判接待工作的沿线、沿途资源载体，有效把握重大节日、活动等节点，发挥接待工作优势，有效展示历史文化名城等特色品牌，发挥接待工作的名片和窗口作用。

（供稿　李　爽）

市直机关事务管理

【概况】 2019年，全市机关事务管理工作紧紧围绕“管理规范化、保障法制化、服务社会化”的总体要求，坚持机关事务服务保障“无处不精心、无处不精致、无处不精品”的工作目标，大力推进公用车制度改革、办公用房使用管理、公共机构节能等重点工作，稳步保障行政中心安全保卫、物业维修、餐饮服务、会议服务等后勤服务保障工作。以“三深化三提升”和“不忘初心、牢记使命”主题教育等牢固树立服务群众的思想，狠抓机关单位作风建设，圆满完成年初制定的各项工作任务。

【公务用车使用管理】 按省车改办工作安排，完成市直企事业单位公务交通补贴发放、取消车辆处置车辆“三化”管理等车改后续工作，县（市、区）企事业车改工作也同步完成。3月，省车改考核小组对各地市车改工作进行考核，承德市综合得分94分，省车改办予以通报表扬。全年受理监督举报电话18起、配合市纪委调阅查处违规车辆信息50起，受理公务用车使用管理咨询电话500余次。结合公务用车使用管理中存在的问题，起草并印发《承德市市直机关公务用车制度改革保留公务用车使用管理暂行办法补充规定》，进一步规范全市党政机关及企事业单位公务用车使用管理，并会同市财政局研究拟制《承德市党政机关公务用车管理实施办法》，待市委、市政府审批后实施。

【办公用房管理】 做好市直党政机关办公用房权属登记、规划建设消防等验收情况的摸底工作和市直办公用房清理整改工作，并做好机构改革后市直办公用房排查整改工作。按省机关事务管理局工作安排，对全市各单位办公用房信息进行统计，据统计，全市各级党政机关办公用房总计941处，用地面积2981626.88平方米，建筑面积2262114.918平方米，办公用房建筑面积1631414.41平方米，技术业务用房建筑面积630245.477平方米，省委、省政府检查组对此项工作给于充分肯定和高度评价。2019年先后对市场监督局、市城管局等20多家单位的修缮项目，进行现场勘查核实批复，并提出修缮建议。全年调剂市政中心院内及院外办公用房158间、4385.38平方米，调剂调整业务技术用房4068.01平方米，满足了市委组织部、市网信办、市军人事务局等14个单位的办公需求。为进一步规范承德市党政机关办公用房使用管理，认真研究起草《承德市党政机关办公用房管理实施办法》，待市委市政府审批后印发实施。

【公共机构节能】 研究制定印发《承德市2019年公共机构节能和生态环境保护工作要点》，会同市城管局、市发改委下发《关于进一步推进全市党政机关等公共机构生活垃圾强制分类工作的通知》，并做好组织实施；会同市水务局、市工业和信息化局下发《关于开展节水型单位评定工作的通知》等，并率先在市行政中心部分用水设备加装水表、应用免冲洗小便器等节水设备和材料，研究制定《承德市行政中心节水型公共机构建设实施方案》，为全市起到示范带动作用。2019年创建省级节约型公共机构示范单位5家，市级创建单位10家，同时，在省市两级15家创建单位中选出前三家评分高的申报第四批国家级示范单位创建，在第三批国家级示范单位创建名单中选出一家参加国家公共机构能效领跑者遴选，可实现“县县有示范”的目标。6月，紧

2019 年 6 月 18 日，市机关事务管理局职工在双桥区开展节能宣传周活动

扣“绿色发展 节能先行”的全国节能宣传周活动主题和“低碳行动 保卫蓝天”的全国低碳日活动主题，开展节能宣传周活动，被省机关事务管理局推送至“学习强国”平台予以刊发。完成全市公共机构能源资源消耗统计工作，据统计，2019 年度，承德市公共机构人均综合能耗同比下降 2.16%，人均资源用水消费量同比下降 3.8%，单位建筑面积（每平方米）综合能耗同比下降 3.89%。按市大气办工作安排，做好对全市公共机构 35 蒸吨以下燃煤锅炉淘汰、公服机构冬季清洁取暖改造等工作进行督导，完成公共机构燃煤锅炉淘汰任务 384 台、按期完成 362 台，完成率为 94.3%，此项工作得到省公共机构节能领导小组的高度认可，相关情况被河北省公共机构节能网转载刊发。

【行政中心安全管理】 研究制定《承德市行政中心人员车辆出入管理办法》，结合机构改革单位和人员变动情况，对行政中心门禁系统及车辆 ETC 识别系统信息进行年检，共验证行政中心“一卡通”3215 张（含院外单位人员 46 张），注销“一卡通”权限 572 张；录入私家车辆 2867 辆，取消通行权限 321 辆。结合实际情况，对行政中心定制公交进行调整优化，并将行政中心北侧划为会议及临时办人事员停车场，10 月份正式投入使用进一步保障院内停车秩序。按市政府工作安排，对行政中心消防安全隐患进行排查整改，共清理楼内消防通道堆放的杂物、档案柜等设施 42 处，下达隐患整改通知书 19 份，并与驻行政中心各单位签订 2019 年度消防安全管理与综治管理责任书；在持续推进行政中心消防升级改造项目的同时，全力做好消防安全培训及日常管理工作，及时处理 3 起楼内起火事件，确保行政中心消防安全，并充分发挥网络监控系统作用，共为公安机关提供破案依据 6 次，为院内职工提供工伤鉴定依据 2 次，因上访人员、车辆划伤、物品丢失等调阅录像 80 余次。2019 年，配合市行政中心内相关单位处置上访人员共 331 批次、5660 人次，过激访 87 批次，行政拘留 19 人次，训诫 200 余人次，成功处置“百合贷”涉案人员 400 余人冲击市政府、双桥区双峰寺镇居民计传伟到行政中心自焚等恶性事件。行政中心重要会议警卫 45 次，有效地保障行政中心安全稳定。

【设施设备运行管理】 对承德市行政中心 500 千瓦光伏发电场项目维护检修以及巡查电路设备 60 余次，全年发电量截至 2019 年 11 月 20 日约为 12.5 万千瓦时，为行政中心节省电费约 7 万元，依据实际工作情况对会议中心实施电容改造工程。安排机房值班人员及空调维保人员组成值班组，设备运行期间做到 24 小时值班在岗，非运行时期对制冷系统、供暖系统进行全方面检查维保，为市委网信办、市纪委等部门新增加安装 24 套空调末端设备，处理跑冒滴漏 113 次，维修故障室内空调设施 320 次，及时更换损坏部件 113 次，及时保养机房主要设备 51 台次。因蒸汽不足，机关事务局于 2018 年年末启动了行政中心空调制冷系统改造工程，11 月底新的冷水离心机组进场安装，原三台溴化锂机组及其附属设施拆除并做评估，价值 54 万余元，最终拍卖成交价为 155 万元，溢价率近 200%。2019 年对直饮水机房设备、自来水二次加压机房设备进行维护保养，共计维修200余台次，确保了供水设备正常稳定运行。为彻底解决设备老化问题，购买15台新型热水器，已更换使用5台，其余的逐步更换到位。

【物业维修保障】 物业维修部维修改造办公用房58间，办公室内安装纱窗365个；对行政中心各楼楼顶防水、破损真理石等部位进行修补，累计维修更换各种室内照明灯具、开关2800套（个）；路灯灯罩灯泡、线路维修900余次，对行政中心外墙景观灯进行4次集中修补更换（拆除更换霓虹灯管120支，黏贴固定脱落灯管235支）；维修门窗、锁具2580余次。完成行政中心东楼地下室库房防水和维修改造，大车库自来水、电缆、消防等为一体的综合管道铺设，行政中心围墙维修和大车库步行梯铝塑板安装等工程。

【餐饮服务保障】 会同市财政局研究拟制《承德市市级机关单位食堂管理办法（试行）》，推行创新管理模式，建立健全法定节假日供餐制度。按照《关于政府向社会力量购买服务的实施意见》和《中央国家机关购买后勤服务管理办法(试行)》的有关规定，由机关事务管理局作为主体购买市政务服务大厅职工食堂餐饮服务为试点进行市级机关餐饮服务保障机制改革探索，10月8日该食堂正式开办运行，为机关食堂开办及管理摸索了新路径。与双桥区大石庙镇牧禾蔬菜种植基地合作，采取定制式有偿保障的方式，选购绿色无公害食材。推出现炒现卖供餐、承德特产及扶贫产品代卖等模式,丰富机关食堂供餐种类及模式，在持续优化就餐环境的同时，专门制作漏筛对餐厨垃圾进行干湿分离，初步实现餐厨垃圾分类处理。

【医疗服务保障】 对行政中心门诊部进行重新装修并增设中医康复科，购买康复理疗设备，聘请了一名医学康复执业医师；引进口腔科新项目，增设热牙胶充填技术用于根管治疗。努力建立起一整套医务人员管理和财务管理制度，做到节假日、法定假日不休息,实现全天候服务。2019年，门诊部共诊疗3万余人次，其中离退休老干部诊疗8000余人次，在职职工及城镇居民诊疗2.2万余人次。

【会议服务保障】 制定《会议保障流程表》，聘请河北旅游职业学院教授为会议服务人员进行为期2周的政务礼仪培训，服务形象、服务保障水平、服务标准化工作水平进一步提高。对签到系统的部分细节进行优化，2019年共使用智能会议签到引位系统51次，签到人数约8500人次，全年共保障会议752场，其中国家级会议32场，省级会议88场，市本级会议632场，总参会人数约50000人次；并于8月3日至5日和11月14日，两次保障省部级领导在承德市召开的重要高规格会议，均圆满完成保障工作，得到市委领导的充分认可。

附：市机关事务管理局领导名录

局　　长：马浩然

副 局 长：张　勇（满族）

郝瑞凯（满族）

于元振

梁晓红（女）

梁　巍

（供稿　刘安然　毕俊奇）

承德市人大

综　述

2019年，是新中国成立70周年、全面建成小康社会关键之年，也是人民代表大会制度建立65周年、地方人大设立常委会40周年。在市委的坚强领导下，常委会高举习近平新时代中国特色社会主义思想伟大旗帜，全面贯彻党的十九大、十九届二中、三中、四中全会和省委、市委全会精神，坚持党的领导、人民当家作主、依法治国有机统一，坚持新发展理念，坚持以人民为中心，聚焦全市大局，聚力实干担当，依法行使职权，圆满完成了年度各项任务，为推动全市经济社会发展和民主法治建设做出了新贡献。

重要会议

【人民代表大会】　1月15日至1月17日，承德市第十四届人民代表大会第五次会议在承德大剧院召开。1月15日上午9时，来自全市各条战线上的人大代表满怀豪情地汇聚一堂，认真履行宪法和法律赋予的神圣职责，共商全市发展大计。1月17日下午，市第十四届人民代表大会第五次会议圆满完成各项议程后，在雄壮的国歌声中闭幕。这次大会的指导思想是：以习近平新时代中国特色社会主义思想为指导，全面贯彻落实党的十九大和十九届二中、三中、四中全会精神以及省委、市委全会精神，坚持党的领导、人民当家作主、依法治国有机统一，坚持以人民为中心的发展思想，认真履行宪法和法律赋予的职责，充分发扬民主，严格依法办事，在中共承德市委的领导下，团结和动员全市人民，不忘初心、牢记使命，砥砺奋进、拼搏进取，全面推进治理体系和治理能力现代化，奋力开创新时代全面建设“生态强市、魅力承德”新局面。

本次大会应出席代表376人，实到340人，符合法定人数。大会主席团由39人组成，周仲明、常丽虹、韩福才、安国富、王素芝、孔庆龙、李伟、丁然、李兴臣、邢书印、门玉生为主席团常务主席。

大会的主要议程是：听取和审议承德市人民政府工作报告，审查承德市2019年国民经济和社会发展计划执行情况的报告与2020年国民经济和社会发展计划草案，批准2019年国民经济和社会发展计划执行情况的报告与2020年国民经济和社会发展计划，审查承德市2019年市本级预算和市总预算执行情况的报告与2020年市本级预算和市总预算草案，批准2019年市本级预算执行情况的报告与2020年市本级预算；听取和审议承德市人民代表大会常务委员会工作报告，听取和审议承德市中级人民法院工作报告；听取和审议承德市人民检察院工作报告，选举事项，表决承德市人民政府2020年民生实事项目。

大会共收到代表提出的建议、批评和意见195件，会后转交市“一府一委两院”及有关部门办理。未收到10人以上代表联名提出的议案，没有审查意见。

【常委会会议】　1月9日下午，市十四届人大常委会举行第十五次会议。市人大常委会主任韩福才，副主任王素芝、孔庆龙、李伟、丁然、李兴臣，秘书长门玉生和常委会委员共33人出席会议，符合法定人数。会议由市人大常委会副主任李伟主持。会议通过相关议程后，传达学习中央经济工作会议和省委、市委全会精神，审议和表决市十四届人大四次会议有关文件草案，市十四届人大监察和司法委员会、农业和农村委员会、民族侨务外事委员会、社会建设委员会组成人员人选建议名单草案，市十四届人大四次会议选举和表决办法草案，市十四届人大常委会代表资格审查委员会关于个别代表的代表资格审查报告，市人大常委会工作报告审议稿以及人事任免事项。市人大常委会主任韩福才为决定任命的市人民政府新组建的工作部门主要负责人颁发任命书。决定任命的国家机关工作人员进行了宪法宣誓。韩福才在会议结束时发表讲话。

2月26日，市十四届人大常委会举行第十六次会议。市人大常委会主任韩福才，副主任王素芝、孔庆龙、李伟、丁然、李兴臣，秘书长门玉生和常委会委员共36人出席会议，符合法定人数。会议由市人大常委会副主任丁然主持。会议通过相关议程后，传达学习习近平总书记在全国生态环境保护大会上的讲话精神，审议并表决通过市人大常委会2019年工作要点、市人大常委会关于市人大常委会工作机构更改名称的决定、市十四届人大常委会代表资格审查委员会关于个别代表的代表资格审查报告以及人事任免事项。市人大常委会主任韩福才为新任命的国家机关工作人员颁发任命书。新任命的国家机关工作人员进行了宪法宣誓。韩福才在会议结束时发表讲话。

4月28日，市十四届人大常委会举行第十七次会议。市人大常委会主任韩福才，副主任王素芝、孔庆龙、李伟、丁然、李兴臣，秘书长门玉生和常委会委员共38人出席会议，符合法定人数。会议由市人大常委会副主任李兴臣主持。会议通过相关议程后，传达学习习近平总书记在中央全面依法治国委员会第二次会议上的重要讲话精神和全国人大常委会党组会议精神，听取和审议市人民政府副秘书长尚晓辉受市人民政府委托作的市人民政府关于开发区改革推进情况的报告、市人大常委会财政经济工作委员会主任司瑞安作的市人大常委会视察组关于视察市人民政府开发区改革推进情况的报告、市人民政府法治政府建设情况的报告（书面）；表决通过市人大常委会关于推进市人民政府实施“十项民心工程”的决议、市人大常委会对市人民政府关于开发区改革推进情况的报告的审议意见、《承德市人大常委会关于建立预算审查前听取人大代表和社会各界意见建议机制的办法》以及人事任免事项。市人大常委会主任韩福才为新任命的国家机关工作人员颁发了任命书，会议举行了宪法宣誓仪式。市人大常委会主任韩福才在会议结束时发表讲话。

6月25日至26日，市十四届人大常委会举行第十八次会议。市人大常委会主任韩福才，副主任王素芝、孔庆龙、李伟、丁然、李兴臣，秘书长门玉生和常委会委员共36人出席会议，符合法定人数。市委常委、组织部部长杨培苏到会就有关人事任免事项进行说明。会议由市人大常委会副主任王素芝主持。会议通过相关议程后，传达学习栗战书委员长和王晨副委员长在水污染防治法执法检查时的讲话精神，听取和审议市人民政府关于交通基础设施建设情况的报告及市人大常委会视察组相关视察报告；听取和审议市人民政府关于农田水利设施建设情况的报告及市人大常委会视察组相关视察报告，并进行工作评议；听取和审议市人民政府关于贯彻落实《中华人民共和国食品安全法》《河北省食品小作坊小餐饮小摊点管理条例》情况的报告及市人大常委会执法检查组相关执法检查报告；听取和审议市人民政府2018年度环境质量状况和环境保护目标完成情况的报告；听取和审议市人民检察院未成年人检察工作情况的工作报告及市人大常委会视察组相关视察报告；听取和审议市人民政府关于提请审议《承德市城市供热管理条例（草案）》议案及市人大城建环资委相关审查报告，市司法局对条例草案起草情况进行说明；会议进行人事任免事项，为新任命的国家机关工作人员颁发了任命书，举行了宪法宣誓仪式。会议期间举办了《中华人民共和国立法法》专题讲座。市人大常委会主任韩福才在会议结束时发表讲话。

8月27日至28日，市十四届人大常委会举行第十九次会议。市人大常委会主任韩福才，副主任王素芝、孔庆龙、李伟、丁然、李兴臣，秘书长门玉生和常委会委员共35人出席会议，符合法定人数。会议由市人大常委会副主任孔庆龙主持。会议通过相关议程后，学习传达习近平总书记对地方人大及其常委会工作重要指示和栗战书委员长在纪念地方人大设立常委会40周年座谈会上的讲话精神，听取和审议市人民政府关于2019年国民经济和社会发展计划上半年执行情况的汇报、关于2019年市本级预算上半年执行情况的汇报；听取和审议市人民政府关于2018年市本级决算和市总决算情况的报告、关于2018年度市本级预算执行和其他财政收支情况的审计工作报告和市人大常委会相关审查报告，并作出决议；听取和审议市人民政府关于2018年全市及市本级国有资产管理情况的报告；听取和审议市人民政府关于2018年行政事业单位国有资产管理情况的报告和市人大常委会相关视察报告；听取和审议市中级人民法院关于民事审判工作情况的报告和市人大常委会相关视察报告；审议《承德市城市供热条例(草案)》(修改稿)；表决通过《承德市市人大常委会关于实施民生实事项目人大代表票决制的决定》。市人大常委会主任韩福才在会议结束时发表讲话。

9月25日，市十四届人大常委会举行第二十次会议。市人大常委会主任韩福才，副主任王素芝、李伟、丁然、李兴臣，秘书长门玉生和常委会委员共32人出席会议，符合法定人数。会议由市人大常委会主任韩福才主持。会议通过相关议程后，审议市人民政府关于崔万峰等人任免职的议案。会议通过举手、投票方式表决了有关人事任免事项，举行了宪法宣誓仪式。

10月29日至30日，市十四届人大常委会举行第二十一次会议。市人大常委会主任韩福才，副主任王素芝、孔庆龙、李伟、丁然、李兴臣，秘书长门玉生和常委会委员共32人出席会议，符合法定人数。会议由市人大常委会副主任李伟主持。会议通过相关议程后，学习传达习近平总书记在黄河流域生态保护和高质量发展座谈会上的讲话，学习《人民日报》庆祝全国人大成立65周年的社论文章《不负人民重托、无愧伟大时代》；听取和审议市人民政府关于脱贫攻坚工作情况报告及市人大常委会相关视察报告；听取和审议市人民政府贯彻实施《中华人民共和国水污染防治法》《河北省水污染防治条例》《承德市水源涵养功能区保护条例》情况的报告及市人大常委会相关执法检查报告；听取和审议市人民政府贯彻实施《中华人民共和国传染病防治法》《中华人民共和国传染病防治法实施办法》情况报告及市人大常委会相关视察报告，并进行工作评议；听取和审议市人民政府关于贯彻落实《国务院宗教事务条例》《河北省宗教事务条例》情况的报告及市人大常委会相关执法检查报告；表决通过《承德市城市供热条例》；听取和审议市人民政府关于2019年度实施十项民心工程20件民心实事进展情况的报告；听取和审议部分承办单位关于办理市十四届人大四次会议代表建议情况的报告，并进行工作评议；对部分市中级人民法院法官和市人民检察院检察官开展履职评议；向市人大常委会对法官检察官履职评议案件质量评查专家颁发聘任证书。会议期间，召开联组会议，就市人民政府贯彻实施《中华人民共和国水污染防治法》《河北省水污染防治条例》《承德市水源涵养功能区保护条例》情况，开展了专题询问。市人大常委会主任韩福才在会议结束时发表讲话。

12月26日，市十四届人大常委会举行第二十二次会议。市人大常委会主任韩福才，副主任王素芝、孔庆龙、李伟、丁然、李兴臣，秘书长门玉生和常委会委员共38人出席会议。会议由市人大常委会副主任丁然主持。会议通过相关议程后，学习传达省委人大工作会议和全省人大工作会议精神；听取和审议市人民政府关于2019年实施十项民心工程20件民心实事完成情况的报告，并进行满意度测评；听取和审议市人民政府和市人大常委会选任代工委关于市十四届人大四次会议以来代表建议办理情况的报告；听取和审议市人民政府2019年市本级预算调整方案（草案）的报告和市人大财经委的审查报告，作出批准市人民政府2019年市本级预算调整方案的决定；听取和审议市人民政府关于2018年度市本级预算执行和其他财政收支审计查出的有关问题整改情况的报告；听取和审议市人民政府关于提请审议《承德市工业遗产保护与利用条例(草案)》的议案和市人大教科文卫委的初审报告；听取和审议市人大常委会法工委和市人民政府相关部门关于2019年度备案审查工作的报告；审议市人民政府关于《承德市国民经济和社会发展第十三个五年规划纲要实施情况中期评估报告》；会议表决通过关于召开承德市十四届人民代表大会第五次会议的决定和市人大常委会2020年度立法计划；补选3名省十三届人大代表，表决有关人事任免事项，举行宪法宣誓仪式。市人大常委会主任韩福才在会议结束时发表讲话。

【常委会主任会议】 1月4日，市人大常委会主任韩福才主持召开市十四届人大常委会第十八次主任会议。市人大常委会副主任王素芝、孔庆龙、李伟、丁然、李兴臣，秘书长门玉生出席会议。会议研究确定市十四届人大常委会第十五次会议建议议程为：传达学习中央经济工作会议精神和省委九届八次全会、市委十四届五次全会精神，审议市十四届人大四次会议相关文件草案，市十四届人大监察和司法、农业和农村、民族侨务外事、社会建设委员会组成人员人选建议名单草案、市十四届人大四次会议选举和表决办法草案，市十四届人大常委会代表资格审查委员会关于个别代表的代表资格审查报告；审议市人大常委会工作报告表决稿；人事任免事项。会议首先传达学习中央经济工作会议精神和省委九届八次全会、市委十四届五次全会精神。会议还对市十四届人大四次会议筹备工作提出明确要求，确保大会顺利召开，取得圆满成功。

2月20日，市人大常委会主任韩福才主持召开市十四届人大常委会第十九次主任会议。市人大常委会副主任王素芝、孔庆龙、李伟、丁然、李兴臣，党组成员邢书印，秘书长门玉生出席会议。会议建议市十四届人大常委会第十六次会议于2月26日召开，会期半天，建议议程为：传达学习习近平在全国生态环境保护大会上的讲话精神，审议市人大常委会2019年工作要点草案，审议市人大常委会关于承德市人大常委会工作机构更改名称的决定草案，审议承德市十四届人大常委会代表资格审查委员会关于个别代表的代表资格审查报告，人事任免事项。会议传达学习习近平在全国生态环境保护大会上的讲话精神，观看学习《2018足迹·河北省人大这一年》专题片。

4月23日，市人大常委会主任韩福才主持召开市十四届人大常委会第二十次主任会议。市人大常委会副主任王素芝、孔庆龙、李伟、丁然、李兴臣，党组成员邢书印、张树民，秘书长门玉生出席会议。会议建议市十四届人大常委会第十七次会议于4月28日召开，会期1天，建议议程为：学习贯彻习近平总书记在中央全面依法治国委员会第二次会议上的重要讲话精神和全国人大常委会党组会议精神，审议市人民政府关于开发区改革推进情况的报告，并形成相应审议意见，审议市人大常委会视察组关于视察市人民政府开发区改革推进情况的报告，审议市人民政府法治政府建设情况的报告（书面），审议承德市人大常委会关于推进市人民政府实施“十项民心工程”的决议（草案），审议《承德市人大常委会关于建立预算审查前听取人大代表和社会各界意见建议机制的办法》（草案），对部分市中级人民法院法官、市人民检察院检察官落实市人大常委会履职评议意见的整改报告进行满意度测评，人事任免事项。会议传达学习习近平总书记在全面依法治国委员会上的讲话精神及全国人大常委会党组贯彻落实工作会议精神。

6月18日，市人大常委会主任韩福才主持召开市十四届人大常委会第二十一次主任会议。市人大常委会副主任王素芝、孔庆龙、丁然、李兴臣，秘书长门玉生出席会议。会议决定，市十四届人大常委会第十八次会议于6月25日至26日召开，会期2天，建议议程为：传达学习栗战书委员长和王晨副委员长在水污染防治法执法检查时的讲话精神，审议市人民政府关于交通基础设施建设情况的报告，并形成审议意见，审议市人大常委会视察组关于视察市人民政府交通基础设施建设情况的报告；审议市人民政府关于农田水利设施建设情况的报告，并进行工作评议，形成评议意见，审议市人大常委会视察组关于视察市人民政府农田水利设施建设情况的报告；审议市人民政府关于贯彻落实《中华人民共和国食品安全法》《河北省食品小作坊小餐饮小摊点管理条例》情况的报告，并形成审议意见，审议市人大常委会执法检查组关于检查市人民政府贯彻落实《中华人民共和国食品安全法》《河北省食品小作坊小餐饮小摊点管理条例》情况的报告；听取市人民政府2018年度环境质量状况和环境保护目标完成情况的报告（书面），审议市人民检察院未成年人检察工作情况的工作报告，并形成审议意见，审议市人大常委会视察组关于视察市人民检察院未成年人检察工作情况的报告；审议市人民政府关于提请审议《承德市城市供热管理条例（草案）》的议案，人事任免事项，举办《中华人民共和国立法法》专题讲座。会议研究讨论市人大常委会调研组关于全市国有自然资源资产管理工作的调研报告，传达学习市委转发的《市人大常委会关于加强和改进地方立法工作的实施意见》。

8月21日，市人大常委会主任韩福才主持召开市十四届人大常委会第二十二次主任会议。市人大常委会副主任王素芝、孔庆龙、李伟、丁然、李兴臣，秘书长门玉生出席会议。会议决定，市十四届人大常委会第十九次会议8月27日至28日召开，会期一天半，建议议程为：学习传达习近平总书记对地方人大及其常委会工作重要指示和栗战书委员长在纪念地方人大设立常委会40周年座谈会上的讲话精神；审议市人民政府关于2019年国民经济和社会发展计划上半年执行情况的汇报（书面），市人民政府关于2019年市本级预算上半年执行情况的汇报（书面）；审议市人民政府关于2018年市本级决算和市总决算情况的报告，并作出决议，市政府关于2018年度市本级预算执行和其他财政收支情况的审计工作报告，市人大常委会关于审查市人民政府2018年市本级决算和市总决算情况的报告；审议市人民政府关于2018年全市及市本级国有资产管理情况的报告（书面）；审议市人民政府关于2018年行政事业单位国有资产管理情况的报告，并形成审议意见，市人大常委会视察组关于视察市人民政府2018年行政事业单位国有资产管理情况的报告；审议市中级人民法院关于民事审判工作情况的报告，并形成审议意见，市人大常委会视察组关于视察市中级人民法院民事审判工作情况的报告；审议《承德市城市供热条例（草案）》（修改稿），市人大法制委关于对《承德市城市供热条例（草案）》修改情况的报告；审议表决承德市人大常委会关于承德市实施民生实事项目人大代表票决制的决定（草案）。会议研究确定深入落实《承德市人大常委会关于推进市人民政府2019年实施十项民心工程的决议》的工作安排。

9月23日，市人大常委会主任韩福才主持召开市十四届人大常委会第二十三次主任会议。市人大常委会副主任王素芝、李伟、丁然、李兴臣，秘书长门玉生出席会议。会议决定，市十四届人大常委会第二十次会议于9月25日召开，会期半天，建议议程为：审议人事任免案。

10月23日，市人大常委会主任韩福才主持召开市十四届人大常委会第二十四次主任会议。市人大常委会副主任王素芝、李伟、丁然、李兴臣，秘书长门玉生出席会议。会议决定，市十四届人大常委会第二十一次会议于10月29日至30日召开，会期两天，建议议程为：学习传达习近平总书记在黄河流域生态保护和高质量发展座谈会上的讲话，学习《人民日报》庆祝全国人大成立65周年的社论文章《不负人民重托、无愧伟大时代》；审议市人民政府关于脱贫攻坚工作情况的报告，市人大常委会视察组关于视察承德市人民政府脱贫攻坚工作情况的报告，并形成审议意见；审议市人民政府贯彻实施《中华人民共和国水污染防治法》《河北省水污染防治条例》《承德市水源涵养功能区保护条例》情况的报告，市人大常委会执法检查组关于检查市人民政府贯彻实施《中华人民共和国水污染防治法》《河北省水污染防治条例》《承德市水源涵养功能区保护条例》情况的报告，开展专题询问，并形成审议意见；审议市人民政府贯彻实施《中华人民共和国传染病防治法》《中华人民共和国传染病防治法实施办法》情况的报告，市人大常委会视察组关于视察市人民政府贯彻实施《中华人民共和国传染病防治法》《中华人民共和国传染病防治法实施办法》情况的报告，进行工作评议，并形成评议意见；审议市人民政府关于贯彻落实《国务院宗教事务条例》《河北省宗教事务条例》情况的报告，市人大常委会执法检查组关于检查市人民政府关于贯彻落实《国务院宗教事务条例》《河北省宗教事务条例》情况的报告，并形成审议意见；审议《承德市城市供热条例（草案）》（审议稿）；审议市人民政府关于2019年度实施十项民心工程20件民心实事进展情况的报告；审议部分承办单位关于办理市十四届人大四次会议代表建议情况的报告，并进行工作评议；对部分市中级人民法院法官和市人民检察院检察官开展履职评议；颁发市人大常委会法官检察官履职评议案件质量评查专家聘任证书。会议研究确定市人大常委会对市人民政府贯彻实施水污染防治“一法一条例”和《承德市水源涵养功能区保护条例》情况进行专题询问的实施方案，市人大常委会法官检察官履职评议案件质量评查专家库人员名单，以及关于邀请公民旁听市人大常委会会议的有关事项。

10月30日，市人大常委会主任韩福才主持召开市十四届人大常委会第二十五次主任会议。市人大常委会副主任王素芝、李伟、丁然、李兴臣，秘书长门玉生出席会议。会议听取市人大法制委关于审议修改情况的说明，决定将《承德市城市供热条例（草案）》提交市十四届人大常委会第二十一次会议审议表决。

12月18日，市人大常委会主任韩福才主持召开市十四届人大常委会第二十六次主任会议。市人大常委会副主任王素芝、孔庆龙、李伟、丁然、李兴臣，秘书长门玉生出席会议。会议首先传达学习省委人大工作会议和全省人大工作会议精神。会议决定，市十四届人大常委会第二十二次会议于12月26日召开，会期一天，建议议程为：学习传达省委人大工作会议和全省人大工作会议精神；审议市人民政府关于2019年实施十项民心工程20件民心实事完成情况的报告，并进行满意度测评；审议市人民政府关于市十四届人大四次会议以来代表建议办理情况的报告和市人大常委会选任代工委关于市十四届人大四次会议以来代表建议办理情况的报告；审议市人民政府2019年市本级预算调整方案（草案）的议案和市人大财经委关于市人民政府2019年市本级预算调整方案（草案）的审查报告，并形成相应的决定；审议市人民政府关于2018年度市本级预算执行和其他财政收支审计查出的突出问题整改情况的报告；审议市人民政府关于提请审议《承德市工业遗产保护与利用条例（草案）》的议案和市人大教科文卫委关于《承德市工业遗产保护与利用条例（草案）》的初审报告；审议市人民政府关于2019年度备案审查工作的报告和市人大常委会法工委关于2019年度备案审查工作情况的报告；审议市人民政府关于《承德市国民经济和社会发展第十三个五年规划纲要实施情况中期评估报告》；审议市人大常委会2020年度立法计划（草案）；审议关于召开承德市十四届人民代表大会第五次会议的决定（草案）；审议人事任免案和代表事项。会议研究通过《承德市人大常委会关于进一步加强专门委员会工作充分发挥职能作用的意见》《承德市人大常委会组成人员履职档案暂行办法》。

12月27日，市人大常委会主任韩福才主持召开市十四届人大常委会第二十七次主任会议。市人大常委会副主任王素芝、孔庆龙、李伟、丁然、李兴臣，秘书长门玉生出席会议。会议研究讨论需提请市十四届人大常委会第二十三次会议审议的市十四届人大五次会议建议议程草案；市十四届人大五次会议建议日程草案；市十四届人大五次会议主席团和秘书长建议名单草案、主席团常务主席建议名单草案、大会执行主席分组建议名单草案、大会副秘书长建议名单草案、议案审查委员会组成人员建议名单草案以及列席人员建议名单草案；市十四届人大五次会议选举办法草案；市十四届人大五次会议民生实事项目票决办法草案；市人民政府关于2020年民生实事候选项目形成情况的报告草案；市十四届人大常委会代表资格审查委员会关于个别代表的代表资格审查报告草案以及市人大常委会工作报告审议稿等相关议题。会议决定，择期召开市十四届人大常委会第二十三次会议，会期半天。

立法工作

【重点领域立法】 坚持为需而立、立以致用，突出生态保护、民生改善、历史文化保护等方面立法，如期完成了年度立法计划。城市市容和环境卫生管理条例已于2019年7月1日公布施行；城市供热条例三审通过，待省人大常委会批准后公布施行；工业遗产保护与利用条例完成一审，有关部门正在调研论证、修改完善；村容村貌管理条例、机动车停车场管理条例、快递市场管理条例已完成调研、形成初稿；山体生态保护、旅游市场管理等7项立法调研正在有序推进。

【科学民主立法】 制定《关于加强和改进地方立法工作的实施意见》，构建党委领导、人大主导、政府依托、各方参与的立法工作格局，全面推进地方立法工作，市委批转印发。加强组织协调，健全体制机制，在立项、起草、论证、审议等环节上统筹把关，发挥主导作用。加强立法能力建设，举办培训班两期，培训110人次；充实专业力量，发挥专家作用，加强与第三方立法合作，为立法工作提供专业指导和智力支持。扩大公众有序参与，充分发挥人大代表和立法联系点作用，召开立法座谈会7次，开展立法调研5次，有关方面直接参与立法120余人次，提出意见建议380余条，立法工作更接地气、更合民意。

【备案审查工作】 首次听取政府规范性文件备案审查工作的报告，督促有关方面依法做好报备工作。健全工作机构和工作制度，实现市县两级备案审查工作全覆盖。加快电子报备系统建设，实现了省市联网。组织备案审查培训90余人次。全年完成备案审查40件，维护了国家法制统一。

监督工作

【力促经济高质量发展】 听取审议“十三五”规划纲要实施情况中期评估报告、计划执行情况报告，支持政府统筹推进稳增长、促改革、调结构、惠民生、防风险各项工作。听取审议预算执行、预算调整、年度决算、审计工作及审计查出问题整改情况等报告，作出决议决定，推动监督重点向支出预算和政策拓展。全面推进预算联网监督，实现市县两级全覆盖。视察全市交通基础设施建设，推动完善交通规划布局，加快立体交通、智慧交通体系建设。视察农田水利设施建设，开展工作评议，要求全面推进农田水利现代化，促进农业生产力稳步提升。调研金融生态环境工作，强调加快金融信用体系建设，激发金融市场活力。

【持续改善民生福祉】 高度重视十项民心工程实施情况，及时作出决议，纳入监督计划，两次听取专项报告，开展满意度测评；组织市人大相关专委会，跟踪监督落实情况，推动民生实事真正办到群众心坎上。开展食品安全法执法检查，强调理顺管理体制，落实执法责任，切实守护好“舌尖上的安全”。开展传染病防治法执法检查，进行工作评议，要求提高防控能力，强化防控措施，坚决守住健康底线。开展宗教事务条例执法检查，建议加强团结引导，促进宗教和睦、社会和谐。调研风景名胜区管理工作，推动景区可持续发展。做好人大信访工作，受理来信来访 150 件、220 人次，维护了人民群众合法权益。

【公正执法监督】 听取法治政府建设情况报告，加快推进法治政府建设。听取审议市法院民事审判工作报告，让人民群众在每一个司法案件中感受到公平正义。听取审议市检察院未成年人检察工作报告，用法律撑起未成年人的“保护伞”。聘请案件质量评查专家 116 人，对市法院 6 名审判员、市检察院 4 名检察员进行履职评议，促进了依法办案、公正执法。

代表工作

【增强服务代表主动性】 坚持为代表订阅报纸、杂志，通过《承德人大工作》、微信公众号等渠道，及时向代表通报全市重要工作情况，为代表知情明政提供帮助。依托重点大学和培训基地，举办代表培训班两期，培训 180 人次。邀请代表参加视察、执法检查、列席会议等共 356 人次，组织代表就水污染防治、食品药品安全等工作进行集中视察和调研，有效保障了代表的参与权、监督权。

【激发代表履职积极性】 通过多种形式，加强与人大代表、人民群众的联系，听取意见建议，回应社会关切。依托“代表之家”拓展代表履职平台，激发代表履职活力，保障代表依法履职。制定实施意见和考评办法，大力开展“星级代表之家”创建活动，让“代表之家”真正成为联系服务群众的主阵地、主渠道。推进县乡两级人大代表进家入站述职，接受选民监督和评议。一年来，各级代表进站开展活动 6.1 万人次，接待选民群众 4.3 万人次，收集社情民意 7846 条，向选民述职 3544 人次。

【提升建议督办实效性】 突出建议审查、交办、跟踪监督等环节，加大建议办理落实力度。召开建议交办会，明确办理责任和时限，提升办理质量和效果。听取审议市政府建议办理情况的报告，对市教育局、市住建局的建议办理情况进行满意度测评。市十四届人大四次会议以来，代表提出建议、批评和意见 266 件，已全部办结答复，一批群众关心关注的热点难点问题得到解决。

【代表产生及变更】 承德市第十四届人民代表大会代表应为379名。市十四届人大四次会议实有代表375名，截至年底出缺17名，其中因工作调动调出承德市13名：双桥区代表团战秀河，双滦区代表团赵锡铎，鹰手营子矿区代表团丁伟、马占山，围场满族蒙古族自治县代表团侯国天，隆化县代表团毛曙光，承德县代表团潘奎勇，平泉市代表团邢留逮，滦平县代表团路洪昌，宽城满族自治县代表团祁海东，解放军代表团王兰生、李克双、吴志华；本人辞去代表职务4名：双滦区代表团石长林，鹰手营子矿区代表团宋有田，滦平县代表团张国军、刘士武。根据《中华人民共和国全国人民代表大会和地方各级人民代表大会代表法》的有关规定，这17名市人大代表的代表资格终止。

根据《中华人民共和国全国人民代表大会和地方各级人民代表大会选举法》《中国人民解放军选举全国人民代表大会和县级以上各级人民代表大会代表的办法》的规定，有关选举单位依法补选市十四届人大代表18名：双滦区代表团周敏，鹰手营子矿区代表团宁金龙、高中田、杨志勇、王耀霆、王宗君，围场满族蒙古族自治县代表团房国民、刘杰，隆化县代表团白振平、闫永澜，承德县代表团李立全、张春生，滦平县代表团武力斌、刘宝龙、郭德启，解放军代表团刘卫平、赵鹏、文学。承德市第十四届人民代表大会常务委员会代表资格审查委员会对以上18名代表的代表资格进行了审查，确认代表的产生符合选举法规定的程序和法定票数，其代表资格有效。承德市第十四届人民代表大会现实有代表376名。

保障决策部署落实到地

【担起“两区”建设之责】 紧扣市委加快“两区”建设工作部署，着力加强生态环保监督，依法呵护蓝天白云、绿水青山。听取审议环境状况和环境保护目标完成情况的报告，支持政府全力打好碧水、蓝天、净土攻坚战，当好首都生态“护城河”。持续聚焦大气污染防治，就机动车污染防治、冬季清洁取暖开展执法检查，确保空气质量继续保持京津冀领先。围绕打好“碧水”攻坚战，就贯彻实施水污染防治法和承德市水源涵养功能区保护条例情况，开展大型视察和执法检查，听取审议相关报告，用法治力量守护碧水清波；举行联组会议，围绕水源涵养、水质安全、河道治理等12个方面的问题进行专题询问，激发了保水量、提水质、加快“两区”建设的政治担当。中共中央政治局委员、全国人大常委会副委员长王晨对承德市水污染防治工作给予充分肯定。

【担起深化改革之责】 聚焦构建开放型经济新体制的改革部署，就承德市开发区改革工作进行视察，听取相关报告，提出意见建议，努力把开发区建设成为改革开放“桥头堡”、经济发展增长极。聚焦人大监督的重大改革举措，就国有自然资源资产、行政事业单位国有资产管理进行调研和视察，促进国有资产更好服务发展、造福人民；承德市国有资产监督工作首次在全国人大专题会议上作典型发言，已有8批省外人大来承考察交流，打造了全国有影响的“承德样板”。聚焦人大承担的改革任务，制定出台加强专门委员会工作的意见和常委会组成人员履职档案暂行办法，提升了人大整体功效；深化人大机构改革，新设专门委员会4个，优化了人大组织机构；依法任免机构改革相关部门负责人，保障了改革顺利推进。聚焦推行民生实事项目人大代表票决制，深入调研，对标对表，代市委起草实施意见；加强工作指导，及时作出决定，推动市县两级实现全覆盖；本次大会将首次对市政府民生实事项目进行票决，实现民生实事项目由人民做主、让人民受益。

人大建设

【加强政治建设】 利用"学习强国""干部在线"等平台延伸学习，参加全国人大、省人大组织的各类培训14期121人次，思想政治素质和依法履职能力不断提高。积极开展"不忘初心、牢记使命"主题教育，严格按照"十二字"总要求和"五句话"目标任务，突出主题主线，突出人大特色，成立工作专班，制定"1+4"实施方案，构建"2+10"责任体系，建立"四个即时"快速反应机制，狠抓"四个到位"，主题教育有力有序、走深走实、卓有成效。将学习内容细化为5个专题，集中学习7天以上，举办交流研讨13场，讲党课19场，宣讲十九届四中全会精神12场，学习教育实现全覆盖。紧紧围绕"干事创业敢担当"目标任务，深刻检视剖析，边学边查边改，全面提振了守初心、担使命的精气神。强化了以人民为中心的工作导向，把改进调查研究作为整改突破口，明确"4321"调研思路，精选35个调研课题，先后到11个县市区、61个乡镇、116个基层单位了解民情、寻策问计，进一步增强了宗旨观念、厚植了为民情怀，推动人大工作更多地聚焦民生、更好地体现民意、更大地增进民利。坚持依法立法，保证立得住、行得通、真管用；坚持依法监督，保证监督有据、监督有力、监督有效；坚持依法决定、依法任免，保证党的领导、人民当家作主、依法治国有机统一。全年，审议通过地方性法规两件，开展视察、调研和执法检查28项，作出决议决定、审议评议意见23件，任免国家机关工作人员82人次，为承德发展凝聚力量、提供保障。

【夯实组织基础】 经市委批准，成立市人大常委会机关党组，制定机关党组议事规则，为常委会机关建设提供了政治和组织保障。扎实推进党支部规范化建设，严格执行"三会一课"、组织生活会、主题党日等制度。加强人大专门委员会和常委会工作机构建设，充分发挥其专业优势和职能作用，促进了常委会的中心工作。以"四查十六看"为抓手，推进县乡人大工作和建设，县乡人大机构设置、专职委员比例等均得到优化，人大基层组织建设迈上新台阶。

【坚持党的领导】 毫不动摇坚持党的全面领导，树牢"四个意识"，坚定"四个自信"，做到"两个维护"。常委会党组认真履行政治领导责任，把方向、管大局、保落实，坚持每月例会制度，召开党组会议16次，传达贯彻习近平总书记重要讲话和中央、省委、市委重要部署。人大工作的重要事项，都及时向市委请示报告。对市委明确的重点工作，密切关注，加强监督，推动落地见效；对市委推荐的人选，高度重视，严格程序，依法进行任免。人大工作始终与市委勠力同心、同向同行。

【推进正风肃纪】 严格落实全面从严治党主体责任和"一岗双责"，坚持讲党课、警示教育、廉政谈话等制度，层层传导压力、压实责任，从严从实抓好监督管理。支持和保障派驻纪检监察组履行监督职责，发挥执纪监督作用。严格执行中央八项规定及实施细则精神，驰而不息纠"四风"、正作风，持续整治形式主义、官僚主义，着力精文减会、改进会风文风、提高审议质量和效果，常委会工作更加规范有序、务实高效。

【激发整体功效】 主动争取上级人大的工作指导，协助完成全国人大、省人大到承德视察、调研、执法检查等活动35次。加强对县级人大的联系和指导，在列席会议、视察调研、联动监督等方面，协同更加紧密，发展更加同步，形成了整体合力。抓好人大宣传和阵地建设，办好内刊、网站、简报和微信公众号，新闻媒体刊发稿件275篇。加大理论研究力度，突出前瞻性、实践性研究，向省人大和市委报送调研成果23篇，市委书记周仲明作出重要批示 3 篇。

附：承德市第十四届人民代表大会常务委员会组成人员

主　　任：韩福才（满族）
副 主 任：王素芝（女）
　　　　　孔庆龙
　　　　　李　伟
　　　　　丁　然
　　　　　李兴臣
秘 书 长：门玉生
委　　员（按姓氏笔画排序）：
　　　　　王会云
　　　　　王志军
　　　　　王显华
　　　　　毛曙光
　　　　　司瑞安
　　　　　帅五宝
　　　　　兰德龙
　　　　　刘雅丽
　　　　　贠连成
　　　　　李　悦
　　　　　李成彦
　　　　　李建侠
　　　　　杨国辉
　　　　　佟伊民
　　　　　谷雪芬
　　　　　张　磊
　　　　　张学军
　　　　　邵东明
　　　　　周晓燕
　　　　　赵宝军
　　　　　赵春丽
　　　　　赵喜萍
　　　　　赵翠华
　　　　　相文举
　　　　　段向东
　　　　　俞虹霞
　　　　　秦　涛
　　　　　徐攀慧
　　　　　梁荣华
　　　　　裘长安
　　　　　潘艳红
　　　　　魏洪如

承德市第十四届人民代表大会专门委员会组成人员

法制委员会
主任委员：李　伟
副主任委员：相文举
　　　　　毛　银
委　　员：兰德龙
　　　　　张守义
　　　　　钟玉清
　　　　　洪继瑞
　　　　　邙光远
　　　　　徐伟华（女）

财政经济委员会
主任委员：丁　然
副主任委员：周晓燕（女）
　　　　　司瑞安
　　　　　张学东
　　　　　张　磊
委　　员：王　平
　　　　　陈　芳（女）
　　　　　范国权
　　　　　项　永

城乡建设和环境资源委员会
主任委员：丁　然
副主任委员：赵喜萍（女）
　　　　　王会云（女）
委　　员：王兰华
　　　　　帅五宝
　　　　　任　霞（女）

徐攀慧（女）

教科文卫委员会

主 任 委 员：李兴臣

副主任委员：孔庆龙

梁荣华

委 员：佟伊民

张学军

赵翠华（女）

潘艳红（女）

监察和司法委员会

主 任 委 员：李 伟

副主任委员：兰德龙

委 员：邵东明

谷雪芬（女）

魏 昕（女）

农业和农村委员会

主 任 委 员：丁 然

副主任委员：李成彦

委 员：丁明亚

李国刚

李海忠

民族侨务外事委员会

主 任 委 员：王素芝（女）

副主任委员：杨国辉

委 员：马四勇

管丽娟（女）

额利布格仓

社会建设委员会

主 任 委 员：李 伟

副主任委员：潘艳红（女）

委 员：秦 涛

王显华

李 悦

承德市第十四届人民代表大会常务委员会内设机构人员

办公室

主 任：贠连成

副 主 任：张 斌

刘 洋

信访室

主 任：杨 柳

研究室

主 任：赵宝军

副 主 任：闫永澜

选举任免代表工作委员会

主 任：刘雅丽

副 主 任：胡颖杰

内务司法工作委员会（2019 年 1 月至 2019 年 2 月，2019 年 2 月内务司法工作委员会更名为监察和司法工作委员会）

主 任：兰德龙（2019 年 1 月至 2019 年 4 月）

副 主 任：李素娥（2019 年 1 月至 2019 年 4 月）

监察和司法工作委员会（2019 年 2 月至 2019 年 12 月）

主 任：兰德龙（2019 年 4 月至 2019 年 12 月）

副 主 任：李素娥（2019 年 4 月至 2019 年 12 月）

财政经济工作委员会

主 任：周晓燕（2019 年 1 月至 2019 年 2 月）

司瑞安（2019 年 2 月至 2019 年 12 月）

副 主 任：丁万利

韩国祥

农业和农村工作委员会

主 任：李成彦

副 主 任：甄丽华

城乡建设和环境资源工作委员会
主　　任：赵喜萍
副 主 任：宋晓梅
教育科学文化卫生工作委员会
主　　任：梁荣华
民族侨务外事工作委员会
主　　任：杨国辉
法制工作委员会
主　　任：相文举

（供稿　刘英伟）

承德市人民政府

综 述

【概况】 2019年，面对经济下行压力持续加大的挑战考验，面对水源涵养生态支撑的重大责任，面对脱贫攻坚决战决胜的艰巨任务，承德市政府深入学习贯彻习近平新时代中国特色社会主义思想和党的十九大精神，深入开展“不忘初心、牢记使命”主题教育，不断强化理论武装，自觉接受人大法律监督与工作监督、政协民主监督以及社会监督、舆论监督，全面提升政府治理能力和工作效能，全面落实党中央国务院、省委省政府各项决策部署，在市委坚强领导下，紧紧围绕“12345”总体思路目标，攻坚克难，奋发作为，较好完成了市十四届人大四次会议确定的各项目标任务，为决胜全面建成小康社会奠定了更加坚实基础。固定资产投资增长6.1%，一般公共预算收入增长7.6%，社会消费品零售总额增长8%，城乡居民人均可支配收入分别增长9%和11%，主要经济指标实现稳中有进、稳中向好。

【三大攻坚战取得关键进展】 牢牢扛起“水源涵养、生态支撑”“脱贫攻坚、全面小康”职责使命，坚决筑牢首都政治和生态“护城河”。脱贫攻坚赢得决定性胜利。6.03万贫困人口实现稳定脱贫，丰宁、围场、隆化三个深度贫困县、316个贫困村将脱贫出列。持续深化八措并举“组合拳”，实施扶贫产业项目2476个，贫困村贫困户实现产业全覆盖。162个易地扶贫搬迁小区全部建成，5.8万人喜迁新居。丰宁“非遗＋扶贫”、围场“智慧分级诊疗”等一批扶贫模式在全国全省推广。坚持“鱼渔兼授”，133个东西部扶贫协作项目成果丰硕。生态环境创历史最好水平。深入实施水环境治理“三年百项重点工程”，大力推进绿色矿山建设“三达标”行动，全市新营造林198万亩、草地治理修复8.5万亩、水土流失治理640平方千米，19个地表水国省考监测断面水质优良率达到100%，完成洁净煤取暖79.7万户，市区$PM_{2.5}$平均浓度29.3微克，优良天数308天、全省第一。塞罕坝生态开发集团组建完成。兴隆获评全省第一个国家生态文明建设示范县。重点领域风险防控扎实推进。最大限度化解存量、严控增量，开展重点领域风险隐患排查整治，非法集资、互联网金融、房地产遗留问题等一批风险点得到及时依法处置。违法违规建设等领域清理规范取得重大进展。深入开展扫黑除恶专项斗争，安全生产、食品药品安全形势总体平稳，圆满完成70周年国庆大典等重大安保任务，群众安全感继续保持全省前列。

【结构调整迈出坚实步伐】 坚持稳增长调结构双向发力、精准施策，持续强化实体经济帮扶，深入推进重点项目“3811”工程，实施亿元以上绿色产业项目281个、完成投资405亿元，绿色产业增加值占GDP比重提高5个百分点，服务业对经济增长的贡献率超过70%。传统产业迈向中高端。文化旅游、钒钛新材料、清洁能源产业掀开新篇章。成功举办第三届全市旅发大会、首届文创产品大赛，打造“武烈河百公里旅游文化产业走廊”，推出一批特色文创产品。国家雪上项目训练基地落户御道口、成为拉动承德市冰雪产业新引擎，成功承办全国第二届青年运动会冰球赛和全省首届冰雪运动会越野滑雪、速度滑冰和冰球3项赛事。全年接待游客和旅游收入分别增长18%和22%以上。钒钛新材料产业链进一步延伸，组建承德钒钛产业技术创新联盟，高端五氧化二钒产量达到2.8万吨、增长64.7%。清洁能源发电量增长20.7%，丰宁抽水蓄能电站上水库大坝实现封顶。新兴产业积蓄新动能。大数据、特色装备制造、绿色食品及生物健康产业赋能提速。重磅推出“承德山水”农产品区域公用品牌，市场和社会反响良好，农产品京津市场占有率提高20%。实施鸿路装配式住宅、荣盛精密制造等特色装备制造重点项目38个。华明服务外包产业园落地大数据企业8家，承德高新区大数据研发展示中心、力海企业港聚集大数据电子信息企业28家，与北京大数据光纤实现直联直通。特色产业集群扩规模。承德县特色装备制造、兴隆营子果品加工等十大特色产业集群加快集聚，双滦钒钛新材料、高新区大数据智能感知基地列入省级战略性新兴产业示范基地，平泉食用菌成为全国示范产业集群，隆化肉牛、兴隆山楂获评中国特色农产品优势区，十个集群主营业务收入达到550亿元。

【改革创新实现重大突破】 坚持以改革破解制约、以创新激发动能，体制机制活力进一步增强。创新示范区纳入国家战略。承德建设国家可持续发展议程创新示范区正式获国务院批复，成为全国6个创建城市之一和承德市第一个全域性国字号发展平台，首批52个项目启动实施。“承德办事一次成”改革纵深推进。93%的行政权力事项和全部公共服务事项实现“一次办成”，“满意承德”城市综合服务平台正式运行，“互联网＋政务服务”网上可办率超过90%，企业开办时间压缩至2天以内，新增企业8079家、增长15%。重点领域改革全面发力。构建国有企业现代管理制度体系框架，行政企事业经营性国有资产实现统一规范依法管理，国投、国控集团健康运营，多元融资机制初步形成。农村综合改革扎实推进，承包地确权登记颁证基本完成，集体产权制度稳步实施，新增土地流转15.9万亩，新认定家庭农场221家。承德县入选全国农民合作社质量提升推进试点。科技支撑能力明显提升。新建工业设计和技术创新中心14个，新培育科技型中小企业341家、科技小巨人企业9家，新认定高新技术企业55家、实现三年翻两番。

【对内对外开放成果丰硕】 重视对内对外开放，引进来、走出去力度进一步加大。全面对接京津。落地央企京企津企项目27个、总投资190亿元，怀丰产业园、津承六沟产业园等园区引进汽车零部件、电子智能卡等产业项目64个，总投资超500亿元。承德应用技术职业学院正式建成投用。深化开放合作。举办百家名企进承德、香港招商推介会等重大招商活动，签约重点项目84个，引进市外到位资金410亿元。制定出台稳外资稳外贸“十个一”举措，与“一带一路”沿线50多个国家建立经贸关系，双桥迈朗商贸、宽城升华压力容器等外贸企业逆势增长，全市外贸进出口35.2亿元、增长7%，新增外贸备案企业46家。夯实园区基础。实施基础设施和功能配套项目75个，新增入园企业237家，固定资产投资和税收收入分别增长7.8%和11.1%。

【城乡统筹发展呈现新面貌】 高标准编制国土空间规划，优化国土空间结构和功能布局，扎实推进以人为核心的新型城镇化。中心城市带动力明显提升。推进“一带三区”城市发展战略，编制实施城市总体风貌、老城区“多规合一”等各类规划13项。南北部新城加快建设，高新区滨河路、武烈河步行系统环境整治提升等重点工程全面完工。改造老旧小区200个、综合管网167千米，中心城区路长制全面推行，全国文明城市创建取得新进展。基础设施建设实现突破。京沈高铁承德段工程全面完成，与东北各大城市实现通车。承德机场年旅客吞吐量42.5万人次，平均客座率创国内支线机场新高。承平高速前期加快推进，新建续建干线公路357千米，新改建农村公路1600千米。双峰寺水库下闸蓄水。承德博物馆和冰上运动中心建成投用、成为城市新地标。城乡环境面貌持续改善。实施县城重点建设项目92个，改造农村无害化卫生厕所16.1万座，城乡一体化垃圾收集处理率达到94%，1160个村达到美丽乡村建设标准。平泉、双桥获评省级洁净城市，丰宁中国马镇等7个小镇列入省级特色小镇，宽城化皮溜子镇、滦平周台子村分别入选全国乡村治理示范乡镇和示范村。全市常住人口城镇化率达到53.3%。

【民生和社会事业全面进步】 实施十项民心工程20件民心实事，一般公共预算支出415亿元、增速排全省首位，民生投入占财政支出继续保持80%以上。城镇新增就业4.9万人，城镇登记失业率3.32%，高校毕业生就业率达到96.4%，城乡居民收入增速高于全省平均水平。城乡居民养老和基本医疗保险参保率分别达到98.5%和96.5%，城乡低保年标准分别提高600元和400元。开工改造棚户区1519套、改造农村危房4006户，超额和提前完成任务。新建改扩建学校幼儿园89所，办学条件进一步改善，医疗卫生“雨润工程”聚力补齐基层短板取得新成效，老百姓家门口的医院更放心。举办“高雅艺术进承德”36场、开展文化惠民演出1600余场，电视剧《最美的青春》、话剧《塞罕长歌》获国家“五一个工程奖”，塞罕坝林场先进群体荣获中宣部“最美奋斗者”，范振喜荣获全国“人民满意公务员”和全国“最美退役军人”，塞罕坝林场建设者和范振喜、孙德民入选2019年河北“十大新闻人物”。

重要会议

【市政府常务会议】 1月20日，市长常丽虹主持召开市政府第十四届第二十七次常务会议，研究部署贯彻落实省政府市长座谈会议精神和讨论《政府工作报告（讨论稿）》等事项。会议传达学习1月18日省政府市长座谈会议精神，研究承德市贯彻落实意见。会议研究讨论2019年承德市《政府工作报告（讨论稿）》，听取承德市2018年国民经济和社会发展计划执行情况及2018年预算执行情况的汇报，研究并原则通过了承德市2019年国民经济和社会发展计划（草案）及2019年预算编制。会议研究并原则通过《承德市关于积极有效利用外资推动经济高质量发展的实施意见》。会议强调，各级各部门要提高政治站位，深刻认识扩大开放吸引利用外资的重要性，真正把《实施意见》落到实处。利用外资工作领导小组要充分发挥作用，及时研究协调解决问题。各级各部门要各负其责，细化分解任务，加强协调配合，切实形成合力，全力抓好落实。各开发区要充分发挥吸引利用外资的主战场作用，全力提升各开发区整体建设发展水平。要强化督导考核，建立月调度月通报机制，切实提升利用外资的能力和水平。会议研究并原则通过《承德市2019年精准招商行动计划》《承德市委托代理招商办法（试行）》。会议还研究了其他事项。

2月26日，承德市政府市长常丽虹主持召开市政府第十四届第二十八次常务会议，学习习近平总书记在《求是》杂志上发表的《推动我国生态文明建设迈上新台阶》署名文章，研究部署食品安全和落实中央环保督察“回头看”等事项。会议学习《地方党政领导干部食品安全责任制规定》，听取承德市食品安全工作情况汇报。会议强调，要认真梳理承德市在食品安全责任制落实和日常管理上存在的突出矛盾和问题，在智慧监管、提升食品检测能力水平等方面下功夫，全面提升食品安全水平；要强化责任落实，确保人民群众舌尖上的安全。会议传达学习京津冀及周边地区大气污染防治工作会议精神，听取承德市关于中央环保督察“回头看”及大气污染问题专项督查反馈意见整改落实工作的汇报，研究部署下一步工作。会议还研究了其他事项。

3月11日，承德市政府召开第十四届第二十九次常务会议，专题研究并原则通过《承德市潮河流域生态环境保护规划（2018—2025年）》。会议要求，要依据《规划》总体要求，加快完善城乡总规和控规，确保与规划相衔接；要进一步完善编制生态修复项目清单，全力推动生态修复工作；要加强潮河流域水资源污染防治和管控，确保潮河流域水质持续稳定改善。

3月14日，承德市政府召开第十四届第三十次常务会议，听取全市信访和综治维稳工作情况汇报，听取2019年农业产业扶贫、就业扶贫、科技扶贫工作安排和开展情况汇报，研究部署下一步工作。会议要求，要牢固树立底线思维，强化风险意识，突出重点时期、重点人群、重点领域，深入开展排查整治，着力解决群众关心关切的热点难点问题，把各类矛盾和风险隐患消除在萌芽状态。要认真落实“属地管理”“谁主管、谁负责”和“党政同责、一岗双责、失职追责”要求，强化工作合力，形成齐抓共管格局。会议还研究了其他事项。

4月23日，市政府召开第十四届第三十二次常务会议，学习国家减税降费有关政策，研究部署经济运行、扫黑除恶专项斗争等工作。会议学习国家相关减税降费政策。会议听取全市一季度经济运行情况。会议还研究了易地扶贫搬迁和危房改造等其他事项。

5月16日，市政府召开第十四届第三十三次常务会议，传达学习许勤省长到承德调研座谈会讲话精神，传达学习全国违建别墅问题清查整治专项行动部署电视电话会议、河北全省违法违规用地建设采矿采砂和破坏生态环境问题专项整治动员部署电视电话会议精神，研究《承德市开展违法违规用地建设采矿采砂和破坏生态环境问题专项整治方案》，研究《承德市深化市场监管综合行政执法改革》等5个综合行政执法改革文件等事项。会议首先传达学习省长许勤到承德调研座谈会讲话精神，并研究承德市贯彻落实意见。会议听取并讨论《承德市深化市场监管综合行政执法改革实施方案》等5个综合行政执法改革文件。会议传达学习全国违建别墅问题清查整治专项行动部署电视电话会议、河北全省违法违规用地建设采矿采砂和破坏生态环境问题专项整治动员部署电视电话会议精神，研究《承德市开展违法违规用地建设采矿采砂和破坏生态环境问题专项整治方案》。会议还研究了其他事项。

6月13日，承德市政府召开第十四届第三十五次常务会议，研究部署推进扶贫“三保障”等事项。会议听取全市扶贫“三保障”进展情况汇报，研究部署下一步工作。会议听取《承德市城市供热管理条例（草案）》有关情况汇报。会议研究通过《承德市关于全面推行行政规范性文件合法性审核机制的实施意见》。会议强调，各级各部门要严把审核程序、政策要求和法律条款，及时清理过期文件，确保合规性、合法性、时效性，不断提高依法行政水平。会议还学习《生产安全事故应急条例》，研究安排安全生产、信访和综治维稳等工作。

6月19日，承德市政府召开第十四届第三十六次常务会议，研究建设国家可持续发展议程创新示范区、推进农产品区域公用品牌建设等工作。会议听取并讨论《承德市可持续发展规划（2018—2030年）》《承德国家可持续发展议程创新示范区建设方案（2018—2010年）》《承德国家可持续发展议程创新示范区2019年工作方案》。会议强调，要提高政治站位，切实把示范区建设摆上更加重要位置，抓紧抓实抓出成效。要深入研究政策，勇于探索创新，以更大的视野格局来谋划和推动各项工作，确保2019年建设任务圆满完成。会议听取并讨论《塞罕坝机械林场及周边地区可持续发展规划》。会议听取并讨论《承德市关于推进“京津水源”农产品区域公用品牌建设工作的实施方案》。会议还研究了其他工作。

7月24日，承德市政府市长常丽虹主持召开市政府第十四届第三十七次常务会议，研究部署经济运行、调整产业结构优化产业布局等事项。会议首先传达学习省委《关于贯彻落实（党中央领导经济工作规定）的意见》。会议听取全市上半年经济运行情况汇报，研究部署下一步工作。会议研究并原则通过《承德市关于调整产业结构优化产业布局的实施方案》。会议还研究了其他事项。

8月12日，承德市政府市长常丽虹主持召开市政府第十四届第三十八次常务会议，研究部署外资外贸、水环境保护和金融扶贫等事项。会议首先学习《中华人民共和国外商投资法》（以下简称《外商投资法》），听取全市外资外贸工作情况汇报，研究部署下一步工作。会议指出，要认真梳理承德市相关政策，与《外商投资法》有效衔接，确保落地落实落到位。会议研究并原则通过《承德市碧水保卫战三年行动计划（2018—2020年）》。会议强调，要综合精准施策，突出近期远期相结合、城镇乡村齐动员、工程措施与河长制落实同发力，确保水环境质量始终保持京津冀前列。要严格责任落实，定期调度督导，确保如期高质量完成。会议听取全市金融扶贫工作进展情况汇报，研究部署下一步工作。会议还研究了其他事项。

8月21日，承德市政府市长常丽虹主持召开市政府第十四届第三十九次常务会议，研究部署全市洁净煤取暖、扶贫“三保障”工作等事项。会议研究《承德市2019年采暖季洁净煤取暖工作实施方案》。会议听取全市扶贫“三保障”工作进展情况，研究部署下一步工作。会议还研究了其他事项。

9月10日，承德市政府市长常丽虹主持召开市政府第十四届第四十次常务会议，研究部署政府投资、易地扶贫搬迁、耕地保护等事项。会议首先学习《政府投资条例》。会议传达学习了全省易地扶贫搬迁现场会精神，听取承德市易地扶贫搬迁工作有关情况汇报，研究部署下一步工作。会议听取国家自然资源督察北京局来承开展2019年耕地保护专项督察有关情况的汇报。会议还研究了其他事项。

10月23日，市长常丽虹主持召开市政府第十四届第四十一次常务会议，传达学习习近平总书记在第六个国家扶贫日作出的重要指示和李克强总理的批示精神，传达学习河北全省第二批脱贫攻坚擂台赛、东西部扶贫协作调度会议精神，研究承德市贯彻落实意见。会议听取“满意承德”城市综合服务平台项目建设情况汇报。会议研究并原则通过授予王如友、曲艳利、李铁申为承德市见义勇为模荣誉称号的报告。会议还研究了其他事项。

11月25日，市长常丽虹主持召开市政府第十四届第四十二次常务会议，研究部署安全生产、消费扶贫等事项。会议首先学习《重大行政决策程序暂行条例》。会议听取全市安全生产工作情况汇报，研究部署近期工作。会议听取全市消费扶贫有关情况汇报，对扩大消费、助力扶贫做进一步安排。会议还研究了其他事项。

12月16日，受承德市政府市长常丽虹委托，市委常委、常务副市长李晋宇主持召开市政府第十四届第四十三次常务会议，研究部署工业遗产保护与利用、根治拖欠农民工工资等事项。会议研究并原则通过《承德市工业遗产保护与利用条例（草案）》。会议听取2019年全市根治拖欠农民工工资情况汇报。

12月27日，市长常丽虹主持召开市政府第十四届第四十四次常务会议，研究部署扫黑除恶专项斗争、第三届承德市政府质量奖等事项。会议听取了扫黑除恶专项斗争工作情况汇报，研究部署下一步工作。会议听取并研究《承德市生态环境责任追究暂行办法》。会议听取关于第三届承德市政府质量奖申报评审情况的汇报，原则同意拟授奖建议名单。会议还研究了其他事项。

12 月 30 日，承德市政府市长常丽虹主持召开市政府第十四届第四十五次常务会议，研究讨论修改 2020 年承德市《政府工作报告（讨论稿）》等事项。会议研究并原则通过《承德市 2019 年国民经济和社会发展计划执行情况与 2020 年国民经济与社会发展计划（草案）报告》《承德市 2019 年市本级预算和市总预算执行情况及 2020 年市本级预算和市总预算（草案）报告》。

【市政府全体会议】 2 月 27 日，承德市政府召开第十四届第三次全体会议。市长常丽虹出席会议并讲话。市委常委、常务副市长李晋宇主持会议，市领导任武军、郭士刚、苏铁成、董正国、王成、刘宏伟，市政府党组成员、市公安局局长马占山，市政府秘书长崔万峰出席会议，市人大常委会副主任王素芝、市政协副主席关继高应邀出席会议。常丽虹强调，抓落实是讲政治践忠诚的具体体现，要忠诚担当抓落实、坚定信心抓落实、聚焦民生抓落实、强化实干抓落实，不断开创各项工作新局面。会上印发《2019 年重点工作目标任务分解方案》。各县（市、区）政府、承德高新区管委会、御道口牧场管理区管委会主要负责人，市政府组成部门、直属机构及市直有关单位、部分中省直驻承单位和金融机构主要负责人，市政府办公室副处级以上干部参加会议。

【市政府党组（扩大）会议】 9 月 12 日，中共承德市政府党组书记、承德市长常丽虹主持召开市政府党组（扩大）会议，学习传达中央、中共河北省委“不忘初心、牢记使命”主题教育第一批总结暨第二批部署会议精神和全市“不忘初心、牢记使命”主题教育动员部署会议精神，对市政府系统开展“不忘初心、牢记使命”主题教育进行安排部署。会议研究并原则通过市政府党组《关于开展第二批“不忘初心、牢记使命”主题教育实施方案》。

10 月 21 日，中共承德市政府党组书记、承德市政府市长常丽虹主持召开市政府党组(扩大)会议。会议按照市政府党组“不忘初心、牢记使命”主题教育安排，集中交流学习调查研究成果；传达学习全省经济运行调度会议精神，研究部署当前经济工作。会上，市政府党组成员先后进行了调研成果交流发言。

【全市经济建设类会议】 1 月 8 日，承德全市民营企业座谈会召开，河北省人大常委会副主任、中共承德市委书记周仲明出席会议并讲话。中共承德市委副书记、承德市政府市长常丽虹主持会议。市领导韩福才、刘文勤、李晋宇、任武军出席会议。承德市政府秘书长，市直有关部门负责同志及民营企业代表参加会议。周仲明强调，广大民营企业要突出抓好四件事：一是坚定不移推进企业做大、做强、做优。二是坚定不移推进转型升级、绿色发展。三是坚定不移推进创新发展、开放合作。四是坚定不移推进高质量发展，走“专精特”道路，发展高精尖产业，创承德知名品牌。

2 月 11 日，承德市集中收听收看全省开展“三深化、三提升”活动工作会议后，衔接召开承德市会议。河北省人大常委会副主任、中共承德市委书记周仲明出席会议并讲话。市委副书记、市长常丽虹主持会议，市人大常委会主任韩福才、市政协主席刘文勤、省第二督查组组长张建军、市委副书记安国富，市领导邢留逮、路洪昌、李晋宇、丁伟、吴清海、杨培苏、杨春武出席会议。周仲明强调，大力优化营商环境；持续深化民生工程，决战决胜脱贫攻坚，大力提升公共服务和社会保障水平。市人大常委会、市政府、市政协全体领导，市法院院长、市检察院检察长、市公安局局长，市人大常委会、市政府、市政协秘书长，市直各单位、省属以上企事业单位、各人民团体主要负责人在主会场参加会议。各县（市、区）、承德高新区、御道口牧场管理区设分会场。

3月15日，承德市召开全市对外开放工作会议。会议深入贯彻落实全省精准招商和外资外贸工作调度会议精神，总结过去一年全市对外开放工作，对今年工作任务进行安排部署。副市长苏铁成出席会议并讲话。会议强调，推进新时代进一步扩大对外开放，必须培育发展壮大“龙型经济”，按照“一条龙”式服务，做好对外开放和招商工作。

11月26日，承德市怡达产业园区银企对接洽谈会议在承德市营子区召开。中共承德市委常委、承德市政府副市长任武军出席并讲话。会上，从北京、天津引进园区的20家企业负责人提出一些意愿和需求。参会银行在了解企业需求情况后，与企业现场面对面地深入对接洽谈，银企双方达成初步合作发展共识。市直有关部门和部分金融机构负责人，营子区相关领导和部分园区企业负责人参加会议。

11月27日，承德市组织召开盘活低效工业企业用地领导小组第一次会议，中共承德市委副书记、承德市政府市长常丽虹主持会议并作出重要讲话，市领导李晋宇、刘宏伟出席会议，市直相关部门，市法院，高新区、双桥区主要负责人列席会议。会上，承德市发改委主任刘海峰就全市盘活工业企业低效用地工作进展情况进行了汇报。会议强调，本着一企一策原则，找准问题症结，分类科学处理。同时，要继续深入排查摸底，全面理清工作底数，规范标准流程，全力抓好工作落实。

12月31日，在收听收看全省恢复生猪生产保障市场供应电视电话会议后，承德市衔接召开电视电话会议，贯彻落实全省会议精神，部署承德市恢复生猪生产保障市场供应工作，加快推进生猪产业转型升级，全力维护“两节”和“两会”期间生猪生产及市场供应稳定。市委常委、统战部部长、市政府党组副书记吴清海出席会议并讲话。吴清海强调，要深刻认识当前承德市生猪生产及市场需求形势，做到科学判断，准确把握，切实把生猪稳产保供摆在突出的重要位置，采取有力措施，稳定和恢复生猪生产提高猪肉市场供应保障能力。

【全市农业农村类会议】 3月4日，承德市召开农业农村重点工作推进会，贯彻落实全市农村工作暨扶贫开发工作会议精神，对2019年农业农村重点工作进行安排部署。市委副书记安国富出席会议并讲话，市委常委、统战部部长吴清海出席会议，副市长王成主持会议。安国富要求，要深化农业供给侧结构性改革，抓好种植结构调整，打造精品工程，提高产业扶贫项目收益率和带动力。要打好农村人居环境整治硬仗，做好农村人居环境整治工作。要深化农村改革和扩大开放，推进农村集体产权制度改革，发展适度规模经营，创新农村金融服务，提升农业对外开放水平。

9月24日，承德市召开“承德山水”农产品区域公用品牌建设工作（县、市、区）座谈会议。中共承德市委副书记安国富，市委常委、统战部部长吴清海，承德市政府副市长王成出席会议。会上，各县（市、区）围绕搭建县级运营平台，做好与市级组织架构和运营平台的紧密衔接，支持本地农产品生产加工基地建设以及引领和推动本地知名品牌与“承德山水”区域公用品牌融合发展等方面进行了发言，并提出相关建议。市直相关部门就“承德山水”区域公用品牌建设工作发表了意见。会议对目标任务分解、管理使用办法、宣传策划方案、优惠扶持政策等相关文件进行了充分讨论。

【全市生态建设类会议】 2月12日，承德市学习贯彻习近平生态文明思想专题研讨班开班。在开班典礼上，召开全市生态环境问题警示教育大会。河北省人大常委会副主任、中共承德市委书记周仲明出席并讲话。市委副书记、市长常丽虹，市人大常委会主任韩福才、市政协主席刘文勤、省第二督查组组长张建军、市委副书记安国富，市领导邢留建、路洪昌、李晋宇、丁伟、刘新宇、吴清海、杨培苏、任武军、杨春武出席会议。会上观看了警示教育片《一抓到底正风纪——秦岭违建整治始末》。会上宣读了省委办公厅、省政府办公厅《关于潮河上游滦平段违法建设破坏生态环境问题的通报》，通报了潮河上游滦平段违建问题专项整治工作情况，通报了潮河上游滦平段违建问题等一批破坏生态环境案件查处情况。市人大常委会、市政府、市政协全体领导，市法院院长、市检察院检察长、市公安局局长，市人大常委会、市政府、市政协秘书长，各县（市、区）、承德高新区、御道口牧场管理区党政主要负责人，市委各部门主要负责人、市直有关单位党政主要负责人参加会议。

2月27日，在集中收听收看全省大气污染综合治理电视电话会议后，承德市衔接召开全市大气污染综合治理电视电话会议。市长常丽虹出席会议并讲话，副市长刘宏伟主持会议。市委组织部、市委宣传部、市人大常委会城建环资工委、市政协人口资源环境委分管负责人，市大气污染防治领导小组成员单位主要负责人，围场满族蒙古族自治县政府主要负责人，市大气办主要负责人，相关企业主要负责人在主会场参加会议。各县（市、区）、承德高新区、御道口牧场管理区设分会场。常丽虹在会上强调，以更大的力度抓好燃煤污染治理、工业污染防治、机动车尾气污染治理、面源污染治理和精准应急减排等重点工作，坚决扭转目前大气主要污染物“不降反升”的被动局面，确保圆满完成省政府下达承德市的大气污染综合治理各项目标任务。刘宏伟就做好全市大气污染综合治理工作讲了具体意见。

6月16日，承德市深入践行“两山理论”积极推动森林资源产业发展座谈会在围场召开。河北省人大常委会副主任、中共承德市委书记周仲明主持会议并讲话。市领导刘文勤、吴清海、王成出席会议并讲意见。会议听取围场满族蒙古族自治县林业集团工作开展情况、平泉黄土梁子林场林业经济发展情况汇报，听取丰宁千松坝林场、御道口牧场森林资源情况与森林资源经营设想及意见建议。市委办、市林业和草原局、市国控集团、市国投集团、围场满族蒙古族自治县、御道口牧场等相关负责人在会上作了发言。

7月10日，承德市召开森林生态经营专题座谈会。河北省人大常委会副主任、中共承德市委书记周仲明出席并讲话。市委副书记安国富，市委常委、统战部部长吴清海出席会议。会议听取了市森林生态开发集团有限公司工作进展情况的汇报，相关市直部门发言，与会市领导讲意见。周仲明强调，要深入研究生态经营路径，做好林权、承包权、经营权“三权分置”文章，在明晰权属的基础上，通过购买、租赁、入股、托管等方式，搞好碎片化、分散化生态资源的整合、优化。市政府秘书长，市委办、市政府办、市森林和草原局、市财政局、市自然资产和规划局、市国资委、市市场监督管理局、市农业农村局、市扶贫办、市林业集团等单位的主要负责人参加会议。

8月23日，承德市召开全市洁净煤取暖工作会议。河北省人大常委会副主任、中共承德市委书记周仲明出席会议并讲话，市委副书记、承德市政府市长常丽虹主持会议。市领导李晋宇、刘新宇、董正国、王成、刘宏伟出席会议。省第二督查组组长应邀出席会议。会上，围绕如何做好洁净煤取暖工作，市发改委、市市场监督管理局、双桥区、围场满族蒙古族自治县进行发言；周仲明代表市委、市政府与各县区、相关市直部门签订责任书。周仲明在会上强调，要确保实现全域洁净煤取暖全覆盖。要突出煤源供应，保证清洁型煤、“无烟1号”和兰炭充足供应。要保证产品质量，认真执行国家强制标准，保证百姓使用方便，确保不让一户群众挨冷受冻。

12月28日，河北省政府省长许勤主持召开河北省推进承德国家可持续发展议程创新示范区建设工作领导小组第一次会议。会议研究通过了领导小组工作规则、领导小组办公室工作细则等文件。省领导袁桐利、周仲明、徐建培、葛海蛟参加会议。许勤在会上强调，要明确思路、突出重点，找准路径、把准方向。承德市要聚焦“城市群水源涵养功能区可持续发展”主题，瞄准“三区一城”发展定位，大力实施水源涵养能力提升、绿色产业培育、精准扶贫脱贫和创新能力提升等行动。要以创新、绿色、改革、开放为路径，面向可持续发展的重点领域和关键环节，集中开展技术攻关和试验示范，立足本地资源禀赋将“绿水青山”打造为新的竞争优势，敢闯敢试形成一批制度创新成果，拓宽视野引入外部资源、学习先进经验，助力创新示范区建设。要坚持问题导向，针对水源涵养功能不稳固、精准稳定脱贫难度大等问题，探索适用技术路线和系统解决方案，推广塞罕坝林场“生态文明建设范例”成功经验，以绿色产业带动脱贫致富，坚决当好首都绿色“护城河”、生态“护城河”。许勤强调，创新示范区建设是一项系统性、全局性工程。要加强组织领导，省政府分管领导加强督促指导，承德市履行主体责任，领导小组成员单位站位全局、分工协作，举全省之力完成好创新示范区建设目标任务。要强化政策支持，领导小组成员单位要根据建设目标、重点任务和承德诉求主动研究，拿出实实在在的支持政策，加快形成省市配套的政策体系。要强化宣传引导，广泛宣传创新示范区建设的重大意义、鲜活实践和重要成果，调动社会各方力量参与支持创新示范区建设。

【全市城乡建设类会议】 3月29日，承德市召开精神文明建设委员会全体（扩大）会议暨创城工作推进会议。省人大常委会副主任、市委书记周仲明出席会议并讲话市领导李晋宇、刘新宇、刘宏伟出席会议。周仲明强调，要大力开展社区小区综合提升行动，加快推进老旧小区改造升级，统筹推进社区建设，着力提升服务水平。积极开展交通秩序治理提升行动，加快实施中心城区畅通工程，加强停车场建设管理，实施最严格交通整治措施。扎实开展重要节点整治提升行动，集中整治城乡接合部、背街小巷和农贸（集贸）市场，确保取得实效。认真开展市容环境整治提升行动，落实承德市城市市容和环境卫生管理条例，促进改善提升。着力开展市民文明素质提升行动，引导广大市民争做文明行为的践行者、文明礼仪的传播者。市文明委各成员单位、创城工作领导小组成员单位主要负责人及创城办全体人员在主会场参加会议。双桥区、双滦区、营子区和承德高新区设分会场。

10月10日，河北省人大常委会副主任、中共承德市委书记周仲明主持召开“不忘初心、牢记使命”主题教育征求意见座谈会，重点围绕加快国土空间总体规划编制，广泛听取意见建议。市领导李晋宇、刘宏伟，市委秘书长傅海旺参加座谈。周仲明在会上强调，要突出国土空间规划保护性，始终坚持“生态优先”发展理念；要突出国土空间规划发展性，进一步优化城乡结构，构建完善中心城区、县城、中心镇、中心村四级城乡结构体系，进一步优化产业布局；要突出国土空间规划衔接性，按照“多规合一”要求，注重与中央、省重大决策部署相衔接，注重与在编的国民经济和社会发展“十四五”规划相衔接，注重与市县两级统筹发展相衔接，充分借鉴外地先进地区经验，汇聚多方力量和智慧，全力编制出高质量国土空间规划。座谈会上，中国城市规划院、承德市规划院就做好国土空间总体规划编制工作提出了意见建议，承德市自然资源和规划局等市直有关部门进行了座谈发言，与会市领导讲了意见。

【全市扶贫济困类会议】 2月18日，承德市召开扶贫开发和脱贫工作领导小组会议。河北省人大常委会副主任、中共承德市委书记周仲明出席会议并讲话。市委副书记、市长常丽虹主持会议。省委第二督察组组长张建军，市领导安国富、丁伟、刘新宇、吴清海、杨培苏、任武军、杨春武、丁然、郭士刚、苏铁成、董正国、王成、刘宏伟出席会议。会上，围场满族蒙古族自治县、丰宁满族自治县、隆化县分别就脱贫方案进行了汇报。与会领导就脱贫方案进行点评并讲了意见。周仲明强调，要聚焦贫困退出标准，扎实做好各环节工作，深入实施好“智”“志”双扶攻坚行动。承德市政府秘书长，市直有关部门主要负责人，围场、丰宁、隆化党委、政府主要负责人参加会议。

8月14日，承德市扶贫开发和脱贫工作领导小组（扩大）会议召开。河北省人大常委会副主任、中共承德市委书记周仲明出席会议并讲话。市委副书记、市长常丽虹主持会议，市领导安国富、吴清海、杨春武、何军、董正国、王成讲意见。各县（市、区）委书记及分管副职，市领导小组成员单位主要负责人，各县（市、区）扶贫办主要负责人，驻各县（市、区）脱贫攻坚督查巡查组组长参加会议。周仲明在会上强调，脱贫攻坚已经到了冲刺阶段，要瞄准目标任务，突出问题导向，全面排查整改。聚焦重点任务，强力推进深度贫困县脱贫摘帽。常丽虹强调，要坚持问题导向抓落实，再开展一次全面“回头看”，针对发现问题建立台账清单，逐项销号，举一反三，推动脱贫质量全面提升。

8月26日，在集中收听收看河北全省脱贫防贫暨“千企帮千村”工作推进电视电话会议后，承德市衔接召开会议进行安排部署。市委副书记、市长常丽虹主持会议并讲话。市领导吴清海、苏铁成、任武军、杨春武、何军、丁然、王成、刘宏伟、张富民、王利华出席会议，省第二督查组副组长张俊岩应邀出席会议。市政府秘书长崔万峰，市扶贫开发工作领导小组成员单位、市市场监督管理局、市税务局主要和分管负责人，民营企业代表在主会场参加会议。各县（市、区）、承德高新区、御道口牧场管理区设分会场。常丽虹强调，要集中解决“两不愁三保障”突出问题，扎实做好三个深度贫困县退出工作，确保完成。

8月29日，承德市召开易地扶贫搬迁暨光伏扶贫工作推进会议，传达河北全省易地扶贫搬迁现场会议精神，通报承德市易地扶贫搬迁及光伏扶贫工作情况，部署下一步工作。中共承德市委常委、承德市政府常务副市长李晋宇主持会议并讲话。副市长王成出席会议。李晋宇强调，针对存在的问题，进一步强化督导。要关注百姓反映强烈的重点问题，迅速开展“回头看”，彻底消灭“不到位”的问题。王成对开展易地扶贫搬迁及光伏扶贫工作提出了具体意见。

【全市安全生产类会议】 9月5日，承德市政府召开食品安全委员会全体会议，学习贯彻习近平总书记关于食品安全工作的一系列重要指示，认真落实中央和省委、省政府决策部署，对做好当前和今后一个时期食品药品安全工作进行安排部署。市长、市食安委主任常丽虹出席会议并讲话。市委常委、副市长杨春武主持会议。市食安委全体成员单位主要负责人参加会议。常丽虹强调，要做到保货源、保质量、保安全、稳物价，让全市人民群众过一个欢乐祥和的节日。会议传达学习了《地方党政领导干部食品安全责任制规定》和《关于深化改革加强食品安全工作的意见》；通报2018年河北省政府对承德市食品药品安全考核评价结果；听取相关部门关于2019年食品药品安全工作进展、整改落实和承德市生猪生产情况汇报；审议通过了承德市《关于调整市政府食安委成员单位明确食品安全责任的通知》《关于印发〈市政府食安委议事规则〉〈市政府食安委办公室工作规则〉的通知》。常丽虹在会上强调，要按照最严谨的标准、最严格的监管、最严厉的处罚、最严肃的问责“四个最严”要求，严把源头，严格监管，严查隐患，严管重罚，坚持零容忍执法。杨春武就做好全市食品药品安全工作讲了具体意见。

9月26日，第三届塞罕坝及周边区域森林草原防火联防联控工作联席会议在塞罕坝机械林场举行。承德市政府市长常丽虹，赤峰市委常委、副市长王晓东出席会议并讲话。承德市政府副市长王成主持会议。塞罕坝机械林场、御道口牧场管理区、围场满族蒙古族自治县，内蒙古自治区克什克腾旗、多伦县、红山军马场等有关负责人参加会议并依次发言。常丽虹代表市政府与围场满族蒙古族自治县、塞罕坝机械林场、御道口牧场管理区签订森林草原防火责任书。常丽虹在会上强调，要把握关键环节，加大宣传声势，筑牢第一道防线；加强隐患排查，全面消除盲区死角；严格火源管控，着力打好主动防御战。常丽虹强调，要树牢“一盘棋”思想，进一步完善联防联控机制，切实做到科学决策、统一指挥，加强沟通，确保塞罕坝及周边地区安全。王晓东强调，要提高政治站位，强化生态保护，切实把祖国北方生态安全屏障建设好。要协调配合，建立完善区域联防联控工作机制，切实做到统筹协调，协同作战。要严格火源管控，进一步筑牢用火审批、日常巡查巡护、火灾联防联控和火情监测防线，全力消除火灾隐患。

重要文件

【经济发展】 1月3日，下发承德市人民政府办公室关于印发承德市市场主体集群注册登记管理试行办法的通知，旨在进一步优化营商环境，大力支持和服务市场主体发展，营造承德市“大众创业、万众创新”的良好氛围。

1月18日，下发承德市人民政府办公室关于建立税收经济分析联动工作机制的实施意见，旨在从税收角度观察经济运行情况，折射经济社会发展中值得关注的问题，发挥好“以税咨政”作用。

1月28日，下发承德市人民政府关于积极有效利用外资推动经济高质量发展的实施意见，旨在积极有效引进外资，全面提高利用外资水平和质量，努力走出一条以扩大开放助推高质量发展的新路。

3月21日，下发承德市人民政府办公室关于进一步降低成本减轻负担促进实体经济企业发展的落实意见，旨在进一步有效降低实体经济成本、切实减轻企业负担，促进承德市经济高质量发展。

4月1日，下发承德市人民政府办公室印发承德市关于完善促进消费体制机制实施方案（2019—2020年）的通知，旨在加快破解制约全市居民消费最直接、最突出的体制机制障碍，培育新的消费增长点，增强消费对经济发展的基础性作用。

4月3日，下发承德市人民政府办公室关于全面落实减税降费专项计划实施意见，旨在抓紧贯彻执行更大规模的减税、更为明显的降费，更好地促进实体经济健康发展。

6月26日，下发承德市人民政府办公室关于印发《承德国家可持续发展议程创新示范区2019年实施方案》的通知，对工作思路、工作目标、重点工作、保障措施等方面作出明确规定。

11月12日，下发承德市人民政府办公室关于印发承德市提升土地利用质量效益的实施方案的通知，旨在完善土地利用和管理制度，推动土地利用方式转变，提高单位面积土地投入和产出水平，全面提升土地资源综合效益。

【深化改革】 4月16日，下发承德市人民政府办公室关于印发承德市全面推行行政执法公示制度执法全过程记录制度重大执法决定法制审核制度实施方案的通知，旨在着力推进行政执法透明、规范、合法、公正，不断健全执法制度、完善执法程序、创新执法方式、加强执法监督，全面提高执法效能，推动形成权责统一、权威高效的行政执法体系和职责明确、依法行政的政府治理体系，确保行政机关依法履行法定职责，切实维护人民群众合法权益。

4月17日，下发承德市人民政府办公室关于印发承德市开展城乡居民增收综合配套政策试点实施方案的通知，旨在围绕技能人才、新型职业农民、科研人员、小微创业者、企业经营管理人员、基层干部、有劳动能力的困难群体等增收潜力大、带动能力强的重点群体和推动重点地区率先突破，深化收入分配制度改革，制定综合配套政策，完善促进城乡居民增收的体制机制，扩大中等收入群体。

4月22日，下发承德市人民政府办公室关于印发承德市推进运输结构调整实施方案（2018—2020年）的通知，旨在深化交通运输供给侧结构性改革，推进大宗货物运输“公（路）转铁（路）”，形成“宜铁则铁、宜公则公、宜水则水”的综合运输发展格局，打好污染防治攻坚战、打赢蓝天保卫战。

7月8日，下发承德市人民政府关于印发深化“放管服”改革优化科研管理若干政策措施的通知，旨在着力完善以信任为前提的科研管理机制，抓好赋予科研机构和人员更大自主权有关文件落实，最大限度为科研人员减负松绑。

12月25日，下发承德市人民政府办公室印发《关于进一步深化医药卫生体制改革的实施意见》《关于改革完善医疗卫生行业综合监管制度的实施方案》《关于促进3岁以下婴幼儿照护服务发展的实施意见》的通知，旨在突出“四医联动”（医疗、医保、医药、医价联动），强化改革的整体性、系统性和协同性，正确处理政府、医院、医生、患者利益关系，完善分级诊疗、现代医院管理、全民医保、药品供应保障、综合监管五项制度，推动中医药传承创新发展，调动医务人员积极性，优化基本公共卫生服务体系，建立健全覆盖城乡、公平可及的基本医疗卫生制度和基本医疗保险制度，构建上下贯通、防治结合、优质高效的整合型医疗卫生服务体系，全方位、全周期保障人民群众健康。

【环境保护】 1月20日，下发承德市人民政府办公室关于印发承德市2019年全面推进农村人居环境整治实施方案的通知，旨在以农村生活垃圾、厕所革命、生活污水治理、村容村貌提升等为主攻方向，建立健全长效运行管理体制机制，整合资源，集中力量，强化举措，加快补齐农村人居环境短板，建设生态宜居美丽乡村。

3月12日，下发承德市人民政府办公室关于印发承德市2019年洁净型煤保供推广实施方案的通知，旨在切实做好清洁能源替代未覆盖区域居民洁净型煤保供推广使用工作，减少居民冬季散煤取暖对大气环境的影响。

6月17日，下发承德市人民政府办公室关于印发《承德市2019年农村生活垃圾治理行动实施方案》的通知，旨在切实改善农村人居环境。

7月22日，下发承德市盘活工业企业低效用地的实施意见（试行），旨在进一步盘活城镇存量低效土地资源，促进节约集约用地，优化中心城区产业布局，加快工业企业转型升级，改善城市生态环境。

12月10日，下发承德市人民办公室关于印发承德市中心城区声环境功能区划分方案的通知，旨在切实做好环境噪声管理和污染防治工作。

12月19日，下发承德市人民政府办公室关于进一步加强全市医疗废物处置收费管理的通知，旨在全面实行医疗废物集中处置，防止医疗废物污染环境，保障人体健康。

【科教文卫】 1月8日，下发承德市人民政府办公室关于印发承德市劳动模范管理办法的通知，对有关工作机构及主要职责、推荐评选和命名表彰、奖励与待遇、日常管理、取消荣誉称号等方面作出明确规定。

1月22日，下发承德市人民政府办公室关于转发承德市教育局、中共承德市委机构编制委员会办公室、承德市财政局、承德市人力资源和社会保障局《公费定向培养乡村小学全科教师实施办法》的通知，对实施范围和培养模式、实施程序和办法、服务期内的管理、组织机构和职责分工、工作要求等方面做出明确规定。

4月19日，下发承德市人民政府办公室关于印发承德市促进“互联网＋医疗健康”发展实施意见的通知，旨在利用大数据、人工智能、移动互联网和云计算等技术，多层次提供互联网医院、电子健康卡、网上购药、便民支付、远程医疗、家庭医生等便捷、智慧、精准的“互联网＋医疗健康”服务，实现医疗健康与互联网深度融合，推动健康承德建设。

4月24日，下发承德市人民政府办公室关于印发承德市加快科技服务业高质量发展实施意见的通知，旨在培育壮大科技服务市场主体，健全科技创新服务链，促进科技服务专业化、网络化、规模化，提升全市科技服务业水平。

5月6日，下发承德市人民政府办公室关于印发承德市城镇小区配套幼儿园专项治理工作方案的通知，旨在解决小区配建幼儿园“规划不到位、建设不到位、移交不到位、使用不到位”等突出问题，增加城镇学前教育资源特别是普惠性学前教育资源供给，逐步解决城镇“入公办园难”“入普惠性民办园难”“就近入园难”问题，满足适龄儿童就近接受普惠性学前教育的需求。

8月27日，下发承德市人民政府办公室关于印发《承德市“小饭桌”服务管理暂行办法》的通知，对“小饭桌”基本条件、信息申报和公示、开办者责任、监督管理、法律责任等方面做出明确规定。

9月16日，下发承德市人民政府办公室关于落实国家基本药物制度的实施意见，旨在着力保障药品安全有效、价格合理、供应充分，逐步缓解“看病贵”问题。促进基层和二级以上医疗机构用药衔接，助力双向转诊和分级诊疗制度建设。

11月6日，下发承德市人民政府办公室关于印发承德市文化旅游等产业发展实施方案的通知，对总体目标、发展重点、实施路径、进度安排、保障措施等方面做出明确规定。

12月16日，下发承德市人民政府办公室关于印发承德市冰雪产业发展规划（2018—2025年）的通知，旨在加快推动承德市冰雪产业发展，全力配合筹办2022年北京冬奥会。

12月21日，下发承德市人民政府办公室关于印发承德市提高城市国际化建设水平实施方案的通知，旨在着力完善城市国际化功能，提升经济发展、贸易便利化、服务设施和交往平台的国际化水平，增强对国内外优质要素的吸引力，打造具有国际影响力的国际旅游城市。

【社会民生】 4月18日，下发承德市人民政府办公室关于印发承德市特定行业从业人员健康检查管理工作方案的通知，旨在简化体检流程、提高服务效率，切实减轻企业和个人负担，促进实体经济发展，全面规范特定行业从业人员免费健康检查工作。

5月21日，下发承德市人民政府办公室印发关于开展消费扶贫助力打赢脱贫攻坚战的行动方案的通知，旨在引导、促进社会各界通过消费来自贫困地区和贫困人口的产品和服务，帮助贫困人口脱贫增收。

5月31日，下发承德市人民政府关于启动社会救助和保障标准与物价上挂钩联动机制的通知，旨在保障市内享受抚恤补助的优抚对象、城乡低保对象、特困人员、领取失业保险金人员的生活需要。

7月30日，下发承德市人民政府关于印发

承德市残疾儿童康复救助实施方案的通知，旨在建立和完善残疾儿童救助制度和服务体系，提升救助能力，着力保障残疾儿童基本康复服务需求。

8 月 5 日，下发承德市人民政府办公室关于印发《集中式地表水饮用水水源地突发环境事件应急预案》《集中式地下水饮用水水源地突发环境事件应急预案》的通知，旨在保障饮水安全。

8 月 14 日，下发承德市人民政府办公室关于印发双桥区老城区老旧小区改造实施办法（试行）的通知，对组织机构及职责分工、改造实施等方面作出明确规定。

9 月 16 日，下发承德市人民政府关于推行终身职业技能培训制度加快技能强市建设的实施意见，旨在全面提高劳动者素质，建设知识型、技能型、创新型劳动者大军。

12 月 16 日，下发承德市人民政府办公室关于印发承德市重大气象灾害应急预案的通知，对组织指挥体系及职责、监测预警、应急响应、保障措施、灾后处置、风险管理、预案管理等方面作出明确规定。

12 月 19 日，下发承德市人民政府办公室关于印发《承德市进一步加快社会信用体系建设的实施意见》的通知，旨在加快社会信用信息共享平台建设，加强信息归集、征集和共享，完善信用评价体系，建立健全守信联合激励和失信联合惩戒机制，开展信用惠民便企行动。

附：市政府领导名录

市　　长：常丽虹（女）
常务副市长：李晋宇
副 市 长：任武军
杨春武
何　军（4 月任）
郭士刚
苏铁成（6 月免）
董正国（满族，9 月免）
王　成
刘宏伟
宁金龙（6 月任）
崔万峰（满族，9 月任，兼秘书长）
秘 书 长：崔万峰（满族）
常务副秘书长：刘树华（满族）
副秘书长：赵长智（满族）
薛莲蒂（蒙古族，兼）
丛云飞（满族）
刘英杰（满族）
孙　雷（蒙古族，1 月免）
遇建军（满族，1 月免）
丁贺成（满族）
尚晓辉（蒙古族，11 月免）
程志忠（满族，1 月任）
宋宇宁（3 月任）
孙大光（挂职）
张志远（蒙古族，挂职，7 月任）
李树德（满族，兼，挂职，1 月免）
王春田（满族，挂职）
刘凤民（挂职，1 月免）
刘秉奇（满族，挂职）
高　萍（女，挂职）
张立军（回族，挂职，8 月任）

政府办公室工作

【参谋服务】 及时学习掌握中央、省、市的各项方针政策，跳出问题本身看问题，做到吃透上情、了解外情、熟悉市情，遇到难点、重点，不耻下问，向领导请教、向部门探讨、向群众征求意见、到先进地区取经，下基层调研，从而透过现象看本质、看全面，抓症结，工作的科学性、针对性、预见性、有效性不断增强，努力具备胸有成竹地发挥作用的能力。紧密结合国家和省出台的一系列促进经济发展的重大决策部署，协助领导找准上级政策与承德市经济社会发展的结合点，力求“谋”在关键处,“参”到点子上,“动”在时机上。坚持材料为王、以文立室，着力在把握上级意图、反映基层实际、贴近领导风格、契合场景实况、突出目的实效五方面提炼材料，综合文字更加体现工匠精神，文字质量不断提高。全年组织起草政府工作报告、经济会讲话等重要文稿200余件，协调组织市直有关部门制定民营经济高质量发展20条、工业投资20条、金融服务实体经济10条等重要文件160余件，为推动全市经济社会发展提供了可靠依据和有力抓手，文稿的一次通过率达到95%以上。

【督察督办】 对河北省政府督查室交办的问题线索,及时进行安排部署,逐项进行实地核查。全年,共收到省政府督查室交办国务院“互联网＋督查”平台反映问题线索42个,其中已完成整改20项,剩余22项正在有序推进。印发《承德市人民政府关于印发2019年重点工作目标任务分解方案的通知》（承市政〔2019〕13号）《承德市人民政府办公室关于印发河北省人民政府2019年重点工作涉及承德市目标任务分解方案的通知》(承市政办〔2019〕3号)，明确责任单位和责任人，纳入电子督查考核平台系统,建立督查电子台账，随时掌握工作进展情况，全程进行跟踪督办。实行市长调度机制，市长先后组织召开省市民生工程调度会5次，其他分管副市长每半月调度一次分管领域的民生事项；对领导批示件坚持第一时间向下交办，分轻重缓急跟踪督促、催办，特别是针对群众信访批示件，要求限时反馈；对紧急和重要的信访批示件实行现场督查、催办；对市政府主要领导有明确批示的事项，全部纳入督查电子台账管理，并列入年终考核。采取“1+4”督查工作模式（“1”即“督考合一”工作机制;“4”即新闻媒体＋督查、暗访＋督查、互联网＋督查、督查工作“两条线”四种工作方法）强力推动各项工作的落地落实。全年共督查督办河北省、承德市政府重点工作406项，其中省重点工作涉及承德市215项、市政府重点工作191项，重点督办省、市民心工程各20项；落实省政府督查事项43项；市政府领导批示事项42项；完成省委、省政府、市政府各专项督导检查等12项；筹备组织召开市政府常务会议17次，督办落实市政府会议议定事项93项；向市领导呈报《督查专报》17期，下发督办通知29期。各项督查工作做到了“件件有着落，事事有回音”，办结率达到100%，专报采纳率100%。

【政务信息】 全年共编发各类信息刊物246期，累计采用各县区、部门信息2300余条。向省政府办公厅信息处报送信息1500余篇，其中被省政府办公厅采用98篇、国务院办公厅采用10篇。2019年被省政府办公厅评为信息报送优秀单位。其中，全年共报送《上报国办》信息149篇，较去年增加41.9%，经省政府办公厅审核把关后，上报至国办的信息42篇，国办采用10篇，较去年增加一倍，为历年最好水平。

【政务公开】 制定印发《2019年政务公开工作要点》等文件，主动公开政府文件349件，解读商事登记、创新创业、促进投资、产业发展等重要政策10件，让广大群众和市场主体看得懂、能领会、用得好，最大程度地发挥政策效应。完善受理、审查、处理、答复以及存档备查等各个环节工作，依法依规满足人民群众的特殊信息要求。对涉及多个地方或部门的申请事项，加强会商协调，依法依规妥善处理。全年共处理信息公开申请39件，全部按《条例》和《实施办法》规定予以答复。由信息公开引起的行政复议2件，全部胜诉。下发《关于做好网民留言工作的通知》，进一步明确了网民留言办理工作的规范化、制度化，同时认真调查核实每一条留言，不断提高办理质量及效率，逐一电话回访，做到件件有着落，事事有回音。全年累计处理省长留言146条，回复率100%。市长留言218条，回复率100%，满意度98.04%。人民网从全国5000多家留言办理单位中评选出“2019年人民网网民留言办理民心汇聚单位”，承德市成功入选。

【建议提案办理】 落实主要领导负总责、分管领导直接管、办公室总协调、承办人员具体办的“3+1”办理机制；严把批办、交办、督办、协办等各个环节制度关，完善建议提案办理工作各项机制，严格审核相关办理程序，对交办、承办、审查、答复、查办、总结、归档等各个环节工作都有关于分工和责任的规则；对各承办单位答复件文字、格式、内容的要求作出规定并严格审查；加强与各承办单位的沟通联系，及时掌握办理进度和情况，帮助解决办理过程中存在的问题。将建议提案中提出的问题，作分析和梳理，拟订调研提纲，深入基层进行调研，使建议提案的办理更加科学合理；按照省政府推动建议提案复查工作的总体安排，带领市政府相关承办单位对2018年、2019年的省级建议、提案进行复查，复查中注重加强跟踪问效，核查答复承诺兑现情况，落实办理目标情况。全年市政府系统共办理建议提案634件，其中国家级建议提案3件（其中会办2件，阅研1件）、省级建议提案主办15件（其中建议10件，提案5件）、省级建议提案会办16件（其中建议11件，提案5件）、市级建议252件、市级提案347件，共涉及43个承办单位。本年承办件按时办结率、规范化率、走访率均达100%，代表、委员满意率达96%以上。本年承办工作在河北全省政府系统考核中获得优秀等次，并受到河北省人大表彰和河北省政协领导的表扬。

【公文处理】 严抓办文程序，按照“办文制度程序化，办文处理制度化，办文管理规范化”的要求，建立了查找迅速、运转快捷、安全保密、归档及时的新型办文模式，严把时效环节，保障文件登记、拟办意见、传阅无周转时间差，做到“文不过夜、事不隔天；随到随办，急件急办”；严把保密环节。严格执行秘密文件和软件的登记、制发、传阅、保管、存档、销毁制度，随时、随机抽查、检查，保持警钟长鸣，保障涉密载体的安全，全年未发生泄密事件。规范发文处理程序，文件印发必须遵守“经拟稿单位起草审核，主管秘书长确认签字，秘书科编号、排版，确保纸质稿和电子稿无差误”程序，确保公文载体准确无误，有据可查。严格按照程序做好档案的鉴定、销毁、归档、查阅工作，做到责任到人，措施到位；配合市档案局推进全市档案管理数字化建设，保质保量完成本年公文归档工作；圆满完成市政府办公室档案工作管理本年目标。全年共传阅上级文件6200余人次，办理值班报告136件，密码电报18件，编发市政府和市政府办公室各类文件570件；排版印刷政府文件、信息、纪要、专题和领导讲话等材料160余万份；送公文交换站文件约12000余份，取回市委、本级涉密和中央省委文件约5000余份，外送机要件1056件，EMS、挂号信、平信约580件。

【值班工作】 制定《承德市政府系统值班工作规定》，下发了《关于加强值班工作的通知》，对所有带班领导和值班人员进行业务培训，重点要求对各类来电、函件、电报登记等公文处理工作必须达到条理清楚、分类明确、记录完整、及时准确、有据可查的标准；严格执行市领导和办公室领导24小时在岗带班、值班人员双人24小时在岗值班制度；设置办理涉密文件的专门场所，配置了专用涉密计算机，涉密文件的处理流程按照《值班人员办理涉密文件暂行办法》执行。全年上报值班报告760余件，通过OA系统上报各类文件800余件。通过多种形式对市政府系统各单位和各县市区政府的值班值守工作进行不定期督导检查，随时到基层单位随机抽查暗访，对发现的问题直接通报给部门、县市区一把手。以敏捷反应为第一要务，确保突发事件信息得到及时处理，注重信息研判，情况复杂时采取多渠道核实信息的方式验证情况的真实性和准确性，尽可能最大限度掌握关键信息，争取时间迅速向上汇报；认真、及时办理各级领导对突发事件的重要批示指示，保证事件得到及时有效处理，加强部门间衔接，严防疏漏。

【群众热线】 坚持全方位立体式全覆盖宣传，知晓度大幅提升。全年共受理群众来电18.8万件次，同比增长一倍，办结率为98%，群众满意率为98.7%，荣获全市“争创青年文明号”资格。与纪检部门配合，对承办部门办理情况实施动态监督，对“不作为、慢作为、乱作为”问题随时查处问责，切实提高办理效率和质量。为方便群众，大力推进实施“一号对外”工程，整合17条非紧急类政务服务热线，解决了一直以来困扰群众的“号难记、话难通”问题。以举办京津冀城市政府服务热线协同发展会议为契机，精心谋划，确定以弘扬塞罕坝精神为主题，全面展示承德市长热线面貌和承德良好形象，取得了显著效果，得到了北京、天津及省内各兄弟市的一致肯定。

【电子政务】 在细化互联网访问规则，加强对电子政务外网传输信息管理的前提下新增数据安全设计中心服务，服务包括态势感知服务、安全服务、数据分析服务。同时提升电子政务外网使用范围，提高链路带宽。将电子政务外网市政府到市直部门财政拨款单位的链路由50条增加到了60条，带宽由50M提升到了100M；本年有国网承德供电公司等7个单位加入承德市电子政务外网。承德市政府网站集约化平台项目于10月上线运行。该平台有26家政府网站，包括承德市人民政府门户网站和25家市政府部门网站。平台建成后可更方便地解决各类问题并降低运行费用。承德市人民政府网站增设了《“不忘初心牢记使命”主题教育征求意见箱》等栏目；完善了《互动交流》等栏目。全年共刊发专题稿件1000余篇，发布各类信息7000余条。“承德市政府”微信公众平台有关注用户7049名，发布各类信息150篇，阅读量约为6.9万次，朋友圈转发1.7万次，朋友圈阅读5.4万次。在抓内容建设的同时，依托政府网站监测软件，通过“机器扫描+人工检测”的方式对全市政府网站进行抽查、检查，发现问题，立即责令整改。办公平台OA系统通过新增资料库模块，实现文件查找功能，可满足文件的搜索、查阅等需求。本功能全年共处理相关公文4300余件，促进了办公效率的提高；政务安全邮件系统正式上线运行。安全邮件系统具备安全Web邮箱功能、邮件加密存储功能、反垃圾功能、防病毒功能等功能，建账号2443个，政务安全邮件系统的使用提升了文件传输的安全性。

【金融工作】 建立激励机制，出台了《承德市银行业金融机构评价与激励办法（试行）》（承市政办字〔2019〕51号）。全市金融机构人民币存款余额2907.5亿元，同比增长8.8%；各项贷款余额2470.2亿元，同比增长12.1%。增量存贷比108.2%，全省排名第3；存量存贷比85%，全省排名第2，保持了较高的运行水平。保险业方面，全市实现保费收入76.13亿元，同比增长8.46%，其中财产险公司保费收入21.76亿元，人身险公司保费收入54.38亿元。累计支持赔款及给付21.72亿元，其中财产险公司支付赔款10.60亿元，人身险公司支付赔款及满期给付11.11亿元。加强经营业务监管。先后完成全市58家小额贷款公司、23家典当行和18家融资担保公司的年度审计工作，共有15家典当企业、8家分支机构获A类通过；8家典当企业、8家分支机构获B类通过。搭建政银企精准对接会商平台，多层次开展政银企对接活动。全年全市范围共组织开展银企对接、资金对接洽谈和发布活动126次，参加对接洽谈企业达2666户，意向贷款151.7亿元，实际投放贷款 51.3亿元。挂牌上市工作。制定了《承德市培育上市挂牌企业工程实施方案》，全年有60家发展前景好、财物管理规范、社会责任感强等方面突出的企业入库，平均每个县市区达到5家。对重点拟上市的23家企业进行走访调研，筛选出12家重点推动的拟上市企业。本年有5家企业在石交所正式挂牌。防范化解风险。出台了《承德市地方金融监管和风险防范化解责任清单》，承德市负责的1个重大风险点和19个一般性风险点的处置化解工作积极稳妥。重大风险点按既定计划稳步推进，未发现不稳定因素。19个一般性风险点均采取有效措施妥善处置，有10个已经提交销号申请并经过了省检查组现场实地检查，1个新销号待省检查，剩余8个均已进入司法程序或由公安机关立案侦查。

【地方志】 强化承德年鉴编纂质量。为了提高编纂质量和效率，加强督导上稿，想方设法搜集、挖掘各领域图片，努力使之图文并茂。反复研究、精益求精设置框架结构，严格按国家编纂规定标准把关、修改，尽可能较好地展示全市各行各业新动态、新成果，宣传承德新变化、新面貌，树立精品意识，学习先进经验，经过系统攻关、精心斟酌、数易其稿，《承德年鉴（2019卷）》全面完成。

竭力搞好资源开发利用。坚持将地方志和社会经济文化相统筹，本着既立足地方志工作实际，又服务经济社会发展的原则，积极参加国家地方志建设工程。《河北塞罕坝生态文明建设实践》入选《中国地情报告（2018）》之后，受邀参加了2019年3月26日在北京举行的中国地情论坛，承德市地方志代表4个省的5个案例，对生态文明版块进行成果发布。3月至5月间，三次去平泉市政府及椁椤树等5个村镇进行调研、考察，深入研究平泉中心村建设情况，将其置于国家乡村振兴的大背景下考虑，并与脱贫攻坚、撤县设市、小城镇和美丽乡村建设等重大事项紧密相连，撰写了《贫困山区推进中心村建设的“平泉样本”》文章，通过了中国地方志专家组初审、复审、三审，入选全国地方志“一体两翼”工程《中国地情报告（2019—2020）》。配合中指组办公室完成了中国影像志隆化篇、围场篇志稿审核，两县影像志都在央视10台播出。

统筹推进部门志专业志编纂。全力统筹推进市级部门志、专业志编纂。印发了《关于进一步

2019年3月26日，承德市地方志办公室参加第二届中国地情论坛暨全国地方志“一体两翼”工程成果发布会。图为市方志办主任奚晓红在大会发言，代表生态文明版块的5个省市的案例进行成果发布

2019年3月至5月间，承德市地方志办公室三次去平泉市政府及椁椤树等5个村镇进行调研、考察平泉中心村建设情况。图为由平泉市政府办公室召开的市直有关部门和乡镇座谈会

加强 2019 年全市部门志专业志编写工作的通知》，对加强修志工作领导、推进志书编纂进度、提高志书编纂质量、严守志书评审程序等做出规定，提出明确要求。同时全力督导、指导各部门单位认真编纂，并按照三审三校规定程序严把志稿质量关，从保密、篇目、内容、政治关、指导思想等各个环节进行全方位的把关。审改部门志稿 60 余部次，提出修改意见近 3000 条。《承德市志·民建志》《承德市志·国税志》等 6 部志书出版发行，召开了《承德市志·科技志》等 6 个部门志书评稿会，总计有《承德市志·审计志》等近 20 部志书进入出版程序。各县也相继开展了部门志专业志编纂，《围场政协志》《隆化法院志》《丰宁人大志》《平泉市档案史志志》《滦平县法院志》《宽城法院志》等编纂中。

全力督导县区志鉴。为确保按要求完成列入省、市政府重点目标任务的“两全目标”任务，下大力量督导指导，5 月 6 日、9 月 6 日市政府办公室分别下发了《关于确保完成全市地方志“两全”目标工作的通知》和《关于转发省政府办公厅〈关于加快推进全省完成地方志“两全目标”任务的通知〉切实加强地方志工作队伍建设的通知》，6 月 24 日市地方志办公室召开了全市地方志系统两全目标专题工作调度会，要求各县（市、区）务必认识到工作的紧迫性和严峻性，千方百计克服困难、狠抓落实、提质提效，在保障按时限完成的前提下，严把质量关，确保志鉴编纂质量，确保按时完成任务。并以电话、培训、到有关县市区调研等多种形式进行督导指导。县区 2019 年综合年鉴工作中，围场、丰宁、隆化、兴隆、滦平、双滦区、承德县、营子 8 个县（区）年鉴已完成编纂进入出版程序，平泉、宽城、双桥区 3 个县（市、区）正在编纂中。志书工作中，除双桥区志外，其他列入省规划的县（市、区）均完成任务。双桥区志已完成三审。

加大乡镇村志推动力度。进一步推动乡镇村志编纂向纵深开展。为保留承德市乡土文化记忆，让百姓望得见山、看得见水、记得住乡愁，加强部署、大力推进，开展乡镇村志编修，以此服务全市乡村振兴战略，服务城镇化建设发展。赴滦平周台子村调研，与之商讨《周台子村志》申报中国名村志文化工程，并达成共识，周台子村积极按要求筹备申报。与此同时，隆化《唐三营镇志》完成编纂，进入出版程序；围场《前进村志》进行总纂；围场《金字村志》《半截塔村志》、丰宁《上官营村志》完成初稿；丰宁《千松坝林场志》《大阁镇志》《凤山镇志》；宽城《孤山子村志》7 部乡镇村志编写启动。

2019 年 11 月 15 日，承德市地方志办公室到滦平周台子村与之商讨编纂《周台子村志》并申报中国名村志工程事宜。左 4 是周台子村党委书记、十八大和十九大党代表范振喜，右 3 为地方志办公室主任奚晓红

突出方志信息化制度化建设。坚持强化方志网建设，努力使之成为推进理论研究、宣传方志文化、大众了解承德历史等方面的重要途径，承德方志网制发工作动态、通知通报、国省信息、领导讲话、视频点播等信息 31 条，方志承德微信公众号发布信息 8 条。在建立健全工作制度上进一步下功夫，分别制定了《关于承德年鉴审核相关规定》《关于部门志专业志稿审核相关规定》等 4 个工作制度，从各项工作源头作出规范，提

升工作质量效率。

【外事工作】 国际交流。结合承德与现有4个国际友好城市交往的实际情况，制定承德市国际友城工作“一城一策”，并认真组织实施，积极寻觅新的结好交往对象，开展工作沟通；市政府友好代表团访问日本高崎市；组织承德市青少年与日本柏市、韩国青少年在文化、音乐、体育方面开展互访交流；促成河北旅游职业学院与塞舌尔旅游文化部、塞舌尔旅游学院及当地旅游企业签署了教育合作协议；日本饭山市日中友好育英协会再次向承德市捐赠了27万日元助学金；加快推进中美友谊示范农场项目建设，促进与美国艾奥瓦州的务实合作。

出境管理。编制《全市2019年度市级、处级及以下人员年度因公出访计划》。全市共审核报批各类因公出国、赴港澳团组47批，共142人次，采集上传因公出国（境）指纹148人次，并及时处理涉外事件。

接待外宾。全年，完成接待荷兰布雷达市政府访问团、世界粮食奖基金会主席肯尼斯·奎恩先生一行、美国驻华使馆官员访问团、俄罗斯驻华使馆官员来访团、韩国庆州市国际交流协会代表团、韩国钦州市文化交流团等接待任务。

【职能调整】 2019年，因机构改革，承德市法制办公室撤销，其职能转移到承德市司法局，市政府应急办公室撤销，其职能转移到承德市应急管理局。

附：市政府办公室领导名录

党组书记：崔万峰（满族，12月免）
杨玉甫（满族，12月任）

党组副书记：刘树华（满族）

党组成员：赵长智（满族）
丛云飞（满族）
孙　雷（蒙古族，1月免）
刘英杰（满族）
丁贺成（满族）
孙大光
尚晓辉（蒙古族，10月免）

党组成员、外事办公室主任：
闫　洋（女，满族）

部门副处级以上领导名录

督查室主任：耿鑫华（满族）
地方志办公室主任：奚晓红（女）
应急管理办公室主任：吕新东（4月免）
经济社会发展研究中心主任：
程志忠（满族，1月免）
法制办公室主任：丛云飞（满族，兼，1月免）
信息中心主任：程志刚（满族，1月免）
金融工作办公室主任：赵宇峰（满族，1月免）
承德市地方金融监督管理局局长、金融工作办公室主任：薛莲蒂（蒙古族，1月任）
金融工作办公室副主任：胡维俭（满族，1月免）
仲裁委秘书长：程志刚（满族，1月任）
承德市人民政府驻天津办事处主任：
陆羽军（满族）
外事办公室副主任：徐树清

（供稿　孙　杰）

承德市政协

综　述

2019 年是新中国成立 70 周年、人民政协成立 70 周年，是承德市决胜脱贫攻坚、全面建成小康社会关键之年。市政协常委会坚持以习近平新时代中国特色社会主义思想为指导，深入学习贯彻习近平总书记关于加强和改进人民政协工作的重要思想，全面贯彻中共十九大和十九届二中、三中、四中全会精神，贯彻省委九届八次全会、省政协十二届二次全会和市委十四届四次五次全会部署，牢牢把握新时代人民政协新方位新使命和“四有”目标要求，以理论学习为引领，以党的建设为根本，以服务大局为主线，以改革创新为动力，以提质增效为要求，践行新发展理念，聚焦高质量发展，紧扣“做到六个坚决、突出六项重点、强化六个举措”总体要求，发挥政协优势，切实履行职能，坚持双向发力，为加快建设新时代生态强市、魅力承德做出新贡献。

截至 2019 年 12 月 31 日，政协承德市第十四届委员会共有委员 370 名，常委会组成人员 73 人。

重要会议

【全体委员会议】 2019 年 1 月 22 日至 1 月 24 日，政协承德市第十四届委员会举行第三次全体会议，应出席会议委员 370 名，因事因病请假 30 名，实际出席 340 名，列席人员 75 名。会议的主要任务是：(1) 听取和审议政协承德市第十四届委员会常务委员会工作报告；(2) 听取和审议政协承德市第十四届委员会常务委员会关于十四届二次会议以来提案工作情况的报告；(3) 列席承德市第十四届人民代表大会第四次会议，听取并讨论政府工作报告和其他报告；(4) 审议通过政协承德市第十四届委员会第三次会议政治决议；(5) 审议通过政协承德市第十四届委员会第三次会议关于常务委员会工作报告的决议；(6) 审议通过政协承德市第十四届委员会提案委员会关于市政协十四届三次会议提案审查情况的报告；(7) 选举事项。

【常务委员会会议】 1 月 10 日，政协承德市第十四届委员会常务委员会召开第十二次会议，会议应出席 72 人，实到 56 人。市政协主席刘文勤主持会议。会议的主要议题是：(1) 学习贯彻中央经济工作会议、农村工作会议和省委九届八次全会、市委十四届五次全会精神；(2) 听取市政府关于 2018 年全市经济形势的通报；(3) 听取市政府关于市政协十四届二次会议以来提案办理情况的汇报；(4) 听取市农业农村局关于市政协 2018 年“1 号提案”办理情况的汇报；(5) 审议十四届市政协常委会工作报告和十四届二次会议以来提案工作情况的汇报；(6) 审议政协承德市第十四届委员会各专门委员会 2018 年工作报告；(7) 审议政协承德市第十四届委员会第三次会议小组召集人名单（草案）、列席人员名单（草案）、委员分组名单（草案）；(8) 人事事项；(9) 市政协主席刘文勤讲话。

1 月 23 日，政协承德市第十四届委员会常务委员会召开第十三次会议，会议应出席 72 人，实到 62 人。市政协主席刘文勤主持会议。会议的主要议题是：(1) 听取各组讨论情况汇报；(2)

听取市委组织部关于辞去政协承德市第十四届委员会常务委员的说明；决定同意徐佩文辞去政协承德市第十四届委员会常务委员；(3) 听取市委组织部关于增补选政协承德市第十四届委员会常务委员建议名单的说明,审议候选人名单(草案)；(4) 审议政协承德市第十四届委员会第三次会议选举办法（草案）；(5) 审议总监票人、监票人名单（草案）；(6) 审议政协承德市第十四届委员会第三次会议关于常务委员会工作报告的决议（草案）；(7) 审议政协承德市第十四届委员会第三次会议政治决议（草案）。

1月24日，政协承德市第十四届委员会常务委员会召开第十四次会议，会议应出席72人，实到62人。市政协主席刘文勤主持会议。会议的主要议题是：(1) 听取各组讨论情况汇报；(2) 通过政协承德市第十四届委员会常务委员候选人名单（草案）；(3) 通过政协承德市第十四届委员会第三次会议选举办法（草案）；(4) 通过总监票人、监票人名单（草案）；(5) 通过政协承德市第十四届委员会第三次会议关于常务委员会工作报告的决议（草案）；(6) 通过政协承德市第十四届委员会关于政协承德市第十四届委员会第三次会议提案审查情况的报告（草案）；(7) 通过政协承德市第十四届委员会第三次会议政治决议（草案）。

1月24日，政协承德市第十四届委员会常务委员会召开第十五次会议，会议应出席72人，实到63人。市政协主席刘文勤主持会议。会议的主要议题是：听取选举结果。

6月19日，政协承德市第十四届委员会常务委员会召开第十六次会议，会议应出席73人，实到54人。市政协主席刘文勤主持会议。会议的主要议题是：(1) 传达学习全国地方政协工作经验交流会和全省政协系统工作经验交流会精神；(2) 围绕“发展农业产业化联合体推动现代农业发展，助力脱贫攻坚和乡村振兴”进行专题议政；(3) 实地观摩市政协“党员之家”和“委员之家”建设情况；(4) 审议《政协承德市委员会提案工作条例（修订稿）》；(5) 市政协主席刘文勤讲话。

11月19日，政协承德市第十四届委员会常务委员会召开第十七次会议，会议应出席73人，实到58人。市政协主席刘文勤主持会议。会议的主要议题是：(1) 学习贯彻中共十九届四中全会、省委九届九次全会、市委十四届六次全会和中央、省委、市委政协工作会议精神；(2) 邀请省政协研究室原主任王冠军同志就中央政协工作会议精神和《中共中央关于新时代加强和改进人民政协工作的意见》进行专题辅导；(3) 听取市政府关于承德市职业教育产教融合、校企合作情况的通报；(4) 大会发言；(5) 审议通过市政协专题调研组《深化产教融合校企合作推动承德市职业教育健康发展的建议》；(6) 市政府领导讲话；(7) 审议通过《政协承德市第十四届委员会关于深入学习贯彻中共十九届四中全会和省委九届九次全会、市委十四届六次全会精神及中央和省、市委政协工作会议精神的决议》；(8) 审议通过《政协承德市委员会协商工作规程（试行）》；(9) 市政协主席刘文勤讲话。

【主席会议】 1月9日，政协承德市第十四届委员会召开第十九次主席会议，市政协主席刘文勤主持。会议的主要议题是：(1) 学习贯彻中央经济工作会议、农村工作会议和省委九届八次全会、市委十四届五次全会精神；(2) 人事事项；(3) 审议2018年度“四引四帮”主题实践活动和“同心携手助力脱贫攻坚”行动优秀单位和优秀个人表彰名单（草案）、2018年度优秀提案和优秀提案承办单位表彰名单（草案）；(4) 审议各专委会2018年工作报告；(5) 审议政协承德市第十四届委员会第三次会议小组召集人名单（草案）；(6) 审议政协承德市第十四届委员会第三次会议列席人员名单（草案）；(7) 审议政协承德市第十四届委员会第三次会议委员分组名单

（草案）；(8) 讨论十四届市政协常委会工作报告和十四届二次会议以来提案工作情况的报告；(9) 审议大会发言；(10) 审议十二次常委会议程建议；(11) 审议人事事项（草案）。

1月10日，政协承德市第十四届委员会召开第二十次主席会议，市政协主席刘文勤主持。会议的主要议题是：审议胡维俭任职的决定。

1月10日，政协承德市第十四届委员会召开第二十一次主席会议，市政协主席刘文勤主持。会议的主要议题是：听取各组讨论情况汇报。

1月23日，政协承德市第十四届委员会召开第二十二次主席会议，市政协主席刘文勤主持。会议的主要议题是：听取市委组织部关于徐佩文辞去政协承德市第十四届委员会常务委员的说明。

1月23日，政协承德市第十四届委员会召开第二十三次主席会议，市政协主席刘文勤主持。会议的主要议题是：(1) 听取市委组织部关于辞去政协承德市第十四届委员会常务委员的说明；(2) 听取市委组织部关于增补选政协承德市第十四届常务委员建议名单说明并审议候选人名单（草案）；(3) 审议政协承德市第十四届委员会第三次会议选举办法（草案）；(4) 审议总监票人、监票人名单（草案）；(5) 审议政协承德市第十四届委员会第三次会议关于常务委员会工作报告的决议（草案）；(6) 审议政协承德市第十四届委员会第三次会议政治决议（草案）。

1月24日，政协承德市第十四届委员会召开第二十四次主席会议，市政协主席刘文勤主持。会议的主要议题是：(1) 听取各组讨论情况汇报；(2) 通过政协承德市第十四届委员会常务委员候选人名单（草案）；(3) 通过政协承德市第十四届委员会第三次会议选举办法（草案）；(4) 通过总监票人、监票人名单（草案）；(5) 通过政协承德市第十四届委员会第三次会议关于常务委员会工作的决议（草案）；(6) 通过政协承德市第十四届委员会提案委员会关于政协承德市第十四届委员会第三次会议提案审查情况的报告（草案）；(7) 通过政协承德市第三次会议政治决议（草案）。

2月28日，政协承德市第十四届委员会召开第二十五次主席会议，市政协主席刘文勤主持。会议的主要议题是：(1) 学习传达市委理论学习中心组（扩大）学习会暨生态文明建设专题研讨班和市防范化解重大风险专题研讨班精神，传达学习市纪委第十四届三次全体会议精神；(2) 传达学习《中共中央关于加强党的政治建设的意见》；(3) 通过《市政协2019年工作要点》和重点工作任务分解；(4) 研究“1号提案”办理方案，确定“双20提案”；(5) 听取2018年全面从严治党及党风廉政建设工作情况，研究2019年全面从严治党及党风廉政建设工作，安排“三深化三提升”活动；(6) 研究机关包扶贫困村工作；(7) 研究各专委会兼职成员构成名单；(8) 研究2019年“政协大讲堂”学习计划。

4月26日，政协承德市第十四届委员会召开第二十六次主席会议，市政协主席刘文勤主持。会议的主要议题是：(1) 学习习近平总书记在重庆考察并主持召开解决“两不愁、三保障”突出问题座谈会时的重要讲话精神和中共中央政治局关于分析研究当前经济形势和经济工作、听取2018年攻坚成效考核情况汇报会议精神；(2) 听取各专委会年度重点工作推进和下一步开展情况汇报；(3) 讨论市政协《关于加强政协“党员之家”暨“委员之家”建设工作的实施意见》；(4) 传达市纪委《关于给予王庆林同志党纪处分的通知》。

5月7日，政协承德市第十四届委员会召开第二十七次主席会议，市政协主席刘文勤主持。会议的主要议题是：(1) 学习《中国共产党党组工作条例》《中国共产党党支部工作条例》《中国共产党政法工作条例》；(2) 听取市政协赴邯郸等四地考察情况的报告；(3) 听取市政协考察组赴深圳市罗湖区政协考察民主监督工作情况和赴厦门等四市学习考察“办事一次成改革”情况汇报；(4) 讨论《关于开展“推动农业产业联合体建设、助力绿色农业高质量发展”常委会专题议政性会议的实施方案》；(5) 讨论《市政协党组理论学习中心组 2019 年学习工作安排意见》；(6) 讨论《政协承德市委员会关于加强和改进调研工作的实施办法（讨论稿）》；(7) 讨论《社情民意工作条例（讨论稿）》。

6 月 17 日，政协承德市第十四届委员会召开第二十八次主席会议，市政协主席刘文勤主持。会议的主要议题是：(1) 学习习近平总书记在“不忘初心、牢记使命”主题教育工作会议上的讲话和河北省动员部署会议精神；(2) 传达全国地方政协工作经验交流会精神、全省政协系统工作经验交流会议精神和全省政协秘书长工作会议精神；(3) 讨论《关于发展农业产业化联合体推动现代农业发展助力脱贫攻坚和乡村振兴的建议（草案）》；(4) 讨论《关于对全市宗教界开展“双创四进”活动情况专项视察的报告》；(5) 讨论《政协承德市委员会提案工作条例（修订稿）》；(6) 讨论《政协承德市委员会委员履职考核办法》；(7) 宣读《中共承德市委关于同意设立中共政协承德市委员会机关党组的批复》和《市委组织部关于单化军等同志任职的通知》；(8) 讨论《关于调整市政协专委会委员的意见》；(9) 讨论《市政协各专委会功能性党支部名册》和《党员委员联系带动党外委员责任清单》；(10) 讨论《走进生态文明新时代——习近平总书记为塞罕坝林场建设者感人事迹作出重要批示两周年书法美术作品展方案（草案）》；(11) 听取市政协“党员之家”和“委员之家”建设情况汇报；(12) 研究第十六次常委会议程建议。

7 月 8 日，政协承德市第十四届委员会召开第二十九次主席会议，市政协主席刘文勤主持。会议的主要议题是：(1) 传达学习习近平总书记在中央政治局第十五次集体学习时的重要讲话精神；(2) 讨论教科卫体委《关于提升承德市农村医疗卫生服务能力的建议（草案）》及《专题季度协商会议方案（建议）》；(3) 讨论《政协承德市委员会委员履职考核评价办法》；(4) 讨论《政协承德市委员会协商工作规程（试行）》；(5) 讨论《政协承德市委员会庆祝人民政协成立 70 周年系列活动方案》；(6) 研究召开全市政协系统工作经验交流会事宜；(7) 讨论关于机关科级干部调整的意见。

9 月 25 日，政协承德市第十四届委员会召开第三十次主席会议，市政协主席刘文勤主持。会议的主要议题是：(1) 学习中央和国家机关、省委机关党的建设工作会议精神；(2) 学习市直机关党建会议精神；(3) 学习省政协第十次常委会精神。

11 月 15 日，政协承德市第十四届委员会召开第三十一次主席会议，市政协主席刘文勤主持。会议的主要议题是：(1) 学习传达全国政协十三届九次常委会会议和省政协十二届十一次常委会会议精神；(2) 学习传达市委十四届六次全会精神；(3) 传达学习省政协脱贫攻坚会议精神；(4) 讨论市政协专题调研组《深化产教融合校企合作，推动承德市职业教育健康发展的建议（草案）》；(5) 讨论市政协十四届十七次常委会会议方案。

11 月 26 日，政协承德市第十四届委员会召开第三十二次主席会议，市政协主席刘文勤主持。会议的主要议题是：各委办汇报 2019 年工作情况和 2020 年重点工作安排暨专委会主任述职。

12 月 26 日，政协承德市第十四届委员会召开第三十三次主席会议，市政协主席刘文勤主持。会议的主要议题是：(1) 审议《关于召开市政协十四届四次会议的决定（草案）》；(2) 审议《市政协十四届四次会议议程、日程（建议）》；(3) 讨论《政协承德市第十四届委员会常务委员会工作报告（草案）》《提案工作情况的报告（草案）》，审议“两个报告”报告人建议名单；(4) 讨论市政协主席会议工作情况的报告；(5) 讨论市政协各专门委员会工作报告；(6) 审议《市政协十四届四次会议大会执行主席、各次全体会议主持人建议名单》；(7) 审议《市政协十四届四次会议大会秘书长、副秘书长建议名单》；(8) 审议《市政协十四届四次会议小组召集人建议名单》；(9) 协商确定《市政协十四届四次会议列席单位和人员建议名单》；(10) 审议《市政协十四届四次会议分组建议名单》；(11) 审议《海外侨胞列席政协承德市委员会全体会议暂行办法》；(12) 研究讨论市政协十四届四次会议大会发言材料，确定大会口头发言名单和顺序；(13) 审议 2019 年度“四引四帮”优秀单位和优秀个人建议名单，优秀个人提案、集体提案和提案承办单位建议名单；(14) 听取 2019 年度委员履职考核评价情况的汇报，审议优秀委员名单；(15) 审议市政协《关于加强和改进民主监督工作的实施意见》；(16) 研究第十八次常委会议程、日程。

建言献策

【概况】 2019 年，共征集提案 401 件，其中：委员提案 336 件，集体提案 65 件，经审查立案 372 件，立案率 92.8%。牢固树立“发展是第一要务”的思想，紧扣创新发展、绿色发展、高质量发展根本要求，组织召开 2 次常委会专题议政、4 次季度协商议政、6 次对口协商及界别协商，向市委市政府报送专题建议 16 件，大部分建议成果转化为决策参考和工作举措。

【助力绿色农业高质量发展】 加快推进农业产业化联合体建设，深入重点县市区调研，组织委员座谈研讨，并赴安徽、宁夏等地对标学习，专程到河北农大邀请专家论证，常委会第 16 次会议进行了专题协商，就优化农业产能、助力精准脱贫、带动农民增收、推进农产品质量提升、降低市场风险 5 个方面提出 18 条具体建议。市委书记周仲明、市长常丽虹分别作出批示，要求有关部门系统研究、拿出具体意见，并抓好落实。

【助推钒钛新材料产业发展】 由主席、副主席带队组成专题调研组，深入重点企业视察，参加第八届承德国际钒产品峰会，对标湖北、湖南等地发展钒产品深加工业先进经验，就提升承德市企业创新能力、加快去产能促转型、推动钒钛新材料产业绿色化高端化发展提出建议。

【注重民营经济发展短板】 围绕“加快民营企业人才建设，推动民营经济健康发展”进行季度协商议政，提出优化人才生长、细化人才政策、建立完备人才工作机制等 7 个方面建议，市委市政府主要领导给予充分肯定，要求相关部门抓好落实。

【聚焦优化营商环境】 与市各民主党派、工商联通力合作，组织 22 名委员组成 2 个专题小组，就“承德办事一次成”改革进行专项监督调研，多轮次深入市县两级政务服务中心明察暗访，与企业家和群众代表座谈研讨，提出务实管用的意见建议。围绕“加强政务服务中心建设，更好促进企业发展”持续跟踪，深入调研，协商议政，精准建言，为助推市政府《关于推进“中心吹哨、部门报到”工作机制实施细则》落地落实发挥了积极作用。

【保障和改善民生】 坚持把人民群众对美好生活的向往作为履职尽责的出发点和落脚点，努力做到人民政协为人民。围绕促进承德市人才培养供给侧和产业需求侧全方位融合，把“深化产教融合、校企合作，推动职业教育健康发展”作为重点议题，常委会专题协商，提出 6 个方面 20 条建议，市委、市政府多位领导作出批示，市教育局在制定相关文件中充分吸纳了政协建议。聚焦承德市2020年力争进入全国文明城市行列的目标，就“提升市民文明素质、创建全国文明城市”开展专题调研，深入街道、社区查实情，召开有关部门、居民代表座谈会问良策，并赴贵阳学习考察，形成专项建议，得到党政领导的高度重视。同时，针对基层干部群众反映的一些具体问题，通过提案转交政府有关部门研究办理，助推相关工作开展和创城举措的落实。围绕既有住宅加装电梯连续两年持续用力，推动成立电梯协会，参与技术导则制订，助力规范化运作和建设。围绕提升乡村医疗服务能力开展季度协商，形成《关于提升承德市农村医疗卫生服务能力的建议》，市委市政府领导分别作出批示，要求有关部门认真研究、抓好落实。围绕司法公开、公益公诉、产权司法保护，组织40多名省、市政协委员，对市公检法机关开展专项视察，市法院、市检察院、市公安局对视察建议高度重视，逐条制定落实措施，并及时予以回复。持续加力推动“四引四帮”主题实践活动深入开展，不断扩大“四引、八帮、五送”活动成果。一年内，全市政协系统共引进绿色项目72个，帮建扶贫项目415个，帮办惠民实事3153件、捐款捐物1785万元，帮助贫困学生13215人、捐助款物784.5万元。市政协作为河北省唯一市级政协代表参加了全国地方政协工作经验交流会并作联组发言，在省政协“同心携手助力脱贫攻坚”表彰会上作了典型发言，《人民政协报》及省政协《乡音》杂志等多家媒体予以持续报道，彰显了承德政协和广大委员的时代风貌。

合作联谊

【沟通协调】 主动对接全国政协和省政协工作，认真落实全国地方政协工作经验交流会、全国政协系统秘书长理论学习研讨会精神，探索做好新时代地方政协工作的新思路新举措。认真做好全国政协领导莅承就京津冀生态环境支撑区建设、加强草原生态保护视察调研，呼吁承德市重大关切。协助做好《河北省政协70年记述》等稿件征集和省政协驻村帮扶工作。组织驻承省政协委员开展履职活动，向省政协提交提案30余件、报送大会发言8件。拓展与京津区县政协的协同合作，接待省内外政协到承考察20多批次，宽领域、多层面、立体化宣传推介承德。加强对各县市区政协的联系指导，推动联合调研、联动协商，发挥政协整体优势，提升履职效能。

【合作共事】 突出爱国统一战线组织功能，加强与民主党派、工商联和无党派人士的合作共事，建立市政协领导定期走访联系制度和“一对一”交朋友制度，加强凝心聚力。加强联合调研、监督和提交提案、大会发言、社情民意信息，共同组织和参加视频学习会、辅导报告会、形势通报会、协商座谈会等，更好凝聚履职合力，共同提升履职质效。组织侨联界委员围绕承德市“侨胞之家”建设开展专题调研，共同推动“新侨工作站”和“新侨创新创业基地”建设。报请市委同意，建立邀请海外侨胞代表列席市政协全会制度，为加强与海外的交流合作铺路架桥、牵线助力。

【促进民族和谐宗教和睦】 注重发挥民族宗教人士的独特作用，推进新时代各民族交往交流交融，就加强少数民族流动人口的服务与管理开展专题季度协商，就宗教重点活动场所开展“双创四进”活动进行专项视察，促进民族和谐、宗教和睦。

政协建设

【践行一线作为】 把“懂政协、会协商、善议政，守纪律、讲规矩、重品行”总要求作为根本遵循，将“四有”目标要求作为价值追求，引导委员自觉投身凝心聚力第一线、决策咨询第一线、协商民主第一线、社会治理第一线，做到中心工作推进到哪里，履职服务就跟进到哪里，各方面力量就汇聚到哪里，把履职成效真正体现在推动党政决策部署落实、促进高质量发展和提升群众获得感幸福感上。

【加强制度建设】 围绕推动人民政协制度更加成熟更加定型，推进制度创新、机制创新和工作方式方法创新。依据新政协章程，修订完善了市政协党组、主席会议、常委会工作规则和提案工作条例等制度体系，制定了全体会议工作规则、协商工作规程、民主评议暂行办法，探索建立政协委员人才库、委员宣讲团、民主监督小组、重要工作情况通报等一系列新机制，推进履职工作制度化程序化规范化。

【发挥委员主体作用】 用好“政协大讲堂”，邀请专家学者进行专题讲座，建立常态化情况通报制度，利用政协会刊、网络新媒体、编印学习材料等多种形式，帮助委员知情明政，上接“天线”、下接“地气”，提升资政建言精准性和实效性。创新例会形式，完善一线委员和企业、群众代表列席旁听制度，扩大协商民主参与度。建立委员重要建议直通车和绿色通道制度，制定《委员履职工作规则》和《委员履职考核评价办法》，完善委员履职档案，引导委员增强担当作为意识，激发履职活力，讲好政协故事，交好委员作业。

【严格正风肃纪】 政协全会后及时召开第三次全面从严治党暨开展“三深化三提升”动员会议，坚持与履职工作同部署、同落实、同考核，把党风廉政建设各项举措落到实处。认真学习贯彻《中国共产党廉洁自律准则》《中国共产党纪律处分条例》，坚持常态化开展政治性警示教育，严格执行中央八项规定及其实施细则和省市有关规定，持续加强和改进作风。全力支持和配合纪检监察组的工作。

附：市政协及工作机构领导名录

主席、党组书记：刘文勤
副主席、党组副书记：柴　山（满族）
副主席：李建华（不驻会）
关继高（满族）
张富民（满族，不驻会）
王利华（女）
信　祥（满族）
白宝君（满族，不驻会）
郭靖涛（不驻会）
党组成员：孙　林（满族）
秘书长：单化军（满族）

主席会议成员（10人，按省委提名顺序排序）：
刘文勤
柴　山（满族）
李建华
关继高（满族）
张富民（满族）
王利华（女）
信　祥（满族）
白宝君（满族）
郭靖涛
单化军（满族）

常务委员会委员（63人，按姓氏笔画排序）：
丁　宁（回族）
于明辉（满族）
马广春（兼）
王　强

王文龙（满族）
王冬梅（女）
王志勇
艾　铮
田永卿（满族）
代　林（蒙古族）
冯保中
司志通
邢晓冬（满族）
毕凤君（满族）
闫忠民（满族）
刘　丹（女）
刘立平（女，满族）
刘宗旭
刘翠哲（女）
孙立侠（女，满族）
孙国华
孙海丰（满族）
纪春艳（女，满族）
苏艳华（女，满族）
李　莉（女，满族）
李广安
李月明
李守山
李国华
李铁柱
李海健
杨玉艳（女，满族）
肖　冰
汪亚东（蒙古族）
张　忠
张振坤
陆　媛（女，满族）
岳方勇
郑国民
封捷然（满族）
赵　永（满族）
郝长来
胡桂才（女）
胡维俭（满族）
殷明慧
高立国（蒙古族）
高旭升（满族）
高纪辉
黄智冬（满族）
黄新民
曹　静（女）
彭兴怀（女，满族）
葛月龙（满族）
葛曙光（女）
董　昆（女，满族）
董旭明
董淑琴（女）
蔡　成（满族）
蔡　静（满族）
谭玉广
暴洪颖（蒙古族）
潘宪忠
戴觐忠（回族）

市级政协1个，县（市、区）政协11个，合计12个；市级政协委员370名，县（市、区）政协委员1993名，合计2363名（截至2019年底）。

各委办负责人：

副秘书长：毕凤君
　　　　　葛曙光（正处级，女）
办公室主任：毕凤君
办公室副主任：刘春辉
研究室主任：傅庆元
提案委员会主任：潘宪忠
提案委员会副主任：陈秀东（女）
财政经济委员会主任：高立国
财政经济委员会副主任：赵志敏（女）
农业和农村委员会主任：胡维俭

人口资源环境委员会主任：于明辉
人口资源环境委员会副主任：王　旭
教科卫体委员会主任：董　昆（女）
教科卫体委员会副主任：王喜永
社会和法制委员会主任：高纪辉
社会和法制委员会副主任：王丽英（女）
港澳台侨联络委员会、民族宗教委员会主任：
刘立平（女）
港澳台侨联络委员会、民族宗教委员会副主任：
刘秀芹（女）
文化文史和学习委员会主任：
李月明
文化文史和学习委员会副主任：
王凤才
政协承德第十四届委员会专职常委：
张振坤

（供稿　王修明）

纪检监察

综　述

【概况】 2019 年，在省纪委监委和市委坚强领导下，全市各级纪检监察机关深入学习贯彻习近平新时代中国特色社会主义思想，扎实开展“不忘初心、牢记使命”主题教育，持续增强“四个意识”、坚定“四个自信”、做到“两个维护”，保持政治定力，坚守职责使命，坚持稳中求进、实事求是、依规依纪依法，持之以恒正风肃纪反腐，在推动纪检监察工作高质量发展上取得新的成绩。

【机构设置】 中国共产党承德市纪律检查委员会、承德市监察委员会合署办公，实行一套工作机构、两个机关名称，履行党的纪律检查和国家监察两项职责。内设 25 个职能部门，具体为：办公室、组织部、宣传部、党风政风监督室、信访室、案件监督管理室、第一至第十监督检查室、第十一至第十六审查调查室、信息技术保障室、案件审理室、纪检监察干部监督室。另设机关党委、派驻机构机关党委，设所属全额事业单位承德市廉政教育培训中心。市委巡察工作领导小组办公室为市委工作机关，设在市纪委。

【派驻机构】 设有 30 个派驻机构，具体为：驻市委办公室纪检监察组、驻市人大机关纪检监察组、驻市政府办公室纪检监察组、驻市政协机关纪检监察组、驻市委组织部纪检监察组、驻市委宣传部纪检监察组、驻市委统战部纪检监察组、驻市委政法委机关纪检监察组、驻市发改委纪检监察组、驻市教育局纪检监察组、驻市公安局纪检监察组、驻市国有资产监督管理委员会纪检监察组、驻市财政局纪检监察组、驻市人力资源和社会保障局纪检监察组、驻市自然资源和规划局纪检监察组、驻市生态环境局纪检监察组、驻市住房和城乡建设局纪检监察组、驻市交通运输局纪检监察组、驻市农业农村局纪检监察组、驻市林业和草原局纪检监察组、驻市商务局纪检监察组、驻市旅游和文广广电局纪检监察组、驻市卫生健康委员会纪检监察组、驻市民政局纪检监察组、驻市市场监管局纪检监察组、驻市应急管理局纪检监察组、驻市文物局纪检监察组、驻市中级人民法院纪检监察组、驻市人民检察院纪检监察组、驻市总工会纪检监察组。

重要会议

【纪检委全体会议】 1 月 28 日，中国共产党承德市第十四届纪律检查委员会第三次全体会议召开。全会由市纪委常委会主持。全会以习近平新时代中国特色社会主义思想为指导，全面贯彻落实党的十九大精神，深入学习贯彻习近平总书记在十九届中央纪委三次全会上的重要讲话精神，传达学习赵乐际所作的工作报告、省委书记王东峰在省纪委九届四次全会上的讲话和刘爽所作的工作报告，认真落实市委书记周仲明讲话要求，回顾 2018 年全市纪检监察工作，部署 2019 年任务。审议通过了路洪昌代表市纪委常委会所作的《忠诚履行党章和宪法赋予的神圣职责，奋力推进新时代全市纪检监察工作高质量发展》工作报告。各县（市、区）党委、部分市直部门党组（党委）向全会作了述责述廉报告。这次市纪委全会会期安排半天时间，分第一次会议、第二次会议、分组讨论和第三次会议四个阶段进行。

第一次会议情况。以网络视频会议形式召开，各县（市、区）、承德高新区、御道口牧场管理区设分会场。市委常委、市纪委书记、市监委主任路洪昌主持会议。市委常委，市人大常委会、市政府、市政协领导班子成员出席会议。市纪委委员出席会议（应到会 37 人，实到会 34 人）。在主会场参加会议的还有市法院院长、市检察院检察长、市公安局局长，市委各部门、市直各单位、各人民团体主要负责人，省属以上院校、机关、企事业单位和市属院校、市委管理领导人员企业党委（党组）书记、纪检组长（纪委书记、纪工委书记），市监委委员，市委巡察办主任、副主任，正副处级巡察专员，市纪委监委各单位负责人、副处级以上干部，市纪委派驻（出）纪检监察组长（纪工委书记）。

省人大常委会副主任、市委书记周仲明出席第一次会议并讲话。他强调，要坚决提高政治站位，切实把思想和行动高度统一到党中央和省委部署要求上来，切实增强推进全面从严治党的自觉性和坚定性。要准确把握党的十九大以来党中央推进全面从严治党取得的重大成果，进一步坚定管党治党的信心和决心；要准确把握改革开放 40 年来坚持党的领导、从严管党治党的宝贵经验，自觉运用到管党治党实践中；要准确把握党中央关于反腐败斗争形势的科学判断，以永远在路上的坚韧和执着，推动全面从严治党向纵深发展；要准确把握党中央关于深入推进全面从严治党的部署和要求，确保不折不扣落实落地。他强调，要坚持重点领域集中攻坚，关键环节率先突破，奋力夺取党风廉政建设和反腐败斗争新胜利。要强化理论武装，深入学习贯彻习近平新时代中国特色社会主义思想和党的十九大精神；坚持以党的政治建设为统领，坚决落实“两个维护”；持续改进作风，以优良党风政风凝聚人心、汇聚力量；坚持标本兼治，巩固发展反腐败斗争压倒性胜利；持续深化纪检监察体制改革，进一步健全完善监督体系；坚持以人民为中心的发展思想，坚决查处群众身边的不正之风和腐败问题。他强调，要坚持领导带头，强化政治担当，扎实营造风清气正的政治生态。要坚决贯彻党中央决策部署，严守政治纪律和政治规矩，正确维护党中央权威，保持健康的党内同志关系，认真贯彻民主集中制，建立健康的工作关系。要强化组织保障，形成推进合力，确保全面从严治党各项目标任务落地落实。

第二次会议情况。市纪委委员出席会议（应到会 37 人，实到会 34 人）。不是市纪委委员的市监委委员，市委巡察办主任、副主任，市委正副处级巡察专员，市纪委监委各单位负责人、副处级以上干部，市纪委派驻（出）纪检监察组长（纪工委书记），省属以上院校、机关、企事业单位，市属院校和市委管理领导人员企业纪检组长（纪委书记、纪工委书记）参加会议。会议传达了习近平总书记重要讲话精神和王东峰讲话精神，传达了十九届中央纪委三次全会和省纪委九届四次全会精神。路洪昌代表市纪委常委会作了题为《忠实履行党章和宪法赋予的神圣职责奋力推进新时代全市纪检监察工作高质量发展》的工作报告。工作报告在总结 2018 年工作的同时，着重从持续深入学习贯彻习近平新时代中国特色社会主义思想，牢牢把握正确政治方向；严明政治纪律和政治规矩，坚决破除形式主义、官僚主义；推进纪检监察体制机制创新，构建统一、全面、高效的监督体系；凝神聚力履行第一职责，在日常监督、长期监督上积极作为；推进有形覆盖与有效覆盖相统一，发挥巡察政治导向作用；巩固发展反腐败斗争压倒性胜利，有力削减存量，有效遏制增量；持续向群众身边腐败和作风问题亮剑，不断增强群众获得感幸福感安全感；紧扣政治过硬和本领高强，从严从实加强纪检监察队伍建设等八个方面对2019年工作进行安排部署。会议还书面听取了各县区党委、部分市直部门党组(党委)述责述廉报告。

分组讨论情况。与会的市纪委委员和列席人员分成四个讨论组，认真学习讨论了市委书记周仲明讲话、全会工作报告及全会《决议（草案)》，并对各县区党委、部分市直部门党组（党委）述责述廉情况进行测评。与会人员对周仲明讲话和全会工作报告给予充分肯定，并对做好全市纪检监察工作提出了很好的意见和建议。随后，召开市纪委常委会，认真听取各组讨论情况汇报，对分组讨论中提出的成熟的意见建议，吸纳充实到报告中来，作为今年纪检监察工作的重要举措。

第三次会议情况。会议表决通过了《中国共产党承德市第十四届纪律检查委员会第三次全体会议决议》。路洪昌在会议结束时讲话强调，全市纪检监察机关和纪检监察干部要始终保持敢担当、善担当、能担当的勇气和能力，精准对照、高度聚焦中央纪委和省纪委全会的任务部署，把准定位、找准落点，在紧扣紧跟中抓落实、在突出重点中抓落实、在凝心聚力中抓落实，确保党中央和省市委重大决策部署落地生效。

【纪检委常委及扩大会议】 1月2日，路洪昌主持召开十四届市纪委2019年第1次常委会会议。会议审议违纪案件审理报告1件。

1月22日，路洪昌持召开十四届市纪委2019年第2次常委会（扩大）会议。会议传达学习中央纪委《关于纪检监察系统认真学习贯彻习近平总书记在十九届中央纪委三次全会上重要讲话精神的通知》。

1月26日，路洪昌主持召开十四届市纪委2019年第3次常委会会议。会议传达学习周仲明对全市党风廉政建设和反腐败及巡察工作的讲话精神；通报省纪委监委关于给予蔡福浩开除党籍、开除公职处分的决定；审议《市纪委十四届三次全体会议方案》和《工作报告》；审议违纪案件审理报告2件。

1月28日，路洪昌主持召开十四届市纪委2019年第4次常委会会议。会议听取市纪委十四届三次全会《工作报告》《决议（草案)》分组讨论情况汇报。

1月29日，路洪昌主持召开十四届市纪委2019年第5次常委会会议。会议传达学习中央纪委办公厅《关于坚决纠正和防止纪律处分决定执行不到位问题的通知》；传达省委会议决定事项，研究全市贯彻落实意见；传达学习中央有关统计改革重要文件精神；传达学习省纪委《关于认真贯彻落实习近平总书记重要讲话精神严肃整治领导干部利用名贵特产类特殊资源谋取私利问题的意见》，研究全市贯彻落实意见；审议《关于6起生态环保领域违规违纪典型案件的通报》；审议《承德市纪委监委派驻机构2018年度工作考核办法》；审议《关于调整市纪委监委派驻机构监督范围的报告》；审议《承德市纪检监察机关2018年至2020年开展扶贫领域腐败和作风问题专项治理工作方案》；审议机关与聘用司机签订2019年劳动合同的有关事宜；审议《廉政教育培训中心支付建设工程相关费用的报告》；审议违纪案件审理报告10件；研究了干部人事事项。

2月27日，路洪昌主持召开十四届市纪委2019年第6次常委会会议。会议审议违纪案件审理报告2件；研究了干部人事事项。

3月13日，路洪昌主持召开十四届市纪委2019年第7次常委会会议。会议研究了干部人事事项。

3月18日，路洪昌主持召开十四届市纪委2019年第8次常委会会议。会议研究了干部人事事项。

3月20日，路洪昌主持召开十四届市纪委2019年第9次常委会会议。会议传达学习《中共中央关于加强党的政治建设的意见》；传达学习中央纪委《关于纪检监察系统认真学习贯彻习近平总书记关于深化国家监察体制改革重要讲话的通知》，研究具体贯彻落实意见；研究了干部人事事项。

4月1日，路洪昌主持召开十四届市纪委2019年第10次常委会会议。会议审议违纪案件审理报告9件。

4月3日，路洪昌主持召开十四届市纪委2019年第11次常委会会议。会议研究了干部人事事项。

4月11日，路洪昌主持召开十四届市纪委2019年第12次常委会（扩大）会议。会议传达学习杨晓渡在河北调研讲话精神和刘爽在市纪委书记座谈会上的讲话精神，研究具体贯彻落实意见；审议《关于初步建设信息查询室并开通建设银行金融查询平台的实施方案》；审议市纪委监委机关和廉政教育培训中心2018年度财务收支情况报告；研究了干部人事事项。

4月17日，路洪昌主持召开十四届市纪委2019年第13次常委会会议。会议审议违纪案件审理报告1件；研究了干部人事事项。纪检委第14次常委会会议。

4月17日，路洪昌主持召开十四届市纪委2019年第14次常委会会议。会议研究了干部人事事项。纪检委第15次常委会会议。

4月24日，路洪昌主持召开十四届市纪委2019年第15次常委会会议。会议审议违纪案件审理报告1件。纪检委第16次常委会会议。

6月19日，武力斌主持召开十四届市纪委2019年第16次常委会会议。会议传达学习省委主要领导对人防系统腐败问题专项治理工作的批示精神，研究具体贯彻落实意见；传达学习全省留置场所规范管理现场会会议精神，研究具体贯彻落实意见；审议《关于加强看护队伍建设情况的汇报》；审议《关于特殊病房建设的初步设计及概算的请示》；审议《2019年市纪委拟采购办公设备的情况报告》；审议《廉政教育培训中心关于园林绿化养护购买服务的请示》；审议违纪案件审理报告6件；研究了干部人事问题。

6月20日，武力斌主持召开十四届市纪委2019年第17次常委会会议。会议听取《驻村扶贫工作情况汇报》；审议《承德市监察委员会特约监察员工作办法》；对《关于对县（市、区）纪委监委办理移送司法机关案件实行提级审理的办法（试行）》《关于加强案件审理工作业务指导办法》讨论并提出修改意见。

7月8日，武力斌主持召开十四届市纪委2019年第18次常委会（扩大）会议。会议传达学习中央纪委办公厅《关于贯彻习近平总书记重要批示精神深入落实中央八项规定精神的工作意见》，研究部署相关工作；传达学习杨晓渡在与中国纪检监察学院部分学员座谈时的讲话精神；审议《承德市纪委监委立案相关工作程序规定（试行讨论稿）》《承德市纪委监委监督检查审查调查措施使用规定（试行讨论稿）》《承德市纪委监委谈话函询及初步核实相关程序规定（试行讨论稿）》；审议违纪案件审理报告2件；研究有关干部人事问题。

7月19日，武力斌主持召开十四届市纪委2019年第19次常委会会议。会议审议《承德市廉政教育培训中心关于改扩建工程相关情况的汇报》《关于成立承德市廉政教育培训中心改扩建工程建设领导小组的请示》；审议违纪案件审理报告1件；研究关于反映违规立案等问题。

7月25日，武力斌主持召开十四届市纪委2019年第20次常委会（扩大）会议。会议传达学习《中共中央关于在全党开展“不忘初心、牢记使命”主题教育的意见》；传达学习中央纪委办公厅《关于印发〈纪检监察统计分析指标体系（试行）〉的通知》；传达学习中央纪委办公厅《关于印发〈纪检监察机关处理主动投案问题的规定（试行）〉的通知》；审议《承德市纪委常委会、承德市监察委员会工作规则（试行讨论稿）》《市纪委书记监委主任办公会议规则（讨论稿）》；审议违纪案件审理报告6件。

8月14日，武力斌主持召开十四届市纪委2019年第21次常委会会议。会议审议《关于承德市廉政教育培训中心改扩建工程可行性研究报告及设计方案有关情况的汇报》；审议《关于职工体检工作安排的报告》；审议《关于白晓利严重违纪违法案的审理报告》。

8月20日，武力斌主持召开十四届市纪委2019年第22次常委会(扩大)会议。会议审议《承德市纪委监委留置措施使用管理办法（试行)》；审议《关于认真落实机关工作人员带薪年休假制度的通知（讨论稿)》；审议《关于进一步关怀激励纪检监察干部的若干措施（讨论稿)》；审议拟推荐省委巡视人才库人选；研究了有关干部人事事项。

9月10日，武力斌主持召开十四届市纪委2019年第23次常委会(扩大)会议。会议学习《监察机关监督执法工作规定》，审议《监督执法工作流程导图》；传达省纪委监委推进市县纪委监委深化派驻机构改革工作培训会议精神，研究部署相关工作；审议《关于进一步严格执行请示报告制度的通知（讨论稿)》；审议《关于上级纪委监委交办舆情函件办理程序的暂行规定》；审议《关于廉政教育培训中心拆除太阳能热水系统集热管网的请示》；审议承德市廉政教育培训中心改扩建设工程《建设工程设计合同》《城市规划设计合同》《咨询合同》；审议违纪案件审理报告8件；研究了有关干部人事事项。

9月11日，武力斌主持召开十四届市纪委2019年第24次常委会(扩大)会议。会议学习《中国共产党问责条例》；传达学习省委办公厅、省政府办公厅《关于做好2019年中秋节期间有关工作的通知》；审议《关于办理涉嫌职务违法犯罪案件工作衔接办法（讨论稿)》《关于对县（市、区）纪委监委办理拟移送检察机关审查起诉案件实行县案市审的办法（讨论稿)》《关于加强案件审理工作业务指导办法(讨论稿)》；审议市纪委监委《关于开展“不忘初心、牢记使命”主题教育的实施方案（讨论稿)》。

9月25日，武力斌主持召开十四届市纪委2019年第25次常委会（扩大）会议。会议审议《监督执纪工作规则导图》；审议《承德市纪委监委关于开展澄清正名工作的实施办法（试行)》；审议《承德市监察委员会选聘第一届特约监察员工作方案（讨论稿)》；审议《关于深化市纪委监委派驻机构改革的实施意见（讨论稿)》《关于推进市管企业纪检监察体制改革的实施意见（讨论稿)》《关于市纪委监委向市管金融企业派驻纪检监察组的实施意见（讨论稿)》《关于推进市管学校纪检监察体制改革的实施意见（讨论稿)》《承德市纪委监委派驻机构改革方案（讨论稿)》；审议违纪案件审理报告3件；研究了有关干部人事事项。

9月26日，武力斌主持召开十四届市纪委2019年第26次常委会会议。会议研究了有关干部人事事项。

10月16日，武力斌主持召开十四届市纪委2019年第27次常委会会议。会议传达学习10月14日各市纪委书记监委主任专题会议精神；审议市纪委监委机关《关于申报2020年度专项经费预算计划的报告》；审议《关于中央政法纪检监察转移支付资金使用计划情况报告》；审议市廉政教育培训中心《关于申报2020年度运营经费预算计划的报告》；听取市纪委驻村扶贫工作情况汇报；研究了有关干部人事事项。

10月17日，武力斌主持召开十四届市纪委2019年第28次常委会会议。

11月8日，武力斌主持召开十四届市纪委2019年第29次常委会（扩大）会议。会议传达学习党的十九届四中全会精神；传达学习《国家监察委员会、最高人民法院、最高人民检察院、公安部、司法部关于在扫黑除恶专项斗争中分工负责、互相配合、互相制约严惩公职人员涉黑涉恶违法犯罪问题的通知》精神；传达学习11月

2日省纪委监委工作推进会议精神；审议《关于全省纪检监察案件审理业务培训班有关情况的报告》；听取市纪委监委机关“不忘初心、牢记使命”主题教育工作情况汇报；审议《关于市监委第一届特约监察员人选考察情况的报告》；审议《关于拟对2台公务用车进行处置的请示》；审议《关于招聘劳务派遣人员的请示》；审议《关于拟对纪检监察检举举报平台及配套工程进行政府采购的情况报告》；审议《关于廉政教育基地机房存储扩容的报告》；审议《关于向承德广播电视台支付警示教育片摄制费用的报告》；审议《关于廉政教育培训中心卫生保洁购买服务的请示》；审议《关于承德市监察委员会审查调查特殊病房建设情况的报告》。

11月28日，武力斌主持召开十四届市纪委2019年第30次常委会（扩大）会议。会议传达学习中共中央纪委《关于认真学习贯彻党的十九届四中全会精神的通知》（中纪发〔2019〕5号）；传达学习市委十四届六次全会精神；传达学习省纪委办公厅《关于进一步明确有关派驻（出）机构、企业和高校纪检监察机构与地方纪委监委协作开展审查调查工作中安全责任的通知》（冀纪办发〔2019〕8号）；传达学习《河北省纪检监察机关工作人员之间打听、干预监督检查审查调查工作和请托违规办事的报备及责任追究规定》（冀纪办发〔2019〕9号）；审议《市纪委监委机关“不忘初心、牢记使命”主题教育存在问题整改方案》；审议《承德市纪委监委机关问题线索管理和处置工作暂行规定（试行讨论稿）》；审议《关于聘请河北意祥律师事务所作为我委法律顾问的报告》；审议违纪案件审理报告11件；研究了有关干部人事事项。

11月28日，武力斌主持召开十四届市纪委2019年第31次常委会会议。会议研究了有关干部人事事项。

12月17日，武力斌主持召开十四届市纪委2019年第32次常委会会议。会议传达市委编委会《关于市纪委监委调整内设机构及职责的批复》《关于市纪委监委派驻机构改革的批复》《关于市纪委监委派驻市公安局纪检监察组增加政法专项编制的批复》等3个文件精神；研究并原则同意《县（市、区）纪委书记、副书记、常委、监委委员任免职办理工作程序》《市纪委监委派驻纪检监察组组长、副组长任免职办理工作程序》《市管企业纪委书记、副书记任免职办理工作程序》《市管学校纪委书记、副书记任免职办理工作程序》；听取驻村扶贫工作情况汇报；听取信访室关于上访问题的汇报；听取市纪委监委各位班子成员年底前待完成分管工作情况汇报，研究部署相关工作；会议审议违纪案件审理报告1件。

12月27日，受武力斌委托，袁丽枝主持召开十四届市纪委2019年第33次常委会会议。会议研究讨论拟晋升一级调研员事宜。

12月30日，武力斌主持召开十四届市纪委2019年第34次常委会会议。会议研究了有关干部人事事项。

政治和作风建设

【加强政治建设】 坚守对党绝对忠诚政治本色，认真贯彻民主集中制，带头严格执行《中国共产党纪律检查机关监督执纪工作规则（试行）》《中国共产党纪律处分条例》，带动引领广大纪检监察干部提高政治站位、增强担当精神、提高斗争本领。

【监督政治纪律】 加强对贯彻新发展理念、打赢“三大攻坚战”、京津冀协同发展、减税降费等重大决策部署以及巡视巡察反馈整改情况的监督检查，严肃查处了潮河上游滦平段违法建设破坏生态环境、滦河支流长河宽城段“尾矿污染带”问题等一批典型案件，有力保障了党中央和省委、市委重大决策部署贯彻落实。聚焦“七个有之”，严肃查处违反政治纪律案件12件、党纪政务处分14人；召开全市政治性警示教育大会2次，进一步增强了党员干部落实“两个维护”的政治自觉。加强对贯彻新形势下党内政治生活若干准则情况的监督检查，责令12个单位重新召开民主生活会，监督整改不规范不严肃等问题176个。

【提升政治素养和专业能力】 着眼增强纪法双施双守本领和担当，组织全员培训25场次，举办知识竞赛、考试测试6次；以承办中央纪委国家监委、省纪委监委指定管辖案件为契机，在实战中锤炼队伍、培养精兵。

【高标准选人用人】 突出政治标准，加大遴选调配、轮岗交流力度，充实人员力量，优化队伍结构，推动形成“机关派驻巡察统筹调整、系统内外顺畅交流”的常态化机制。

【整治形式主义官僚主义】 认真落实“基层减负年”部署要求，紧扣中央纪委明确的4个方面12类突出问题，坚决纠正和查处落实“两个维护”不力、维护群众利益不担当不作为等形式主义官僚主义问题162个，处理259人。

体制改革

【党的纪律检查体制改革】 认真落实“两个为主”要求，及时向省纪委监委和市委请示、报告、报备重要工作、重大事项、重点案件，会同组织部门提名考察县区纪委书记、副书记和市纪委监委派驻纪检监察组长12名。协助市委履行主体责任，经常性督促指导各级党组织落实管党治党责任，推动“两个责任”贯通协同、形成合力。

【国家监察体制改革】 制定完善纪法贯通、法法衔接制度规定9个，保障执纪执法工作一体推进、规范运行。启动留置场所扩建工程，强化办案安全风险防控，落实审查调查安全责任，实现办案安全“零事故”。

【派驻机构改革】 调整市纪委监委派驻机构监督范围，实现对机构改革后69家党和国家机关监督全覆盖。构建监督检查室与派驻机构联动机制，经常沟通交流，定期协商通气，指导处置问题线索521件，立案审查47件，处分40人。分类推进12家市管企业、学校、金融企业纪检监察体制改革，指导各县（市、区）纪委监委完成派驻改革工作。

【内设机构优化调整】 撤销2个综合室，调整设置16个监督检查、审查调查室，制定出台关心关爱等8项综合保障制度，强化精细管理、激励担当作为。

党内监督

【贯通运用“四种形态”】 坚持“惩前毖后、治病救人”工作方针，运用“四种形态”批评教育帮助和处理8843人次，第一、二、三、四种形态占比分别为71.3%、25.2%、1.8%、1.7%，其中运用第一种形态批评教育帮助1860人次，同比增长77.7%，实现由“惩治极少数”向“管住大多数”拓展。

【驰而不息查纠“四风”】 认真落实中央纪委《关于贯彻习近平总书记重要批示精神深入落实中央八项规定精神的工作意见》，严字当头、持续发力，全市共查处违反中央八项规定精神问题289件，党纪政务处分265人，通报曝光典型问题108批396人次。

【探索创新正向激励机制】 协助市委制定《关于进一步激励干部担当作为实施容错纠错的办法（试行）》，制发《关于对被错告、诬告陷害党员干部实施澄清正名的办法》，加强对受处分党员干部的教育管理和关心关爱，旗帜鲜明地鼓励支持党员干部担当作为、干事创业。

【强化自我监督】 优选聘请市监委特约监察员14名，主动接受监督、自觉支持监督；坚持刀刃向内，处置反映纪检监察干部问题线索79件，谈话函询纪检监察干部47人，处分和组织处理17人，坚决防治“灯下黑”。

执纪审查

【一体推进“三不”机制】 强化不敢腐的震慑。突出重点削减存量，“零容忍”遏制增量，全市纪检监察机关共处置线索5998件，立案2169件，党纪政务处分2502人，其中县处级干部50人，留置32人，主动投案24人，抓捕外逃人员2名，严肃查处白晓利、贾万东等一批严重违纪违法典型案件。扎紧不能腐的牢笼。发挥以案促改的标本兼治作用，制发纪检监察建议书462份，督促发案单位党组织举一反三抓整改、同步完善制度、堵塞管理漏洞。增强不想腐的自觉。把深入细致的思想政治工作贯穿执纪执法全过程，教育感化审查调查对象端正态度、积极配合、知错认错改错。把典型案件转化为警示教育资源，组织党员领导干部观看《一抓到底正风纪》《在警醒中奋进》警示教育片4.6万余人次，通报案例873件1339人，拍摄警示教育片《沉沦的代价》，以身边事身边人教育引导广大党员干部知敬畏、守底线，厚植拒腐防变思想根基。

【整治腐败和作风问题】 坚持执纪执法为民工作导向，在主题教育中牵头开展漠视侵害群众利益问题专项整治，检视问题407个、整改完成406个，处置问题线索262件，立案137件，党纪政务处分168人。紧盯扶贫项目资金、产业扶贫、对口帮扶等方面的问题，对脱贫攻坚工作实施全流程精准监督，处置问题线索475件，党纪政务处分379人，移送司法机关10人。坚持“一案三查”，强力“打伞破网”，查处涉黑涉恶腐败和“保护伞”案件39件，党纪政务处分91人，移送司法机关4人。聚焦教育、医疗、住房、人防、生态环保等民生领域，坚持“立足改、稳慎处、讲方法、重效果”，同步推进查问题、促整改、建制度，处置环保领域问题线索88件，党纪政务处分94人；处置人防领域问题线索56件，党纪政务处分28人。

巡视巡查

【深化政治巡察】 部署开展市委第七、第八轮巡察，市县联动对189个部门和21家企业开展常规巡察或“回头看”，完成全覆盖任务60%，并对“村子乱、班子弱、发展慢”等问题突出的45个重点村开展延伸巡察。

【强化协同联动】 坚持边巡察、边移交、边督办、边整改，纪委监委相关监督检查室、派驻机构同向发力、协同作战，强化巡前、巡中、巡后全方位监督，实现发现问题、核查线索、问题整改的质量效果“三个提升”。

【加强规范化建设】 健全完善配套制度，强化对县（市、区）巡察工作统筹协调、指导督导，推动巡察工作向基层延伸、向村级拓展。

【巡视巡察整改落实】 协助市委加大中央和省委巡视反馈意见整改力度，中央巡视组移交的135件问题线索全部办结；省委九届前五轮巡视交办市县两级问题线索 1218 件，已办结 1215 件；本届市委前六轮巡察反馈的 5919 个问题全部整改。

附：中共承德市纪律检查委员会、承德市监察委员会领导名录

市委常委、市纪委书记、市监委代主任：
路洪昌（5 月免）
武力斌（5 月任市委常委、市纪委书记；6 月任市监委代主任）

市纪委常务副书记、市监委副主任：
袁丽枝（女）

市纪委副书记、市监委副主任：
李铁柱

市纪委副书记、市监委副主任：
李中东

市纪委常委、秘书长：杨树国（满族）
市纪委常委、市监委委员：林国利
市纪委常委、市监委委员：郭力天（满族）
市纪委常委：夏百胜（满族）
市纪委常委、市监委委员：王丽萍（女，满族）
市监委委员：王　刚

中国共产党第十四届承德市纪律检查委员会委员（按姓名笔画为序）

于卫红（女，满族）
王　明（满族）
王　猛（满族）
王允昌（满族）
王东利（蒙古族）
王丽萍（女，满族）
朱铁铮（满族）
刘清海（满族）
那　红（女，满族）
孙宝贵
孙喜明（满族）
李中东（满族）
李文江
李玉成
李国志
李铁柱
李海健
杨立君（满族）
杨树国（满族）
杨桂珍（女，满族）
宋汉生（满族）
张友余
张贺龙
陈金辉（女，满族）
武力斌（2019 年 5 月至 2019 年 12 月）
林国利
赵旭东（满族）
胡　伟（满族）
袁丽枝（女）
夏百胜（满族）
徐立新（女，蒙古族）
徐品刚（满族）
郭力天（满族）
郭晓梅（女，满族）
崔雁侯（蒙古族）
惠春林
程中平
路洪昌（2019 年 1 月至 2019 年 5 月）

2019 年市纪委监委派驻市直单位纪检监察组组长名录

市纪委监委驻市委办公室纪检监察组组长：李玉成

负责监督单位：市委办公室〔市保密机要局（市国家保密局、市国家密码管理局）、市委国家安全委员会办公室〕、市委研究室（市委全面深化改革委员会办公室）、市委党史研究室、市档

案馆

市纪委监委驻市委组织部纪检监察组组长：王瑞德（满族）

负责监督单位：市委组织部（市公务员局）、市委机构编制委员会办公室、市委老干部局、市委党校

市纪委监委驻市委宣传部纪检监察组组长：于卫红（女，满族）

负责监督单位：市委宣传部〔市精神文明建设委员会办公室、市政府新闻办公室、市新闻出版局（市版权局）〕、市委网络安全和信息化委员会办公室（市互联网信息办公室）、承德广播电视台、承德日报社、市文学艺术界联合会机关、市社会科学界联合会机关

市纪委监委驻市委统战部纪检监察组组长：陈再东（满族）

负责监督单位：市委统战部〔市委台湾工作办公室（市政府台湾事务办公室）、市政府侨务办公室〕、市民族宗教事务局、市工商业联合会机关、市归国华侨联合会机关

市纪委监委驻市政法委员会机关纪检监察组组长：房宝轩（满族，1月至11月）

负责监督单位：市政法委员会机关、市信访局、市司法局、（市委全面依法治市委员会办公室）

市纪委监委驻市人大机关纪检监察组组长：任国先

负责监督单位：市人大机关

市纪委监委驻市政府办公室纪检监察组组长：李建国（满族）

负责监督单位：市政府办公室〔市政府外事办公室、地方金融监督管理局（金融工作办公室）、市委外事工作委员会办公室〕、市机关事务服务中心（市机关事务管理局）

市纪委监委驻市发展和改革委员会纪检监察组组长：邱　国（满族）

负责监督单位：市发展和改革委员会（市粮食和物资储备局、市委财经委员会办公室）、市统计局、市行政审批局（市政务服务管理办公室

市纪委监委驻市教育局纪检监察组组长：凌龙

负责监督单位：市教育局（市委教育工作委员会、市委教育工作领导小组秘书组

市纪委监委驻市公安局纪检监察组组长：耿云飞（满族）

负责监督单位：市公安局

市纪委监委驻市人力资源和社会保障局纪检监察组组长：王良（1月至11月）

负责监督单位：市人力资源和社会保障局、市科学技术局（市外国专家局）、市科学技术协会机关

市纪委监委驻市财政局纪检监察组组长：李国志

负责监督单位：市财政局、市审计局（市审计委员会办公室）

市纪委监委驻市林业和草原局纪检监察组组长：高利民（1月至11月）、靳传新（满族，11月至12月）

负责监督单位：市林业和草原局、市水务局、市森林生态开发集团有限公司

市纪委监委驻文物局纪检监察组组长：刘志媛（女）

负责监督单位：市文物局、市城市管理综合行政执法局

市纪委监委驻市生态环境局纪检监察组组长：倪宝印（1月至11月）、高利民（11月至12月）

负责监督单位：市生态环境局

市纪委监委驻市住房和城乡建设局纪检监察组组长：刘宇坤（满族，1月至10月）、张扬（满族，10至12月）

负责监督单位：市住房和城乡建设局、市人民防空办公室（民防办公室）、市住房公积金管理中心

市纪委监委驻市交通运输局纪检监察组组长：訾振华

负责监督单位：市交通运输局

市纪委监委驻市自然资源和规划局纪检监察组组长：靳传新（满族，1月至11月）、倪宝印（11月至12月）

负责监督单位：市自然资源和规划局

市纪委监委驻市农业农村局纪检监察组组长：沈维生（满族，1月至10月）

负责监督单位：市农业农村局（市委农村工作领导小组办公室）、市扶贫开发办公室、市农林科学院

市纪委监委驻市商务局纪检监察组组长：邱爱君

负责监督单位：市商务局、市供销合作社

市纪委监委驻市旅游和文化广电局纪检监察组组长：高振国

负责监督单位：市旅游和文化广电局、市体育局

市纪委监委驻市卫生健康委员会纪检监察组组长：马青龙

负责监督单位：市卫生健康委员会（爱国卫生运动委员会办公室）、市医疗保障局、市红十字会机关

市纪委监委驻市民政局纪检监察组组长：张士德（11月至12月）

负责监督单位：市民政局、市退役军人事务局、市残疾人联合会机关

市纪委监委驻市应急管理局纪检监察组组长：佟浩林（满族）

负责监督单位：市应急管理局（市地震局）、市工业和信息化局

市纪委监委驻市政府国有资产监督管理委员会纪检监察组组长：曾建军（满族，11月至12月）

负责监督单位：市政府国有资产监督管理委员会

市纪委监委驻市场监督管理局纪检监察组组长：宫信（蒙古族）

负责监督单位：市场监督管理局（市知识产权局）

市纪委监委驻市政协机关纪检监察组组长：杨海儒（满族）

负责监督单位：市政协机关

市纪委监委驻市中级人民法院纪检监察组组长：郭立琢（女，1至10月）、王良（11月至12月）

负责监督单位：市中级人民法院

市纪委监委驻市人民检察院纪检监察组组长：赵常林（蒙古族）

负责监督单位：市人民检察院

市纪委监委驻市总工会纪检监察组组长：潘玉荣（女）

负责监督单位：市总工会机关、共青团承德市委员会机关、市妇女联合会机关

（供稿　张绍楠）

民主党派·工商联

民革承德市委员会

【概况】 2019年，是民革“思想政治建设年”，按照民革中央“四新”“三好”要求，深入开展“不忘合作初心，继续携手前进”主题教育活动，引导全体党员不断增进对中国共产党和中国特色社会主义的政治认同、思想认同、理论认同、情感认同，毫不动摇的坚持中国共产党的领导，坚定不移走中国特色社会主义道路，建设政治坚定、组织坚实、履职有力、作风优良、制度健全的中国特色社会主义参政党。

【参政议政】 在2019年两会上，各级人大代表、政协委员共提出建议、提案50余件，大会发言5份。民革承德市委《关于积极创建河北省满族非遗特色文化生态保护区的建议》、李军峰《关于深化供销社综合改革构筑为农服务体系的建议》《关于推进承德市土壤修复的建议》作为书面发言被收录大会材料中。刘艳姝《立足新时代园区发展要求，全面提升园区产业和项目承载力的建议》作为双滦区政协大会发言材料。还有市委会《关于我市旧桥古道保护的建议》集体提案被市政协评为优秀集体提案。《关于加快发展农村电商的建议》《关于突出满族特色，提升城市品位的建议》被列为23件重点提案之一。《关于双滦区建设钒钛工业博物馆的建议》《关于加强我市城区中小学“小饭桌”安全管理的建议》彭瑛《关于加快开发特色旅游纪念品，壮大发展承德文创产业的建议》被列为28件实事提案之一。《关于迎接大高铁时代，加快打造高铁新城的建议》《关于冯营子村至附属医院南区2千米路段安装照明路灯的建议》《关于提高社区服务水平的建议》《关于承德市民营经济发展的建议》《关于为国家排忧，为老人解难，加速“医养结合”养老模式推广的建议》《关于拆除老城区小区内及周边违建的建议》《关于合理设置公交站点的建议》《关于推动我市乡村旅游发展的建议》被市政协评为优秀个人提案。《关于构建现代农业技术推广体系的建议》提案，被省政协列为重点提案，得到时任副省长的批示。并入选《民革河北省委会参政议政成果汇编》。《关于河北省土壤污染及综合修复的建议》提案，被列为省政协重点提案，得到副省长批示，并入选《民革河北省委会参政议政成果汇编》。《把“小饭桌”管成百姓放心的“小天地”》提案，中共承德市委、市政府领导高度重视，书记周仲明、市长常丽红分别做出批示，市长常丽红亲自组织相关部门召开会议进行督办并形成出台了《承德市“小饭桌”服务管理暂行办法》，使全市“小饭桌”管理走上法制化、规范化管理轨道，有效解百姓关注的民生问题。

【社会服务】 协调北京外经贸大学图书馆捐赠承德市图书10万册，外经贸大学图书馆还为承德戒毒所图书馆捐赠图书3万册，协调市教育局与图书馆建立联系，捐赠图书12万册。在做好扶贫攻坚民主监督工作的同时，助力扶贫攻坚，为隆化等地累计帮扶价值140万元生物菌肥、帮扶资金近400万元。教师节捐出20台笔记本电脑。民革法律服务中心开展走进学校、走进乡村普法教育活动。接待受访群众700余人，挽回经济损失800多万元。“承德民革野生动物救助基地协会”建立一个救助基地，一个救助站，两个放飞点，共救助国家一级保护动物8只，二级保护动物38只，三级保护动物225只。多次组织大专院校学生沿五烈河进行爱鸟宣传，捡拾河道垃圾，承德电视台、河北电视台和中央电视台分别对相关活动进行报道。民革中山画院完成“庆祝新中国成立70周年书画展”，同时党员画家参加民革河北中山画院举办的各种活动和国家、省市各种邀请展、比赛等。民革和声艺术团开展走进乡村、走进社区活动，组织各种惠民演出6场。

【主题教育捐助活动】 开展“不忘合作初心，继续携手前进”主题教育活动，9月10日教师节，主委张富民、副主委俞虹霞携同市教育局、隆华县存瑞中学等单位赴北京外经贸大学图书馆和民革朝阳七支的支委与图书馆中共党支部成员共同参加教师节整理图书活动，并协调捐助承德市12万册图书。为隆化南营村捐助生物肥价值44万元，并在教师节捐助20台笔记本电脑；营子支部为营子中学捐建图书馆；翠桥支部赴丰宁捐助学校和贫困学子财物计37500元；双桥支部赴围场贫困村捐助4户贫困户，1名学生，共捐款物5000元。

附：民革承德市委员会领导名录

主　　委：张富民（满族，不驻会）

副 主 委：俞虹霞（专职，驻会）

鞠永才（满族，不驻会）

马广春（不驻会）

肖　冰（满族，不驻会）

（供稿　白　冰）

民盟承德市委员会

【概况】 2019年，民盟承德市委在中共承德市委和民盟河北省委的正确领导下，在中共承德市委统战部的指导帮助下，坚持以习近平新时代中国特色社会主义思想为指导，全面贯彻中共中央十九大和十九届二中、三中全会精神；认真落实省委九届八次全会决策部署；按照市委十四届五次全会总体目标要求，履行参政党职能，开展社会服务，推进自身建设，为全面加强新时代生态强市、魅力承德建设做出新贡献。盟市委被民盟中央评为“民盟思想政治建设和宣传工作先进集体”，荣获“民盟中央群言杂志社优秀发行单位奖”。

【资政建言】 协商议政广建真言。参加中共承德市委、市政府、市政协及中共承德市委统战部组织的各类协商会6次。就人大代表、政协委员的建议、提案办理情况，到双桥区、市城管局、市公安交警大队等单位进行督导，促进建议和提案的落实；创新对围场满族蒙古族自治县县脱贫攻坚民主监督工作的方式方法，切实履行民主监督职能。组成文化旅游、教育扶贫、医疗卫生和易地搬迁4个专项调研组，深入乡村、项目点和学校进行调研，形成4个专题调研情况汇报和4个专题调研报告。对承德附属医院进行行风监督4次，就医院的环境卫生、门诊收费、医生诊疗态度等进行明察暗访，提出3条意见建议，均被采纳。组织调研组深入多家企业、乡村实地调研，并组织水务、环保等部分专家召开座谈会，走访省水利厅和承德市水务局，高质量地完成调研报告。赴丰宁满族自治县和市扶贫办开展了“建立遏制返贫长效机制”课题调研；赴双滦区开展《发展壮大新型农村集体经济　夯实乡村全面振兴基础》课题调研。

“两会”期间，盟员中的各级人大代表、政协委员认真履职，积极提交建议、提案共32件。其中，《关于破解民营企业倒贷难的几点建议》被列为大会口头发言，此提案与《关于我市推行纯电动公交客车的几点建议》受到市长常丽虹高度重视，批示相关部门予以落实；提案《进一步加强我省教师职业道德和法制教育惩处 防范教师侵害学生违法行为》被评为优秀提案；向省政协大会提交的《加快特色小镇建设 促进乡村振兴的建议》提案被列为大会书面发言；《关于多措并举解决老年人精神层面需求的建议》被双桥区政府采纳后，改善和扩建居家养老服务中心5家，覆盖主城区80%以上的街道，双桥区老年大学校址由原来的40平方米增加到900平方米，开办书法、绘画、合唱、瑜伽等培训班22期；《关于加快治理我市老城区内涝问题的建议》被市政协评为优秀提案。推进反映社情民意信息工作，17篇社情民意信息稿件被民盟河北省委采用。报送的《乡村“去文化”现象应引起高度重视》和《扶贫攻坚战中“懒汉”难题亟需破解》被省政协采用；报送的《关于“预付消费卡”管理的几点建议》共3篇稿件被民盟中央采用；向市委统战部报送《民盟声音》12期。其中，《关于建设森林防火集雨水窖的建议》《关于建立“文明承德”微信公众号助力，文明城市创建“大合唱”的建议》分别被省中共承德市委书记周仲明签批。

【社会服务】 巩固监狱帮教，坚持靶向意识，按照“按需帮教，精准帮教”原则，试行了菜单式帮教新模式，全年共开展8次帮教活动。春节前，组织承德话剧团、承德市艺研所和承德市歌舞团到上板城监狱慰问演出，并向100名家庭困难的服刑人员捐赠10000元。开展书画装裱培训班，培训服刑人员38人。开展“黄丝带走进狱园”集中帮教活动，向10名家庭困难的服刑人员子女捐赠助学金12000元；附属医院8名医疗专家为82名服刑人员进行义诊；6名律师为17名服刑人员就人民法院判决疑问进行了法律咨询；6家企业在监狱举办“帮你走上回家路”就业推介会；为十四监区捐建民盟爱心图书室；河北民族师范学院支部在监狱开展了《读懂中国共产党人的精神气质》专题讲座。开展“烛光行动”，连续几年，以“照亮梦想 拥抱未来”为主题，将宽城塌山中心小学列为民盟承德市委的“农村教育烛光行动”实践基地，5月7日至10月10日，2次组织名师工作室成员到校园开展名师送教活动，经过3年的持续助教，宽城塌山中心小学校由2017年暑期全县综合评价的后三名跃升到2019年暑期全县综合评价的第三名。

【宣传及理论研究】 发挥传统媒体和新兴媒体的不同优势，积极融合多种载体，建立完善新闻信息系列推送机制，分类整理、推送承德民盟重要工作、重大活动，宣传优秀盟员先进事迹，向不同平台报送信息稿件，其中32篇被采用。《用“黄丝带”编结希望之路》》文章被《团结报》刊发；《黄丝带进狱园 情深人心暖》等6篇稿件被民盟中央网站采用；《民盟承德市委召开“不忘合作初心 继续携手前进”理论研讨会》等10篇稿件被民盟河北省委网站采用；《民盟中央“健康呼吸万里行”慈善公益活动走进丰宁》等3篇稿件被《承德日报》刊发；《银领社区与民盟承德美术院共同举办主题书画展》等6篇稿件被《承德晚报》刊发；《民盟承德市委召开2018年度盟务工作会议》等3篇稿件被《燕赵文化网》采用；创办《民盟承德市委》微信公众号推送稿件48篇，其中3篇被民盟河北省委转载。

组织进行统战理论研究，《苟利国家无问西东》等4篇论文被民盟河北省委收录专集；《<钦定热河志天章>看清初大一统国家的构建》中标中央社会主义学院课题；向民盟华北五省市区“长城文化和生态发展论坛”提交论文《古北口长城抗战为长城赋予崇高的文化内涵》。论文《中华民族传统文化视角下“五一口号”之解读》《西柏坡统战文化的民族文化特质》获民盟河北省为组织的“五一口号”征文活动一等奖；《风雨同舟七十载 团结协作谱新篇》获得二等奖；《“五一口号”与新时代统战思想研究》获得三等奖。

【开展建功立业活动】 深入开展“弘扬爱国奋斗精神 建功立业新时代”活动，引导广大盟员立足本职，围绕承德经济和社会发展献计出力，一大批优秀作品和优秀盟员脱颖而出。《隔壁老王之死》节目在中央电视台12频道“社会与法”播出；《一种黄芩苷镁化合物及其制备方法与它的用途》获得美国发明专利；《Urantide动脉粥样硬化肝功能及组织形态学的影响》等10篇论文在国家核心期刊发表；《星状神经节阻滞配合归脾汤治疗颈心综合征的临床研究》获得河北省中医药学会科技成果二等奖；《寒富苹果矮化密植栽培技术规程》项目通过河北省科技成果鉴定；《仁者乐山》被“中国邮政共和国70华诞全国佳邮精品”发行。王玉刚被共青团中央授予“红领巾眼中新时代优秀指导教师”；黄雷获得第四届“中国小动物技能大赛”优秀指导教师称号；牛一骥荣获河北省共青团“服务三深化 助力三提升”新时代“冀青之星”荣誉称号；吕云飞被中共河北省委组织部评为“扶贫脱贫优秀驻村工作队员”。张学军、杨玉艳、李春辉、刘翠哲荣获民盟河北省委授予的“典型就在身边”先进个人，并被推送到民盟中央宣传部参选全国先进；段钟嵘、李艳、魏志林、张亚菊荣获省优秀盟员称号。

【凝聚共识】 强化思想政治建设，定期组织开展学习活动。围绕“学盟章、忆盟史”活动，先后组织盟员参加省、市社会主义学院和中共承德市委统战部组织的培训活动、参加市政协组织的政协大讲堂专题报告会、到北京参观改革开放40周年和中华人民共和国成立70周年大型成就展。推动“不忘合作初心、继续携手前进”主题教育有效开展。组织收看话剧《塞罕长歌》、在银领社区、石洞子沟街道办事处举办“壮丽七十年 共绘新时代”和“邻里守望 梦圆鑫秋——我和我的祖国”书画展。到临空经济区讲解防止电信诈骗和非法集资防范知识，到高寺台镇进行义诊，到东园林小学和阳光四季城小学开展捐赠图书活动，为双滦区第六小学捐赠“爱心书包”。

【特色活动】 组织律师团队在承德电视台公共频道开展普法讲座52期，在13所中小学开展预防校园欺凌讲座，深入21个社区进行普法宣传，为42家民营企业开展“法治体检”。深入乡村开展技术指导，并对娃娃菜、黄芩药害问题进行技术鉴定。到承德博物馆开展“熏陶历史文化 增强责任使命”学习活动；联系民盟天津市委体育学院支部，向兴隆县洒河南小学捐赠学生课桌椅100套和部分体育用品；到北塔沟村开展精准扶贫活动。

【助推脱贫】 4月2日，开办了“健康呼吸万里行”丰宁站捐赠活动。民盟中央社会服务部部长刘圣宇参加此项活动，民盟北京怀柔总支、北京康益德中西医结合肺科医院、江苏常州爱家健康管理有限公司等筹资救助了26名尘肺病患者，捐助26台呼吸机，赠送每人一年的免费药品，并为老沟门村捐助美丽乡村建设资金10万元。“四引四帮”活动持续发力，双桥区支部到水泉沟镇水泉沟村、狮子园村4户贫困家庭发放扶贫物资，并进行了体检；财税金融支部联合经济二支部为平泉市范杖子村5户贫困户捐赠3000元现金及轮椅、助听器、过冬棉被、年货礼包等生活物资；美术院支部开展“春联进万家”活动，赴兰苑社区、银岭社区、武阳社区、下河套村、黑山铁矿社区、承德市干休所6个单位，每处送春联和福字各100套；石油高专支部到承德热力集团为150名中层管理人员做职业管理培训。自开展“微公益”集聚大能量活动以来，各支部和广大盟员聚焦精准脱贫攻坚战，共为贫困户引进市外发展资金42万元，帮办惠民实事40件，帮扶特困家庭28户、捐赠6300元现金和物资，资助困难学生 38 名、捐赠助学金 4.2 万元。

附：民盟承德市委员会领导名录

主　　委：白宝君（兼职）

副 主 委：姜桂民（专职，兼秘书长）

张学军（兼职）

肖　冰（兼职）

刘翠哲（兼职）

（供稿　胡凯娜）

民建承德市委员会

【概况】 2019 年，全年工作围绕“三个 70 年”开展“不忘合作初心、继续携手前进”主题教育活动、“四引四帮”主题实践活动。制定《民建承德市委社会服务工作计划（2019 年度）》《民建承德市委脱贫攻坚民主监督工作计划（2019 年度）》。成立民建承德市企业委员会咨询组，研究京津冀协同发展，团结带领广大会员，紧紧围绕全市发展大局和中心工作，重点做好宣传思想、组织建设，参政议政、社会服务等重点工作，为推动全市经济跨越发展、建设美丽幸福承德做出新的贡献。

【开展社会实践活动】 为深入贯彻落实党的十九大精神，建立以企业为主体、市场为导向、产学研深度融合的技术创新体系，全面提升河北创新能力和水平，打通“政产学研用”系统创新通道，促进创新链、产业链、价值链有效对接。发挥民建以经济界人士为主的参政党作用，号召广大非公有制经济人士，深入实施创新驱动战略，发扬企业家精神和工匠精神，搭建政产学研用协同创新平台、培育具有核心竞争力的创新型企业，提升民建会员企业自主创新能力。组织会员参加清华大学“河北省政产学研用高级研修班”。到二仙居商业街开展旅游文化调研活动。开展爱国主义教育，组织到平山县李家庄中共中央统战部旧址、“承平宁抗日烈士纪念馆”、热河革命烈士纪念馆、董存瑞烈士陵园参观。开展扶贫助学办实事活动，共资助 10 名贫困学生。

撰写发表外宣稿件，在省以上媒体刊登宣传信息 14 篇，其中省人民政府网 3 篇，省政协新闻网 1 篇。全年微信公共号共发布 100 篇各类通讯报道，省民建采用 67 篇。组织参加民建河北省委“新媒体宣传培训会”，杨建光等 9 名会员参加全市统战信息宣传员（党外特约信息员）工作培训班。承德日报社总编周易就《宣传稿件的采写》、中共河北省委网信办舆情处置中心副主任科员吴兴然就《网络舆情（涉宗教网络舆情）处置》、中共河北省委统站部办公室科长李江哲就《统战信息及党外人士建言献策的采写》先后进行讲授。通过开展统战信息工作培训，强化了全市统战工作人员不断增强“四个意识”，坚定“四个自信，坚决做到“两个维护”，优化全市统战信息工作环境，在全市形成了良好的统战信息工作氛围。

【参政议政】 全国“两会”召开之前，上报《关于在快递行业开展危险物品检查的建议》等 10 件社情民意。提交《关于加大对承德建设京津冀水源涵养功能区支持力度的建议》。市“两会”提交提案 32 件。其中，集体提案 4 件，个人提案 28 件。民建承德市委在市“两会”提出的《关于实施“蓄热式”熔盐供热 推进我市绿色供暖建设的建议》（大会发言）荣获优秀集体提案奖。个人提交的《关于尽快规划建设承德机场山道辅路建设的建议》《关于加强中小学生课后服务工作的建议》《关于加强承德生态水源涵养区建设的建议》《关于支持科技型创新型企业发展的建议》《关于治理城市交通拥堵问题的建议》《关于引进庞大汽贸集团在承德建立综合网约车的建议》《关于抓住“全民健身”牛鼻子用“全民健康”护航“全民小康”的建议》《关于严格落实河长制加快水质改善坚决打赢碧水保卫战的建议》《关于建立我市回族养老院的建议》《关于加强生活用水统一管理保障居民用水卫生安全的建议》《关于建设承德市旅游集散中心的建议》等荣获优秀个人提案奖，并列入汇编。深入开展专题调研，全年提交了《以乡村振兴战略为契机提升京津冀协同发展》《借助乡村振兴 打造京津冀特色小镇》《挖掘河北乡规民约和家训传承特色文化》《关于京津冀区域加大合作力度促进蓖麻产业发展的建议》等专题调研，有的被编入民建河北省委和京津冀论坛书刊。《关于加快我市物业发展的建议》、会员个人提交的《关于把承德市建设成为国家旅游休闲度假区的建议》《关于加快我市“新三板”工作的建议》等提案被编入民建河北省委《参政议政优秀成果选》。

《限购政策应以住房面积而非住宅套数界定》《勿让高速“新民生”成为“新民怨”》《建议中央发布告海内外藏传佛教高僧大德书》《在藏传佛教传播区域应全面普及活佛认证和转世制度》《呼吁我省在申请公租房过程中 提供更为科学便利的服务》《关于把元宵节设为法定假日的建议》《开征房地产税于民无利于国有害》《建议中国的乡村经济改革应该提速提质》等34件社情民意建议提案，被民建河北省委采用9篇。其中，1篇独立上报民建中央。根据中共承德市委办《关于印发〈承德市各民主党派、工商联和无党派人士建言献策“直通车”制度〉的通知》编报8期，共13篇。其中中共承德市委书记、市长分别批示各1篇。

【社会服务】 按照民建中央和民建河北省委要求，开展“四引四帮”活动。深入到双桥区白云社区居委会，为社区居民、孕龄妇女、孕产妇、儿童家长还有社区的残疾人等30余人讲解了对儿童气道异物梗阻、心肺复苏、淹溺、烫伤、踝足扭伤等自助救助、护理，家庭急救、残疾预防和康复等残疾急救、自救知识。世界卫生日”，

2019年春节前夕，民进市委书法家深入隆化县唐三营镇北大坝村为当地村民书写春联

在民建承德市委“四引四帮”主题实践活动和企业委员会“引帮系列”活动的号召下，民建承德市医药卫生支部结合自身医疗技术优势，以社区为平台，开展了以“庆祝中华人民共和国成立70周年 服务百姓健康”为主题的义诊活动。科教支部对具有承德地域特色的热河玉产品及国家“非遗”产品皇家满绣进行了产品推介。联系民建河北省委人资环委员会，针对接黑山嘴镇喇嘛栅子村开展前期调研，结合实际，确定对该村进行普惠活动，即：对该村所有的223户农户每户捐赠一桶油、一袋面、一袋米和一个视频播放器。为承德中小微企业提供无偿服务。对“富察美人”出品的代餐产品进行了文化包装，植入了皇家特色、满族文化元素；对会员企业生产的“康养三麦”特色农产品题写满文商标，助推企业发展。民建会员张晓东发起成立的“96096”承德社区服务平台与承德市快递电商联合会举办战略合作签约仪式暨平台“快递员之家”挂牌仪式。成立“快递员之家”，专门为快递员提供临时休息、热水供应、卫生间、图书Wi-Fi、手机充电等服务。与桥东街道府前路社区联合承德市邮政管理局、

共青团承德市委共同开展“吃饺子，送春联，情暖快递小哥”活动。向承德二中高三年级、高二年级、高一年级12名优秀学生颁发12500元奖金。

【组织建设】 优化结构，强化队伍，加强组织建设。按照新发展会员净增比例要求稳妥做好全市会员发展工作。对先进支部和优秀会员进行表彰奖励。不断增强组织活力，组织学习民建东营市委2018年以来开展“星级支部”创建活动的经验和做法。开展社会活动，举办社交及实用礼仪培训活动。加强组织对外交流，参加“民建京津晋冀蒙鲁等基层组织工作交流会，会上作题为《提升支部活力 彰显时代风采》交流发言。

附：民建承德市委员会领导名录

主　　委：郭士刚（不驻会）

副 主 委：邵东明（驻会，专职）

付秋杰（女，驻会、专职）

宋立铭（不驻会）

邢晓冬（不驻会）

（供稿　杨建光）

民进承德市委员会

【概况】 2019年，认真学习习近平新时代中国特色社会主义思想、中共十九大和十九届二中、三中、四中全会精神，以“不忘合作初心，继续携手前进”主题教育活动为主线，以“强组织、增活力、有作为”为目标任务，以促进经济增长和生态环境建设为着力点，围绕市委、市政府中心工作，凝聚全会智慧和力量，求真务实、拼搏进取，为打赢三大攻坚战，为建设生态强市、魅力承德做出新贡献。参政议政工作获民进河北省委一等奖，民进市委获“民进河北省组织建设优秀奖”，民进市委被民进河北省委授予先进单位荣誉称号。民进一中支部被民进中央授予“民进全国先进基层组织”荣誉称号，民进一中支部、民进医卫支部、民进师院支部被民进河北省委评为“民进河北省组织建设先进基层组织”。

【参政议政】 “两会”期间提交建议、议案、提案及大会发言61件，《关于发展城乡社区教育，提升社会治理能力》等3份提案受到省政府及省教育厅、发改委、财政厅、农业农村厅的高度重视并得到采纳和落实；《在京津冀协同发展战略中优化产业布局》等2份建议得到省发改委和交通厅的采纳。《发挥新时代乡贤力量服务和推动乡村振兴战略》在政协大会口头发言。《关于我市历史遗存建筑和近现代历史建筑保护及再利用的建议》《关于依托承德广播电视大学建立承德老年开放大学》《关于办好继续教育，加快建设学习型社会》《加强水污染防治　推动承德水源涵养生态功能区建设》被评为重点提案。《关于加强老城外线（偏岭段）交通安全管理的建议》《关于整治乱贴小广告的建议》《关于调整公交车线路延伸的建议》被市政协评为事实提案。此外，王显华和杜建强撰写的《关于加强农村特别是边远贫困地区教师队伍建设的建议》经民进河北省委提交省政协，被河北省政协评为省政协成立以来最有影响力的提案（全省共35件）之一。

有计划、有步骤地推进调研工作。针对校外辅导机构发展与管理问题，深入承德斯玛特儿童美术中心和智翔机器人培训中心进行实地调研，提出了指导性意见和建议。针对承德市双桥区基础教育存在的突出问题，主持召开了基础教育座谈讨论会，拟形成建议提交市政协大会发言材料。按照中共承德市委统战部《承德市各民主党派、工商联和无党派人士建言献策“直通车”制度》的要求，面向全体会员征集高质量、有见地的调研报告，全年向中共承德市委、市政府报送调研报告12篇，内容涉及承德市脱贫攻坚精准扶贫问题、发展农产品加工业问题、推进京津冀水源涵养功能区建设问题等各个方面。其中，王显华撰写的《关于推进我市温泉旅游业发展的建议》得到中共承德市委书记周仲明的批示。

【社会服务】 以“四引四帮”活动为重点,以“精准扶贫”政策为主线，赴隆化县厂沟门村和西底沟村慰问省委统战部驻村扶贫干部，并在这两个深度贫困村开展了“皮影文化进校园和健康义诊”活动。教师节前夕，又带领基层支部主任深入隆化县唐三营镇北大坝村小学开展慰问帮扶活动，13 个支部会员为该校捐献了学习辅导资料、文具、书包和教师用的工作包，折合人民币 6000 多元。组织医学专家为厂沟门村和西底沟村 100 多名村民义诊，还为两个村捐赠了价值 4000 多元的药品。基层支部也深入贫困村开展帮扶活动，医卫支部组织骨干会员到丰宁满族自治县石人沟乡汤道沟村，慰问驻村干部，为当地村民进行义诊；一中支部联系承德百思教育和承德鸿文传媒有限公司对隆化县韩家店乡三所村级小学开展帮扶活动。一中支部会员郭相强带领承德智翔人创客团队为学生们上了一堂别开生面的科学技术展演课。双滦教育支部副主任舒庆伟联系关系单位为村级小学捐献 2 台电脑；二中支部对承德县闫杖子村多位贫困户开展扶贫活动，定期看望慰问该村贫困户，为他们捐款捐物；双桥教育支部在宽城县板城镇山西村开展帮扶活动，组织会员为该村两户贫困家庭捐款捐物。

【主题教育】 加强政治理论学习。深入学习领会《中共中央关于坚持和完善中国特色社会主义制度 推进国家治理体系和治理能力现代化若干重大问题的决定》《中国特色社会主义理论体系学习纲要》《中国共产党统一战线工作条例（试行）》等政治理论。在学习中与“不忘合作初心，继续携手前进”主题教育活动相结合，增强坚持中国共产党领导、走中国特色社会主义制度的决心和信念。组织骨干党员到北京展览馆参观中华人民共和国成立 70 周年大型成就展，进一步学习中华民族艰苦奋斗、奋发图强的时代精神，深刻感受到全国各族人民在以习近平同志为核心的党中央领导下，实现两个百年奋斗目标的豪迈气概和美好愿景。

【组织建设】 开展“向标杆基层组织学习”活动，到唐山开滦国家矿山展览馆，参观民进开滦支部工作图片展,学习开滦支部矢志不移打造“七型”支部的成功经验，到滦平县张百湾镇周台子村参观，学习全国劳动模范范振喜精神；到双滦区元宝山街道御祥园社区参观，学习全国和谐社区建设示范社区书记杜向荣的先进事迹。组织参观国家天文台兴隆观测基地、承德博物馆和地质博物馆，了解中国天文科技领域世界领先技术，感受承德市悠久的历史文化和地质文化，激发爱党爱国爱家乡的思想情怀。15 个基层组织开展多种形式的主题教育活动，先后开展参观和调研活动、开展主题教育座谈交流和观看专题片《共和国 1949—中共中央在香山》《社情民意信息专题讲座》活动、开展送教下乡活动。按照《河北省民主党派组织发展工作规程》要求，将德才兼备的优秀中青年人士吸纳入会。

附：民进承德市委员会领导名录

主　　委：孔庆龙（蒙古族）

副 主 委：王显华（兼秘书长）

王　琦

刘　丹

薛　梅

（供稿　刘　超）

农工党承德市委员会

【概况】 2019 年，在中共承德市委和农工党河北省委的正确领导下，认真贯彻落实市委、市政府各项决策部署，团结带领全体党员，坚持以习近平新时代中国特色社会主义思想为指导，持续深入开展“不忘合作初心，继续携手前进”主题教育活动，以中华人民共和国成立70周年系列庆祝活动为主线，切实履行参政党职能，广泛开展社会服务，更好的融入多党合作、共创伟业的历史进程。承德市委会被评为“社会服务工作先进集体和组织工作先进集体”、市中心医院第五支部和经济第九支部被评为省级先进基层组织，受到农工党河北省委员会表彰。

【参政议政】 强化参政议政意识，《建立“中心吹哨、部门报到”机制，破解优化营商环境难题，更好服务企业发展的建议》提案被市政协确定为2019年1号提案。结合中共承德市委、市政府建立党派“直通车”制度，《关于承德市实施垃圾分类的建议》《关于加强农村食品安全监督的建议》河北省人大常委会副主任、中共承德市委书记周仲明亲自阅示签批。《关于推进绿色农产品加工业高质量发展的建议》，市长常丽虹亲自阅示签批。在河北省第二次人代会上提交的《关于加快我省旅游业发展建议（1352号）》被省人大民族侨务外事委员会列为2019年重点督办建议。向市十四届政协三次全会提交大会发言1篇，书面发言1篇，提案17件。

【社会服务】 落实“四引四帮”，组织扶贫义诊捐赠。8月8日，农工党天津市委、农工党河北省委、农工党天津滨海新区委员会和承德市委会，到隆化县西阿超乡杨家铺村联合开展义诊捐赠帮扶活动，并向当地群众捐赠价值5.7万元的新书籍，1.1万元的文体用品和1万元的药品（总计价值78000元）。市中心医院5、6支部选派6位医学专家为村里百姓义诊，得到当地群众的广泛赞誉。组织医疗专家到双滦区双塔山小区、围场满族蒙古族自治县御道口乡御道口村开展送医送药送爱心送温暖活动，为近300名群众进行了现场诊治，免费发放价值5000元的药物。组织党员到承德县八家乡梣椤台村义诊，为村民卫生保健和健康知识科普宣教。组织专家团队赴隆化县太平庄乡小黄旗村、南甸子村义诊，开展卫生保健知识科普宣教。联合河北省女医师协会、中医院等单位，到围场满族蒙古族自治县腰站镇开展义诊活动。40多名专家教授为290名村民义诊，健康科普讲座。

【宣传工作】 加强与主流媒体的联系，加大对党派直通车、市委会各项重大活动、参政议政重要成果、优秀党员先进事迹的宣传报道力度。全年向上级报送信息、新闻稿件、建议76篇。其中，农工党中央采用7篇；“团结网”采用3篇；河北政协新闻网采用18篇；农工党河北省委采用36篇；报送社情民意24篇，省政协采用1篇（关于环保方面的）；向中共承德市委报送党派直通车12篇，中共承德市委、市政府主要领导批示4篇。出版《承德农工党》杂志创刊号，为骨干党员订阅农工党中央机关刊物《前进论坛》50份。

【教育培训】 开展“不忘合作初心，继续携手前进”主题教育活动，制定活动方案。组织理论学习。深入领会习近平关于统一战线、多党合作和人民政协的重要论述，对照“四新”“三好”要求，进一步凝聚思想共识。组织市委委员、支部主任到北京参观香山革命纪念馆、中华人民共和国成立70周年大型成就展。突出主题教育活动的实践性，坚持边学边查边改，明确整改方向，制定落实举措。组织参加衡水、秦皇岛及承德市3市新时代新思想横向交流学习调研活动。组织参加中共北京市委统战部和中共河北省委统战部联合举办的京津冀民主党派基层负责人培训班、参加农工党河北省委会在上海举办培训及学习考察调研活动、河北省人大常委会在江西瑞金举办的“不忘初心，牢记使命”

培训班、市人大常委会在厦门大学举办的履职培训班、中共承德市委统战部组织的到四川省社会主义学院培训班。

【组织建设】 开展基层组织创优工作，印制《基层组织工作手册》发放至各支部，年底对基层组织量化考核。建立地方组织横向交流常态化机制，先后组织市委会班子成员及骨干党员参加党派机关负责人素质提升班、履职能力建设研讨培训、承德市新的社会阶层人士统战工作专题培训学习等。严格落实中央统战部和各民主党派中央关于组织发展的座谈会纪要精神，严格落实中共承德市委统战部对承德各民主党派关于组织发展的政策，从严从紧把握党员的入口关，严把质量，按要求在主界别发展，加强组织发展的计划性和针对性，全年发展党员11名。

附：农工党承德市委员会领导名录
主　　委：郭靖涛（不驻会）
副 主 委：谷雪芬（女，驻会）
　　　　　姜皑风（不驻会）
　　　　　胡桂才（女，不驻会）
　　　　　商亚珍（女，不驻会）

（供稿　李向宝）

九三学社承德市委员会

【概况】 2019年，始终把思想建设放在自身建设首位，全面启动“不忘合作初心 继续携手前进”主题教育活动。以庆祝“三个70周年”活动为载体，结合机关工作实际，按照实用、管用的原则，加强学习和实践。参政议政是民主党派履职尽责的生命线，始终把参政议政工作作为第一要务，成立参政议政部，并以此为抓手，聚民心汇民意、建真言献良策，较好地履行了参政党职能。加强组织建设和社会服务活动。

【参政议政】 多次参加中共承德市委市政府组织的协商会、情况通报会、座谈会，听取有关承德市大政方针、重要人士安排等情况通报，围绕建设一带三区、推进脱贫攻坚、加快创新型承德建设、优化能源结构等事关承德市经济社会发展的重大问题提出意见建议。参加各级人大、政协组织的视察、督查活动，担任各级特邀监察员、特约审计员和特约监督员的社员，通过信息交流、情况通报、视察等活动，发挥民主监督职能。市“两会”期间，提交政协提案30余件。其中，《关于实现我市医保卡用户看病自助挂号缴费及结算的建议》的集体提案得到回复；《关于河北省森林康养产业发展的建议》提案被选为集体提案报省政协。就承德市民营企业人才队伍建设，通过调研形成《加快民营企业人才建设推动民营企业健康发展的建议》的建议；就承德市生态修复、山水林田湖和草场综合治理邀请九三学社成都理工大学支社主委、博士生导师裴向军到承德调研。九三学社北京市委副主委兼秘书长李丽萍、九三学社河北省委副主委兼秘书长王建民、九三学社天津市委参政议政部部长林健、九三学社首都师范大学委员会副主委邓玉恒及首都师范大学专家成员共13人，组成京津冀省市级联合调研组，到滦平县、丰宁满族自治县开展张承连片贫困地区实地考察调研，先后到滦平、丰宁两县的兴洲村、凤山镇、北梁村、德胜村实地考察生态旅游文化产业，重点探讨京津冀旅游协同发展战略下承德生态旅游发展的新机遇、新挑战、新思路和新对策，详细了解旅游产业助力精准脱贫工作现状、旅游市场发展前景、扶贫政策落实情况以及农户在发展旅游产业中面临的困难和问题。
组织市相关部门和县（市、区）负责人以及部分企业家，到中国农业大学就“科技助农”项目开展调研，观看北京黄安坨助农科技示范小院项目等展示片；到密云区参观调研北京潼玉华硕农产品产销专业合作社，双方就合作成立九三学社现代农业科学承德研究院、开展科技助农项目、搭建项目平台、促进科技成果转化等事项达成共识，并决定成立九三学社现代农业科学承德研究院（站）。

【社会服务】 立足自身特点，深入开展健康宣教。联系九三学社中央‘同心康福’脑瘫患者救治行动专家团队来承德市开展活动。3 月 26 日，九三学社“同心·康福”脑瘫患者救治行动走进围场启动仪式在围场董姐护理培训中心举行。共计筛查年龄在 3 ～ 30 岁脑瘫患者 88 名，符合手术要求的 23 名。对符合手术条件的患者，统一送至石家庄脑系医院进行免费手术治疗。7 月 22—23 日，联合石家庄脑系医院专家团队一行前往围场看望慰问接受“同心康福”行动救治的脑瘫患者贫困家庭，并对术后患者进行了回访及康复指导。深入围场 6 个村，走访慰问 7 名术后脑瘫在校学生，为患者送去总价值 5000 元的物资和慰问金，石家庄脑系医院的专家还现场一对一指导患者后期康复训练。7 月 24 日，九三学社“同心康福”脑瘫患者救治行动走进隆化启动仪式在隆化县残联举行，共筛查脑瘫患者 52 人，其中 19 人符合手术条件，8 名患者术后出院。截至 11 月 18 日，“同心·康福”脑瘫救治共帮扶围场、隆化 23 户特困家庭，资助 7 名困难学生，减免及帮扶资金 30.57 万元。市属医院支社到丰宁满族自治县黄旗镇潮河存慰问义诊。工程技术一支社为双峰寺镇烧伤患者捐款 3000 元。为隆化县教育局捐款 30 万元，用于对优秀教师的奖励，为围场满族蒙古族自治县腰栈乡永和栈小学捐赠电脑 10 台、为 30 名学生捐赠书包文具，为 20 名贫困户送去米面油，捐款总价值 1.6 万元。为承德市长城研究会捐赠 1 万元。为隆化籍困难学生李恩泽捐款 1 万元。

【思想建设】 根据九三学社中央、九三学社河北社省委员会要求，全面启动“不忘合作初心 继续携手前进”主题教育活动。成立以主委任组长的主题教育活动领导小组，制定并下发实施方案，明确活动目标、任务、要求和学习内容、主要环节，并对各支社组织开展主题教育活动进行专题动员部署，力求做到有计划、有组织、有步骤，扎实有序开展好各阶段活动。深入学习习近平新时代中国特色社会主义思想和中共十九大精神，深刻学习领会习近平关于多党合作的重要论述，认真贯彻落实《中共中央关于加强中国特色社会主义参政党建设的意见》等。结合学习教育，九三学社承德市委员会主委李建华以庆祝中华人民共和国成立 70 周年暨多党合作和政治协商确立 70 周年为主题讲课。11 月，组织社员到北京展览馆参观中华人民共和国成立 70 周年成就展。

【组织建设】 坚持认真贯彻民主集中制；坚持“集体领导，民主集中，个别酝酿，会议决定”的方针，严格按照议事规则和决策程序办事；坚持提高综合素养和能力。通过举办民主生活会、谈心会，查找问题、剖析根源，提出改进办法和措施，组织开展参政议政专题培训和实地走访调研，围绕中共承德市委、政府中心工作提交有价值、有参考作用的意见建议。深入基层支部了解社员的思想动态，帮助社员解决生活实际问题。4 月 30 日，开展“不忘初心，共筑未来”五四纪念活动，并组织部分青年社员走进河北民族师范参观满族非物质文化遗产馆。8 月，组织社员参观“走进生态文明新时代”习近平对塞罕坝机械林场建设者感人事迹作出重要指示两周年书画美术作品展。

附：九三学社承德市委员会领导名录

主　　委：李建华（兼职）

副 主 委：王会云（兼职）

高立国（蒙古族，兼职）

王志勇（兼职）

董焕臣（兼职）

（供稿 刘晓民）

承德市工商业联合会

【概况】 2019年，全市工商业联合会工作以习近平新时代中国特色社会主义思想为指导，全面贯彻中共十九大和十九届二中、三中、四中全会精神，坚持政治建会、团结立会、服务兴会、改革强会，推进工商联思想政治、参政议政、服务非公有制经济、对外联络、深化改革工作不断深入。12月17日在平泉召开十五届四次执委会议。市工商联主席董旭明作工作报告。会上宣布了执委以上人员任免名单，对“千企帮千村”精准扶贫行动产业扶贫、公益扶贫、就业扶贫、技能帮扶“十佳”单位进行表彰。期间，还进行税务政策培训，观摩平泉市重点项目和消费扶贫产品展示活动。

【助力扶贫】 开展“千企帮千村”精准扶贫行动，组织民营企业、商会与建档立卡贫困村、建档立卡贫困户精准对接，因地制宜，多措并举，依托企业自身优势，通过产业扶贫、公益扶贫、就业扶贫、技能扶贫、消费扶贫等多种途径，助力脱贫攻坚，实现县级工商联执委以上企业“全覆盖”和全市936个建档立卡贫困村村企结对“全覆盖”。截至2019年底，通过“千企帮千村”行动组织949家本地民营企业参与脱贫攻坚，帮扶1041个村，受帮扶贫困人数201533人，实施项目2315个，累计投入资金3.0005亿元。承德市有9家民营企业被评为河北省“千企帮千村”先进企业。配合省工商联和中冀扶贫基金会赴隆化、丰宁、围场等地就深度贫困县产业发展、职教中心“订单式”人才培养和消费扶贫等方面开展调研，争取中冀扶贫基金会资金支持500余万元。与天九集团联合在嘉和酒店举办中国独角兽商机共享大会，天九集团为承德市扶贫和公益事业捐款100万元，帮扶全市5个县18个村及30所小学。开展“四引四帮”活动，突出以商招商、乡土乡情、社会责任，广大会员企业家积极响应，取得了良好的经济效益和社会效益。全年引进绿色项目6个，落实资金3.8亿元；引进发展资金2笔，落实资金6000万元；引进高端人才7名；引进科技成果7项；帮建脱贫项目26个，覆盖27个村及3个地区，投资规模2300万元；帮办惠民实事38件，累计投资310万元；97个组织和个人参与帮扶困难家庭和困难学生，累计捐赠43万元。

【参政议政】 开展“三进三服务”（进企业、进基层、进商会，为民营企业高质量发展服务、为民营企业健康成长服务、为基层工商联和商会改革服务）、民营企业社会责任调研、上规模民营企业调研等活动，深入企业和商会了解发展现状及困难，形成《加快推进社会信用体系建设，发挥行业协会作用破解民营企业融资难》等一批调研报告。组织承德市87家企业参与全国工商联调查4次，上报调查问卷261份。举办承德市工商联民营企业调查工作培训班，对所属县级工商联和辖区内87家民营企业调查点进行专题培训。市两会期间，引导非公有制经济人士人大代表和政协委员提交建议、提案，其中执委以上企业家提交人大建议和政协提案40余件，2件被列为重点建议和提案。《关于引导民营企业参与精准

2019年，市工商业联合会组织民营企业参加河北省“千企帮千村”培训会

扶贫，助力脱贫攻坚的建议》得到中共承德市委书记周仲明批示。

【服务经济】 发挥民营企业金融服务委员会和法律维权委员会作用，开展银企对接、项目推介和金融知识培训等活动5次，协调有关部门为企业维权2次。面向全市民营企业推广使用“冀商e家”服务平台，通过平台为企业提供反映困难诉求、查询政策信息、寻求项目投资合作等多项服务。与市企业发展服务中心联合举办政企对接座谈会，市工商业联合会15个直属行业商（协）会参加。对接市工信局，为全市民营企业推介中小企业政策信息发布平台，为企业提供“一站式”信息化服务。与市人社局、市总工会等部门联合开展了企业集团协商百日行动、推荐7家省级和谐劳动关系企业。与市人社局联合开展了2019年民营企业招聘周活动，为企业和求职者搭建沟通平台。与中商全联售电集团合作，开展“电力补贴走基层公益行”活动，为民营企业降低用电成本。

【对外联络】 围绕京津冀协同发展，为承德市开放招商工作做好服务。牵头成立双桥区文旅项目工作推进小组，协调中国香港路劲产业集团、北京中乐汇、北京智乔产业集团及有关部门深入对接，发展休闲文化旅游、文化创意等产业，打造文化旅游综合体。与北京市、天津市工商业联合会开展对接交流活动，扎实推进北京、天津“万企帮万村”精准扶贫行动在承德市高质量开展。赴衡水市参加第三届世界冀商大会，引导承德市企业家“走出去”。加强与周边市工商业联合会、商会组织的联络，赴辽宁朝阳市考察民营钢铁和文化产业项目，与朝阳市工商联建立友好商会，赴四川、重庆等地考察民营企业转型升级和发展，走访重庆河北商会，与成都市工商联建立友好商会，接待西藏阿里工商联一行来承考察，与其结为友好商会。

【主题教育】 开展“不忘初心、牢记使命”主题教育和非公有制经济人士理想信念教育。邀请全国工商联原副主席庄聪生围绕“民营经济发展面临的机遇和挑战”主题，为全市100余名民营企业家授课。与省工商联联合举办承德市200余名非公有制经济人士学习“习近平新时代中国特色社会主义思想”专题培训班。组织全市40名非公有制经济代表人士赴延安开展“不忘初心、牢记使命”理想信念教育。组织市20名民营企业家参加省工商联举办的非公有制经济人士理想信念教育专题培训班、民营企业转型升级高质量发展培训班、商协会会长、党支部书记专题培训班。组织市优秀企业家代表赴天津参加“津承企业家战略创新”高级研修班等。

【商协会改革】 指导承德市福建商会进行换届，筹备成立江苏商会。2019年，承德市浙江（温州）商会评为2017—2018年全国工商联四好商会，推荐河北省“四好”商会候选单位4家。加强非公有制经济商协会党建工作，调整非公制商协会党委班子成员，组建党建微信群，开展书记讲党课、党建知识培训、党建微课堂等培训。组织商协会党员到省工商联非公制企业党建示范点—浙江温州商会党支部和板城酒业集团观摩学习。

附：市工商业联合会领导名录

主　　席：董旭明（驻会）
党组书记：王冰玉
党组副书记、副主席：帅五宝（驻会）
党组成员、副主席：刘海学（满族，驻会）
　　侯鸿昌（驻会）
副 主 席：王贵玉（满族）
　　王景荣（满族）
　　王福国
　　尤文武
　　卢久友
　　司瑞军（满族）

刘彦华（女、满族）
刘焕勇（满族）
孙士河
李　杰
李国刚
陈珍财
陈彦岗
周印军（满族）

（供稿　訾新兰）

群众团体

承德市总工会

【概况】 2019 年，全市各级工会紧紧围绕省总工会工作部署和全市中心工作，以改革创新增强发展动力，以重点项目提升服务能力，以职工满意检验工作成效，各项工作取得了明显成效，全市基层工会组织达到 6640 个，会员总数达到 62.5 万人。扎实开展“不忘初心、牢记使命”主题教育，广泛开展学习贯彻习近平新时代中国特色社会主义思想主题宣传教育活动和“中国梦·劳动美”——与共和国共成长、与新时代齐奋进职工演讲比赛，持续开展“脱贫攻坚工会行”系列活动，以中共承德市委、市政府名义召开全市庆祝“五一”劳动节暨表彰大会，集中力量完成职工综合服务中心改造项目，完善职工办事服务大厅功能，搭建市级职工综合服务平台，为促进全市经济发展和维护社会和谐稳定做出积极贡献。

【基层组织建设】 重点推进非公有制企业建会入会覆盖面，侧重做好产业链上正常生产经营的新型农业合作组织、货车驾驶员等“八大群体”和劳动关系领域社会组织建会入会工作，进一步完善乡镇（街道）、村（社区）和企业工会组织体系，深入推进区域性、行业性工会联合会建设。制定出台《关于加强乡镇（街道）、开发区（园区）工会规范化建设（2019—2023 年）五年规划》，重点抓好全市 236 个乡镇（街道、开发区、园区）工会组织规范化建设工作。

【建功立业】 坚持把劳动和技能竞赛作为组织动员广大职工群众服务经济社会发展、推进生态文明建设、助力脱贫攻坚等全市重点工作的载体和平台，省级重点劳动和技能竞赛项目“河北丰宁抽水蓄能有限公司劳动竞赛”成效显著，市级 21 项引领性劳动竞赛竞相开展，8 项行业性竞赛特色鲜明。全市共 3000 多家企事业单位、累计近 30 万名职工参与各级各类劳动和技能竞赛，推荐的参赛选手分别在 2019 年中国技能大赛——河北省建设行业职业技能大赛决赛中获得镶贴技能手工木工一等奖，在第五届河北省气象行业天气预报职业技能竞赛强对流天气临近预报比赛中获得一等奖。

【职工思想教育】 广泛开展学习贯彻习近平新时代中国特色社会主义思想主题宣传教育活动和“中国梦 · 劳动美”——与共和国共成长、与新时代齐奋进职工演讲比赛，全市举办各类诵读活动 300 多场次、演讲比赛 12 场，参与职工 5 万人次。在河北省“劳动筑梦”职工演讲比赛中，全市推选的两名参赛选手分别获得银奖和优秀奖，市总工会荣获优胜组织奖。制定印发《承德市总工会宣传思想工作方案》，与河北工人报社、承德日报社、广播电视台签订职工宣传思想工作战略合作协议，充分利用主流媒体广泛宣传工人阶级和工会工作，进一步扩大了工会组织的影响力。

【维权维稳】 着力推行“三个精准”（主体精准、内容精准、形式精准）普法新模式，制定印发《承德市职工普法工作联席会议制度》，深入开展普法宣传活动 60 余场次，提供法律援助服务 150 多件次，为职工挽回经济损失百万余元。在全市范围内实施集体协商“稳就业促发展构和谐”行动计划，进一步扩大非公有制企业和中小企业创建和谐劳动关系的覆盖面，参与企业达到2500多家，新增县级以上和谐企业200家。不断深化“安康杯”劳动竞赛活动，全市参赛单位达1200家，参与职工17万人，全市6家基层企业的安全操作法入选全省职工保安全保健康工作法。

【服务保障】 联合13个部门印发《全面推进城市困难职工解困脱困工作实施意见》，制定出台《承德市职工困难帮扶防贫实施办法》，建立全市困难职工解困脱困工作“四级联动”（市、县、乡、镇工会和基层工会主要负责人为第一责任人）和“三包一”（每位建档立卡困难职工都要由一名基层企事业单位党政领导、一名基层工会干部和一名上级工会领导或干部包联）责任制，确保如期实现困难职工解困脱困目标。先后为237名困难女职工进行两癌”筛查，通过送温暖、金秋助学、生活医疗救助、职工互助一日捐等活动，累计走访救助困难职工和患病会员1.2万人次，发放帮扶救助金2498万元，帮助解决职工生活、就医、就学等实际困难。全市累计发放工会会员卡46万多张，签约合作商家612家，组织开展普惠活动500余场次，会员获得优惠近3000万元。积极探索职工创业就业培训新模式，举办困难女职工育婴员培训班，累计无偿投入创业就业资金100多万元，大部分项目为困难职工带来收益。

集中力量完成职工综合服务中心改造项目，完善了职工办事服务大厅功能，搭建市级职工综合服务平台。升级改造市级职工服务网络平台，开发会员“互助一日捐”网上预审系统、劳模管理系统等特色服务项目和督查督办、绩效考核等管理平台，形成线上线下融合服务新格局。进一步拓展服务职工渠道，新建爱心妈妈小屋41个、环卫职工工间休息室10个，市总工会与建行承德支行共建的27家“户外劳动者服务站——劳动者港湾”全部投入使用。

深化产业工人队伍建设改革，落实改革举措19项，健全完善配套制度23个，为产业工人成才发展、技能提升、权益维护搭建平台、提供保障。联合人社部门、教育部门和中职院校开展技能培训，培训职工2万余人次；为百余名农民工报名参加“农民工求学圆梦行动”，培养了大批知识型、技能型、创新型产业工人。

【脱贫攻坚工会行活动】 主动融入脱贫攻坚大局，持续开展“脱贫攻坚工会行”系列活动，不断深化助力脱贫攻坚职工志愿服务乡村行、产业链上建工会脱贫攻坚做贡献、农民工维权暖心和农民工教育培训基地建设等4个专项行动，全市工会志愿服务队组织送政策、送健康、送科技、送教育、送安全等志愿服务活动130余次，受益群众4万多人;新建农业产业企业工会（联合会）42家，新增农民工会员2326人，促进了企业发展带动贫困农户增收致富；开展律师结对帮扶贫困村“五个一”活动（结对一个贫困村、为村民上一堂法治课、调节一起民事纠纷、为村民或农民工提供一次法律援助、开展一次维权优秀案例评选活动），签约法律援助贫困村781个，普法宣传覆盖贫困群众4300余人；市县工会投入资金建立农民工教育培训基地57个，开展各种形式的培训80余场，培训7500多人次，有效提升了农民工和贫困户的专业技能、就业能力。承德市助力脱贫攻坚职工志愿服务活动被中央宣传

2019年10月14日，市总工会开展助力脱贫攻坚志愿服务乡村行活动

部、中央文明办等16部门评为全国100个学雷锋最佳志愿服务项目。大力开展驻村扶贫工作，对帮扶村的扶贫项目累计支持资金70余万元，已实现了整体脱贫。

【助力创建全国文明城市】 扎实开展职工精神文明创建和职工志愿服务活动，共组建职工志愿服务队800多个，发展职工志愿者2.1万人，在创建全国文明城市中广泛开展窗口单位文明服务和文明交通志愿服务活动，市职工志愿服务总队被省委宣传部、省文明办等16个部门评为“全省先进志愿服务组织”。

附：市总工会领导名录

工会主席：柴　山（满族）

党组书记、常务副主席：佟伊民（满族）

党组成员、副主席：孙清江

司志通

刘忠云

（供稿　刘丹丹）

共青团承德市委员会

【概况】 2019年，深入贯彻落实共青团河北省委工作部署，持续深化“12345”工作思路（即以改革攻坚为统领，聚焦主责主业为核心，以“思想引领跟党走、服务青年搭平台”两方面为路径，围绕团中央、团省委重点工作，重点实施“思想引领、创业脱贫、志愿公益”三方面工作，以“四讲”团干部为抓手推进从严治团、创建“五型”机关），坚持以改革攻坚为统领，聚焦主责主业为核心，突出“思想引领跟党走、服务青年搭平台”理念和工作路径，围绕共青团中央、共青团河北省委重点工作，重点实施“思想引领、创业脱贫、志愿公益”三方面工作。“热河青年”志愿服务持续发力，“一融四建八助力”专项行动、“寸草心”爱老敬老创新开展，青少年发展基金会引进项目资金2100余万元，相关工作在《人民日报》客户端、人民网、《中国青年报》报道25次，省市级媒体报道80余次，共青团工作迈上新台阶。

【改革攻坚】 共青团承德市委、中华全国青年联合会、中华全国学生联合会、少先队工作委员会换届全部完成，改革指标全部落实。通过制发公函、实地督导精准推动县级共青团组织、少先队工作委员会换届完成率100%，县县级共青团组织增编、挂兼职选优配强19人、配备率达到96%；严督实导县级青年工作联席会议两周内全部召开。坚持小切口推动大作为，建立基层团建展示拉练机制，带动基层“比学赶超”，共青团中央“青马工程”农村班观摩基层团建工作取得成效。平泉市探索劳务派遣形式实现“一村一名大学生村团支部书记”，有效提升基层活力。志愿服务学分制纳入“第二课堂成绩单”，河北民族师范学院6个学分量化评价效果显著。全面推行县级少先队工作委员会双主任制度，社区少先队工作委员会建设深入探索。突出重点任务落实，建立“三评议两结合”评价机制，实现定期督导、量化考评、分档评分，述职考评“擂台赛”让青年当裁判、作评价，效能导向更加突出。

【团员教育】 突出青年大学习，“导学、带学、比学、督学”推进参与率稳步提升；突出政治引领，开展举办青年读书班、青年讲师团、团委书记大讲堂活动300余场，中共承德市委副书记亲自授课。突出全覆盖，“青春心向党·建功新时代”“争做新时代好队员”等主题活动贯穿全年。围绕“五四”运动100周年，“八聚焦、八深化”活动持续开展2个月；围绕中华人民共和国成立70周年，“六个一”宣教模式固化实施，中共承德市委书记给予高度评价，委托市四大班子领导两次出席团日活动，社会反响强烈；围绕中国澳门地区回归20周年，圆满承办澳冀两地青年交流活动。突出提质增效，“承德青年”影响力克服全市人口少、青年流出多等不利因素逆势上升，覆盖青年超三成，持续位列全省共青团前三十；接续推出“我和我的祖国”“难忘五四”“学习塞罕坝，青春新建功”等27部正能量短视频、快闪原创作品，“承德共青团庆祝新中国成立70周年快闪”等相关作品在人民日报客户端发布，网络引导更具时效。突出脱贫攻坚、岗位建功，培育“冀青之星”“承德好青年”等市级以上典型青年800余名，省“五四”青年奖章连续5年榜上有名。

【基层建设年】 坚持抓强带弱治差，打造各领域“六好”标准团建规范化示范点40余个，整顿后进团支部1077个，激活基层组织活力。全市推行“一证一书一档一网”和“两表两册”办法，“智慧团建”系统用好用活，“学社衔接”等基础团务更加扎实；“冀E青春”云平台管理员登录率位列全省前列，团员回家比例稳步提升。“筑梦计划”覆盖社会组织111家、“伙伴计划”常态联系新兴青年骨干100余名，“两新”团组织新增34家。抓服务，青年中心每季一主题，开展线上线下活动530余场，覆盖团员青年1.2万人次，阵地作用凸显。

【突出平台搭建】 搭创业平台，组建6个县级创业联盟，多层次创业交流、培训、路演帮助900余名创业青年抱团发展、20余名青年初创成功，430万元贴息贷款精准帮扶。搭创新平台，“创青春”“振兴杯”“挑战杯”深度参与，34个优秀项目及创新人才在省级决赛崭露头角。搭创优平台，致富带头人培育、岗位能手培树、文明号创建面向基层一线，《中国青年报》头版报道承德市优秀青年事迹。搭权益平台，建立年检工作社会支持体系合作框架，与检察院、财政探索维权购买服务可行性机制，“面对面”活动走进返乡创业青年，交友联谊两月一期，市场化、常态化，服务更加有效。

【青春建功】 青年志愿服务提质增效。“志愿汇”注册人数突破50万人，占总人口的14%；“伙伴计划”攻坚月上线商家790余家，激励作用凸显；“寸草心”爱老敬老活跃度持续位列全省前列。双休日、节假日文明交通等青年志愿服务形成固化机制，助力文明城市创建常态续航，累计服务时长超30万小时；大型赛会“六位一体”工作体系成为标准样板，先后4次高质量服务全国第二届青年运动会冰球赛、全省首届冰雪运动会等重要活动，得到省市领导高度评价。持续深入“五城联创·青春建功”行动，常态开展“红领巾小河长”“热河青年护河长”环保实践，4600余名青少年参与其中，植树造林达167亩，塞罕坝精神全面践行弘扬。“脱贫攻坚党旗红·青春建功做先锋”专项行动实施更加精准，聚焦教育扶贫，全链条帮扶困境青少年，“万+”健康保险为1.6万余名农村留守儿童成长护航；“万+”专项助学帮扶贫困学生10213名，圆梦青少年发展基金会成立6支专项基金，筹款686万元；办理生源地助学贷款4418万元，帮助5500余名贫困学生继续学业；“千校万岗”帮扶321名贫困学子实现就业。聚焦协同帮扶，5个县（市）结对北京市、天津市，争取项目资金400余万元；“百

2019年7月青联爱心助学行动。图为承德县助学金发放仪式

企扶百户”“百号牵百手”帮扶贫困户2432户，产业扶贫项目稳定脱贫1500余人；平泉市微博扶贫直播、承德县“网络销售进果园”等扶贫形式为家乡农产品代言，社会力量动员成效显著。“一融四建八助力”热河青年助力脱贫攻坚专项行动创新开展，先后建立县级“热河青年”助力脱贫服务站8个、乡级联络站101个、村级驿站387个，589名驻村干部注册成为“热河青年”志愿者。重点突出健康、志愿、生态和精神扶贫等能为善为，开展医疗义诊、移风易俗、暑期“三下乡”等志愿服务活动500余场次，覆盖基层群众1万余人次，持续巩固脱贫成效、助力乡村振兴。

附：共青团承德市委员会领导名录

书　　记：秦　涛

副 书 记：艾　铮

　　　　　刘媛媛（女，蒙古族，3月任）

　　　　　吴　磊（满族，3月任）

（供稿　巴　音）

承德市妇女联合会

【概况】 2019年，全市妇联组织在中共承德市委、市政府的正确领导下，深入贯彻党的群团改革精神，围绕省、市妇联重点工作目标任务，坚持强“三性”(政治性、先进性、群众性)、去“四化”(机关化、行政化、贵族化、娱乐化）工作要求，发挥优势，服务大局，改革创新，积极探索新形势下妇联工作新路径，有力促进了全市妇女儿童事业全面发展。

【技能培训】 组织召开承德市“深化双创双服·助力脱贫攻坚”妇女发展交流培训会，对女企业家、巾帼脱贫示范基地负责人、农村致富带头人210人进行了培训。全市各级妇联组织举办妇女技能培训班82期，培训妇女6054人次。举办“热河嫂”技能比武大赛，100余位家政服务业的从业者参加培训和比赛。

【巾帼脱贫工作】 以巾帼现代农业、巾帼乡村旅游、巾帼家庭手工、巾帼家政服务、巾帼安康救助5项脱贫行动为抓手，全年对接全国妇联、北京市妇女联合会、天津市妇女联合会东西部扶贫协作活动3次，创建全国巾帼脱贫示范基地1个，省级巾帼脱贫示范基地60个，市级巾帼脱贫示范基地30个。发放2018—2019年度农村“两癌”患病妇女救助款801万元。争取“母亲水窖·安全饮水项目”70万元落户承德。母亲复明工程在5个县(市)实施，179名白内障患者得到治疗。联合中国人寿承德分公司，为全市6875名妇女提供女性安康保障，参保金额43.5万元。为参加国奶扶贫工程婴幼儿发放全额免费奶粉8994罐，公益金额266.7万元，差额奶粉31060罐，公益金额914.9万元。

【创建美丽庭院】 各级妇联组织利用妇女讲习所开展授课、培训、宣传活动150余场次，参与人数达2万余人，累计发放美丽庭院宣传册、明白纸15万余份，围裙、垃圾桶、毛巾、地垫等宣传品3万余份，投入创建资金1166.45万元，创建美丽庭院19.3万户，精品庭院3.8万户，培树示范街19个，示范村40个、示范乡镇22个、示范群18个。举办“美丽庭院·巾帼风采”书法美术摄影作品展，展出作品200余幅。在全市评选市级“十佳美丽庭院”10户、“百优美丽庭院”190户。成功承办全省第三次美丽庭院观摩推进会，围场满族蒙古族自治县共享庭院和巧手创富示范户美丽庭院，将美丽庭院与文化旅游融合互促催生的美丽经济，成为美丽庭院创建、发展庭院经济的样板，经验做法在《中国妇女报》《河北日报》等多家媒体刊发。

【创建最美家庭】 全年开展家风建设大讲堂30余场次，参与人数8000余人，印制家风故事传递光盘300张，共有11000余人观看。利用母亲节、重阳节等节点开展“践行我爱我家 弘扬家国情怀”主题活动、“我看70年 追梦新时代”为主题的特别婚礼、“邻里守望”“棕子争霸”等活动。在“承德女性”公众号上开设《家庭文明建设》专栏。更好地建设好家庭、传承好家教、弘扬好家风，更好地宣传社会主义核心价值观。举办“我爱我家”承德市“赡养老人巾帼展风采”暨寻找最美家庭家风故事展演会，评选县级以上家庭典型1093个。其中3户家庭被评为全国“最美家庭”，7户家庭被评为河北省“最美家庭”，4户庭被评为省级最美党员家庭，3户家庭被评为省级绿色家庭。

组织专家讲师深入城乡社区开展针对家长、儿童、社区家教工作者的阅读辅导，邀请全国教育专家俞敏洪、大山到承讲座，全年举办市级大型家庭教育讲座和指导服务社区行12场次，主题涉及“树清廉家风”“阳光成长伴我行”“家风建设”等内容，惠及家长5000余人。市、县两级妇联举办各种家庭教育进社区活动124场次，参与人数11473人次。

以“我爱我家·德润燕赵”为主题，围绕弘扬传统文化、传承孝老爱亲传统美德，联合市教育局集中在3月、4月开展家庭亲子朗读竞赛活动，通过各县（市、区）组织的亲子朗读竞赛选送上来的20余部作品。联合教育局举办“我爱我家·德润紫塞”亲子朗读竞赛，评选出一等奖2名、二等奖5名、三等奖7名。全年共建成市级亲子阅读基地30个，各县（市、区）依托亲子阅读基地、社区家长学校、儿童之家等举办各类“亲子读书”活动120余场次，参与人数10748人次，形成“爱读书、共读书”的浓厚氛围。

【妇女儿童保护】 举办“法润心田 福泽家园”基层维权干部宪法学习培训班，提高妇联维权干部素质，增强维权干部的性别意识和维权技巧。以“3·8”“6·26”“11·25”“12·4”等节点为契机，开展各种与妇女、儿童相关的法律、法规知识宣传；组织全市女法官、女检察官、女律师开展法律宣讲活动，发放宣传资料约5万余份，开展法律宣讲62场次，10万余人受益。开展“木兰有约”法治宣讲48场，参与人数10580人次。印发《市妇联关于开展2019年婚姻家庭矛盾纠纷排查化解和风险隐患防控工作的通知》《市妇联组织2019年婚姻家庭矛盾纠纷排查化解和风险隐患防控工作方案》，市、县、乡三级建立婚姻调解委员会235个。“12338”妇女维权服务热线纳入市长热线统一管理，共接听妇女维权服务热线64人次。依托承德市心理咨询协会300多名律师，成立妇女儿童心理健康咨询中心，免费接待各类心理咨询700余件，为妇女儿童身心健康家庭和谐稳定起到助力作用。

与共青团承德市委员会联合印发《关于开展2019年关爱保护留守、流动及困境儿童等工作的实施方案》。各级妇联组织和社区依托“儿童快乐家园”“爱心代理妈妈”“巾帼志愿服务”开展形式多样、内容丰富的服务活动，为106个贫困家庭送去物资65.18万元。

【巾帼志愿服务】 全年新增巾帼志愿者576名。培育家政服务、家庭教育、心理抚慰、法律援助、医疗护理等各具特色的巾帼志愿服务队50余支。丰宁满族自治县充实组建“姜大姐爱心服务队”“小雨滴志愿服务组织”、长阁“爱心妈妈团”3支模范巾帼志愿服务队。组织开展各类志愿服务活动420次，参与志愿者万余人次。

【“妇女之家”建设】 全年新建省级示范妇女之家22个（其中自建7个），争取省级建设资金150万元，15个示范妇女之家所有采购物品全部到位，并按照各功能室划分摆放整齐、投入使用。妇女之家制度全部制作完成并上墙，每个建设点建设妇女微家10个。申报2020年省级示范妇女之家39个，新建市级示范妇女之家29个。创建省级示范妇女之家109个，争取省妇联专项资金800万；创建市级示范“妇女之家”213个。

全市各级妇联组织建成涉及文体活动、手工编织、学习宣传、家庭教育、创新创业、积德行善等阵地灵活、活动常态、实效显著的“妇女微家”998个。通过基层申报、县级推荐、市级验收审核，建立了承德市“妇女微家”示范点200个，进行挂牌示范。打造了平泉市南五十家子镇、隆化县茅荆坝乡、滦平县金沟屯镇、鹰手营子矿区铁北路街道、兴隆县街道办事处5个省级乡镇(街道）妇联组织区域化建设示范点，以点带面，从而进一步推进了妇联组织区域化建设工作向纵深发展。

【提升妇女干部素质】 按照《省妇联关于进一步发挥县级妇联组织作用的意见》和《市妇联关于县级妇联换届及届中领导班子成员调整有关程序的意见（试行)》，应换届的5个县区全部按时、按要求完成换届工作，按时完成率在全省排名第一。举办全市基层妇联干部培训班，240余人参加培训，课程内容丰富、教学形式新颖，收效明显。

推行妇联亮牌服务、亮组织架构、亮工作职责、亮执委身份、亮活动内容和妇女群众评妇联、妇女群众评执委（干部）的“五亮双评”活动。全市被评议的乡镇（街道）妇联223个，优秀等次70个，合格等次153个；被评议的乡镇（街道）妇联执委总数3306人，优秀等次992人，合格等次2314人；被评议的农村（社区）妇联2634个，优秀等次790个，合格等次1844个；被评议的农村（社区）妇联执委总数20764人，优秀等次6230人，合格等次14534人。

附：市妇女联合会领导名录

党组书记、主席：李建侠（女，满族）

党组成员、副主席：彭兴怀（女，满族）

郭蕾蕾（女）

闫赛春（女，满族）

（供稿　冯艳秋）

市科学技术协会

【概况】 2019年，全市各级科协组织坚持以习近平新时代中国特色社会主义思想为指引，深入学习贯彻落实中共十九大精神，认真落实省、市委一系列决策部署，团结引领全市各级科协组织和广大科技工作者，围绕中心、服务大局、开拓创新、锐意进取，各项工作取得明显成效。2019年，全国科普日承德市主场启动仪式获省科协、中国科协全国科普日特色活动称号。承德市科学技术协会被河北省科协、中国科协评为全国科普日优秀组织单位，荣获第34届河北省青少年科技创新大赛优秀组织奖。

【深化改革】 扎实推进科协系统改革，加大科技工作者之家建设力度，“承德市木兰围场科技工作者之家”等4个单位获评河北省科技工作者之家建设示范单位。将力量配备和服务资源不断向基层倾斜，有序推进基层科协改革，积极推进科协基层组织建设，全市有200个乡镇(街道）建设科协组织，覆盖面达85%以上，“三长”（基层医院院长、学校校长、农技站站长）挂职率达57%以上。全市10个省级经济开发区(园区）全部建立科协组织；河北民族师范学院等3所高校建立高校科协组织，进一步扩大科协的覆盖面和影响力。完善科协个人会员制度和规范团体会员管理机制，共发展市级个人会员1539人。首批吸纳承德市互联网协会和承德市健康服务业协会2个单位为团体会员，拓宽市级学

（协）会加入科协组织的新渠道。

【科技脱贫】 扎实推进科技助力精准扶贫工作，继续实施科技助力精准扶贫6大工程，积极争取“基层科普行动计划”国家和省级项目13个、争取资金210万元。全市共组建专家技术服务团队75个，组织帮扶专家192人，带动建档立卡贫困户脱贫448户、1021人，培育主导产业6个，推广优新品种45个，培养科技致富带头人60人，乡土技术人才5300人，培训贫困农民87000人。

培树科技助力精准扶贫工作典型。推荐2人和1个团队参加国家科技助力精准扶贫工作先进个人和团队评选；推荐39人和10个团队参加河北省科技助力精准扶贫工作先进个人和团队评选。命名围场翠怡果品协会等5个协会为承德市优秀农村专业技术协会，平泉市益农科技育苗有限公司科普示范基地等50个单位为承德市优秀农村科普示范基地，丰宁御今农业科普示范基地孙志伟等44人为承德市优秀农村科普带头人。

【服务经济发展】 加大引才引智工作力度，支持平泉市尚泽果业有限公司、围场龙头山顺鑫设施蔬菜合作社、围场创富种植合作社、围场四道沟翠怡果品协会4家单位成立科技专家企业工作站。推荐天津市农业科学院首席专家谷希树、北京市林业果树科学研究院张运涛2名专家被省科协聘为会长。推荐承德医学院和市蔬菜技术推广站2家院士工作站工作成果，入选“庆祝中华人民共和国成立70周年——院士助力创新河北建设成果展”。

积极举荐优秀科技工作者，围绕全国科技工作者日，组织寻找最美优秀科技工作者活动，河北民族师范学院赵彦明和顾建军、承德市中心医院洪查理、河钢股份有限公司承德分公司高海、宽城林业和草原局商贺利、围场农业技术推广中心冀大富被河北省科协评为“2019年最受关注的科技创新人物”；推荐优秀科技工作者参加第七届河北省科普事业贡献奖评选，市农林科学院范庆杰、市气象局彭九慧、市卫健委信息中心王秋杰和平泉市科协梁杰平4人入选；向河北省科协智库推荐专家100名，并将其中的91名专家录入承德市科协专家库。

培养科技后备人才，举办了全市青少年科技辅导员培训班，培训了90名科技辅导员；推荐省级青少年科技后备人才87名，67人入选。推荐7名优秀青年参加河北省“服务三深化、助力三提升”新时代万名“冀青之星”并全部入选。

【提高全民科学素质】 继续实施科普进基层系列活动，通过举办各类实用技术培训班、开展现场技术指导等形式不断提升农民科学素质，全市共培训农民90万人（次）。打造青少年科技创新品牌，组织开展第三十四届青少年科技创新大赛，首届承德市青少年机器人大赛、第二届承德市中小学生机器人创客大赛，187项作品获省级奖、14项作品获全国奖。其中，平泉市第一中学学生创作的“硬币分拣器”作品荣获河北省青少年机器人竞赛创意项目高中组冠军、全国青少年机器人大赛二等奖，实现承德市高中组学生参加全国青少年机器人竞赛零的突破。承德智翔机器人创客中心选手在2019年世界机器人大赛中，荣获FTF青少年无人机赛事红外对战赛小学组冠军。组织推荐9所学校开展青少年科学调查体验活动，承德高新区阳光四季小学、承德县实验小学荣获全国优秀实施学校称号。开展2019年全国青少年人工智能科普活动，承德县实验小学、承德高新区阳光四季小学、兴隆县雾灵山乡逸夫实验小学3所学校荣获2019年全国人工智能特色单位称号，并获得国家科学技术协会设备资助。全市共有20多万名青少年参与各类科技竞赛和科普活动。

加强科普基础设施建设，2015年启动的流动科技馆落地滦平县青少年活动中心；组织隆化县、围场满族蒙古族自治县、高新技术产业开发区、鹰手营子矿区完成2018年流动科技馆展览；新启用的流动科技馆在平泉市展出。推荐平泉市小寺沟中学参加“农村中学科技馆在行动”活动，获得中国科技馆发展基金会资助3万元。推荐平泉市食用菌研究会废弃料生产鸡腿菇栽培技术科普示范活动，并入选2019年度省全民科学素质教育基地优秀科普活动，获资助2万元。

在“全国科普日”期间，围绕“礼赞共和国，智慧新生活”主题，组织开展“全国科普日”承德主场活动、基层科普联合行动、校园科普联合行动、“冀望风云燕赵科普行”气象科普日活动、航空航模纸飞机表演、无人机与机器人表演等科普活动60余项、120多场，共计10万多人次参与，6家单位获省“全国科普日”优秀组织单位称号。开展科技活动周、食品安全宣传周、送科技下乡等系列主题科普活动，提升公民科学素质。

【服务党委政府】 成功举办“承德市健康服务业协会2019年年会”“第五届承德市互联网大会”等重点学术交流活动。开展《塞罕坝可利用的野生植物资源开发利用研究》和《承德市呼吸系统疾病与气象条件关系的分析》等2项课题研究。征集科技工作者建议9条，编报高质量科技工作者建议6期，主动为市委、市政府提供决策参考。

积极推进学会治理结构和治理方式改革，在市级学会全面开展以理事会规范化、秘书处实体化、秘书长职业化为内容的“三化”改革。出台《承德市科协所属学会有序承接政府转移职能试点工作实施方案》，将市医学会的职业病鉴定工作作为承接政府职能试点。

【科技宣传】 围绕中心工作，加强宣传工作力度，全年共发表市级以上信息165篇。其中，省级121篇。《科普承德》微信公众服务平台更新4659条内容，在“今日头条”等发稿59篇。通过国家科学技术协会“科界”平台、《河北科协》、承德市科协网站等国家、省市级媒体刊物大力宣传全市各行各业涌现出来的优秀科技人物先进事迹，引领广大科技工作者培育和践行社会主义核心价值观，建设具有强大凝聚力和引领力的社会主义意识形态。

附：市科学技术协会领导名录

党组书记、主席：杨永升（4月免）

李云腾（4月任）

党组成员、副主席：李建华（5月免副主席）

李宝春（女，满族）

（供稿　嵇冬梅）

市归国华侨联合会

【概况】 2019年，全市侨联工作坚持以习近平新时代中国特色社会主义思想为指导，深入学习贯彻习近平关于群团改革和侨务工作的重要指示、批示精神，贯彻中央和省市委部署要求，深入落实第十次全国归侨侨眷代表大会和河北省第十次归侨侨眷代表大会精神，紧紧围绕全市中心大局，发挥桥梁纽带作用。坚持以理论学习为基础、以解决实际问题为导向，调查研究、检视问题。开展“不忘初心牢记使命”主题教育。围绕调研课题深入基层调研5次，入户走访18人次，请上来座谈调研12次，发放调研问卷30份，梳理问题9个，提出针对性举措10条。开拓新侨创新创业服务平台，发挥政协侨联界别委员作用，引导侨界群众参政议政。传递侨界声音、展示侨联形象，先后在中国新闻网、中国侨网、中国河北网、河北侨联网、《承德日报》、和合承德网等各类媒体刊发宣传稿件56篇，编印简报27期，有效发挥侨联组织凝心聚力画好同心圆的职能作用。筹备承德市第六次归侨侨眷代表大会，完成了代表推荐、经费预算、文字材料准备、委员常委候选人协商等工作。

【爱国爱党教育】 围绕“七一”中国共产党成立纪念日，开展讲好一次主题党课、唱响爱国歌曲等宣传教育活动，组织侨界干部群众参观“学党史、守初心、颂辉煌、担使命——不忘初心、牢记使命”主题教育档案史料展；围绕中华人民共和国成立70周年，广泛开展新中国成立70周年宣传教育活动，在市归国华侨联合会机关张贴庆祝新中国成立70周年宣传画报，组织侨界群众参与省归国华侨联合会组织的“我与我的祖国”MV录制，在广大侨界群众中广泛开展世界华侨华人摄影展征稿和“我和我的祖国”侨界图片征集展示活动，在侨胞之家开展“不忘初心、牢记使命”“同心共筑中国梦、和谐邻里一家亲”为主题的文艺演出活动，联合世纪城社区侨胞之家组织侨界群众20余人参观承德博物馆，开展“寻访家乡足迹、讲好承德故事、传承中华文明”宣传教育活动，展现中华人民共和国成立70年光辉历程和新时代中国崭新风貌。

【服务社会】 4月8至19日，经省归国华侨联合会搭桥，市归国华侨联合会向“澳洲魏基成天籁列车”慈善项目争取到蓝牙助听器1293台、专供特教学校使用的蓝牙学习机8台，总价值达2746万元，在全市共开展9场现场发放仪式，帮助承德市部分听力障碍儿童和成年人改善生活质量，重回“有声世界”。

持续实施“捡回珍珠计划”项目，协助平泉市一中申请设立第九期“珍珠班”，年到位助学资金37.5万元，资助家庭特困、成绩特优的“双特学生”50名。在2019年高考中，平泉一中珍珠生一本上线率93%，本科上线率100%。

组织8所高中7758名学生参加第二十届世界华人学生作文大赛，选送优秀稿件247篇，获奖70篇。其中，一等奖9名、二等奖28名、三等奖33名；70名教师获优秀辅导奖，承德市归国华侨联合会获优秀组织奖和优秀组织个人奖，宽城满族自治县一中获优秀组织示范校奖。

为庆祝中华人民共和国成立70周年，围绕广大归侨侨眷、海外侨胞积极投身经济发展、助力河北对外开放、弘扬中华文化、积极建言献策、参与社会建设等内容，在侨界群众中广泛开展“我和我的祖国”侨界图片征集活动。征集到珍贵图片300余张，向社会展示归侨侨眷、海外侨胞热爱家乡、爱岗敬业、拼搏进取，为祖国和住在国做出重要贡献。

对全市农村、城镇贫困归侨侨眷的居住条件、就业状况、收入来源及致贫原因等情况进行摸底调研。利用元旦春节，重点对100多户侨界困难群体、鳏寡孤独及空巢家庭走访慰问，发放慰问金5万元。做好侨界群众来信来电来访工作，帮助侨界群众做好医保异地转接、回国定居手续咨询、法律服务咨询等事宜，真正做到真情服务、贴心服务。

【普法宣传】 组织开展“法治中国 你我同行”普法宣传活动。通过编发法律问题常见案例、制作侨法宣传页和环保手提袋、编印《侨务法律法规学习手册》、开展专题法律讲座、集中现场宣传等形式，广泛开展涉侨法律法规和侨务政策宣传，持续推进侨法和侨务政策“进机关、进社区、进高校、上新闻”，提高广大侨界群众法治观念。国家宪法日期间，在市中心广场和承德福建商会开展集中普法宣传，发挥留联会法律工作站和市侨联法律服务中心作用，组织开展法律讲座1次；通过微信群发布法律知识13条次，义务解答法律问题28个，为侨界群众提供义务法律服务2次。

【创新创业服务】 开拓新侨创新创业服务平台，在河北嘉耀节能科技发展有限公司和承德市留联会创建“新侨工作站”2个。助推河北嘉耀节能科技发展有限公司“一院两站三基地”项目建设，服务承德嘉耀科研院挂牌，打造吸引海外华侨华人高科技人才回国创业的平台。10月9日，河北嘉耀节能科技发展有限公司新侨工作站、新侨创新创业基地举行揭牌仪式。构建新侨创新创业多元服务体系，依托承德市留联会的资源优势，构建以承德市留联会活动中心、承德市新侨创新创业基地和承德市留联会法律服务工作站、河北海外信息平台组成的“一中心、一基地、两平台”服务体系，激发新侨创新潜能和创业活力。

【参政议政】 发挥政协侨联界别委员作用，引导侨界群众参政议政。推荐侨界优秀人士担任各级人大代表、政协委员，联合市政协港澳台侨委组织政协委员赴侨胞之家和侨资侨属企业进行实地走访调研，实现政协委员与侨界群众联系常态化。邀请6名海外侨胞代表列席政协承德市委员会第十四届第四次会议，是承德市首次邀请海外侨胞代表列席市政协会议，为承德市经济社会发展建言献策。

引进新侨人才和留学人员700余名，向省侨联推荐侨联委员4名、省归侨侨眷代表大会代表20名、省归侨侨眷先进个人3名、省侨界专家委员会委员2名；向市政协推荐市政协委员人选2名；向中共承德市委统战部推荐河北省欧美同学会、河北省留学人员联谊会青年委员会委员2名、全市归侨侨眷代表人士2名。

【服务侨界群众】 完善直接联系侨界群众体制机制 。印发市归国华侨联合会服务群众连心卡，通过深入基层实地走访，邀请侨界群众参市归国华侨联合会活动，深入侨界群众中开展党路线方针政策宣讲。请侨界群众进门约谈，印发调研问卷，发放征求意见表，完善侨界群众来信来电来访接待工作办法，借助微信、电话等形式，与更多地侨界群众建立起最广泛、最直接地联系。深入县（市、区）和侨资侨属企业、侨胞之家、新侨工作站等联系点调研5次，入户走访归侨侨眷家庭42户，实地调研侨资侨属企业8家、侨胞之家2个，召开调研座谈会4次。

指导市级“侨胞之家”创建省级“侨胞之家”，在双滦区钢城街道行宫社区举办省级“侨胞之家”挂牌仪式，争取经费1.7万元用于“侨胞之家”建设。围绕中华人民共和国成立70周年，组织各个“侨胞之家”开展形式多样的庆祝活动，丰富侨界群文化生活、增进侨界群众的爱国情感，增强侨界群众的归属感和凝聚力。

【海外联谊】 借助“侨连五洲·聚力河北”—2019河北省侨联海外委员联谊大会，与来自54个国家近百名海外华侨商界人士座谈联谊，进行文化经贸交流。借助华侨回国探亲来承交流的契机，积极与澳洲中国东北联谊总会会长、全澳中国和平统一促进同盟常务副主席、澳连集团董事长姜宝泰等一行6人对接联系，拓展了侨联在澳洲的侨界资源。参加由中国侨商联合会、河北省侨联、沧州市委市政府联合主办的“创业中华·开放河北”第七届海外侨商沧州行活动，与来自37个国家和地区的近200名侨商进行座谈交流，宣传推介承德。

附：市归国华侨联合会领导名录

党组书记：徐　毅（驻会）

副 主 席：武国庆（兼职）

　　　　　李海军（兼职）

（供稿　陈　燕）

市文学艺术界联合会

【概况】 2019年，在市委、市政府的坚强领导下，坚持“二为”方向、“双百”方针，深入开展“不忘初心 牢记使命”主题教育，团结带领各文艺家协会，在正本清源上展现新担当，在守正创新上实现新作为，在明德修身上展现新面貌，为繁荣社会主义文艺、培养新时代文艺人才，促进新时代“生态强市、魅力承德”建设做出了应有的贡献。

【发挥文艺作用】 组织开展“我和我的祖国——庆祝中华人民和国成立70周年”摄影展、歌咏比赛、音乐会、舞蹈大赛、音乐快闪、书法美术展、故事展演会、钢琴音乐会、创意设计大赛优秀作品展等活动。举办了承德期刊联盟生态文明采风采访创作活动，编辑“最美风采系列”图书《最美的旗帜——脱贫攻坚党旗红优秀党员风采集》《最美的守护——生态强市优秀人物风采集》《最美的风景——国家“一号风景大道”风采集》。在全市文艺界广泛开展了当好文艺志愿“五大员”为内容的文艺志愿服务活动，联合市生态环境保护局在春节前夕制作了《爱是最美的烟火》公益宣传片。开展优秀传统文化进校园活动，其中戏曲、书法、高雅音乐、民间文化进校园共21场次。组织开展“我们的中国梦——文化进万家”和“到人民中去——文艺工作者走基层”活动。

【协会活动】 市作家协会组织诗人参加“中国诗歌万里行采访”和“龙脉山水、大美兴隆”京津冀作家笔会活动；市戏曲协会举办“璀璨梨园魅力承德戏曲惠民演出”活动，开展下基层慰问演出、剧社演出62场次；市电影节协会与承德广播电视台共同策划制作“京津冀一家春2019承德市少儿春节晚会”、拍摄扶贫纪录片两部，拍摄制作了典型人物纪录片《不忘初心的老党员》；市音乐节协会开展“今天是你是的生日”庆祝中华人民共和国成立70周年音乐会；市舞蹈家协会开展“进乡村 进社区 进企业 进部队 进校园 进景区”系列文化惠民慰问演出活动；市美术家协会举办“喜迎新春”2019年承德市美术作品展，“庆祝中华人民共和国成立七十周年河北省美术作品展览（承德展区）”；市摄影家协会举办“光影留声”超大画幅优秀摄影作品展及“承德御道口皇家猎苑四季风光摄影大展”；市书法家协会举办庆祝中华人民共和国成立70周年“生态强市 建设美丽幸福双桥”全市书法作品展，组织县（市、区）基层书法骨干作者进行了巡回培训活动；市曲艺家协会到兴隆、平泉等地开展送曲艺种子进校园活动；市民间艺术家协会开展文艺助力扶贫攻坚，“非遗＋扶贫”带徒传艺，累计授课培训80余场次，培训人员600多人；市青年书法家协会举办首届女书法家网络作品展；市传统文化学会组织会员到社区举办中华民族优秀传统文化和传统美德的讲座；市诗词楹联学会组织骨干会员进行采风创作活动并召开作品研讨会；市收藏家学会组织骨干会员到异地进行考察、学习交流活动。

【精品创作】 电视剧《最美的乡村》完成拍摄。电影《塞罕坝上》已完成后期制作。电视剧《最美的青春》、话剧《塞罕长歌》获中宣部“五个一工程”奖；诗集《马在暗处长嘶》获孙犁文学奖；文艺评论《一只牛顿的苹果砸在了诗人的头上》、歌曲《热河传说》、音乐会《绿乐交响》获第十三届河北省文艺振兴奖；歌曲《妈妈 喜鹊山桃花》获第十三届河北省“五个一工程”奖；歌曲《寻梦的太阳》《爱远方》获中国音乐小金钟优秀原创作品奖。全市文学作品在省级以上刊物发表有的171篇，国家级以上刊物发表的有82篇。

【深化文联改革】 承德市舞蹈、影视、摄影、音乐4个协会先后召开会员代表大会。新成立了承德市油画学会。各协会均成立临时党支部。6个县（市、区）文联组织，完成管理体制从政府序列转到党委序列改革，双滦、兴隆县区乡镇、社区初步成立文联组织。与中共承德市委宣传部、中共承德市委网信办等单位联合举办脱贫攻坚工作巡礼“幸福生活暖洋洋”作品征集活动。为扶贫村捐赠20幅名家书画作品；制作100余米“笑脸墙”展现群众的幸福生活。中国文联文艺志愿服务队赴兴隆开展“到人民中去——送欢乐下基层”慰问演出活动。

附：市文学艺术界联合会领导名录

党组书记、副主席：杨　勇

主　　　　　　席：王　琦

党组成员、副主席：贺成利（11月免）

何英华

（供稿　苏志欣）

市社会科学界联合会

【概况】 2019年，围绕市委、市政府重大工作部署，有计划地组织广大社科工作者开展年度社会发展课题研究工作和学术交流活动，定期组织开展全市性的社会科学优秀科研成果评奖工作。动员和组织各级各类社科力量依法开展社会科学知识宣传、普及和咨询服务工作，建设和管理社会科学普及基地和哲学社会科学研究基地。定期出版会刊《承德社会科学》（季刊），拥有独立网站承德市社会科学界联合会（http://www.cdskl.net）。至年底有所属团体会员28个。

【学术活动】 搭建社科学术交流、成果推介平台，出刊《承德社会科学》，编报《社科成果专报》，主办“承德社会科学网站”，出版《智库研究文集》、组织社科学术“沙龙”活动、开展理论宣讲活动。

年初，发布《关于申报2019年度承德市社会科学发展研究课题的通知》和《指南》，市级领导圈定重点选题39项。课题申报期内共受理有效申报课题290项，经立项评审批准立项196项。全年上报《社科成果专报》12期，得到市领导肯定性批示33人次，有效提升了决策参考贡献率。出版《承德市经济社会发展研究报告（2018—2019）》。会刊《承德社会科学》坚持正确的办刊方针，开设“市情调研”“课题选粹”等专栏，刊登各类社科学术稿件30余篇，凸显出学术导向的正确性。

【社科普及】 围绕“礼赞新中国，唱响主旋律”这一主题，以《承德市社会科学普及规定》指导和推进承德市社会科学普及工作依法开展、有效进行，坚持以群众性、社会性和公益性的社会科学普及活动为重点，不断提高社科普及载体的覆盖率和普及率，努力形成全市社科普及工作网络。认真制定科普方案，精心组织集中科普月活动，全市社科系统代表100多人参加。10个咨询台同步开展现场咨询活动，发放宣传资料1500多份，展出庆祝中华人民共和国成立70周年展板20多块。科普月活动期间，各社团组织各展所长，开展多种活动，推动普及社科知识。用好各种媒体，线上线下结合深化社科普及。利用微直播，并结合社会热点和群众关注、关心的问题，邀请专家学者走进电视台、电台直播间，以视频和电话连线的方式，为公众宣讲国家民生政策、推送社科普及系列活动。

【社团管理和服务】 切实加强阵地建设，推动社团管理和服务实现新提升。制定《关于加强和改进社科类社会组织党的建设工作的实施意见（试行）》等各项工作制度，加强社科团体管理机制。社科联党组创新联合协作机制，与承德石油高等专科学校共建成立马克思主义学院，组成共建指导委员会，切实加强马克思主义理论学科建设和思想政治理论课改革创新。充分发挥市社科联的指导、协调和服务功能，加强对学会（协会、研究会）服务的手段创新，激发社团组织开展公益活动。根据《社会组织评估管理办法》等有关文件规定，100%完成年检评估工作。

附：市社会科学界联合会领导名录

党组书记、主　席：王景山

党组成员、副主席：付喜宗（满族）

（供稿　陈　霄）

市贸促会

【概况】 2019 年，在深入学习贯彻落实习近平新时代中国特色社会主义思想和中共十九大精神同时，围绕中共承德市委、市政府工作中心，开展政治、思想、理论学习，开展“不忘初心，牢记使命”主题教育，深入推进各项业务工作开展，突出抓好“投资促进、贸易促进、会议会展、服务企业”四项重点工作，稳步推进党建工作和党风廉政建设，扶贫工作取得良好成效。

【促进项目投资】 坚持以项目为抓手，在招商引资工作中取得新突破。围绕全市主导产业开展“请进来”招商。全年通过加强与国内外知名企业和商协会的对接，持续跟踪推进 9 个招商项目。其中，南非福川奥威尔（货运）项目方与滦平县进行多轮磋商，已进入合作方案制订阶段，该项目也列入中共承德市委重点盯办的《重点项目对接落实清单》。拓展招商渠道，围绕“一带一路”，积极“走出去”，牵头组织承德经贸代表团出访瑞士、挪威、瑞典，先后举办 4 场经贸合作与城市宣传推介会，推动承德市龙志达公司与瑞士索罗图恩州企业合作生产智能仪表项目达成合作意向。组织赴巴西、阿根廷、秘鲁经贸交流团组，同当地企业和商协会建立联系渠道，与巴西、秘鲁两国相关城市签订建立友好交流城市备忘录。

【贸易促进】 坚持突出贸易促进这个主业，有针对性联络拜访联合国华人友好协会、智利华商联合会、巴西中资企业协会等 30 余家境内外企业、商协会和中国贸促会驻瑞士、巴西办事处等相关机构，不断寻求新的合作对接点。邀请南宁贸促会和巴中友好协会来承考察，与承德市企业对接，帮助承德市企业拓展南美和东南亚市场。强化区域间交流，参加国家、省及各地贸促机构举办的国际性经贸活动，为企业搭建交流合作平台。全年先后组织参加“冀品出海”对俄罗斯出口商品订货会、欧盟中小企业河北行、第二届中国国际进口博览会等 10 余场经贸展会，参会数量和质量都有新突破。推进对外合作，联合省贸促会展览部、巴基斯坦 EGP 公司在承德市举行“2019 年巴基斯坦建筑建材市场推介会暨河北省鼓励企业‘走出去’政策说明会”，为承德市企业开拓巴基斯坦市场提供交流平台。10 月 29 日至 11 月 7 日，派员随贸促总会和省贸促会访问阿联酋、阿曼和埃及，在参加集体活动、宣传推介承德市的同时，与阿曼华商商会签署《友好合作协议备忘录》，为承德市参加 2020 迪拜世博会和“河北周”活动做好组展、办展工作奠定了基础。

【举办会议会展】 坚持打造承德市经济发展新业态，推动会展业取得新提升。推动会展中心项目，经过贸促会对接，与省内外几家企业达成在承德市建设会展中心项目的合作意向，待确定合适地块后即可进入实际推进阶段。培育会展项目，谋划、培育全市各类会展活动，成功举办第三届承德渔具展、第二届南北茶业合作组织峰会新闻发布会，协助组织参加 2019 年“百家名企进承德”活动。借助外力与廊坊国展集团、天津正洋诚及周边会展龙头企业对接，在 2019 年河北省会展业发展大会上签订了合作协议，为承德谋划更好的专业会展项目，提升承德会展业发展水平。

【开展法律服务】 坚持把企业所需所盼作为工作的出发点和落脚点，推动服务企业工作取得新提升。及时向企业发送《国际贸易预警信息》70 余期，帮助企业及时防范国际市场风险。借助“承德市贸促会商事法律服务站”这一平台，为全市外贸企业提供国际商事法律服务。提升出证认证工作效率，共出具一般原产地证明书210份，办理优惠原产地证21份，认证涉外商业单据8份，商事证明书10份，ATA单证册1份，新注册企业4家。加强银企对接，推动邮储银行等金融机构开辟为承德国际商会会员企业的融资渠道，帮助企业融资8000万元。

附：市贸促会领导名录

会　　长：张庆来

副 会 长：姜　涛（满族）

　　　　　姚洪涛

（供稿　魏　巍）

市残疾人联合会

【概况】 2019年，全市共有持证残疾人141861名。其中，未脱贫建档立卡贫困残疾人995名，低保残疾人62764名，特困供养“五保”残疾人10481名。全市重度（一、二级）残疾人67191名，享受生活补贴残疾人62377名，享受护理补贴残疾人49550名。聚焦五项主责主业，完成贫困残疾人服务工程任务指标。举办全市最美残疾人工作者评选活动，共评选出先进人物41名，事迹事迹在《承德日报》《承德晚报》整版刊登，引起社会强烈反响。全市8名个人和单位在河北省自强模范暨助残先进表彰大会上获得表彰。

【康复服务】 聚焦精准康复，提升康复服务能力与水平。协调市卫生和健康委员会，以卫生健康系统家庭医生签约服务为平台，建立健全234个乡镇卫生院、社区康复站等基层康复机构，利用资金455.54万元，全年为共提供残疾人家庭医生和基本康复服务人员33843名。其中，基本康复服务人员11264名，完成率151.19%。推进市政府制定出台《承德市残疾儿童康复救助实施方案》，全市建立健全8个儿童定点康复机构，利用康复资金258.36万元，为225名在各类康复机构训练残疾儿童提供补贴。对全市0～6周岁听力言语障碍儿童进行摸底筛查，为15名贫困听障儿童配发助听器，开展康复家庭指导。为对4名初筛合格的贫困听障儿童进行免费电子耳蜗手术。开展“让千名贫困残疾人站起来”假肢装配活动，全市共为5213名残疾人免费适配基本型辅助器具，完成率115.84%。

促进残疾人群体康复健身、平等参与社会，在天津举办的全国第十届残运会上，承德市残疾运动员闫佳彤、张凤菊获得2金1铜。全年新建残疾人健身示范点7个，举办全市残疾人康复体育进家庭指导员培训班，为240户残疾人家庭配发康复体育器材，完成率100%。申报承德市冰上运动中心成为省残疾人体育冰上训练基地，副市长刘宏伟参加揭牌活动。举办全市首届残疾人冰雪运动季暨残健共融活动。全市15所学校获评为冬残奥会奥林匹克教育示范学校。

【助残活动】 积极营造残疾人事业发展环境，组织开展“学跟听”“走转改”专项活动，全体干部职工走基层送温暖，帮扶基层残疾人家庭300多户。以“自强脱贫、助残共享”为主题，开展第二十九个全国助残日系列活动。举办“共筑中国梦”残疾人文艺演出，为全国助残日献礼。“七一”前夕，开展歌唱祖国快闪活动，在承德发布、承德手机台、学习强国河北平台等新媒体推出，在社会各界和广大残疾人中引起强烈反响。举办“自强与助残先进事迹报告会”，邀请荣获省自强模范及助残先进的7名代表作先进事迹报告。组织300余名残疾人开展“残疾人文化进家庭”五个一活动。举办承德市残疾人艺术展，全市残疾人59件艺术作品在行政中心连续展出20天，开展“文化助残，心聆感影”无障碍电影展映活动，组织400余名残疾人观看《建党伟业》

等爱国主义教育电影。

【培训扶持】 聚焦教育培训扶持，深入推进残疾人就业工作。资助198名考入高等院校的贫困残疾学生和贫困残疾人家庭子女，发放补助资金61.3万元。为90名残疾学生申报统战部门“泛海助学行动”资助。制定出台《关于做好2019年高校残疾人毕业生就业创业服务工作的通知》《助盲就业脱贫行动实施方案》，与市人社局联合出台《开展2019年农村贫困残疾人就业帮扶活动的通知》，与市财政局联合出台《关于落实残疾人辅助性就业机构扶持政策的通知》。举办残疾人就业援助月活动，共推出岗位32个，求职登记25名，意向录用和现场录用8名。举办河北省第十三届残疾人就业创业洽谈会暨第二届全省残疾人互联网视频招聘会承德分会场招聘会，共有200多名残疾人参加招聘会，30个用人单位提供119个就业岗位，发放宣传材料1500余份。举办2019年残疾人保健按摩培训班，培训残疾人21名。为30名盲人申报盲人医疗按摩从业资格证书，组织27名盲人参加盲人医疗按摩师继续教育培训。

【工作保障】 促进市政府制定出台市残疾人联合会改革实施方案，全面启动残联系统改革工作。做好残疾人基本服务状况和需求信息数据动态更新工作，采集残疾人信息142181名，填表132596名，其中入户调查128848名，入户率97.17%，录入工作实现手机APP全覆盖。深入核查建档立卡贫困残疾人办证情况，推进基层残疾人联合会简化办证手续，为出行不便残疾人上门评定，全市新办理残疾人证12125个。推进贫困残疾人家庭无障碍改造工作，利用资金384万元，完成改造2996户，完成率107.07%。为306名残疾人发放机动车燃油补贴，方便残疾人的家居和出行。

与市人社局联合出台《开展2019年农村贫困残疾人就业帮扶活动的通知》，与市财政局联合出台《关于落实残疾人辅助性就业机构扶持政策的通知》。举办残疾人就业援助月活动，共推出岗位32个，求职登记25名，意向录用和现场录用8名。举办河北省第十三届残疾人就业创业洽谈会暨第二届全省残疾人互联网视频招聘会承德分会场招聘会，共有200多名残疾人参加招聘会，30个用人单位提供119个就业岗位，发放宣传材料1500余份。做好残保金审核工作。举办2019年残疾人保健按摩培训班，培训残疾人21名。为30名盲人申报盲人医疗按摩从业资格证书，组织27名盲人参加盲人医疗按摩师继续教育培训。

【精准扶贫】 制定实施《承德市残联关于做好建档立卡贫困残疾人就业培训工作的通知》等文件，强化培训、托养、资金使用工作，共培训残疾人或家属2585人次，完成率108.39%。紧紧围绕“两不愁三保障”目标要求，全年为1369名贫困残疾人接受托养服务提供补贴，完成全年工作任务的103.17%，51095名贫困残疾人享受生活补贴，48639名重度残疾人享受护理补贴。残疾人扶贫就业基地总数达到23个，安置残疾人就业316名，辐射带动残疾人就业800多名。实施生态扶贫，为贫困残疾人落实生态护林员岗位167个。通过“帮、包、带、扶”等多种方式，共扶持1000余名农村贫困残疾人从事种植业、养殖业、加工业等项目，其中550名残疾人实现脱贫。争取京津两地对口帮扶贫困残疾人扶持资金528万元，各类物资价值近200万元，均使用发放到位。天津市残疾人联合会党组书记、理事长雷颖君带队赴承德市开展对接活动，吸纳20名残疾人工作者参加天津市残联业务知识培训。北京市密云区投入资金，安排滦平县633名残疾人进入公益岗位。

附：市残疾人联合会领导名录

党组书记、理事长：祁春艳

党组成员、副理事长：沈庆富

李明山

（供稿　王　阔）

市红十字会

【概况】 遵循国际红十字运动人道、公正、中立、独立、志愿服务、统一、普遍基本原则，以保护人的生命健康，弘扬人道、博爱、奉献红十字精神，促进和平进步事业为宗旨，以救助最易损害群体为目的，依据《中华人民共和国红十字会法》和《中国红十字会章程》，指导全市各级红十字会开展应急救援、备灾救灾、应急救护培训、推动无偿献血、遗体和人体器官捐献、参与开展造血干细胞捐献、组织红十字志愿服务和红十字青少年活动、开展国际人道法传播以及国际人道主义救援、国际交流与合作等工作。围场满族蒙古族自治县完成理顺县级红十字会管理体制工作，专职人员8人，兼职人员27人。

【开展人道救助】 全市红十字会系统广泛动员社会力量，全年筹集款（物）996.70万元。开展“博爱一日捐”活动，共接受捐款141.48万元。争取天津市红十字会及省内、外爱心企业定向捐赠款物684.08万元；实施红十字总会“天使计划”、博爱家园、博爱救护站项目和省红十字会人道项目，争取款物171.14万元。持续实施白血病、尿毒症、先心病等重大疾病救助和灾害救助，累计发放救助金142.55万元，救助610个贫困家庭。与天津市红十字会和爱心企业联手实施人道惠民行动，重点支持围场满族蒙古族自治县、丰宁满族自治县、隆化县、兴隆县、承德县、平泉市的脱贫攻坚，累计发放款物684.08万元，受益群众达到5万人。丰宁满族自治县、围场满族蒙古族自治县、滦平县6个博爱家园共计投入资金240万元，已完成软硬件建设。避暑山庄幸福天使红十字救护站和隆化县博爱卫生站项目投入资金46万元，已经开工建设。争取红十字养老服务项目资金6万元，39名红十字养老护理员和志愿者持证上岗，开展关爱老年人志愿服务活动。启动元旦、春节“博爱送万家活动”，省红十字会分配价值4.5万元共150个博爱箱，市本级集中采购价值18.35万元共2293份粮油物资，县（市、区）采购价值11.55万元共1040份粮油物资，两节期间将全部物资陆续送到全市贫困地区、受灾地区的困难群众，困难的红十字志愿者，“三献”家庭，困难党员和任职10年以上已离任生活困难的村（社区）老骨干家中，让他们切实感受到党和政府的温暖。组织开展义诊赠药活动6次，累计发放常用药品价值1.93万元，受益群众千余人。

【应急救护培训】 把应急救护培训作为保护人的生命和健康、促进社会公共安全的重要抓手，持续推进大学生应急救护培训，不断拓宽“五进”路径，全年培训应急救护师资29名，高校大学生救护员1750余名，企事业单位职工等红十字救护员400余名，在农村、城市社区、中小学校普及培训3424余名；组织全市应急救护竞赛并参加全省第五届应急救护大赛，受到省红十字会表扬。组织团体会员单位卫生应急救援队和红十字应急通信救援队开展应急演练2次，现场演练灾情报告、赈济、帐篷搭建、心理疏导、无线电通信、心肺复苏和创伤包扎等训练科目，做好救灾备灾准备。

【生命接力】 推动无偿献血、捐献遗体和人体器官工作开展，参与开展造血干细胞捐献工作，与卫健委等部门建立了无偿献血与造血干细胞捐献、遗体捐献和器官捐献协调共推机制，构建全市各级卫健委、红十字会、医疗机构110名人

2019 年 10 月 24 日，围场满族蒙古族自治县陈锋（中）捐献造血干细胞

体器官捐献协调员、信息员系统。全年共完成 36617 人次无偿献血，全血采集 13.92 吨；采集入库造血干细胞 305 人份；全年接受捐献遗体 1 例；围场陈锋捐献造血干细胞成功挽救白血病患者。

【改革创新】 根据承德市人民政府办公室印发《承德市红十字会改革方案》，持续推进理顺县级红十字会管理体制。与市民政局联合印发《关于推进红十字会参与城乡社区治理的意见》，进一步加强红十字基层组织建设。全年，全市各级红十字会依托医疗卫生机构、学校、社会各级各类爱心组织、博爱家园、博爱救护站，在医疗机构、大中专院校、小学校、城市社区和农村建立基层红十字组织 19 个，发展团体会员单位 31 个、红十字学校 3 所、红十字志愿服务队 25 个，发展个人会员 349 人，红十字志愿者 20000 余名。各红十字基层组织以红十字会员和志愿者为骨干，开展防灾避险、应急救护培训和普及健康知识、关爱老人、心理咨询等活动，宣传“人道、博爱、奉献”的红十字精神，倡导互帮互助、扶危济困的良好风尚，为民办好事、办实事。市红十字爱心志愿者服务队、市红十字蓝天救援队、市红十字应急通讯志愿服务队和“博爱燕赵火热青春”大学生志愿服务队在救助、救护、红十字青少年等方面做了大量的工作，产生了良好的社会影响。

2019 年 5 月 25 日，市红十字会与双滦区红十字会在双滦区文化广场开展“承德市红十字爱心志愿服务队授旗成立”活动

【人道传播】 扩大人道传播渠道，提高红十字会的公信力和社会影响力。及时在市红十字会官网和微信公众号发布年度《募捐筹资和人道救助情况报告》（白皮书）和第三方审计报告，主动向市、县机关单位、捐赠单位和爱心人士赠送白皮书；坚持把弘扬红十字精神、传播红十字文化作为推动社会主义核心价值观的重要内容，集中抓好“5·8”世界红十字日、防灾减灾日、世界急救日等重要节点的宣传，加强与报刊、广播、电视、互联网等媒体合作，展示红十字事业新成就；全面建设“网上红十字会”，把传播红十字精神与培育和践行社会主义核心价值观结合起来，集聚推动社会文明进步的正能量。把宣传融入到核心业务工作之中，传播人道理念，讲好红十字故事，宣传感人事迹，以红十字会工作成绩和亮点，赢得群众的认同、参与和支持。抓住“世界红十字日”“世界急救日”“献血日”“国际减灾日”“艾滋病日”“全市博爱送万家活动”等重要时间节点和重大活动契机，市红十字会官网、公众号不断更新，进行广泛宣传报道，让更多人了解红十字运动，让更多人参与红十字志愿者服务，电视、报纸、广播、网站报道红十字会工作 100 余条。微信公众号共发布通讯 100 余篇，点击次数上万次。

【对外交流】 4月，开展中德红十字金山岭长城第七届国际马拉松赛公务交流活动；7月，开展中韩红十字国际公务交流；8月，开展中韩红十字青少年交流营活动。通过活动，向外宾充分展示中国传统文化和中华民族精神，以及市红十字会工作业绩，借鉴国外先进经验和理念。天津市红十字会与河北省红十字会、承德市红十字会在围场满族蒙古族自治县召开重点业务工作座谈会，就贯彻落实中共天津市委、市人民政府推进东西部扶贫协作和支援合作的部署要求，深入研究合作开展贫困帮扶、人道动员、志愿者服务、“三救三献”等工作。

附：市红十字会领导名录

会　　长：郭士刚（兼职）

专职副会长：曾　强

（供稿　韩立平）

法治

政法委

【概况】 2019年，市委政法委工作全面贯彻落实中央、省、市政法工作会议精神、《中国共产党政法工作条例》及中共十九届四中全会精神，以“防风险、保安全、护稳定”为主线，深入开展“不忘初心、牢记使命”主题教育，扎实推进扫黑除恶专项斗争，圆满完成中华人民共和国成立70周年安保任务。平安建设、法治建设和过硬政法队伍建设迈上新台阶。

【巩固安全稳定局面】 制定出台《2019年重大活动和敏感节点维护稳定工作总体方案》，圆满完成纪念“五四”运动100周年、中华人民共和国成立70周年、中国澳门回归20周年等11个节点安保任务，取得“五无”（无进京集体访、无非接待场所涉访人员、无违反“两个一律”发生、无群体性和极端恶性事件、无因信访问题引发媒体炒作）的突出成绩。全市共建设基层人民防线小组611个，实现了核心要害部位全覆盖。及时获取了涉及暴恐破坏、敌对势力滋扰、预警性、内幕性情报信息1300余份，精准牵引打击，全市未发生影响政治稳定的案事件。

【扫黑除恶】 共打掉黑社会犯罪组织5个、恶势力犯罪集团29个、恶势力犯罪团伙37个；破获各类涉黑案件707件，抓捕犯罪嫌疑人700人，起诉64件398人，审判60件377人。承德市“打早打小”的做法得到中央政法委调研组和省扫黑除恶督导组的充分肯定。完成省确定涉黑涉恶腐败和“保护伞”问题线索69件，受到党纪政务处分的135人，组织处理91人、采取留置措施2人、移送司法机关4人。在全省扫黑除恶专项斗争群众问卷调查中，群众知晓率列全省第一；打击犯罪四项指数排名全省前列，全年逮捕犯罪分子同比增长率、全警追逃犯罪分子比例全省第一。

【社会治理】 全市群众总体安全感为92.08%，位居全省第一。出台《关于坚持发展新时代“枫桥经验”，进一步加强和创新基层社会治理的实施意见》。中共承德市委市政府主要领导与11个县（市、区）及高新技术产业园区党政一把手、37个市直部门主要负责人签订《2019年度平安建设责任书》。从县（市、区）政法部门选派2641名政法干警到2641个村（社区）任法治副主任，选配2641名综治专管员、2951名网格员、19409名人民调解员，实现村（社区）社会治理“三员一主任”全覆盖。农村中心派出所建设全面铺开，“1所1队+N”和“治安交巡合一”警务模式得到省委常委、政法委书记董仚生的肯定。在市、县两级医疗、劳动、交通等18个重点领域共建人民调解委员会3301个。深入开展“六无”乡镇（街道）、“六无”村居、平安医院、平安校园、平安企业、平安交通、平安景区创建活动，培树了“九老普法队”“老娄调解室”“诉外调解员”“爱心E族”等一批具有地方特色、时代气息的群防群治品牌队伍；探索实施的“七县治安联防”“118”立体防控模式做法在全省乃至全国产生影响。社区治理“四抓四创”经验做法在中央政法委主办的《长安》杂志刊载。

【“智慧政法”建设】 全市218个乡镇（街道）、

2641个村（居）全部按标准完成综治中心建设，其中省确定的1个县级示范点综治中心（平泉市）和10个乡级综治中心示范点实现完善提升。“雪亮护城河”市级信息平台全部建成并投入使用，网上执法办案和涉案财物跨部门集中管理两大平台全部建成，网上流转案件数量位居全省前列。

【法治承德建设】 成立中共承德市委全面依法治市委员会，审议通过《中共承德市委全面依法治市委员会工作规则》《中共承德市委全面依法治市委员会协调小组工作规则》《中共承德市委全面依法治市委员会办公室工作细则》。召开全市法治政府建设推进会议，构建17个牵头单位和33个责任单位法治政府责任体系，市、县均成立推进机构落实党政主要领导第一责任人职责，健全四级[市、县、乡（镇）、村]书记抓法治建设的工作机制，落实重大行政决策公众参与、专家论证、风险评估、合法性审查和集体讨论决定程序以及年度述法工作制度。出台《关于政法领域全面深化改革的若干措施的任务分解》，细化职责任务和推进时限，顺利落实市、县法院、检察院系统管理办法和法官、检察官员额管理意见。出台《中共承德市委政法委员会执法监督工作制度》，认真开展司法规范化大检查，集中抽查全市2018年以来办理的各类案件，86个问题全部督促整改完成。整改2019年中共河北省委政法委抽查通报的问题案件，46名责任人受到严肃问责。出台《承德市重大涉法涉诉信访案件会商试行办法》，共化解信访案件844件。争取司法救助金1074万元，救助 356人，解决354起涉法涉诉信访和执行难案件。市、县两级公共法律服务中心全部建成，覆盖率达100%；乡镇公共法律服务中心建成率95.6%，社区公共法律服务站建成率72.6%；公共法律服务实体平台、“12348”热线平台和网络平台，实现“一站通”“一线通”“一网通”。

【服务社会】 开展稳定风险评估工作，全市共排查各类矛盾纠纷11079起，化解10691起，化解率96.5%。挂账督办43个重大矛盾纠纷和29个治安乱点，全部按期化解整治完毕，全年未发生因项目建设引发的群体性案事件。出台《服务保障承德市国家可持续发展议程创新示范区建设的“十二条”意见》，在政法系统各单位建立对应责任体系，市中级人民法院出台《关于为推进承德国家可持续发展议程创新示范区建设提供司法服务和保障的实施意见》，市检察院出台《服务生态优先绿色发展指导意见》，共批捕破坏生态环境案30件、53人，提起公诉110件、216人。专门出台《关于加强知识产权审判领域改革创新若干问题的实施细则》，共审结知识产权案件113件。

附：中共承德市委政法委领导名录

书　　　　记：邢留逮（6月免）
　　　　　　　苏铁成（6月任）
常务副书记：李海健
副　书　记：王　学
　　　　　　　曹士锋
　　　　　　　马致文
　　　　　　　齐建坤
政法委委员、政治部主任：张新旭

（供稿　韩文静）

公安

【概况】 2019年，全市公安工作围绕公安科技、基础建设、警务实战、法治建设、民生保障等方面取得较好成就。无人机建设全省领先；圆满完成抓捕、搜救、安保、演练等多项工作任务。农村中心派出所建设全面铺开，隆化县试点推进农村中心派出所建设并取得阶段性显著成效。“1所1队+N（警务室）”和“治安交巡合一”警务新模式，有力实现了“六个解决”和“一个变革”。执法规范化建设卓有成效，创新推行以每日调度为抓手，以警情日清零、案件月清仓为目标的“两清一调”工作机制，全市警情日清零基本实现，刑事案件、行政案件清仓率比运行前分别提高11.7%、40.7%，成功经验被公安部法制局和省公安厅予以推广。全省首个市级警企研基地挂牌运行，推进打击食药环犯罪领域警企研战训基地研究成果。禁种铲毒工作再创佳绩，是全省唯一一个连续五年实现“十个零发生”的地区。围绕执行贯彻、安保维稳、刑事打击、基层建设、队伍作风，成功实现承德公安“五大突破”，打击犯罪四项指数全省排名前列，全年逮捕增长率、全警追逃比例分列全省第一；全年移送起诉增长率、严重暴力犯罪破案率分列全省第二。全市公安系统102名民警记功嘉奖，其中一等功1人、二等功4人、三等功59人、嘉奖38人，承德市公安局、承德县公安局、丰宁满族自治县公安局、兴隆县公安局、滦平县公安局5个单位荣立集体二等功、11个单位荣立集体三等功、10个单位被授予集体嘉奖。

【国家安全工作】 全面强化应急处突工作，市级值班备勤力量增加了3倍，2个应急处置梯队配备140名警务人员。县级新增值班、备勤人员500人。健全PDT数字集群、视频调度、短信、

2019年9月6日上午，市公安局在双滦区鼎盛王朝广场举行国庆70周年安保誓师大会暨“亮剑2019”反恐应急处突拉动演训

移动警务终端等四种通讯方式，落实了一、二、三级分别集结2300人、1900人、1000人的警务人员响应规则，架构15分钟、40分钟、100分钟3层集结时间轴，累计拉动演练38次。全年处置到市行政中心上访324批次6365人次；处置上访人围堵市行政中心大门50批次528人次，冲闯市行政中心4批次72人次，刑事、行政拘留上访违法人员228人，教育训诫700余人次。

做好中华人民共和国成立70周年国庆安保工作，全市环北京47个检查站、30条进京小路口和环秦皇岛10个检查（警务）站，共启动11次高等级安保勤务，累计执行安检查控任务224天，共核查车辆127.3万辆，核查人员294.9万人，抓获网上在逃人员65人，劝返非正常上访人员399人，收缴管制刀具等危险品3162件。劝返进京涉访人员233人，处置各类情报信息100余条，协助其他地市接返涉访重点人员13人。

扎实开展信访处理工作，共接收、处理各类信访事项969件（次）。其中，在中华人民共和国成立70周年国庆安保中，全市涉警到公安部访10人次，同比下降37.5%，窗口登记8人次，在全省11个地级市中占比最低。严厉打击信访活动中违法行为，查处扰乱单位秩序、扰乱公共场所秩序案件568起，打击处理违法人员605人。加强反恐怖工作，圆满完成春节、两会、“7.5”十年敏感节点、暑期、国庆70周年安保等反恐怖工作，确保实现无暴恐案事件发生的安保目标。

【扫黑除恶】 梯次开展“热河利剑2019”、网上追逃、破案攻坚等专项行动，全年共立刑事案件10958起、破案5514起；刑事拘留3118名、逮捕嫌疑人1990人、移送起诉4639人，同比分别上升23.5%、52.2%、26%、23.7 %、38.8%。受理治安案件18887起、结案10686起、行政处罚7593人，同比分别上升3.6%、17.1%、31.3%。为全市经济社会发展提供强有力安全保障。

努力实现“无黑城市、平安承德”奋斗目标。截至年底，接中央督导组交办线索15件，全部办结；接省部转办线索129件，办结127件，办结率为98.4%；全市共上报线索1553件，全部办结。通过线索核查和案件侦查，共打掉黑恶团伙77个、涉黑社会性质组织5个、恶势力集团34个、恶势力团伙38个，破获各类涉黑恶案件1556起，抓获各类涉黑恶人员2215人。其中6名涉黑恶网上逃犯全部缉拿归案，实现了缉捕省督黑恶逃犯100%的工作目标。

【营造安稳社会环境】 持续开展各项刑事案件打击，现行命案破案率连续3年实现100%，全年逮捕增长率23.7%和移送起诉增长率38.8%，分列全省第一、第二；追逃抓获存量逃犯296名、全市本地到案率为71.25%，追逃比例全省第一。9月25日，公安部“猎狐行动”境外逃犯代某某、胡某某从泰国回国，向抓捕民警自首。“八类”严重暴力犯罪破案率居全省第二，创历史新高，共立案180起，破获171起，破案率为95%，同步侦破了沉积25年的兴隆贾某某杀人案、沉积20年的双滦董某某杀人案。强化打击民生领域违法犯罪，共打掉“套路贷”团伙10个，破案201起，抓获犯罪嫌疑人78人。共立盗抢骗案件5039起、破案2306起，抓获犯罪嫌疑人634人，打掉犯罪团伙52个，批捕513人，移送起诉706人，同比分别上升89%、28%、35.8%、45.3%、56.5%。共立电信网络诈骗案件2004起，破案1117起，是2018年的2.1倍，抓获犯罪嫌疑人202人，同比上升596%；打掉犯罪团伙25个，端掉窝点28个。破获非法集资案件32起，抓获嫌疑人132人，涉案金额6.8亿余元，涉及人数6000余人，有效提升人民群众安全感和满意度。

【禁种铲毒】 扎实开展全国禁毒示范城市创建活动，打击毒品犯罪“清零、清隐”工作和新发现吸毒人员数完成比例居全省第一，连续6年在全省率先实现毒品原植物“零种植”，为全省唯一一个连续5年保持“十个零发生”的地区，全民禁毒知识知晓率超过95%，禁毒工作群众满意率超过98%。创建首批全国禁毒示范城市工作，获国家禁毒委全国通报表扬。深入推进“禁毒2019两打两控”、禁种铲毒、“清隐”等专项行动，以抓实一个目标（零种植零产量）、坚持两项制度（有奖举报制度、领导责任制度）、突出三个重点（突出重点地区、突出重点人员、突出重点时段）、抓好五项工作（抓好宣传教育、加强执法打击、强化督促检查、把握关键环节、结合示范创建）为举措，形成具有承德特色的全国禁毒工作亮点品牌。其间全市共有在册吸毒人员2544名，查处吸毒人员318名。承德县、丰宁满族自治县、双桥区连续破获3起重大贩卖毒品案，抓获犯罪嫌疑人39人，缴获冰毒236.88克、麻古片剂100片，铵钠咖药块1200克、片剂1300片。

【抓好食药环工作】 推进“利剑斩污”系列专项打击行动，打响蓝天、碧水、净土保卫战，共立案侦办环境污染刑事案件45起，破获案件49起（含往年案件），抓获犯罪嫌疑人95人，移送起诉案件36起，移诉96人；办理环境污染治安案件144起，治安拘留108人，处理违法人员156人；紧紧围绕国际旅游城市的特征和首都水源涵养功能区的定位，以滦河、辽河、大凌河、潮白河四大水系流域面积100平方千米以上的126条河流、13处湖泊为生态管护工作重点区域，全面推进“河务警（队）长”机制建设，404名民警被任命为河务队长、河务警长、河务警员，排查沿河涉污企业82家，摸排沿河排污口28个。围绕食品药品安全，共立案侦办刑事案件83起，破案68起，移送起诉79人，涉案金额1500余万元。与中国人民公安大学食药环犯罪研究中心、阿里集团平台治理部联合建立全省首个市级打击食药领域违法犯罪战训基地，探索建设食药侦多元数据合成作战平台。通过平台成功侦破公安部挂牌督办“任某某等人销售假药”专案，捣毁北京、广州、滨州、四平、通辽5处犯罪窝点，得到公安部、省公安厅嘉奖表彰。

【网络安全】 围绕扫黑除恶及“净网2019”专项行动，以大案要案为突破点，共计为办案单位提供涉案线索1448条，侦办破获各类案件721起，抓获嫌疑人883名。其中，抓获网络逃犯227名，抓获公安部挂牌督办案件逃犯4名。市公安局网安支队侦办的“3·16”特大网络赌博案于12月27日由市中级人民法院做出一审判决，主要被告人张某等27人被判处有期徒刑并处罚金，追缴东方博雅科技有限公司违法所得9.42亿余元人民币。“3·16”网络赌博案件是承德市有史以来侦办的第一起跨省特大涉网案件。

【涉众型经济犯罪侦办】 全市共立案侦办各类经济犯罪案件218起，破案174起，抓获犯罪嫌疑人309名。其中，逃犯33人。涉案金额30亿余元。协助外省市调查取证137起，配合纪检监察部门侦办案件40起。严打非法集资专项行动，共立非法集资案件46起，破案42起，抓获犯罪嫌疑人151名，移送起诉案件37起、184人，涉案金额28.5亿余元，涉及投资人1.7万余人。全力抓好云端2019专项行动，全市上报云端线索8条，深入推进猎狐2019专项行动，已抓获逃犯2人，占总数的33%。

【社会治理】 加强基础建设，完成公共安全视频图像智能应用平台项目、热点式电子围栏、合成作战中心、农村中心派出所、城区警务站和检查站、智慧社区、“无黑城市”目标创建、警犬基地、“六创十佳”、特警队等“十项建设”。其中，全市29个城区警务站、13个检查站全部建设完成并投入使用；智慧安检建设在完成规定任务的基础上，新增建设14个智慧安检系统，全市19个智慧安检系统提前完成并投入使用。

开展矛盾纠纷隐患排查整改“百日攻坚”专项行动、“亮剑2019”打击整治专项行动、打击枪爆危违法犯罪专项行动、涉爆从业单位检查整治专项行动、打击贩卖户口身份证犯罪深化户口登记管理专项行动、重点人员排查列管专项行动、“护校安园”专项行动、机动车修理业整治专项行动、留宿场所整治专项行动、严厉打击拖欠工资违法犯罪专项行动，全年接报警情同比下降0.85%，治安警情下降4.23%，共摸排矛盾纠纷隐患295起；侦办黄赌刑事案件96起，刑事拘留79人，行政处罚407人；侦办黄赌行政案件422起，行政处罚1889人；发现涉黑涉恶线索并核实19起；收缴枪支38支、各类子弹2314发、雷管205枚、黑火药28.15公斤、索类爆炸物品20米、管制刀具59支、弩4把；查处涉枪涉爆刑事案件7起、行政案件39起，采取刑事强制措施7人、治安处罚34人；共检查旅馆5523家，发现并整改内部安全隐患248家；共排查各类涉工企业1017家，排查调解涉薪矛盾32起，查处拒不支付劳动报酬案件30起，刑事拘留6人，为农民工追回薪资数百余万元。

【便民利民服务】 切实把城区警务站和节假日办证点建设作为打通服务群众“最后一公里”的重要举措，各县（市）分局均确定了1个节假日办证点，方便群众办事。强化人口管理服务，进一步放宽在城镇稳定就业的农业转移人口、举家迁徙的农业转移人口、新生代农民工的落户条件，全市户籍总人口381.6万人，城镇人口132.7万人，农村人口248.9万人，城镇化率34.79%。强化出入境业务办理，受理公民出国境证件68278人（次）。市、县两级公安出入境管理部门认真落实国家移民局“放管服”改革要求，自4月1日起实施中华人民共和国普通护照、往来中国香港和澳门地区通行证、往来中国台湾地区通行证等出入境证件实行“全国通办”，已为1301名符合全国通办政策的省外户籍群众办理了公民出国证件。严防发生在中国香港地区的“修例风波”倒灌影响，积极做好全市赴中国香港地区就读学生教育引导工作，及时梳理排查在中国香港地区就读40名学生情况。开展以“三个完备，三个做到”为突破口的长期滞留国外妇女纳入实有人口管理工作。强化街面武装巡逻，充分发挥主城区机动武装巡逻组和警务站驻勤作用，加强联勤联动、联巡联控，实现了24小时不间断武装巡逻。期间，武装巡逻7000余人次，成功处置各类警情22起，便民服务378次。积极推进“十百千”建设，围绕“年内创建10个智慧安防小区、100个群众满意社区（农村）警务室、1000个无矛盾纠纷激化行政村”的目标大力开展工作。截至年底，智慧安防小区、警务室及平安村建设全部完成，完成率100%。

【公共场所整治】 加强景区及周边整治力度，在景区持续开展不间断巡逻巡控工作，提升见警率、管事率和防控水平，在避暑山庄、普陀宗乘之庙、普宁寺等重点景区景点增设流动治安防控点，全力维护景区治安秩序。先后快速有效处置涉旅游矛盾纠纷400余起，救助群众150余人（次），制止、警告违规现象和不文明行为200余次。着力加强公共交通安全管理，指导督促公交、铁路、民航等运营单位制定防范制度，落实安全责任，严密安检、巡查、应急处置等各项措施，并在重要公交站点、客运枢纽和重点线路、车次，加强治安查控，保障中外游客420余万人（次）、市民1200余万人（次）、公交长途客运300余万人（次）旅游出行安全。全面加强校园周边安全整治，督导检查各中小学、幼儿园，建立健全各项人防、物防、技防措施，联合教育、城管、市场监督、交通等部门对校园及周边治安秩序进行整治，彻底消除各类不安全因素。全年共出动警力700余人（次）、警车100余台次，检查中学86所、小学200余所，下发治安隐患通知书15份，确保全市校园安全稳定。

【交通管理】 全年发生一般交通事故318起，同比上升35.32%；死亡41人，同比下降36.92%；受伤398人，同比上升46.86%；财产损失186.65万元，同比上升8.96%。累计查处各类交通违法行为152.6万起，同比增长12.14%。完善基础设施，累计新增各类交通标志110块，补划新路口各类交通标线920平方米，复划和新施划停车泊位750个，更换调整交通隔离护栏4183片。组织开展行人闯红灯、机动车不礼让行人、机动车乱鸣笛、不系安全带等违法行为的专项整治工作，累计抓拍机动车不礼让行人1.9万起。积极推进“放管服”举措落地，申请材料“四个减免”、简单业务“一证即办”、普通业务“一窗通办”、个性服务自助快办等20项措施已全部实现。成立25人铁骑行动队，利用摩托车机动灵活的特性，快速处警、快速查处、不断扩大管控范围，深入背街小巷，不断消除管控盲区。积极推进“交通违法曝光台”建设，共曝光各类交通违法行为236条，发出各类提示类信息1300余条，短信4万余条。

附：市公安局领导名录

党委书记、局长、督察长：马占山（4月免）
　　　　　　　　　　　宁金龙（4月任）
党委副书记、副局长：徐振山（10月免副书记、11月免副局长）
　　　　　　　　　　　徐品刚（满族）
党委委员、副局长、交通警察支队支队长：
　　　　　　　　　　　张春华
党委委员、副局长：赵兴海
　　　　　　　　　　　白志强（满族）
　　　　　　　　　　　王文阁
党　委　委　员：杨　斌
党委委员、国内安全保卫支队支队长、市民宗局副局长：

李　北（满族）
党委委员、政治部主任、指挥部主任：张晓东（满族）
党　　委　　委　　员：张建峰（10月免）
宋　炜

（供稿　许亚男）

检　察

【概况】　2019年，全市检察工作坚持以习近平新时代中国特色社会主义思想为指导，深入学习贯彻中共十九大和十九届二中、三中、四中全会精神，扎实开展“不忘初心、牢记使命”主题教育，增强“四个意识”，坚定“四个自信”，做到“两个维护”，认真践行“讲政治、顾大局、谋发展、重自强”新时代检察工作总要求，紧紧围绕承德“三区一城”发展定位和“12345”总体思路目标，忠实履行法律监督职责，全年批准逮捕各类刑事犯罪案1558件、2247人，提起公诉2920件4308人，批捕和起诉人数分别同比上升22.1%和21%，各项检察工作保持了全面持续健康发展。按照河北省人民检察院下发的《关于积极推进公安执法办案管理中心派驻检察工作的通知》，市所辖11个基层检察院全部完成派驻工作。

【维护社会稳定】　严厉打击放火、涉枪涉爆、危险驾驶等危害公共安全犯罪，依法起诉981件1019人。惩治危害人民群众生命财产安全犯罪分子，依法起诉故意杀人、绑架、非法拘禁等侵犯公民人身、民主权利犯罪案630件、779人，依法起诉盗窃、诈骗、敲诈勒索等侵犯财产犯罪案547件、792人。严格落实“群众来信件件有回复”制度，程序性回复率100%，实体性办结率83.63%，超过全省平均办结率7.23个百分点。扎实开展清理信访积案专项活动，将2017年以来的170件涉检信访积案全部化解到位。制定《办理司法工作人员相关职务犯罪案件线索移送管理办法》，会同市监察委、市中级人民法院、市公安局制定《办理职务犯罪案件工作衔接办法》，实现案件线索移送、指定管辖、留置与强制措施转换等环节有序衔接。加强与市监察委沟通，对职务犯罪案件提前介入调查24次，决定批捕6件、17人，起诉38件、55人。认真落实最高检“一号检察建议”，积极争取党委政府支持，主动协调市教育局、共青团承德市委、市妇女联合会部门等部门，加快推进构建全市未成年检察工作社会支持体系。健全完善“捕、诉、监、防”一体化工作格局，依法严惩侵害未成年人犯罪分子，批捕101件、144人，起诉91件、157人。对涉罪未成年人开展社会调查23人，附条件不起诉21人，封存犯罪记录23人，确定适用认罚从宽制度52人，司法救助未成年被害人6人、25.7万元。开展法治进校园活动，市、县两级检察院检察长作为法治副校长讲授法治课，覆盖学校61个、学生6.2万余人。市检察院未成年人检察处被评为全国维护妇女儿童权益先进集体。

【服务经济发展】　制定实施《服务保障全市生态优先、绿色发展的指导意见》，助力推进全市经济社会绿色发展、高质量发展。着力保护生态环境建设，积极开展“护航蓝天碧水净土”等专项行动，起诉盗伐滥伐、非法采砂及污染水源、大气、土壤等破坏环境资源犯罪126件、247人，同比上升68%。健全打击破坏环境资源犯罪联席会议等工作机制，开展专项立案监督，对重大环境污染案件挂牌督办，监督关停和整治污染企业7个，监督清理各类垃圾、固体废物和危险废物2040吨，监督侵权人恢复被占林地耕地3715.45亩，协助追缴环境损害赔偿费用、环境修复费用406万元。着力预防化解经济领域风险，依法提出推进行业治理的检察建议，从严惩处危害金融安全、涉众型刑事犯罪，起诉各类破坏金融管理秩序犯罪35件、163人，起诉集资诈骗、非法吸收公众存款、传销等涉众型经济犯罪34件174人，同比上升62.62%。积极参与互联网金融风险专项整治，起诉利用电信网络实施的金融诈骗、网络传销等犯罪25件、42人。建立司法救助服务精准脱贫机制，司法救助刑事被害返贫人员12人、42万元。依法打击拒不支付劳动报酬犯罪行为，为农民工追讨劳动报酬198万元。注重惩治惠农扶贫领域职务犯罪，审查起诉9件16人。

深入贯彻《关于充分发挥检察职能依法服务和保障民营经济健康发展的指导意见》，实地走访民营企业，开展法律咨询、法制宣传，举办主题“检察开放日”，制定落实加强产权司法保护、支持民营经济发展等7方面措施。严厉打击破坏市场经济秩序犯罪，严惩侵犯非公有制经济发展和非公有制经济人士合法权益犯罪，起诉131件348人。开展涉民营经济案件立案监督和羁押必要性审查专项工作，对非公有制经济人士审慎采取强制措施，依法不批捕、不起诉77人。办理的马某等两件假冒注册商标案和靳某申请执行监督案，入选全省检察机关服务民营经济发展五大典型案例。

【扫黑除恶】　严格执行“是黑恶犯罪一个不放过，不是黑恶犯罪一个不凑数”标准，批准逮捕涉黑涉恶犯罪69件214人，提起公诉33件239人，批捕率、起诉率分别达到95.11%和100%。对所有涉黑涉恶案件逐案督办，提前介入重大案件13件，追加起诉11人。依法办理了张某、崔某某等重大涉黑涉恶案件，一批黑恶团伙受到法律严惩。

【强化检察监督】　积极推进基层检察院派驻公安机关检察室全覆盖工作，针对该立不立、不该立而立案件督促立案34件、34人、撤案13件、18人。依法对重特大敏感案件提前介入、引导侦查29件，监督纠正非法取证、滥用强制措施等侦查活动违法117件，追捕追诉犯罪嫌疑人185人。严格审判监督，提出量刑建议2193人，抗诉刑事裁判44件。认真落实认罪认罚从宽政策，从快办理案件1186件、1652人，适用率由1月的2.52%提高到12月的85.01%。严格刑事执行监督，对辖区两个监狱开展“派驻＋巡回”监督，提出检察建议24件。监督纠正减刑、假释、暂予监外执行不当103人；依法办理羁押必要性审查案件，提出并被采纳检察建议179件；推进判处实刑罪犯未执行刑罚专项监督活动，纠正判处实刑罪犯未执行的15人；深化财产刑执行专项监督，纠正财产刑执行不当案件242件，执结金额1067万元；纠正监外执行和社区矫正监管违法案件215件；审查办理特赦案件74人，保障特赦工作依法有序进行，做法在全省推广。

加强对不服法院生效民事裁判结果、审判程序和执行活动的监督，受理民事检察监督案件416件，办结363件。其中，对生效民事裁判、调解书提出抗诉和再审检察建议24件，对审判程序违法提出检察建议65件，对选择性执行、超范围查封扣押等民事执行活动违法提出检察建议53件。紧盯群众反映强烈的虚假诉讼、恶意诉讼和违法调解等问题，常态化开展打击虚假诉讼专项监督活动。做实行政诉讼监督，设置行政检察监督机构，受理行政诉讼监督案件58件。其中，受理审判活动监督案件9件，提出检察建议9件；受理执行活动监督案件24件，提出检察建议20件。开展非诉执行监督专项活动，提出检察建议114件。创新“大数据＋行政检察”工作模式，行政执法与行政检察衔接平台接入市、县行政执法部门393家，获取行政处罚、行政许可、行政征收等信息5.1万余条。依据平台预警信息立案434件，发出检察建议214件，占全部行政检察监督案件的33%。

【开展公益诉讼】　深化“多赢双赢共赢”理念，

主动向中共承德市委、市人民代表大会委员会、市政府、政协承德市委员会请示、通报工作，持续加大检察公益诉讼办案力度。摸排案件线索336件，立案346件，提出诉前检察建议342件，法定期限内采纳率99.3%，提起公益诉讼4件，督促收缴各类公益资金282.75万元。办理英雄烈士权益保护案件10件、古遗址古文化保护案件7件。积极参与“祖国北部绿水青山蓝天护航”机制建设，推动开展跨区域生态环境保护公益诉讼专项行动3次。

【重大污染环境案】 6月21日，佟某等11人涉嫌环境污染案在宽城满族自治县人民法院公开开庭审理，宽城满族自治县检察院党组书记、检察长王景华出庭公诉。该案是近年来承德市范围内第一起严重污染环境案件，佟某等被告人先后9次将危险废物废酸288.62吨，倾倒至宽城满族自治县、秦皇岛抚宁区及昌黎县、辽宁省绥中县，严重损害了当地生态环境，波及范围广，社会影响大。庭审中，公诉人结合全案犯罪事实及证据，采用多媒体分组示证，对被告人及辩护人罪轻观点进行辩驳，最终被告人深刻认识到其行为的严重社会危害性，均认罪认罚，取得良好庭审效果。

2019年6月21日，宽城满族自治县检察院检察长王景华（左三）出庭公诉一起重大污染环境案

附：市检察院领导名录

党组书记、检察长：白振平

党组副书记、副检察长：崔雁侯

党组成员、副检察长：郑　川

党组成员、副检察长、安定里地区检察院检察长：徐树龙

党组成员、副检察长：陈焕新
蔡金城
蒲英华

党组成员、政治部主任：侯　宇

党　组　成　员：张宏民

（供稿　闫付民）

法院

【概况】 2019年，全市法院系统坚持以习近平新时代中国特色社会主义思想为指导，认真学习贯彻中共十九大和十九届二中、三中、四中全会精神，牢牢把握司法为民、公正司法主线，抓班子、带队伍、强审判、促发展，各项工作积极有序推进。全市法院共受理各类案件94624件，审执结90219件，同比分别增长9.02%和9.20%，结案率95.34%。其中，市中院受理8188件，审执结8007件，同比分别下降6.57%和6.29%，结案率97.79%。全市法院和市中院结案率均在全省领先。

【案件受理】 树牢总体国家安全观，坚决维护国家政治安全。依法惩处各类违法犯罪，维护社会和谐稳定。全市各级法院系统共受理各类刑事案件3502件，审结3465件，判处罪犯4899人。其中，市中级人民法院受理530件，审结524件，一审审结31件，判处罪犯52人。积极服务保障治理潮河上游违规建设、双峰寺水库建设、房地产解遗、天津中德应用技术大学承德分校建设、“百合贷”案件、人防异地建设费案件等重点工作重点案件处理。加强民营企业产权司法保护，依法保护支持民营企业创新发展，着力营造亲商、护商、安商的营商环境。依法支持监督行政机关依法行政，保护行政相对人合法权益。全市法院共受理各类行政案件1168件，审结1000件，结案率85.62%。

【维护民生权益】 大力推进“一站式”诉讼服务中心建设。优化“分调裁审”，推动送达、保全、鉴定等事项集约办理，不断加强“互联网+诉讼服务”。注重人民群众合法诉求的解决，全市各级法院系统依法审结拆迁补偿、人身损害赔偿、土地承包经营权纠纷、劳动争议、环境污染等涉民生案件3505件，切实服务和保障民生。巩固深化基本解决执行难成果，建立完善执行长效机制，聚焦集约管理、流程管理、事项管理、指挥调度四大职能，积极推进执行指挥中心实质化运行。全市各级法院系统执行到位金额44.66亿元。

2019年11月15日，承德中级人民法院召开全市扫黑除恶专项斗争公开宣判大会

【提高治理能力】 坚持依法治国，教育和引导广大干警坚持为人民司法，坚持把公平正义作为基本价值追求。紧盯案件重点指标和重点工作，实行任务清单和责任目标管理。紧盯问题短板，加强建章立制。紧盯信息化监管，大力开展一键巡查、超审限预警等工作。积极推进智审辅助系统应用和移动微法院、语音识别、电子送达、老赖地图、安全运维管控平台“五大系统”信息化建设，扎实开展网上办案、办公、监管等工作。

进一步加强审判流程、庭审活动、裁判文书、执行信息“四大公开平台”建设，保障司法公开工作。明确公开事项，建立公开台账，严格公开审查，确保司法公开质量，坚决防止裁判文书“带病”公开。

【司法体制改革】 深入落实司法责任制改革，加强以法官为中心的审判团队建设，实行类案审理，保障新审判权机制运行。强化院（庭）长对案件的监管责任。加强员额法官管理。扎实开展以审判为中心的刑事诉讼制度改革，提升刑事审判效能。积极推进家事审判方式改革，实现案件提质增效。全市各级法院系统简易程序适用率88.74%，在全省处于前列。全年共办理小额速裁案件2203件。推进基层法院内设机构改革实质化运行，注重员额法官队伍建设，完成第四批法官入额工作，充实审判执行力量。落实法官相关职级待遇，及时开展法官晋升，激发法官工作热情。在市政府及有关部门的大力支持下，完成首次聘任制书记员过渡性招录工作，并通过社会购买服务补充招录司法辅助人员，一定程度上缓解了司法辅助人员短缺问题。

附：市中级人民法院领导名录

党组书记、院长：刘福明
党组副书记、副院长：程中平（满族）
潘洪泉
党组成员、副院长：曲竑图
刘宪海
党组成员、执行局局长：李亚平（女）
党组成员、政治部主任：丁　一
党组成员、审监二庭庭长：王景林

（供稿　张琳竞）

司法行政

【概况】 2019年，全市司法行政系统深入学习贯彻习近平新时代中国特色社会主义思想和全面依法治国新理念新思想新战略，坚持牢记使命、争创一流，努力锻造政治机关、纪律部队、法治精兵，扎实履行好统筹推进全面依法治市工作职责，高质量推进司法行政各项工作落地落实，为新时代全面建设生态强市、魅力承德，实现创新发展、绿色发展、高质量发展提供了更优质的法律服务和更坚强的法治保障。

【依法治市】 2月27日，承德市依法治市委员会成立，召开第一次会议。讨论通过《中共承德市委全面依法治市委员会工作规则》《中共承德市委全面依法治市委员会协调小组工作规则》《中共承德市委全面依法治市委员会办公室工作细则》《中共承德市委全面依法治市委员会协调小组成员名单》等文件。委员会办公室积极配合省就食品药品监管执法司法工作，营造法治化营商环境、保护民营企业发展、全面落实行政机关负责人出庭应诉制度及司法建议制度。

全面推行行政执法“三项制度”，制定出台《承德市全面推行行政执法公示制度行政执法全过程记录制度重大执法决定法制审核制度实施法案》《承德市行政执法公示办法》《承德市行政执法全过程记录办法》《承德市重大行政执法决定法制审核办法》。重点抓好行政执法事前公示、事中公开和事后公示，行政执法全过程记录和重大行政执法决定法制审核工作的落实。全市各行政执法机关普遍建立《行政执法事项清单》《随机抽查清单》《罚没事项清单》《法制审核事项清单》《法制审核人员清单》工作制度，清单内容在政府门户网站上公示。严格确认执法主体，确定市级行政执法主体资格单位37个，清理并注销行政执法证件1552个，新办理行政执法证和监督证件2298个。组织全市行政执法人员开展线上培训，拓展知识视野，提高依法行政的能力水平。

坚持“不抵触、有特色、可操作”的立法原则，采取书面征求意见、座谈会、论证会、听证会等多种形式广泛听取有关机关、组织和公民的意见，保障社会组织、公民有序参与立法活动。启动了《承德市城市供热管理条例（草案）》《承德市物业管理条例（草案）》和《承德市工业遗产保护与利用条例（草案）》的审查修改程序。做好规范性文件审核、清理，全年审核以市政府或市政府办公室名义印发的规范性文件14件；审核市政府交办的合同、协议等法律文件23件；对2018年12月31日前发布的规范性文件进行全面清理，废止市政府印发的规范性文件17件，宣布失效3件，修改11件；同时及时公布废止、宣布失效和修改的规范性文件目录。加强行政复议与应诉工作机构、队伍建设，着重从实务操作方面开展业务培训，全面提升政复议案件办案质量。全年市政府本级受理行政复议案件161件，办结161件。市政府本级办理行政诉讼案件108件。

【法治宣传】 聘请检察官进入校园讲解法律知识；组织“送法进企业”活动，为企业职工普及《中华人民共和国劳动法》等法律常识；参加“三下乡”集中服务活动，到乡村发放法治宣传资料，解答群众法律咨询。组织“七五”普法书法、美术、摄影及民间工艺作品展到社区展出，带领律师到社区开展“法律进社区”讲座。打造了滦平金山岭长城、兴隆县兴隆山、承德县唐家湾等一批诚信文明示范景区。以党政机关为重点，落实《市直各部门普法责任清单》，“谁执法、谁普法”形成常态。市直各部门党员干部年度学习《中华人民共和国宪法》等法律法规的时间达到40学时以上，实现了干部学法常态化、制度化。全市39名厅级及以上干部、4666名处级及以下干部参加了《中华人民共和国宪法》法律知识考试。加强青少年、农民群众普法教育，突出重要时间节点，开展微信竞答、广场宣传、宪法宣誓、“七五”普法艺术团表演等形式多样的宣传活动，引导广大群众成为宪法法律的积极拥护者和自觉遵守者。

新建鹰手营子区鹰城宪法主题公园、平泉市党坝镇永安社区和承德县满杖子乡计杖子村法治广场、下板城镇朝梁子村法治广场、戒毒普法教育基地等一批普法宣传阵地。利用《承德日报》《河北法制报》等传统媒体为阵地，定期开展法治宣传、“以案释法”。通过新媒体渠道承德市司法局门户网站、承德司法行政、承德普法“两微一端”发送文章、案例和信息，普及法律知识,传播法治文化。利用原有的农村“大喇叭”广播、乡村文化墙、法律图书角、普法专栏、普法广场和村级公共法律服务站传播向农民法治文化，利用城市宣传橱窗、建筑围挡、灯杆道旗、户外广告牌以及机场、车站、广场、沿街商户、公交车、出租车以及各类电子显示屏向市民传播法治文化。深化基层依法治理，继续开展民主法治示范村（社区）创建活动，复核10个国家级民主法治示范村、申报32个省级民主法治示范村（社区）。

【刑满人员管理】 严格执行社区服刑人员报告、外出、居住地变更、禁止令执行等制度，完成11个县（市、区）及高新技术产业开发区司法机关社区矫正管理机构执法装备配备；224个司法所全部配备了“人脸＋指纹”识别考勤机。认真完成“双八小时”学习和劳动任务，完善信息化监管功能，接受信息化监管社区服刑人员占总人数的88.8%。积极推进刑罚执行一体化建设，13名监狱（戒毒）警察支持和参与社区矫正工作。依据第十三届全国人大常委会《关于在中华人民共和国成立七十周年之际对部分服刑罪犯予以特赦的决定》，认真做好排查摸底，对县（市、区）报请的71名提请特赦人员情况进行评审，提出特赦意见，经市中级人民法院裁定特赦69名社区服刑人员。

定期对刑满释放人员进行摸底和调查，对刑满人员建立“一人一档”工作台账，分类列入统一管理。重点抓好衔接登记、人员材料交接、档案管理、信息反馈制度的落实，做到服刑人员信息核实率90%，反馈率达90%，刑满释放人员衔接率达到98%以上。全面落实必接必送制度，重点帮教对象接送率达100%，公安机关列管率达100%，跨省、市帮教对象接送率100%。

【戒毒管理】 加大市戒毒所基建改造，场所面貌一新，“四区五中心”（戒毒医疗中心、康复训练中心、教育矫正中心、心理矫治中心、诊断评估中心。生理脱毒区、教育适应区、康复巩固区、回归指导区）戒毒模式基本完善，收治戒毒人员98名，筑牢安全稳定第一防线，开展禁毒知识百场宣讲、戒毒人员共唱百首红歌，构建社会、家庭和戒毒场所三位一体的教育戒治体系，打牢教育戒治基础，建设一批亮点工程。通过加大巡逻力度、严把出入关、开展应急处突演练、加强重点人员管控，中华人民共和国成立70周年安保工作平稳有序。

【拓展调解网络】 建立以市人民调解中心为龙头，行业性专业性人民调解委员会为重点，乡镇（街道）人民调解委员会为主体，村（居）人民调解委员会为基础的四级矛盾纠纷调解机构和市、县（市）区、乡镇（街道）、村、组、户六级调解员网络。全市共建成人民调解委员会3035个，共有人民调解员12783人。全市人民调解员统一登记、统一编号、统一颁证、统一佩戴徽章，全部实现持证上岗。坚持人民调解工作实战化实效化建设，有计划、有步骤地组织广大人民调解委员会和人民调解员，深入到村组、社区、厂矿、企事业单位，深入到困难人群多、纠纷问题多的地方，有针对性地开展矛盾纠纷排查。对排查出来的、各级党委政府交办的、有关部门委托移送的矛盾纠纷案，及时、就地、依法进行调解。努力探索新形势下进一步加强人民调解工作的方式、方法，积极探索以人民调解为基础，人民调解、行政调解和司法调解相互衔接、相互补充的“三调联动”工作体系建设。全市各级调解组织共调解纠纷案件17392件，成功调解16830件，调解成功率为96.8%。

【基层司法建设】 推进司法所规范化建设，进一步统一司法所形象标识，公开职责、规章，接受群众监督。着力推进司法所队伍建设，组织司法所长集中培训，提升基层业务工作水平。精心组织，选任人民陪审员476名，增补候选人4500名。建立人民监督员信息库，在81名市级人民检察院人民监督员中随机抽选产生参加监督案件人员名单，杜绝个案监督人为影响。

【律师监管】 不断加强律师执业监督管理，依法规范律师执业行为，全市77家律师事务所，853名执业律师，紧紧围绕京津冀协同发展和全市工作大局，积极服务法治政府建设。建立“律师事务所＋中小企业”法律共助机制，通过开展“百名律师进千企”活动，女律师发展委员会与女企业家协会签订法律服务协议活动，主动为广大民营企业提供法律服务。律师队伍和律师事务所结构不断完善，社会律师、公职律师、公司律师、法律援助律师以及合伙所、国资所、个人所等多种类型并存、共同发展。律师服务范围进一步扩大，由传统的诉讼代理，扩展到投融资、企业并购与产权交易、公司治理等各类新兴领域，实现律师更广泛、更深入、更有效地融入经济社会发展的良好局面。全年全市参加国家统一法律职业资格客观题考试报名1267人，较2018年同比下降2.5%；主观题考试报名420人，较2018年同比增长22%。从报名情况看，呈现考生年轻化、高学历，政法系统和从事法律职业报名人数所占比重略有增加等特点。

【法律援助及公证】 建立健全案件办理规范，进一步简化受理手续，优化办案流程，努力为受援人提供符合方便快捷的法律服务。改进资源配置模式和案件指派方式，组建法律援助专业服务团队，根据律师特长指派援助案件，不断提高案件办理专业化水平。进一步延伸法律援助服务触角，推动案件回访常态化，加大刑事法律援助的力度，全年办理法援案件4269件，挽回经济损失5802万元。其中，援助农民工法律案件2369件，涉及农民工2559人次。

大力推进公证信息化建设，切实严管公证质量。成立首家家事公证服务中心，以满足人民群众尤其是老年人对家庭财产处分、管理和执行方面的法律需求。与天津市公证行业建立对口帮扶关系，拓展天津公证行业对口帮扶承德的深度和广度。对标学习先进，组织人员赴上海、厦门等地学习意定监护、医疗遗嘱及提存监管延伸服务方面的先进理念和经验，学习借鉴厦门市网上受理系统、在线保全证据平台、和法院对接的司法辅助等方面的先进经验。全市各公证机构共办结各类公证15187件，环比增长33%。其中，国内民事公证11580件，国内经济公证831件；涉外民事公证2733件；涉外经济公证11件；涉台公证29件；出具执行证书3件。

“12348”法律服务热线平台稳定运行，全年共接待来电咨询近2000条。实体平台方面，市本级和11个县（市、区）、225个乡镇（街道）、2646个村（社区）及高新技术产业开发区均已建成公共法律服务机构并投入运营。社会律师、法援律师积极到各公共法律服务机构值班，全年共接待咨询群众3万余人（次），开展法治宣传教育活动320余场（次），办理法律援助案件5000余件，调处矛盾纠纷案2800余件。

【司法鉴定】 在全市司法鉴定机构继续开展司法鉴定执业规范化建设活动。指导全市司法鉴定机构建立健全司法鉴定执业公开、案件登记、案件保密、执业回避、鉴定意见审查、投诉处理、档案保管、司法鉴定人继续教育等制度，保障司法鉴定工作规范有序地运行。全年全市经省司法厅核准的司法鉴定机构 15 家、司法鉴定人 192 人。其中，医学类 12 家、林业 1 家、建筑工程 1 家、司法会计 1 家。涉及法医临床、法医病理、法医毒物、司法会计、资产评估等业务。全年共计办理司法鉴定案件 7235 件。

附：市司法局领导名录

党组书记、局长：胡光远

副局长：白宝君

党组成员、副局长：佟　欣

赵志勇（4 月免党组成员、5 月免副局长）

盖宗奇（4 月任党组成员、5 月任副局长）

党组成员、政治部主任：徐　宏

党组副书记、市戒毒管理所党委书记、所长：张瑞林（12 月免）

（供稿　闫振江）

仲裁工作

【概况】 2019 年，全市仲裁工作共受理案件 204 件，同比上升 88.89%；涉案标的额 6.6 亿元，同比上升 106.25%。审结案件 158 件，审结率为 78%。其中，调解和解案件 49 件。全年没有被法院撤销和不予执行的案件。所有办结案件，做到依法、公正、快捷审理，无群众上访案件发生，确保案件质量和仲裁公信力。由于公信力的提升，很多企业在合同条款中约定或重新约定在承德仲裁解决纠纷，东北、内蒙古的一些企业也将承德仲裁的决定作为争议解决条款。

【健全工作制度】 坚守“三个服务一个维护”原则，即服务仲裁庭、服务当事人、服务地方经济发展，维护社会稳定。充分保证仲裁庭独立行使职权，不插手、不干预仲裁审理活动；鼓励庭前调解。建立严格的工作制度，重点工作必须提交周例会讨论，经过梳理、督导，最终形成会议纪要，使权力接受制度的制约。制定并完善《仲裁收费管理办法》《仲裁退费管理办法》《仲裁员报酬管理办法》，重新审定和统一《仲裁员名册》《评估机构名册》公告费用的支出，对裁决书实行三级审核制度。在充分尊重仲裁庭的基础上，对裁决书的合法性、合理性、公正性、准确性进行审核，提出审核意见，供仲裁庭参考。为保证裁决工作廉洁、准确、公正提供制度保障。

【案件审理】 根据仲裁高效、便捷的特点，仲裁庭对双方当事人争议不大、权利义务关系清楚的案件，根据当事人的约定或征得当事人同意的情况下，进行快速仲裁程序审理。加强与法院的沟通与联系，在涉及仲裁案件保全、执行、仲裁协议效力认定、裁决撤销和不予执行程序等方面及时与市中级人民法院衔接，为仲裁工作创造良好外部环境，为仲裁机构参与多元化纠纷解决机制建设提供有力的司法保障。全年妥善解决了许多群体与民营企业的债务纠纷、政府代建项目纠纷、拆迁纠纷，以及其他纠纷和招商引资难等案件。

（供稿　姜春鹤）

军 事

承德军分区

【概况】 2019年，承德军分区党委坚持以习近平新时代中国特色社会主义思想为引领，深入贯彻习近平强军思想，坚决落实军委国防动员部和省军区党委决策部署，按照“牢记使命干成事、守牢底线不出事、跨越发展上层次”思路目标，坚持强基固本，聚焦主责主业，持续正风肃纪，狠抓末端落实，年度工作任务圆满完成，军分区全面建设成效显著。

【常态化工作】 严格落实值班备勤制度，扎实开展战备业务集训和应急分队常态化训练演练，圆满完成战区专项备勤和重要政治敏感期京承方向安保执勤任务。持续深化民兵调整改革，认真完成基干民兵和普通民兵编组任务，研究制定《军分区民兵军事训练规范》，补充完善了5类100余项工作资料，加强对各县（市、区）民兵教育训练常态化检查督导，促进了民兵整组训练工作有效落实，参加民兵教练员比武取得全省第三名的好成绩。突出抓好首长机关训练，规定课目内容全部落实，分批组织全区现役官兵、文职人员轻武器实弹射击和军事通用体能考核，总评优秀率达到73%。健全军事设施保护委员会领导机构，组织围场、丰宁、隆化3县对全市国防工程进行全面普查，有效维护国防工程设施安全。圆满完成全市13所大中专院校1万余名新生的军训任务。全年上报要讯信息85篇，在《中部战区要讯》刊发1篇、省军区《工作动态》刊发33篇。

【国防动员】 始终将国防动员建设摆上重要位置，扎实推动国防动员潜力向实战能力转化。建立健全国防动员领导机构和运行机制，完善国防动员预案体系，组织市、县两级国防动员委员会成员单位领导和工作人员进行业务集训。制定《承德市国防动员潜力数据调查统计规范》，完成10万余条基础数据和重点潜力数据信息统计。组织开展全市退役军人信息登记和档案整理工作，国防动员基础得到进一步夯实。大力加强征兵宣传，组建先进事迹报告团深入大专院校和县（市、区）巡回宣讲，利用网络、微信激发适龄青年参军热情。严把体检、政考、役前训练和定兵关口，圆满完成征兵任务。严格落实廉洁征兵监督员和“零报告”制度，未出现责任退兵和不廉洁征兵问题。认真贯彻《承德市加快推进军民融合发展的实施意见》，双滦区重点抓好“六个一”工程，工作走在全市前列。

【安全管理】 以“争创安全年”“百日安全活动”为牵引，深入开展“学法规、用法规、守法规”活动，不断强化全体官兵法治思维和依法办事理念。紧盯“两会”、中华人民共和国成立70周年等敏感时期，深入开展安全形势分析和隐患排查治理，贯穿全年常态开展“查隐患、补短板、抓落实”安全清查整治，做好重点部位、个别人员和敏感时期的安全管控，突出抓好练兵备战中的安全风险防控，安全发展基础进一步牢固。严格执行省军区“日查周讲月评”督导机制，两次深入团级单位进行兜底式检查“回头看”，督导各单位彻底排查整治安全隐患，全区上下始终保持了安全稳定良好态势，在省军区拉榜排名中居于前列。

（供稿　王剑军）

武警承德支队

【概况】 2019年，承德武警工作经受考验、砥砺前行，全体官兵凝聚共识、奋发作为，部队建设积蓄底蕴、持续发展。坚决贯彻军委、武警部队和总队党委的决策部署，以进取的精神干事业、以笃定的心态谋发展，全年任务完成圆满，各项工作进步明显，部队建设呈现出持续向上向好的发展态势。

【政治引领】 始终以习近平强军思想为引领，不断提升政治能力，推高思想境界，修订完善《党委中心组学习二十条措施》。深入推进两项“主题教育”，把初心使命植入官兵头脑，将红色基因融入官兵血脉。实现营区政治环境全覆盖升级。深入开展政治教育供给侧改革，思想政治工作时代性感召力不断增强，大力加强新闻舆论工作，全年在《解放军报》《武警报》等纸媒刊发稿件19篇，在抖音、公众号等新媒体平台刊发作品83篇，被武警总队评为新闻工作先进单位。扎实推进“四心”工程，走访慰问43名官兵。

坚持全面从严治党，领导干部带头落实组织生活制度，为部队上党课、讲微课。持续加强政治能力训练，召开2次专题民主生活会，党性修养不断增强。5月、11月，武警总队有关领导先后到武警承德支队指导参加党委民主生活会，开展考察调研。在执勤四中队设立风气监察联系点，在基层大、中队设立风气监督员并建立微信群，设立举报信箱，民主监督渠道更加畅通。紧盯问题纠治，巡视反馈的6个问题和巡察反馈的37个问题全部整改完毕，伤病残移交等历史遗留问题全部清零。坚决纠治基层微腐败，纠四风改作风成效明显。选送技术学兵100名，发展党员50名，选取选晋士官183名，调整任用干部15名，受到诫勉谈话或批评教育12名，党委硬气，官兵服气。

【练兵备战】 完成中华人民共和国成立70周年、全国“两会”“一带一路”等重大活动安保工作。深入排查治理执勤隐患11处，全封闭式辊闸门安装和6处辅门封堵改造任务全部完成。抓好“3+1”战备力量体系建设，遂行武装押解、北戴河暑期机动备勤、“两站一街一机场”巡逻等临时任务110起。狠抓实战训练，军事水平大幅提升，体能提升成效明显。在武警总队首届军事体育运动会中荣获5个亚军、3个季军，1名干部入选“百名优秀参谋”，1名战士在总部搏击教练员集训中荣获第10名。

在宽城召开现场会，制定机关、基层《正规化图册》，部队正规化基础进一步牢固。分3批次组织基层大中队主官进行《军队基层建设纲要》培训，组织大队开展“1+3”自主抓建，安排4批72人次常委和机关干部下基层蹲点。累计投入90万元用于基层基础设施建设，得到官兵广泛点赞。“322”工程圆满收官，丰宁中队再夺“标兵”，5个帮建单位全部脱贫，4个单位进入先进。持续开展“大练基本功”活动，155名官兵实现学历升级，人才队伍素质得到优化。严格落实“每周一交班进行安全提示，每月20日开展警示教育，每季度组织思想骨干和保卫委员培训”制度，底基底线更加牢靠。

【国防保障】 修订9大类11种方案预案，完善支队《工程建设管理实施细则》和《首长机关经费管理使用规范（试行）》，《加强司务长岗位风险防控》经验做法被武警纪委转发。围绕一线需求和实战背景，建好用好“一组五队”，持续开展岗位练兵比武，年内实现安全行车6万余千米，保障能力得到有效检验。扎实推进后勤重点领域“清仓归零”，并顺利完成。投入160余万元搞好3个环京卡点、基层训练场地及追逃车库建设，执勤训练设施得到明显改善。

（供稿　孙继光）

国防教育

【概况】 2019年，全市国防教育工作以《中华人民共和国国防教育法》和《全民国防教育大纲》为依据，以习近平新时代中国特色社会主义思想为指导，紧紧围绕庆祝中华人民共和国成立70周年和“不忘初心、牢记使命”主题教育等重大活动，扎实推进国防教育“五进”（进社区、进农村、进企业、进学校、进公园）工程，努力实现国防教育“五个覆盖面”（教育地象、地域、时间、内容、手段），承德市国防教育工作被省国防教育办公室评为“全省国防教育先进单位”。

【国防教育活动】 5月至6月，市属各高校积极组织大学生开展“爱我中华·强我国防”主题演讲比赛，并选出优秀选手参加全市主题演讲大赛。6月18日，全市大学生“爱我中华·强我国防”主题演讲大赛决赛在河北民族师院举行，中共承德市委常委、承德军分区政委出席大赛，并为获奖选手颁奖。通过主题演讲，进一步激发大学生爱国之情、报国之心、强国之志，为实现中国梦强军梦和建设生态强市、魅力承德凝聚强大力量。活动期间，还在河北民族师范学院开展国防教育宣传活动，先后发放宣传教育手册2000余份，观看展板师生3000余人次。

清明节，安排部署党政机关及学校、社会团体到热河烈士纪念馆、董存瑞烈士陵园等20个国防教育基地开展祭扫革命烈士陵园、重温入党誓词、向革命烈士纪念碑敬献花圈，向革命先烈肃立默哀等活动，共有300多个单位20000多人次参加。

5月25日，隆化县社会各界隆重集会，纪念全国著名战斗英雄董存瑞英勇牺牲71周年，在董存瑞烈士陵园召开了以“奋进前行，英雄儿女共建美丽幸福新隆化；缅怀激励，存瑞精神照耀决战决胜脱贫路”为主题的纪念大会。来自各界的干部、职工、群众、师生代表、驻军代表3000余人参加了纪念活动。

【重点人群教育】 9月21日，结合庆祝中华人民共和国成立70周年，在平泉市中心广场组织开展第十九个全民国防教育日集中宣传活动，参与活动的干部群众达3000余人。活动中，紧扣“赞颂辉煌成就、军民同心筑梦”主题，通过发放《国防教育宣传手册》、布置国防教育展板、悬挂宣传标语、演出歌舞等方式，为各界群众普及国防知识，增强了国防意识，提升了国防观念。滦平县组织各中小学校开展国防万映、主题征文演讲、国旗下讲话和“富国强军、共筑长城”主题班会等活动，吸引青少年学生参与国防、了解军事，让学生们体会到加强国防建设的重要性，激发学生的爱国热情。全年全市共组织国防教育主题活动170余场，参与人数达到16万余人次，发放《国防法规宣传手册》等各类宣传资料15万余份。

2019年9月21日，平泉市第十九个全民国防教育日活动

【基础建设】 健全领导体制和工作机构，建立军地领导重视、部门密切配合、权责清晰明确的国防教育工作运行机制。特别是中共平泉市委、市政府制定了《关于认真贯彻落实国防教育法规，进一步加强全民国防教育工作的意见》，将国防教育工作纳入全市年终工作目标考核范畴，对各乡镇、各部门开展国防教育工作总体情况进行督导考核评比。

加强国防教育队伍建设，10月22至25日，举办首次采取军事化管理形式的科级党政领导干部国防教育专题培训班，对各县（市、区）国防教育办公室主任、宣传思想文化系统科级领导干部和市属大中专院校分管领导等60名科级以上党政领导干部进行了为期一周的培训。通过培训进一步提升了参训人员的国防观念和忧患意识，提高了家国情怀和国防素养，认清自身担负的国防职责。兴隆县培训专兼职国防教育宣传员128名，宽城满族自治县把119名退伍军人培养成管理人员，把883名青年民兵骨干培养成业务骨干。

【加强新闻宣传】 面对新形势创新开展国防教育工作，《国防教育进机关、进校园、进社区、进农村、进企业——承德创新形式广泛开展国防教育》工作经验做法，在9月19日的《河北日报》上刊发，受到上级领导和兄弟单位好评。滦平县聚焦张百湾镇周台子村党委书记范振喜先进事迹采写的《范振喜：军人作风书写乡村振兴传奇》在新华社刊发并在全国各大媒体转载转发，《兵心不改 砥砺前行—记滦平县周台子村党委书记范振喜》在河北《共产党员》杂志发表，聚焦范振喜的《请，退役军人上台领奖！》，聚焦退伍老兵、火斗山镇孙营村党支部书记王斌的《这个“攻坚战”，退伍老兵打的漂亮！》等稿件先后在《中国民兵》刊发。兴隆县历经9个月、跨6省市，采访68人，直接参与千余人次的四集专题片英烈篇《兴隆英烈知多少》、现役篇《兴隆儿女在军营》、退役篇《退役军人展风采》、基地篇《红色基因永流传》在兴隆电视台专题栏目《国教一刻钟》播出，引起社会各界人士的广泛关注和认可。平泉市、双滦区制作了国防教育宣传片在电视台播放，取得很好教育效果。

附：市国防教育办公室领导名录

主　　任：梁世芳

（供稿　康义艳）

人民防空

【概况】 2019年，全市人防工作以深入学习宣传贯彻中共十九大精神和习近平新时代中国特色社会主义思想为遵循，以深入贯彻落实习近平批示为统领，大力加强实战化、实效化、一体化能力建设，较好地完成了各项目标任务，全市人防工作呈现加快发展的良好势头。

【整治腐败】 按照省、市纪委专项办和省人民防空办公室的安排部署，市、县两级人防系统扎实开展了腐败问题专项治理。2019年9月，又继续开展全面调查整顿工作，围绕人防工程建设管理各环节和权力运行全链条，对人防领域突出问题、履行主体责任不力和履行监督责任不力等3大类、9方面重点问题进行了全面梳理和自查自纠。此项工作受到省纪委、省专项办的肯定，也得到中共承德市委书记周仲明、市长常丽虹以及其他市领导的书面表扬。11月27日，省全面调查整顿工作领导小组办公室以“强化政治担当，以扎实整改成效诠释忠诚”为题下发工作简报，对全面调查整顿工作成绩给予充分肯定，“结建”违规项目整改率和易地建设费追缴率均排在全省前列。

【人防工程建设】 在有序推进人防工程建设规划编制和人防工程建设规划修建性详细规划编制工作的基础上，扎实做好人防工程“结建”审批和竣工验收，加强人防工程质量监督，在质量监督过程中，人防工程一律实行网上报监。扎实推进人防工程惠民行动，积极开辟人防工程兼作地震应急避难场所。全市列入地震应急避难场所建设的人防工程约22处。承担城市避难场所创城任务，市区有3处地震应急避难场所作为创建实地评测点位，均达到测评标准要求。

【通信演练和网络建设】 全市人防系统以"铸盾—2019"系列练兵活动为引领，开展各项实战化演练活动。5月，参加"2019—京津冀人防"跨区联合支援通信演练；10月参加"京盾—2019"京津冀人防指挥协同演练。不断完善人防预警报知系统，新购置警报数台。深化专业队伍整组训练，按照"专业对口、平战结合、精干高效"原则整组人防专业队，各专业队按照《人民防空训练规定》和《人民防空训练与考核大纲》，灵活采取个人自学、在岗训练、集中训练相结合的方式开展年度训练，共有2666人参训。

"7·7"警报试鸣暨带实兵演练活动确定以围场满族蒙古族自治县为主场地，重点演练在实战背景下市、县人防指挥部行动筹划、警报发放等科目，动用包含二代车在内的参演车辆22台，共120人参加，首次同时利用人防警报发放系统和国家突发事件预警发布系统发放了防空警报信号和防空警报信息。

【人防宣传"五进"】 以"进社区、进学校、进企业、进农村、进公园"为重点，充分利用各级各类媒体开展人防宣传教育工作。稳步推进宣教基地和宣教场所建设，市级人防宣教基地已落成，基地集学习培训、训练演练于一体，突出人民防空特色，兼顾防灾减灾等内容。县（市、区）共有10个宣教基地和宣教场所，均已投入使用。推进人防宣传教育"进学校"，在全市37所初级中学开展了人防教育课，在2所高校招募300名大学生人防志愿者，积极开展培训工作。推进人防宣传教育"进社区"，以"庆祝中华人民共和国成立70周年"为主线，以"建设新人防、彰显新价值"为主题，结合"5·12"防灾减灾日、"7·7"警报试鸣日和国家安全日、人民防空创立日等重要时间节点和群众性训练演练，开展"人防社区"创建活动，使每个社区达到"五有"要求。推进人防宣传教育"进网络"，继续向省人防网站和微信公众号报送信息，运用新媒体传递人防信息。全市人防系统在省以上报刊刊稿16篇，其中在《中国人民防空》上刊稿6篇。向广大市民发放各类宣传资料3000余册，并积极宣传"燕赵人防"微信公众号。

【法治人防建设】 与市中级人民法院建立联席会议制度，研究解决全面调查整顿工作中涉及人防工作的重大问题，统筹协调相关部门职责分工，推进遗留问题整改落实；充分发挥法律顾问的作用，在重大事项、合同审查、涉法涉诉案件处置等工作中，法律顾问全程参与，确保依法行政不出纰漏；认真落实"双随机一公开"监管机制，对辖区内人防工程监理单位开展了一次"双随机"抽查检查，对发现的问题及时督导整改。

附：市人防办领导名录

党组书记、主任：章文魁（5月免）
吴景新（满族，5月任）
党组副书记、副主任：王　东
吴静平（女，满族）
任密龙
党　组　成　员：李耘记

（供稿　李　默）

综合经济管理

发展改革

【概况】　面对国际风险挑战持续加剧、国内经济下行压力加大的严峻形势，承德发改工作始终坚持稳中求进工作总基调，及时提出一系列前瞻性准、针对性强、操作性实的对策建议，年初确定的36项计划指标中，有33项顺利实现既定任务，9项约束性指标全部完成。生产总值增长6.5%，圆满完成全年任务目标；第三产业实现同比增长11.7%，位居全省第一位；固定资产投资增长6.1%。强化重大政策研究。先后制定出台《关于促进民营经济高质量发展的若干意见》《关于推进2019年省市重大经济决策部署落地落实的工作机制》《关于加大基础设施领域补短板力度促进经济持续健康发展的实施意见》等10余项政策文件，由市委、市政府印发执行。其中，支持民营经济二十条政策措施，被省“双创双服”领导小组办公室列为第一批政策创新案例在全省推广。强化经济监测分析。逐月、逐季度开展监测分析，先后15次向市委常委会、市政府常务会、市人大常委会汇报经济形势，为市委、市政府科学决策提供了有力参考。多次组织召开经济工作推进会和专题调度会，制定贯彻落实中央省文件精神做好后两个月经济工作的落实意见等对策措施，有力促进了经济平稳运行。加强煤电气运协调调度，确保了冬季取暖期及两节、两会、70周年国庆期间的生产要素需求。强化规划引领。《塞罕坝机械林场及周边地区可持续发展规划》（2019—2035）正式印发实施，《京津冀水源涵养功能区和生态环境支撑区规划》编制完成并上报省政府审议。“十四五”规划编制工作全面启动，8个方面30个重点领域前期课题研究基本完成，为规划编制奠定了理论基础。认真筛选了事关承德发展的11个重大事项、工程和政策争列上级“十四五”规划，力争获得更多支持。

塞罕坝机械林场及周边地区可持续发展规划（2019—2035）

【推进项目建设】　深入推进重点项目建设质量年活动，“3811”工程年度目标任务圆满完成，计划开工的26个省重点项目全部开工，完成投资110.7亿元，占年计划的108%；计划开工的220个市重点项目全部开工，完成投资494.5亿元，占年计划的107%；实施亿元以上项目831个，完成投资734.2亿元；实施10亿元以上项目104个，完成投资297.1亿元；新谋划储备项目1029个。完善制度稳项目。先后研究制定《重点项目建设质量年活动实施方案》《2019年市级领导包联重点项目工作实施方案》《重点项目建设“擂台赛”活动实施方案》《全市重点项目存在问题会诊会商机制》等文件，为重点项目建设提供制度保障。健全机制推项目。实化领导包联帮扶，确定26名市级领导包联73个重点项目；

强化随机调度、信息反馈、问题解决、专报通报四个机制；推行第一时间推进法，充分发挥重点项目管理系统和“双创双服”政企服务直通信息平台作用，为项目单位解决问题200余项；启动重点项目会诊会商机制，召开两次协调会，对19个项目进行会诊，提出具体解决意见。做实活动促项目。开展冬季攻坚活动，洽谈引进项目109个，谋划储备项目307个；集中开工活动开工项目107个，总投资544亿元；举办重点项目提质、增比、进位“擂台赛”和4次观摩调度会，对7个县（市、区）项目建设现场观摩、测评打分，真正让先进者“露脸”、后进者“红脸”；举办两场银企对接活动，促成银行贷款7.7亿元。积极筛选申报项目争取专项债券支持，全市7个项目通过省财政部门“一案两书”评审，拟申请债券7.88亿元，项目个数和额度分别占全省的25.9%和32.6%，均居全省首位。一批事关长远的重大交通基础设施项目进展顺利。京沈客专承德至沈阳段运行良好，承德南至兴隆西段完成铺轨，具备联调联试条件，兴隆西至北京界段线下工程已完工；京通电气化改造北京局管段全面启动完成投资1.7亿元，沈阳局管段具备开工条件；遵小铁路复建工作取得突破性进展，津承城际铁路预可研取得阶段性成果；承德机场平均客座率83%，同比提高4.8个百分点，航班正常率达93.3%，位居国内前列，旅客吞吐量达42.5万人次，超额完成全年40万人次的目标和航线优化、补贴控制任务；通用机场加快推进，平泉机场开通至石家庄、天津短途运输航线，围场通用机场完成民航机场使用许可审定。

【完善产业体系】 围绕全市“3+3”主导产业和县域“1+2”特色产业，积极落实“五个一”推进机制，产业体系日趋完善，绿色产业增加值占GDP比重提高5个百分点。全力优化主导产业布局。研究确立全市“3+3”主导产业和县域“1+2”特色产业，推动成立由书记、市长任“双组长”的主导产业发展领导小组，设立6个专项推进小组。制定《关于印发承德市主导产业发展行动方案（2018-2020年）的通知》，会同各推进小组编制了6个专项实施方案，正式启动《绿色食品及生物健康产业发展规划》编制工作。钒钛产业加速发展。河北省政府出台《关于支持承德国家钒钛基地建设实现钒钛产业高质量发展的意见》，编制完成《承德钒钛新材料产业高质量发展规划》并上报省政府，推动成立河北燕山钒钛产业技术研究有限公司。承钢冷轧、高纯钒、硫酸氧钒和建龙钒氮合金项目竣工投产，钒钛高强无缝管、隆化钛能轧钢项目加快实施。成功举办第八届国际钒产品峰会、第一届钒钛产业链优势资源对接会，参加了中国钛年会等活动，达成一批合作意向。清洁能源规模不断壮大。《风电项目落地规划》修订完成，根据相关政策和生态红线管控要求重新划定各县项目范围。落实省政府要求，完成了未落地协议全面清理工作。百万风电基地二期项目全部开工建设，全年新增装机20万千瓦；“十三五”第二批286个村级光伏扶贫电站全部建成投产，新增装机11.24万千瓦；丰宁抽水蓄能电站一期上水库大坝填筑封顶；新疆特变电工新能源装备制造基地办公楼封顶，厂房基础完工。全年清洁能源发电量占总发电量的55.97%。服务业实现较快增长。积极做好国家服务业综合改革试点迎检准备，研究制定《关于完善促进消费体制机制实施方案》《关于完善促进消费体制机制进一步激发居民消费潜力的实施意见》等政策文件，一批现代物流、健康养老等项目加快实施，服务业增加值增长11.7%，对经济增长贡献率超过60%。

【全面深化改革】 围绕破解发展中的瓶颈制约，全面落实各项改革任务，着力提升开放合作水平和科技创新能力。经济体制改革稳步实施，对重点改革任务建立台账，实施清单化管理，通过月报台账、改革内网、督导调度等多种形式及时跟进，274 项经济体制改革任务按序时进度稳步推进。供给侧结构性改革继续深化。开展降低企业经营成本专项行动，支持企业电力直接交易，全市成交电量 86.94 亿千瓦时，占冀北五市总成交电量的 23.2%，位居第二位。多次与唐山市对接洽谈，成功将唐山建龙 2 座 450 立方米高炉、2 座 60 吨转炉和唐山新宝泰公司 1 座 450 立方米高炉产能，用于承德建龙产能转移装备改造升级项目的钢铁产能置换，已获得省备案并通过节能审查。开放引资成果丰硕。先后组织参加第十七届中国（承德）国际经济贸易洽谈会暨“百家名企进承德”、中国廊坊国际贸易投资洽谈会、第三届冀商大会等系列招商活动，发布重点招商项目 189 个，总投资 375 亿元，签署合作项目 29 个，总投资 366 亿元。创新能力不断增强。组织举办“双创”活动周暨战略性新兴产业发展交流会，高新区大数据与智能感知基地、双滦区钒钛新材料基地获批省级战略性新兴产业示范基地。申报省高技术产业化项目 6 个、省级工程研究中心、企业技术中心 5 个，新增省级技术创新中心 9 个、产业技术研究院 1 个。

【改善民生】 以打造“双创双服”升级版为契机，努力办好民生实事，推动社会事业全面发展。“三深化三提升”活动扎实开展。市县两级对重点企业、重点项目开展精准包联帮扶，走访重点企业 1500 余次，通过省政企服务直通信息化平台收集处理问题 532 个，收集处理率居全省第 2 位。全力优化营商环境，实行月调度、月统计制度，各专项行动任务顺利完成，顺利通过省抽查组考核。由于实绩突出，市双创双服工作被省双创领导小组评为优秀等次。易地扶贫搬迁圆满收官。162 个集中安置项目全部交付使用，155 个配套脱贫产业园区、项目全部建成，建档立卡贫困人口 30461 人全部落实后续扶持措施，拆除旧房 12522 套，复垦复绿土地 3288.7 亩。粮食收储得到加强。储粮企业“一符四无”率和科学保粮率均达到 100%，圆满完成全国政策性粮食库存数量和质量大清查。完成了马铃薯产业发展调研报告，为国家制定“镰刀弯”地区马铃薯产业政策提供了重要参考，得到国家粮食和物资储备局领导充分肯定。支持承德北三县发展马铃薯产业的政策诉求事项，被国务院领导批转农业农村部推动落实。市场价格总体稳定。密切关注市场价格变化，实施猪肉等生活必需品价格监测日报制度，在全省率先启动社会救助和保障标准与物价上涨挂钩联动机制，向保障对象发放价格临时补贴 4300 余万元。社会事业加快发展。制定公共服务标准体系实施意见、城乡居民增收综合配套政策试点实施方案等 11 个政策文件，争取上级预算内资金 1.08 亿元，支持就业、教育、医疗等 16 个项目建设。承德市国家雪上训练基地冬季两项赛道、大道速滑馆、气膜训练馆等项目，正式纳入冬奥会建设项目投资审批改革试点范围。

附：市发展和改革委员会领导名录

党组书记、主任：刘海峰
党组副书记、副主任：刘建国（满族）
杨兢成（满族）
党组成员、副主任：管国富
王凤翔（满族）
刘建海
崔海涛（满族）
党 组 成 员：李清玉
马洪武
党组成员、副主任：刘爱民
党 组 成 员：张俊瑛（蒙古族，1 月免）
苏立国（5 月免）
党组成员、副主任：尤文祥
党 组 成 员：孙福来
党组成员、副主任：穆素家（满族）

（供稿 刘春鹏 陈 龙）

京津冀协同发展

【概况】 深入贯彻落实党的十九大会议精神以及习近平总书记关于京津冀协同发展重大战略思想，紧紧围绕“三区一城”定位，以承接北京非首都功能为主线,以深化与京津对接合作为重点，以补齐承德发展短板为抓手，在“三个领域”率先突破，与京津开展精准对接，提升平台载体承载能力、提升公共服务水平、提升协同创新能力，健全工作机制以及营造营商环境等方面开展重点工作，有序推动全市协同发展工作。

【开展高层对接】 与京津两市开展积极对接活动，主要领导多次互访，广泛交流，建立了常态化对接交流工作机制。8月5日，中共中央政治局委员、天津市委书记李鸿忠，市长张国清率党政代表团赴承德市调研指导，并召开了第五次东西部扶贫协作联席会议。市委书记周仲明组织带领有关部门于5月15日赴天津走访，对接并主持召开了津承农业产业合作推进会；6月17日赴密云区进行专题走访并主持召开了京承东西部扶贫协作联席会议；8月9日赴北京市走访对接并主持召开了“京承农业扶贫战略合作暨‘承德山水’农产品区域公用品牌推介会议”。市政府市长常丽虹组织带领有关部门于9月13日赴天津参加东西部扶贫协作和对口支援工作论坛；于11月9日赴天津对接交流并主持召开津承第六次东西部扶贫协作联席会议。围绕交通、生态、产业等重大领域，全市各部门与京津发改委、协同办、国资委、对口支援办公室、旅发委等相关单位，各县与京津各区之间深入对接，逐步建立了定期沟通、走访，协调、调度工作制度，形成了良好的对接互动关系，全年与北京开展重要合作商谈408场次，签署协议54项，与天津开展重要合作商谈206场次，签署协议28项。

【承接京津产业转移】 强化与京津政策衔接，围绕《京津冀产业转移指南》《京津产业转移承接平台建设工作的指导意见》《北京市推进京津冀协同发展行动计划》等京津冀重要政策文件，做好市重大事项和产业项目与京津规划政策衔接，相继制定出台《承德市重点领域三年滚动计划方案》《与京津协同发展重大项目清单》《承接非首都功能疏解计划方案》《2019年承德市精准招商行动计划》《承德市推进京津冀协同发展2019年工作要点》等政策规划，为全市与京津两地开展多层次、深领域的对接合作提供遵循和指导。加强承接平台建设，紧紧抓住非首都功能疏解这个“牛鼻子”，进一步明确功能定位、承接重点及方向，加强对各级园区的统筹指导，扎实推进1个省级重点承接平台及10个市级承接平台建设，推动怡达食品产业园等各类专业园区的基础建设及招商引资工作。进一步加大与京津共建园区，与天津市合作共建津承六沟产业园项目进展顺利，已引进高铁声屏障、装配式建筑等新兴产业项目51个，总投资497亿元；北京怀柔区与丰宁满族自治县合作共建的“怀丰产业园”成果丰硕，日本三昌、河北骏驰、河北敏航、圣宝达源机械制造等企业已投产运营，已有17家企业落户“怀丰产业园”，协议总投资15亿元，已实际投资7.46亿元，投产后预计年产值18亿元，利税1亿元。积极承接产业转移，深入与京津企业开展对接，签署一批合作协议，达成了一批合作意向。与北京万泰利克药业有限公司签署中药原料供应基地建设合作框架协议书，共同谋划建设中药材订单种植基地；宽城满族自治县与阿里巴巴公司签署战略合作协议，开展特色农产品、特色产业电子商业推广销售等合作；北京强佑集团、中国信息协会、中国信息界工业设计研究院、中国氢能有限公司等京津企业多次赴承德市考察项目，与相关县区达成了一批合作意向，木兰时代城文化旅游特色商街建设项目、尾矿基发泡陶瓷保温材料项目二期工程、共合嘉园建筑材料产业园项目等一批京津合作项目落户承德市，全年共开展与京津产业合作项目27个、总投资190亿元，与京津产业合作的深度广度进一步提升。

【加速重点领域建设】 把交通作为重大突破口，着力构建与京津一小时交通圈。京沈客专途经河北省境内相关工程建设均已完工，已开通承德到沈阳、大连、哈尔滨等地的高铁；承平高速控制性工程正在建设；围场通用机场正在加紧建设，丰宁通用机场、滦平通用机场、宽城通用机场、隆化通用机场等4个通用机场积极开展前期工作。做好生态联防联控，争取京津共建共享支持。积极弘扬塞罕坝精神，重点围绕生态屏障和水源涵养功能，颁布实施首部地方立法《承德市水源涵养功能区保护条例》，编制《承德市京津冀水源涵养功能区和生态环境支撑区规划（2019—2025）》，着力打好散煤治理和清洁能源替代攻坚战，深入实施京津风沙源治理工程、小流域治理等项目建设，做好与京津生态联防联控。推动与京津生态横向补偿机制建设，编制完成《承德市潮河流域生态环境保护规划》，并纳入北京市《潮白河流域生态环境保护综合规划》之中；与天津市建立的滦河流域生态补偿制度，补偿工作进展顺利。

【拓展与京津合作领域】 围绕河北省与京津签署的新一轮战略合作框架协议，聚焦基本公共服务共建共享，深化拓展与京津合作领域，全面推动在教育、医疗、文化旅游、科技等领域的合作。在教育领域，与天津市合作交流办、天津市教委以及天津中德应用技术大学等有关单位进行对接，协商天津中德大学继续帮扶支持承德应用技术职业学院开办，共同加快学院建设工作，承德应用技术职业学院已于9月16日完成全部学生返校和报到工作；与天津市教委、天津师范大学洽谈合作，在围场满族蒙古族自治县组织实施京津冀教育协同发展围场教师培训基地项目，培训基地已经挂牌，围场与天津师大洽谈具体培训项目，已进入协调落实项目资金阶段；与北师大、天津大学、人大附中、北京101中学等56所大学及中学建立了一批联谊院校。通过“中国好老师”公益行动平台专项行动推进京津冀教育一体化，全市共有17所市、县（市、区）级基地校与北京16所学校建立了发展共同体，全市共有109所项目学校参与。在医疗健康领域，全市31家二级以上医疗机构与中国红十字总会、北京协和医院、积水潭医院、北大医学院等51家京津著名医院签署合作协议，在医院管理、科研协作、学科建设等方面开展合作；营子区与北京航天中心医院三甲医院合作共同组建了北京航天中心医院承德分院，成为实现整体托管深度合作的首家医院；与天津泰达国际心血管病医院、天津市肿瘤医院、中国医学科学院血液病医院（血液学研究所）3家天津市医院签订了《津冀医疗保障协同发展医疗服务协议》，实现跨省异地就医结算平台结算；与平谷区卫健委签署了《共建软硬镜微创医疗中心项目合作协议》，推进与平谷区卫健委共建软硬镜微创医疗中心。京津医疗机构下派196人次医疗专家到承德市进行技术指导，2000余人次患者接受了京津专家诊治；全市选派42名医学人才、业务骨干赴京津合作医院进行交流培训。在文化旅游领域，依托北京市旅发委对口合作促进平台组织开展了优质文化和旅游产品进精品商超活动，推荐承德神栗食品有限公司、承德裕民白荞面特产有限公司等23家企业的105件产品与北京华联集团等企业对接，达成了一批合作成果。在科技合作领域，以打造国家可持续发展议程创新示范区为契机，充分发挥协同创新引领作用，积极与京津等地科技管理部门、科研机构、高校及企业对接合作。与河北清华发展研究院开展2019年清华专家教授承德行活动；与清华大学天津高端装备研究院在项目研发、技术指导、成果转化等方面达成合作共识；与北京农学院开展全面战略合作，共同组织召开中国（承德）第十二届生态城市与矿山绿化会议，推动北京农学院教授工作站暨科技成果转化承德基地项目、合作共建现代基质产业研究院项目落户承德。2019年，承德市企事业单位与中科院、清华大学、南开大学、北京农学院等京津科研院所、高校开展合作对接，共同打造新平台，院士工作站已增加至19家。

【东西部扶贫协作】 实施京津两市对口帮扶项目120个，总投资超过15亿元，其中申请京津两市支持资金3.92亿元。为确保帮扶项目质量，严格履行项目审批程序，对项目进展和资金使用情况进行督导检查，及时纠正了工作中出现的偏差，确保资金使用不出问题。同时，在产业协作、劳务协作、人才交流、社会帮扶等方面全面开展对口帮扶工作，引导14家京津企业到承德市贫困地区投资兴业，带动贫困人口1639人，吸纳就业295人，利益联结1344人。选派3名干部赴中关村挂职，4名干部赴北京市密云、怀柔两区挂职。帮助76名贫困劳动力赴京津就业，帮助9名贫困学生赴京津就读。

【支持雄安规划建设】 围绕雄安新区规划建设，积极主动对接雄安新区，与5个部门、17家企业建立了联系，与安新、容城、雄县3个县建立沟通机制，推动市绿色建材企业进入雄安新区市场。围绕雄安新区基础设施、生态环保、公共服务等领域需求，建立了承德市绿色建材产品库，推动全市30家建材企业进入雄安资格备选库，120多种绿色建材产品进入《雄安新区建设优势适用产品推荐清单》。同时，已有23家建材企业与雄安新区达成合作，其中河北卉原石材、承德天罡建材、承德德厦建材、河北恒钏建材的相关产品已经在雄安新区投入使用。谋划推动承德市绿色建材产品会展中心建设，将成为承德市绿色建材产品会展、宣传、推介的重要平台。

（供稿　刘春鹏　陈　龙）

国有资产监督管理

【概况】 2019年，承德市国有资产管理工作认真贯彻落实市委、市政府工作部署，抓党的建设、抓制度规范、抓基础管理、抓业务提升、抓队伍建设，取得显著成效。市国资委10家监管企业资产总额3,819,420万元，同比增长3%；负债总额2,067,204万元，同比增长5.2%；所有者权益1,752,216万元，同比增长0.7%；实现营业收入325,750万元，同比增加24.8%；上交税金18,599万元，同比增加26.3%；国有资产保值增值率100.65%，实现了国有资产保值增值的目标。

【完善国资监管体制】 针对承德市国资监管体制机制不顺，政资政企不分问题，6月份首先制定出台了《承德市市属国有企业监督管理办法》和《承德市市属国有企业领导人员管理办法》，以这两个制度为基础，先后制定出台了《承德市市属国有企业负责人经营业绩考核办法》《承德市市属国有企业负责人履职待遇、业务支出管理暂行办法》《承德市国有企业退休人员社会化管理实施办法》《承德市国资委关于加强监管企业资产负债约束的若干意见》《承德市国资委出资人监管权力和责任清单》，先后起草了《承德市国资委监管企业投资监督管理办法》《企业领导班子和领导人员综合考核评价办法》《承德市国资委监管企业工资总额管理办法》等配套制度，形成了国资监管制度体系的四梁八柱。

【夯实国资监管基础】 产权股权管理严格规范。出台实施监管企业内部国有资产交易管理办法，全年共办理国有企业产权登记41家，完成4宗产权整合和3项股权划转、发行债券等事项的审核数据统计准确全面。入统户数由原来的32户增加到了115户，实现全口径、全级次入统。对市本级经营性国有资产进行了调查摸底，梳理出市本级各级次国有企业368家，为推进经营性国有资产集中统一监管打下了基础。监管方式科学有效。制定了《承德市国资委出资人监管权力和责任清单》，科学界定了监管边界。完成了8家监管企业2018年度考核工作，确定了各监管企业2019年度经营业绩考核指标和2019—2021年度任期经营业绩考核指标，兑现了企业负责人2017年度、2018年度薪酬。监管效能务实高效。加强对企业的业务指导和协调服务，共受理企业上报的涉及投资、融资担保、资产处置等各类需审核、批准、备案事项26项，均按时办结。依法监管、依法治企成效明显。完善法律顾问选聘制度，通过公开遴选，国资委机关法律顾问由1家增加到2家。出台的所有规范性制度文件均征求了机关法律顾问的意见，办理的涉法事项均请律师参加并出具法律意见书；企业均成立了法务部，聘请了法律顾问。

【全面强化风险管控】 认真分析科学研判。定期对监管企业在生产经营过程中存在的各类风险隐患进行分析研判，完成了监管企业债务风险、抵押担保、财务和资产状况分析报告，做到底数清晰、风险可控。建立健全资产风险防范机制。印发了《承德市国资委关于加强监管企业资产负债约束的若干意见》强化对监管企业负债的刚性约束，并列入经营业绩考核体系。全面落实监督巡察职能。针对监督过程中发现的问题和市委巡察、市审计组反馈问题，下发督办函35件，督导整改。同时，完成了清理拖欠民营企业中小企业账款工作任务；推进融投担保风险化解取得进展。

【解决历史遗留问题】 坚持依法依规，推动遗留问题得到妥善解决。运用法律途径圆满解决了原承德市曲轴连杆厂、千斤顶总厂与国控集团774万元的贷款清偿问题；对华富玻璃器皿职工上访问题进行了调查，请律师全程参与，提出解决意见。解决了多件职工群众关注的难点问题。完成了承德华峰家属区“三供一业”问题和平安堡煤矿家属区危房改造问题的属地移交，根本解决了困扰企业多年的“三跨三分离”问题；自筹90万元解决了千斤顶厂两栋职工住宅楼78户供电改造移交问题；制定了《承德市企业退休人员社会化管理服务工作实施办法》；完成了12家破产企业34800卷档案的整理工作，均已达到移交标准。坚持重点攻坚,统筹推进重点难点信访积案。对33件信访积案实施包案责任制，对6项重点信访案件成立了专班，做到了排查一起、化解一起、稳控一起。全年共接待群众来访156批次，682人次，形成信访答复意见24件，复查信访案件5件。

【国资系统党建工作】 扎实开展“不忘初心、牢记使命”主题教育。紧密结合实际，认真研究谋划，加强组织领导，精心周密部署，做到四项措施贯穿主题教育全过程，并把主题教育与当前重点工作相结合、与审计巡察整改相结合、与加强党的建设相结合，突出边学边查边改，确保了主题教育取得实效。抓好国资国企基本组织、基本队伍、基本建设。对重点市属国有企业党组织设置和隶属关系进行调整，其中4家企业党组织设置由原来的党总支、党支部调整为党委，4家企业党组织隶属关系由原来的行业主管部门党组织管理调整为由市国资委党委管理,同步设立纪委，党总支和党支部设纪检委员，健全配强党组织，提高企业党组织战斗堡垒作用。构建科学合理法人治理结构和决策机制。把党的领导融入公司治理各环节，所属16家党组织关系企业均把党的建设写进公司章程。坚持监管企业重大事项不经党组织决策市国资委不受理的反向监督机制。在

7家监管企业推行“双向进入，交叉任职”，交叉任职率达到86%。进一步压实管党治党责任。落实党委管党治党主体责任，党委书记“第一责任人”责任和班子成员“一岗双责”责任，完善党建工作责任制。把党建工作在综合考核定性中的权重由15%提高至20%，考核结果与薪酬挂钩。召开国资系统党风廉政建设会议，层层签订党风廉政建设责任书、承诺书，层层传导压力；进行系统的警示教育，处理系统干部职工2起违纪行为。

【干部队伍建设】 以理念上的创新推动服务企业水平的提升。确立并践行“在服务中支持，在支持中监管”的理念,严格遵守“六个严禁”和“五个不让”，放管结合、优化服务。赴监管企业调研15次，形成调研报告6篇，组织对监管企业债务分析1次,财务分析2次,经济运行分析8次。以理论上的武装推动干部职工本领的增强。创建并举办15期“国资国企大讲堂”，按照全员学业务、全员搞创新、全员抓落实的“三全”工作方针，开展提高工作质量、争创一流工作业绩，提高履职能力、争创一流形象的“双提双创”活动和“新时代、新担当、新国资、新形象”队伍主题教育活动。组织国资国企负责人先后赴北京、苏州等地进行学习交流，汲取先进经验。组织编印了《新时代承德市国企党的建设工作手册》《承德市国资国企业务知识手册》《承德市国资国企法律法规知识手册》，为做好工作提供了服务和规范，实现了有章可循。

附：市国有资产监督管理委员会领导名录
党委书记、主任：李桂梅（女，满族）
党委专职副书记：张学敏（女，满族）
党委委员、副主任：陈　宏
张　岭
张　楠（女，5月任）

（供稿　陈宏燕）

财　政

【概况】 2019年，面对经济下行、减税降费、收支矛盾等巨大压力和挑战，全市财政财务系统坚决贯彻落实国家、省市决策部署，聚焦“全面建设高质量财政、助力全市高质量发展”目标，坚持从大局的高度看问题、谋思路、抓工作，积极为市委市政府出主意、当参谋，累计出具资金使用审核意见报告800余份、提出意见建议300余条，市委市政府主要领导给予“好”“很好”等肯定性批示26次。完成了各项目标任务，财政运行保持总体平稳、稳中有进、进中提质良好态势。

【财政收支提质增效】 坚持“以旬保月、以月保季、以季保年”要求，与税务等部门密切协作，财税联席会议机制、综合治税专项清理、非税收入规范管理等工作落实落细，承德县推行的矿业企业地磅联网监控系统，隆化、兴隆探索的第三方参与土地增值税、股权转让等涉税评估做法，为全市综合治税提供了有益借鉴，财政收入实现依法征收、应收尽收。2019年，全市全部财政收入完成230亿元、同比增长6.5%，增幅位列全省第4位；一般公共预算收入完成112.5亿元、同比增长7.6%，增幅位列全省第6位，其中税收收入完成81.5亿元，占一般公共预算收入比重的72.4%，收入质量位列全省第2位。丰宁、滦平等7个县超额完成收入任务并实现正增长。全市一般公共预算支出完成415.4亿元、同比增长13%，增幅位列全省第1位，其中八项重点支出完成273.3亿元、同比增长14.9%。围场、平泉等11个县（市、区）支出进度达到序时。良好的财政收支运行为促进市域经济社会发展发挥了重要保障作用。

【争取上级资金】 树牢“抓组织收入与抓向上争

取同等重要”的理念，抢抓脱贫攻坚、环境保护等重大历史机遇，协同有关部门加大跑省进厅、跑部进京力度，累计争取上级转移支付资金230亿元，同比增加9亿，其中协同发改等部门争取省洁净煤取暖补贴资金2.98亿元，占全省的34.2%；协同工信、金融等部门争列国家首批财政支持深化民营和小微企业金融服务综合改革试点城市，获奖励资金4000万元（全省共2个，分别为承德市、廊坊市）；协同自然资源和规划等部门争取潮河滦河流域横向生态补偿资金8.7亿元、重点生态功能区转移支付资金9.9亿元，第二轮引滦入津上下游横向生态补偿机制成功落地。协同人社等部门争取企业养老保险调剂资金17.2亿元，企业养老保险政策有效落实。宽城、隆化跻身国家政策性农业保险试点行列。此外，全市累计争取新增政府债务限额66.4亿元，同比增加10.6亿元、增长19%；争取再融资债券41.2亿元，同比增加12.4亿元、增长43.1%，为保障城市和重点项目建设提供了强力资金保障。

【支持经济发展】 坚持以发展为第一要务，全面落实减税降费以及支持民营经济、实体经济发展系列政策措施，累计完成减税降费30.8亿元，企业和居民获得感大幅提升；筹集资金超6亿元偿还民营企业欠款，筹集资金20亿元支持建龙钒氮合金等项目建设，新增500万元以上纳税企业52家、达到479家；新增超亿元纳税企业2家、达到21家。协同国资、市场等部门划转至国控集团优质经营性国有资产5亿元，国控集团总资产增长11.6%、达到240亿元；国投集团累计完成投资5.2亿元、担保额度达150亿元，“两大集团”助力经济发展“引擎效应”凸显。协同科技、农牧等部门发挥科技型中小企业技术创新增信基金、农业产业化增信基金效用，累计为199家企业融资11亿元以上。支持推进“政银企户保”模式，“资金池”规模达5.1亿元，累计撬动金融机构资金44.8亿元、支持10万人稳定脱贫。推动PPP项目规范管理，累计落地项目45个，引入社会资本271.4亿元，围场新增入库项目5个、居全市首位。筹集资金3540万元支持“承德办事一次成”等改革，“智慧政务”“满意承德综合服务平台”上线运营，公开、公平、透明的营商环境日益优化。

【风险防控】 守牢不发生系统性、区域性风险的底线，债务化解方案、问责实施办法、应急处置预案等制度落地见效，各级各部门偿债主体责任有效压实，累计偿还政府债务本息及服务费83.9亿元、化解隐性债务43.6亿元（超额完成2019年度目标任务），债务风险指标逐年下降。暂付款消化取得阶段性成效，累计消化暂付款15.1亿元，超额完成年度目标任务，新增暂付款规模达到省定要求。县级“三保”支出责任全面落实，国家标准口径下的“三保”支出及时足额保障到位,财政支出保障“底线”兜紧兜牢。预算管理信息系统、扶贫资金监控系统等有效运行，协同组织等部门制定的机关培训费、差旅伙食费和交通费、出国经费等管理制度印发实施，惠民惠农财政补贴资金“一卡通”等监督检查工作成效明显，高新区财政记账服务中心成立即将运行，全市财政资金实现规范安全高效使用。法治财政建设有序推进，各级各部财务管理水平持续提高，市审计局、市发改委等部门高效完成年度预算和财务报告编制工作，市公安局、人社局等财务管理规范有效，实现用制度管钱、用钱。

【财税改革】 坚持以改革破解发展难题，着力建设符合承德特色的现代财政制度。全方位、全过程、全覆盖的预算绩效管理体系雏形初具，财政资金覆盖率达100%，市级累计开展教育、农业、社保等领域重点评价项目47个、46亿元，隆化财政管理绩效评价成绩连续两年全市第一，承德县扶贫资金绩效管理模式获得国家扶贫办充分肯定。行政事业单位国有资产管理体制改革稳妥有序，市级国有资产管理“台账”建成并运用，累计纳入台账国有资产400余亿元，国有资产配置、使用、处置各环节实现动态管理。国有金融资本集中统一管理取得阶段性成效，纳入市级国有金融资本管理企业2家，总规模达到10.2亿元。市以下教育、医疗卫生领域财政事权和支出责任划分改革有效推进，其中教育领域市本级配套安排资金8项、3911万元；医疗卫生领域市本级配套安排资金7项、4475万元。政府采购、财政投资评审效能充分发挥，累计实现采购规模超52亿元、资金节约率达5%；完成项目评审金额117.9亿元、审减率达13.1%。双桥区顺利完成税收体制划转工作，实现属地征管。

【提升民生福祉】 坚持尽力而为、量力而行、持续保障，各项民生政策落到实处，完成民生支出346.7亿元，占比达83.5%。其中到位各类扶贫资金43.4亿元，支持6.03万贫困人口稳定脱贫，丰宁、围场、隆化实现脱贫出列，承德市获省扶贫资金绩效考核奖励资金5417万元，滦平、丰宁涉农资金整合使用工作获得财政部充分肯定。安排教育保障资金27.2亿元，全面落实“两免一补”资助等政策，承德应用技术职业学院正式建成招生。落实就业补助和创业担保贷款贴息资金15.3亿元，支持创业就业近10万人。安排资金9.8亿元，全面落实基层医疗卫生服务、困难群众救助等政策，城乡居民基本养老保险、医疗保险补助标准分别达到108元、520元，企业养老金待遇连续15年提高。安排8.2亿元，支持国家可持续发展议程创新示范区等工作，承德博物馆、冰上运动中心建成投用。山水林田湖草生态修复试点完工项目30个、投资18.1亿元，绩效考核连续两年位列全省第一。支持乡村振兴战略实施，全面改善农村人居环境，扶持75个行政村壮大村级集体经济。

附：市财政局领导名录

党组书记、局长：栾志宏

党组成员、副局长：裴　越

刘德涛

林国华（11月免）

党组成员、财政干部培训中心主任：

王会利（满族）

党组成员、副局长：付延民（满族）

党组成员、非税收入管理局局长：

李金华（满族）

党组成员、副局长：朱凤鸣（3月任）

副局长：翟少春（12月任）

（供稿　王　京）

税　务

【概况】 全市税务系统紧紧围绕市委市政府决策部署，上下同心同德、共向共进，全面完成了各项税收任务。全市税务系统共获地厅级以上奖励84项，其中国家级荣誉4项，得到国家税务总局、省委、省政府、省税务局领导批示24次，绩效成绩名列全省税务系统第六，继续保持优秀档次。

【税费收入】 完成各项税费收入302.7亿元，同比增收50.4亿元，增长20%（剔除新增险种可比完成243亿元，减收9.3亿元，下降3.7%）。其中：税收收入受减税降费影响完成202.5亿元，总量居全省第10位，比上年增收1.8亿元，增长0.8%，累计收入增幅为近4年来最低，增幅居全省第7位；中央级和地方级收入分别完成91.4亿元和111.1亿元；政府口径收入完成195.5亿元，同比增收2.2亿元，增长1.1%；完成一般公共预算收入81.8亿元，同比减收0.3亿元，下降0.4%。非税和社保收入完成90亿元，同比增收41.9亿元，增长87%。其中：社会保险基金完成84.3亿元，同比增收42亿元，增长99.4%（剔除新增险种可比完成35.4亿元，减收11.6亿元，下降24.7%。）

【减税降费】 全年共减免税款55.3亿元，同比增长24.8%，减税规模创历史新高。全市新增减税降费24.6亿元，其中新增减税20.5亿元，新增降费4.1亿元。新增减税中，2019年新出台减税政策新增减税13.7亿元，其中深化增值税改革中的增值税降率及配套措施新增减税9.7亿元（含随增值税附征的城市维护建设税、教育费附加、地方教育附加减税0.8亿元），小微企业普惠性政策新增减税3.4亿元，个人所得税专项附加扣除政策新增减税0.5亿元。2018年实施2019年翘尾减税政策新增减税5.9亿元，其中个人所得税第一步改革翘尾新增减税3.6亿元。2018年到期后2019年延续实施减税政策新增减税0.9亿元，其中关于延续供热企业增值税、房产税、城镇土地使用税优惠政策减税0.8亿元。

【税收收入特点】 全市税收收入主要集中在房地产业、钢铁业、铁选业、批发零售业、建筑业、金融业6大行业，共完成税收134亿元，同比减收1.8亿元，下降1.3%，占总收入的66.3%。6大行业中铁选业、建筑业和批发零售业增收，房地产业、钢铁业和金融业减收，占比第一、第二位的房地产行业和钢铁行业占全部税收的比重达26.8%，合计减收8.7亿元。其中房地产行业受房地产限购等因素影响完成27.9亿元，下降14.7%，减收8亿元；钢铁行业受价格下滑影响完成26.3亿元，下降12.9%，减收3.9亿元。

【税种收入分析】 从税种结构看，16个税种7增9减，企业所得税增收额位居各税种之首。从税收结构和收入增减量上看，增收的主要税种企业所得税完成42.1亿元，占全部税收比重为20.8%，增收4.5亿元，增长11.8%，企业所得税是拉动税收增长主力；其次是资源税由上年一直减收转为增收，完成8.5亿元，增收3.4亿元，增长66.2%；耕地占用税完成3.4亿元，增收1.4亿元，增长73.7%。另外，环境保护税、消费税、城镇土地使用税和车船税分别增长38.5%、23.8%、19.5%和5.2%，分别增收0.3亿元、1.1亿元、0.67亿元和0.08亿元。9个减收税种减收额超过亿元的主要有4个。为税收规模第一、第三、四位的增值税、个人所得税和契税，分别完成94.1亿元、10.3亿元和8.9亿元，分别减收3.1亿元、2.6亿元和1.9亿元，分别下降3.1%、20.4%和17.1%；土地增值税减收也达到1亿元，完成5.5亿元，减收0.99亿元，下降15.2%；其他5个税种也由于政策变化等原因出现不同程度减收，其中城建税下降较快，完成5.7亿元，减收0.4亿元，下降6.7%，房产税、印花税、车购税和其他税收（营业税）略有减收。

【产业税收分析】 从产业分布看，二产增收三产下降，钢铁制造业拖累税收增长。第二产业税收完成109.1亿元，增收9.3亿元，增长9.4%；第三产业税收完成93亿元，减收7.5亿元，下降7.4%，三次产业税收比重为0.2∶53.9∶45.9，二产税收超过三产8个百分点。二产税收中，制造业完成49.8亿元，下降2.3%，减收1.1亿元，其中占税收比重达13%，排名第二的钢铁制造业完成26.3亿元，同比减收3.9亿元，下降12.9%，拖累了二产增收；二产增收主要是建筑业带动，完成20.6亿元，增收2.2亿元，增长11.9%；另外，建材行业也增收1.3亿元，增长25%，促进了二产增收；采矿业完成29.2亿元，增收7.7亿元，增长36.1%，其中黑色金属矿采选业完成23.3亿元，增收5.6亿元，增长31.3%；有色金属矿采选业完成3.6亿元，增收1.2亿元，增长49.7%。三产税收中，房地产税收总量排名第一，完成27.9亿元，减收4.8亿元，下降14.7%，降幅逐月扩大；商业完成19.8亿元，同比持平，其中批发业完成14.4亿元，增收2.2亿元，增长18.3%，主要受矿产品建材和烟草批发业增收0.5亿元和1.1亿元影响，分别增长10.7%和24.7%；同时金融业完成16.1亿元，减收0.96亿元，下降5.6%。

【纳税服务】 以“让纳税人缴费人满意”为目标，持续开展“便民办税春风行动”，不断推动纳税服务提质提效。通过优化办税流程、简化表证单书、升级网上办税服务平台、扩围“最多跑一次”事项清单、推行“承诺制”容缺办税等措施，全面提升办税效率。拓展电子税务局、手机APP等办税缴费服务通道，推出185个涉税缴费事项网上办理，占到总涉税业务80%以上。推出“税务‘注力’、银企对接，共同促进承德经济高质量发展”活动，搭建银企合作平台，建立共商共享、涉税服务、融资洽谈等合作机制，实现150家企业、11家金融机构、省内11家涉税服务机构互相对接，帮助企业破解融资难题，帮助银行中介对接经济实体，创造良好营商环境实现银企互利共赢。

2019年9月26日上午，市税务局举办税务“注力”银企对接，共同促进承德经济高质量发展活动

【征收管理】 全市税务登记总户数136967户。其中，单位纳税人56593户，个体纳税人80374户；正常状态纳税人130457户，非正常状态纳税人6510户；增值税一般纳税人13383户，增值税小规模纳税人123584户。盯紧纳税申报加强事前、事中、事后管理，截至2019年底，实现准期申报率98.94%；应对完成基础风险任务13999条，数据质量错误修改率100%；完成原国税地税数据库中664户重复纳税人的信息核实和9635户疑似同一纳税人清理；开展全市主管税务不一致的9528户纳税人管户调整，确保纳税人只面向一个税务机关；据实为企业办理缓缴税金28.28亿元，极大缓解企业资金困难。

【税务稽查】 2019年，立案检查企业234户，实现稽查收入2.07亿元。全年查处虚开骗税案源124户，涉及金额14624万元，税额2250万元，委托协查选票准确率100%，稽查选案准确率100%，连续四年在全省位居前列。出色完成重点税源随机抽查任务，省级重点税源企业户均查补税款1031.14万元，在全省位列第一。

附：市税务局领导名录

党委书记、局长：赵希铎（3月免）
周　敏（5月任）
党委委员、副局长：魏庆祥
曹开明
张力唯
李凤军
王成才
刘瑞民
安福臣
刘宝如
党委委员、纪检组长：张　凯
党委委员、总会计师：程连星
党委委员、总经济师：齐宗飞
党委委员、总会计师：赵　群
党委委员、总经济师：王　辉
党委委员：郭建东

（供稿　孟凡力）

审　计

【概况】　2019年，市审计机关共审计（调查）单位239个，其中审计210个，专项审计调查29个。查出主要问题金额221.99亿元，其中违规金额12.90亿元、管理不规范金额209.09亿元；审计发现非金额计量问题495个；损益（收支）不实金额34.42亿元；审计期间整改金额18.31亿元。出具审计报告和专项审计调查报告286篇，被批示、采用14篇次。审计处理处罚金额31.27亿元，其中应上交财政4.94亿元、应减少财政拨款或补贴44万元、应归还原渠道资金1005万元、应缴纳其他资金73万元、应调账处理金额26.21亿元，移送司法机关、纪检监察机关和有关部门处理事项33件，移送处理金额2151万元。审计促进整改落实有关问题资金26.73亿元；审计促进拨付资金到位36万元；审计后挽回（避免）损失4206万元；核减投资额1200万元；移送处理落实事项2件。审计提出建议385条，被采纳241条；推动被审计单位制定整改措施29项；促进被审计单位建立、健全规章制度1项;被批示、采用审计信息146篇次。全年在省级以上媒体刊发稿件213篇，内宣工作位列全省第二名，被中国时代经济出版社、中国审计报社评为全国通联宣传工作先进单位，被河北省审计厅评为全省审计信息宣传、通联宣传工作先进单位。

承德市审计局被评为河北省审计系统先进集体，任宏被评为河北省审计系统先进工作者，承德市滦平国有林场管理处处长王建民任期经济责任履行情况审计项目被河北省审计厅办公室评为2019年审计成果突出项目。

【跟踪审计】　开展扶贫及惠农补贴“一卡通”管理使用情况专项审计，重点关注精准扶贫、精准脱贫等重大政策措施落实、扶贫资金分配管理使用，深入揭示惠农补贴管理中截留滞留、骗取套取等违法违纪问题。开展2018年“双代”政策跟踪审计，查出政策制定内容不完整、拖欠民营企业工程补贴等2类6项问题，涉及问题金额684.94万元。完成拖欠民营企业中小企业账款专项审计调查及滦平县、兴隆县贯彻落实降费减负政策措施情况专项审计。

【财政审计】　开展预算执行情况审计单位81个，查出主要问题金额151.02亿元。承德市审计30个单位的预算执行情况，查出主要问题金额55.84亿元，延伸审计单位238个，提出了“规范预算编制程序，严格按照预算法有关预算编制的规定科学、合理编制预算草案，加强预算拨款管理，加大对往来款项清理力度，进一步加强预算绩效管理”的审计建议。人大常委会对预算执行和其他财政收支审计工作报告及审计整改工作给予了充分肯定。

【经济责任审计】　全年共审计49名领导干部任期经济责任情况,查出主要问题金额21.48亿元。承德市对20个单位领导开展任期经济责任审计，查出主要问题金额21.27亿元，下达移送处理书7份，审计结果得到各级领导高度重视，河北省审计厅和承德市委、市政府主要领导多次做出重要批示。在2018年度市教育局局长丁然经济责任、预算执行和扶贫资金审计“三合一”项目中，科学运用大数据分析方法进行审计，有3个成果被河北省审计厅“扶贫资金审计平台”采用，被河北省委网信办评选为“2019年度河北省大数据应用优秀案例”，是河北省审计系统唯一入选案例。

【自然资源资产审计】　出台《承德市贯彻落实〈领导干部自然资源资产离任审计规定（试行）〉的意见》，明确各县（市、区）审计局主体地位和工作责任，11个县（市、区）均同步开展了审计试点项目。整合审计资源，组织实施承德县、宽城满族自治县领导干部自然资源资产离任审计项目，共发现各类问题193个，制发审计事项移送处理书4份，促进被审计单位制定出台制度措施2个。落实“两统筹”要求,探索完善“1+N”、融合式等项目组织方式，在开展县（市、区）党政领导干部自然资源资产审计中，将“河长制”和“百矿披绿”两个专项审计调查项目统筹其中，最大限度拓展审计覆盖面和成果利用率，审计结果得到了市委、市政府主要领导的充分肯定。

【扶贫审计】 进一步加大扶贫审计力度，对滦平县、兴隆县、承德县、隆化县、丰宁满族自治县及围场满族蒙古族自治县6个贫困县及平泉市扶贫政策落实和扶贫资金分配管理使用情况开展审计，抽查扶贫项目397个，抽查相关单位215个、行政村511个，入户调查3235户，揭示未严格执行扶贫标准、扶贫资金管理使用不规范等10方面共192个问题，制定移送处理书15份，向有关部门移送违纪违法线索24条，提出意见建议21条，涉及资金总额12.75亿元。切实加强易地扶贫搬迁跟踪审计，全面开展承德市2013—2018年财政扶贫资金分配管理使用情况及扶贫资产资本审计调查，充分发挥审计在打赢脱贫攻坚战中的监督和保护作用。

【固定资产投资审计】 全年完成投资审计项目13个，项目投资额12.94亿元，查出有问题资金221万元。其中，完成审计工程决（结）算项目2个，核减投资额7.30亿元；开展跟踪审计项目3个，专项审计1个。研究制定《重大政府投资项目跟踪审计实施办法（试行）》，为规范政府投资项目审计行为提供了依据。出台《承德市审计局关于印发聘请中介机构和专业技术人员参与政府投资项目审计工作管理办法的通知》，分两个批次完成聘用工程造价和会计审计服务机构、专业技术人员入围政府采购资格项目的公开招标采购工作，共确定中标单位30家。

【社会保障审计】 持续高效完成2018年保障性安居工程资金绩效审计，重点关注2018年度棚改和公共租赁住房的投资、建设、分配、使用和后续管理等情况，延伸调查54个相关单位和475户家庭，涉及项目投资71.64亿元，针对审计中发现的一些突出问题，提出合理建议，促进资金规范运行。开展2016—2018年养老服务体系建设专项资金审计，针对发现的问题，提出了“加强和完善财政资金管理、促进全市养老服务事业发展”的政策建议，有力地推动有关政策的贯彻落实，提高资金使用绩效。

【企业审计】 统筹力量开展承德市国控投资集团、市供销集团等九家市属集团公司2018年度经营情况审计，运用“点、线、面”相结合思路科学谋划，坚持问题导向，查出财务管理、经营管理、会计核算等14类91项问题，涉及金额26.83亿元。审计结果和建议得到市委、市政府和各大集团的认可。

【精准扶贫】 继续对丰宁满族自治县苏家店乡苏家店村、小庙子村开展脱贫攻坚帮扶工作。一年来，在两位驻村第一书记的带领下，从引导基层党组织主动发挥示范引领作用、落实精准扶贫措施提升产业扶贫质量、推进基础设施建设改善农村生产生活环境等方面入手,切实履行帮扶职责，扎实开展驻村帮扶工作。全年落实帮扶资金300余万元，用于两村10余项基础设施项目建设；通过光伏产业项目拉动、合作社捆绑发展、组织劳务输出等模式带动近千名农户增收致富，实现无劳动能力人员稳定脱贫。

【内部审计】 成立了内审监督指导科，加强对全市内部审计工作的指导和监督。组织开展了全市范围内部审计总体情况调查，摸清全市内部审计底数。结合调查结果,有针对性的开展走访调研,归纳总结内部审计工作先进经验，为下一步全面推开内部审计工作开展奠定坚实基础。

【信息化建设】 加快推进以“大数据”为核心的审计信息化建设，探索开发承德市审计大数据综合数据分析平台，包含经济责任审计、住房公积金审计、预算执行审计3个子系统。研究制定《承德市审计局数据分析团队建设方案》，遴选精干力量组建训练有素、精于实战的数据分析队伍，加强大数据审计理论调研和经验总结，持续推进大数据在审计业务中的应用。

附：市审计局领导名录

党组书记、局长：王允昌

党组副书记、副局长：王双清（2月免党组副书记，3月免副局长）

党组成员、副局长：柳海东（6月任）

党组成员、总审计师：谷锦川（回族）

党组成员、副局长：刘国峰

副局长：刘俊

党组成员：朱延丽（女，5月任）

党组成员、副局长：魏景林

（供稿　李冬梅）

统　计

【概况】 2019年，全市统计系统深入学习贯彻习近平新时代中国特色社会主义思想和党的十九大、十九届二中、三中、四中全会精神，全面落实中央、省、市统计工作重要改革精神，深入推进统计系统全面从严治党,扎实开展“不忘初心、牢记使命”主题教育和漠视侵害群众利益统计造假专项整治，狠抓党风廉政建设“两个责任”的落实，统计调查工作扎实开展，各项统计改革任务稳步推进，统计服务的针对性和有效性进一步提升，统计事业取得了较好成绩。市统计局先后获得“河北省第三次全国经济普查先进集体”“承德市创建文明城市工作先进单位”等荣誉称号。

【统计体制改革】 加强对中央、省重要统计改革文件精神的学习宣传。市委常委会和市政府常务会议分别集中学习中共中央《关于深化统计管理体制改革提高统计数据真实性的意见》《统计违纪违法责任人处分处理建议办法》《防范和惩治统计造假、弄虚作假督察工作规定》等有关统计改革重要文件精神。周仲明书记指出，要提高政治站位，深入学习贯彻习近平新时代中国特色社会主义思想和党的十九大精神，坚持实事求是、坚持改革创新、坚持依法统计、坚持依法治统，不折不扣地贯彻落实中央和省等有关统计改革重要文件精神。常丽虹市长就落实中央、省重要改革文件精神，进一步加强统计工作也提出了明确要求。印发承德市《关于进一步加强和改进统计工作的实施意见》，召开全市统计系统学习中央统计系统改革重要文件精神会议。

【法治建设】 加强法治政府建设（依法行政），努力提升统计法制建设水平。在加强统计执法队伍建设方面调整了一名政治素质过硬、业务水平较高、工作能力强的年轻干部牵头法规工作；制定2019年双随机执法检查计划，加大执法检查力度；制订2019年统计法律法规培训计划，并组织好执法证考试的报名和考前培训工作，努力提升通过率，充实执法人员库；修订了行政执法“三项制度”，着力推进行政执法规范、公正、合法；制定统计违法案件举报制度，在门户网站公开统计违法案件举报电话和邮箱，接受社会各界监督；开展“统计普法全覆盖”和“统计诚信承诺”活动,以新修订的《河北省统计条例》为重点，分层次、多方式开展宣传，确保宣传效果。协调相关部门将统计法律法规纳入市委常委会、市政府常务会的会前学法内容和市委党校处级干部培训课程；针对专业人员和基层报表单位在业务培训年报会议上增加专题法律知识培训；针对社会公众充分利用法制宣传日，统计开放日等特定的时点开展集中的法律宣传。

【工作创新】 围绕构建"准实精深"统计服务系统目标，积极开展绿色 GDP 试点工作，在总结围场绿色 GDP 核算试点工作经验的基础上，研究制定绿色 GDP 核算方案和详细的工作推进方案，明确指导思想、目标任务和责任分工。积极与科研单位进行沟通，共同对市级绿色 GDP 核算存在的相关理论和实践问题进行探讨，研究可行的解决方案。探索开展"3+3"产业统计工作，抽调相关专业骨干成员，成立了"3+3"主导产业统计监测工作专班，制定统计监测工作方案，探索设计监测指标体系，并就进度数据进行专题研究分析，为承德市的产业结构调整提供更具针对性、更加优质的统计服务。积极探索完善和落实高质量发展统计体系，主动适应高质量发展对统计工作的新要求，密切关注跟踪国家、省有关推进高质量发展绩效评价指标正式出台情况，对照衔接省委印发的《关于完善和落实高质量发展统计体系的意见》，印发了《承德市关于完善和落实高质量发展统计体系的意见》。

【统计服务】 紧紧围绕市委市政府关于推进高质量发展的决策部署，研究制定《2019 年统计分析研究重点题目及实施意见》，明确研究方向及具体课题。通过深入的调查研究，共撰写统计信息 136 篇，统计分析 97 篇，多篇分析得到市委、市政府主要领导的批示。以"领导命题、自主选题、重大专项研究"等方式确定了 38 项研究课题。其中"承德农村电商问题和对策研究"得到了多位市主要领导的肯定批示。在市委十四届第 89 次市委常委会议上，省人大副主任、市委书记周仲明对统计工作给予充分肯定，对全市统计工作系统干部职工提出表扬。加强统计新闻宣传，制定宣传工作要点，及时通过承德市政府信息公开平台统计专版、承德市统计外网发布统计信息、数据解读、工作动态等信息。辑印了《新中国成立七十周年承德市经济社会发展成就系列报告》，用翔实的统计数字全面反映新中国成立 70 周年全市经济社会发展巨大成就。

【经济普查】 召开全市第四次全国经济普查领导小组扩大会议和全市第四次全国经济普查登记推进会，传达全省经济普查工作会议精神，安排部署四经普登记工作，提出普查登记阶段数据质量控制与工作要求。建立周通报和约谈制度，召开登记进度调度会议，开展全面督导、与市场监督管理局等部门联合印发《关于做好普查单位和个体户登记工作的通知》等方式，确保普查登记按照计划安排完成进度目标。抽调力量对县（市、区）进行调研督导，针对登记过程中暴露出来的问题及时与省相关专业人员沟通请示，及时给县区和普查员做出明确答复。开展一套表单位核实，成立了"承德市一套表单位核实工作领导小组"，制定《承德市第四次全国经济普查一套表单位核实工作办法》，抽调市、县专业人员，严格按程序和质量标准完成核实工作并顺利通过省复核。制定质量控制办法，先后制定《承德市第四次全国经济普查登记阶段数据质量控制办法》《关

2019 年 1 月，市统计局局长遇建军（前排右二）检查指导经济普查工作

于加强对第四次经济普查主要经济指标审核的通知》,建立专业普查审核评估周例会制度,采取“责任到人,即报即审即反馈”的工作方式,将错误、问题解决、反馈在第一时间。组织开展经普登记数据“回头看”,根据初步匡算行业增加值情况,对各县(市、区)存在的问题进行通报并要求及时整改。全国经济普查工作顺利通过了国家和省的事后质量抽查,普查登记工作圆满完成。

【统计资料电子化】 推进统计资料电子化,完成了统计资料电子化软硬件系统的招标和扫描环境的搭建,完成了历史统计资料扫描工作,为建设微观、宏观和统计资料三大数据库,打造优质智慧统计服务体系奠定了基础。建设计算机辅助调查访问系统建设。多次到省和兄弟市进行学习考察,并组织相关专家进行研讨,邀请相关公司进行方案宣讲,科学制定建设方案和建设预算,完成项目招标等工作,计算机辅助调查访问系统加紧施工建设。

【扶贫脱贫】 加强统计咨询,为推动脱贫攻坚提供依据。聚焦工作重点,实施驻村帮扶“暖心工程”。积极协调争取村级光伏电站项目,共征地160亩,涉及37户建档立卡户,全村产业、就业覆盖率已达到100%。协调市、县两级发改等部门,针对村内急需建设的基础设施进行现场办公,取得明显实效。协调推进的两个项目均已经完成立项审批手续,预计总投资230万元,前期现场勘察和设计工作已完成。隆化南甸子村完成护村护堤坝1000延长米,小黄旗村完成210延长米;灌溉水渠项目已经完成设计,正在招标。开展共建绿色家园义务植树活动,为两个帮扶村栽种400余株云杉树苗。协调市中医院专家开展义诊活动,满足农民健康扶贫需求。基础设施建设成效明显,南甸子村完成村组通水泥路1.2万平方米;小黄旗村完成主街道硬化1445.5平方米,通户道路硬化200平方米。南甸子村、小黄旗村危房改造分别为67户、15户;南甸子村安装路灯88盏、新建文化广场2个,小黄旗村新配置垃圾收集桶60个、拆除违章建筑和残垣断壁1000米。

附:市统计局领导名录

党组书记、局长:遇建军

党组副书记、副局长:任树怀

党组成员、副局长:张秀红(女)

鲍景欣(女,满族)

普查中心主任、城调队队长:

鞠建茹(女,蒙古族)

总统计师:徐维军(满族)

(供稿 陈立永)

行政审批和政务服务

【概况】 2019年,市行政审批工作深入学习贯彻习近平新时代中国特色社会主义思想,全力落实党中央、国务院和省、市“放管服”改革决策部署,高举改革旗帜,团结担当实干,统筹推进行政审批、政务服务管理、公共资源交易、服务企业发展、社会信用体系建设等重点工作,力争打造全省一流的政务服务环境和全省一流的行政审批机关。“承德办事一次成”改革、“互联网+政务服务”、公共资源交易等亮点工作影响力不断扩大,社会信用体系建设等工作在全省综合排名大幅跃升。深入开展行政审批领域群众身边腐败和作风问题专项整治,加强政务服务大厅作风纪律建设,加大政务公开力度,全面落实依法行政要求,被省政府评为“依法行政优秀单位”。

【优化行政审批程序】 将党中央、国务院和省委、省政府“放管服”改革、行政审批制度改革决策部署与承德市实际相结合,全面梳理制约政务服务提质提效的关键问题,坚持问题导向与目标导向相结合，持续深化“承德办事一次成”改革。致力于满足市场主体和人民群众办事需求，制定印发《2019年“承德办事一次成”改革工作要点》，对市级和各县（市、区）整体改革工作进行顶层设计。围绕高标准推进“公布办事一次成事项清单、开发应用网上服务平台、完善软硬件服务设施、推行政务服务标准化管理、深化重点事项流程再造改革、加强作风纪律建设”六项重点任务，推行“服务全进入、窗口全功能、流程全优化、代办全覆盖、首办全负责、邮寄全免费”六全服务模式，细化责任分工，建立重点改革任务台账，加大落实推进力度，对工作进度落后于时序要求的单位，通过印发提示函、电话通知、实地检查等方式及时督导，全市改革呈现齐头并进的良好势头。全年新发布两批“承德办事一次成”事项清单，市本级共公布行政权力事项534项、公共服务事项71项，93%的行政权力事项和全部公共服务事项实现了“办事一次成”；全市92.5%的行政权力事项（6330项）和全部公共服务事项（1646项）具备“一次成”条件，有力提升了行政审批效率和政务服务水平。

【规范运行管理】 加强大厅硬件设施提升，启动大厅升级改造工程，高标准完成方案设计、公开招标和施工组织工作。新增自助服务区、预约预审区、网上申报区、便民服务区、代办服务区等，新增智能化办理终端8台，新增叫号系统1套、智能评价系统65套等智能化办公设备，承载能力和综合服务能力明显增强。10月初以全新面貌对外服务，市本级行政许可事项、公共服务事项和不动产登记中心、金融机构全面进驻，基本实现了“应进必进”。加强大厅精细化、标准化管理，研究制定《承德市政务服务大厅规范化管理细则》《承德市政务服务效能监督办法》《承德市政务服务中心窗口工作人员考核办法》等3项综合管理制度，修改完善印发了《承德市政务服务中心窗口工作人员服务规范》等11项专项规范文件，打造了科学、完善、高效的制度管理体系；开展作风纪律攻坚行动，全年共评选“文明优质服务示范窗口”27个、“服务明星”53人，激励干部职工创先争优，印发工作通报3份、函告派驻单位调换工作人员1名，有效保证了大厅规范、高效运行。全面推行“六全”服务模式，将按业务内容设置的单项窗口整合为综合受理窗口，实行“前台一窗受理、后台分类审批、统一窗口出件”；建立服务代表制度，选派业务骨干轮流大厅值班，为办事人员提供专业化领办代办服务；继续实施邮寄全免费服务，全年投入资金6.48万元，惠及办事群众4000余人。

【服务平台建设】 加强“互联网＋政务服务”平台和“满意承德”城市综合服务平台建设。市“互联网＋政务服务”平台覆盖市级部门42个、县（市、区）12个，乡镇205个、行政村2077个，实现了市县乡村四级全覆盖；全年发布政务服务事项5125个，证照6.8万个，可提供50多种跨区域、跨部门数据共享交换服务；动态调整政务服务事项清单和服务指南，实现线上线下事项名称、编码、法律依据、事项分类统一，市级事项网上可办率达到97.73%，县级事项可办率达到98.22%，53个热点应用接入“冀时办”APP，在全省“互联网＋政务服务”考核中排名各地市第一。“满意承德”城市综合服务平台APP顺利上线运行，包括预约预审平台、统一支付平台、“一卡通”智慧生活服务平台、掌上服务大厅4个板块，汇聚105个APP和微信公众号280多项便民服务功能，归集社保、医保、公积金、教育、政务服务信息5亿余条，带动水暖电气、不动产等30个网上服务大厅提档升级，覆盖市县两级政务服务和公共服务。注册用户达到5000多人，企业、群众仅凭一部手机就能实现随时查、随时约、随时办。

【精简企业开办流程】 深化商事登记制度改革，

取消名称预先核准，将开办环节压减为企业登记、印章刻制、申领发票3个环节，开办时间压缩至2个工作日内，其中企业登记时间控制在1个工作日内，印章刻制和初次发票申领并行办理在1个工作日内，结合企业名称自主申报，企业开办效率大幅提高；全面推广行业许可“一证化”工作，将原10个行业的27个证照集成为一张“行业综合许可”证书，申请材料总数由248件精简为185件，减少了25.4%，办理时限由法定490个工作日压缩至164个工作日，仅为法定时限的33.5%，有效激发了市场活力。

【提高工程建设项目审批效率】 牵头开展全市工程建设项目审批管理制度改革，制定全市改革实施方案，将审批流程划分为立项用地许可、工程建设许可、施工许可、竣工验收4个阶段，实行“多评合一”、联合审查、联合验收、告知承诺、容缺受理等措施，分类优化项目审批流程；搭建完成承德市工程建设项目审批管理系统，与省政务服务网、省投资项目在线审批监管平台和国家、省相关监管系统完成对接上线运行；跟踪解剖重点民生建设项目，梳理审批中遇到的共性难题，制定实施《承德市优化政府投资建设项目审批流程若干措施》和《承德市优化企业投资建设项目审批流程若干措施》，共取消27个审批环节，削减16个申请要件，单个项目最长可直接缩短审批时间35天，间接节省准备申请材料、聘请中介机构编制文件时间至少60天，大大提高了审批效率、减轻了企业负担。

【优化不动产交易登记流程】 牵头整合市自然资源规划、住房城乡建设、税务3个部门业务操作系统，推动“三网融合”，实现了基础数据一次录入、部门共享；整合3个部门分设窗口，设置综合受理窗口，实现一人一窗办理交易、登记、缴税全部业务，大大提高了工作效率。从业务受理到出证缩短至不足40分钟，走在了全国前列。

【公共资源交易】 建设开通全市公共资源交易全流程电子化平台，通过公安部信息系统安全等级保护（三级）验收，全市89.54%（市级95.95%）的公共资源交易事项实现远程发布信息、网上预约交易场地、电子开评标、电子档案管理。探索实施远程异地评标，评标专家通过远程评标系统实时在线交流，同步进行资格审查、商务评审、技术评审，并使用电子签章对评标结果共同确认，共有10宗交易项目完成远程异地评审。贯彻落实政府采购工作相关政策要求，强化采购人主体责任，优化评审因素设置，实现供应商优中选优。全年完成公共资源交易项目5412宗，成交金额278.38亿元，节约资金6.16亿元；完成市本级政府集中采购项目162宗，节约资金2035.8万元。在全省公共资源交易工作综合考核中排名第一。

【服务企业发展】 加强企业发展服务中心建设，提升服务能力。开通服务企业热线电话，建立微信平台，通过多种渠道收集企业的意见、建议和问题诉求，并及时转办。制定实施《“中心吹哨、部门报到”工作机制》，连通问题受理、研究、转办、督办、反馈链条，汇聚各部门力量，解决企业问题。全年共受理问题2359个，办结2337个，办结率达99.1%。围绕推动落实市委、市政府关于经济建设的工作部署，谋划开展“‘承’心办”系列主题活动，通过开展“校企合作月”“企业走访月”“助力中小企业百场百家公益服务”、分层次召开座谈会等形式，推动校企、政企对接。延伸服务“触角”，在7家市属重点企业设置“政府工作服务站”试点，选派7名优秀“驻企服务代表”驻企工作，全权代表政府帮助企业协调解决各类政府事务。制定实施“政府工作服务站”暂行管理办法、考核办法、工作流程等文件，制作政府服务代表工作手册，规范驻企服务工作。全市各级各部门协调联动服务企业发展的工作格局已经形成，工作模式全市推广，被省大督查工作组列为创新事例上报省委。

【社会信用体系建设】 调整市社会信用体系建设领导小组，将42个市级部门纳为成员单位明职定责。印发实施《承德市进一步加快信用体系建设实施意见》，组织开展“信用大讲堂”公益巡讲活动，进一步浓厚了全市知信、守信、诚信的良好氛围。聚焦制约工作的关键短板，加快信用信息归集共享应用，市级信用信息共享平台与省级平台实现数据互联互通。编制完成《全国信用信息共享平台（河北承德）二期建设方案》，在平台二期建设中增开联合奖惩系统及信息＋功能模块，为38家市直部门开通了数据报送端口，累计归集行政许可信息34万条、行政确认信息1616万条、各类企业信息324万条、共享市场信用信息140万条，公示信用报告527份，数据库资源由6月份的4万条增加到2144万条。健全奖惩机制，印发《承德市企业信用联合奖惩办法》，强化信用监管。与市中级人民法院、市税务局协同推进“红黑名单”共享，累计公示企业A级纳税人信息2337条、失信被执行人信息11731条。开展信用修复工作，经省信用办备案，开通全省第三家信用修复窗口，累计发送《失信提示函》225份，完成信用修复3例，帮助失信主体退出“行政处罚黑名单”。印发实施《承德市重点领域政务失信问题专项治理进一步加强政务诚信建设实施方案》，围绕政府机构失信案件、拖欠民营企业中小企业账款和“新官不理旧账”三大问题，深入开展重点领域政务失信专项治理。发现政务失信问题1件，督促失信部门加快整改，净化市政务诚信环境。在全省社会信用体系建设工作考核中，综合排名由2018年的各地市末位跃升至第五名。

附：市行政审批局领导名录

党组书记、局长：刘秉奇（满族）
党组副书记、副局长：徐立新（女，蒙古族）
李云腾（4月免）
党组成员、副局长：魏占军
闫景会
岳建华（10月免）
于鹏飞（满族，10月任）

（供稿　潘如意）

扶贫开发

【概况】 2019年是打赢脱贫攻坚战的关键一年，承德市认真学习贯彻习近平总书记关于扶贫工作重要论述和指示批示精神，把打赢脱贫攻坚战作为重大政治任务和第一民生工程，以脱贫攻坚统揽经济社会发展全局，强化组织领导，落实各级责任，创新政策措施，突出真抓实干，围绕推进产业就业扶贫、解决“两不愁三保障”突出问题、攻克深度贫困堡垒、健全脱贫防贫长效机制、巩固提升脱贫成果、强化问题整改等重点工作，尽锐出战，合力攻坚，全市脱贫攻坚工作取得了决定性成效。丰宁、围场、隆化完成省级验收，经批准退出贫困县序列，316个贫困村脱贫出列，年内实现6.03万贫困人口稳定脱贫，贫困发生率由2018年年底的2.52%下降到0.18%。探索创新一批新的扶贫模式和典型经验做法，在全省、全国推广，围场满族蒙古族自治县“春雨工程”＋智慧分级诊疗健康扶贫模式及滦平县光伏产业与农业融合发展扶贫模式入选2019年“大国攻坚”中国优秀扶贫案例；“道德银行＋爱心超市”扶贫模式受到全国人大常委会副委员长郝明金批示肯定；创新实施“三账三图四类户”做法受省委副书记赵一德肯定批示。全国“非遗＋扶贫”专题培训会、环京津贫困地区“一村一品”交流活动、2019年全省易地扶贫搬迁现场会等9个国家级、省级会议先后在承德市召开。

【脱贫攻坚制度体系建设】 健全责任落实体系。坚持四级书记抓扶贫，成立扶贫开发和脱贫工作领导小组，党政主要负责人任“双组长”，领导小组下设13个专项领导小组，分别由分管市领导任组长，在行业部门成立专项扶贫办公室，逐级明确攻坚目标任务，确定“时间表”，绘制“路线图”，签订“军令状”，压实脱贫攻坚责任。构建政策支撑体系。制定出台了《打赢脱贫攻坚战实现稳定脱贫可持续发展的实施意见》《承德市2019年脱贫攻坚工作要点》等综合指导性文件；在解决“两不愁三保障”突出问题方面，制定出台了产业、就业、教育、医疗、住房、饮水等方面的工作推进方案；在加快补齐深度贫困县基础设施短板方面，制定了《关于推进深度贫困地区脱贫攻坚的实施意见》，同步出台了水利、交通、文化等8个专项推进方案。推行“督考问用”考评体系。制定脱贫攻坚工作考核办法，梳理细化46个行业部门职责，签订责任书，实行“一加强、两挂钩”制度。坚持常态化督查巡查，围绕精准管理、产业就业扶贫、保障性扶贫、驻村帮扶和后续巩固提升等重点工作，采取综合督查、专项督查、区域督查、集中核查等多种方式，进行全方位、无死角督导检查，累计督查整改各类问题2100多件。

【规范管理】 严把贫困识别、退出关口，精准分类施策，提升动态管理服务水平，探索建立脱贫防贫长效机制。开展“分类管理、精准施策、挂图作战”专项行动，严把精准识别、精准帮扶、精准退出关口，推广“备、训、访、帮、档、验、录、示”八字工作法，全面规范提升脱贫攻坚基层基础工作。创新实施“三账三图四类户”做法，扎实开展“分类管理、精准施策、挂图作战”专项行动，有效解决了错评、错退和漏评问题，实现了精准识别、精准管理、精准施策、精准脱贫、精准防贫，进一步提升了脱贫攻坚的质量和精准度。

【攻克深度贫困堡垒】 严格落实“三个新增”要求，切实把政策、资金、项目等扶贫工作重心向深度贫困县倾斜，3个深度贫困县新增各类扶贫项目4081个，累计投入四级财政专项扶贫资金13.89亿元。城乡建设用地增减挂钩指标全部用于3个深度贫困县易地搬迁拆旧复垦，全市村级光伏电站并网计划指标的60%用于深度贫困县。加大深度贫困地区“双基”提升工程建设力度，实施项目321个，总投资1.41亿元，农村生产生活条件得到明显改善。

【开发式扶贫】 产业扶贫，依托“一环六带”产业布局，培育壮大9大特色扶贫产业，全年投入资金13.42亿元，实施产业扶贫项目2476个，培育市级以上扶贫龙头企业458家、农民合作社1.28万家，组建市县产业扶贫服务团队76个，全市一重产业覆盖率达到100%，二重覆盖率达到82%。就业扶贫，制定出台了就业扶贫9项措施和11项补贴政策，认定扶贫车间62个，采取多种形式培训贫困劳动力1.17万人，全市贫困劳动力实现就业16.31万人。科技扶贫，深入落实国家科技扶贫“百千万”工程，建设省级以上农业科技园区11个，组建科技扶贫专家服务团12个，选派农业科技特派员350名，培训农民1.2万人（次）。金融扶贫，深化“政银企户保”金融扶贫模式，累计发放扶贫贷款4.77亿元、带动6962户贫困户增收，其中，扶贫小额信贷共投入风险补偿金2.31亿元，投放贷款1.03亿元。消费扶贫，通过部门采购、企业代销、主题展销、网络销售、旅游带动等方式，拓宽贫困地区农产品销售渠道。重点打造了“承德山水”农产品区域公用品牌，在各大电商平台设立承德农产品扶贫专区，在京津建立点对点消费扶贫网点，扶贫消费营业额达3.59亿元。

【保障性扶贫】 教育扶贫方面，全面落实“两免一补”“三免一助”等资金4.65亿元，资助学生

135万人次（建档立卡学生6.4万人）；深入推进"控辍保学"，无建档立卡学生因贫失学、辍学，实现全市九年义务教育入学率100%，巩固率98.2%。医疗保障方面，建档立卡人口基本医疗、大病保险、医疗救助三重保障实现全覆盖，先诊疗后付费、"一站式"报销结算等措施全部落实到位，家庭医生签约贫困人口实现应签尽签。落实医疗保障救助政策待遇118.22万人次、2.81亿元。住房保障方面，推进农村危房改造工程，2018—2020年度改造任务全部竣工。易地扶贫搬迁方面，全部完成易地扶贫搬迁安置任务，162个集中安置项目全部交付使用，共搬迁58346人，其中建档立卡搬迁人口30461人全部搬迁入住，配套建成脱贫产业园区及项目155个，搬迁贫困人口全部落实后续扶持措施。饮水安全方面，排查出的415户961人贫困人口饮水安全问题已全部解决。低保兜底方面，将重度残疾人、重病患者、困难老人和未成年人等特困群体纳入低保范围，将农村低保标准提高至每年4300元，新增农村低保对象4.2万人，为17.1万农村低保对象发放资金3.9亿元，实现应保尽保、应助尽助。

【推进社会扶贫】 东西部扶贫协作方面，京津两市共投入帮扶资金4亿元，谋划实施帮扶项目133个；新引进企业33家，完成投资8.46亿元；举办京津招聘会36场，带动1.5万贫困群众实现稳定增收；成功召开津承农业产业扶贫协作推进会议、京承农业扶贫战略合作暨"承德山水"农产品区域公用品牌推介会，共签约合作项目40个，投资和销售总额达34.63亿元。中央定点帮扶方面，民建中央、人民日报社、生态环境部、国家邮政局4家中直帮扶单位，为5个帮扶县（市）投入和引进资金8115.76万元，实施帮扶项目43个；千企帮千村"方面，组织全市734家民营企业通过产业帮扶、就业帮扶、技能帮扶、公益帮扶等形式，投入资金1.55亿元，实施项目1504个，实现"村企结对"全覆盖，帮扶带动贫困群众12.5万人。

【健全防贫长效机制】 严格落实脱贫摘帽不摘责任、不摘政策、不摘帮扶、不摘监管要求，保持产业、就业、教育、医疗、住房等方面政策措施的连续性，进一步巩固提升脱贫成果，防止脱贫后工作松懈和增贫、返贫问题发生。印发《关于建立健全脱贫防贫长效机制的实施意见》，持续加大产业就业扶持力度，统筹推进非贫困村脱贫攻坚。对存在致贫、返贫风险的重点群体全面摸底，建立防贫台帐，开展预警监测，实施特别救助、防贫保险等多层次、复合式的保障措施。出台《关于坚持扶贫扶志扶智相结合进一步激发贫困群众内生动力的实施意见》，通过加强教育引导、开展技能培训、改进帮扶方式等创新型方式方法，强化机制保障，增强贫困群众的内生动力。

【提高脱贫质量】 切实将问题整改工作贯穿脱贫攻坚始终，对中央、省脱贫攻坚巡视、巡查、考核、审计等反馈问题，主动认领、照单全收、细化问题、责任、进度、效果清单，明确整改措施、责任单位、责任人，各类问题均已按时限要求完成整改。扎实推进扶贫领域专项治理工作，对扶贫领域贪污侵占、截留挪用、虚报冒领、优亲厚友等突出问题全部整改或处置到位。严格财政扶贫资金监管，完善《关于进一步加强财政扶贫资金监管的实施意见》等10项制度，规范资金支付，强化问题整改，实施政策培训、绩效评价和监督检查全覆盖。

【工作成效】 2019年，通过精准识别、精准帮扶，全市实现6.03万贫困人口稳定脱贫，贫困发生率下降到0.18%。贫困县（市、区）退出情况。2019年丰宁、围场、隆化3个深度贫困县完成省级验收，达到退出标准，经批准退出贫困县序列。已脱贫出列的平泉、滦平、兴隆、承德县等脱贫成果持续巩固提升。贫困地区农民人均可支配收入增长情况。截至2019年年底，农村人均可支配收入12101元，同比增长12%。

【脱贫攻坚特色亮点】 围场实施“春雨工程”+智慧分级诊疗健康扶贫模式。构建了患者在基层检查、按基层标准收费、享受县级专家诊断和北京三甲级医院专家会诊的移动诊疗平台，有效解决了基层群众看病远、看病难、看病贵的问题，入选“大国攻坚·聚力扶贫”第二届中国优秀扶贫案例。滦平实施“农光互补”光伏扶贫项目。依托晶润能源科技有限公司，建设农光融合发展产业园区，充分利用光伏板下区域，发展中草药、设施蔬菜、特色养殖、休闲旅游等产业，实现了光伏产业与农业融合发展，入选“大国攻坚•聚力扶贫”第二届中国优秀扶贫案例。丰宁创新实施易地搬迁“五区同建”模式。同步推进集中安置住宅区、脱贫产业项目区、综合配套服务区、土地复垦区、土地流转区建设，形成闭合式搬迁，保证了“十三五”规划搬迁10882人全部按期入住，做法得到袁桐利常务副省长的充分肯定，2019年全省易地扶贫搬迁现场会在丰宁召开。丰宁满族自治县探索“道德银行+扶贫爱心超市”扶贫模式。村民的道德行为形成积分，存储在“道德银行”，通过“爱心超市”兑换物品，引领村民将道德积分变成习惯养成，使文明实践成为行为自觉，激发提升贫困群众的内生动力和文明价值，得到省委副书记赵一德、常务副省长袁桐利、副省长时清霜批示肯定。隆化县实施扶贫工厂“三带三扶”模式。通过龙头带产业—产业带工厂（车间）－工厂（车间）带农户，加大资金、技术、平台扶持力度，实现群众收入、集体经济、群众获得感“三增”效果，有效破解了贫困弱劳力就业难、增收难的问题，被人社部选为全国劳务协作典型进行推广。隆化县推进“问题整改智慧化”。以户为单位、以村为单元逐项查找问题；建立“电子台账”，乡汇总、县统筹，逐级收集问题;应用“智慧云平台”，梳理分类，对口交办问题；开发“手机APP”，实行“报警、预警、巡警”三级警示，分级整改问题，实现问题查找、汇总、分类、交办、整改到督办全程智慧化管理，得到省委副书记赵一德的批示肯定。平泉市实施农村危房改造“四措并举”。通过强化责任落实、资金管理、质量管控、信息监管4方面措施，有力推动了农村危房改造工作，在解决贫困群众住房安全问题上取得明显成效，国务院办公厅下发通报进行表彰，给予奖励补助资金500万元。围场满族蒙古族自治县打造肉羊产业“七个一批”扶贫模式。用足用好京津对口帮扶资源，依托津垦奥公司打造“百万只肉羊”扶贫项目，实施“投母收羔、份养自繁、三方受益、入企就业、入股分红、寄养托管、资产收益”等“七个一批”模式，肉羊存栏11000只，出栏4700只，

人民日报社引进的滦平县平坊乡于营村晶润能源光伏扶贫发电项目，该项目《探索光伏产业与农业融合发展》入选第二届中国优秀扶贫案例

带动2369户贫困户稳定增收，成为东西部扶贫协作典范项目，得到中央政治局委员、天津市委书记李鸿忠莅临指导和充分肯定，东西部扶贫协作肉羊产业大会在围场满族蒙古族自治县召开。兴隆县推行“双引一书”孝心养老扶贫模式。实施政府资金激励和法制维权双向引导，鼓励子女签订“孝善养老书”，明确经济保障、生活照料、医疗保障、精神慰藉等赡养义务，全县1.4万名子女向老人敬上“孝心款”3680万元。

附：市扶贫开发办公室领导名录

党组书记、主任：张志民（满族）
党组副书记、副主任：刘海丽（女，满族）
党组成员、副主任：王庆民（蒙古族）
赵　辉
李铁玉
贾海超
白晓华（满族，2月任）
魏文丽（女，2月任）
副主任：韩智军（挂职）

（供稿　宋云童）

市场监管

【概况】 2019年，市场监管工作紧紧围绕市委、市政府和省市场监管工作部署，坚持以人民为中心，坚持围绕中心服务大局，坚持高质量发展，坚持市场化改革方向，坚持“四个最严”要求，坚持底线思维，强监管、优服务、提质量、保安全，扎实推进市场监管各项工作，为促进地方经济发展发挥了应有作用。提案承办工作成绩突出，被政协承德市委员会评为“先进承办单位”。“12315”消费者投诉举报中心被中共承德市委、承德市人民政府授予“承德市先进集体”荣誉称号。政务信息工作在全市排名第五名，被市政府办评为2019年政务信息工作综合评比先进单位。开展了停车场收费综合整治、医疗服务收费专项检查，以及商品房销售企业和房地产中介机构明码标价、市区药店明码标价、供气企业收费、转供电主体收费、教育收费情况检查。开展知识产权执法“铁拳”“雷霆”专项行动，共查处知识产权违法案件80件。开展“蓝天”专项行动集中整治，对全市11家企业字号、经营范围含有“专利代理”字样表述的企业进行摸排。开展“双打”专项行动，立案640起。

【质量专项行动和质量安全】 围绕高质量发展，大力开展质量提升专项行动。质量工作。年初，市委、市政府第一次召开了推进质量强市（县、区）和标准化战略大会，印发了《承德市实施质量强市和标准化战略2019年度工作要点》及《分解方案》，细化制定了《承德市市场监督管理局质量提升行动方案（2019—2021年）》，推动质量强市工作做深做实做细、做出成效。“双一双十双百”活动。“双一”即举办一次由总局、省局主管领导宣讲的“加快质量强市建设推动承德高质量发展”高规格专题培训班，撰写一个高质量的全市质量状况分析报告；“双十”即开展旅游、食品药品、消费品十大质量提升行动，重点培养10家中国政府质量奖和省政府质量奖企业（单位）；“双百”即举办了100人以上参加的“政府质量奖暨卓越绩效管理培训班”，开展服务100家重点骨干企业活动。打造承德特色品牌。全市有效注册商标17286件，比2018年增长34.24%，培育注册马德里国际注册商标4件，新增“平泉黄瓜”地理标志证明商标1件，丰宁平安高科实业有限公司“维乐夫”注册商标被认定为驰名商标，累计培育地理标志产品保护9项。全市专利申请量2069件，授权量1182件，有效发明专利574件，按统计人口357.89万人计算，万人发明专利拥有量为1.60件。印发了《“承德山水”农产品区域公用品牌建设工作实施方案》，助力打造“承德山水”区域特色品牌。

开展市政府质量奖评审工作。确定质量专家53名。强化质量基础。积极鼓励企业推行ISO9000族标准体系，建立企业首席质量官制度、强化企业建立QC小组。

重点整治电线电缆、童车、絮用纤维制品、儿童用品、日化品、家具、涉农产品等，监督抽查儿童玩具及学生文具44批次、校服产品16批次，对流通领域儿童、婴幼儿用品等885组商品进行质量抽检。开展电动自行车、建材和日用品、文化衫、农资制假售假和预付卡、清查收缴涉枪涉物品、侵害消费者个人信息专项执法活动。

结合流通领域商品质量监管工作实际、市场监管和消费者举报投诉情况，着眼重点商品，科学制订了2019年度流通领域商品质量抽检计划。全市对885组商品进行质量抽检，其中市本级抽检40组，包括服装10组、儿童、婴幼儿用品10组，学生用品20组。截至8月中旬，市本级抽检全部结束，检测结果已通过政府网站进行了通报。

【标准制订修订】 年内，1家企业获企业标准“领跑者”。全市企业累计参与或主导104项国际、国家、行业标准发布实施。累计制定省级地方标准48项、市级地方标准249项。推进全省唯一国家第二批农村综合改革试点项目—承德县小城镇建设项目。累计创建国家级农业标准化示范区14项，平泉市国家食用菌产业综合标准化示范项目以93.7最高分通过第九批国家农业标准化示范项目绩效考核验收。起草省级地方标准《微型智能化多功能食用菌栽培设备技术要求》《电梯应急救援安全操作规范》，市级地方标准《中小学校食堂管理规范》。2019年度按照《河北省市场监督管理局关于征集2019年河北省地方标准制修订项目的通知》要求，推动企业积极申报，2019年度立项省地方标准6项，承德市地方标准25项。批准发布省地方标准1项，承德市地方标准7项。按照《河北省标准化资助办法》和《承德市标准化资助办法》对符合资助条件的15项标准、示范项目进行申报工作。其中申报河北省标准化资助企业1家行业标准；申报承德市标准化资助企业12家其中3项国家标准、6项行业标准、3项承德市地方标准以及2家标准化示范项目。

【钒钛企业标准化】 承钢成立了钒钛研究中心，加入国家钒钛标准化技术委员会钒钛磁铁矿综合利用标准化过程工作组，并主导起草团体标准2项（完成1项，在起草1项）。正在起草行业标准1项，正在立项国家标准1项。承德天大钒业有限责任公司，2018年参与了10项行业标准的制修订工作，2019年参与了9项行业标准的制修订工作。

【农村标准化】 推进国家第二批农村综合改革试点项目：承德县新杖子特色小镇项目建设，并于5月份召开项目启动仪式。加强对第九批国家级农业标准化示范区、平泉市国家食用菌产业综合标准化示范区和省级农业标准化示范区、滦平县河北省生态农业产业链循环经济标准化示范区的建设指导，平泉市国家食用菌产业综合标准化示范项目通过了第九批国家农业标准化示范项目绩效考核第五抽查组的考核。

【计量考核和监督】 完成了8个县级计量技术机构授权考核工作。加强量传溯源能力建设，按照省要求，对市县计量检定机构争求社会公用计量标准建设意见，制定承德市《进一步加强社会公用计量标准建设的意见》的实施方案，全年市、县两级新建社会公用计量标准8项。配合省开展法定计量检定机构“双随机”专项监督抽查工作，督促指导市、县法定技术机构进行自查，对被列入2019年抽查对象的滦平县和围场满族蒙古族自治县查出的问题及时进行了整改。市县两级9家计量技术机构的加油检定标准装置参加了全省的量值比对。开展定量包装商品净含量的监督管理、眼镜制配计量监督检查、加油机计量监督检查、夏粮收购用计量器具监督检查、治理公路超限超载专项整治。检测计量器具185744台（件）。成立了“计量惠民服务中心”。开展眼镜制配计量监督检查，对眼镜制配企业和个人的信息进行确认核准、备案；对全市眼镜制配企业强检计量器具建立动态台账，对未进行检定的强检计量器具督促企业进行了检定。开展加油机计量监督检查，并对此项工作进行安排布置，对检查内容进行了明确要求，此次专项行动共出动执法人员60余人次，执法车辆30余台次，共检查加油站374家，在用加油机1913台，对所有加油机都出具了检定证书，加油机自锁功能、铅封全部完好，未发现加油机存在超检定周期使用和计量作弊等违法行为。开展夏粮收购用计量器具监督检查工作，全市共检查粮食收购站点68家，检查计量器具117台件，未发现使用作弊计量器具、人为破坏计量器具性能违法行为，查出未经检定计量器具2件。开展治理公路超限超载专项整治活动。对各类计量器具按周期进行检定，保证了量值准确可靠。

【认证认可监管和服务】 在全省率先出台了《推进全市检验检测行业高质量发展三年提升行动计划》，开展全市检验检测机构100%“全覆盖”监督检查，责令改正46家，注销资质8家，暂停整改15家。开展“认证乱象”专项整治，发现认证机构问题26项、企业问题38项。强制性产品认证监督检查覆盖率100%。丰宁、围场、滦平、隆化、宽城因地制宜、完善措施、巩固深化有机认证工作。强制性产品认证监管。以随机抽查为主，日常监管、重点监管为辅，监督检查覆盖率100%。省、市随机抽查企业36家，4家企业停产。发现认证机构问题6项，企业问题10项。对商超、批发市场、专卖店等流通领域开展日常监督检查，检查经销单位122家，出动执法人员352人次，检查电线电缆、插头插座、儿童用品、家用电器、娃娃玩具、电动自行车等54种，数量5876台/件。隆化县立案处罚1起，罚款10万元。自愿性认证监管。省、市双随机抽查获证企业34家、涉及认证机构6家，检查发现认证机构问题3项，企业问题1项。食品和农产品认证监管。省、市两级随机抽查46家，发现认证机构问题17项，企业问题27项。

指导帮扶丰宁、围场、滦平、隆化、宽城因地制宜、完善措施、巩固深化有机认证工作。推进“承德山水”农产品区域公用品牌建设，把农产品有机认证作为重要抓手，走品质化、高端化发展之路。针对国家创建有机认证示范县的政策调整，对有机产品认证标准和规则重新修订。聘请第三方就建设“承德山水”品牌，探索有机认证发展新思路开展调研活动，推动全市有机认证工作，促进有机产业的良性发展。

【检验检测】 完成食品扩项检验参数达到600项以上，与河北民族师范学院联合申报食品质量与安全专业获教育部批准，与露露集团联合修订《国家植物蛋白饮料—杏仁露》质量标准，市质监所推进仪器仪表中心建设，丰宁质量监督检验所与丰宁有机检验检测站整合，实现了资源优势互补，能力提升。1—6月份，省、市两级“双随机”抽查车检机构11家、环境机构2家，建工机构5家。车检机构停业整改3家，发现问题42项。环境和建工机构发现问题23项，均已完成整改。省全覆盖检查本区域71家机构，责令改正46家，15家暂停整改，8家注销，2家缩减能力。全市完成了9家机构的处罚和验收，罚款16万元。1家机构现场检查的问题不适用检查结论，经核实后仅对其进行暂停处理。丰宁质量监督检验所与丰宁有机检验检测站整合，新建大楼主体已经完工。

【食品安全监管】 贯彻落实中办国办《地方党政

领导干部食品安全责任制规定》《关于深化改革加强食品安全工作的意见》，省政府、市政府《关于深化改革加强食品安全工作的若干措施》，出台了2019年《食药安全—诚信河北三年行动计划重点工作任务分解方案》。开展了食品药品安全提升工程、食品药品安全方面损害群众利益问题专项整治等6大食品（含药品）专项整治行动。全市355家获证食品生产企业全部实施风险分级管理。9家规模以上、12家规模以下企业通过HACCP体系认证。4家企业参与食用农产品集中交易市场整治提升。4家超市被评为省级“放心肉菜示范超市”。开展“非洲猪瘟”防控工作，检查企业8904家。全市9152家餐饮单位，8970家达到“清洁厨房”标准。全市906个学校食堂全部实现明厨亮灶，60家学校食堂通过省、市级校园食品安全标准验收。在全省率先起草了《“小饭桌”服务管理暂行办法》，开展“小饭桌”规范治理联合行动。完成重大活动食品安全保障任务22次。承接食盐监管职能，开展监管业务培训，摸清9家食盐经营企业底数，开展监督抽检。全市共完成食品安全抽检2230批次，抽检合格率98%。

制定了《2019年承接国抽（转河北）食品安全监督抽检监测计划实施方案》《2019年承接国抽（转河北）食品安全风险监测计划实施方案》《2019年承接河北省本级食品安全常规抽检监测计划》《2019年承德市市本级食品安全抽检监测计划方案》。计划主要针对辖区内的获证食品生产企业的认证单元全覆盖。抽检突出重点品种、重点项目和重点区域，切实提高靶向性和问题发现率。在计划抽检基础上，根据日常检查、既往抽检、节令热销、舆情热点、突发性食品安全问题等。在市政府信息公开网站发布食品安全监督抽检信息公示6期，涉及酒类、饮料类、糕点类、食用油、油脂及其制品、食用农产品、餐饮食品等16大类731批次。

【药品安全整治和流通监管】 推进中药饮片质量集中整治工作，对2家生产企业进行全覆盖检查。开展非法渠道购销药品等违法行为专项整治，查办案件460起，收回GSP证书42家，撤销GSP证书28家，移送公安3起。加强疫苗流通和预防接种安全工作，检查疾控中心覆盖率100%，检查接种单位覆盖率100%，下达责令限期改正通知书25份。严厉打击执业药师“挂证”行为，检查药品零售企业1141家，药品零售企业主动注销“挂证”执业药师注册证，并入连锁总部成为直营店或正在积极并入连锁以解决执业药师缺失问题。开展生产、经营、使用环节医疗器械监督检查。上报药品不良反应报告2598份。完成药品抽检394批次，合格率99.2%。完成医疗器械抽检37批次，合格率100%。

对全市药品流通监管工作尤其是社会关注的热点问题“非法渠道购药”“执业药师挂证”“处方药”的专项整治行动进行了安排部署，印发了《承德市市场监督管理局2019年药品流通监管工作要点和监督检查计划》和《承德市市场监督管理局药品流通领域违法经营行为整治行动实施方案》，落实“两个责任”：企业要落实主体责任，按照药品相关法律法规要求从事药品经营行为；各部门要落实监管责任，净化本辖区药品流通环境。药品经营使用场所悬挂“监管公示牌”。制作并发放6985块“监管公示牌”，悬挂于药品经营使用单位显著醒目位置，公开监管人员照片、联系电话、投诉举报电话及纪检监督电话，社会参与共同监督。

【特种设备安全监管】 全市共有注册特种设备30812台（不包括气瓶），在用设备20838台。在用特种设备总数比2018年同期增加了4071台。增长率为19.5%。使用单位2809家。现场检查设备使用单位2717家，现场检查率为96.72%。开展特种设备大排查大整治攻坚行动，发现一般隐患473条。推进特种设备安全“双控”机制建设。

出台了《承德市气瓶安全信息化管理工作方案》，全市60家液化气充装站全部实行气瓶信息化管理，发放智能角阀液化气钢瓶194362只。“96365”平台共接警处理各类电梯事件1602起。成立了承德市电梯行业协会，为市电梯行业有序发展提供保障。

以兴隆县特种设备监管机制为引领，全市推行“1234”特种设备流程监管。即建立一套档案，做到“一企一档”；抓住两个关键，即特种设备监管队伍专业化建设和落实台账清单实现监管流程化；厘清三个责任，即自身监管责任体系、乡镇“属地管理”责任、企业主体责任；突出四个重点，即特种设备安全“双控”建设、特种设备隐患大排查大整治、危化行业专项整治、气瓶安全监管信息化。

【散煤管控和型煤质量监管】 强化劣质散煤管控，全部取消了“禁燃区”散煤销售网点，劣质散煤管控查处案件176件，没收劣质散煤1832吨，收缴罚没款103.7万元。全市散煤实际经营户72户，已抽检259个批次，覆盖率100%，煤质合格率达到95.4%。强化入省煤质管控，检查运煤车辆17682台，劝返车辆274台。强化洁净型煤质量监管，对全市10家洁净型煤生产企业全覆盖检查，共检查80余次，抽检洁净型煤1140批次，抽查洁净型煤炉具137批次。

【反不正当竞争和打非治非】 组织开展“百日行动”保健市场整治及“回头看”，查办案件265件。开展酒业生产销售行为专项排查活动，与公安局联合印发《京津冀辽公安机关和市场监管部门联合打击整治交界区域传销违法犯罪活动方案》，有效推进了打击传销工作。抓好“扫黄打非”工作落实，对书店、图书市场、贸易市场进行检查清理。

【打击虚假违法广告】 市、县级监测平台每月对违法广告查看率、处理率达100%，全市共查处虚假违法广告案件61件，罚没款47.6万元。梳理汇总平泉市查办的承德市热河露饮料有限公司发布违法广告典型案例，被列为2019河北十大虚假违法广告典型案例之一。

【消费者维权】 加大力度查处利用美容卡、健身卡、维修卡等预付卡侵害消费者权益行为，立案查处案件7件，组织行政约谈42次，调解预付卡消费纠纷104件，挽回经济损失16.21万元。整治各类“霸王条款”，约谈企业6次，立案6件。持续开展“美丽承德 · 诚信商家”放心消费创建活动，创建放心消费示范单位703家，示范街区12条，消费维权快速反应直通车单位248家。市“12315”投诉举报中心实现“五线合一”，接受咨询投诉举报49906件。市消保委积极调解消费纠纷805件，被确定为“中消报基层消费维权新闻宣传联络点”。全市共创建放心消费示范单位516家，示范街区12条，消费维权快速反应直通车单位248家。

“3•15”期间，协助市消协组织卫健、商务、农牧、城管等全市18家成员单位，召开消费者权益保护成员单位办公会议，邀请市部分人大代表、政协委员、社会监督员、街道社区负责人、学生代表等各阶层人士征求意见，参观12315投诉举报中心，观摩了12315快速反应工作流程和步骤。3月15日，市消保、消协、12315中心、民用品维修负责人，参加了市广播电台的“百姓热线”直播，现场回答群众提出的有关消费热点问题。协助市消费者保护委员会成员单位，在市中心广场举办“信用，让消费更放心”年主题宣传活动。市委常委、市政府常务副市长杨春武，市监管局书记徐佩文、局长张树国统一组织干部职工参加了活动。集中收看央视“3 • 15”晚会。对“3 • 15”晚会曝光的问题产品，第一时间进行通报，并及时做好组织协调和指导各县市区的清查活动。按省《紧急通知》要求，开展纸尿裤等卫生用品专项监督检查，下架问题产品。全市清查行动共出动执法人员2337人次，检查经营户1556户次，开展教育活动24次，共下架封存涉及“3·15”晚会曝光的辣条85.952千克，下架封存其他涉嫌违法违规问题“五毛食品”数量62千克，查扣食品12.9千克。

【单用途商业预付卡专项整治行动】 在儿童节、高考和中考来临之际，按照省《2019年儿童和学生用品安全守护行动工作方案》要求，市监管局联合双桥区对实验小学、魁星园小学、二中、九中等校园周边开展市场巡查，防止不合格学生用品用具及不安全、不健康玩具流入市场。通过巡查，发现部分经营户存在销售过期食品、不安全玩具的经营情况及未取得“食品经营许可”经营食品情况。对违法经营不严重经营户，责令其改正并下架违规商品；对违法经营较为严重的经营户，移交辖区市场分局进一步调查处理。7月15日，省关于对单用途商业预付卡进行专项整治的通知下发后，承德市迅速研究部署，建立组织，制定方案，联合市商务局、市公安局在全市范围内开展了为期3个月的专项整治行动。对美容、健身、游泳、洗浴等问题进行梳理，对300多家企业进行排查，对存在问题及时处理。全市梳理预付卡经营主体331个，“12315”受理投诉举报预付卡问题线索119件，排查的问题线索46个，立案查处案件7件，涉案金额4.35万元，组织行政约谈42次，调解解决预付卡消费纠纷104件，挽回经济损失16.21万元。开办“消费维权大讲堂”，深入校园和社区街道，讲解消费维权知识、辨别骗局、骗术，使防范关口前移，让大学生和老年人管好自己的“家底”。

【医疗器械监管】 抓住医疗器械监管重点，全面监督检查。生产环节，分别对受省委托的4家生产企业就执行《医疗器械生产质量管理规范》(GMP）及说明书、标签标识等情况进行监督检查，对检查中发现的问题要求企业进行整改。经营、使用环节，在自查自纠基础上，市、县两级对医疗器械经营、使用单位开展全面监督检查工作。结合监督抽验、飞行检查、双随机抽查等形式对全市二甲以上和医疗器械批发及经营高风险品种企业进行重点检查，其中检查经营企业24家，检查医疗机构16家，对检查中发现的问题已全部要求整改到位，并要求县区做好日常监管工作。全市重点针对无证经营医疗器械、未经许可（备案）从事经营医疗器械和经营使用无证医疗器械等违法违规行为，对注射用透明质酸钠、隐形眼镜、避孕套以及个人自用医疗器械及无菌和植入术器械等产品的违法违规经营使用行为加强监督检查。全市共检查经营企业526家，责令改正255家，出动执法人员1285人次，一般程序案件17起，罚没款17.6万元；检查使用单位1267家，责令改正330家，出动执法人员2900人次，一般程序案件35起，罚没款29.1万元。

年内，共计抽验37批次产品，圆满完成2019年医疗器械抽验任务，完成率100%。其中完成省抽任务31批次，完成国家局医疗器械抽验任务品种6批次。

【监管改革】 坚持高点站位，通过建立业务培训机制、情况通报机制、协同配合机制、督导考核机制等多项举措，全力推进工作落实。全市共开展部门内部抽查1357次，跨部门联合抽查43次，检查结果全部对外公示，超进度完成了年初抽查计划。

【学生服及絮用纤维制品专项监督检查】 按照对生产加工企业、销售市场主体及使用单位的检查要求，6–9月，分3个阶段在全市范围内开展了学生服及絮用纤维制品专项监督检查。6月19日，市县两级组织单位有关人员，学生服、絮用纤维制品生产企业负责人，学校学生服、床上用品采购负责人，商场、大型超市质量管理者，酒店、宾馆、医院、养老机构的床上用品采购负责人等300余人，参加了全省消费品企业大培训暨学生服等纤维制品专项监督动员部署会。8月1日，举办了全市消费品企业培训活动，会议采取市、县（市、区）两级视频会议的形式进行，全市共320余人参加了培训。会上，宣讲了《全省消费品企业大培训活动方案》《产品质量法》《纤维制品质量监督管理办法》及《流通领域商品质量监督管理办法》，并对全市开展学生服及絮用纤维制品专项监督检查工作进行了再动员、再部署、再要求。共检查学生服生产企业6家、学生服销售企业33家、学生服使用单位80家、絮用纤维制品生产企业3家、絮用纤维制品销售企业17家、经营性服务企业12家、公益性服务企业8家。

【为企业服务】 全市企业开办时间压缩至2个工作日内。全面推行企业名称自主申报，共申报8000余件。推行企业注销“一网”服务，完善简易注销制度。提高窗口服务水平，共办理各类外资登记276件。助力小微企业实现融资72.46亿元。开展非公有制经济党建工作，培树党员示范点17家，选取10家参加省级非公有制企业党建示范点评选。

附：市市场监督管理局领导名录

党组书记：徐佩文（满族）
局长：张树国（2月任）
党组副书记、副局长：党国欣
党组成员、副局长：张进宇
毕治国
石　锐
吕少斌
赵玉梅（女，满族）
任阁兴
张学德
刘佐兵

（供稿　史安尼）

应急管理

【概况】 2019年，全市以习近平新时代中国特色社会主义思想为指导，全面贯彻习近平总书记关于应急管理重要论述，积极适应“大安全”“大应急”的使命要求，按照国家、省、市的决策部署，坚持边组建边应急、边探索边建设，坚持预防为主、防抗救相结合，坚持常态减灾和非常态救灾相统一，积极推进应急管理事业改革发展，切实维护人民群众生命财产安全，坚决保障全市社会大局安全稳定。全年共发生各类事故56起、死亡28人、受伤48人。与2018年同比，事故死亡人数减少3人、下降9.7%，工矿商贸事故起数和死亡人数实现“双下降”，首次杜绝了较大及以上事故，平稳度过了两节、两会、庆祝新中国成立70周年等重要敏感时期。

【落实安全生产责任】 坚持“党政同责、一岗双责”，严格落实“三管三必须”，促进形成安全生产齐抓共管合力。建立常态化考核督办机制。市委、市政府对安全生产工作高度重视，将安全生产纳入重要督查内容，党政主要领导以上率下检查调研、亲自调度，有力地促进了各项措施的落实。对照《目标管理责任书》和《工作要点》，实行月调度、季交账，杜绝监管空档。建立安全生产提示制度。坚持提示在前、防范在先，及时对事故易发部位环节和重点时段防范措施进行提示，督促各级各部门落实责任、严密防控、保证安全。狠抓督查执法问题整改。对国家、省督导检查发现的问题举一反三、深入剖析，第一时间交办，持续跟踪调度，直至整改销号。共下发督办函12份，督促整改问题隐患337项。

【双重预防机制建设】 坚持关口前移、源头管控，制定了《深入推进安全生产分级管控和隐患排查治理双重预防机制建设工作方案》，先后5次召开动员会、推进会，实行领导包联督查，层层建立“一个台账、四个清单”。共培育试点企业164家，分行业召开现场推进会53次，完成风险分布图绘制1151家，建立风险管控信息台账1616家，制定事故隐患排查清单1623家，辨识安全风险11万项，督促查改事故隐患2.1万项，矿山、尾矿库、危化、冶金等重点行业，采取“政府买服务、专家查隐患”等方式，提高风险辨识全面性和隐患排查精准度。

【重点行业领域整治】 坚持精准施策、精准治理，突出10个高危行业领域，集中力量攻坚突破，夯实遏制事故的基础。煤矿，全面开展安全“体检”，压减产能15万吨。危险化学品，建立了综合治理“一企一档”，21家企业列入“改造提升一批”，8家企业列入“做强做优一批”。非煤矿山，压减矿权58个，注销安全生产许可证62个，关闭矿山30座，实施“三不留一毁闭”整治矿井218座，治理采空区150万立方米。尾矿库，实施闭库治理5座，整治河湖边尾矿库71座、头顶库93座。冶金工贸，开展机械防护和能源隔离整治，治理隐患2310项，拆除高炉3座、转炉2座。消防，组织开展了文物古建、仓储物流、电气火灾、消防通道等8项治理行动，整改火灾隐患14952处，责令“三停”65家。同时，监督建筑施工、交通运输、特种设备等其他行业领域也都开展了整治，切实解决存在的突出问题。

【安全生产执法】 坚持“随机、暗访、重处”，强化全员执法、全程执法，不断提高执法严肃性、权威性和杀伤力。突出重点行业领域、重点敏感时期、重点部位环节，深入开展安全生产专项执法行动，严肃查处企业主体责任悬空，特别是主要负责人安全责任不落实的行为。严格落实“双随机、一公开”制度，采取“四不两直”方式，常态化开展暗查暗访、突击检查，定期开展集中观摩执法，持续保持“打非治违”高压态势。建立执法质量考核通报制度，实行执法情况量化考核排名，对位次靠后的县市区进行通报约谈，促进执法能力和质量不断提升。年内组织观摩执法3次，执法检查企业6302家次，立案处罚426起，实施经济处罚990万元，责令停产停业停工360家，暂扣和吊销证照71个，处罚和约谈企业负责人168人次，撤销职业资格8个，降低资质等级12家，承德市执法考核绩效得分位列全省第二位。

【宣传教育培训】 不断提高宣传教育培训的广度和深度，促进提升全社会安全防范意识。常态化开展“四周一日”、知识竞赛、主题志愿、青年安全示范岗创建等活动，承德市“安全生产月”活动被评为先进组织单位，“人寿财险杯”应急知识网络竞赛位列全省第一，“一路向前”公众知识网络竞赛获得优秀组织奖。拓展多媒体宣传，创新开展走基层“3+1”活动，开办“应急之声”、“96121”短信安全提示等特色宣传活动，利用公交车载电视、户外电子屏等多种媒介开展公益宣传，促进形成宣传矩阵。加强培训信息化、标准化建设，年内完成“三项岗位人员”培训考核发证1.2万人，督促企业组织“三级教育”培训3.6万人，从业人员安全素质进一步提升。

【安全生产科技化和信息化建设】 坚持打牢基础、强基固本，推进安全生产科技化和信息化建设，努力提升应急管理能力和水平。以宽城建龙矿业有限公司为代表的的矿山机械化换人效果明显，以平泉市恒源矿业有限公司为代表的选厂自动化减人立竿见影，以承德启星矿业有限公司为代表的空区勘测治理见到成效，以丰宁鑫源钼业有限公司为代表的的尾矿综合利用效益多赢，有力地辐射带动周边其他企业跟进实施科技保安、科技强安。超额完成危险化学品重大危险源监测预警系统和尾矿库安全生产风险智能监测系统建设任务，3家一二级、5家三级危化重大危险源企业数据接入全省监测预警系统，45座尾矿库在线监测数据和视频图像接入全省风险智能监测系统，应急系统直管行业企业基础信息全部纳入省“互联网＋安全监管平台”。在高危行业领域强制推行安全生产责任保险，充分发挥保险机构事故预防、经济补偿和社会管理功能，打造“保险公司＋参保企业＋专业服务机构”的市场化风险防范模式。全市投保企业343家，占应投保企业的53%，参保人数达6858人，保费合计490万元。

【防灾减灾救灾】 与市气象局等部门签订了《合作框架协议》，建立了信息共享机制，加强了会商研判，召开会商会60余次，自然灾害监测预警预报能力进一步提升。建立了应急值守制度、四级灾害信息员队伍、市级救灾专家委员会、舆情应对体系、农房保险联系会议工作机制和应急物资保障信息体系，有效应对了全年24次自然灾害，没有发生因灾死亡事件。按照“户报、村评、乡审、县定”的原则，按标准及时对受灾群众予以救助，把党和政府的关心及时送到人民群众手中。同时推进全国综合减灾示范社区创建工作，38个社区获得全国综合减灾示范社区荣誉称号，提升了基层社区综合减灾能力。

【提升应急救援能力】 编写了《承德市应急管理信息化发展规划2019—2022)》，提前完成视频会议系统迁移工作，积极与市电子政务外网管理中心协调联系，申请了31个59段IPv6地址，实现了应急管理网络国家、省、市、县纵向贯通。着力优化整合应急救援队伍，初步构建了以消防综合救援、安全生产应急救援、地震和抗洪抢险救援为骨干，社会救援力量为补充的应急救援队伍体系。加强与驻军、武警部队及相关部门的沟通联系，实现了消防、水利、地震、气象等6个部门信息网络的互联互通、重要灾情的会商研判、现场救援的协调联动。注重加强预案建设，确定了总体预案、专项预案、部门预案相结合的突发事件应急预案体系，各类预案的实用性和可操作性进一步提高。加大应急救援演练力度，共组织各类应急演练800余次。推进地震预警能力建设，堪选地震烈度速报与预警工程台站4处。

【夯实应急管理基础】 落实群测群防。将地质灾害隐患点纳入群测群防体系，逐点制定防灾预案、划定危险区、设立警示牌，落实防灾责任单位、防灾责任人、监测预警责任人，并向所有受地质灾害威胁的单位和群众发放防灾责任卡和防灾明白卡，实现地质灾害隐患点群测群防全覆盖。加强宣传教育。围绕“全国防灾减灾日、国际减灾日”等主题宣传教育活动安排，加强防灾减灾科普宣传教育、人员密集场所集中宣传，共组织各类宣传教育活动10余场次，悬挂横幅100多条，展出防灾减灾知识展板500余块，发放各种宣传资料10万余份，解答市民咨询近万人次，进一步增强社会公众的忧患意识、应急观念。强化物资管理。组织对全市应急救援装备和应急避难场所等情况进行清查摸底、造册登记，确保急需时能够调得出、用得上，为应急救援和紧急避难提供有力保障。

【调整优化责任】 深入研究职能职责，明确应急局与相关部门、以及内部各科室、各单位的职责边界，做到职责清晰、密切协作。对市消委会、市减灾委员会、市抗震救灾指挥部、市防汛抗旱指挥部、市森林草原防灭火指挥部、市地质灾害应急救援指挥部等6个指挥协调机构及其办公室的组织体制、职责职能、运行机制及各成员单位的责任进行调整和优化。制定出台《关于切实做好防灾减灾救灾工作的意见》《承德市救灾物资调拨管理制度》等规章制度，建立自然灾害防治会商研判等联合工作机制，形成防范化解自然灾害风险的合力。

附：市应急管理局领导名录
党组书记：胡凤才（满族）
局长：姜立新（1月任）
党组副书记、副局长：艾雪峰（满族）
党组成员、副局长：张瑞芹（女）
吕树军（满族）
葛延（满族）
闫洪涛
党组成员、监察专员：孙大光
副局长：曲志清
监察专员：程木林
李西昆（满族）

（供稿 张媛）

海关工作

【概况】 2019年，承德海关工作紧紧围绕承德市外贸经济发展，充分发挥海关监管服务职能，扎实工作、攻坚克难，工作取得全新进展。新增注册登记企业63家，受理报关单61票，监管货值2424.4万元，货运量1996.8吨，征收税款170万元，设立加工贸易电子化手册32本，办理检验检疫报检业务2877批次，为企业出具原产地证1047票，为承德企事业单位出具征免税证明26份，减免税款842.6万元。

【维护国门安全】 深入开展打击洋垃圾入境、象牙等濒危走私入境专项工作。与承德市生态环境局开展联合执法，对辖区废五金、废塑料等企业进行加工渠道的逆向倒查和监控管理，防止进口“洋垃圾”非法流入承德。与承德市邮政管理局签订打击整治象牙等濒危物种走私签订合作备忘录，强化信息共享和执法协作，严密封堵象牙等濒危物种的走私入境通道。

加强“非洲猪瘟”防控。联合农业部门组织开展“非洲猪瘟”防控检查，对滦平、丰宁生猪调运、封堵、规模养殖场监管、生猪定点屠宰厂管理、“非洲猪瘟”疫情应急准备等疫情防控情况，对动物防疫消毒检查站及路口的检查站进行了重点检查，切实加强联防联控。定期向企业通报“非洲猪瘟”新发国家疫情情况，加强对“非洲猪瘟”防控的知识普及，切实加强群防群控。

严防疫情疫病和检疫性有害生物传入。科学开展动植物疫情监测，对10个出口禽肉备案养殖场共采集300个样品进行禽流感和新城疫监测，对2家供港澳活牛育肥场共20头份牛血清开展疫病检测和牛结核病皮内变态反应测试，顺利完成了河北省首次供港澳活牛疫病监测。积极开展外来有害生物监测工作，对围场的3个监测点开展诱捕，坚决防止检疫性实蝇、苹果蠹蛾等外来有害生物入侵。

加强进出口危化品监管。严格排查承德市危化品及包装生产企业安全资质、危险化学品包装、仓储、生产等环节的安全隐患，加强对企业的宣传教育，进一步增强企业安全生产主体责任和安全红线意识，切实保障危化品进出口环节安全。

【推动贸易便利化】 持续压缩货物整体通关时间。积极引导企业以“提前申报”模式通关，加强对货物准备、海关通关各业务环节通关时间监控，专人负责处置超长、异常报关单，切实提高通关效率。全年承德进口通关时间为10.28小时，出口通关时间为0.52小时。深化海关通关业务改革。积极推广新一代电子支付、自报自缴、关税保证保险担保通关模式、税单自助打印、原产地证书自助打印等一系列海关业务改革政策。扎实推进进出口企业管理改革。积极推进多证合一改革实现“多报合一、一次申报”，完善企业注册、退出机制。

【服务企业】 落实鼓励项目、科教用品等税收优惠政策，深入推进减免税申请无纸化改革，为企业减免税款。促进企业优质产品“走出去”抢占国际市场。利用技术、信息优势搜集“一带一路”沿线国家技术性贸易措施扎实做好贸易服务，指导辖区出口淀粉企业出口“一带一路”国家。提高严格全链条疫情风险控制，强化注册育肥场的架子牛入场、饲料来源管理、疫苗和防疫消毒等具体防控措施，增强企业疫情风险控制能力，全力保障供港活牛质量安全。以主题教育为契机开展辖区企业大调研。海关领导分成4个小组带队面对面与各县区政府和相关部门、重点企业和潜力企业座谈交流，从企业最关心最急切的具体问题入手，从海关角度为政府和企业解难题、促发展。调研中，走访企业24家，现场提出解决措施10余条。认真做好外贸统计分析。紧密围绕国家大政方针和外贸关注重点，深入分析外贸数据，报送统计分析5篇，有力辅助地方党政领导决策，其中《中美贸易摩擦对河北外贸影响初显》被省委、省政府采用。

附：承德海关领导名录

党委书记、关长：费更生
党委委员、副关长：张永庶
李玉景
刘　军

（供稿　李明杰）

农业

综 述

【概况】 全年全市农林牧渔业增加值302.7亿元，增长4.4%。从结构看，食用菌、中药材、肉牛等特色产业发展较快，产值占农林牧渔业总产值的33.6%，同比提高1个百分点。粮食总产量144.62万吨,同比增加4.57万吨,增长3.3%；粮食平均亩产344公斤，同比增加6公斤，增长1.7%。蔬菜及食用菌总产量402.6万吨，同比增长7.9%。全年园林水果、食用坚果产量分别为98.6万吨、17.3万吨。

全年肉类总产量38.14万吨，同比下降2.0%。禽蛋产量10.99万吨，同比增长11.6%；奶类总产量9.67万吨，同比下降2.7%。年末牛存栏71.2万头，同比增长4.0%；羊存栏90.5万只，同比增长5.8%；家禽存栏2302.6万只，同比增长1.6%。全年肉牛出栏65.4万头，同比增长3.4%；同比羊出栏156.2万只，同比增长3.0%；家禽出栏7750.5万只，同比增长8.0%。水产品养殖面积2.6万亩，同比下降1.5%。

全市农机总动力263.58万千瓦，同比增长2.1%；大中型拖拉机17326台。机械化作业面积910万亩次，主要粮食作物耕种收综合机械化水平67.01%，超额完成省下达66.81%的指标。落实高标准农田建设任务12.7万亩，同步实施高效节水面积2万亩。农业产业化经营率71.2%，同比增长0.9%；规上农产品加工业产值139.3亿元，同比增长5.3%；农产品加工转化率60.35%，同比增长2.9%，农产品加工业产值比值0.31 ∶ 1。

全市累计争取中央省级政策性投资项目401个、总投资15.8076亿元。其中，中央省级财政资金13.2966亿元，中央预算内投资项目资金2.511亿元。比2018年多争取5990万元，再创历史新高。

【实施“11365”战略】 “1”即以实施“乡村振兴战略”为统领；“1”即以脱贫攻坚为统揽；“3”即打好深化农业供给侧结构性改革、农业结构调整、农村人居环境整治三大战役；“6”即推动质量农业、科技农业、绿色农业、品牌农业、功能农业、美丽农业持续健康发展；“5”即推进农业产业化发展、农业农村改革、农业对内对外开放、产业扶贫、乡村振兴示范区创建)，抓重点、补短板、促转型，农业农村持续保持稳中有进、稳中向优的良好态势，各项重点工作成效明显。

【国家现代农业产业园创建】 平泉市食用菌现代农业产业园成功入选2019年国家现代农业产业园创建名单（河北省唯一、全国45个），实现了“零”的突破，获得奖补资金3000万元。承德神栗食品股份有限公司、中红三融集团有限公司、承德森源绿色食品有限公司三家企业被农业农村部认定为第六批农业产业化国家重点龙头企业（河北省共15家），全市国家级重点龙头企业达到7家，与邯郸市并列全省第一位。

【扶贫协作】 5月15日和8月9日，先后在天津和北京成功举办农业产业扶贫协作推进会议，省人大常委会副主任、中共承德市委书记周仲明两次带队推介农业合作项目，天津市副市长李树起、北京市人大副主任李颖津、河北省副省长时清霜等领导出席会议，累计签约合作项目40个、投资和销售总额34.63亿元，37个项目进展顺利、完成投资和销售额4.2亿元。

【农村厕所改造】 全年全市无害化卫生厕所改造任务由225625座降低到140945座，已完成改造161451座。其中，无害化厕所152777万座，卫生厕所8674座。完成率114.55%，超额完成改造任务。

【特色农产品优势区创建】 兴隆山楂、隆化肉牛成功入围第三批中国特色农产品优势区行列（全省共4个），每个优势区获得1000万元左右资金支持，全市中国特色农产品优势区总数达到3个。兴隆山楂、围场葫萝卜、隆化中药材、平泉黄瓜、承德县食用菌成功入围第二批河北省特色农产品优势区行列（全省评选40个），全市河北省特色农产品优势区总数达到10个。

【综合防控】 “非洲猪瘟”有效防控，经过市县严格落实各项综合防控举措，全市未发生非洲猪瘟疫情，104个检查站已撤销97个，生猪屠宰环节“两项制度”全面落实，150名兽医全部派驻屠宰企业，有力保障了畜牧业健康发展和社会大局稳定。

农业产业化

【概况】 2019年，按照省农业产业化工作的总体安排部署，深入实施扶龙行动，加快推进农业产业化项目建设，大力发展农产品加工业，各项农业产业化指标任务均完成续时进度，全市农业产业化经营率达71.2%，较2018年增长0.9%；规上农产品加工业产值139.3亿元，较2018年增长5.3%；农产品加工转化率60.35%，较2018年增长2.9%，农产品加工业产值比值0.31:1。

【扶龙行动】 全年共组织召开增信基金领导小组会议8次，审批贷款59笔3.02亿元。自2016年开展增信基金试点以后，共累计为216家龙头企业发放无抵押无担保贷款突破12.1亿元。新打造创新性农业企业3家，争取省级奖励资金300万元用于3家企业在新产品新工艺新技术开发应用方面的补助。利用北京市、天津市对口帮扶有利契机，组织40余家企业赴外市参加各类农产品展览展示活动，推动“承德山水”区域品牌农产品“走出去”战略。通过实施扶龙行动，全市市级以上龙头企业达462家。其中，省级龙头企业86家，国家级7家。全年新增国家级龙头企业3家、市级龙头企业4家。

【农产品加工】 实施农产品产地初加工项目，全年争取农产品加工省级项目资金2403万元，全市6个农产品加工试点县有4个县实现资金整合。发展精深加工，延长产业链条，承德京美农业产业融合项目、承德神栗食品股份有限公司、板栗产业融合发展项目、承德森源绿色食品有限公司食用菌科技园等精深加工项目试生产。推荐承德森源中央厨房食材加工产业联合体、承德市富硒绿色农产品生产加工联合体等7家农业产业化联合体申报促进农村产业融合发展示范建设项目，争取联合体先建后补项目资金1050万元。新评选认定市级示范产业化联合体16家，总数达到45家（其中有19家被批准为省级示范农业产业化联合体）。新筛选申报农产品加工集群重点培育对象19个。其中，拟打造全国知名农产品加工集群4个（产值超30亿元2个），重点培育省级区域性优势加工集群9个（产值超10亿元6个）。

【产业化项目】 5月15日，组织“津承农业产业扶贫协作推进会议”，21个项目进行集中签约，投资和销售总额达10亿元。6月19日，组织围场、滦平两县投资亿元以上项目在“全省农产品加工业发展大会”上成功签约。8月15日，组织召开“京承农业合作暨承德山水区域公用品牌推介会议”，19个项目集中签约，投资和销售总额达22.63亿元。全市投资千万元以上农业产业化项目162个，总投资639.5亿元。其中，12个项目已列入2019年省级农业产业化重点项目。截至年底，完成投资85.6亿元，占全年投资任务85亿元的100.7%。

农村“双创”行动取得新发展，全年新申报国家级农村创新创业典型县1个（宽城）、典型园区1个、典型孵化实训基地1个（平泉市椁椤树食用菌产业孵化基地）丰宁满族自治县五道营乡成功申报省级产业强镇项目，省级奖补资金1000万元。组织5家龙头企业5个项目参加“第三届河北省农村创新创业大赛”，平泉市杏林春晓公司获得决赛三等奖。组织县（市、区）征集农村创新创业实用技术5项，上报农业农村部备选“全国百项农村创新创业实用技术”。新申报推介省级春、夏、秋、冬季乡村休闲农业旅游线路10条，精品休闲农家乐6个。

【一村一品】 全市“一村一品”（一个村拥有一个区域特色明显，附加值高的产品和产业）专业村数到达980个，占全市行政村总数的39%。“一村一品”专业村累计辐射带动农村贫困人口10万余人。滦平县大屯镇、围场满族蒙古族自治县新拨镇二道河子村获评“全国一村一品示范村镇”。全市“全国一村一品示范村镇”达13个。环北京市、天津市贫困县“一村一品”交流活动在围场成功举办。组织环北京市、天津市7个贫困县“一村一品”专业村镇负责人和承德森源绿色食品有限公司等企业参加全国第二十二届（驻马店）农产品加工业发展大会。10月，承德市“推进‘一村一品’建设、筑牢产业扶贫根基”经验做法在全国‘一村一品’（广州）交流活动中做典型发言。

种植业及管理

【概况】 2019年，全市坚持现代农业发展方向，结合承德农业的区域特点，按照“稳定面积、优化结构、发挥特色、注重科技、增加总产”的发展思路，通过政策引导、项目支持、园区建设、示范带动、产业升级等多种形式，突出主导产业发展，培育壮大了粮食、蔬菜、食用菌、中药材、马铃薯等主导产业，推进承德现代农业的发展步伐，全市种植业生产取得显著成效。

【粮食生产】 全市粮食作物播种面积420.75万亩，占农作物总播种面积的72.63%，比2018年增加6.55万亩；总产量144.62万吨，比2018年增加4.57万吨。其中，玉米播种面积252.95万亩，比2018年增加2.21万亩；产量87.69万吨，比2018年增加5.4万吨。水稻播种面积7.87万亩，比2018年增加0.01万亩；产量3.1万吨，比2018年减少0.23万吨。小麦播种面积21.74万亩，比2018年减少2.53万亩；产量2.25万吨，比2018年减少0.67万吨。谷子播种面积22.66

2019年9月15日，市农业农村局技术人员在查看水稻长势

万亩，比2018年减少0.81万亩；产量5.92万吨，比2018年减少0.38万吨。大豆播种面积7.31万亩，比2018年减少0.27万亩；产量1.49万吨，比2018年增加0.03万吨。马铃薯播种面积78.54万亩，比2018年增加3.93万亩；产量（折粮）39.67万吨，比2018年增加0.35万吨。杂粮杂豆播种面积29.68万亩，比2018年增加4.01万亩；产量3.47万吨，比2018年减少0.96万吨。

【果蔬生产】 全市蔬菜总播种面积达到93.29万亩。其中，设施蔬菜播种面积13.45万亩。蔬菜总产量335.3万吨，总产值达58.4亿元。国营鱼儿山牧场高海拔坝上荷兰豆种植基地面积已突破5000亩。在丰宁、围场、隆华、滦平、平泉、宽城、承德县等地建立示范区，推广了设施专用番茄维美1号、维美3号、福特斯樱桃番茄、短棒黄瓜改良军科等优良品种。全市水果种植面积139.33万亩，总产量98.55万吨。其中，苹果71.58万亩，总产量60.04万吨；梨17.02万亩，总产量11.82万吨；桃1.73万亩，总产量1.03万吨；葡萄0.81万亩，总产量0.52万吨。承德是河北省苹果主产区，所产苹果主要以鲜销生食为主，加工量仅占产量的20%左右。主要生产地是：兴隆、宽城、平泉、承德县、滦平5个县（市、区）。

【食用菌产业】 以平泉、承德县、兴隆、宽城等县为重点，全市食用菌生产规模达到16亿袋，产量67.3万吨（鲜品）、产值77.5亿元，均居河北省首位，香菇、杏鲍菇、滑子菇、双孢菇、黑木耳为主栽品种。其中，香菇和杏鲍菇分别占全市栽培规模的67.05%和17.56%，基地覆盖80个乡镇、760个村，种菇农户达到15万余户，平泉、承德县、宽城和兴隆4个生产大县（市）规模和产量均超过2亿袋、20万吨。制定食用菌生产地方标准17项，有部省级食用菌标准园11个、150亩以上标准化种植园区93个、工厂化生产企业13家，从事食用菌产销龙头企业80余家。其中，省级龙头企业7家、市级龙头企业12家。先后开发保鲜、盐渍、烘干、罐头、速冻、即食软包装、超微粉碎、功能性饮料等各类食用菌产品50余种。全市有食用菌生产合作社581个，各类食用菌经纪人2300余人，年供应北京市、天津市食用菌30万吨以上，出口2.5万吨。60余家企业或合作社获得绿色、有机、无公害产品认证，瀑河源食品有限公司获得GAP认证，“平泉香菇”“平泉滑子菇”获农产品地理标志认证，“森源”“润隆”“乾岁”等产品获得省级优质产品称号。

【马铃薯产业】 全市马铃薯播种面积85万亩，主栽品种为荷十五、冀张薯12、希森六号、V7、思凡特、华颂七、荷兰十四等。全市形成四大区：以围场、丰宁坝上地区为种薯生产基地；坝下及接坝地区为加工用薯生产基地；围场、丰宁中南部商品薯生产基地；市区及周边地区的错季马铃薯生产基地。年生产脱毒苗0.5亿株，原种1.1亿粒，原种生产面积6万亩，年产原种20万吨。全年富硒马铃薯种植面积2万亩。

【专用玉米种植】 全年全市玉米种植面积减少5.74万亩，在调减玉米面积的同时，通过推广高产、优质、抗病品种，突出专用玉米，扩大专用玉米生产规模。推广3种技术模式：承德地区冷凉早中熟区域地膜全覆盖、半膜覆盖简化栽培模式及中南部简化平种模式。大力推广玉米全膜覆盖双垄沟栽培，加大机械化作业水平，提高玉米单产和效益，促进加工增值，带动农民增收。全年全市专用玉米面积137.68万亩。其中，高淀粉玉米121.73万亩，饲用玉米14.95万亩，鲜食玉米1万亩。建立玉米高产高效生产示范区8个，面积8万亩。专用玉米品种方面，中南部（无霜期110天以上），推广应用先玉335、承玉10、农华101、裕丰201、京科968等品种。北部（无霜期110天以下），推广应用佳禾2号、木兰1号、白马芽、豫青贮23、樱红、巡青518等品种。其中，先玉335、承玉10、裕丰201等为高淀粉玉米品种；白马芽、豫青贮23、樱红等为饲用型玉米品；鲜食型玉米品种有京科糯2000、中糯1号、合作2号等。在全市137.70万亩专用玉米中，加工型玉米（以高淀粉玉米为主，籽粒中粗淀粉含量≥72%的玉米）种植面积121.73万亩，平均亩产442千克，比常规玉米亩增产70公斤，销售价格每公斤增加0.1元，总增产8521.1万千克，总增收852.11万元；饲用型玉米种植面积14.95万亩，总增产822.3万千克；鲜食型玉米种植面积1万亩，平均亩穗数4000个，总穗数4000万个。

【中药材产业】 全市中药材面积新增6.4万亩，总面积达到38.6万亩，品种包括石竹、鼠尾草、马鞭草等用于绿化美化的观赏类品种，金盏菊、药用桑、艾草等用于制作保健品品种，以及欧李、山樱桃等木本品种。推进中药材规模化基地建设，坝上及接坝高原区的围场满族蒙古族自治县、丰宁满族自治县中药材面积新增2万亩、总面积达到7.718万亩；坝下山地丘陵区的隆化县、滦平县、平泉市、承德县、兴隆县、宽城满族自治县、鹰手营子矿区中药材面积新增4.4万亩、总面积达到30.329万亩；双滦区、双桥区、高新区中药材总面积稳定在0.553万亩。抓好中药材产业技术体系试验示范基地建设，在滦平、丰宁、围场、平泉、隆化5个县市及鱼儿山牧场创建15个国家及河北省中药材产业技术体系试验、示范基地。围绕黄芩、柴胡、苍术、桔梗等重点品种持续示范推广中药材绿色种植集成技术、示范中药材间作技术。其中，在丰宁满族自治县示范县建立榛树＋北苍术“果药”间作示范基地近500亩，在滦平示范县建立山楂＋黄芩“果药”间作示范基地近300亩，在隆化县建立枸杞＋北苍术“药药”间作示范基地近50亩；在围场示范县海拔近1000米的荒山区域，建立连翘仿野生栽培示范基地130亩。隆化县确定为省级中药材特色优势区，是继滦平县黄芩特色优势区后又一特色优势区。

【休闲农业】 全市休闲农业和乡村旅游经营主体包括农家乐、休闲观光农园（庄）、休闲农业专业村2600个，从业人数8.3万人。其中，农民从业人数7.8万人，年接待820万人次，年收入达到8亿元，带动间接就业5万人。全市共推出高品质农业休闲观光线路10条。其中，推介“春观花”线路2条、“夏纳凉”线路4条，“秋采摘”线路3条，“冬农趣”线路1条。

【高标准农田建设】 全市落实高标准农田建设任务12.7万亩，同步实施高效节水面积2万亩。其中，平泉市、丰宁满族自治县因涉农资金整合，没有安排实施高标准农田项目。全市计划实施11个项目。与两区范围重合的高标准农田项目8个，重合面积5.5129万亩；贫困地区项目7个，高标准农田建设面积8万亩。其中，高效节水灌溉面积2万亩。组织对2011年至2018年各部门实施的68个高标准农田建设项目进行专项排查和质量等级评估。其中，发展改革部门项目5个、财政部门项目50个、自然资源部门土地整治类项目8个、水利部门项目2个、农业农村部门3个。经过评估，高标准农田建成面积56.8万亩，项目总投资87579.6万元。其中，符合高标准农田质量等级的项目38.9万亩，基本符合5.5万亩，需要改造提升的12.4万亩。68个项目落实管护主体和管护经费的项目50个。

【农业对外合作】 全市共有宽城本家栗家庭农场、平泉市中润生物科技股份有限公司、承德恒泰电子商务有限公司、承德伯瑞绿色食品有限公司等6家企业创建2019年国际标准农产品生产示范区（基地），累计建成国际标准农产品生产示范区（基地）25个，获得企业出口认证补贴企业数量26个，出口农产品一次检验合格率达到99%以上。协助出口企业争取支持累计达到1570万元，为企业“走出去”注入活力。组织企业参加韩国食品展、马来西亚饮料展、美国夏季国际优质食品展、中国国际食品配料博览会(南京）等国际展会。组织农业专家“走出去”，与巴西、阿根廷、马来西亚、新加坡、越南、澳大利亚、新西兰等国家及中国台湾地区在农业领域开展交流与合作，组织宏辉、富龙、森源、北戎企业等开展洽谈业务，推动国际贸易。

【农业标准化】 全市农业标准化生产覆盖率为67.4%，同比增长率10.89%，超出考核目标任务3.4个百分点。其中，粮食类作物标准化生产覆盖率为67%，水产品类标准化生产覆盖率为66.3%，畜禽类产品标准化生产覆盖率为67.8%，特色产业类作物标准化生产覆盖率为67.62%（其中蔬菜类为68.9%，食用菌类为68.5%，中药材类为66.8%，水果类为67.5%，油料类为66.4%)。组织申报省、市级农业地方标准项目，全年组织申报立项9项。其中，省级农业地方标准3项，市级6项。《富硒马铃薯栽培技术规程》被列为河北省地方标准制修订重点项目。

【有机食品产品地标产品】 33家绿色食品企业、55个产品进行年检，16家绿色食品企业、46个产品进行年检续报，7家全国绿色食品原料标准化生产基地进行监督检查，圆满完成绿色食品企业、绿色食品原料标准化生产基地的年检和续报工作。组织6家企业新申报绿色食品企业，超额完成省厅确定的绿色食品产品年增长6%的任务目标，认证企业数量位居全省首位。完成绿色食品企业产品国家抽检和省抽检工作，产品合格率为100%。完成全市绿色食品企业全部录入“国家农产品质量安全追溯管理信息平台”工作,实现绿色食品农产品追溯全覆盖。全市“二品一标”有机食品产品145个,绿色食品 104个，农产品地理标志保护产品3个。

【综合执法】 围绕重点主体、重要节点、重点领域，积极组织开展暑期和主要节假日期间农产品质量安全专项整治行动，全市共出动了执法人员2260多人次，检查农资生产经营户2830个次，受理调解举报纠纷案件41起，查处农资经营违法案件43起。其中，移交公安部门案件3起。查获在白菜装运过程中非法使用甲醛防腐剂案2起，销毁甲醛白菜12860千克，没收不合格玉米种子11000千克，假劣农药400公斤，转商马铃薯种子32000千克。研究制定《承德市农业农村局2019年双随机一公开监管工作实施方案》及《承德市农业农村局2019年随机抽查工作计划》，全年分两次对双桥区、双滦区、鹰手营子矿区、高新区21个兽药、种子生产经营主体进行了随机抽查，未发现违规经营问题。开展监管事项清单和检查实施清单梳理编制工作，对监管事项目录清单和检查实施清单进行全面梳理，在互联网+监管系统中完成事项认领，形成市级监管事项清单，同时明确监管事项、监管对象、监管措施、设定依据、监管流程、监管结果、监管层级等要素。开展“承德办事一次成”行政权力事项清单的梳理工作，8项行政权力事项纳入“承德办事一次成”事项清单，确保80%行政权力事项实现“一次成”。强化执法人员管理，通过统一组织执法证考试，持证人员达147人。

【农药管理】 全年全市开展农药执法检查421次，共出动农药监管人员1760人次，检查农药经营户2100余次，检查生产园区40处，对36种高风险农药履行了告知义务。办理农药经营许可证819个。其中，一般性农药747个，限制性使用农药71个。结合全市农业生产春、夏季节农药使用特点，抽查用于蔬菜、果树、马铃薯、玉米等主要农作物的农药产品，对涉嫌假劣问题的农药，特别是对近两年监督抽查中质量和标签存在问题的产品，进行重点抽检。全年共抽查农药样品 98 个，农药标签样品 400 个。农药质量抽检合格率为 93.5%，标签合格率为 91%。

【植物保护】 全市农业有害生物偏轻至中等发生，局部地块偏重发生，发生面积 1237.77 万亩次，防治面积 431.95 万亩次。上报蝗虫等 9 类病虫信息 352 份，共发布病虫情报 19 期。在丰宁、平泉召开现场会，推广统防统治服务方式、展示先进技术。加强绿色防控，全市共建立示范基地 19 个，总面积 1.42 万亩，涉及蔬菜、马铃薯、苹果、水稻、谷子等主要和特色作物，重点推广先进植保技术 11 项。扎实开展植物检疫工作，全市受理调运检疫审批 723 项，调运种子 580 万公斤，产地检疫申报 108 项，检疫合格种子 3675 万公斤。组织全市植物检疫执法检查活动，检查经营单位 32 个，涉及玉米、大豆、水稻、高粱、谷子、油葵、马铃薯、蔬菜、小麦、莜麦 10 类作物种子，大田种子合格率为 98%。对全市专职植物检疫员进行资格审查，新增 14 名，注销 5 名。

【现代种业管理】 扦取本地种子企业样品 10 个，进行室内检测和海南田间纯度种植鉴定，全部达到种子质量标准。在种子市场扦取种子样品 95 个，进行净度、水分、发芽率、转基因室内检测，从所扦取的玉米种子样品中随机抽取 32 个品种在承德县进行纯度种植鉴定，全部达到种子质量标准。完成种子样品委托检测 5 份。完成玉米制种基地检测共涉及 4 个企业 32 个品种，面积 4430 亩，大田抽检 116 个点，通过对全市玉米制种基地和大田转基因专项检查未发现含有转基因成分的玉米品种，确保全市农业用种的安全。

在承德县和围场满族蒙古族自治县建立玉米、马铃薯品种展示示范田 3 处，展示玉米品种 36 个，从中筛选出适合中南部推广种植的品种 8 个；马铃薯品种 6 个，从中筛选出产量高、抗逆性强、质量好的品种 3 个。平泉市及围场满族蒙古族自治县通过第二批国家区域性良种繁育基地认定。对 8 县（市）1 区种质资源进行普查，对辖区内野生近缘植物以及具有重要经济价值的野生种质资源进行收集，全市共征集涉及玉米、谷子、果树、杂粮、蔬菜等种质资源品种 225 个，并完成三套数据表格的上报和种子邮寄等工作。

农业农村工作

【农产品质量安全监管】 推动农产品质量安全县创建，全市国家级农产品质量安全县（市、区）达到 4 个，省级农产品质量安全县（市、区）达到 7 个。农产品质量安全追溯与与农业农村重大创建认定、农业品牌推选、农产品认证、农业展会、产业化龙头企业认定、合作社和家庭农场认定等挂钩。扎实开展蔬菜农药残留及农药专项整治、禽蛋兽药残留专项整治、禽蛋、水产类兽药专项整治、水产品兽药残留专项整治、生猪屠宰专项整治和农产品质量安全监管工作整改提升六大行动。与市人力资源和社会保障局、市总工会联合主办承德市首届农产品质量安全检测技能大赛，对获得种植业、畜牧业、水产业 3 个专业组第一名的 3 名选手，授予承德市“五一”劳动奖章和承德市技术能手。积极参加省农业农村工作厅与中共河北省委宣传部联合组织开展的河北省“最美农安卫士”推选展示活动，全市 2 人获得“最美农安卫士”，3 人获得“优秀农安卫士”。“最美农安卫士”数量位居全省第一。

【新能源项目建设】 承担了丰宁深度贫困村高效清洁燃烧炉具推广和宽城清洁能源综合利用两个省级项目，项目总投资 550.8 万元。其中，省级投资510.8万元。均已完成建设任务。其中，丰宁深度贫困村高效清洁燃烧炉具推广项目，涉及全县17个乡镇、27个深度贫困村、2072个贫困户，项目总投资310.8万元，每户每台炉具补贴1500元，共配送高效清洁燃烧炉具2072台。宽城清洁能源综合利用项目，建设地点为承德箐润生态农业观光有限公司化皮乡蔬菜日光温室种植基地，项目总投资240万元，省级补助资金200万元，建设40千瓦光伏发电电站1座、安装7千瓦6组空气源热泵、30吨集热水工程及相关配套设施，为3000多平方米日光温室提供清洁用能。

【农业面源污染治理】 扎实开展化肥减量增效行动，推广蔬菜、马铃薯、水稻、杂粮等有机肥替代化肥减量增效技术，推广果树雨季施绿肥、扩压改、覆草及增施有机肥技术，全年完成测土配方施肥技术推广面积544万亩，推广应用有机肥164万吨，推广高效新型肥料8.06万吨。全市化肥施用总量（折纯量）10.41万吨,实现“三连降”，完成土壤样品采集500个，试验30个，建立化肥减量示范区4万亩，示范区主要农作物氮肥利用率达到38.07%。积极开展病虫害绿色防控，在全市建立蔬菜、马铃薯、食用菌、中药材、玉米、水稻等主要农作物绿色防控示范区。完成实施玉米统防统治200万亩次、马铃薯50万亩次,新建病虫害绿色防控示范基地20个、1.5万亩，玉米、马铃薯等主要农作物专业化统防统治覆盖率达到38%以上，主要农作物绿色防控技术覆盖率达到28%以上，主要农作物农药利用率达到38%以上。

强化畜禽粪污治理，加强散养密集区治理，全市粪污综合利用率达到73%，超额完成了省政府下达90%和70%的任务。做好沿河规模养殖场及散养户集中整治工作，完成散养密集区和主要河流两岸1000米以内规模下散户摸底工作，全市共有沿河规模养殖场126家、散养户443户。提升规模养殖场粪污处理设施配建率，累计完成762个，全市800家规模养殖场配建率达到95.2%。推进畜禽粪污资源化利用整县推进项目建设，滦平、丰宁、隆化3县先后被列为国家畜禽粪污资源化利用整县推进项目，到位资金分别为3650万元、3000万元和3500万元。围场满族蒙古族自治县入围国家整县推进项目序列，到位资金2568万元；平泉市、承德县也被列为省级畜禽粪污资源化利用整县推进项目县，到位资金分别为500万和1200万。其中，滦平县106家规模养殖场粪污处理设施工程已全部完成。新建或扩建5家有机肥厂全部开工。促进农业废弃物资源化利用，秸秆综合利用稳步进行，2018—2019年度全市玉米种植产秸秆129.18万吨，已离田126.85万吨，秸秆直接利用102.118万吨、综合利用123.198万吨，综合利用率达到97%。有序回收废弃农膜，全市农膜覆膜面积116.68万亩，农膜使用量11417吨，农膜回收利用率达到83.05%。在丰宁满族自治县、围场满族蒙古族自治县旱作农业技术推广项目区实行地膜以旧换新试点，共设残膜回收网点39个，已完成4万亩残膜回收试点面积任务。

【测土配方施肥】 加快化肥减量增效技术推广和服务机制创新，完成土样采集分析1071个，发布肥料配方70个，推广应用有机肥127万吨，推广高效新型肥料2.85万吨。建设化肥减量增效、有机肥替代化肥和农业节水技术示范区4.1万亩，推广旱作节水农业技术面积354.1万次，推广测土配方施肥技术面积553万亩次。全市农用化肥施用量（折纯量）增长−3.72%。全市已初步建成市级耕地质量监测网络，监测点数量比2018年增加36个，全市达到75个。其中，国家级监测点10个，省级监测点52个，市级监测点13个。全年举办耕地监测与保护提升技术培训2次，发布年度监测报告1份。完成耕地质量保护提升技术试验示范5个，建设土壤盐渍化治理和设施蔬菜土壤改良示范区2.4万亩。通过示范区建设，辐射带动耕地质量保护提升技术推广面积147万亩,全市耕地质量等级实现逐年提升。

【土地经营权有序流转】 全年全市新增农村土地流转面积15.9万亩，累计达到166.3万亩，占家庭承包经营土地面积的40.1%，同比提高4个百分点。按流转方式分：转包18.2万亩，转让16.4万亩，互换17.7万亩，出租86.9万亩，股份合作15.3万亩，其他形式11.8万亩。按流转去向分：流入普通农户42.5万亩，流入专业大户28.9万亩，流入家庭农场21.9万亩，流入农民合作社32.6万亩，流入企业22.3万亩，流入其他经营主体18.1万亩。全市50亩以上通过流转实现规模经营面积达112.3万亩，占流转总面积的67.6%。流转出承包耕地的农户数22.9万户，签订土地流转合同21.3万份，涉及土地面积113.1万亩。建立健全支持家庭农场发展的政策体系和管理制度，指导服务机制逐步完善，家庭农场生产经营能力和带动能力显著提升。全市家庭农场累计发展达到2255家。其中，县级示范家庭农场达到420家，市级示范累计达到200家。省级示范家庭农场累计达到110家。全市家庭农场经营土地面积达到26.8万亩，有效推动适度规模经营发展。

【承包地确权登记颁证】 针对各类确权遗留问题，扎实开展“回头看”工作。通过排查，全市共梳理汇总证书未发放到户、暂缓确权、确权信息不准等各类确权遗留问题19180件，涉及承包方76146户，面积达到29.52万亩。其中，15117件得到及时有效解决，涉及承包方26729户，面积达到10.41万亩。全市各县（市、区）土地确权成果数据全部通过农业农村部人工核查，并汇入国家和省级数据库。各类确权档案全部移交至同级档案部门，信息化及平台建设逐步完善。权证发放到户率达到93.5%。

【农村产权制度改革】 在全市总结推广双滦区、平泉市国家级改革试点经验做法，对于无经营性资产的行政村，以农村土地承包经营权入股，发展多种形式的股份合作；有一定集体经济收入来源或集体资金充足的城中村、城郊村，对资金进行折股量化，组建股份经济合作社；集体资金、资产、资源相对富裕的村，将村集体“三资”分类进行折股量化，组建股份经济合作社，实现集体和农户双赢。在全市选择75个资产、资源、区位等条件较好、具备发展集体经济的村，开展壮大村级集体经济示范，重点在承包租赁经营、开发利用集体土地资源、推进股份合作等方面进行扶持，探索推进农业农村发展的新模式、新业态、新路径，激发村级集体经济发展活力。截至年底，全市2469个行政村农村集体资产清产核资工作主体任务已全面完成，共清查账面资产104.58亿元次。滦平县省级试点和全市1545个重点村的整体改革任务已全面完成。全市农村土地流转面积达到166.3万亩，流转率达到40.1%。家庭农场达到1358家，农民合作社达到12792家，市级农垦集团公司组建有序推进。

【农牧民补奖政策项目】 加快推进2019年度农牧民补助资金项目实施，落实资金5200万元，统筹用于发展草牧业、促进农牧民增收，重点支持农牧交错带畜牧业转型升级示范基地建设。完成补贴养殖场户96家，落实饲草料种植环节补贴1.97万亩，收储环节优质饲草料补贴2.19万吨，补贴新建改建养殖圈舍5.23万平米、青贮窖3.11万立方米、储草棚1.21万平米、建粪污池0.1万立方米，及其他一批养殖设施改造。组织完成2018年度草原生态补奖政策禁牧补助资金项目、2018年度绩效奖励资金项目实施或扫尾。其中，禁牧补助资金5200万元，绩效奖励资金8199万元，整合后资金4343万元仍按原渠道实施项目。完成7家草食畜养殖场（小区）改造升级、补贴购置大中型饲草料生产加工机械

76台件，及部分圈舍、青贮窖、人工饲草地建设，草牧业生产条件进一步改善。

【草原职能划转】 指导各县（市、区）完成2018年度京津风沙源治理工程草地建设项目实施，完成草地治理8.5万亩、暖棚26万平米、青贮窖9.6万立方米、储草棚11.1万平米、饲料机械2085台，落实投资7561万元，10月底前已全面竣工。协助市林业和草原局完成省人民代表大会委员会草原立法调研及专项视察、2019年度退化草地生态修复试点项目及承德草原牧区恢复规划编报、草原领域生态文明体制改革及省环境保护大督察问题整改对接等相关工作。9月16日，与市林业和草原局顺利完成草原职能划转及人员划转，11月27日与市应急管理局完成人员划转。

畜牧业渔业及管理

【概况】 2019年，全市肉牛存栏71.2万头，能繁母牛存栏35.6万头，当年生产犊牛23.3万头，当年出栏 65.4万头；生猪存栏89.8万头，能繁母猪存栏8.1万头，生猪出栏176.1万头，良种覆盖率达95%；羊存栏90.5万只、出栏156.2万只；禽存栏2302.6万只、出栏7750.5万只。肉、蛋、奶产量分别达到38.14万吨、10.99万吨和9.67万吨。全市新创建1个部级标准化示范场，部省级示范场达到99个，示范场的创建引导带动畜禽养殖场向标准化方向发展，提高了全市标准化水平。

【生猪产业】 在产业规划布局上，以承德县、滦平、平泉、丰宁、兴隆5个县为主要区域，以承德县鹏程小店、滦平博亚、平泉三元中育、丰宁丰鑫实业、兴隆鑫鹏小店等为龙头，建设生猪繁育基地，带动周边地区生猪产业发展。其中，丰宁丰鑫实业有限公司以“龙头企业＋合作社＋农户＋家庭农场”的模式开展产业化经营，通过企业的龙头带动和生猪产业链的整合，共带动60家养殖企业走上规模发展、效益发展之路，支持带动872户农民脱贫致富。在品种特色上，全市重点推广“杜洛克——长白——大约克夏”三元杂交育肥猪品种。在提升产业水平上，以“龙头＋合作组织＋规模养殖场（户）”为主要发展模式，以“三位一体”生态养猪为补充，大力推广无公害生猪良种扩繁技术，在滦平博亚公司、丰宁丰鑫实业公司建立示范区，以点带面在全市推开。在圈舍设计上结合微生态发酵床的使用，解决养猪业所面临的环境污染问题，实现粪污“零排放”，猪群无疫病。在生猪屠宰加工上，丰宁丰鑫实业有限公司作为龙头企业，建立年屠宰200万头育肥猪的屠宰场，具有国内先进水平的生猪屠宰流水线设备，完善的冷链物流配送体系，全程实施冷链控制，二次冷却排酸。所生产猪肉产品注册为“满鑫”品牌，主要销往承德、张家口、内蒙古自治区、唐山、北京、天津等地。

【肉禽肉牛产业】 全市肉禽产业规模效益显著，全年肉禽饲养量8591.47万羽。其中，肉鸡产业围绕滦平华都食品有限公司、中红三融集团有限公司建设中北部肉鸡产业带，年饲养量8140.96万羽，出栏6826.68万羽；肉鸭产业围绕三元金星鸭业等重点龙头企业，年饲养量403.79万羽，出栏307.88万羽；肉鹅产业围绕平泉市泉发畜禽有限公司，设保种场1处，重点保护区4处，年饲养量46.72万羽，出栏21万羽。

大力推进全市肉牛品种改良工作，全市改良牛24.15万头（次）。加快良种繁育体系建设，共建牛标准化改良站点238个，利用西门塔尔牛、夏洛莱、弗莱维赫等优良品种对本地牛进行冷配，同时还引进部分比利时蓝牛优质冻精进行改良冷配。培育壮大以隆化为核心的百万头优质肉牛产业带。通过引进优质胚胎或冻精，对肉牛进行改良的同时，培育和发展安格斯、和牛、比利时蓝牛等优质肉牛。加快实施畜禽粪污资源化利用项目，推进全市肉牛标准化、规模化健康养殖。

【奶牛产业】 加强奶业基地建设，以丰宁缘天然乳业有限公司、围场晓雅乳业有限公司、承德天添乳业有限公司为引领，以养殖优质荷斯坦奶牛为主要品种，以生产加工绿色品牌有机奶和开发特色奶产品为发展方向。完善品种改良、饲草饲料、疫病防控体系建设，推进形成奶牛养殖场（小区）与乳品加工企业利益联结机制，促进全市奶业上档升级，提质增效。强化龙头企业培育，以丰宁缘天然乳业有限公司和市畜牧场为龙头，示范带动丰宁、围场、滦平等北部奶牛产业带的发展。加快奶牛品种改良工作力度，引进世界一流奶牛冻精、胚胎等遗传资源，完善奶牛良种繁育体系。实施 8 吨奶工程和“三提工程”（提高圈舍利用率、泌乳牛比例和单产水平），利用国家和省相关扶持政策，支持奶牛小区转型升级和奶牛养殖场标准化改造，进一步提高奶牛卧床、TMR、冷风机等设施设备和饲喂全株玉米青贮、苜蓿、干草比例。推广奶牛场信息化管理，建设奶牛养殖场云平台。坚守质量和安全底线，落实乳品企业质量安全第一责任，全面推行 HACCP、IMS、GMP 管理体系，实行生产、储存、运输、销售等环节的全过程标准化管理和质量追溯。加快奶源基地建设，整合提升现有养殖小区向现代牧场转化，创建高产奶牛核心群，积极鼓励大的规模养殖场进一步提高奶牛的饲养水平、不断提高管理水平、增加奶牛数量、发展奶牛规模化饲养、提高奶牛单产水平和乳品质量。鼓励乳品企业积极参与国家优质乳工程，采用优质奶源、一流设备、先进工艺，生产优质好乳品。在产业布局上，奶牛养殖主要集中在丰宁、围场、滦平和御道口牧场，隆化县、承德县、平泉市各有 1 个规模养殖场。以丰宁中兴农牧股份有限公司、围场天添乳业有限公司、市畜牧场为龙头，逐步建设完成乳品生产加工产业带。在品种特色上，利用优质国产冻精、进口冻精、性控冻精、性控胚胎，不断加快全市奶牛品种改良进度，实现数量增长、生产性能提高、生鲜乳质量可靠的目标。在产品特色上，已形成品牌的有：丰宁中兴农牧股份有限公司的“源天然”有机奶；市畜牧场生产的“霖霄泉”牌液态奶、活性奶；承德天添乳业有限公司生产的有机原料奶，已占全市奶产量的 20% 以上，其余生鲜乳都销往蒙牛、伊利、三元、君乐宝等国内大型乳品加工企业。

【肉羊产业】 2019 年，肉羊产业生产平稳，以围场为重点区域的“百万只羊”项目，带动全市肉羊产业的发展。截至年底，全市羊存栏 90.5 万只，出栏 156.2 万只。100 只以上羊场 1054 个，500 只以上羊场 84 个，1000 只以上羊场 21 个。在区域布局上，丰宁、围场、隆化 3 县的接坝和坝上地区多以绵羊为主，宽城、兴隆、承德及滦平 4 县多以山羊为主。加快与天津奥群牧业、天津食品集团的合作步伐，建设以围场为核心辐射带动丰宁、隆化、滦平、平泉、宽城等县（市）的百万只肉羊产业带，产业带内肉羊存出栏年分别达到 75.9 万只和 129.4 万只，分别占全市 83.9% 和 82.8%。至年底，天津食品集团已在围场建成投产澳洲白种羊场 1 个，年可提供优质种羊 1.25 万只；建成肉羊育肥场 2 个，年出栏育肥羊 6 万只。在品种特色上，绵羊饲养以乌珠穆沁、河北细毛羊、小尾寒羊为母本，利用萨福克、无角道赛特、杜泊等优良的肉用品种为父本进行杂交提高产肉率；山羊则根据不同的生产用途，引进辽宁绒山羊和波尔山羊进行杂交，提高产绒量和产肉率。在产品特色上，随着标准化规模养殖场不断增多和畜产品加工企业的诞生，“六和源”和“溯源”牌的手把肉、羊排、羊肉卷和礼品件等产品畅销国内市场。

【水产品养殖业】 以无公害养殖、冷热水名贵鱼养殖、生态休闲渔业为优势特色产业，全市水产品总产量4124吨，同比减产10.07%。其中，捕捞产量1411吨，同比增加0.64%；养殖产量2713吨，同比减产14.79%；养殖面积1703公顷，减少1.45%。休闲渔业产值8132.47万元，减少4.76%（主要原因是受潘家口水库取缔网箱养鱼的影响）。全市共设5个渔业养殖病害测报区，14个监测点，测报总面积701.56公顷，测报病害种类8种。

全市淡水养殖产量2713吨，同比减少14.79%。淡水捕捞产量1411吨，同比增加0.64%。其中，水库养殖产量为950吨，同比减少14.49%，水库养殖产量占全市养殖总产量的35.02%，同期占比增加0.13 个百分点。全市水产养殖面积1703公顷，同比减少1.45%。其中，水库养殖面积1324公顷，与2018年同期持平，占全市养殖面积的77.75%，同期占比增加1.13%。12月，全市实施《承德市养殖水域滩涂规划（2018—2030）》，滦平县窟窿山水库和龙潭庙水库两处省级湿地公园划定为禁止养殖区，面积0.962平方公里；63处山塘水库划定为限制养殖区，面积77.418平方千米。

休闲渔业总产值8132.47万元，同比减少4.76%。其中，休闲垂钓及采集营业额3047.4万元，同比增加7.45%；旅游导向型休闲渔业营业额 4146.07万元，同比增加5.98%；观赏鱼产业产值152万元，同比减少85.54%；钓具、钓饵、渔药及水族设备等营业额787万元，同比增加6.42%。全市休闲渔业经营主体208个。其中，营业额在200万元以上的规模经营主体16个，同比减少5.88%。休闲渔业从业人员1996人，同比减少1.19%。全年接待旅游人数472167人次，同比减少17.18%。2019年，有1家休闲渔业基地获评河北省休闲渔业示范基地荣誉称号，至此，全市省级以上休闲渔业示范基地达到7家。其中，国家级休闲渔业示范基地1家，国家精品休闲渔业示范基地1家。河北省农业厅、河北省财政厅下达渔业油价补贴政策调整中央一般性转移支付资金689万元，支持全市休闲渔业建设，用于建设完善与休闲渔业紧密相关的基础服务配套设施、开发配套技术、构建休闲渔业安全管理体系、打造休闲渔业品牌及宣传推介等。

【渔政管理】 全年全市共出动渔政检查员600人次，发放宣传材料6300余份，检查水产养殖场户127家，重点检查投入品违规行为，确保上市水产品质量安全。先后组织开展4次专项行动，即“中国渔政亮剑2019”承德系列专项执法行动、潘家口水库承德水域渔政执法专项行动以及全省内陆水域第一、第二次专项执法行动。通过专项行动，清理违规网具281余套(其中燕子网19个，流刺网14个，地笼248个)，查处渔业违法案件1起，查获电瓶4块，电鱼机2套。

在潘家口水库，放流池沼公鱼受精卵5亿粒，总投资15万元；放流规格为50～150克/尾的鲢鳙鱼鱼种1.5万千克，投资15万元。争取国家水生生物增殖放流资金61万元，在潘家口水库放流规格为50～150克/尾的鲢鳙鱼鱼种5.7万千克，投资47.766万元。12月4至5日，在省渔业资源增殖放流指挥部监督组全程监督下，完成国家水生生物增殖放流项目任务。

【畜禽良种繁育】 全市良种繁育体系建设稳步推进，共有各类种畜禽场23家。其中种猪场12家，种羊场5家，肉种鸡场(孵化场)5家，种蜂场1家。通过引进优质胚胎或冻精，在对原有肉奶牛进行改良的同时，培育和发展安格斯、和牛等优质肉牛;以杜洛克、长白、大约克夏3个品种为主，积极发展热河民猪等优良地方品种，满足市场多样化的需求。引进优质种公羊，对原有山绵羊品种进行改良；引进AA+、海兰、农大三号等品种，对蛋肉鸡品种进行更新，利用杂交优势，提高畜禽产品产量和质量。持续加大改良站点建设力度，全市新建猪改良站点153个，改良生猪25.12万头次；新建肉奶牛改良站点238个，改良肉奶牛24.15万头；新建羊改良站点140个，改良山（绵）羊38.9万只次。猪、牛、羊改良完成了年初预定目标。

【重大动物疫病防控】 全力做好“非洲猪瘟”防控工作，切实落实《河北省非洲猪瘟精准防控十条规定》和国家相关规定。组织开展技术培训，指导养殖场（户）改善动物防疫条件，实行密罐式封闭管理，提高自主防护意识。4月15—17日，对200余人基层动物防疫人员进行了“非洲猪瘟”等重大动物疫病防控技术培训，全面提升重大动物疫病防控工作技术水平。强化“非洲猪瘟”疫情排查监测工作，实行排查监测日报告制度，及早发现疫情。组织召开专家预警会议研判疫情形势，为科学决策提供技术支持。共调入重组禽流感病毒（H5+H7）二价、三价灭活疫苗957.25万毫升；新禽二联435万羽；猪、牛、羊口蹄疫灭活疫苗745万毫升；布鲁氏菌病活疫苗376.8万头份；小反刍兽疫疫苗167万头份。强制免疫牲畜465.39万头只。其中，猪132.58万头、牛107.92万头、羊224.89万只。禽类免疫1933.13万只。其中，鸡1842.88万只、鸭72.56万只、鹅17.69万只。开展抗体监测，全年共监测口蹄疫血清学样品11861份。其中，市本级监测5525份，病原学样品2373份。共监测H5禽流感血清学样品7694份。其中，市本级监测1053份，病原学样品1092份。共监测小反刍兽疫血清学样品2684份。其中，市本级监测715份，病原学样品318份。共监测奶牛结核血清学样品1848份。其中，市本级监测455份。共监测布病血清学样品4761份。其中，市本级监测903份。口蹄疫、禽流感、布病和小反刍兽疫重大动物疫病强制免疫，群体免疫密度常年保持在90%以上，免疫抗体合格率全年保持在80%以上，顺利通过省局考核组的检查验收。

【动物卫生监督】 为做好“非洲猪瘟”防控，所有养殖场（户）实行密罐式封闭管理，开展大消毒行动，撤销临时检查站97个，排查生猪养殖场4750多个（次）、养殖户6.9万个次、生猪屠宰场点779个（次）。取消22家生猪屠宰企业屠宰资格，其他屠宰企业PCR仪器配备率达到100%，先后配备驻场官方兽医人员144人次。继续实施承运车辆备案制度，已登记备案承运车辆396辆，安装GPS定位跟踪设备360套，降低运输工具传播疫情的风险。加强基层动物卫生监督机构规范化建设，全市已有98个基层分所达到了县级示范建设标准。加强动物检疫出证规范化建设，在丰宁满族自治县试开展新版电子出证系统启动工作，电子出证动物A证6160份，动物B证51809份；产品A证17904份，产品B证235016份。严抓动物检疫，产地检疫生猪66.1314万头、牛21.8944万头、羊8.4695万只、禽8977.0369万只，产地检疫率达到100%。共屠宰检疫生猪80.7065万头、牛0.7614万头、羊1.4442万头、家禽4586.5013万只。加大环节监督检查力度，组织开展检查活动11次，出动执法检查人员98人次，检查养殖场、定点屠宰场、经营市场、冷库、诊疗单位等216个次，全市立案查处违法案件53件，全部结案，罚款13.41万元。严查私屠滥宰、注水或注入其他物质等违法屠宰案件3起。

【畜禽定点屠宰】 全市生猪屠宰企业标准化建设顺利推进，共投入标准化建设资金1000余万元，标准化达标率达到86%，完成了省农业农村厅下达的标准化建设任务。认真落实生猪定点屠宰场“非洲猪瘟”自检制度，全市60家生猪屠宰企业完成整改。对整改后仍不符合“非洲猪瘟”防控条件的21家生猪定点屠宰企业，予以取缔，符合条件的39家生猪屠宰企业，均购置“非洲猪瘟”

检测PCR仪器，建成符合PCR检测技术要求的实验室，按照“批批检、全覆盖”的原则全面开展“非洲猪瘟”检测。落实生猪屠宰企业驻场官方兽医制度，全市共派出驻场官方兽医144人。其中，年屠宰15万头生猪以上的企业派驻官方兽医10名，2万～5万头的生猪的企业派驻官方兽医5名，2万头生猪以下的企业派驻官方兽医2名。驻场官方兽医监督企业开展“非洲猪瘟”检测，未经检测屠宰的动物及其产品，不予开具检疫合格证明。通过以上措施实施，全市屠宰企业标准化水平进一步提高。

【秸秆饲用与饲料生产】 稳步推进粮改饲试点项目，丰宁、围场、隆化3县继续列入粮改饲国家级试点县，中央财政拨付支农资金4606万元，完成粮改饲面积42.38万亩、收储119.63万吨。共计补贴符合标准的养殖场（户）4767家，同期补贴新建青贮窖9.86万平米。全市持证饲料生产企业12家。其中，饲料添加剂企业2家，添加剂预混料企业1家，植物蛋白原料企业1家，羽毛粉企业2家，肉鸡料企业2家，鸭料企业1家，猪料企业1家，精料补充料企业2家。全年生产配合、浓缩饲料产量20万吨，酒精全糟干饲料(DDGS)6万吨，酶制剂204.2吨。在全市范围内开展饲料和饲料添加剂专项整治行动，对饲料产品生产、经营、使用环节全覆盖检查。加强饲料质量安全监测，全年累计完成省市饲料检测抽样81批次，未检出不合格样品。

【产品质量安全监测】 全年共完成各项检测任务1224批。其中，畜产品1070批（包括生鲜乳88批）、水产品100批、饲料54批。总体合格率100%。积极组织承德市首届农产品检测技能大比武活动，全面提升农产品检测能力。组织中心检测室参加全省农产品质量安全检测技术能力验证工作，按时间按要求完成畜产品（猪肉中氟喹诺酮类药物残留）和水产品孔雀石绿药物残留比对试验，比对结果全部一次性合格。实验室管理标准化，市畜禽水产品质量检验监测中心按实验室资质认定评审准则，制订实验室仪器设备检定计划、期间核查计划、质量监控计划、质量监督计划、人员培训计划、内部审核计划、管理评审和能力比对工作8大计划，实验室管理工作实现标准化，整体水平不断提高。组织内审员、技术负责人、质量负责人先后参加省技术监督局组织的岗位管理培训，人员岗位技能不断提升。

【畜禽粪污处理】 制定印发《承德市规模以下畜禽养殖场及散养户资源化利用工作方案》和《承德市畜禽养殖粪污资源化利用规划（2019—2025)》，科学指导全市粪污资源化利用工作有序开展。狠抓规模养殖场粪便储存、污水治理设施配建工作，全市新完成规模养殖场20个，累计配建782个，配建比例达到97.75%，提前超额完成省下达95%的目标任务。开展畜牧污染源普查工作，截至6月底，全市已完成畜牧污染源普查数据采集工作，共完成畜禽规模养殖场普查1356家，建立畜禽规模养殖场普查表1356份。扎实做好中央、省环保督查问题整改，完成整改中央及省环境保护督查“回头看”交办问题11项。2018年，省环保督察回头看期间共移交涉及畜禽养殖污染问题23批205件。其中，属实104件，部分属实60件，不属实31件，移交其他部门10件。截至2019年底，164件已全部完成整改，档案资料整理齐全，并已上报销号。

农业机械与农业科技

【概况】 2019年，全市农机总动力、大中型拖拉机保有量、农机作业面积都保持了比较高的增长速度。农机总动力达到263.58万千瓦，比2018年的258.17万千瓦增加2.1%；大中型拖拉机达到17326台。农业机械化作业面积不断增加，全市机械化作业面积达到910万亩次，主要粮食作物耕种收综合机械化水平达到67.01%，超额完成省级下达的（66.81%）任务指标。

【农业科技】 成功创建承德国家可持续发展议程创新示范区，实施了创新主体壮大等重大项目16项，在绿色产业、精准扶贫脱贫等方面树立了标杆。与硒生物工程技术研究中心共同创建全国首个功能农业扶贫综合示范区。依托基层农技推广补助项目，对全市86个基层农业技术推广站制度进行完善，系统培训基层农技人员275名。全市8个县（市）组织实施了高素质农民培训基地建设，成功认定省级培训基地13个、省级实训基地14个、市级实训基地10个，构建起了以承德农业广播学习为主体、各种社会资源广泛参与的“一主多元”高素质农民培训体系。全力推进国家农业高新技术产业示范区建设，持续发展壮大健康食品、特色中药材等五大产业，不断放大农业高新技术创新与示范、农业科技创新创业服务等五大功能，全市累计建成涉农院士工作站7个、京津冀农业协同创新平台9个、规模农业科技创新与技术集成示范推广基地26个、星创天地36家（其中国家级8家，省级28家）、农业科技小巨人57家；全市良种覆盖率、农业科技进步贡献率分别达到96%和58%。

立足区位和地缘优势，先后与北京市农业农村局、天津市农业农村委员会和天津市农科院签订《农产品质量安全监管服务体系合作框架协议》《现代农业发展合作框架协议》和《推进京津冀现代农业协同发展战略合作框架协议书》。联合北京市农业农村局举办京承农业战略合作座谈会7届，促成中国农科院、中国农大、北京农科院等10余所院校及科研机构与承德建立长期合作关系。

组织专家筛选27类146个主导品种和23项主推技术进行推广，涵盖蔬菜、果品、食用菌、中药材、马铃薯、肉奶牛等主导特色优势产业以及特色水产养殖。组织科技人员开展“三下乡”服务，共发放科技书籍1000余本，接受种植、大田作物栽培、配方施肥、畜牧养殖、兽医防疫等方面的咨询100余人次。选派54名科技特派员针对科技部、省科技厅确定的丰宁、围场、隆化3个县44个深度贫困村进行服务。

【农机购置补贴】 全市享受中央农机购置补贴专项资金2197.763万元，全年共落实农机购置补贴资金2186.52万元，完成省下达资金额度的99.49%。补贴各种农机具4392台、件。其中，耕整地机械1628台、种植施肥机械64台、田间管理机械1030台、收获机械48台、收获后处理机械2台、畜牧水产养殖机械217台、动力机械1372台、设施农业机械4台、其他机械27台。受益农户4240户。实行补贴范围内机具敞开补贴，补贴对象为从事农业生产的个人和农业生产经营组织。其中，农业生产经营组织包括农村集体经济组织、农民专业合作经济组织、农业企业和其他从事农业生产经营的组织（租赁公司不在此列）。在保障农民购机权益的前提下，鼓励因地制宜发展农机社会化服务组织，提升农机作业专业化社会化服务水平。

【提高农机化水平】 全市农机推广部门以服务农业结构调整、重点产业发展和现代园区建设为中心，以促进农业节本增效为目标，积极开展农机化新技术、新机具在农业主导产业中的示范推广和应用。玉米机械化收获面积40万亩，马铃薯耕种收综合机械化水平达到86%，保护性耕作实施面积63万亩 。根据中药材产业发展需要，引进中药材专用播种机，在平地示范推广播种、施肥一体化技术，山地推广小型半机械化播种、锄草技术。对原有谷物联合收获机的筛选机构进行技术改进，用于收获柴胡、苍术、藁本等中药材种子。通过实验对比，采用机械收获苍术种子比人工收获脱净率高、掉落损失少，每亩多收种子1千克，亩增收900元。针对近年谷子、高粱等小杂粮作物种植面积不断扩大，缺少适宜专用机具的实际情况，对原有谷子播种机的播种器和谷物联合收获机的拨禾轮等部件进行多次改动，实现高粱机械化种植。全年示范高粱种植机械化作业面积600亩，谷子全程机械化面积1500亩，亩节本增效400元。首次引进德国格立莫公司生产的牵引式传输型马铃薯联合收获机和德国克拉斯公司生产的JAGUAR系列850型自走式青贮收获机，填补承德市大型高端马铃薯收获、青贮玉米收获机械空白。

【农机安全监管】 逐层落实农机安全生产责任制，认真贯彻落实“党政同责、一岗双责、齐抓共管、失职追责”“管行业必须管安全、管业务必须管安全、管生产经营必须管安全”“谁主管、谁负责”的安全生产责任制，依法履行牌证核发、驾证考试、安全宣传、安全检查、事故处理、应急管理等安全监管职责，推行农机安全监管权力清单和责任清单制度，逐级签订责任书，健全行业监管系统内部安全责任体系。制定《2019年承德市农机安全生产工作指南》和《2019年农机安全生产工作要点》，将各项农机安全生产责任目标分解各县（市、区），与各县农机站签订农机安全生产目标责任书。农机安全生产责任进一步延伸，县（市、区）和乡镇签订农机安全生产责任状，对办理注册登记、年度检验、驾驶操作人员一律逐人逐车签订《农机安全生产责任书》，实现农机安全生产责任全覆盖。全年共签订《农机安全生产责任书》2400余份。下发《关于做好2019年度农机牌证管理及检验工作的通知》，全市全年共检验拖拉机2500余台，拖拉机注册登记1300余台，新考驾驶员300余人，安全教育驾驶员2400余人。围绕“防风险、除隐患、遏事故”主题，结合实际，创新形式，组织开展农机安全生产系列宣传教育活动、农机安全大检查和隐患排查治理活动。共悬挂标语60余条，发放宣传资料15000余份，发布短信790余条，现场指导农机人员安全操作230人次，受教育驾驶员及农机操作手600余人。

【深松作业补贴】 丰宁满族自治县、围场满族蒙古族自治县、平泉市共实施农机深松作业补贴面积46.5万亩。其中，常规深松作业35万亩，高标准深松作业11.5万亩。补贴资金1417万元。其中，中央补助资金939万元，省级补助资金478万元。

补贴资金项目区分配情况：丰宁18万亩。其中，高标准深松作业面积1万亩，补贴资金514万元（中央资金339万元，省级资金175万元）。围场27.5万亩。其中，高标准深松作业面积9.5万亩，补贴资金865万元（中央资金575万元，省级资金290万元）。平泉市1万亩，补贴资金38万元。其中，中央资金25万元，省级资金13万元。

【农业信息化】 实施信息进村入户项目，全市计划建设2294个益农信息社。推进“互联网+”现代农业发展，完成3个农业物联网应用示范点，分别为：平泉益农科技育苗有限公司、隆化县恒通种植专业合作社、隆化县耀翔种养殖有限责任公司。推广微信公众平台，实现累计5500人的政务公众号关注量。建立视频、图片资源共享库，已经完成方案制定、历史视频、图片的整理归类、资源库平台开发、服务器环境搭建、内部上线测试等工作。

附：市农业农村局领导名录

党组书记：刘宝龙（满族）
党组副书记、局长：孙志广
党组副书记：王德林（4月任）
党组成员、副局长：侯光然（满族）
韩立军（满族）

宋文平
纪　彪（4 月任）
张长青（满族）
张俊发
刘树新
田雁飞（满族）

（供稿　赵智浩　钱宏明　修丽娜　张晓波
李　平　张　杰　邱艳捷　王英俊
金凤岗　吕若梦　高　远　陈凤莉
和庆良　韩永生　霍宗全　才凯华
陈浩文　于宝海　南　洋　黄志龙
张　扬　孙秀杰　刘艳明　李素霞
韩国伟　刘　楠　张艳丽　王青妹
郭立斌　赵大衫　袁建国　王殿松
催德军　夏清华　王　欣　杨　光
胡国永　张书辉　王志超）

林业草原

【概况】　2019 年，全市完成营造林 198.23 万亩。其中，人工造林 59.59 万亩，封山育林 58.83 万亩，营林 79.81 万亩。占年度任务 164 万亩的 120.87%；完成义务植树 713 万株，占计划 700 万株的 101.86%。完成经济林栽植 39.93 万亩。其中，干鲜果树 17.52 万亩，花卉苗木 22.41 万亩。占年度任务 26.33 万亩的 151.65%。完成草地治理 8.5 万亩。其中，围栏封育 5 万亩，人工饲草基地 0.5 万亩，飞播牧草 3 万亩。占年度任务 8.5 万亩的 100%。全年没有发生重大及以上火灾，没有发生重大人员伤亡，没有发生进京火。全市林业有害生物成灾率为 0.17‰，草原有害生物防治率超过 90%，无公害防治率为 99.6%，测报准确率为 95.4%，种苗产地检疫率为 99%，防治区域的草原综合植被盖度超过 70%，有害生物防治各项指标全部优于上年水平。

【造林绿化】　启动了丰宁、围场两县坝上造林工程，两县计划 4 年完成新造林 50 万亩、补植补造 26 万亩。依托京津风沙源治理、京冀水源林、规模化林场建设、小流域治理等生态建设工程，突出“两河（滦河、潮河）、六路（京承、承秦、承朝、张承、承赤、承唐高速）、四区（坝上生态脆弱区、干旱阳坡裸露区、城市建成区和美丽乡村片区）建设重点，进一步优化国土绿化布局，努力补齐缺林少绿地带的生态短板。大力开展街道、庭院、隙地绿化，坚持“宜乔则乔、宜苗则苗、宜灌则灌、宜草则草、宜花则花”和“上乔、中灌、下花草”的绿化模式，大力推广种植野生草本和乡土树种，打造“人在景中、村在林中”的美丽乡村风貌。全年全市完成村庄绿化 1.43 万亩。以张承高速公路、国家“一号风景大道”两侧山体绿化为重点，并对已实施两侧绿化的京承、承唐、承赤、承朝、承秦 5 条高速公路沿线通过“引针入阔，引针入灌”等方式，加快推进高速公路两侧宜林荒山的绿化美化，打造“春赏花、夏观景、秋采果、冬看青”的承德天路景观。

【林果产业】　持续扩大板栗、苹果、山楂、仁用杏、沙棘、苗木花卉中药材、大榛子等木本油料和时令果采摘八大产业基地规模，全市建成平泉小寺沟、围场四道沟、宽城西岔沟等高标准示范点 129 处。其中，万亩示范基地 2 处，千亩以上示范基地 8 处。以优势果品品牌建设为中心，在壮大承德特色“老国光”品牌苹果的同时，积极发展适合矮化密植、效益高、抗逆性好的寒富苹果、设施大樱桃、正大晚桃、山地大榛子等名优特新品种，全面调优产业结构，全市共引入优新品种 23 个（苹果 10 个，梨 4 个，山楂 1 个，桃 1 个，树莓 4 个，欧李 2 个，山杏 1 个），大大提高了果农经济收入。此外，积极参加 2019 北京世园会省区市室内展区参展展品报奖工作，承德市获得 1 个特等奖（蝴蝶兰——桔子）、3 个金奖（蝴蝶兰——金蝶、蝴蝶兰——富乐夕阳、蝴蝶兰——大辣椒)、1个银奖(蝴蝶兰——大财主)、1个铜奖(蝴蝶兰——仙桃)。

【森林防火】 严格按照市直及县(市)不少于100人、区及省市直属林场不少于30人、各乡镇、林场不少于8人的建队标准补齐补强队伍，购置高压水车、机械运兵车等先进的防灭火设施设备，巩固完善预防、扑救、指挥、保障、考评等五大体系建设。特别是在高火险时段，采取指挥部成员单位包县(市、区)、县(市、区)领导包乡镇、镇干部包村组到户，层层分解落实防火责任，形成了各级党政领导齐抓共管防火工作的常态机制。全年全市发生森林火灾11起，过火面积114.8公顷，受害森林面积4.82公顷，森林火灾受害率0.002‰，全年未发生重特大森林草原火灾。

【有害生物防治】 受春季持续干旱、夏季高温集中降雨等特殊气候因素影响，全市林草资源受到了鼠兔、栎纷舟蛾、美国白娥等有害生物威胁，灾害发生面积404.6万亩。其中，林业有害生物发生面积120.4万亩，草原有害生物发生面积284.2万亩。对此，全市扎实开展“林安”专项行动，积极参与京津冀林业草原有害生物协同防控，备足防治药品和相关设备，强化林相、草相巡视和苗木产地检疫、调运检疫和调入后的复检工作，有效阻断遏制了病害的发展蔓延。

【森林资源管护】 充分发挥森林公安和林业综合执法等力量，扎实开展“绿卫”“金剑”“金网”“金盾”“金钺”和违建别墅清查整治等专项行动，采取遥感监测、无人机巡护等技术手段，不断提升对违法占用林地、毁林开矿、盗挖苗木、非法放牧等行为的发现和打击能力。全年共查处各类涉林案件1439起。其中，侦办刑事案件166起，抓获犯罪嫌疑人140人；查处林业行政案件1273起，行政处罚1388人，罚款919万元。同时，不断强化事前审核、事中监督、事后检查机制，实施“双随机、一公开”和“周检查”制度，共考评刑事案件45起、治安案件23起、林业行政案件55起，现场考评2次，整改问题40个，执法办案和行政审批质量得到明显提升。

编制印发《2019年度天然林保护实施方案》，全市新增省级公益林35万亩。其中，隆化县20万亩，丰宁满族自治县15万亩。强化全市护林员管理，印发《关于加强护林员管理工作的通知》，完善护林员考核奖惩管理办法，严格全市23214名护林员的选聘、培训、考核环节，确保“山山有人管、林林有人护”。

【成立塞罕坝生态开发集团】 为推进承德“绿水青山”转化为“金山银山”，中共承德市委、市政府从挖掘生态潜力、激活生态资源、发展生态经济、建设生态强市的角度出发，于6月21日注册成立了承德市塞罕坝生态开发集团有限公司，重点在林业碳汇经营开发、苗木生产经营、林业工程和园林绿化工程设计施工、林产品开发经营、森林旅游康养等领域探索营林新途径，推动森林资源变资产、资产变资本、资本变资金，切实将生态优势和资源优势转化为经济优势和产业优势。

【林上林中林下产业】 按照特色化、区域化、产业化、市场化目标，开展“扶龙”行动，通过协调解决政策性贷款、林业贷款贴息、组织企业参加国际和国内会展等方式，支持林业产业化龙头企业做大做强。河北怡达食品集团有限公司继神栗、华净后，获得第四批林业重点龙头企业称号。全市国家级林业龙头企业增至3家、省级林业龙头企业18家。同时，采取林畜、林禽、林药、林菌相结合的方式，将林上、林中、林下资源变成农民致富菜篮子、肉盘子、药园子，助推绿水青山向金山银山良性发展。

【智慧林业建设】 与中国铁塔股份公司承德分公司合作，在全市范围内特别是环京周边、环塞罕坝周边以及重点林区、路口建设大型监控网络，实现林草资源集中区域防火监控综合覆盖率85%以上，其他森林草原防火区视频监控综合覆盖率80%以上，省、市、县三级防灭火指挥部互联互通，为林草资源管护装上“天眼”。

附：市林业和草原局领导名录

党组书记、局长：王 江

党组副书记：任树友

党组成员、副局长：牟广泽

孙金伟

段陟鑫

周 满

纪 彪（4月免）

党组成员、河北承德航空护林站站长、市森林公安局局长：马钢利

党组成员、市绿化委员会办公室副主任：

李金鹏

党组成员、副局长：甘路军（4月任）

（供稿 曲笑含）

水 利

【概况】 2019年，全市水利工作围绕抓项目、补短板，重生态、严监管，惠民生、强基础，谋改革、促发展，较好地完成了年度工作任务。全市共争取省级以上资金4.62亿元，完成水利投资15.17亿元。961名贫困人口饮水安全问题全部解决，9.46万人农村饮水安全得到巩固提升。牧区水利项目发展节水灌溉面积0.9万亩，灌区项目改善灌溉面积2.58万亩。小水电发电量达到1719万千瓦时。完成水土流失治理面积641平方千米，占年度目标任务的128%。双峰寺水库下闸蓄水，防洪、供水及生态环境保障等社会效益初步显现。全市河湖长制、节约用水、水土保持、中央水利项目投资、水库移民后期扶持等多项工作受到上级肯定与表扬。学习借鉴南平经验，创新开展了河湖生态管护机制建设，小滦河围场段被评为全省十大“最美河湖”之一。水利扶贫、河湖治理、中央水利项目投资、水土保持等多项工作被“人民网”《中国水利报》“长城新媒体”等多家主流媒体专题报道。双峰寺水库工程移民安置后评价工作通过水利部验收。

【重点水利工程建设】 有序推进水利项目规划，启动编制《承德市中心城区水资源配置规划》和《承德市城市防洪规划》工作，全市7个县完成了水域岸线和防洪治导线规划编制。14个列入国家《加快灾后水利薄弱环节建设实施方案》中小河流治理项目正在加快推进；15座列入《河北省病险水库除险治理行动方案》病险水库已完工13座。积极推进国家可持续发展议程创新示范区建设工程，总投资3.7亿元的3大类22项重点水利工程加快建设，争取省级以上资金中央投资3.44亿元，完成投资2.73亿元。双峰寺水库建设顺利通过移民安置自验、初验、终验，蓄水阶段环保验收和下闸蓄水验收，于5月31日正式下闸蓄水，将市区防洪标准提高到100年一遇，为下游承德市区和避暑山庄等历史文物提供了可靠的防洪保障。水库坝前水位达376.02米，蓄水量1007万立方米，先后为市区城市及生态环境用水补水8次、830万立方米，防洪、生态和社会效益初步显现。2018年下达投资计划的7座小型水库除险加固项目全部完工并通过验收。2019年下达投资计划的7座小型水库除险加固项目全部完工，完成投资1412.37万元。宽城满族自治县滦河椴树沟至山西段河道治理工程完成投资6800万元，提前完成省水利厅下达的目标任务；水利基本建设项目完成验收106个，超额完成了年度任务。小型水库管理体制改革省级示范县建设加快推进，宽城满族自治县达到省级示

范县建设标准。

【抓实省市重点工作】 河湖整治工作成效明显，全市排查出798个河湖“四乱”问题。其中列入中纪委监委的27个、省纪委监委109个，除个别依程序延期外，已全部完成整改。强力推进违法违规采砂专项整治，排查出13个违法违规采砂点，并于7月20日在全省率先全部完成整改任务。持续推进破坏生态环境问题专项整治，排查出17个河湖管理范围内破坏生态环境问题，已全部整改完成。开展全市涉河违建别墅问题清查整治，共排查出违建别墅10处，年底前全部整改完成。积极开展河湖管理范围划界复核工作，全市64条200平方公里以上河流已全部按期完成复核。按照“因地制宜，分类施策”的原则，强力推进城镇自备井关停工作，截至6月底，全市共关停自备井220眼，提前半年完成了省厅下达的任务。各级河湖长与相关部门责任逐级压实，全市8056名河湖管理员已全部上岗履责，落实劳务补贴资金5216.89万元。投资1.68亿元，重点实施了京津风沙源治理、密云水库上游生态清洁小流域、坡耕地水土流失综合治理、国家水土保持工程四大类工程，全市累计治理水土流失面积640平方公里，完成年度目标任务的128%。强化生产建设项目水土保持监督管理工作，组织对2346个疑似扰动图斑进行了现场复核，对364个违法违规项目进行了查处，各类生产建设项目单位的水土保持意识和履职效能明显提升。

【防洪保安】 严格落实安全生产承诺制，压实“党政同责、一岗双责”责任；积极组织开展“安全生产月”宣教活动，营造安全生产工作氛围。大力开展“三项”重点工程督导检查活动，对督查发现的问题，建立问题台账，及时交办整改，并督促整改到位，水务安全生产形势持续保持稳定。按照国家、省、市防指的总体部署，创新建立防汛抗旱专班工作机制，实行联合办公，统筹推进防汛工作，明确市、县、乡、村和水库管理单位防汛责任人3409人，共成立各类防汛抢险队伍2652支、7.36万人，各级储备防汛抢险物资总价值1760万元。预警设施实现行政村全覆盖，建成自动雨量站1285处、自动水位站120处，安装村级预警广播4823处。落实山洪灾害非工程措施系统运行维护经费168.8万元。有效应对5次强降雨天气过程，有力保障人民群众生命财产安全。认真排查化解信访矛盾纠纷，成立工作专班，稳妥推进金牛山庄回迁房等重大信访事件。全年共处理各类信访案件122起，案件接收率、办结率和信访参评率均达到100%，河北省信访信息系统平台满意率100%。水库移民持续保持无进京赴省集体访和移民群体性事件发生，水务信访形势持续保持稳定。

【水利惠民服务】 将农村饮水安全列为水利扶贫的重点工程，全力推进农村饮水安全工作。全年争取省级资金1.09亿元，农村饮水巩固提升安全工程全部完成建设任务，受益人口9.56万人。其中，建档立卡贫困人口2.79万人。有效解决了415户961名建档立卡贫困人口饮水安全保障问题，水质、水量、方便程度、供水保证率四项指标全部达到验收标准。双峰寺地表水厂全面开工建设，土建工程进展顺利，滦河水源地规划选址外业勘察已经完成，中国水科院水环所已完成论证报告编制工作，各项工作已按序推进中。春季抗旱取得明显实效，全市累计出动抗旱人员3.28万人次，抗旱浇地20.4万亩、67.57万亩（次）。临时解决1.51万人、0.49万头大牲畜饮水困难。累计增收粮食2.73万吨，减少经济损失0.39亿元，最大程度减少了旱灾损失。扎实开展水库移民工作，争取大中型水库移民后期扶持资金9215.7万元，批复实施后期扶持项目213个，完成投资5554.8万元，5.41万名移民受益。在全省2018年度大中型水库后期扶持基金绩效考核工作中，承德市因成绩优良，获得奖励资金1250万元。

【水利改革】 争取省级以上资金300万元，以平泉、宽城为试点，积极推进县域节水型社会达标建设和水利行业节水机关建设。承德县、滦平县节水型社会达标建设全部完成并通过省水利厅验收，经水利部复核，确定为全国第二批节水型社会建设达标县。学习借鉴南平经验，运用市场化经营理念、智能化创新手段，坚持部门监管与政府购买服务相结合、人防与技防相结合、政府投入与区域生态补偿和社会资本相结合，创新制定《承德市河湖生态管护机制建设工作方案》《承德市河湖生态综合行政执法联络协作运行机制》，组建河湖生态监管中心，进一步健全河湖长责任、调查处置、监督激励和生态保护投入等多项机制，推动河湖生态治理持续开展，实现河湖生态管护智能化、网格化。全市195名河务警长、195名河务警员和13名河务队长已上岗履职。

【涉水生态环境】 不断加强水资源管理能力，深入落实最严格的水资源管理制度，严守"水资源开发利用控制和用水效率控制两条红线"，健全用水总量控制指标体系。严格地下水取水许可审批管理，严控地下水开采。结合扫黑除恶专项斗争，深入开展打击河道非法采砂"飓风行动"，强力推进违法违规采砂专项整治，排查整改13个违法违规采砂问题。持续推进破坏生态环境问题专项整治，排查整改17个河湖管理范围内破坏生态环境问题。在全市范围内开展水资源综合执法检查、环渤海审计问题综合整治等专项行动，查处水事违法案件34起，罚没入库58万元。以培育法治精神为核心，不断拓展普法宣传渠道、改进宣传方法，通过局党组会会前学法等多种形式，持续加大对《中华人民共和国水污染防治法》《中华人民共和国水法》等法律法规宣传贯彻力度，不断增强全系统干部职工法制观念，提升领导干部和执法人员学法用法能力，不断提高依法行政水平。建立领导干部任前法律知识考查和依法行政能力测试制度，年内对8名提职干部进行了法律知识考查和能力测试。统筹推进水利法治建设，严格水事执法，妥善解决水事纠纷，治水管水法制化进程不断加快。

2019年5月初，为保持武烈河水面的洁、净、美，打造靓丽水景观，橡胶坝管理处工作人员定期对水面进行保洁

【水务综合服务】 组织全市水务系统深入开展"水利工程补短板、水利行业强监管"研讨活动，梳理出全市在河流监管、农村河道治理、基础设施建设等方面存在的问题32项，形成高质量成果性研讨文章52篇，推动水利改革向纵深发展。全面完成清欠民营企业帐款工作，以政府公开平台为依托，持续推进政务公开、政务新媒体等各项工作，扎实做好水务信息平台更新及维护，全年主动公开权责清单、财务预决算、提案建议办理复文公开、三项制度建设等事项300余件。不断创新水务新闻宣传方式，加强水情教育和舆论引导，在《中国水利报》"新华网"《长城新媒体》《河北水利》等重要媒体发稿600余篇，信息宣传、提案承办、政务公开和涉水改革等各项工作圆满完成。

附：市水务局领导名录

党组书记、局　长、移民办主任：

张宝生（满族）
党组成员、双峰寺建管局局长：
周作军（满族）
党组成员、副局长：刘剑锋（满族）
闫锡杰（满族）
王淑国
刘志远（满族）
王永良
移民办副主任：白　峰
彭九敏（女，满族）

（供稿　滕树海　刘玉铭）

工业和信息化

综　述

【概况】　2019年，全市工业和信息化系统主动适应经济发展新常态，紧紧围绕经济运行、技改投资、民营经济、产业发展等方面，采取一系列行之有效的重大举措，不断加大工业结构调整力度，千方百计帮助企业复产增效，支持重点企业技改扩能，大力推进食品医药、大数据、装备制造等战略新兴产业发展，全力“稳增长、调结构、促改革、优环境”，全市工业经济运行稳中向好，新旧动能转换扎实推进，工业经济保持平稳较快发展。认真贯彻落实《企业上云三年行动计划》，继续推动企业上云工作，相继组织各县（市、区）开展小规模培训学习，全市共有8家企业获得河北省企业上云资金补贴100万元，对推进全市企业上云，加速工业转型升级起到推动作用。

截至年底，全市民营企业新增1303家，累计达到30676家，年营业收入亿元以上的新增6家，累计达到122家。民营企业实缴税金153.9亿元，占全部民营经济实缴税金的88.9%。民营经济贡献稳步上升，全年全市民营经济完成增加值966.5亿元，同比增长7.2%，占全市GDP的65.7%；上缴税金173.1亿元，占全部财政收入的75.3%；城乡居民收入的61.4%由民营经济提供。民营经济产业结构持续优化，三次产业分别实现增加值38.6亿元、479.7亿元和448.2亿元，三次产业比例由2016年的3：61.7：35.3调整为4：49.6：46.4，第二产业比重下降12.1个百分点，第一和第三产业比重分别提高1个和11.1个百分点，民营经济产业结构进一步得到优化。

【工业经济运行】　全年工业经济运行紧紧围绕“稳中求进，好中求快”的主基调和“提高经济质量效益”这一核心，运行平稳，全市364家规上工业企业，同比增加值增长1.4%，低于预期目标3.6个百分点，增速居全省第九位。全市规上工业营业收入1430.3亿元，同比增长9.2%；利润总额88.0亿元，同比增长6.7%。利润增速全省第一位。实行台帐管理，重点帮扶，全年新增入统企业45家。建立逐级包联机制，覆盖360家规上企业，解决企业提出的问题共315件。组织银企对接会52次，召开企业家恳谈会50次，现场办公会93次。

【技术改造创新】　实施亿元技改项目83个，列入省重点技改项目67项，印发《优势产业链培育提升行动计划》，已有承德颈复康药业集团有限公司、承德金隅水泥有限公司、承德宇航人高山植物应用技术有限责任公司、宽城升华压力容器制造有限公司、滦平北宇环能等企业5个项目获得省资金支持719万元。培树承德神栗食品等7家企业列入河北省中小企业名牌产品，避暑山庄集团被评为创新引领型领军企业，承德钢铁集团被评为国家级技术创新示范企业，承德苏垦银河连杆有限公司等5家企业被评为省级技术创新示范企业。建设2家市级小型微型企业创业创新示范基地。露露股份有限公司申报了河北省食品特色品牌，获品牌建设资金20万元；“颈复康颗粒”“腰痛宁胶囊”被评为“中药十大品牌”。认定工业企业研发机构12家，累计完成企业研发机构认定138家，累计完成责任目标的186%。

开展工业设计“大讲堂”“工业设计+创客”等培训，累计培训1000人次，创建河北睿索固废研究院等市级工业设计中心5个。开展对接招商展示活动3次；“板城酒业”等企业购买工业设计服务10个，河北航研制冷、河北北塑管业实现工业设计成果转化项目2个。其中5个项目完成省级评审。获得奖补资金115万元。培育了鹰眼科技、承德露露2个工业设计典型案例。

【信息化工业化深度融合】 组织开展工业控制系统信息安全试点申报、安全评估审核，泉力工贸集团被列为试点企业。全年全市7家企业10个项目获得省级工业互联网创新发展类项目资金720万元。开展企业上云工作，8家企业获得资金补贴103万。11月26日，成功举办了河北省企业上云、上平台（承德站）对接活动，三个产业集群的260余家企业参加活动。

【特色装备制造产业】 实施3个园区和20个重点项目建设，总投资21.3亿元。承德市创元微型智慧创业创新科技园已有华远自动化等8家企业入驻。丰宁怀丰产业园已有合肥常青等5家汽车配件企业进驻。兴隆荣盛产业新城已有北京思泰嘉业汽车零部件等6家企业进驻。平泉装备制造园被省工信厅评为《河北省新型工业化产业示范基地》。承德建龙特殊钢等8家企业入选省级数字化车间，承德华远智能化汽车制造总装系统等3家企业入围河北省重点领域首台（套）重大技术装备产品目录。

特色装备制造产业规模不断扩大，已形成了金属制品业、通用设备制造业、专用设备制造业、汽车制造业、风电及电气机械制造业、仪器仪表制造业六大板块，一批企业如远景能源、热河克罗尼仪表、苏垦银河连杆、承德华远自动化、承德富泉石油、升华压力容器、福田汽车部件等，在全市工业经济中的支撑拉动作用初步显现，截至年底，全市53家规模以上重点装备制造企业总资产155.8亿元，实现主营业务收入67.7亿元，比2015年增长27.7%，年均增长6%，占规模以上工业企业的5.2%。特色装备制造产业已成为推进承德市经济发展的强大引擎。

【大数据产业】 承德德鸣大数据产业园一期工程大部分已经完成。中经承园大数据光储中心、国家图书馆“国家文献战略储备库”一期已开工。蓝太平洋IPO迁址上市项目，一期入驻租用华明服务外包产业园投入运营，全程约320千米与北京直连的光纤光缆已经铺设完成。

承德石油高等专科学校VR（虚拟现实）研究院挂牌运营，河北民族师范学院大数据专业已招收学生300余名。组织24家企业参加“2019中国国际数字经济博览会”，展示56个项目，与北京青云科技、中关村大数据交易产业联盟等签订10个合作项目。

设立5亿元的大数据发展基金用于产业项目，通过国控集团以投资入股形式投入。政府大数据应用项目列入财政预算，从云计算、云存储、数据加工、软件开发、信息服务外包、科研培训到移动互联网、智慧城市，每个板块都有项目落地，产业生态日趋完善。到年底，大数据产业项目有17个投入运营，较2018年增加20%，另有6个项目开工建设，大数据产业实现销售收入140亿元，较2018年增加17%，产业规模不断扩大。

承德市智慧旅游大数据平台正式上线运营，实现智慧管理、智慧营销、智慧服务和智慧体验，提升旅游管理部门用数据管理、用数据决策的水平。承德市旅游大数据成为京津冀大数据应用示范区。

【破解民营经济融资难问题】 全年共组织各类银企对接、资金洽谈和发布活动138次，金融机构人民币贷款余额2470.2亿元，同比增长

12.1%，比2018年初增加254亿元。小微企业贷款余额709亿元，同比增长10.1%。增量存贷比108.2%，全省排名第三；存量存贷比85%，全省排名第二。减轻企业负担方面，落实各项减税降费政策。全市累计新增减税降费245898.48万元。其中，新增减税205018.07万元，新增降费40880.41万元。全力做好清理拖欠民营企业中小企业账款工作，截至年底，共清理拖欠账款总额105788万元，已清偿88179万元，剩余拖欠17609万元，清偿进度83.35%。

【培育创业创新基地】 全年新增承德县东新区创业辅导基地省级示范基地2个、平泉市尚源创业创新基地市级示范基地6个，基地核心竞争力不断提升。重点培植一批规模大、实力强、财政贡献率高的优势企业，平泉市食用菌产业、承德县特色装备制造业、兴隆果品业已列入省重点产业集群，双滦钒钛新材料产业基地、高新技术产业开发区大数据智能感知基地列入省级战略性新兴产业示范基地，平泉市食用菌产业集群成为省级示范产业集群，隆化肉牛养殖区、兴隆山楂种植区成为中国特色农产品优势区。基地企业全年主营业务收入达到550亿元。

【绿色发展】 生态环境治理方面，84家料堆场治理任务全部完成。地条钢防范方面，多次对各县（市、区）进行拉网式排查，不留死角，形成全覆盖，严防“地条钢”死灰复燃。新能源汽车方面，推广折合标准车842辆。

根据省确定的全年压减焦炭产能59万吨任务，6月底中滦煤化工公司编制出台《2019年焦炭产能压减计划》，计划中企业明确具体封停技术方案，明确成立专班，倒排工期，10月31日中滦煤化工公司59.1万吨2座4.3米炼焦生产线实施全部关停。关停后企业进行自验收，双滦区政府组织进行预验收，市政府组织进行正式验收。12月5日，省焦调办组织进行产能封停验收核查工作，全部验收工作完成。

【产能置换】 承德建龙特钢公司在厂址及周边建设1座1200 立方米钒钛冶炼高炉，产能113万吨；建设1座100顿特钢炼钢转炉，产能115万吨。同时配套建设烧结机、制氧及其他能源公辅配套设施。承德建龙特钢有限公司新项目产能指标已从唐山建龙和唐山新宝泰两企业置换转入。

宽城盛丰钢铁有限公司计划将全部炼铁产能置换转移给广西壮族自治区防城港市港口区广西盛隆冶金有限公司，全部炼钢产能置换转移给广东省云浮市云城区广东金晟兰冶金科技有限公司。宽城兆丰钢铁集团有限公司计划将全部炼铁产能和全部炼钢产能置换转移给广西壮族自治区防城港市经济开发区防城港津西型钢科技有限公司。

【信息化工程】 政府数据平台，实现与国家旅游监测平台、省旅游大数据平台和承德市气象、客运、市场监管等政府部门的数据对接；实现与旅游企业对接，已接入29个A级旅游景区视频监控点193个。其中，8家AAAA级以上景区与国家旅游监管平台和省旅游视频监控平台对接；实现与避暑山庄及周围寺庙入口闸机数据对接，对景区实时人流量进行监控预警；实现与11家市旅游客运企业完成对接，共接入49个旅游景点、332家旅行社（门市部)、11家旅游汽车公司、4万家住宿餐饮场所、1200余家游乐场所等信息。开通光纤专线12条，优化整合承德旅游官方网站，丰富了微博、微信公众号、微网站、手机APP等内容。上线一年，监测平台数据交换流量达到45G，游客端年访问推送量30余万。与电子商务平台对接，连接携程、艺龙、全承游等OTA平台，为游客网上搜索、预定提供统一入口，促进旅游服务能力的提升。

【参展博览会】 参展石家庄（正定）国际会展中

心举办的“2019中国国际数字经济博览会”，承德市展区由“新应用、新产业、新成就、新未来”4个板块组成，参展企业24家，参展项目56项，以“智慧承德、数字未来”为主题，集中展示了数字经济、人工智能和产业数字化转型等领域所取得的成就。数博会承德展位3天，来访客流总量达到36512人次。数博会上，承德高新技术产业开发区与北京青云科技有限公司签订了“青云大数据云中心项目”；承德县与中关村大数据交易产业联盟、北京金蝶天燕云科技有限公司、浪潮集团有限公司、浙江有数数字科技有限公司、威讯柏瑞数据科技有限公司签约合作项目。

附：市工业和信息化产业局领导名录
党 组 书 记 、 局 长：冯国杰（满族）
党组副书记、副局长：王书立
张希跃（满族）
党 组 成 员 、 副 局 长：于清轩（满族）
王凌岩
刘智慧

（供稿 王晓光 王兆品 王浩蕾 刘爱明 程建国 白永开 程 飞 范志刚 马 民 华秀丽 杨 硕 邵剑锋 张 利）

钒钛产业

【概况】 2019年，全市钒钛产业以4个“钒钛产业园”为重点，制定了《承德市钒钛新材料及制品产业发展实施方案》，进一步明确了发展目标、发展重点、实施路径、保障措施及具体进度安排。发挥专项推进小组办公室职责，按照市主导产业领导小组要求，建立任务台账，提出年度工作目标和工作要点，按月调度，及时报送，定期督导。委托中咨公司编制《承德钒钛新材料产业高质量发展规划》，经过多次修改论证，已通过专家评审，上报省发改委。充分利用研究院专家优势及新公司的体制机制优势，积极谋划和推进钒钛产业的科技创新和产业升级工作。认真贯彻落实省委省政府决策部署，切实推进供给侧结构性改革，推进主体装备升级改造。积极推动承德国家钒钛产业基地建设，推进钒钛产业重点项目建设。贯彻落实国家《钢铁行业化解过剩产能防范“地条钢”死灰复燃专项抽查情况的通报》精神，组织县（市、区）在全市进行全覆盖、无死角的钢铁行业违法违规项目大排查工作，重点核查是否存在未批先建、边批边建、手续不全、批建不符等违规项目和“地条钢”改头换面及封停设备复产等违法违规行为，未发现钢铁行业违法违规问题。

【创新和升级】 推动钒钛产业研究院成立公司。在河北省钒钛产业技术研究院的基础上，推动组建由河钢集团承钢公司、市国控集团和双滦金源国控集团三方出资参股的河北燕山钒钛产业技术研究有限公司，6月获省国资委批复立项，已完成相关审批流程，11月25日完成注册。聘请和吸引国家两院院士、业内高端人才参与，重点在高温材料、高纯净度材料及新领域拓展等方面进行攻关，破解制约钒钛新材料产业高质量发展的技术难题，促进科研成果转化，提升钒钛产业整体技术水平。研究院已完成科研办公场所的建设以及试验、检测设备的购置，正在开展钒酸盐水热合成钒系颜料技术的研究，完成钒酸铋中试生产线建设。

【国家钒钛产业基地建设】 重点实施了一批钒钛产业重点项目，重点企业支撑作用明显。河钢集团承钢公司冷轧项目酸洗线和镀锌线成功试车。高纯钒、硫酸氧钒项目建设完成，高纯钒正常生产，试制出电解液，已委托大连融科检验。承德建龙特殊钢有限公司钒氮合金项目全部生产线已建成，正式生产。提钒转炉已完工。钒钛高强无缝管生产项目已完成项目备案，能评，环评手续正在办理中，项目用地正在进行避灾处理（注浆）。隆化钛能轧钢高温合金、钛合金粉末生产线调试完成，具备生产条件。

【主体装备升级改造】 按照《河北省钢铁行业去产能工作方案》、省政府办公厅批转的《关于支持承德国家钒钛产业基地建设有关事项的意见》及省政府办公厅《关于支持承德国家钒钛基地建设实现钒钛产业高质量发展的意见》有关要求，为加快推进承德钒钛产业高质量发展，以产能减量置换促进钢铁产业转型升级。通过不懈努力，多次与唐山市对接商谈，成功将唐山建龙特殊钢公司2座450立方米高炉（全部炼铁产能中的94.5万吨）、2座60吨转炉（全部炼钢产能中的143.75万吨）以及唐山新宝泰公司1座450立方米高炉（全部炼铁产能中的46.75万吨）用于承德建龙特殊钢公司产能转移装备升级改造项目的钢铁产能置换。

承德建龙特殊钢有限公司按照1.25:1进行减量置换，对现有装备实施升级改造。拟建年产100万吨铁水的1200立方米高炉1座、年产100万吨粗钢的100吨转炉1座以及配套设施，项目总投资235144.87万元，产品以特钢棒材、管材及锻造坯等面向航空、汽车、军工、海洋工程、新能源、装备制造领域的高强度、高性能、高质量升级换代的钒钛特钢新材料为主。

积极推动承德盛丰钢铁有限公司和承德兆丰钢铁集团有限公司两家企业钢铁产能整体转移，加快推进全市钢铁去产能进度，为2020年全面完成钢铁去产能任务打下良好的基础。

【对外交流】 3月6至8日，第八届国际钒产品峰会在承德市举办。会议由中国铁合金在线主办、河钢承德钒钛新材料有限公司合办，承德建龙特殊钢有限公司、锦科科技股份有限公司协办，承德市人民政府支持。会议汇集了国内外钒钛磁铁矿、钒铁、钒氮合金等钒制品研究专家学者、钒冶炼工艺设备的厂家、贸易商以及钢企、物流、服务行业、研究机构等195家、400余名业内精英。9月4日至6日，第一届钒钛产业链优势资源对接会议举办。会议邀请中国工程院院士干勇及国内外钒钛行业20余位知名专家及其他41家钒钛产业链上下游企业参会，成功为与会者搭建钒钛产业链合作平台，促使行业优势资源对接。会上河钢承钢与中电建江西分公司签订了合作意向书1项，钒钛产业链下游企业形成合作意向4项，进一步拓宽了钒应用领域。

4月25至28日，受邀参加“2019中国钛年会暨钛产业高峰论坛中国钛谷国际钛产业博览会”。参会期间，听取了《2018年中国钛产业发展报告》《钛与航空发动机》《宝钛集团新材料科研生产进展》等报告，学习了解了钛产业发展相关情况，学习宝鸡市钛产业发展的成功经验。

参加厦门国际贸易投资洽谈会，河钢承钢作为承德市钒钛企业代表参展，共展出3D增材制造、陶瓷印染、航空航天、军工制造、冰雪运动装备、钛合金民用等7大类40余件展品，接洽客商500余人次。展会宣传和推广了钒谷文化，进一步扩大了钒钛产品市场影响力和品牌辐射范围，期间初步达成合作意向的企业9家。

【河钢集团承钢公司】 河钢集团承钢公司（简称“河钢承钢”）1954年建厂，是国家“一五”期间苏联援建的156个项目之一。河钢承钢是依托承德地区丰富的钒钛磁铁矿资源、依靠自主创新建设发展起来的大型钒钛钢铁材料企业，是中国钒钛磁铁矿高炉冶炼和钒提取加工技术的发祥地，钒钛资源综合开发利用产业化技术处于世界领先水平，被誉为中国北方钒都。

1958年产出了中国第一炉钒钛磁铁矿冶炼的铁水；1960年产出了中国第一炉钒渣；1965年中国高钛型钒钛磁铁矿高炉冶炼试验在河钢承钢1号高炉取得成功，获得了冶金领域第一个“国家科技发明一等奖”；率先生产、推广应用新Ⅲ级、Ⅳ级含钒螺纹钢筋，引领了中国建筑钢筋的升级换代，更高强度的钢筋正在引领新的升级；拥有世界最大的钒钛磁铁矿冶炼高炉、世界一流的提钒炼钢转炉、世界最大的提钒回转窑、世界首条亚熔盐法清洁提钒生产线和不断延伸的高端产品产业链。

截至2019年，河钢承钢拥有近600项具有自主知识产权的钒钛技术专利，发明专利逾百项。为中国乃至世界钒钛钢铁产业发展做出了重要贡献，成为世界最著名的三大钒钛钢铁工业基地之一，中国两大钒产品生产企业之一。

拥有3座世界最大的2500立方米钒钛磁铁矿冶炼高炉和1座1260立方米钒钛磁铁矿冶炼高炉；炼钢系统拥有大型提钒炼钢转炉8座，LF、VD、RH等精炼装备配套齐全；轧钢系统拥有1780毫米热轧卷板生产线1条、中等宽度带钢生产线1条、棒材生产线3条、高速线材生产线2条；钒制品系统拥有焙烧回转窑4座，亚熔盐法提钒生产线1条，高纯氧化钒、钒铝合金等高端产品生产线各1条，氮化钒生产线6条，50钒铁、80钒铁生产线各1条，万吨级自蔓延法氮化钒铁生产线1条（合作），钛精矿生产线1条。

主要产品包括含钒合金钢铁产品和钒钛产品两大类。含钒合金钢铁产品包括含钒棒、线、板、带四大系列，具有强度高、韧性好、耐腐蚀、易焊接、深冲性优等优良特性，多个产品被评为全国冶金产品实物质量金杯奖、冶金行业品质卓越产品、河北省名牌产品。河钢承钢的全规格、全等级含钒螺纹钢筋产品全部荣获全国冶金产品实物质量“金杯奖”。“燕山牌”钢筋广泛应用于三峡大坝、北京城市副中心、港珠澳大桥、“中国尊”、迪拜帆船酒店、卡拉奇核电，还有鸟巢、国家大剧院、中央电视台新址、东方明珠电视塔等世界级标志工程。线材产品广泛应用于大跨度预应力用钢绞线、预应力混凝土管桩用钢、焊丝焊线、紧固标准件等领域。热轧卷板产品广泛应用于汽车、家电、食品包装、工程机械、集装箱以及工程建筑等领域。带钢产品广泛应用于工程结构、工具钢、建筑、高强度流体焊管等领域。

钒钛产品包括钒系列产品及钛精矿。“鸡冠山牌”系列钒产品主要有五氧化二钒、三氧化二钒、50钒铁、80钒铁、氮化钒、高纯氧化钒、钒铝合金等，广泛应用于航空航天、钢铁冶金、超导材料和陶瓷印染等领域，产量占国内的19%、世界的11%，销往亚州、欧州、美州等20多个国家和地区，被评为“国际质量钻石星奖”。

2018年，河钢承钢充分发挥承德钒钛资源优势、产业基础优势、区域经济优势，与承德市共同出资成立了河钢承德钒钛新材料有限公司，在优化钒钛资源配置、提升科技创新能力、延伸钒钛产业链条、加大人才引进力度等方面展开合作，打造全球最具影响力、最具竞争力、最具可持续发展能力的钒钛产业基地。

【承德建龙特殊钢有限公司】 成立于2001年（以下简称承德建龙），是北京建龙重工集团有限公司旗下的钢铁子公司（以下简称建龙集团）。北京建龙重工集团有限公司（简称“建龙集团”）创建于1999年，是一家集钢铁、资源、船舶、战略新兴产业于一体的大型企业集团。建龙集团下属企业遍布河北、黑龙江、吉林、辽宁、山西、山东、浙江、北京、天津、四川、内蒙古、新疆和香港等地，全球钢铁企业粗钢产量排名第25名。2015年，建龙集团名列中国制造业企业排名第79位，中国企业500强第180位。职工2830人。其中博士、硕士20人，本科、专科937人，高级专家3人。总资产47.1亿元。公司钒钛特钢生产能力200万吨，年产五氧化二钒7000吨。其中引进的意大利达涅利圆坯连铸机达到国内先进水平。

经多年发展，已形成以高压锅炉管、气瓶钢、管线钢及石油套管用连铸圆管坯、电渣母材、圆坯锻打材、齿轮钢、轴承钢、钎具钢、钢球用钢、汽车及工程机械用钢和五氧化二钒等产品为主的钒钛特钢企业，产品广泛应用于铁路、风电、锅炉、电力、矿山、汽车、石油钻探、石油运输、工程机械、装备制造等领域。

【承德兆丰钢铁集团有限公司】 成立于2000年9月，是集铁矿石采选、烧结、炼铁、炼钢、轧钢和房地产开发为一体的民营企业，有员工5000人，下属矿山企业6个。主要装备有132平方米烧结机2台，10平方米竖炉2台，650立方米高炉2座，50吨转炉2座，650毫米轧钢生产线1条，12000立方米/小时制氧机2台，总装机容量3.3万千瓦的发电机组，具备年产170万吨铁、180万吨钢坯、150万吨带钢、160万吨铁粉及自发电2亿千瓦时的能力。

【承德盛丰钢铁有限公司】 2002年批准立项，组建于2003年，是根据承德市和宽城县域经济总体发展规划，以地方和企业自有铁矿资源为依托的具有矿山采选、加工、烧结、炼铁、炼钢、轧钢为一体及公辅设施配套的深加工型民营股份制钢铁联合企业。

主要生产装备：650立方米高炉2座、152立方米烧结机2台、10立方米球竖炉1座，45吨转炉2座、42吨转炉1座及配套连铸机及其他配套设备。公司总资产30亿元。其中，固定资产24亿元。有员工3290人。公司已形成年产铁170万吨、钢200万吨、材130万吨规模能力。主要产品铁、钢、材产量分别完成142万吨、134万吨和124万吨。

（供稿　毕国玉）

装备制造业

【概况】 2019年，全市特色装备制造产业在改造提升传统产业基础上，不断培育壮大新兴产业，在仪器仪表、汽车零部件、输送设备等智能装备制造产业上延伸产业链条，不断培育新经济增长点，打造特色产业园区，引导企业向园区聚集，产业发展取得积极进展。全年全市53家规模以上重点装备制造企业总资产155.8亿元，实现主营业务收入67.7亿元，占规模以上工业企业的5.2%。

【产业特点及规模】 经过多年发展，全市装备制造业呈现出技术创新能力不断增强、品牌建设效果日益显著的特点，在流量计、自动称量设备、输送设备、石油机械、风电装备、汽车连杆等领域享有很高的知名度。以仪器仪表、新能源汽车及关键汽车零部件、输送设备等行业为发展重点，推进特色装备制造业向精品化、系统化、高端化、规模化和集团化方向发展。依托承德高新技术产业开发区、承德县已有产业基础，挖掘双滦区、丰宁满族自治县、兴隆县、平泉市发展条件，全力打造特色装备制造产业布局，特色装备制造产业已成为推进承德市经济发展的强大引擎。共拥有国家级企业技术中心1家，省级企业技术中心11家，高新技术企业29家，省级工程实验室2家。工艺装备达到国内先进水平的占32%，计算机辅助设计（CAD）、计算机辅助制造（CAM）技术在全市装备制造业骨干企业得到普及。

特色装备制造产业规模不断扩大，已形成了金属制品业、通用设备制造业、专用设备制造业、汽车制造业、风电及电气机械制造业、仪器仪表制造业六大板块，远景能源、热河克罗尼仪表、苏垦银河连杆、承德华远自动化、承德富泉石油、升华压力容器、福田汽车部件等企业在整个工业经济中的支撑拉动作用初步显现。

【技术创新】 全面实施创新驱动发展战略，全市共有装备制造企业800余家，拥有国家专利120项，主持和参与制修订国际标准8项，国家标准21项、行业标准79项。其中，仪器仪表行业是特色装备制造产业创新活动最为活跃的产业集群，2008年以来，共有170多个项目列入市以上科技攻关计划。其中27个项目列入国家和省科技型中小企业技术创新基金计划。近几年来，共取得科研成果95项。其中达到国内领先水平以上的41项、国内先进水平的54项。有21个项目获承德市科技进步奖，8个产品被认定为国家重点新产品，6个产品荣获河北省名牌产品称号，74个嵌入式计控及管理软件取得了软件产品认证证书。同时以国内外智能制造先进水平为标杆，推动智能制造核心技术攻关和产品装备研发，推动企业普遍实施智能改造，已有市8家企业被评为省级数字化车间。

【项目建设】 将加快企业项目建设作为推进工业结构调整和增强传统产业发展后劲的重要手段，2017年至2019年共实施亿元以上装备类技改项目62个，为承德苏垦银河连杆有限公司宽城升华压力容器制造有限公司、滦平北宇环能等6个项目争取省技改资金支持718万元，企业竞争实力明显增强。比亚迪新能源汽车及零部件生产基地项目完成整车下线，结束了承德没有汽车制造企业的历史。

【发展重点】 依托承德在新能源汽车及零部件生产技术的比较优势，推进新能源汽车全产业链及汽车零部件快速发展，加快新能源客车、新能源工程用车、新能源跑车及零部件、连杆、曲轴、汽车发动机总成、变速箱总成等产品的研发生产和制造。加快推进新能源跑车总装基地和汽车零部件基地等项目建设，促进传统产业转型升级。依托承德已有的试验机、检测仪表、工业控制系统三大行业基础优势，加快实现从传统仪器仪表产品向智能控制设备产品转变，从单一产品向产业链配套转变，从单纯生产制造向生产制造服务业协调发展三个转变，重点发展仪器仪表、环境和安全监测仪器、现代控制系统、石化专用仪器仪表、自动化称重设备、智能轨道称重、试验机检测等产品，产品提档升级为智能传感器、智能检测仪表、控制器、执行器、5G物联网、无人机和机器人等，打造以材料试验机为特色的试验机制造服务、以流量仪表为特色的智能检测仪表制造、以汽车和物流输送设备领域为特色的工业控制系统制造为主的高端智能测控装备及仪表产业集群。向汽车及航空领域智能输送成套设备、仓储物流装备、装卸物流装备、智能化系统集成、物流装备电子等产业发展，重点发展汽车及航空领域智能输送成套设备、冷链物流装备、自动化立体仓库、智能输送设备、立体停车库、计算机管理和监控系统等产品，打造承德智能输送装备新型产业集群，发展成为京津冀都市圈智能输送装备专业生产、制造和服务基地。

【特色装备园区】 高新技术产业开发区微型智慧创业创新科技园，位于上板城镇，占地320亩，实行订单式标准厂房及配套进行建设，主要建设标准化厂房、智能仓储物流、公用工程中心等。具备15家企业入驻条件，已有华远自动化、金建检测、五岳电子等8家企业入驻。

承德县高新技术产业开发区六沟园区，规划面积15平方公里，为承德市传统优势产业升级扩能聚集区，重点发展装备制造产业，有装备企业14家。

平泉市装备制造园，位于平泉红山嘴，主要以生产园林工具、智能空调冷机、非标设备为主。已完成土地规划调整，实现土地六通一平。已有航研制冷、舒适家用品有限公司、奥斯利特等企业8家。

丰宁怀丰科技产业园，规划面积4.1平方千米，以河北丰宁经济开发区和凤山产业园为主，积极承接雁栖经济开发区机械制造等产业转移，并对接怀柔区重点发展的纳米新材料、新能源等产业，已有宏亭汽车零部件、雁阳汽车零部件、领锐汽车零部件等5家企业入驻。

兴隆荣盛产业新城园区，主要承接北京地区外溢产业。启动区4000亩左右，总面积13.68平方千米，以兴隆经济开发区为新城规划核心区，涵盖基础设施、新能源产业园、生物医药产业园、总部基地、高端装备制造园区、食品加工产业园以及各类生活居住配套业态。已有安旭新能源汽车、北京思泰嘉业汽车零部件等6家企业进驻。

【承德市金建检测仪器有限公司】 前身为承德市金建检测仪器制造厂，1994年成立，成立之初不足10个人，年收入10多万元。2000年2月28日在承德高新技术产业开发区注册，更名为承德市金建检测仪器有限公司，注册资本620万元。占地6000多平方米，建筑面积4000多平方米，员工111人。其中，大专以上学历人员100人。是一家集研发、生产和销售为一体的河北省专精特新中小企业及高新技术企业。经过20年发展，已成为全国唯一的国家化学建材检测仪器科技示范工程产业化基地，成为全国非金属试验机行业的领军企业。主持和参与国际、国家和行业标准30余项，是河北省首家主持国际标准制修订的民营企业。

生产设备：标准测力计、温度计量仪表等计量器具30多件，高精度加工机床10多台，生产车间分为电气组装车间（包括组装室和恒温室）、钳工组装车间（占用了两个厂房）和机加工车间。年可完成2000多台机器的组装调试任务。公司主要产品是非金属材料试验机，包括熔体流动速率仪、万能试验机、摆锤冲击试验机等50多个种类，100多个型号的产品。公司设有研发部，年可完成3～8项新产品、新技术和新工艺的研发，研发经费投入占销售收入的6.5%以上。复合式摆锤冲击试验机的设计将简支梁和悬臂梁两种冲击方法合二为一，为国内外首创技术，获得了国家发明专利权。至2019年，共获得近40项国家专利权。其中有效专利数量17项，发明专利1项，实用新型专利13项，外观设计3项。

2019年开工建设的“智能化材料试验机技术研发及产业化建设”项目，占地30亩，建筑面积近20000平米，项目建设内容以科技开发、智能化制造、数字化管理为核心，建成国内领先国际一流的试验机研发、生产基地。项目总投入5300多万元，计划2020年10月竣工。

公司年收入4000多万元。其中，出口创汇占总收入的15%以上。产品遍及全国各地，并远销美国、意大利、新加坡、澳大利亚、伊朗等50多个国家和地区。2019年实现销售收入4078.8万元，利税981.1万元，利润647.9万元。

【承德华远自动化设备有限公司】 2002年1月成立，注册资本3000万元，占地79.48亩。有员工130人。其中科技人员66人。2019年，实现销售收入10500万元，利税893.47万元。

是一汽大众等多家大型汽车制造企业优秀供应商，产品已出口到欧洲。2014年被列入《河北省传统产业转型升级龙头带动计划》中重点支持的全省百家传统产业龙头企业。公司被国家工商总局评为“守合同重信用”企业。2018年被评为“河北省优秀民营企业”，全省共110家“河北省专精特新企业”。2019年列入“河北省制造业单项冠军企业”。

自主研发的汽车总装柔性立体储运装配系统获得河北省科技进步二等奖，在国内领先，替代进口，打破国外企业的垄断，可满足汽车20多个品种混线生产，满足汽车大批量生产的柔性化、智能化需求，可实现年产35万辆份汽车的生产能力，最快节拍达到52sec/辆份。系统还可应用于汽车涂装、焊装生产线，可提升汽车生产企业的整体生产技术水平，为其实现数字化车间和智能生产提供了基础和保障，使汽车生产柔性装配技术装备实现国产化。

拥有产学研技术创新平台——河北省工业智能化装配系统技术创新中心、河北省企业技术中心，发明专利和实用新型专利共13项。智能化运输和集散控制系统为自主知识产权，填补了国内空白，达到国内领先水平，被科技部等四部委列为国家重点新产品。自主研发的汽车总装柔性立体储运装配系统获得河北省科技进步二等奖。

【承德苏垦银河连杆有限公司】 2004年3月成立，注册资金1.55亿元。2016年，并入中国兵器装备集团公司控股的云南西仪工业股份有限公司，成为央企控股上市公司。有员工600余人。其中，技术研发人员72人。建有河北省企业技术中心、河北省发动机连杆工程技术研究中心和河北省高端连杆工程实验室等研发平台。先后获得了韩国现代质量五星级企业，中国汽车连杆行业领军企业，国家级高新技术企业，河北省质量效益型先进企业，河北省关爱职工百佳企业、沃尔沃最佳国产化支持奖、中国机械工业科学技术奖、国防科技工业企业管理创新奖等荣誉。“苏垦银河”商标被评为河北省著名商标、“苏垦银河”连杆获河北省名牌产品。与吉林大学、河北工业大学等院校实施校企合作，率先在国内实现了裂解连杆的批量加工与销售，成为国内裂解连杆加工技术的龙头企业。投资300多万元对粉末冶金材料及工艺进行研究，最终取得了北京现代新开发的高端粉末冶金裂解连杆开发权，实现了高端粉末冶金裂解连杆批量生产，填补了国内空白。

公司是发动机连杆专业化生产行业领军企业，有连杆产品100余种，配套厂家50余家。主要为北京现代、东风悦达起亚、现代威亚、上海通用、东风神龙、雷诺、沃尔沃、广汽菲亚特等合资品牌及长城汽车、吉利等国产领军品牌主机厂配套，并直接或间接出口德国、韩国、印度、土耳其等国家。

拥有盐城、昆明、柳州、重庆4个连杆生产基地。年总产能已达2928万件，连杆生产线26条。其中18条为裂解生产线。有效专利33项。其中发明专利3项。2019年，企业销售收入3亿元、利润总额167万元。

【鹰眼电子科技有限公司】 2014年6月成立，位于市高新技术产业开发区大数据研发展示中心，有员工38人。其中，专业管理人员5人。注册资本7843万元，是全国专注于研制“察、打、管、控、救、通”一体化无人机系统的国家高新技术企业，研发出集“三机一车”于一体的无人机系统解决方案，开创了警用无人机模块化、车载化的先河。

公司主要生产无人机及无人机零部件、无人机干扰及反制设备，机器人及机器人零配件，电子产品、安防产品等。先后获得第三届河北省工业设计金奖、世界无人机大会金狮奖等，在业内拥有广泛影响力。

【承德热河克罗尼仪表有限公司】 成立于1991年6月。是承德林达仪表有限公司与德国KROHNE（科隆）集团共同出资成立的中外合资企业，专业生产销售流量、物位、温度、压力测量仪器仪表，投资总额5102万元，中德双方持股比例分别为49.73%和50.27%。总资产21162万元，员工308人。公司成立以后，致力于流量计、液位计、传感器系列产品的技术应用与开发，服务于国内石油、化工、冶金、电力、食品、医药等行业的自动化控制及测量系统，是德国KROHNE集团在中国唯一的金属管浮子流量计服务及维修中心，主导产品金属管浮子流量计，以其智能化、模块化设计、HART通信、PROFIBUS（程序总线网络）总线功能等先进的技术特性，在国内市场中始终处于技术领先地位。以超过 50% 的市场占有率，连续保持同类产品的市场领导地位，KEOHNE（克罗尼）成为行业的知名品牌，企业列入中国仪器仪表 20 强，成为全国自动化仪表行业排头兵，为带动行业发展、振兴地方经济做出贡献。主要产品除国内销售外，还部分销往韩国、新加坡、印尼、巴基斯坦等国家和中国台湾地区、中国香港地区；零部件大批量销往 KROHNE 集团内的德国、英国、法国、荷兰、印度公司。

绿色食品产业

【概况】 2019 年，全市食品产业规上企业 51 家，实现主营业务收入 100 亿元，同比持平。占全市规上企业主营业务收入的 7.5%。实施龙头企业带动和产业结构升级，依托生态特色资源优势，通过建立稳定的食品原料种养植基地，拉长产业链条，形成以河北承德露露股份有限公司生产植物蛋白饮料杏仁露、承德避暑山庄企业集团生产白酒类、河北怡达食品集团公司生产山楂蜜饯食品、滦平华都肉鸡畜禽屠宰及肉类加工、平泉食用菌生产加工基地食用菌类等类别为代表的主导产业，全市食品产业基本形成集种养殖、生产、科研、物流仓储、互联网线上线下销售为一体的现代产业体系。开发丰宁平安高科萬苣产品，满足高层次的消费需求。强化丰宁缘天然乳业产品开发力度，打好有机牌。以承德隆泉米业、隆化绿源米业等企业为依托，种植优质大米，改进免淘工艺，扩大市场占有率。

以河北怡达食品集团公司、承德澳天山楂制品集团等骨干企业推动兴隆、鹰手营子矿区果品加工业发展，明确品牌定位，通过强化品牌建设，提高产品质量，进一步扩大市场影响。推进健康食品消费，依托宽城神栗食品等龙头企业，加大板栗休闲食品的研发力度，做好线上线下市场营销，吸引内蒙古、辽宁板栗资源，形成聚集产业。充分发挥平泉食用菌资源优势，用标准化生产提升产品品质，开发食用菌饮料等特色饮品。依托承德绿丰生态农业科技发展有限公司等企业，加快承德县蔬菜生加工步伐，增加冷冻、脱水等优质品种。强化食品安全标准引领，提升产品品质，加强质量安全。

【河北承德露露有限公司】 河北承德露露股份有限公司的前身是承德市罐头食品厂，始建于 1950 年。在整个罐头行业低迷时期，公司基于市场需求导向，依托当地丰富的山杏仁资源，开发生产了拥有自主知识产权的植物蛋白饮料—杏仁露，奠定了露露腾飞的基础。1997 年 11 月公司在深交所上市，股票代码 000848，成为国内植物蛋白饮料唯一的上市公司，通过上市募集的资金全部用于技术改造，使企业技术装备达到国内领先水平。2006 年经过国企改制，万向集团（国内五百强企业）持有公司 40.68% 股份，为公司第一大股东。

公司的主营业务是饮料的生产和销售，属饮料食品行业，主要产品是植物蛋白饮料—杏仁露，是全国最大的杏仁露生产企业，年生产能力 50 余万吨，市场占有率 90%。2015 年底公司总资产 24.91 亿元，饮料生产能力 50 余万吨，职工 1532 人，销售收入 27.06 亿元，实现净利润 4.63 亿元，税金 3.69 亿元，产品市场覆盖全国各地，其主导产品露露杏仁露是获国家专利产品，深受广大消费者喜爱，在国内杏仁露市场占有 90% 以上的市场份额。公司建立了符合 ISO9001:2000 标准的质量管理体系，公司先后获得“农业产业化国家重点龙头企业”“改革开放 30 年中国饮料行业突出贡献奖企业”“中国饮料业 30 年常青藤企业”“全国信息化 500 强企业”“全国质量诚信标杆典型企业”“河北省政府质量奖”等荣誉。在公司历届领导班子中两人获得全国“五一劳动奖章”，三人获得河北省劳动模范称号。露露商标被国家工商行业管理总局评为“中国驰名商标”，露露产品被国家技术监督局授予“中国名牌”产品称号，在全国形成以26个省会城市、4个直辖市为中心、覆盖213个地级市、包括1000多个经销商的销售网络。

【河北怡达食品集团有限公司】 始建于1989年，是国内最大的山楂食品民营企业集团，国家级农业产业化重点龙头企业。作为中国山楂休闲食品行业的领军者，怡达集团始终引领着山楂产业的升级与发展，先后参与制定多项国家级山楂食品生产标准。注册资金11847万元，总资产2.5亿元，产品主要有山楂休闲食品、罐头食品等，市场占有率国内排名第一，山楂食品国内同行业排名第一。怡达集团为农业产业化国家级重点龙头企业，“怡达”商标为“中国驰名商标”“河北省著名商标”，怡达产品也多次被评选为“中国食品市场产品过硬、消费者首选第一品牌”“河北省名牌产品”“消费者信得过产品”“河北省优质产品”。

公司总体占地面积500余亩，园区内建有“国内最大的山楂食品生产车间”“中国山楂博物馆”“中国山楂研发检验中心”“承德特色产品仓储物流配送中心”“电子商务运营中心”“电子商务创业孵化基地”，总体建筑面积10万平方米，怡达集团下属子公司6家，在山东、山西等地设有分厂8家，年综合生产能力可达20万吨，主要经营山楂休闲食品、罐头食品、干果蜜饯类200余种产品，“怡达”产品市场覆盖全国10万余家终端卖场，出口亚、欧、美、非等18个国家和地区。

2013年怡达集团积极实施互联网转型升级战略，并不断创新商业模式，确立“怡达”在山楂休闲食品全网第一的品牌地位，并借助自身品牌优势、渠道优势、团队优势，成功建成淘宝特色中国承德馆、京东中国特产承德馆、苏宁中华特色承德馆三大特色产品平台，带领广大企业及农户转型升级并取得了较好的成绩。2017年，怡达集团总资产5亿元，职工800人，销售收入7亿元，互联网销售收入突破2亿元。

【承德宇航人高山植物应用技术公司】 2003年成立，注册资本1881.3万元，占地面积4.75公顷（47513平方米），建筑面积30000平方米，截至2018年底资产总额3.7亿元，销售收入2.1亿元。有员工210余人。其中，科研技术人员27人。拥有先进的全自动、全封闭加工生产线和高尖端的现代化产品研发中心和检测中心。年处理沙棘果及其他果蔬能力已达到80000吨。公司主要产品有：以沙棘为原料为主生产的沙棘原果浆、沙棘浓缩清汁、沙棘保健食品、沙棘功能性饮品、沙棘化妆品，另有以本区域特产的黄太平、金红苹果等为原料生产的苹果浓缩汁、干粉等7大类170多个品种。相关生产线及厂房设施已通过HACCP体系认证，产品已获得有机食品认证、国际洁食认证，公司通过了ISO9001质量管理体系认证、ISO22000食品安全管理体系认证。2009年，具有自主知识产权的沙棘果饮和“棘维康”牌沙棘果油被河北省技术监督局评为名牌产品和优质产品。产品远销德国、美国、俄罗斯、韩国、新加坡、斯洛文尼亚、土耳其、意大利、印度、蒙古等国家，国内销售市场已覆盖全国20多个省、直辖市、自治区。

公司先后取得河北省农业产业化重点龙头企业、河北省林果产业重点龙头企业、河北省省级企业技术中心、河北省创新型企业、河北省技术创新示范企业、河北省扶贫龙头企业、河北省科技小巨人企业、国家高新技术企业、河北省“巨人计划”创新创业团队、河北省工程技术研究中心等称号。

2006年12月31日，中共中央总书记、中央军委主席胡锦涛亲临公司视察，对沙棘产业给予了充分肯定和高度评价。2010年，通过“公司+基地+农户”的运营模式，在旅游胜地塞罕坝上建设了无性大果沙棘基地4万亩，既为当地带来了良好的生态景观，又为企业增加了原料保障。

【承德神栗食品股份有限公司】 位于宽城境内，注册资本8000万元，由宽城恒泰矿业集团斥资3.6亿元建设，2010年改扩建完成并达产，是一家集基地种植、科技研发、生产加工、市场营销于一体的综合性食品加工企业，拥有独立进出口经营权，是国家农业产业化重点龙头企业、国家林业重点龙头企业，神栗商标被认定为中国驰名商标。

主要有板栗、山楂、蜂蜜、食用菌、冻干及膨化食品6大系列70余种产品，已通过美国、欧盟、日本、中绿华夏有机食品和伊斯兰清真食品、犹太洁食等国内外26项权威认证，先后被认定为国家地理标志保护产品、全国生态原产地保护产品和全国板栗绿色原材料标准化生产基地；宽城传统板栗栽培系统被农业部认定为中国重要农业文化遗产。

带动宽城4万户、20万栗农年人均增收300元以上，实现了全县板栗种植面积达80万亩、栗树2600万株、人均"百株栗"的目标。与中国农业科学院、中国农业大学、河北科技师范学院建立了长期的技术合作关系，启动建立了院士专家工作站，筹建了河北省板栗产业技术研究院，形成了"公司+合作社+农户"的生产经营模式。神栗产品已远销美国、德国、日本及以色列等30多个国家和地区，在全国各省市建立了营销网点，2017年—2019年营业收入分别为5.06亿元、5.15亿元、5.35亿元，同行类市场占有率位列全国第三。

【承德避暑山庄企业集团股份有限公司】 始建1949年，到2019年，总资产达16亿元，年利税3亿元，占地500亩，员工2000人。主要产品有山庄老酒、山庄皇家窖藏两大系列白酒，"山庄"牌系列白酒成为中国地理标志产品、中国白酒工业十大创新品牌、中华老字号、全国用户满意产品，山庄老酒传统酿造技艺成为国家级非物质文化遗产。多年来山庄集团以"传承千年酿酒技艺，弘扬皇家白酒文化，担当冀酒发展责任"为企业使命，已发展为河北浓香白酒第一品牌，山庄企业集团继续将"山庄老酒成为中国皇家白酒第一品牌，成为中国白酒标志性品牌之一"作为企业愿景。

山庄集团连续20年是平泉市第一纳税大户，集白酒生产、文化旅游为一体的国家级农业产业化龙头企业，国家级AAAA级景区，河北省生产浓香型白酒最大的企业，河北省工业企业中第一家将5G技术应用于生产的企业，位列承德工业10强、河北轻工50强、河北民营百强、中国白酒行业30强；先后荣获全国文明单位、全国实施卓越绩效管理模式先进企业、全国用户满意企业、省循环经济示范企业等荣誉称号。通过了(HACCP)食品安全体系认证、QS质量安全认证、ISO9001和IS014001国际质量环境管理体系双认证。

【承德九龙醉酒业集团】 承德市重点龙头企业，1958年成立，占地面积28万平方米。截至2019年，有员工500多名，总资产5.3亿元。集团拥有白酒、包装、印刷、旅游、房地产开发等多家子公司，以健康品牌"九龙醉"酒为龙头、以当地资源为优势、以骨干企业为主体的集团公司。公司以九龙波酒、九龙醉酒等为代表的产品为主推品种，已远销河北各地。2018年，销售收入达12389万元，上缴利税4214万元。2019年，受市场波动影响，实现利税4013万元，与上年基本持平。同年，荣获"河北省非物质文化遗产"、"燕赵老字号"等荣誉称号。

【承德乾隆醉酒业有限责任公司】 位于承德县境内，前身为承德县庆元亨烧酒作坊。"庆元亨烧锅"

的创始人是清乾隆年间任“皇粮庄头”的段额拉吉。1956年，在庆元亨烧锅原址上成立热河第三区联合厂。至1962年，联合厂改为承德县食品厂。1996年1月承德县酒厂更名为承德乾隆醉酒厂。2001年12月企业更名为承德乾隆醉酒业有限责任公司。

2009年，承德乾隆醉酒业有限责任公司异地搬迁至新址，占地530亩，总投资3亿元。2013年，公司酒文化博物馆开馆，实现年接待游客数量15000余人次。2019年，公司拥有总资产7亿多元，员工1000余人。有商标146个、专利23项，产品包括板城和顺、板城龙印、板城烧锅酒3个系列、近百个单品。

曾荣获联合国包装组织的“世界之星”包装大奖；全国“白酒百强企业”行业；中国驰名商标、“中华文化名酒”“中华老字号”“省非物质文化遗产代表作”“国家级非物质文化遗产”“河北省非物质文化遗产保护示范单位”“地理标志产品”“千年金奖”“河北省质量奖”等上百项荣誉。

【承德宝琢酿酒有限公司】 前身为宽城县第二国营酿酒厂，1984年企业改制后正式更名为承德宝琢酿酒有限公司。位于宽城县琢酒工业园区，占地面积300亩，总投资5亿元，年产北派酱香白酒1000吨，是中国北方拥有独立制菌、制曲工艺，纯固态发酵的酱香白酒生产基地。

公司传承当地悠久的民间传统酿酒技术，经几代琢酒人专注、专心、专业的探索和研发，在严格遵循传统酱香白酒生产工艺的同时因地制宜，形成了一整套具有承德琢酒酱香型白酒属性的技术工艺体系。特别是具有北派酱香型白酒工艺改写了北方酿造酱香型白酒的历史。

为促进产品品质的提升，保证进厂原料和出厂产品质量，投资2000多万元建成集产品研发、检验检测于一体的琢酒产品检测检验公共服务平台。先后引进国内最先进的液相色谱仪、气相色谱仪等150多台（套）大型设备，实现了从酿酒质量标准的制定到原辅料、半成品、成品、包装材料，包括对酒醅、白酒、高粱、小麦、大曲、山泉水、矿泉水、稻壳、酒糟等11类80个参数全过程检验检测。为原料、水质、曲种微生物菌群分选、培育、繁殖和新产品科研开发提供了强大技术支撑。依托检测检验平台组建由30名技术骨干组成的北方白酒微生物科研攻关小组，重点研究传统固态白酒酿造酒曲微生物、酒醅微生物、酒窖泥微生物对白酒品质具体作用。

承德琢酒先后荣获中国酒类产品包装设计创意大赛暨最美酒瓶设计大赛优秀设计奖、2017年度“青酌奖”酒类新品、社会责任百强企业、河北省科技型企业、河北名片、河北省优质产品、河北省著名商标、河北省消费者协会信得过单位、河北省同行领军品牌企业、河北省守合同重信用企业、承德市农业产业化重点龙头企业等荣誉称号，并通过ISO9001质量管理体系、《危害分析与关键控制点（HACCP）体系》和生态原产地认证。

医药产业

【概况】 2019年，全市医药产业规上企业6家，实现主营业务收入15亿元，同比增长1%。其中，颈复康药业主营业务超10亿元。

全市医药产业围绕滦平、隆化、围场、丰宁等县资源优势，重点发展热河黄芩、北柴胡、北苍术、金莲花等道地优势中药材品种，加快推进“京津水源涵养地·承德道地好药材”品牌打造。积极发展中药饮片加工、植物药提取、现代中药制剂。中药保健品等高端中药，推进中药产品标准化；放大科技辐射能力，加快发展中药材种子研发及鉴定、中药材栽培技术研发。支持颈复康药业等龙头企业开展计算机辅助药物设计、结构分析和对比、模拟筛选、成药性评价研究，提升药物研发水平和效率。

依托钒钛产业优势，培育钒钛资源开发利用高端市场，着力开发钒钛人工关节、人工心脏瓣膜、牙科植入物、外科植入物涂层用合金粉等高附加值医用耗材及个性化、高性能用品；以《承德市推进康复辅助器具产业加快发展行动计划》为引领，重点发展照顾和康复机器人、仿生假肢、虚拟现实康复训练设备等产品。加快全民健康信息平台建设，打造基于移动互联网的健康管理软件和可实现远程监护、咨询的远程医疗系统。

【承德颈复康药业集团有限公司】 公司建于1952年，是一家工商结合，以研究、开发、生产和销售中成药、中药提取物、西药、中药原料药、保健食品为主的现代化药业集团，主要股东包括颈复康医药产业投资公司、上海复星医药集团、中国药材公司、石药集团公司、辽宁朝阳人民康泰连锁公司。除集团本部外，还有5家成员企业，即承德石药颈复康医药公司（商业）、赤峰颈复康医药公司（商业）、赤峰丹龙药业公司（工业）、颈复康药业集团保定东方中药有限公司（工业）、承德颈复康大药房连锁公司（宽城、商业）。有职工 1361人（不包括成员企业）。其中，博士1人、硕士26人、本科160人。是北京中医药大学、上海华东理工大学、承德医学院的硕士生培养基地、河北省博士后创新实践基地。拥有颗粒剂、硬胶囊剂、软胶囊剂等多种剂型生产线，主导产品有颈复康颗粒、腰痛宁胶囊、北豆根胶囊、普罗布考片。其中，颈复康颗粒和腰痛宁胶囊单品种销售回款分别达到4亿元。

公司为国家火炬计划重点高新技术企业，为国家中药50强企业。2019年，有批准文号400种，拥有发明专利授权9项，自主研发制定国家药品标准30多个，覆盖了主要生产品种。其中颈复康颗粒、腰痛宁胶囊、复方石韦片等8种产品为国家中药保护品种。颈复康颗粒还被评为国家秘密技术项目。颈复康颗粒、腰痛宁胶囊已经成为治疗脊椎类中成药物的领军品牌甚至是首选品牌。公司拥有自营进出口权，营销网络遍布全国31个省、自治区和直辖市，中国香港地区、中国澳门地区和东南亚、欧美等国家，深得广大消费者及用户的信赖及赞誉。

【承德天原药业股份有限公司】 位于围场境内，前身是国有企业承德地区制药厂，建于1970年，是一家有着40多年历史的中成药生产企业。2000年，由国企转制为民营企业。2014年，进行了股份制改造。2015年5月，成功登陆新三板。是国家高新技术企业、河北省诚信守法示范企业、河北省知识产权优势培育单位、河北省创新型企业、河北省农业产业化经营重点龙头企业。公司注册资本5100万元，总资产3.9亿元，共有片剂、丸剂、散剂、胶囊剂、颗粒剂5个剂型、6大类（感冒类、胃肠类、清热解毒类、活血止痛类、镇静安神类、补肾强身类）64个品种中成药。主导产品为金莲花片、金莲花颗粒，是治疗咽炎、扁桃体炎及上呼吸道感染的首选中药抗生素，均为国家医保品种和国家中药保护品种。其中，金莲花颗粒为公司自行研制开发的国家级新药，全国独家生产。因其原料纯天然、无污染、无毒副作用而深受广大患者青睐。经过多年的市场培育，公司产品畅销全国各地，尤其在北京、天津、上海、广东、福建、湖南、湖北、浙江、四川等地市场销量与日俱增，产品供不应求。

2011年，在围场四合永工业园区实施了新厂区建设项目。项目占地100亩，一期工程总投资1.3亿元。其中固定资产投资1亿元。建成包括联合厂房等主要建筑20000平方米，新上生产线5条，新购进各种先进制药设备及精密检验仪器上百台(套)。新厂区设计生产能力为2500吨，产值可达5亿元，可实现利润1亿元，新增就业300人。经济效益和社会效益十分显著。2012年12月，通过GMP新版认证，走在了同行业新版认证的前列，实现了建厂42年来里程碑式的跨越。

【河北兴隆希力药业有限公司】 公司的前身是河北省兴隆制药厂，建于1969年，属地方国有企业。1996年10月，兴隆制药厂以部分资产与山东枣庄希力药业有限公司合资成立河北兴隆希力药业有限公司。1997年8月，山东枣庄希力药业有限公司将兴隆制药厂以承担债务式兼并。1999年12月，河北兴隆希力药业有限公司吸收香港丰金国际财务有限公司股金250万元，北京现代医学交流中心股金45万元，共注册资本1000万元。2014年1月，通过了国家GMP三次认证。

2012年9月，在兴隆县大友经济开发区新征土地30亩，投资3000万元，新建符合GMP标准的生产厂区，2013年11月底完工。新厂区总建筑面积8400平方米。其中制剂车间2940平方米，提取车间1740平方米，仓库2640平方米，化验楼360平方米，附属设施720平方米。公司产品为4种剂型6个品种。其中胶囊剂1种，乳膏剂1种，片剂2种，颗粒剂2种。设计年生产能力为：胶囊2亿粒、片剂4亿片、乳膏500万支、颗粒剂300吨，年产值可达4亿元。重点产品为丹参和山楂两个系列。丹参系列药品的4个产品中有3个是全国独家产品，两个国家中药保护品种。1998年丹参系列产品被河北省科技技术委员会评为河北省优秀新产品一等奖；被卫生部医学科学技术局评为河北省科技成果三等奖；1999年丹参系列产品被国家经贸委认定为国家级优秀新产品；2004年，丹参酮胶囊被选入全国医保产品目录。2017年产值1.6亿元。

尾矿资源综合开发利用

【概况】 2019年，全市共有尾矿库870余座，约占全国的1/17、全省的1/4。尾矿累计存积量30亿吨，采矿剥岩、干选等形成的矿山废石约16亿吨，占地约19万亩。承德每年新增尾矿和矿山废石约3亿吨左右。为解决尾矿给资源、环境、安全等带来的巨大压力，全市在尾矿综合开发利用方面积极地探索和实践，通过各县（市、区）、各部门的通力协作，尾矿开发利用工作已经形成了一套比较完善的管理体制和运行机制，尾矿综和利用途径已涵盖有价元素回收、尾矿制备建筑材料、尾矿干排和胶结充填、尾矿农用等各领域。截至年底，全市累计实施尾矿制备新型建材项目120余个，累计投资118亿元，实现产值120亿元，利税20亿元，带动就业6000余人，年消纳尾矿2000多万吨。尾矿综合利用项目已形成涵盖路面材料、墙体材料、保温材料、装饰材料等10大系列50多种产品，产品远销天津、北京、河北、辽宁及内蒙古自治区等周边建筑市场，成为新型建材的主体。承德新通源微晶装饰板材、宽城嘉瑞德低碳板材、金隅干混砂浆等中高端产品还走出国门，出口日本、巴西、委内瑞拉等。承德德厦生态渣透水砖铺到北京长安街，并销往沈阳、大同、石家庄、张家口等地，是建设海绵城市的理想产品。

【砂石骨料基地建设】 按照《砂石骨料绿色生产和运输评价标准》，全面启动并完成滦平、丰宁、宽城3个大型环京绿色砂石骨料供应基地建设，建成后预计年供应北京砂石骨料3000万吨左右。远期陆续在兴隆县、隆化县、承德县布点砂石骨料基地项目，最终根据北京、天津及本地市场需求，达到每年5000万～6000万吨的供应能力。同时按照“生态保护优先、集约利用资源、规范有序生产”的原则，整合规范已有砂石骨料企业，严格限制新建和技改扩建砂石骨料企业规模，加大监管排查力度，对无手续、手续不全、规模和环保不达标的企业，一律列入“散乱污”企业整治范围，并限期完成整改。

【市场开拓】 5月28日至6月1日，经与北京国际绿色经济协会洽商，组织承德市尾矿综合开发利用协会、河北睿索尾矿研究院及15家承德尾矿制备绿色建材龙头企业参加“2019年京交会—绿色技术与环境服务展”，全面展示推介承德尾矿综合开发利用成果和尾矿建材产品，参展5天，举办产品推介会2场、企业产品销售签约会1次，吸引国内外20余家工业固废领域企业、建筑单位、院校、研究机构和承德尾矿综合开发利用协会签定了合作协议。

7月25日，“2019年巴基斯坦建筑建材市场推介会暨河北省鼓励企业‘走出去’政策说明会”，在河北睿索固废技术研究院召开。承德德厦新型建材有限公司、宽城新通源公司、丰宁河北恒钏建筑材料有限公司、宽城绿标建材科技发展有限公司、围场振龙建筑材料集团、平泉天罡建材制造有限公司等尾矿建材企业参会，并与巴基斯坦EG公司展开交流对接，鼓励尾矿建材骨干企业参与巴基斯坦建材国际建材展，积极开拓国际市场。

【破解瓶颈难题】 积极与北京市住建委、北京铁路局、中国砂石协会、北京混凝土协会、砂石使用单位的对接，研究商榷承德绿色砂石骨料进入北京的价格、运输等政策问题。优化调整运输结构，大幅提升铁路货运比例，加大在承德市境内货运铁路场站项目建设和投入，推进砂石骨料公转铁运输和利用专用集装箱装载运输，力争到2020年底，承德建筑砂石的运输基本具备公转铁的条件。同时加快谋划、推进砂石骨料基地与货运场站专用铁路线建设，减少公铁倒运，逐步实现砂石骨料公转铁绿色运输。

【产品体系和龙头企业】 紧紧抓住京津冀协同发展的战略机遇，围绕功能定位，全面启动国家绿色矿业发展示范区创建工作，将尾矿综合开发利用提升到资源型城市转型发展、培育新兴产业的战略高度，举全市之力进行推进，通过综合运用政策驱动、典型带动、宣传促动、市场拉动等多种有力手段，推动尾矿及其他工业固废资源综合利用由“低效、分散利用”向“高效、规模利用”转变，走出了一条“变废为宝、变害为利”的资源型城市可持续发展之路，尾矿开发利用初见成效，特别是尾矿制备优质绿色建材产业已初具规模，形成了比较完善的产品体系。

通过加强项目引进，培育优势骨干和龙头企业，积极推动小规模低端利用企业的整合重组和技术改造，促进企业上规模、上水平，提高产业集中度和竞争优势。加大对承德德厦、承德新通源、平泉天罡、河北恒钏、围场兴源、承德振龙、承德绿建、隆化金富达、隆华泰山石膏、承德金隅10家龙头企业的支持力度，通过龙头引领，带动产业发展。

【承德德厦新型建材有限公司】 位于承德市双滦区元宝山大街62号，2002年7月成立，总投资3580万元，占地面积37073平米，总建筑面积5000平米，有员工73人，注册资本309.62万美元，为国有控股的中外合资企业。主要以生产空心砌块为主，引进具有世界先进水平的德国MASA公司R9001型全自动粉煤灰混凝土空心砌块生产线，年生产能力为120万平方米（20万立方米）。

【平泉天罡建材制造有限公司】 成立于2012年9月，位于平泉市卧龙镇二十家子村，占地100.74亩，注册资金3000万元。公司采用国内先进设备，与中国地质大学、中央美术学院、北京建筑大学等高等院校有合作关系。利用当地铁选尾矿渣、废弃蘑菇菌棒、农村面源污染物、工农业固体废物生产古建产品、透水砖、雕塑、装配式房屋等系列产品，是集绿色环保、新型研发设计、生产制造、施工为一体的集团化建材企业。

拥有古建砖生产线1条，年生产5500万块；

古建瓦生产设备 11 台，年生产 200 万块；木塑生产线 2 条，年生产木塑产品 2000 吨。尾矿研究实验室 1 座及抗压测试机、配料搅拌机、成型机、高温烘干箱等实验设备。2017 年，与河北睿索固废工程技术研究院合作新增木塑系列检测设备。

产品有：各种规格古建青瓦、勾头、滴水瓦、脊瓦、青砖、古建面砖、大小古建地砖及各种仿古建筑配件，木塑，透水砖，装配式房屋。

能源工业

【概况】 截至 2019 年底，全市共有大型火力发电厂 2 座，500 千瓦站 4 座，主变 7 台，变电容量 5700 功率；220 千伏站 20 座，主变 37 台，主变容量 6060 功率。110 千伏站 62 座，主变 123 台，容量 5425 功率。220 千伏线路 79 条，总长度 2783 千米。110 千伏线路 123 条，总长度 2576 千米。真正实现以 500 千伏为主供电源、220 千伏为网架支撑、110 千伏为供电延伸、中低压配电网架结构逐步完善、新能源与电网协调发展的现代化智能电网。

【火电】 全市火电装机 181.86 万千瓦，年发电量 85.91 亿千瓦时。其中，已建成的大型统调火电厂 2 座，为国电滦河电厂，装机 99 万千瓦，由 3 台 33 万千瓦热电联产机组构成；上板城热电厂，装机 70 万千瓦，由 2 台 35 万千瓦热电联产机组组成。小火电和工业用户自备电厂 9 座，装机 12.86 万千瓦。

【风电】 全市投产、在建及开展前期的风电项目总规模 589.9 万千瓦，已完成装机 473.36 万千瓦（并网 420.94 万千瓦），核准在建及开展前期项目 116.54 万千瓦。其中，装机 95 万千瓦的百万千瓦风电基地一期工程已于 2018 年全部并网发电，装机 287 万千瓦的二期工程正在全力推进，已完成装机 171.52 万千瓦。

【光伏发电】 全市建成、在建及推进前期的光伏发电项目 49 个，总规模 224.76 万千瓦，已累计完成装机 162.26 万千瓦。其中，建成大型地面电站 41 个，装机 114 万千瓦（含扶贫电站 20 个，装机 60 万千瓦）；建成村级光伏扶贫电站 718 个，装机 28.85 万千瓦（覆盖 776 个村，45246 个贫困户）；建成屋顶分布式光伏发电项目 15287 个，装机 19.41 万千瓦（万户阳光工程 11547 户，装机 4.64 万千瓦）。

【水电】 全市已建成常规水电站 31 座，总装机规模 4.95 万千瓦。世界上最大、装机规模 360 万千瓦的丰宁抽水蓄能电站正建设中，已累计完成投资超 77 亿元。

【生物质发电】 全市建成、在建及推进前期工作的生物质发电项目共 4 个，总规模 8.7 万千瓦。其中，承德环能 2.4 万千瓦垃圾发电项目、平泉华净生物质气化发电项目已并网投运，兴隆 3 万千瓦生物质热电联产项目正建设中，中博国能平泉 3 万千瓦生物质发电项目已完成核准，正在推进前期工作。

【天然气】 大唐煤制天然气管线工程全线贯通，年供气能力 2 亿立方米。全市 8 县（市）3 区均敷设了城区燃气管网，管线总长度近 350 千米，年天然气用气量超过 8000 万立方米。张家口—承德—唐山长输管道项目获得省核准。中油金鸿唐山—承德天然气长输管道项目列入《河北省“十三五”能源发展规划》，现可研报告已编制完成。

【新能源装备】 全市已经具备年产兆瓦级风机整机 500 台，风机罩 1000 台，风机塔架 120 台、垂直轴风力发电机组6000套的生产能力。承德万利通全钒液流储能电池项目（5～16千瓦电堆、质子传导膜）具备批量化生产条件，并正在与省建投合作实施风储示范项目。新疆特变电工逆变器、SVG等新能源装备制造基地项目正建设中。

（供稿　杨　烁）

大数据

【概况】　2019年，全市大数据产业紧紧围绕建设京津冀大数据走廊核心支撑城市目标，在《承德市大数据产业发展规划2015—2020》的基础上，编制了大数据产业3年行动方案，坚持产业和应用并重，大力推进大数据核心产业、关联产业和衍生产业，努力打造大数据全生态产业链。凝心聚力推进京津冀大数据示范区建设，吸引国内尤其是京津大数据企业到承德投资，产业雏形基本形成。建成智慧城市云、智慧政务、智慧旅游、智慧交通、信息资源共享交换平台等应用项目，积累了政务、旅游大数据，政府管理社会治理水平提升了。

在旅游大数据建设内容上侧重基础设施建设、信息安全系统建设和应用系统建设，纵向实现与省、市（县、区）旅游主管部门政务信息、旅游企业基础信息、日常经营信息及行业应用信息的整合。横向实现与市应急局、市交通局、市公安局、市自然资源环保局、市气象局、市市场监管局、市文物局等各涉旅部门的数据整合，统一构建全市旅游大数据格局和体系。

【产业规模】　截至年底，大数据产业项目有17个投入运营，较2018年增加20%。另有6个项目开工建设，包含电子商务中电子部分在内。大数据产业实现销售收入140亿元，较2018年增加17%。全市大中小互联网、电子信息、大数据企业800余家。其中，龙头企业有博彦科技承德有限公司、德鸣大数据公司、华明服务外包产业园、鹰眼科技、承德网络商务有限公司等，其余为中小微企业，主要从事软件研发、系统集成、电子商务等。

承德县大数据小镇占地5500亩，定位为数据存储、研发及应用为一体的大数据综合产业园。承德县大数据产业园包含培育发展大数据产业园、孵化创业区、文化创意区、产教城园区、配套服务区、金融基地和服务外包基地等板块，集聚了承德世欣蓝汛科技有限公司、中唐国盛承德服务外包有限公司、承德网联商务有限公司、江苏晟博数据科技有限公司、无界控股有限公司、安徽尚赢金融服务外包有限公司、深圳市胜科企业管理有限公司等一批企业。其中德鸣大数据产业园项目总投资100亿元，占地1000亩，整个园区全部建成后可容纳3万个机柜，2019年该园区完成投入近26.3亿元，交付T3+级数据中心两栋，共3500架可用机柜。华明服务外包产业园现有1500呼叫坐席上线运行，年实现收入5000万余元。博彦科技软件服务外包项目签约员工200余人，全年预计收入2.5亿元。承德网联商务有限公司入驻承德县服务外包产业园，为金融机构提供软件开发和后台运营，年销售额8000万元。承德高新技术产业开发区大数据和电子信息产业园，聚集了中经承园、易骋云、神狐安数、博彦科技、中天智领、十维智能等企业，服务涵盖大数据服务、大数据应用开发、大数据交易、软件服务外包等。已运营大数据及电子信息企业15家，年可实现营业收入20亿元。

【智慧旅游大数据平台】　实施智慧旅游“1144”工程（一张网：覆盖承德、连接京津冀的旅游通信网络；一个中心：承德旅游大数据中心；4个平台：服务承德、延展京津冀的智慧服务平台、智慧管理平台、智慧营销平台、智慧体验平台；

4套体系：标准规范体系、安全保障体系、运营管理体系和容灾备份体系），已建设完成旅游数据中心、旅游大数据统计分析平台、旅游产业监测平台、720°全景展示平台、应急指挥系统、游客服务等6大功能板块，共239个应用模块。开通旅游光纤专线12条。对承德旅游官方网站进行优化整合，进一步丰富了微博、微信公众号、微网站、手机APP等内容。

【建设示范项目】 借助省第三届旅游发展大会在承德市召开契机，把国家“一号风景大道”逐步打造为智慧旅游大道。推动联通、移动、电信三大运营商沿国家“一号风景大道”完成4G信号全覆盖工作。按照“全覆盖，统一登录”的指导要求，实现国家“一号风景大道”和坝上重点景区Wi-Fi信号全覆盖。建设围场智慧旅游服务平台建设，组成集线上线下售票、检票管理、自助购取票、数据实时统计分析系统、综合环境监测等管理服务体系。建设丰宁智慧旅游服务平台，实现智慧景区、智慧酒店、智慧马业、智慧交通及智慧停车的统一管理，丰宁已接入旅游景区8个、旅行社7家、大型旅游商品企业6家、餐饮企业80家、农家院480家。建设智慧酒店服务平台，市联通公司在国家“一号风景大道”沿线宾馆饭店客房电视接入“联通新视界”智慧系统，打开电视能够查询宣传视频、天气、特色线路、旅游商品、旅游资讯等信息，成为全省首个规模化酒店电视体系。立足旅游精准扶贫，开通“沃美乡村游”系统，通过“一店一网、一店一码、一店一报”，帮助乡村旅游中小商户进行线上传播营销。通过国家“一号风景大道”这一轴线，跨越“两县一区一场”（丰宁、围场两县，御道口管理区和鱼儿山牧场），覆盖面积6023平方公里，形成串联沿线景区、驿站、宾馆、饭店、民宿共千余家的旅游智慧服务集群，为到承中外游客带来可观、可感知的智慧旅游服务体验。

【博彦科技承德有限公司】 于1995年市高新区技术产业开发区注册成立，注册资金人民币1500万元，主要从事信息技术开发、服务；计算机及设备软件的开发、设计、制作、测试、销售；提供技术咨询和技术服务；计算机系统集成的设计、安装、调试、维护；从事数据处理服务；企业管理咨询；信息技术培训；从事货物及技术的进出口业务。其母公司博彦科技股份有限公司（深交所上市公司，股票代码002649）是一家面向全球的IT咨询、解决方案与服务提供商。公司总部位于北京，并在中国、美国、日本、印度、加拿大、新加坡6个国家设有30余家分支机构、研发基地或交付中心。

大数据业务：数据处理众包平台项目正在内测人工智能系统，即将上线，上线后会进行产品推广，组建包括技术、管理、客服人员在内的团队共几十人，需要处理的数据内容包括视频、语音、图片等。

服务外包业务：提供咨询、IT服务、产品工程与研发、测试、云服务以及大数据分析等一系列解决方案。根据客户发展战略全力支持其商业价值最大化，在激烈的国际市场竞争中抢占先机。

【德鸣大数据产业园】 规划占地1000亩，总投资100亿元，计划建设2万个机柜、40万台服务器的IDC数据中心、展览展示区等，为国内外各类客户提供高标准、定制化及相关增值服务。已完成投资26.3亿元。其中，1号展示中心楼正在进行精装修；2号数据机房楼正在进行机房设备安装；3号数据机房楼已全部完工，具备投入使用条件；5号至12号8栋数据机房楼完成三层主体结构施工。

【全承游信息科技（承德）有限公司】 2016年成立，位于高新技术产业开发区科技大厦，注册资金3000万。是一家集互联网系统开发、平台运营、B2B2C 交易服务及 O2O 服务为一体的高科技互联网技术公司。致力于发展承德本土互联网旅游服务产业，已经建成了一套完备的互联网旅游产品销售和服务体系。

品牌产品“全承游”是着力于承德市地方特色旅游文化产品开发与运营的一站式旅游服务平台之一。平台主营 OMO 在线旅游产品预订服务，依托互联网技术进行信息整合，开发地方旅游大数据资源。已整合地方旅游相关产业商家 5790 余家，并与 3000 多个商家开展了业务合作，服务范围覆盖承德全域（承德 38 家 A 级以上景区，导览体系建设完成避暑山庄及周围寺庙、金山岭长城等主要景区线下智慧体系搭建及电子门票对接。二维码景区全覆盖）。已开通的全承游平台 PC 及移动端，可在旅游服务供应商和用户之间实现精准有效对接，随时随地为用户提供景区、票务、酒店、导游、租车、旅游线路、特产礼品等产品的搜索与订购服务。

【中唐国盛承德服务外包有限公司】 是中唐国盛信息技术有限公司与承德县政府共同打造的大型服务外包基地，同时也是承德县产业结构调整进程中的重点项目，公司坐落于承德县华明服务外包产业园 A 座，坐席总量 3500 个，已投入运营的坐席数量为 1500 个。拥有近 600 位专业员工 ,400 多名客户专员服务第一线。被河北省商务厅命名为河北省呼叫中心服务外包基地、河北省服务贸易和服务外包示范企业。先后被河北省商务厅、国家服务外包人力资源研究院认定为河北省呼叫中心服务外包基地、服务外包产业基地，被授予承德县大学生创业创新园、2017 智慧服务峰会“呼叫中心服务奖”，2017 年度工信部软促中心“十佳服务外包奖”。2018 年 5 月，公司运营管理部被评为河北省工人先锋号。同年 11 月，公司被评为河北省服务贸易和服务外包示范企业。

信息服务

【承德移动】 2019 年，承德移动高度重视 5G 建设及发展，首批 5G 工程预计规划物理站 200 余个，预计于 2020 年实现城区 5G 信号连续覆盖、县城以上重点区域覆盖。积极联合行业合作伙伴，开展 5G 应用研究，打造 5G 产业生态，全面提升工业互联网、智慧城市等领域的信息服务能力，在旅游、交通、教育、医疗、工业、能源、民生、旅游等行业探索 5G 业务的应用。提前开展网络资源勘察，并与承德市城市总体规划加强衔接，统筹编制 5G 基站站址专项规划，围绕重点垂直领域、行业应用，在重点区域、重点场所，分场景逐步推进 5G 基站建设。已在全市建设开通 5G 基站 7 个。其中，5 月 17 日在火神庙热河营业厅、金龙皇家广场、双滦营业厅共开通 3 个 5G 基站。依托省第三届旅游发展大会，在避暑山庄、市博物馆、双滦区鼎盛王朝共开通 5G 基站 4 个。

加快推广 5G 应用，面向旅游业、制造业、白酒业等支柱产业龙头单位，开展 5G+ 战略合作洽谈、5G+ 行业宣传展播，为 5G+ 行业合作奠定良好战略基础。12 月 3 日，市人民政府与河北移动签订“5G+ 数字承德”建设发展战略合作协议，联合推动新一代 5G 网络建设和商用部署，推进 5G 技术在承德智慧文旅、智慧交通、智慧医疗、智慧教育、智慧园区、智能电网等领域的融合应用，带动物联网、VR/AR、车联网及智能制造等新兴产业发展。

打造“移动 5G 进山庄，文旅融合共发展”新生态体系，创新运用“基础 5G 覆盖 + 边缘云服务”，基于避暑山庄专网，依托游客消费习惯、游客客源地、车源地、酒店入住率等大数据分析，使客户可以对避暑山庄的水光山色尽入掌中，实现 360° 全景漫游（VR）体验，为魅力承德打造第一张 5G+ 智慧旅游文化产业名片。

稳定手机客户规模，不断推出适合客户通信需求的语音产品和流量包等个性化产品，截至年底，中高价值客户占比较2018年提升2.03%。提升广大客户对高端智能机的使用感知，全网客户对高端智能机使用率较2018年提升21%。聚焦高价值客户融合发展，开展高价值小区攻坚行动，中高端客户宽带渗透率较2018年提升15%。以“宽带+电视+增值业务”融合营销，提升低占低接区域占有率。满足家庭成员间语音业务需求，降低家庭成员间语音通话费，家庭网主副号活跃率较2018年提升24%，家庭成员V网通话活跃融合率大大提升。

加快政企市场发展，坚持以客户需求为导向，建立涵盖关键触点、策略手段、管控机制等因素的立体化存量运营体系，持续完善首席客户代表制，强化精细看管，以分层分级保有强化精细营销，通过竞争预警监控强化精细防守，稳固政企市场发展。持续挖潜DICT增收潜力，通信和信息化收入较2018年提升1.4%。新业务市场收入稳步提升，立足客户需求，大力发展视频彩铃、任性看、个人云、任性选等新产品。抓好品牌重塑，累计修复客户6.4万余户，“10分满意、互动有礼”活动参与客户9.2万户，参与率全省领先。

打造精品网络，无线网实施“规建维优”全生命周期管理，完成2G基站替换1450个，新建及扩容4G站点580个，重点场景问题小区解决率较2018年提升41.95%，疑难站点入网率达到96.3%，无线设备可用率达到99.7%，居全省第二。投诉量压降50%，集中投诉解决率达到100%。新建家宽小区166个、扩容1.8万户，聚焦品质网络、品质业务、品质服务、品质营销，完成全部县（市、区）BRAS下沉和汇聚交换机下沉，完成重要OLT BRAS直连改造，完成OLT上行弱光整治工作和集中PON口弱光整治工作，弱光ONU占比降至1.79%，单PON口接入用户数超限占比压降为0，本地关键网站覆盖率较2018年提升至60%，家宽装机质检合格率提升84%。对政企网重点开展品质售前、售中、售后及品质服务等全链条提升，通过专线同路由和接入点机房的劣化电源整治，专线健康度较2018年提升37%，微网格业务承载率较2018年提升25%，完成PON模式专线开通自动激活的部署和试点开通。

附：中国移动通信集团河北有限公司
承德分公司领导名录

党委书记、总经理：温立志（1月免）
张　哲（1月任）
党委委员、副总经理：王志祥（蒙古族，2月免）
李继业（蒙古族）
孙立国（2月任）
邢东升（2月免）
王文龙（满族，11月免）
李亚梅（女，满族，2月任）
李经伟（11月任）

（供稿　彭文平）

【承德联通】 2019年，承德联通服务水平显著提升，经营业绩明显改善。全年实现主营业务收入6.53亿元，缴纳税金664.5万元。移网出账用户达89.44万户，宽带网上用户达到31.88万户。新建宽带FTTH端口0.83万线，FTTH端口总数达到73.73万线。移动网2G物理站址达225个；3G物理站址达266个；4G物理站址达328个。顺利完成春节期间、“两会”及“315”期间、省委重要电视电话会议、“七一”红歌会、中华人民共和国成立70周年、“塞罕坝”杯首届一号风景大道国际马拉松、芒果音乐节·中国马镇站等活动的通信保障工作。

开通平泉市山庄酒厂、市区3个核心窗口营业厅5G网络，通过搭建5G网络演示示范区，支撑市场部门对5G网络的宣传，极大提升5G网络品牌效应。12月17日，与承德电信公司签

2019年5月18日，承德联通公司在平泉酒厂举行5G启动仪式

署《5G网络共建共享框架合作协议》，完成5G共建共享机构的组建，并扩展至4G网络、管道、杆路和机房等电信基础设施的共建共享，有效发挥双方现有资源优势，整合双方需求，快速进行网络建设，形成网络能力。共建共享工作开展以来，移动网开通共享站19个，共建楼宇164栋；宽带开通共建共享小区11个，节省投资约440万元。推出了家庭互联网产品，重点针对沃家固话、沃家组网、沃家神眼、沃家电视4类产品进行包装，为不同的目标客户提供差异化需求。

贯彻网络强国战略，持续跟进贫困村"点亮工程"进度，全市897个贫困村全部点亮，行政村全部实现光纤宽带覆盖，4G网络覆盖率达到94.5%。认真了解贫困户生活情况，宣传国家扶贫政策，解决贫困户的实际困难，严格填写扶贫手册，记录入户情况；实施消费扶贫34.9万元。

附：中国联合网络通信有限公司
　　承德分公司领导名录

党委书记、总经理：丁鹏程（3月免）
　　　　　　　　　韩玉清（3月任）
党委委员、纪检组长：曹喜顺
党委委员、副总经理：冯树楷
　　　　　　　　　石　岩（蒙古族）
　　　　　　　　　马　晋（3月免）
　　　　　　　　　焦力仕（满族，3月任）
　　　　　　　　　邓筱菈（女，4月任）

（供稿　胡　娜）

【承德电信】 2019年，承德电信全部业务收入完成4.18亿元，共建设移动网C网基站1686个。其中，室外宏站1412个，室分站址274个。行政村移动网C网覆盖率86.3%，城区覆盖率98.84%。移动网LTE网络（800M+1.8G）共有室外系统3016个，室分系统站址551个。LTE城区覆盖率96.85%，全区LTE覆盖率90.47%。拥有本地网核心层光缆908.47千米，主要承载市中心区到县、县到县间的汇聚层业务。落实中共河北省委、省政府及省公司关于京沈客运专线网络建设的相关要求，布放光缆114皮长千米，建设基站60个，高铁开通前率先实现全覆盖。

积极响应"宽带中国·光网城市·提速降费"发展战略，大力发展高速光纤网络。截至年底，实现光纤覆盖过百万户，光宽用户达到30万户，平均用户带宽达150兆。移动网达量降速套餐价值低至49元，宽带提速不提价。全面普及200兆带宽，部分小区推出500兆、1000兆。两次为中小企业用户提速降费，受益企业达600余家。

以公共服务便捷化、城市管理精细化、生活环境宜居化、基础设施智能化、网络安全长效化为目标，助力承德"智慧城市"建设。参与市中心区、平泉市、丰宁满族自治县、宽城满族自治县、鹰手营子区"智慧城市"和"雪亮工程"的设计与规划工作。致力于"智慧民生"应用体系建设，在智慧政务、无线城市、智慧医疗、智慧旅游等领域取得了长足发展，从2017年下半年至2019年，陆续投资6000余万元，完成双桥区、双滦区、鹰手营子矿区、承德县主要城区的无线网络覆盖。推动各县（市、区）、机关事业单位无纸化办公、办公OA等基础信息化建设，降低办公耗材费用。与承德医学院附属医院共同推进"智慧医疗"项目，强化基层医疗卫生机构居民健康守门人能力，方便了群众就近就医。助力滦平县政府打造金山岭 AAAAA 级智慧景区建设，完善景区基础信息化硬件、打造智慧景区旅游平台。与市民政局合作实施“12349”承德市智慧养老云平台项目，老年人在家即可挑选、享受专业化的养老服务。率先建成全覆盖的物联网（NB-IOT）网络，在智慧家居、智能仪表、智慧路灯、智慧停车场、三表集抄、智慧管廊管理、智慧水务、智慧环保、智慧消防、智慧城管等方面广泛应用。

积极制定“云＋网＋应用”的 DICT 解决方案，稳步推进关于“大智移云”战略的落地执行方案，先后为 500 余家企业提供云＋网体验服务，加速企业信息化转型。着重打造“云＋网＋应用”一体化解决方案，先后为城市燃气、博冠、蚂蚁单车等客户提供服务。大力发展智慧家庭业务，系列以智能组网为代表的成熟型泛智能产品应用规模逐渐扩大，成为家居生活的主导。

高度重视网络信息安全及用户个人信息保护工作，网络安全设施配套齐全，培养一支可在 5 分钟内快速阻断信息，精准溯源的网络安全队伍，多次完成高规格网络信息安保工作，并在“HW2019”实战演练中取得优异成绩。采用技术防范加人员管理的方式对用户个人信息进行保护，未发生用户个人信息泄露事件。多次开展专项治理行动，通过严格管控受理渠道，有效降低了非法份子入网风险。派专人入驻市公安局反诈中心，建立长效联动机制，可快速进行反诈溯源、关停。全年累计关停手机号码 3500 余个，为用户营造了良好的通信环境。

附：中国电信股份有限公司
　　承德分公司领导名录

党委书记、总经理：马秀林（7 月免）
　　　　　　　　　胡尽诚（7 月任）
党委委员、副总经理：荣立军（9 月免）
　　　　　　　　　牛青山（满族）
　　　　　　　　　白浩雷（满族）
　　　　　　　　　张　树（8 月免）

（供稿　田文博）

邮政快递

【概况】 2019 年，全市邮政管理工作坚持“安全为基、发展为要、服务为上、监管为本”的理念要求，加快行业转型升级、提质增效进程，扎实推进各项重点工作，取得了良好效果。全年，邮政行业业务收入（不包括邮政储蓄银行直接营业收入）累计完成 5.52 亿元，同比上升 4.18%；业务总量累计完成 4.48 亿元。其中，全市快递服务企业业务量累计完成 1284.09 万件，业务收入累计完成 3.20 亿元，同比增长 2.18%。

【优化发展环境】 积极推动全市及环京 4 县邮政业安全机构建设，推进全市邮政业安全中心建设。积极推动邮政业生态环境保护工程，全市 225 个普遍服务营业场所及 148 个快递营业网点全部设置包装回收设施，设置率达到了 100%。联合多部门召开了“3 · 15”专题座谈会，联合市市场监督管理局开展大型宣传活动，印发绿色邮政宣传资料 1000 余份。

在保持全市建制村直接通邮率 100% 的基础上，稳步推进建制村投递服务信息化监管，制定专人负责，完善建制村投递监测系统，完成坐标采集、APP 投递情况监测等工作。建立日通报制度，每日对系统内坐标采集、实地打卡等情况进行通报。改善末端投递服务，积极与交警部门协调规范快递电动三轮车使用管理政策，快递三轮车规范化、信息化、平台化管理工作取得重大突破，与双滦区交警支队共同出台快递三轮车统一实施方案，实现“八统一”和“三加强”。积极推动“快电”合作工作。为全面提升农村地区快递网点的服务质量和品牌形象，与中国电信承德分公司签订战略合作协议，在渠道门店、客户资源、宣传资源等方面实现共享。

落实减税降费政策。全年全市邮政企业社会保险费降低 32.62 万元，增值税降低 230.99 万元。全市快递企业减税降费 141.71 万元。其中，增值税减免 20.56 万元，企业所得税减免 101.72 万元，社会保险费减免 19.32 万元。

【依法治邮】 严格依法行政，检查全市邮政快递企业 899 处（次），出动执法人员 2468 人（次），办理行政处罚案件 32 起，罚款 9.2 万元。推动快递"三化"建设提档升级，截至 12 月，全市主要品牌快递企业共 148 个，已建成规范化分拨中心 8 个，规范化分拣场地 4 个，已建成"三化"示范网点 15 个，标准化网点 121 个。不断强化寄递渠道安全，特别是涉枪涉爆隐患整治，要求各企业切实落实主体责任。充分发挥寄递渠道安全管理工作机制作用，召开寄递渠道领导小组会议，研究部署安全保障工作。组织开展了全市邮政快递业突发事件应急演练活动，增强了各单位应对突发事件的指挥能力、组织能力、应变能力和自救能力。

加强快递员（投递员）权益保护，推动快递企业签订集体劳动合同，规范劳动用工管理，保障临时聘用人员权益。组织传达学习贯彻习近平看望"快递小哥"作出的重要指示精神，开展"关爱快递小哥"系列活动，旺季期间深入快递企业走访慰问，开展"快递从业人员服务月"活动。成立全省首个快递行业工会，为进一步加强快递员权益保障、稳步推进快递员关爱工作创造有利条件。

2019 年 9 月 16 日，市邮政管理局召开关心关爱快递从业人员慰问座谈会

附：承德市邮政管理局领导名录

党组书记、局长：付铁柱

党组成员、副局长、纪检组长：赵铁政

党组成员、办公室主任：杨　超（女）

（供稿　郭丽伟）

【邮政集团】 2019 年，全市邮政普遍服务自营网点 101 个，普遍服务代办网点 124 个，合计 225 个。代理金融营业网点 73 个。实现考核收入 23546 万元，完成预算的 101.14%，增长 2.68%，实现考核利润 −4018 万元。金融业务发展加快转型，完成考核收入 11632 万元，完成预算目标的 100%。坚持余额为中心，拓宽获客渠道，全年新增储蓄余额 432 万元，同比多增 1.92 亿元，余额规模 49.7 亿元。新增手机银行 35955 户、商户收单 9165 户、ETC14674 户、快捷支付绑卡 42933 户，实现电子支付收入 362.28 万元，同比增长 54.93%，列全省第一位。保险业务结构优化，新增保费 2.96 亿元，收入 2121 万元，万元收益率 7.17%，提高 2.19 个百分点；实现期交保费 1.14 亿元，增长 44.97%，占总保费的 39.57%，列全省第一位；中邮长期期交保费 755 万元，完成 107.87%。

寄递业务完成收入 2514.3 万元，同比增长 33.9%，完成省预算的 103.17%。标快业务实现高质量发展，收入完成 1169 万元，同比增长 7.1%，增幅全省第三。巩固政务市场，收入增长 31.21%，列全省第一位。其中，社保卡业务实现突破性增长；消灭行政审批业务收入空白县；规范法院专递投递要求，收入增幅达到 47.28%；加快车驾管业务发展，网上车管成为新增长点。拓展商务客户，新开发中行银行卡寄递业务，与 7 家保险公司签订合作协议，形成收入 17.31 万元。

电商收入实现 853 万元，分销收入 3330 万元。邮乐购站点累计 1541 个，会员 9.72 万人，代购 1.75 万笔，代购金额 38.95 万元。加快便民服务，31 个网点开通代办公安交管业务。以“9·19”电商节、“年货节”“集单”为抓手，实现批销额 5397 万元。助力金融和寄递业务，促进打造金融客户权益体系、搭载代收代投业务和平台造包。集邮业务收入 1278 万元，完成 101.43%；报刊业务收入 1640 万元，完成 100.59%；函件业务收入 472 万元，完成 110.31%。推进政务服务项目，进驻综合服务大厅 13 处，单项大厅 11 处，县（市、区）全部开办警邮业务。73 个网点全面开展两险代缴，小额信贷受理 58 户、1622.4 万元。

建制村通邮率、乡镇网点覆盖率、普服业务开办率、县及县以上城市党政机关《人民日报》当日见报率达到 100%。全面推行平信条码化，丢损率 11 月降至 0；1—11 月用户有理由投诉同比下降 40.9%，用户满意度 93.98 分，申诉处理满意率 94%。完成远程集中监控中心建设，加强金融内控风险排查和整治，完成综合柜员派驻管理，网点合规检查和风险排查全覆盖，风险预警核销率 100%，提升了风险防控能力。践行绿色发展理念，窄胶带、绿色包装箱、废弃物回收装置覆盖所有网点，营业厅电子面单使用率 100%，代办网点全部配备蓝牙热敏打印机。

进一步深化寄递改革，完成邮速机构整合，实现人员、设备、场地统一管理、统一调配。稳步推进寄递事业部主要操作岗位统一薪酬分配改革，完善以计件为主要方式的分配制度，实现同岗位、同模式、同标准，调动揽投人员积极性。加快网运改革，增加干线 1 条、二频邮路 8 条、委办邮路 6 条，加快了邮件传递时限。推进集包作业，上行邮件省内全部集包，对 12 个支局进行集包，减轻下行邮件二次分拣压力。质效指标得到不同程度的提升。

加快网点改造，完成 11 处网点改造及配套设施，改造了 11 处网点锅炉。集中监控中心投入使用，增配普遍服务网点监控设备 143 套，更新运钞车 6 辆，安装自助设备防护舱 14 个、加钞间空调 108 台。增配 ATM3 台、CRS17 台，实现 ITM、纸币清分机网点全覆盖，全市自助设备达到 154 台。更新终端、点钞机等设备 400 多台，金融网点激光打印复印一体机全部更新，为每个网点配备了 1 台笔记本电脑，极大地增强了基础能力。加大网运改革支撑力度，增加邮路运营费用 114 万元。改造了邮件处理中心和 6 处三合一场地，新增皮带机 10 条、到扫仪 6 台，更新 73 部投递 PDA、50 部网运 PDA，增加车辆 10 辆，增配 23 辆电动三轮车、138 块电瓶、100 辆笼车，配套集包设施，极大地提高了邮件处理效率和质量，确保了在双 11 处理峰值达到 7.4 万件的情况下，平稳过渡。完成了新一代寄递平台 V3 专有云、金融统一柜面管理平台、新一代集邮业务等系统上线升级工作，提升了客户体验。

附：中国邮政集团公司
承德市分公司领导名录
党委书记、总经理：朱　进
副总经理、纪委书记：安德斌
副总经理、工会主席：顾海波
副　总　经　理：董　丽（女）
曹海峰（9 月任）

（供稿　贾雯晴）

无线电管理

【概况】 2019 年，全市无线电管理工作深入贯彻党的十九大和十九届二中、三中、四中全会以及习近平系列讲话精神，认真落实省工信厅和市委、市政府工作部署，按照“一个围绕、一个突出、四个重视”的总体工作思路，积极推进无线电管理各项工作开展，有效地维护了空中电波秩序，圆满完成了全年各项工作任务目标。

【无线电技术应用】 截至年底，全市共有各类无线电台站21808部，台站数量较2018年增长21.95%。其中，广播电视台站118座，4G基站9483座。全市手机用户已达3938689部（4G用户达到2520178人），无线电事业已在政府应急、公安、武警、通信、广电、铁路、交通、气象、林业、水利、减灾工作及重大活动中广泛使用，涉及政治、经济、国防、文化建设等方方面面，保障了社会经济的快速发展。特别是在京沈客专承德段铁路、丰宁抽水蓄能电站、承德机场等重点项目的建设中，提供了强有力的技术支撑。

【专项活动】 围绕持续深化“双创双服”活动相关要求，先后深入河钢承钢公司、承德机场开展工作调研，切实解决企业发展的频率需求和台站规范化管理的相关问题。认真抓好“双随机一公开”工作，开展双随机检查12次，检查设台单位12家、台站42台套。动态调整“互联网＋行政许可”办事指南和流程，全部行政许可事项实现了网上申请办理。落实“互联网＋监管”系统建设，认真梳理、编制监管事项目录清单和检查实施清单，实现规范化管理、标准化应用。全力做好国庆70周年庆祝活动无线电安全保障工作，组建了由市无线电管理局、市应急局、市公安局和三大通信运营商组成的保障队伍；按照“抓好一个系统，看好两个山头，管好三个区县”的总体要求，切实抓好保障工作的落实，开展执法检查5次，共启用固定站15座，动用人员78人次，出动车辆14台次，累计监测时长8000余小时。扎实做好重大活动无线电安全保障工作，先后完成了“一带一路”高峰论坛、亚洲文明对话大会、国家及省市“两会”、第三届承德市旅游产业发展大会等重大活动无线电安全保障工作6次。完成高考、公务员四级联考、高等教育自学等12项重点考试开展无线电安全保障工作，共出动人员110人次，动用设备210套次，启动车辆26台次，累计监测时长3600余小时，严厉打击各类电子助考行为。

2019年6月7—8日，市无线电管理局开展高考无线电保障工作

【频率台站管理】 全年完成26起行政许可事项审批，共审批无线电台（站）2899座（部）。其中，公众网基站2714座，1.8兆赫兹无线接入基站5座，超短波固定台1座、移动台166部，调频广播电台3座，高频段微波站10座。积极协调、统筹保障民航、铁路、水利、气象、电力等重要行业或部门的频率使用需求，先后到平泉、围场坝上通用机场、承德普宁机场、京沈客专等重点项目开展调研，进一步完善航空、高铁电磁环境保障工程，为民航、高铁无线电专用频率营造良好的电磁环境。认真开展台（站）监管工作，共对20家设台单位所设的78座固定电台进行了监管。做好业余电台管理工作，先后两次赴业余无线电协会调研，组织业余无线电爱好者开展“五五”节通联活动，完成了2019年度A类业余操作证考试及发放工作。

【行政执法】 按照全市统一部署，12名执法人员换发了执法证件。按照国家、省、市统一部署，开展了为期两个月的打击治理“黑广播”“伪基站”违法犯罪专项行动，与市公安局建立联合执法机制，充分利用15座固定监测站、2辆移动监测车对“黑广播”信号开展监听监测，并利用查找“伪基站”专用设备对辖区内人员密集场所开展拉网式巡查，累计出动人员180余人次、监测车80余辆次，共监测8000小时，查处“黑广播”案件1起。加强无线电发射设备销售市场监管，先后到市公安局、市场监督管理局等部门开展工作调研，就加强无线电发射设备销售市场监管进行研讨，进一步完善齐抓共管的工作机制。联合市公安局、市场监督管理局组成联合检查组对承德辖区无线电发射设备销售市场开展检查，共检查了6家销售单位的86部无线电发射设备，从源头上遏制非法无线电发射设备的销售和流通。

【技术管理】 完成国家、省下达监测任务，全年累计监测时间12万余小时，同时加强监测月报数据的深度挖掘和应用，制定合理的监测计划，全面掌握承德地区电磁环境状况，为台站审批和行政执法提供数据支持。开展提升无线电监测能力专项行动，强化日常监测和查处“黑广播”“伪基站”等工作中对技术设施的规范应用，提升技术设施应用能力和使用效率，全面发挥技术设施作用。加强无线电管理技术设施建设，完善承德地区监测网络建设，为无线电管理提供有力技术支撑。积极与相关部门沟通，针对重大项目建设以及城市规划，科学谋划监测网布局。严格按照模拟设备、数字设备、数字宽带类设备和微功率设备的检测方案和技术规程，重点加强对公众通信网基站的检测，促进公众网基站规范设置使用，严控违规设备的使用，避免无线电干扰的形成和发生，全年共检测各类无线电发射设备450余部。

附：承德无线电管理局领导名录

局　　长：赵东升

副 局 长：吕国栋

　　　　　王本周

（供稿　姚　远）

商 务

商务管理

【概况】 2019 年，全市商务管理工作围绕加快构建形成承德市新时代对外开放新格局，促进承德转型升级、绿色崛起、高质量发展，不断增强开放招商意识，加大招商引资力度，构建浓厚的招商氛围，强化招商引资实效，以实干笃定前行，为推进全市绿色发展、高质量发展做出了应有贡献。

【开放工作】 本着精准、务实、高效的基本原则，积极谋划、对标先进、全力推进全市精准招商工作，主管副市长带队赴中国台湾地区、北京、深圳、上海等地开展小团组精准招商活动。全年全市实际利用外资完成 5456 万美元，完成省定目标任务(2.15 亿美元)的 25.4%，同比下降 73%。其中，直接利用外资 2618 万美元，间接利用外资 2838 万美元。各县（市、区）超过 1000 万美元的只有围场满族蒙古族自治县，实际利用外资 2393 万美元。

【搭建开放招商平台】 全年通过国家、省、市各级招商平台集中展示、推介承德优势资源，吸引优势要素齐聚承德，签约一批重点合作项目，紧盯各类签约项目落地。组织市直相关部门、部分县（市、区）以及重点企业代表，参加了河北省赴港招商活动、天津投洽会、第三届世界智能大会、“5·18”廊坊经洽会、第四届中阿博览会、“9·8”厦门投洽会、第二届进口博览会、“深圳 500 强企业授牌盛典暨 2020 新春联谊会”，向国内外客商发放《投资承德》等宣传材料 2000 多份，通过精装展览和特色名优产品展示等形式向国内外展示和宣传承德发展优势、特色产业、旅游资源等情况，扩大承德对外影响力。特别是第二届中国国际进口博览会期间，国家级非物质文化遗产“二贵摔跤”的现场表演，作为河北代表团的唯一一个表演项目，一经亮相便吸引众人的目光，为进博会增添燕赵风彩。

主办承德市（香港）招商推介会、京津冀协同发展（津承）开发区对接会及第十七届中国（承德）国际经济贸易洽谈会暨百家名企进承德活动等，集中展示、推介承德优势资源，吸引优势要素齐聚承德，签约一批重点合作项目。推动新签约外资项目 13 个，协议利用外资 30.1 亿美元，特别是推动市政府与挪宝集团签署的进口原油销售总部及多功能加油站项目和地源热泵机组北方生产研发基地 2 个外资合作项目，是近年引进的最大外资合作项目。签约内资合作项目 24 个，总投资 278.4 亿元人民币。

根据省、市对项目落地工作的各项专题部署，按照市委、市政府要求，印发了《关于 2018 年以来我市重大涉外经贸活动签约项目和洽谈事项落实情况的通报》文件，要求各县（市、区）成立专门机构推动重大项目落地，定期梳理、汇总、通报参加重大经贸活动签约项目进展情况。特别是提高对外商投资企业和项目的跟踪及服务意识，提供上门服务、代办领办的保姆式服务，协调推动昌瑞达房地产开发有限公司开办外币保障金账户，直接增加外商投资 3850 万美元。

【创新招商机制】 严格按照《委托代理招商管理

2019 年 12 月，市商务局与深圳市河北商会签署招商合作协议

办法》内容要求，结合全市实际，深入调查研究，以抢抓京津冀协同发展及南资北移重大机遇为出发点，拓宽招商引资渠道，强调精准招商，充分调动社会各类投资（咨询）中介机构、行业协会、商会及其他经济组织和自然人等参与承德市招商引资工作的积极性，将北京承德企业商会、深圳市河北承德商会、北京华清升维科技集团有限公司（即清华大学国际关系研究院一带一路研究中心）和北京灵杰文化传媒有限公司（即旅游休闲全媒体平台）、深圳市河北商会，共 5 家社会机构作为承德市委托代理招商机构。

【招商活动】 7 月，赴中国台湾地区开展小团组精准招商活动，在台中和台北牵头主办了两场高层次的对接洽谈会，向中国台湾地区企业家宣传承德，与台北市工商协进会、怡盛集团等一批商协会和重点企业达成合作意向。台湾怡盛集团董事长黄平璋先后 3 次带队到承德考察对接，初步与中德学院、护理学院达成联合办学和人才输出等方面的合作意向。

组织 97 家企业、246 人参加了第二届中国国际进口博览会参会采购，共完成采购额 786 万美元，比首届增长 96.5%。先后 3 次赴上海对接了挪宝集团、合生创展集团、浙江甲骨文科技集团等重点企业。推动与挪宝集团成功签约，完成进口原油销售总部及多功能加油站项目的外资企业登记备案工作，合同外资 1.02 亿美元（已取得 28 亩建设用地），地源热泵装备制造项目也已进入落地操作阶段。4 次赴深圳开展招商工作，先后与深圳市企业联合会联合主办了 2019 深圳企业家中秋联谊晚会，与深圳市河北商会联合主办了 2019 河北省（深圳）营销环境说明会。先后考察拜访了中广核集团、深圳云天励飞、香港路劲集团、广东粤海集团、深圳华讯方舟集团、中国科技开发院及深圳市低碳产业投资商会等重点企业和商协会，达成系列合作共识。

【与京津合作发展】 与天津市商务局在津承农业产业扶贫协作发展会上签署《津承商务合作框架协议》，深入推进津承两地商务领域扶贫工作进程，拓宽承德农产品在津销路。天津市设承德农特扶贫产品专柜 37 个、专卖店 14 家，年销售额突破 1000 万元。组织 40 余家企业参加第三届世界智能大会、“津城献爱心、精准助脱贫”大爱无疆——2019 天津五一消费扶贫展销会、中秋节消费扶贫展销会、第三届京津冀年货节等各项活动，完成销售额 60 余万元，分别促成天馨米酒、金山岭酒业、幽谷农业、龙脉山泉与天津食品集团、天津热力集团等多家企事业单位及经销商达成合作意向。

邀请全国工商联联成 e 家消费扶贫中心来承德接洽，建立联成 e 家承德扶贫馆、隆化扶贫馆，促成内蒙古东源科技董事长俞海明在承德扶贫馆购买 300 万元扶贫产品，主要是隆泉大米、隆泉皇姑母面粉、恒全食用油等，并全部捐赠给贫困户，惠及贫困户 16041 户，约有 3 万余人受益。先后邀请北京物美超市、天津华旭贸易食品集团等多家企业到承考察消费扶贫工作，促成天津企业与承德神栗食品有限公司、河北怡达食品集团有限公司、承德兴伊罐头食品有限公司等多家企业签订采购合同，采购金额达 4300 余万元。

【淘汰商用燃煤锅炉】 加大宾馆洗浴、茶炉大灶、经营性小煤炉等商用锅炉淘汰治理工作，第一时间制订工作计划和推进措施，并将工作任务下发至各县（市、区），要求精心做好商用燃煤锅炉专项整治工作，将《商业燃煤锅炉淘汰任务清单》中所列燃煤锅炉情况逐一核查，认真落实，制定工作计划和推进措施，细化目标任务，建立台账，倒排时限，紧盯节点，为确保按期高标准完成目标任务奠定坚实基础。定期向各县（市、区）下发燃煤锅炉淘汰进展情况通报，并对淘汰工作进展缓慢的下发工作提示函，全年共完成337台35蒸吨／小时及以下商用燃煤锅炉淘汰任务。

【推动家政行业发展】 按照国家发展改革委员会等五部委《关于开展家政服务业提质扩容“领跑者”行动试点工作的通知》及省发展改革委员会、省商务厅《关于申报家政服务业提质扩容“领跑者”行动试点工作的通知》要求，经与市发展改革委员会共同研究，推荐了围场董姐护理服务有限公司、承德陈宏护理职业培训学校、承德吉祥鸟家政服务有限公司为河北省“领跑者”行动重点联系企业。积极指导试点企业围场董姐护理服务有限公司完成线上注册及填报数据。加强平台日常管理，定期通报平台数据上报情况，及时解答企业在平台操作、信息导入等方面的问题。录入服务员信息211条。

【服务外包产业】 服务外包产业不断壮大，中唐国盛服务外包有限公司运营坐席数量1046席，与美团网、艺龙网、乐视、海南航空、中国移动等众多知名企业先后签订中长期服务业务，服务外包执行额持续增长，较2018年增长26.29%。滦平县华泰讯达呼叫中心、博彦科技承德有限公司相继运营。

附：市商务局领导名录

党组书记、局长：高俊虎（5月免）
梁世杰（5月任）
党组副书记：张建勋（2月免）
党组副书记、副局长：褚瑞成（4月任党组副书记）
党组成员、副局长：张　健
刘卫东
孙永阁（女）
从艳臣（满族）
党组成员、贸促会会长：张庆来

（供稿　吕建国　苏东岳　张一磊　毛天任　高弘扬　韩晓玲　赫　静　于大为）

经贸合作

【概况】 2019年，全市外经外贸工作积极贯彻国务院、省政府、市政府出台的一系列稳定外贸发展的政策措施，妥善应对中美贸易摩擦等挑战，积极开展对外贸易工作，取得明显成效。全市进出口完成33.9亿元，同比增长3%。其中，直接进出口22.56亿元，同比增长5.5%，增幅居全省第8位。完成省定进出口目标35.19亿元的96.3%，完成市定进出口目标36.5亿元的92.9%。其中，全市出口完成30亿元，同比下降6.4%；直接出口18.71亿元，同比下降9.1%。河钢承钢集团公司返还出口数据11.31亿元，完成省定出口目标32.74亿元的91.7%，完成市定出口目标34.6亿元的87%。进口完成3.9亿元，同比增长385.8%。

全市各县（市、区）除兴隆县、高新技术产业开发区、双滦区和滦平县外，其余各县（市、区）较2018年同期均呈现增长态势。全市仅有3个县（市、区）达到进出口序时进度，2个县（市、区）达到出口序时进度（以人民币计）。其中，高新技术产业开发区进出口完成182.1%；双桥区进出口完成149.7%，出口完成157.8%；平泉市进出口完成121.7%，出口完成122.6%。其余县（区）均未达到序时进度。

纺织服装业和轻工产品实现出口增长，五矿产品、医药化工及其它产品出口下降。其中，纺织服装产品出口1091万美元，同比增长11.2%；轻工产品2482万美元，同比增长4.5%；五矿产品出口3836万美元，同比下降27.8%；医药化工出口8824万美元，同比下降18.5%；农副产品出口6181万美元，同比下降4.2%；机电产品出口4816万美元，同比下降3.2%。对日本出口4095万美元，同比下降11.3%；对印度出口698万美元，同比下降63.8%；对韩国出口8412万美元，同比下降2.6%；对美国出口3714万美元，同比增长27.2%；对俄罗斯出口336万美元，同比下降23.2%（不含河钢承钢公司返还数据）。

【妥善应对贸易摩擦】 在中美贸易摩擦升级背景下，中共承德市委、市政府高度重视，成立调研组，深入11个县（市、区）及高新技术产业开发区、21家外贸企业逐个走访调研了解情况、梳理问题，结合全市实际制定《承德市应对贸易摩擦确保外贸稳增长暨全覆盖包联帮扶企业实施方案》和《领导包联帮扶外贸企业责任分工》，对21家涉美贸易摩擦企业实行省市县三级包联帮扶全覆盖和"一企一策"精准帮扶。帮助河钢承钢公司协调工商银行东京分行融入全口径跨境融资2780万欧元，帮助其申请涉及新西兰对华钢筋和线材反倾销和反补贴调查案件的法律援助资金。帮助承德舒适家用品有限公司申请原产地优惠政策，涉及出口货值240万美元，直接减免关税26万美元，并帮助其申请稳外贸资金扶持。举办金融助企"2019扶龙行动"暨外贸企业银企对接洽谈会，帮助19家外贸企业融资4.58亿元。

【建平台拓市场】 组织9家企业参加第一百二十五届、第一百二十六届广交会，共设展位45个，签订出口意向值近350万美元。承德市华富玻璃器皿有限公司推送的产品获广交会出口产品设计奖（CF奖）银奖。此外，组织8个项目参加了第二十一届中国国际高新技术成果交易会，被编入《河北省重点项目推介》手册，在交易会上发布并重点推介。其中，2个项目被省商务厅确定为推介参展项目亮相河北展区。"5·18"廊洽会期间，组织河钢承钢分公司、河钢国际承德分公司、绿地集团参加了河北省海外仓政策发布暨推介交流对接会，开拓海外市场。通过多年培育，兴隆县板栗、平泉市食用菌被列为河北省24家省级外贸转型示范基地，促进基地企业抱扩大出口规模，助推出口农产品转型升级。

【培育新出口增长点】 积极创造良好的营商环境，承德莹科精细化工股份有限公司和瀛信新科承德商贸有限公司顺利通过省厅救济处组织的两用物项和技术进出口企业内控机制建设考核验收，吸引隆化黎合肥业、平泉莹科化工等企业出口回流，9月开始2家企业出口额逐步回流，实现自营出口，形成新的出口增长点。截至年底，全市新增备案企业46家。

【企业走出去】 2019年，承德亿能实业有限公司在澳大利亚成立澳洲亿能投资有限公司，投资360万美元主要经营茶树精油生产加工。承德骏达隆爆破工程有限公司在老挝成立老中骏达民爆科技有限公司，投资900万美元，经营钻探、爆破服务。注销了平泉泰熙食用菌有限责任公司，投资韩国成立韩国平泽市泰熙农业有限公司。截至年底，全市共有境外投资企业18家，中方投资额1.8亿美金，包括：露露集团在越南投资成立露维高联营有限公司、在美国投资华明国际有限公司，平泉宝利矿业有限公司在印尼成立柏春矿业有限公司，承德信浓服装有限公司在日本成立信浓贸易有限公司，承德佳途网络技术有限公司在美国投资佳诚国际股份有限公司，承德可大毛纺有限公司在美国成立可大毛纺织面料经营有限公司，承德市富泉石油机械有限公司在美国成立富泉石油国际有限责任公司，承德中盛投资集团有限责任公司在澳大利亚成立中澳盛大投资有限责任公司，承德可大毛纺有限公司在美国成立美国腾跃投资有限公司，承德冶金建材集团有限公司在美国成立承德金龙美国有限公司，承德跃力装备制造有限公司在马来西亚成立跃力装备制造（马来西亚）有限公司，承德博琳包装制品股份有限公司在马来西亚成立博琳包装（马来西亚）有限公司，兴隆县福成水泥有限公司在澳大利亚成立高起项目有限公司，河北创远投资集团有限公司在新加坡成立创远投资（新加坡）有限公司，围场满族自治县盛富粮油加工有限公司在中国香港成立富扬有限公司，承德恒信电气工程有限公司在蒙古成立蒙古国司令商贸有限责任公司。对外承包工程企业分别是：五一四队、地质四队、河北北方、公路工程建设集团有限公司、承德鸿泰建设工程集团有限公司。

2019 年 10 月 15 日，在广州市琶洲国际会展中心，承德市外贸企业宽城升华压力容器制造有限公司参加第 126 届广交会，企业代表正在与外籍客商洽谈业务

服务业

【城乡市场体系建设】 2019 年，全市新建改造便民市场 24 个，超额完成任务 4 个。其中，新建生鲜超市 21 个，改造生鲜超市 1 个，新建农贸市场 1 个，新建菜市场 1 个。共计完成投资 2865.14 万元。其中，省商贸流通专项奖补资金 225 万元，撬动社会资本投资 2640.14 万元。新增生鲜营业面积 28399 平方米，服务周边居民 17 万人。2018 年开展便民市场建设工程以后，全市累计新建改造便民市场 40 个。培育新建了宽广时代广场、百乐超市等商业综合体和精品超市。加强贫困地区农产品产地批发市场和集配中心建设，积极推进围场塞罕坝商品配送中心项目建设，总投资 210 万元。

【“崇礼菜单”研发】 为全面提升冬奥会张家口赛区赛会餐饮服务质量和水平，打造餐饮行业“冀字号”品牌，在“崇礼菜单”2019 年中国烹饪大师邀请赛上，承德 75 道菜点成功入选 73 道，入选数量居全省第一，高出第二名唐山市 35%，入选数量占收录总量的 24%。承德“冀字号”菜品研发基地满汉全席大酒楼及 3 名大师工作室结合承德市特色食材，挖掘、创新具有承德市代表性的菜点。通过多次实操演练、业务培训及活动大赛，进一步弘扬了承德市特色餐饮文化，提升了餐饮服务文化品质，完善了旅游服务功能，扩大了承德的知名度，打响了承德“宫廷菜”品牌，带动了全市餐饮和旅游业快速发展。“冬奥会”餐饮烹饪人才、供应商储备丰富。按照《省商务厅、省人社厅、省冬奥办关于北京 2022 年冬奥会和冬残奥会张家口赛区餐营业务领域人才储备实施方案》《河北省商务厅冬奥会赛会服务办公

2019 年 8 月 28 日，承德市精心研发的 73 道菜品在“崇礼菜单”2019 年中国烹饪大师邀请赛上入选，数量居全省第一

室关于推荐第三批重要赛会活动餐饮原材料备选流通供应商的函》要求，组织全市餐饮企业烹饪人才申报，首批共推荐 38 名中式烹饪及中式面点师参加技能考核，推荐承德宽广超市集团有限公司为河北省重要赛会活动餐饮原材料备选流通供应商。

【住宿业态】 2019 年，全市限上住宿业法人企业数 39 个，从业人员期末人数共 3189 人，营业额 46402 万元，客房收入 23133 万元（通过公共网络实现的客房收入 1911 万元），餐费收入 22033 万元（通过公共网络实现的餐费收入 67.8 万元），客房数 9141 间，床位数 16076 个，餐位数 17204 位，年末餐饮营业面积 175593 平方米。按住宿行业分：旅游饭店法人企业数共计 35 个，从业人员期末人数 2946 人，营业额 44273 万元，客房收入 22245 万元（通过公共网络实现的客房收入 1911 万元），餐费收入 20792 万元（通过公共网络实现的餐费收入 67.8 万元），客房数 8785 间，床位数 15491 个，餐位数 16064 位，年末餐饮营业面积 167005 平方米。一般旅馆法人企业数 3 个，从业人员期末人数 173 人，营业额 2066 万元，客房收入 869 万元，餐费收入 1207 万元，客房数 316 间，床位数 517 个，餐位数 1140 位，年末餐饮营业面积 4509 平方米。按星级分，五星 2 个，四星 4 个，三星 3 个，二星 2 个，其他 9 个。

【餐饮业态】 餐饮业限上法人企业数 22 个，从业人员期末人数共计 1475 人，营业额 19976 万元，客房收入 4314 万元（通过公共网络实现的客房收入 17 万元），餐费收入 13454 万元（通过公共网络实现的餐费收入 339.1 万元），客房数 1286 间，床位数 2080 个，餐位数 7971 位，年末餐饮营业面积 67078 平方米。

批发零售业

【社会消费品零售】 2019 年，积极贯彻国务院、省政府及市政府出台的一系列拉动消费促发展的政策措施，强化消费促进，全年全市社会消费品零售总额完成 691.69 亿元，同比增长 8%，位列全省第四。持续开展消费促进月活动，印发《承德市商务系统消费拓展升级“百日攻坚”专项行动实施方案》，着力拓展消费方式，扩大消费规模。研究制定承德市夜间经济发展方案，紧紧围绕习近平对承德“京津冀水源涵养功能区”的定位，建设国际旅游城市总目标，着力打造“文化旅游夜经济”，大幅提升城市开放活跃度，加快形成夜间经济体系。指导节日消费，确保货源充足，重点加强米、面、油、肉、蛋、菜、奶等与人民生活密切相关的商品货源组织。春节期间获得省肉菜补贴销售资金 100 万元，中秋、国庆两节期间获得省猪肉补贴销售资金 50 万元。扎实推进市场运行监测工作，做好重点节假日市场供应，及时启动生活必需品监测日报制度，增加样本企业数量，扩大监测行业范围，及时发布市场运行监测信息。全市共新增样本监测企业 17 家，共有注册监测样本企业 77 家。其中，生活必需品监测企业 30 家，生产资料监测企业 7 家，重点流通监测企业 35 家，应急储备管理监测企业

5家。发布市场运行监测信息380余条。

【批发业态】 全市限上批发业法人企业数57个，从业人员期末人数共计4818人，商品购进额2747463万元，商品销售额2747463万元（通过公共网络实现的销售额1489744万元），批发额1290443万元，年末零售营业面积182129平方米。按批发行业分：农林牧渔产品批发法人企业数6个，从业人员期末人数542人，商品购进额245028万元，商品销售额114811万元，批发额105006万元，年末零售营业面积25平方米；食品饮料及烟草制品批发法人企业数10个，从业人员期末人数1833人，商品购进额348455万元，商品销售额531788万元（通过公共网络实现的销售额295460万元），批发额476864万元，年末零售营业面积9151平方米；医药及医疗器材批发法人企业数11个，从业人员期末人数705人，商品购进额168035万元，商品销售额193527万元，批发额188864万元，年末零售营业面积24098平方米；矿产品建材及化工产品批发法人企业数17个，从业人员期末人数1511人，商品购进额1514520万元，商品销售额1824026万元（通过公共网络实现的销售额1194283万元），批发额439250万元，年末零售营业面积146055平方米；机械设备五金产品及电子产品批发法人企业数12个，从业人员期末人数210人，商品购进额74678万元，商品销售额79696万元，批发额76843万元，年末零售营业面积共计是2800平方米。

【零售业态】 全市零售业限上法人企业数104个，从业人员期末人数10439人，商品购进额661658万元，商品销售额748493万元（通过公共网络实现的销售额1910万元），零售额716387万元，年末零售营业面积346198平方米。按零售行业分：综合零售法人企业数31个，从业人员期末人数7320人，商品购进额360168万元，商品销售额共计413881万元（通过公共网络实现的销售额196.6万元），零售额共计413836万元，年末零售营业面积214602平方米；食品饮料及烟草制品专门零售法人企业数5个，从业人员期末人数95人，商品购进额7089万元，商品销售额9183万元，零售额30891万元，年末零售营业面积27253平方米；纺织服装及家庭用品专门零售法人企业数7个，从业人员期末人数620人，商品购进额25780万元，商品零售额30891万元，年末零售营业面积27253平方米；医药及医疗器材专门零售法人企业数7个，从业人员期末人数691人，商品购进额21855万元，商品销售额30580万元，零售额20676万元，年末零售营业面积13865平方米；文化体育用品及器材专门零售法人企业数2个，从业人员期末人数307人，商品购进额15437万元，商品销售额17725万元，零售额4748万元，年末零售营业面积6086平方米；汽车摩托车燃料及零配件专门零售法人企业数31个，从业人员期末人数978人，商品购进额207371万元，商品销售额216546万元，零售额212807万元，年末零售营业面积65261平方米；家用电器及电子产品专门零售法人企业数20个，从业人员期末人数428人，商品购进额23957万元，商品销售额29908万元，零售额26638万元，年末零售营业面积13331平方米。

供销合作社

【政银企户保金融服务体系】 2019年，全市供销系统按照全市脱贫攻坚工作的总体部署和时间要求，以扩大贫困人口扶贫小额信贷覆盖面为重点，下大力量解决建档立卡贫困户贷款难问题，对信用良好、贷款意愿强烈、技能素质突出、有就业创业潜质、有一定还款能力的建档立卡贫困户做到应贷尽贷。截至年底，平台共发放担保贷款7.73亿元，带动建档立卡贫困户66693户，其中企业带动3791户，贷款余额10.79亿元，帮助全市近5万人口稳定脱贫。全市共建成县级金融服务中心9个，乡镇金融服务部195个，村级服务站2309个。

成立金融风险化解处置领导小组，组织和指挥供销系统内重大金融风险事项和突发事件应急处置工作。下发《承德市供销合作社金融风险化解处置工作总体方案》《承德市供销合作社金融风险化解应急处理预案》等制度性文件，形成防控金融风险长抓不懈的工作格局。截至年底，平台不良贷款2366.61万元，不良率2.38%，风险在可控范围之内。重点加大了对农业龙头企业的支持力度，全年共发放产业发展贷款2.87亿元，支持农业企业、农民专业合作社200余家。其中，50万元额度以上的企业116家。举办全市扶贫驻村工作组专题培训班4期，帮助各县举办培训班30余场，培训人员2000余人次。

【农村产权流转交易】 截至年底，全市通过平台共开展土地经营权流转项目交易77宗，交易总额2200.93万元，土地交易面积510亩，交易总额58万元。开展农村生物资产交易15宗，土地交易面积400亩，交易总额540万元。完成场外鉴证业务2宗，鉴证土地面积287.01亩，交易总额131.5万元。农村集体产权项目招标1项，金额280万元。市级产权交易中心成为全省第二家纳入供销社政府购买服务目录和全省首家在市公共资源交易平台上线专栏的交易平台。与市财政局联合下发文件，对供销社政府购买服务目录进行了调整，将农村产权交易中心服务内容列进名录，推动承德市农村产权交易工作合理有序开展。以双桥区、滦平县、围场满族蒙古族自治县、丰宁满族自治县为试点，选取农村产权资源丰富的村量身定制发展模式，通过发展培育家庭农场、合作社、涉农企业等方式流转农村产权进行规模化经营，农民和村集体实现增收。平泉、丰宁两县已被列入省产权交易工作试点单位。

按照《河北省农村产权交易管理办法（征求意见稿）》，结合承德市实际情况，印发《承德市农村产权交易管理办法》。与中共承德市委宣传部、市农业农村局、市扶贫办、市工商联、承德日报社等单位联合主办了“寻找美丽乡村合伙人”活动，通过宣传农村产权制度改革和农村产权流转交易的相关政策，挖掘一批在“三农”产业发展的典型和乡村合伙人，为下一步大规模开展农村产权交易打下坚实基础。与市县财政部门合作，在村两委成员和会计培训班上开展农村产权交易知识宣讲培训，累计培训900余人次，让农村产权交易政策、业务知识无死角全覆盖的传播下去，推动全市农村产权交易工作的开展。

【消费扶贫】 进一步落实津承农业产业扶贫协作发展战略和东西部协作部署，以产销对接为突破口，打通农产品进“天津”通道，与天津市供销社共同签署《农业产业协作产销对接合作协议》，在宝坻、宁河、静海区设置10个承德农产品专柜，在同等条件下优先采购承德农副产品，免除承德厂商进驻商场、超市入场费。分别在兴隆、隆化、围场和承德县召开了4场特色农产品订货会，30余家企业与天津商企达成合作意向，现场订货成交金额超10万元。组织中国—围场消费扶贫（武清）推介会，共有34家企业参加，参展品种98个，现场完成销售额20万元。到各县（市、区）筛选名优特农副产品，引导企业借助消费扶贫机遇与天津商企建立长期合作关系，已初步筛选出91家涉农企业（含专业社）400余种农副产品提供给天津各部门，实现销售额2900余万元。组织各县涉农企业和开放办社企业参加南京“2019”全国农资科技博览会暨全国品牌农产品交易会、廊坊第二十三届中国（廊坊）农产品交易会。组织企业参加在海口市举办的中国（海南）国际热带农产品冬季交易会。通过参加各类农产品展示展销会，积极引导农业企业走出去，提高承德农产品的知名度，扩大产品影响力和市场份额。依托供销合作总社e家、省供销合作社农交汇及淘宝网等电商平台，建成农村电子商务服务站689个，实现了供销系统村级网点电商全覆盖。到11月底，全市供销系统电商平台实现线上销售额1.32亿元。其中，线上农产品销售额7500万元。

【基层组织建设】 创建新型基层供销社，全市由供销系统组织发展的农民合作社约600家，直接领办的230家。其中，3家农民合作社被评为全国农民专业合作社示范社。建成各类农民合作社联合社215家，吸纳1889家农民合作社加入联合社，直接参与26个主导优势和特色产业发展。积极通过两社融合、政银企户保、产权交易、农村电子商务、农资、项目、经营、服务等新增县级开放办社企业24家，全市供销系统县级开放办社企业总数达40家。其中，纳入省级开放办社企业2家。同时通过京津冀消费扶贫协作，帮助18家省级、县级开放办社企业与京津市场进行了协作对接。

【“三位一体”综合合作】 全市推广滦平经验，通过发挥供销合作社组织优势、供销农民合作社联合社担保平台作用、农民专业合作社的带头作用、入社龙头企业的产业带动优势，引导农民合作社发展壮大，推进现代农业服务体系建设，各县（市、区）供销合作社结合自身实际打造“三位一体”综合合作典型8个。平泉市北五十家子采取“供销社＋基地＋农户”的经营模式，平泉供销合作社通过与省级龙头企业承德亚欧果仁有限公司以股份合作，共同组建北五十家子基层供销社，由供销社把农民手里的土地流转过来建设基地，并通过合同契约关系，与农民结成稳定的利益共同体，带动农民脱贫致富。全市供销社系统共建成山杏生产基地、中药材种植基地、葵花籽基地2.2万亩，实行统一品种、统一技术指导、统一收购、统一销售“三位一体”模式，向农户提供种子、农药、化肥和种植技术，并通过“政银企户保”为农户和企业提供资金支持。截至年底，共引导带动1500户农民从事种植产业，户年均增收3000元，杏仁产品、中草药等全部出口欧洲市场。

【土地托管服务】 开展土地托管服务等综合合作，制定了实施方案，成立领导小组，印发《承德市供销合作社关于开展土地托管服务的指导意见》，以基层社为依托，以农民合作社和开放办社企业为平台，为合作社、农户提供技术指导、产品收购等半托管服务，全年服务托管的土地总面积达24.7万亩，同比增长25.5%。

附：市供销合作社领导名录
党组书记、主任：刘玉铁（满族）
党组副书记、副主任：赵树才（6月免）
党组副书记、监事会主任：张立军（回族，5月任）
党组成员、副主任：郑建丰（满族）
于雪梅（女，11月任副主任）

（供稿 孟韫思）

烟草专卖

【概况】 2019年，全市烟草系统不断夯实发展根基，提高发展动能。围绕年度重点目标任务，牢牢把握稳中求进工作总基调，做实基础、压实责任，加压驱动、奋发进取，圆满完成各项目标任务，经济运行保持稳中有质。卷烟销量和发展效益稳步攀升，销售卷烟12.25万箱，实现销售额29.93亿元，同比增长2.8%；单箱销售额24429元，同比增长2.79%；实现税利6.88亿元，同比增长5.47%；省产烟2.41万箱，同比增长9.02%，单箱销售额16727元，同比增长6.66%。

【合理布局市场】 以市场为中心，不断提升经济运行调控的科学性、精准性和有效性，积极减少卷烟销售对紧俏卷烟、低价位卷烟的依赖性，区域市场间消费差距逐渐缩小，销量、结构、品牌发展趋向平衡，市场状态不断优化，市场价格保持稳定，社会库存趋于合理。

坚持“大市场、大企业、大品牌”战略，以稳固一类烟市场份额、培育一类潜力规格、丰富二类品规、引导低价位卷烟消费向三类及以上卷烟转移为着力点，合理确定各家工业销量增长目标、品牌宽度，促进传统品牌和新兴品牌、强势品牌和弱势品牌互有发展，品牌布局和品类结构趋于合理。

通过树标杆立典型、先城网后农网，大力推进自律互助小组建设，累计建立916个，占总客户比重的100%，实现了全市零售客户全覆盖。通过强化指导、改善陈列、引导投入等措施，有效提升小组运行质量，推动卷烟市场价格保持稳定，客户盈利水平普遍达到10%左右。

【营销与监管】 精心组织营销大调研、卷烟营销在基层活动，及时解决市场化取向改革过程中出现的问题短板。利用“线上微信＋线下拜访”方式广泛收集、精准识别客户服务需求信息，加强客户订货指导，及时解决零售客户诉求。积极开展电子商务，搭建全市营销数据采集系统，大力推广“云POS”自动扫码，信息采集由人工采集向自动采集转变。

2019年12月2日，河北承德市烟草专卖局客户经理入户宣传行业政策，开展经营指导

加强市场监管，全年办理5万元以上案件17起，同比上升112.5%。侦办国标网络案件4起，共刑拘23人、逮捕17人、判刑12人。其中1起国标网络案件为全市首例加热不燃烧新型烟草制品网络案件，为日后侦办新型网络案件奠定经验基础。连续开展“护航1–5号”专项行动、“价格检查”专项行动、“非卖品”卷烟市场专项检查等9次专项行动，专项治理卷烟市场重点环节和关键领域，市场净化率达到95%以上。全市共查处涉烟案件案件437起，同比上升8.98%；查扣卷烟486.38万支，同比上升25.74%；案值303.96万元、同比上升27.35%。其中，真品卷烟460.57万支，同比上升27.35%；假冒卷烟20.54万支，同比下降13.11%；走私卷烟 5.27万支，同比上升251.33%。

【行政许可管理】 严格落实国家“放管服”改革和优化营商环境工作要求，行政许可管理水平不断提升。认真开展“互联网＋行政许可”工作，严格落实网上办证流程操作和管理规范，研究制定《许可证网上办理过错追责制度》，烟草专卖许可证网上申请办理工作有序开展。内部监督管理持续深化。紧守全覆盖监管职责不松懈，有效落实指引优化流程，严抓预警摸排、季考监控、责任倒查，实现全过程闭环监督。紧抓大户治理不放松，研究制定卷烟违规经营责任追究实施细则，违规经营追责力度进一步加大。紧盯“天价烟”问题整改不松劲，积极落实高价位卷烟监管责任，各个环节监管落细落实。紧扣规范主线不动摇，从主体责任上下功夫，从源头上实施治理，卷烟非法流通得到积极遏制。

附：市烟草专卖局（公司）领导名录

党组书记、局长、经理：徐　立

党组成员，副局长：李兴东

党组成员、副经理：付春光

党组成员、纪检组长：吴月江

（供稿　于腾飞）

中国石油天然气承德销售分公司

【概况】 2019年，面对市场竞争日益激烈、价格竞争升级、利润空间收窄、能源代替品发展快速等严峻形势，审慎分析、积极应对，实现成品油销量14万吨，实现非油收入3000万元。扎实开展“市场大调查、客户大开发”百日服务行动，梳理36家直批“三类客户”，完成“五必到、一必访”，新增直批客户56个，全年直批实现销量2万吨。科学平衡销售节奏、滞销保供等关系，提高资源保障能力。加强市场预判，完善内部价格机制，锁定目标客户，营销能力得以提升。

【销售业务】 深化“油卡非润”一体化运作，精准营销策略，推广日夜差别定价、限时促销、VIP专享客户服务等差异化营销，实现“同站不同利、同店不同利、同市不同利”，立足“卖好每升油、增效一分钱”，年度纯枪完成率名列全省第二名。持续以“五进”（进厂矿、机关、社区、校园、广场）发卡为载体，推进零售单位、个人客户开发，汽油卡销比同比增长10%。

围绕“人·车·生活”一体化生态圈，加快提升非油店销规模质量。实施店面优化提升，开展节日主题、重点品类营销，强化油非互动，东平台站、大石庙站非油收入突破500万元。优化商品结构，加强动态分析，确保核心品类快速增长。

【开发投运攻坚】 利用5个月时间，德邦加油站完成立项、收购、改造和试生产，实现4年来新增收购加油站“零”的突破。东平台加油站增设LNG项目完成立项。瑞途站收购项目、新建大元宝山加油加气站项目稳步推进。旅游旺季之前，完成13座加油站防渗改造项目，超额完成年度任务目标，累计获得省公司专项等奖励近30万元。华夏站、友谊站防渗改造复业工程按期推进。

【安全生产】 落实一岗双责，层层签订安全承诺书、质量安全环保责任书、消防安全责任书共971份，完成公示安全行动计划9份。全力推动安全环保责任制的落实。组织应急演练580场（次），培训安全知识59期。建立三级（公司党委、片区、加油站）排查机制，开展检查100余站（次），集中解决了配电柜浪涌保护器、变压器、罩棚网架等问题，整改隐患30余项，夯实了安全管理基础。成立损耗治理专项整治小组，制定损耗治理21条，全年二次配送损益率0.16‰、零售保管损益率0.4‰，分别同比降低0.36‰和0.57‰。

【开展主题教育】 启动“不忘初心、牢记使命”主题教育活动，推动“规定动作”+“自选动作”，开展以“专题+”为主要内容的讨论、宣讲17次，下基层调研30余次，为基层解决实际问题36项。开展不同阶段、不同主题的“居危思危、居危思变、居危思进”大讨论活动，深入讨论“怎么看，怎么办，怎么干”的问题。组织“千人进站”活动，实现同频共振。开展精准扶贫村送“平安”“最美母亲节”等主题活动，以党建带团建，开展“青年帮扶进社区”“热心服务·雷锋侠”等青年志愿活动，凝聚社会正能量。

附：中国石油天然气股份有限公司
河北承德销售分公司领导名录

党委书记、经理：杨海强
党委副书记：张银元
党委委员、总会计师：王　英
党委委员、副经理：赵忠阳

（供稿　王秋平）

中国石油化工承德石油分公司

【概况】 2019年，面对多重困难挑战，坚决贯彻省的决策部署，坚持稳中求创效，稳中求发展，稳中求进步的工作总思路，在抢抓机遇中乘势而上，在攻坚克难中砥砺前行，在从严治党，从严治企中凝心聚力。以全面深入开展“不忘初心、牢记使命”主题活动为载体，团结带领广大干部职工紧盯目标、奋力进取；以庆祝中华人民共和国成立70周年系列活动为契机，将工作热情融入企业扭亏脱困的责任担当之中。全年较好的完成了各项经营指标，完成轻油总量47.47万吨，完成计划的105.19%。

【夯实管理基础】 抓好现场服务，以全省开展的“暖心服务”为契机，从环境卫生和文明服务着手，从文明用语使用抓起，继续推行加油站服务水平提升活动。开展环境大整治，提升客户消费体验，对室内通讯线路凌乱问题进行彻底梳理，为加油机贴膜，统一制作加油站宣传展板和条幅，统一购买栏杆，规范加油站现场秩序，有效治理乱停车现象。全区加油站统一配备窗帘、床单、被罩各400套、价格牌100个、证照墙80个、办公椅400把，有效提升了加油站整体形象，给客户创造一个温馨、整洁的消费环境。截至年底，客户满意率为90%。

中石化工作人员在给汽车加油

细处着手，落实省公司以“边卸边发”实现卸油期间销量不减的目标，截至12月底，累计安装防水滤芯加油站47座，使用率达到87%，较安装前环比日均增量16%。加强站长在岗监督，确保站长在岗率，全年站长平均在岗率达98.5%。加大“他有我管”站管理力度，每月按照“五统一”的管理规定进行检查，发现问题限期整改。

【全员教育培训及宣传】 加强全员教育培训工作，组织培训27批次，参加培训人员1624人次。积极开展职业技能鉴定工作，组织技能鉴定报名73人。持续推进“家文化”建设，开展纪念中国共产党成立98周年、中华人民共和国成立70周年系列活动。大力营造“比学赶帮超氛围，发挥典型引路作用”，充分利用《承德石油简讯》、公司官微等内部媒体进行宣传报道，刊发简讯49期，《河北石油》上稿26篇，《中国石化报》上稿28篇。公司官微推送稿件155篇，省公司官微上稿55篇，销售公司官微上稿32篇。其中，《联量计酬让员工动起来》获石化杂志报纸类新闻三等奖，摄影作品《专注》获得集团公司“大国顶梁柱，阔步新时代”摄影比赛三等奖。全年收集改善经营管理建议72条，上报省公司72条，完成年计划的100%。

附：中国石油化工股份有限公司
河北承德石油分公司领导名录

党委书记、经理：王卫东

副　经　理：谢立国

吴　迪

（供稿　许　静）

物流业

【概况】 2019年，全市物流业根据《河北省人

2019 年 12 月，经过一年紧张建设，承德宽广超市集团物流集散中心项目顺利运营

民政府 2019 年重点工作目标任务分解方案》《河北省推进京津冀协同发展工作领导小组关于加快推进“三区一基地”建设有关工作的通知》和省商务厅《关于印发河北省推进全国现代商贸物流重要基地建设工作联席会议制度》等文件要求，研究制定《承德市推进现代商贸物流重要基地建设工作联席会议制度》，形成政府统筹部署、市商务局牵头协调、部门分工负责、上下协调联动的工作机制，并要求各县（市、区）政府参照市物流联席会议制度，建立相应工作机构，为下一步工作开展提供保障。全年建成物流集散中心 1 处，在建 1 处；建成公共配送中心 5 处。完成城市配送网点 1211 家，农村配送网点 1527 家。整合供应商 589 家，商品单品近万种。

【新型流通业】 为促进便利店转型升级、加快发展，按照省商务厅等 18 部门《关于推进品牌连锁便利店发展的意见》文件要求和市领导批示，制定出台《关于印发承德市推进品牌连锁便利店发展工作方案的通知》，提出总体要求和工作目标，明确具体措施，对各相关部门工作职责做出安排部署。

【货运物流】 积极推进运输结构调整，引导运输企业和铁路部门对接，推进大宗货物公铁联运。上板城承德广汇煤炭物资有限公司已经初步建成拥有 5 列煤炭运输专用列车，500 多个煤炭专用运输集装箱，10 台集装箱专用运输半挂车辆，年运转能力达到 120 万吨。全年铁路运输发货总量达到 600 万吨，同比增长 150 万吨。以隆化鸿兆物流的“村村通物流”、平泉公交的“一车多运”、双滦区云盘路的“带动乡村民宿业发展”为典型示范，积极引导和推广农村物流建设的新经验、好做法。

电子商务

【概况】 积极推进企业电子商务发展，全年支持宽河电子商务有限公司争创省级电子商务示范基地，承德经纬智慧物流服务有限公司、河北怡达食品集团有限公司成为省级电子商务示范企业。新争取电子商务专项资金 320 万元，计划安排 300 万元用于奖补优势明显、具有较强示范带动作用的电子商务龙头企业及电子商务优秀项目。经过公开征集，已有 4 家企业报名并报送申请材料。以普及和深化电子商务应用为重点，着重提升全市特色产业产品网络品牌附加值、知名度和影响力，营造全社会参与和支持电子商务建设的良好氛围。全年全市电子商务交易额实现 1001 亿元，同比增速 23.89%；网络零售额 113 亿元，同比增速 15.31%。

【农村电商发展】 制定印发《承德市商务局关于开展消费扶贫助力打赢脱贫攻坚战的工作方案》，深入开展消费扶贫工作。全年农村网络零售额达到 18.5 亿元，增长 25%。电子商务进农村综合示范工作全省领先。2017 年度全国电子商务进农村综合示范县丰宁满族自治县、隆化县、平泉市全部完成验收和绩效评价工作。其中，丰宁满族自治县和隆化县绩效评价成绩优异，分别获得增拨资金500万元。2018年度国家级示范县承德县建设任务基本完成。同时，2015年度国家级示范县滦平县在2019年再一次争列为国家级电子商务进农村综合示范县，获得资金支持1500万元。全市共7个县先后8次被列为全国电子商务进农村综合示范县，累计争取资金1.44亿元。各有关县市结合本县优势产品、知名农特产品打造“丰宁格格”“塞宴御品”“平泉八珍”“木兰围场”等区域公共品牌，设立产品集中展示中心。示范县项目进一步提高县、乡、村三级电子服务体系的建设和完善，助推农村商贸流通的发展。

【开展电商培训】 研究制定《承德市商务局关于推进电子商务培训工作的实施方案》，以县级电子商务公共服务中心为平台，整合电商示范县、电商企业的各类资源，邀请国内农村电商方面知名专家，针对电子商务领导小组成员、各级党政干部、各运营项目主体负责人、大学生村官、贫困残疾人、农村电子商务公共服务站站长、合作社代表、涉农企业代表等，进行农村电商思维转变及体系建设培训，从政策理论与案例分析等角度，加大对电商培训力度。采取线下培训、宣讲和线上直播相结合的形式，开展电子商务运营、操作等方面的培训，培养和带动了一批农村电子商务人才。截至年底，已完成农村电商培训17800人（次）。

【用活电商平台】 各县（市、区）电子商务公共服务中心挖掘建档立卡贫困户的优质农产品，通过电商让优质特色农产品走出大山，提高贫困户家庭经济收入。在建立木兰围场网、鸿兆惠生活、有赞商城等本地特有网上平台的基础上，积极与京东、淘宝、邮乐购等知名电商企业合作，设立了京东承德特产馆、京东承德扶贫馆、京东围场特产馆、京东平泉特产馆、邮乐购平泉市扶贫地方馆、淘宝平泉特色产品馆及各类淘宝网店、微店30个，实现销售额2500余万元。其中围场县与京东携手合作，先后举办荞麦面、胡萝卜、土豆等多场农特产品专场秒杀活动，仅一次活动就销售土豆32.54吨，成交13016件，同时创立围场电商农产品上行的单日销售额12万元的里程碑。承德县以电子商务公共服务中心为依托，举办了“承德国光苹果”区域公用品牌高峰论坛，集中展示国光苹果，研讨生鲜农产品上行与电商扶贫工作。

【电商活动】 10月17日，在“国家扶贫日”当天，组织各县（市、区）依托本地农村电商公共服务中心、知名电商企业以及大型商超、大型农产品批发市场等，在全市范围内开展了电商扶贫日活动。同时积极动员干部职工参加电商平台扶贫促销活动，积极购买扶贫农产品，帮助贫困群众增加收入，初步搭建了销售贫困村、贫困户农特产品的网络渠道。扶贫日期间完成线上销售额180余万元。组织参加河北电商扶贫年货节暨村播计划公益活动，围场满族蒙古族自治县副县长李伟光亲自参与，与网红主播互动直播长达4个多小时，在直播互动中重点介绍围场满族蒙古族自治县黏豆包、荞面条、沙棘汁、杂粮、牛羊肉等多种农特产品，宣传推荐围场满族蒙古族自治县丰富旅游资源、风土人情，宣传了塞罕坝精神。直播累计观看人数35万余人，各类扶贫产品浏览量超过2.6万次。4个小时直播共计销售农产品件数1096件，价值46000元。

旅游文化广电

综　述

【概况】 2019年，是承德市旅游和文化广电机构合并的开局之年，全市旅游和文化广电工作以习近平新时代中国特色社会主义思想为统领，围绕“3+3”绿色主导产业和县域“1+2”特色产业发展布局，以“五大攻坚战”（国家全域旅游示范区、国家“一号风景大道”生态旅游度假区、第三届承德市旅游产业发展大会、“21世纪避暑山庄”国家级文化旅游产业示范园区、乡村振兴旅游扶贫）为抓手，坚持“宜融则融，能融尽融”，上下齐心、通力合作，全年接待游客8271万人次，同比增长18%，旅游收入1055亿元，同比增长22%，圆满完成各项工作任务。全市旅游和文化广电多项工作得到奖励和表彰。丰宁“非遗+扶贫”模式得到联合国教科文组织、国家文化和旅游部高度肯定并予以推广；在2019河北文化和旅游发布中承德荣获14项大奖；承德市入选全国“避暑十大凉城”，荣获“2019美好生活中国十佳宜居宜业宜游城市”称号；承德市“一线一网”基层文化旅游监管模式在全省推广；国家“一号风景大道”荣登“2019年中国旅游产业影响力风云榜”，荣获“2019旅游扶贫年度典型案例”称号；市旅游和文化广电局获全省基层广播电视统计工作优秀集体奖、全省广播电视安全播出竞赛三等奖、全省“小片网”集中整治督察验收评比优秀奖等奖项；向市委、市政府报送专报50余期，市旅游和文化广电局市场管理、宣传推介等多项工作获市委、市政府主要领导肯定性批示40余次。

【体制机制改革】 在落实《承德市全面深化改革工作管理平台》中，旅游文化广电局共承担26项改革任务。其中，“承德市非遗助力精准扶贫工作”“第三届承德市旅游产业发展大会助推承德全域旅游实现高质量发展”列为全市典型案例。

【简政放权】 按照“承德办事一次成”改革领导小组办公室的相关要求，深化简政放权，强化市场监管，改进公共服务，提高行政效能。深入细致梳理行政权力、公共服务事项等清单，“一二三星级饭店评定”“A、AA、AAA级旅游景区质量等级评定”“办理图书借书证”和“降低旅游服务质量保证金资格确认”四项政务服务职能已在市本级“承德办事一次成”事项清单中公布。

【文化市场综合执法改革】 按照省委办、省政府办《印发〈关于深化文化市场综合行政执法改革的实施方案〉的通知》和《承德市机构改革方案》要求，制定了《中共承德市委、承德市人民政府关于深化文化市场综合行政执法改革的实施方案》，市文化市场综合行政执法局挂牌成立，统筹管理市文化综合行政执法大队和市旅游监察大队。

【演艺集团改革创新】 按照“出人、出戏、出效益”和“转起来、活起来、兴起来”的总要求，创新举措、开拓市场，承德市演艺集团有限责任公司完成了注册登记、国有资产清点核算、内部机构设置、合署办公等重点工作，按照现代演艺企业管理运营模式开展经营管理，以“精准扶贫、文化同行”为引领，举办“文化惠民进万家”“我们的节日”“诗画园博、多彩承德”等各类文艺演出 49 场，实现经营总收入较去年同比增长 108%，实现社会效益经济效益双丰收。

【星级饭店和旅行社会议】 5 月，相继组织召开全市星级饭店工作和旅行社工作会议，安排部署 2019 年星级饭店和旅行社的工作目标和任务。全力抓好承德市文明城市创建工作，深入开展旅游标准化建设和品质服务提升行动，使旅游企业质量管理和服务标准体系更加完善。

【服务创建全国文明城市】 为确保 2019 年度创建全国文明城市各项工作任务落实，根据市文明办《承德市文明城市测评任务分解（2019 年版）》，制定《承德市旅游和文化广电局 2019 年全国文明城市创建工作实施方案》，成立了工作领导小组，细化任务分工，明确工作责任和完成时限，以强有力的举措保障各项工作落实。按照市文明办下发的测评内容及实地点位考察标准，下发工作提示函 5 份，转发有关通知 10 余次，组织提交系统上报材料 34 项，涉及正式文件、图片资料、说明报告等类别，高标准、高质量完成了材料提交工作，共检查星级饭店 30 家次，负责的实地点位在市文明办的数次实地测评中，均取得较好成绩。8 月 28 日，局领导坐客承德人民广播电台，对在创城工作中担负的职能及工作进展情况向广大市民进行详细介绍，并要求星级饭店、市图书馆、市群艺馆等单位自觉主动承担起工作职责及社会责任，扎实做好相关工作，保证文明城市创建工作扎实有效开展。

举办市旅发大会

【概况】 9 月 10—11 日，在双滦区、双桥区、平泉市、隆化县举办第三届承德市旅游产业发展大会，共有来自省内外 260 余名嘉宾参加本次盛会。本届大会突出“文旅融合、绿色发展”主题，举办旅游文化推介会、项目现场观摩等活动，推出“武烈河百公里旅游文化产业走廊”品牌，打造 16 个旅游新景区、新项目、新业态，完善基础设施，优化旅游环境，推动全域旅游发展，得到省市领导的肯定和与会嘉宾的广泛好评。省人大常委会副主任、承德市委书记周仲明指出：“第三届承德市旅游产业发展大会项目新颖，组织有序，效果突出，各县（市、区）做了大量工作，为办好第四届市旅发大会积累了新经验。”承德市委副书记、市长常丽虹指出：“承德市借力借势旅发大会宝贵平台，连续推出不同类型的旅游新业态、新产品，将承德更美的姿态和面貌展现在广大中外游客面前，加快了承德由山庄时代向全域旅游的跨越。”中秋节假日期间，4 个承办县（市、区）旅游市场火爆，共接待中外游客 8 万余人次，实现旅游收入 1 亿元，同比增长均在 40% 以上。

【宣传报道】 在全国范围内开展第三届市旅发大会 Logo、吉祥物、宣传口号等征集活动，共征集作品 1000 余件，收到良好的宣传效果。在中央人民广播电台、中新社、人民网、国际在线、今日头条以及承德日报、承德广播电视台等国内 30 余家新闻媒体及自媒体分阶段进行全面报道，承德日报推出旅发倒计时和《旅发大会特刊》，承德广播电视台在重点时段开设专栏，市级报刊、电台、电视台先后播发《第三届承德市旅发大会开幕》《第三届承德市旅发大会明日开幕将带动 5300 人脱贫》重点报道 100 余篇；河北日报推出《规模项目超历届 节约生态又务实》等 4 个版面报道，河北电视台《乐享河北》《新闻 6 号线》在分别推出 30 分钟、50 分钟专题报道的同时，又推出《承德市第三届旅发大会亮点抢先看》《隆承国际大马戏度假区打造承德旅游新名片》等对各县市区观摩项目进行报道。与《今日头条》《抖音》等平台合作，推出“第三届承德市旅发大会”专属话题，制作了“承德第三届旅发大会”进入专题页面，创作推送微头条、短视频等40余条，并以“开屏+首刷”的形式在今日头条平台对“承德第三届旅发大会”进行全方面宣传。大会期间，在京津冀区域定向推送信息流，对“承德第三届旅发大会”进行强势推广，专属话题的阅读量已达14万，讨论达9900余条。大会开幕当天，由承德日报融媒体中心、双滦区融媒体中心等多个平台对大会开幕盛况进行直播，点击率达42.2万，承德旅游知名度和美誉度得到大幅提升。

【旅游文化活动】 会议期间举办承德旅游文化推介会（开幕式），向中外客商介绍承德优惠的投资政策和良好的投资环境。市长常丽虹亲自推介承德旅游文化，向参会嘉宾介绍承德市特色旅游文化资源和产品，展示承德市旅游业发展的蓬勃朝气和美好未来，以及市委、市政府在践行习近平新时代中国特色社会主义思想、推动承德生态优先、绿色发展、助力乡村振兴和脱贫攻坚中做出的巨大努力及优秀成果。参会嘉宾观看近年来打造的文化旅游名片——大型实景演出《鼎盛王朝·康熙大典》，演出精美绝伦，展现了承德独特的皇家文化特色，受到与会嘉宾称赞。会议期间，隆承国际大马戏度假区引入国际顶级大马戏团队，打造京北地区乃至京津冀区域的马戏盛宴，吸引上万人观看。大会还开展丰富多彩的地方文化表演和非物质文化遗产展演活动，二贵摔跤、山庄老酒、霸王鞭、东窑马叉、中幡等国家级、省级非物质文化遗产代表性项目参加，让嘉宾流连忘返。

【旅游文化产业品牌】 推出“武烈河百公里旅游文化产业走廊”品牌。“武烈河百公里旅游文化产业走廊”北起茅荆坝森林公园，南至高新区武烈河与滦河交汇处，全长100千米（截至年底已完成31千米）。依托武烈河流域内丰富的森林、温泉、山地等旅游资源，串联茅荆坝森林公园、磬锤峰森林公园等景区，突出皇家文化、民族文化等特色，实施“山、水、林、田、湖、草”工程，以车行和慢行两大系统为主线，完善基础设施，优化旅游环境，加强智慧旅游建设，大力发展观光旅游、度假旅游和乡村旅游，把“武烈河百公里旅游文化产业走廊”建设成为“生态走廊、观光走廊、文化走廊、产业走廊和富民走廊”，形成与国家“一号风景大道”相媲美的承德市又一特色品牌和新的卖点。

旅游产业发展

【概况】 旅发大会推进旅游产业发展，以融合发展为主要目标，覆盖旅游新业态；推进旅游基础设施和公共服务体系建设，完善旅游引导标识系统；以提升村庄整体风貌和服务设施为主，对旅发大会沿线重点乡村开展“三清一拆”，区域生态旅游环境质量得到明显提升；发挥旅发大会在推动全域旅游扶贫，助力乡村振兴中的作用。

【重点旅游项目建设】 突出“绿水青山就是金山银山”的理念，强化文旅产业层级迈向国际化、高端化、特色化、产业化，文化旅游与多产业融合发展步伐明显加快。2019年，全市共谋划建设重点旅游项目16个，总投资132亿元，其中观摩项目12个。新建、续建文化旅游项目40个，其中亿元以上38个，完成投资113亿元，开工率、资金量均创新高。旅发大会项目以融合发展为主要目标，覆盖10余种旅游新业态，旅游+文化（鼎盛·梅园、承德博物馆、隆承国际大马戏度假区）、旅游+农业（拾莓有稻农旅生态园、中国·平泉蘑菇博物馆）、旅游+工业（山庄老酒文化产业园）、旅游+体育（承德冰上运动中心）、旅游+休闲（莲花山景区、热河山庄）、旅游+商业（鼎盛元宝街、公园里文化产业园）等各类融合型新业态相互补充、争奇斗艳。实现了从“城市”到“乡村”，从“山水”到“田园”，从“皇家”到“民俗”，从“工业”到“农业”，从“文化”到“体育”，从“一季游”到“四季游”，从“景点游”到“全域游”，从“观光游”到“休闲度假游”的转变。

【旅游公共服务】 按照“补齐短板、完善功能、提升品质”要求，推进旅游基础设施和公共服务体系建设，完善旅游引导标识系统，建设乡村驿站、观景平台、休闲步道等设施，新建改建旅游公路120千米，建设“热河溯源”慢行绿道31千米、城市滨河景观带28千米，新增生态停车场20个、增加停车位2500个，规划建设大型游客中心5处、驿站8处，新建、改建旅游厕所36个，新增旅游标识牌、指示牌160块。在避暑山庄、莲花山等景区开通5G网络，融合AR/VR技术推出了文化创新体验馆、智能导游机器人、全息影院等一批高科技产品，智慧旅游水平进一步提升。

【改善城乡环境面貌】 以提升村庄整体风貌和服务设施为主，对旅发大会沿线30个重点乡村开展“三清一拆”（清杂物、清残垣断壁、清庭院、拆除违章建筑）、街道风貌、建筑风貌、美化绿化、污水处理等工作，打造大田花海、治理河道水系、修复山体，对乡村垃圾污水和散煤直燃直排进行整治，提升旅发大会沿线环境面貌。围绕第三届承德市旅发大会观摩沿线和景观大道，全力打造承德母亲河——武烈河景观廊道，栽种各类树木40余万株、绿篱100多万棵、地被50余万丛、喷播挂网1.5万余平、更换路灯近500盏，区域生态环境质量得到明显提升。

【助推旅游扶贫】 发挥旅发大会在推动全域旅游扶贫、助力乡村振兴中的作用。推广“两转三带”旅游扶贫模式，推动“非遗+扶贫”工作，带动农民脱贫致富。本届旅发大会辐射带动区域内18个乡镇、147个行政村发展，助推21万余人(其中0.53万贫困人口)脱贫致富奔小康。普宁小镇、温泉村、草莓公社创造了旅游助推脱贫攻坚的新模式和新途径，旅发大会带动就业超过10000人。

非物质文化遗产保护与利用

【概况】 承德市非物质文化遗产保护与利用工作秉承“保护为主、抢救第一、合理利用、传承发展”的原则，推动文化生态保护、“非遗”助力精准扶贫、“非遗”与旅游深度融合，传承传播、创新发展，顺利完成各项工作，取得丰硕成果，在“非遗+扶贫”“非遗”传承基地建设、“非遗”进校园等工作中积累的经验做法为承德市脱贫攻坚工作开辟新模式、走出新路径，取得新成就。

【“非遗”保护利用】 联合国教科文组织亚太地区非物质文化遗产国际培训中心代表团赴丰宁考察“非遗”保护利用的做法并给予高度肯定，认为具备国际推广价值。9月2−6日，文旅部和国务院扶贫办在丰宁开展全国基层非遗保护工作队伍“非遗+扶贫”专题培训，市长常丽虹在培训会上介绍了承德市“非遗+扶贫”工作经验，承德市经验做法被推广。河北省文旅厅在丰宁举办省“非遗+扶贫”国家试点交流对话

2019年9月2日，市长常丽虹在全国基层“非遗”保护工作队伍培训班上介绍经验

现场会，面向全省推广丰宁做法。河北省文化和旅游厅9月17—18日在张家口市举办的“二路三区”旅游扶贫推介活动中，承德市全面推介国家“一号风景大道”和“非遗＋扶贫”工作，丰宁满族剪纸、滕氏布糊画、郑氏砂艺等10余个“非遗＋扶贫”项目广受好评。9月19日，在杭州举办的2019世界旅游联盟·湘湖对话活动开幕式中，文化和旅游部领导对承德市“非遗＋扶贫”工作高度认可，引起了国内外广泛关注，进一步坚定了做好“非遗＋扶贫”工作的信心和决心。

【推行“非遗”＋扶贫试点】 打造了丰宁满族剪纸和布糊画、围场百福刺绣、隆化王氏宫绣、兴隆郑氏砂艺、滦平山桃木雕刻等一大批非遗扶贫就业工坊，丰宁非遗传承基地获评AA级旅游景区，妈妈制造基金等3家大型文化企业合作搭建“非遗＋扶贫”产品销售平台落户丰宁，把丰宁满族自治县建设成为黄河以北唯一的全国“非遗＋扶贫”试点县和“第一批‘非遗＋扶贫’重点支持地区”。全年累计举办各类培训班1200余次、培训3万多人，带动1.6万贫困群众人均增收2800元以上。

【民间民俗文化节庆活动】 承德市多途径加大非遗保护和传承力度，在第十二届民俗文化节上，“传承德泽、丰芜康宁”——河北承德满族文化遗产精品展和“匠心襄扶——河北省‘非遗＋扶贫’手工技艺创业就业成果展”精彩亮相。组织开展承德市“文化和自然遗产日”暨庆祝新中国成立70周年大型非遗演出活动，非遗进社区、进学校、进景区等成为新亮点。在全市范围内开展“乐享河北·非遗遇上春节”主题活动，包含民俗、民间舞蹈、曲艺、戏剧等多个类别的国家、省、市、县各级优秀非遗项目。共组织开展宽城满族自治县国家级项目宽城背杆、丰宁满族自治县国家级非遗项目吵子会等主题表演、展示活动1200余场次，参演人员4万余人次，观看演出群众60万余人次。

【“非遗”保护传承项目】 承德市非遗保护传承项目增加新内容，首部《承德市非物质文化遗产图典》问世，拍摄承德非遗宣传片《传·承》，永久性记录了承德市级以上非遗资源，留下宝贵财富。承德市古琴斫制技艺、皮影雕刻技艺、铜板浮雕画等14个项目列入第七批省级非物质文化遗产代表性项目名录，在全省排列前位；组织推荐承德市腰痛宁胶囊组方及马钱子等药物的炮制工艺、隆化县霸王鞭等22个项目申报第五批国家级非物质文化遗产代表性项目。全市争取到国家和省级非遗项目保护专项资金200万元用于支持非遗传承保护项目。

承德市非物质文化遗产图典

文化旅游演出活动

【大型实景演出】 承德市第三届旅发大会期间，以坝上文化、民族艺术活动为出发点和落脚点，周密部署，统一安排，精心组织、协调责任单位县（市、区）认真谋划大会开、闭幕式演出活动，组织精干的演职编创人员对《鼎盛王朝·康熙大典》进行再加工提高，并于2019年4月底正式公演，全年共演出160余场，800余名演职人员参与其中，大型实景演出《鼎盛王朝·康熙大典》重新编排取得实效。

【多彩节庆活动】 开展“畅享承德、美好生活”中国旅游日系列活动，组织文艺演出进景区 12 场，推出“中国旅游日承德旅游大礼包”，带动金山岭景区、兴隆山景区当日游客量增幅达 200%，并辐射周边景区。组织承德赏花季暨金山岭长城第七届杏花节、金山岭长城国际马拉松赛、塞罕坝杯首届国家“一号风景大道”马拉松赛、中国农民丰收节暨营子区葡萄采摘节等旅游节庆活动，为广大游客提供了差异化的旅游体验。同时，开展旅游惠民活动，发行“承德旅游惠民一卡通”，游客持卡即可畅游承德市 8 个县市区及内蒙古多伦县 31 个景区景点，已经发行 15000 余张。

2019 年 5 月，金山岭长城第七届杏花节启动仪式

【文化惠民七进演出】 按照河北省委、省政府“三深化三提升”活动的总体要求和承德市委、市政府文化扶贫、文化惠民实事民生重点工作部署，承德市演艺集团有限责任公司紧贴庆祝新中国成立 70 周年、“双创双服”活动、“我和我的祖国”暨 2019 年度彩色周末演出季等主题，创作了以“精准扶贫 文化同行”为主题的文艺节目，开展进企业、进农村、进机关、进校园、进社区、进网站、进军营“七进”系列惠民演出活动，为双滦区大庙镇北梁村村民打造了一台以“奋进新时代 助农奔小康”为主题的专场慰问演出。注重发挥承德市演艺集团的示范带动作用，动员全市各级旅游和文化行政部门协调联动以及加大政府购买服务等方式，利用流动舞台车、演出大篷车、综合性文化服务中心、文体广场、演出场馆等设施场地，组织开展全市性，形式多样、丰富多彩的“七进”演出活动。全年全市共计开展各类惠民演出 1662 场，观众达 50 余万人次，超额完成全年千场演出任务。

【高雅艺术进承德】 与北京、天津和国外一线院团对接，并先后 4 次赴北京、天津、沈阳等地，实地开展院团考察调研工作，协调演出院团和演出场地相关事宜，确保工作有序推进。举办奥地利维也纳之声交响乐团《新年音乐会》、儿童剧《当安徒生遇见格林》、“滦水系深情、满蒙一家亲”乌兰牧骑专场文艺演出迎新年、黄蓝巴士乐队专场音乐会等 36 场“高雅艺术进承德”文艺专场演出，促进了承德演艺市场繁荣。

2019 年 12 月 27 日，承德市旅游文化广电局举办、承德市演艺集团有限责任公司承办的奥地利维也纳之声交响乐团新年音乐会

【脱贫攻坚公益晚会】 参加天津市 2019 脱贫攻坚公益晚会。为记录天津各界助力受援承德市打赢脱贫攻坚战的生动实践，体现天津承德之间深厚的情谊，天津市扶贫协作和支援合作工作领导小组办公室联合天津市民政局、天津市工商联、天津市慈善协会、天津市社会动员专项工作组办公室以及援疆、援藏、援青、援甘、

援承等前方工作机构，共同举办了“津生有援助梦前行”脱贫攻坚大型公益晚会。承德市选送反映围场援建成果节目数来宝《阿赫杜游赛罕》、小品《春节不回家》以及捐赠国家级非物质文化遗产“丰宁满族剪纸”等节目（环节）参加此次活动。

【园林博会专场演出】 河北省第三届园林博会承德专场演出，承德市代表团在河北省园博园（邢台）于9月6—8日举行文艺演出。来自承德市演艺集团有限责任公司的演员和“非遗”、民俗节目的表演者，通过一个个独具地方特色的表演，向现场观众展示了承德作为多民族聚集区的神奇与魅力。以文化生态的形式将“牢记使命、艰苦创业、绿色发展”的塞罕坝精神向全省人民传播，充分展现塞罕坝精神的示范带动作用，和全省人民一道全力推动河北省的生态建设，共同打造绿水青山的美丽家园。

旅游市场开发

【概况】 市场开发工作围绕全域旅游发展主线，不断强化地区间的交流合作，持续开拓旅游市场，拓展宣传渠道，组织和参与一系列旅游宣传推介活动，旅游品牌影响力和号召力进一步提升。全年共组织各类宣传推广活动38次，其中旅游节庆活动20次，专题推介活动12次，媒体专题拍摄和网络平台直播4次，组织邀请美国、韩国等近200家旅行商来承考察。

【旅游推介活动】 推进“高铁游”，借助沈阳－承德高铁开通契机，赴辽宁省举办“乘着高铁游承德”推介活动，吸引大批辽宁游客到承德市观光游览、度假休闲，发展成为承德市的主要客源地之一。推进“航空游”，组织参加西安—承德—天津，承德—石家庄—厦门等航线开通推介活动，通过天津空港的广州、重庆、长沙等10个航线同时开通，旅游便捷程度大大提高，初步构建起了承德航空旅游的发展底色。推进“专列游”，开通了永定门—避暑山庄的旅游专列，开通了北京至避暑山庄旅游直通车、邯郸至塞罕坝旅游专列、北京至塞罕坝旅游班列等3大暑期旅游直通车。组织承德市重点景区、旅行社参与“这么近、那么美、周末游河北”“第二十四届北方旅游交易会”“2019中国旅游博览会”“2019海南世界休闲旅游博览会”“2019中国国际旅游交易会”等推介活动，面向国际、国内旅行商、游客集中展示承德旅游形象、旅游线路、旅游产品和特色旅游商品等内容，获得与会领导、参展商及广大游客的高度评价和喜爱，特别是在北方旅交会上，获得“最佳展台设计奖”。

【区域交流合作】 加强与周边地市的沟通联系，开拓市场。开展交流互动，与赤峰市在互促景区宣传、互推游客等方面达成合作意向，与天津市文化和旅游局联合举办了津承旅游推介会，两地百余家旅行社、旅游景区和30多家媒体参加，天津市旅行社诚信建设促进会与承德市旅游协会签署了战略合作协议，双方旅行社代表签署了多份合作协议，建立多元化合作发展机制。向天津市20家游客咨询中心投放各类宣传品，其中包括《承德旅游地图》《醉美承德旅游画册》等15种共2.6万册，旅游景区宣传片8部，增强承德对两地游客的吸引力。在《中国旅游报》《河北日报》《承德日报》等主流媒体和腾讯等网络媒体开展宣传。兴隆、双滦登陆央视《朝闻天下》广告栏目，金山岭长城景区在全国“两会”和国庆节央视特别报道中持续在央视刷屏。开展与国际旅游友好城市，与荷兰布雷达市签署《旅游文化合作意向书》，赴日本柏市和韩国庆州市开展承德文化旅游推介活动。组织40余家韩国旅行商来承考察，推出针对韩国市场的优惠政策，启动韩国旅游市场开发工作，目前已经有超过500

人的韩国团队预约到承旅游。并借助在第十七届中国(承德)国际经贸洽谈会暨“百家名企进承德”市情推介会契机，与韩国釜山旅行社签订了《外籍人口到承德市旅行合作协议》，吸引更多境外游客走进承德，了解承德。同时，开展2019金山岭长城全球旅行社推介大会，通过活动极大的促进了承德旅游国际化水平。

2019年12月2日，韩国庆州文化院友好交流团访问承德

【冬季旅游活动】 组织了2019年中国承德“木兰秋狝”杯雪地摩托车越野大奖赛活动，避暑山庄冰雪嘉年华、鼎盛皇家灯会、中国马镇冰火节、七彩森林冰雪节等承德冬游4大热点15项节事活动，依托承德特有的冰雪资源与独特的历史文化，全力打造“避暑胜地、冰嬉之都”的城市品牌，实现了冰雪休闲旅游产业的跨越性发展。

【媒体宣传】 不断加大旅游宣传推广活动，拓展各类旅游群体，取得良好效果，在2019河北文化和旅游发布活动上，承德市荣获14项大奖，获奖数在全省名列前茅，国家“一号风景大道”入选“爱驾者此生必驾三十六路”。央视宣传。继续在央视一套和十三套《朝闻天下》栏目前播放承德旅游5秒形象宣传片，展现新时代“生态强市 魅力承德”的独特魅力。专版专栏。在《中国旅游报》以“展示生态旅游新风貌 探索绿色发展新路径”为主题，扩大第三届市旅发大会影响力。在《中国城市报》《河北日报》《承德日报》等包装推介旅游线路和资源，为市民和游客出游提供更加丰富、完整的旅游资讯，旅游知名度、影响力不断增强。坐客《百姓热线》。5月、10月两次坐客承德人民广播电台《百姓热线》节目，向广大听众详细介绍了惠民演出、旅游厕所、乡村旅游、文旅执法、旅游宣传等与民生息息相关的工作，取得良好社会反响。

景区园区及设施建设

【概况】 2019年，加强景区建设，开展国家全域旅游示范区创建，制定并实施《创建国家全域旅游示范区重点工作任务责任分工方案》《全域旅游任务责任书》，对全市各县（市、区）进行督导检查。双桥区成为承德市第一个获首批省级全域旅游示范区称号的县区。密切与中国旅游集团有限公司合作，就创建国家全域旅游示范区等工作达成合作意向。

【A级旅游景区创建】 承德市兴隆山景区、七彩森林景区、马镇旅游区和山庄老酒文化产业园4家景区(共24家)通过AAAA级旅游景区景观评审，是承德市有史以来高等级旅游景区一次通过景观评审数量最多的一次。至2019年12月，全市有AAAAA级旅游景区1家，AAAA级旅游景区8家，AAA级旅游景区14家，AA级旅游景区16家。

表5　　承德市A级景区一览表

等　级	数 量	景区名称	隶属部门或单位
AAAAA	1	避暑山庄及周围寺庙	承德市文物局
AAAA	8	塞罕坝森林公园景区	围场满族蒙古族自治县塞罕坝机械林场

续表 5

等　级	数 量	景区名称	隶属部门或单位
AAAA	8	京北第一草原	丰宁满族自治县政府
		御道口草原森林风景区	围场满族蒙古族自治县御道口牧场管理区
		金山岭长城景区	滦平县政府
		双塔山风景区	承德市双塔山风景区旅游有限责任公司
		董存瑞纪念馆	隆化县退役军人事务局
		兴隆溶洞景区	兴隆县千华旅游开发有限公司
		大汗行宫旅游景区	大汗行宫旅游景区
AAA	14	白云古洞	丰宁满族自治县旅文广电局
		魁星楼景区	承德魁星楼旅游有限责任公司
		奇石谷风景区	兴隆县奇石古旅游开发有限公司
		九龙潭景区	兴隆县九龙潭旅游有限公司
		辽河源森林公园景区	平泉市林业和草原局
		泽州园景区	平泉市旅游和广电局
		蟠龙湖风景区	宽城京城文化旅游发展有限公司
		大清猎苑景区	承德大清猎苑酒业有限责任公司
		白草洼森林公园景区	承德盛景旅游发展有限责任公司
		联玉生态园景区	承德联玉体育文化发展有限公司
		茅荆坝森林公园	隆化县国有林场管理处
		九龙醉酒文化产业园	承德九龙醉文化产业园有限责任公司
		青松岭文化旅游度假区	荣盛（兴隆）旅游发展有限公司
		天子山风景区	兴隆县天子山旅游开发有限公司
AA	16	关帝庙景区	承德宏碁旅行社有限公司
		城隍庙景区	承德城隍庙旅游发展有限公司
		九龙松景区	丰宁满族自治县旅游开发总公司
		千松坝森林公园景区	丰宁满族自治县国有林场管理处
		朝阳洞景区	承德县文物保护所
		都山景区	宽城满族自治县林业和草原局
		万塔黄崖景区	宽城满族自治县民政局
		花溪梨园景区	滦平县槐香果树种植专业合作社
		苇子峪景区	承德县新杖子乡苇子峪村响洞子果品专业合作社
		菁润观光园景区	承德菁润生态农业观光有限公司
		塞北江南景区	宽城中远希望农业有限公司
		神龙山风景区	鹰城旅游开发有限公司
		紫玉蓝莓庄园景区	承德紫玉科技发展有限公司
		非物质文化遗产传承基地	中旗林电子商务有限公司
		山戎公园景区	滦平县住建局
		六里坪森林公园景区	兴隆县六里坪旅游开发有限公司

【创建国家级文化旅游产业示范园区】 全面实施《承德市人民政府关于创建国家级文化旅游产业示范园区的意见》和《“21世纪避暑山庄”文化旅游产业园区创建国家级文化产业示范园区三年行

动计划》，制定《市直单位创建国家级文化产业示范园区任务台账》，园区已入驻企业达到295家，其中文化旅游类企业197家，占比67%，承德中冀文化传媒有限公司入围第六批省级示范基地。

【特色龙头企业培育】 围场满族蒙古族自治县承德联玉实业有限公司入围第六批省级示范基地创建名单。《鼎盛王朝·康熙大典》实景演出获“2019河北省文化和旅游产业双优培树活动优质产品品牌”，鼎盛文化产业投资有限公司在“2019年中国旅游产业影响力风云榜”中荣获“中国旅游影响力双创企业”称号。

【文创产品】 举办2019承德市文创和旅游商品创意设计大赛，127件优秀作品获金、银、铜、最佳创意奖、最具承德特色奖、最具商业价值奖。在“2019河北省文创和旅游商品创意设计大赛”中，承德市共4件文创旅游商品获奖，其中，承德避暑山庄乾隆游、乾隆茶获金奖（共2名）；皇家满绣凤穿牡丹真丝手工刺绣旗袍获银奖（共2名）；活性炭立体艺术字画《吉祥富贵福》获铜奖（共5名）；布糊画中国龙获最具河北特色奖（共10名），位列全省前列。

【文化服务体系建设】 对全市2364个行政村、176个社区开展公共文化服务体系建设调研工作，确定了承德市公共文化服务体系建设的时间点和路线图。至2019年，全市共建成基层文化服务中心2030个，其中行政村1882个、社区148个。承德县、围场满族蒙古族自治县列入首批河北省公共文化服务体系示范区创建序列（全省共10个县），顺利通过专家组实地验收、测评和现场答辩。年内争取省级资金270万元推进“双基”提升工作。

【厕所革命】 2019年，建成旅游厕所180座，圆满完成年度计划。争取国家和省旅游发展专项资金573万元用于支持县（市、区）旅游厕所建设工作。

乡村旅游

【概况】 与避暑山庄旅游集团合作，推进省级生态旅游度假区建设；以乡村振兴战略为牵引，创建乡村旅游示范新品牌。组织乡村旅游培训班，乡村旅游推介活动，开展东西部旅游扶贫产业协作。

【省级生态旅游度假区建设】 国家“一号风景大道”省级生态旅游度假区建设不断推进。与避暑山庄旅游集团合作，高标准编制《国家“一号风景大道”生态旅游度假区规划》，同步创建国家“一号风景大道”生态旅游产业示范区。确定了10个专项行动，率先打造13个样板村。累计投资2亿多元重点建设围场猎苑满乡组团6个样板村，道路拓宽改造、污水管网铺设等项目进展顺利。

【乡村旅游示范新品牌】 以乡村振兴战略为牵引，在持续推广“首旅寒舍”“乡下咱家”“唐乡”“柳塘人家”等乡村旅游产业品牌基础上，打造“两转三带”旅游扶贫示范景区、示范村20个。开展“承德市巾帼脱贫示范基地”创建活动，培育巾帼乡村旅游示范点36个。举办乡村旅游培训班，累计培训1000余人次。兴隆县诗上庄村、宽城满族自治县马架沟村等13个村(贫困村4个)入选省级乡村旅游重点村，数量位列全省第一。

【乡村旅游宣传推介】 借助北京对口帮扶平台、河北省“二路三区”旅游扶贫推进会等平台对承德乡村旅游进行了专题推介。依托河北旅游职业学院，举办两期乡村旅游培训班，邀请京津知名旅游专家、重点旅游村干部、民宿运营商来承授课，累计培训600余人次；与北方民宿联盟合作，组织宽城、隆化等县乡村干部、民宿经营户赴延庆、密云等地学习考察高端民宿产业发展，累计培训100余人次。组织贫困地区管理人员参加文化和旅游部2019年深度贫困地区旅游扶贫培训班、2019年乡村旅游和旅游扶贫监测点工作培训班。

【东西部旅游扶贫产业协作】 先后赴北京市、天津市参加京津冀文化旅游产业协同发展第七次会议、北京对口帮扶平台交流活动、2019中国旅游产业博览会、2019天津消费扶贫展销会等活动，并对承德旅游扶贫线路、“非遗”旅游商品进行专题推介。先后邀请中国旅游集团、天津云客赞公司、天津名流茶馆、途家旅游网等央企和京津知名文化旅游企业来承考察，目前，天津市投资帮扶的围场扣花营村高端民宿项目已完成主体工程，丰宁满族自治县组织1200户乡村旅游经营户与途家旅游网签订合作协议，承德市乡村旅游协会加入了北方民宿联盟，中国马镇、荣盛阿尔卡迪亚酒店等旅游企业与云客赞平台签订了合作协议。

行业监督管理

【概况】 举办文化市场综合执法培训班；加强对文化、旅游市场检查及整治；加强对星级饭店、旅行社、服务网点的监督管理；加强导游员管理。不断提升文化旅游行业服务质量。

【专项检查及整治】 文化市场检查整治。全市基层建立的“一线一网”文化旅游市场监管体系，在全省推广并得到京津冀同业人员的高度赞许，对广电、娱乐场所等线上线下文化市场专项检查，检查出动6800余人次，检查经营场所3200余家次，责令整改240余家次，受理举报投诉40余件。旅游市场专项整治。发放《中国公民出国旅游文明行为指南》等宣传资料1000余份。围绕清明、“五一”“国庆”等假期开展全市旅游和文化市场综合检查100余次，检查280余家旅游企业及个人，对违法行为及时立案处罚，接到旅游咨询30余起，办结旅游投诉224件，处理率达到100%，无重大旅游投诉案件发生。为加强对旅行社的管理，整治承德市旅行社行业散、乱、差的状况，进一步营造良好文化和旅游市场秩序，促进承德市旅游业健康快速发展，承德市组织开展为期两个月的旅行社整治专项行动。累计出动人员69人次，重点排查23家。深入旅行社企业进行检查，对全市旅行社质量保证金和旅行社责任保险缴纳情况进行逐一核查，对发现的问题按照有关制度规定严肃处理，确保工作取得成效。截至12月底，承德市共有旅行社147家，分社48家，服务网点290家。

2019年12月20日，市旅游和文化广电局党组书记、局长董宇带队检查文化市场

【提升服务质量】 为贯彻落实河北省委省政府加快质量强省建设的决策部署，承德市按照《河北省旅游质量提升行动计划（2018—2020年）》《河北省旅游服务质量标杆单位管理办法》和《承德市旅游质量提升行动计划（2018—2020年）》要求，开展旅游服务质量提升行动并取得初步成效。承德市避暑山庄旅游集团有限责任公司荣获首批河北省旅游服务质量标杆单位称号。承德宾馆有限责任公司、承德市金之旅国际旅行社有限公司荣获首批河北省旅游服务质量标

杆培育试点单位称号。

河北省旅游协会开展首届2019年度全省旅游饭店行业品质标杆培树活动，嘉和国际饭店获“2019年河北省十佳星级旅游饭店”称号；平泉客官国际饭店的蘑菇宴、紫御国际饭店的紫塞皇苑荣获“2019年河北省星级饭店十大主题名宴”称号；宽城天宝酒店的李利菠、嘉和国际饭店的王南和紫御国际假日酒店的李海滨荣获“2019年河北省优秀星级饭店职业经理人”称号。

【星级饭店复核】 为提升承德市星级饭店的服务质量和管理水平，按照省星评委通知要求，开展星级饭店年度复核工作。全年配合省星级饭店评定委员会完成了对京城大酒店的四星级饭店评定性复核工作，完成了对宽城京城宾馆等4家饭店的三星级评定性复核工作。截至2019年底，全市共有星级饭店29家，其中五星级1家，四星级15家，三星级13家。

表6　承德市星级宾馆饭店一览表

星　级	数量	名　　称	地　　址
五星级饭店	1	嘉和国际饭店	承德市迎宾路23号
四星级饭店	15	云山饭店	承德市武烈路41号
		盛华酒店	承德市武烈路22号
		承德宾馆	承德市南营子大街19号
		文冠饭店	承德市环城南路僧冠峰景区
		京承大酒店	承德市半壁山路12号
		喜来佳大酒店	承德市普乐北路8号
		宽城天宝酒店	宽城县民族街359号
		东杉坝上草原假日酒店	丰宁满族自治县大滩镇
		平泉客官国际饭店	平泉县兴平南路
		平泉泽州大酒店	平泉县渝州中路
		仟喜龙度假村	兴隆县雾灵山乡眼石村
		紫御国际假日酒店	承德市武烈路6号
		福满家大酒店	承德市普乐北路兴盛丽水商业街9号
		山庄宾馆	承德市丽正门127号
		丰宁宾馆	丰宁满族自治县新风路86号
三星级饭店	13	承钢宾馆	承德市双滦区宾馆路1号
		白楼宾馆	承德市开发区西区13号
		龙骧大酒店	隆化县建设街中段
		乾隆宾馆	承德县板城大街88号
		宽城京城宾馆	宽城满族自治县行政中心西侧
		滦平新区大酒店	滦平县北山新区1号
		兴隆县仟禧龙大酒店	兴隆县西观京唐路
		广兴宾馆	兴隆县兴开街
		围场太阳湖度假村	围场满族蒙古族自治县御道口牧场
		明珠大酒店	承德市山庄东路小南门
		雍和园商务会馆	承德市武烈路园林管理处69号
		不倒翁酒店	滦平县三地沟门
		路源商务宾馆	承德县下板城镇站前路

【全省星级饭店服务技能大赛】 7月6—8日，组织星级饭店8名优秀服务员，参加由省文化和旅游厅、省冬奥办、张家口市政府、省人社厅、省总工会、共青团省委、省妇联等七部门联合主办，省旅游协会承办的2019年在张家口崇礼区举办的河北省星级饭店服务技能大赛。承德市代表队以678.87分的总成绩荣获团体奖第二名；张晓静（嘉和国际饭店）获得前厅服务季军；付玉（嘉和国际饭店）获得中餐宴会摆台季军；卢兴然（承德宾馆）获得西餐宴会摆台季军。承德市8名选手全部入选各工种“十佳服务员”行列。为了更好地推选优秀服务员参加此次大赛，承德市于6月19日举办河北省星级饭店服务技能大赛承德市选拔赛。对选拔出的8名参赛选手进行脱岗集训，聘请河北旅游职业学院教师对选手进行操作技能辅导，委派专人对选手进行英语口语和理论知识的强化训练。

2019年7月6—8日，承德市代表队参加“富龙杯”2019年河北省星级饭店服务技能大赛

【全国旅游监管服务平台应用】 为贯彻落实国家和省委省政府简政放权、加强旅游市场综合监管的有关要求，全面启用全国旅游监管服务平台。为做好平台使用推广工作，组织全市旅行社和县区管理人员、旅游文化广电相关人员举办全国旅游监管服务平台培训班，确保平台培训覆盖到位，提升事中事后监管效能。并会同协调市行政审批局做好旅行社设立、变更、注销等业务衔接，确保辖区内旅行社相关业务在监管服务平台上有序开展，全力做好事中事后监管工作。

【规范行政处罚自由裁量标准】 对行政处罚自由裁量指导标准进行修改。为规范旅游行政执法行为，保障行政处罚当事人的合法权益，根据法律法规的规定，结合行政执法工作实际，对旅游文化广电局的旅游行政处罚自由裁量标准进行再次梳理和规范。

【旅游安全生产】 按照河北省委、省政府、承德市委、市政府有关安全生产工作部署要求，市旅游文化广电局下发《关于切实做好2019年春节和“两会”期间旅游安全生产工作的通知》《全市旅游行业安全生产三年专项整治方案的通知》等文件，切实做好旅游行业安全生产工作，强化各项防范措施和责任落实，坚决遏制各类旅游安全生产事故发生。河北省文化和旅游厅承德督查组按照《关于开展全省文化和旅游系统防范和化解重大风险督导检查的通知》要求，于3月4日至8日对承德市的文化场所、景区（点）、旅行社、星级饭店、旅发大会项目进行督导检查。检查结束后，迅速下发整改通知和整改函共18份。涉及到26家企业的82个问题已全部完成整改。

【省市导游员大赛】 5月14日，按照河北省文化和旅游厅文件精神，导游管理培训中心组织导游员参加“蓝鲸”杯第七届河北省导游大赛。此次大赛来自河北省12个地市的170名选手报名参加。承德市经过层层筛选、推荐，共选拔出24名优秀选手代表承德市参加全省导游员大赛。24名选手中2名选手在导游员组中荣获“河北十佳导游员”荣誉称号，分别排名第五、第八；3名选手在学生组中荣获“河北十佳未来之星导游”荣誉称号，分别排名第三、第五、第十；2名选手在导游员组中荣获“河北优秀导游员”荣誉称号；1人在讲解组中荣获“河北优秀讲解员”荣誉称号；2人在学生组中荣获“河北优秀未来之星导游”荣誉称号。1人获得单项奖“最佳应变”奖项。经统计近50%选手获奖，比2017年河北导游大赛同比增长了20%的获奖率。推荐选拔组织12名导游员参加由承德市旅游协会承办的“中国马镇”杯首届承德市金牌导游员大赛,全市120名选手参加了为期4天的激烈比赛。经过微信投票、知识问答考试、风采展示、自选导游词讲解和现场创作导游词讲解等五个环节的比拼，前40名优秀选手进入决赛，冠军、亚军、季军在优秀选手中诞生；决赛成绩前20名选手获得首届“金牌导游员”荣誉称号；20～40名选手获得“承德优秀导游员”荣誉称号。组织承德市注册导游员参加导游“云课堂”在线培训，此次共培训3360人，实际从业2344人（其中社会从业1821人，两宫门从业497人，旅行社专职26人）。截至12月末,全市持证人员7061人，生成电子导游证4961人。

2019年中国马镇杯首届承德市金牌导游员大赛闭幕式

图书馆

【概况】 2019年，承德市图书馆以“读者第一，服务至上”为宗旨，履职尽责，全力完成岗位工作。做好报纸、期刊的上下架及分类整理工作，整理过期期刊22860册，过期报纸6万余份。接待咨询读者130人次，提供文献1670余册，解答咨询电话20余条；完成古籍普查录入民国文献4341册，并完成一审提交工作；多措并举进一步加强古籍保护。收集登录地方文献10种34册，接收登记赠书45种94册，过刊入库40种334册，入藏报纸18种72册，并进行数据维护，对期刊、图书有误数据进行补充修改。与此同时，通过经常性的馆际交流、业务学习、专家授课等方式，不断提升图书馆队伍人员素质和服务水平，为满足不断提高的大众需求和业务需求储备能量。

【读书活动】 承德市全面贯彻落实《中华人民共和国公共图书馆法》，开展全民阅读推广活动。打造文化品牌，开展“承图讲堂”“承图讲堂进高校”等主题活动。通过讲座的方式和贴近生活的主题吸引读者，发挥宣传引导作用，营造全民阅读的浓厚氛围。以“4•23”世界读书日为契机，开展“阅享四季 悦读年华”2019年“拥抱春天”全民阅读季活动，其中包括“我和我的祖国”征文征集活动、“读经典、学新知，阅读点亮承德环球绘本之旅”、全国首届图书馆杯全民英语口语风采展示活动、“新时代•新阅读•新未来”——全国首届图书馆杯主题海报创意设计作品展览、壮丽70年 奋进新时代“4•23”世界读书日等一系列全民阅读推广活动。全省联动，在全市范围内开展以“祖国祖国我爱你”为主题的2019年燕赵少年读书系列活动，活动激发了孩子们的读书写作热情，并且为他们提供了广泛展示学习成果的平台。关心残障群体，多次开展盲人活动，为盲人读者提供定制化、常态化、持续化的知识文化服务。向双桥区残联投放200台智能听书机，用于盲人读者外借服务，提供海量数字资源的免费阅览，视障人士凭本人有效残疾人证即可领取使用，市图书馆还陆续开展设备使用培训和交流活动。同时，接待集体免费参观阅读、利用微信公众号开展网络知识竞赛，得到了读者的广泛参与和一致好评。

【志愿服务】 按照承德市创建文明城市工作开展要求，承德市图书馆作为重点迎检单位之一，按照《全国文明城市(地级以上)实地考察测评标准》对照整改，不断优化服务设施设备，弘扬社会主义核心价值观、树立文明新风尚，助力创城工作顺利开展；完善馆内整体环境，排除安全隐患，保持馆舍内外整洁卫生。在创建全国文明城市迎检过程中，党员志愿者发挥带头作用，日夜值守，高度负责，热情接待，圆满完成该项工作。继续扩大承德市图书馆公共文化志愿服务队伍，面向社会广泛招募文化志愿者，统一标识，集中培训，使社会广大爱心人士积极投身公益服务，共组织开展志愿服务 32 次，收到良好的社会效果。

【安全生产】 通过常规化、多形式的培训指导，提高全员应对突发事件的处理能力。按照“谁主管谁负责”的原则，逐级签订安全生产责任书，全馆动员把安全责任落实到位，形成自上而下“人人有责任，处处保安全”的人防体系，同时加大对重点要害部位的安全设施建设，定期对机房、办公室、配电室及楼前楼后等场所进行巡查，针对查出的隐患问题，及时整改到位，加固防范设施，提高物防能力，为读者提供了一个安全稳定的阅读环境。推进图书馆安全和标准化建设，维护图书馆的安全和稳定，加强全体职工的消防安全教育培训。按照《承德市文化和旅游系统深入推进安全生产风险分级管控和隐患排查整治双重预防机制建设工作实施方案》要求，图书馆结合工作实际，抓好贯彻落实，整体推进“双控”机制建设，制定实施方案、工作组织、安全责任等，狠抓风险管控，落实隐患治理，持续改进档案管理，确保图书馆安全运行零事故。

【公益活动】 在市图书馆报告厅举行大型主题公益讲座“承图讲堂”之《谈谈对新时代诗歌的认识理解和表达》，特邀请承德市作协副主席、郭小川研究会会长刘兰松先生主讲授课，近百名文学爱好者聆听学习。4 月 19 日，由承德市旅游和文化广电局、中共承德市双滦区委宣传部主办，承德市图书馆、承德市图书馆学会、双滦区旅游和文化广电局、双滦区教育和体育局联合承办的“壮丽 70 年 奋进新时代”——“读书读报节”颁奖和“全民阅读推广”启动暨双滦区第三届“放下手机陪孩子一起读书吧”主题活动现场会。为丰富未成年人的假期生活，鼓励更多孩子爱读书、读好书，开展了暑期未成年人读者免费集体参观活动，暑期累计接待参观 350 余人。

群众艺术

【概况】 2019 年，主要开展文化艺术创作宣传与业务指导和文化交流工作、民间民族文化艺术遗产收集、保护、整理工作；研究、指导、辅导群众文化艺术，培养业余文艺骨干；组织开展群众文化艺术活动。承德市群众艺术馆内有 4 个多功能厅和音乐、舞蹈、戏曲、美术、书法、摄影等 12 个专业活动室，对声乐、舞蹈、戏曲、美术、书法、诗词、散文、词曲创作、摄影等艺术门类进行免费辅导与培训，同时利用 1000 平米的美术展馆组织、举办、承办美术、书法、摄影等各类展览活动。年内，群艺馆在各个艺术门类屡出精品，获得省市级各类大奖，为承德市争得了荣誉。创作的美术作品参加市文联、市美协组织的《迎新春书画展》。组织多幅中国画作品参加《环渤海风采——2019 年京津冀鲁辽中国画展》，有三幅作品通过复评入展，组织选送 19 幅书法作品参加河北省群艺馆《庆祝中华人民共和国成立 70 周年农民书法作品》，组织 12 幅作品参加民革中央画院《庆祝中华人民共和国成立 70 周年暨首届“风雨同舟”民革全国书画作品展》，群艺馆工作人员创作的作品参加“第十三届全国美术作品展览”河北省选送作品评选暨“庆祝中华人民共和国成立 70 周年河北省优秀美术作品展览”。油画《钓鱼台的丰收季》参加“庆祝新中国成立70周年京津冀优秀群众美术书法展”。歌曲《未了的情缘》在陕西省西安市未央区“最美未央”原创歌曲大赛中获一等奖。歌曲《爱远方》《寻梦的太阳》在2019全国小金钟展演活动中获优秀原创作品奖。歌曲《请叫我中国》荣获河北省音乐金钟奖铜奖。歌曲《带你到塞罕坝看星星》获得河北省第二届文艺贡献奖。

【艺术演出】 在碧峰门文化广场举办庆祝新中国成立70周年“我和我的祖国”承德市彩色周末演出活动22场；春节期间承办“我们的中国梦——文化进万家”2019年承德市宣传文化系统进军营慰问演出活动；1月，组织市群艺馆文化志愿者团体开展两场围绕迎新春主题的文艺演出；2月，承办《我的中国梦，文化进万家——庆祝改革开放40周年石洞子沟街道、永安街社区、步云楼书画院、老雍书法班师生作品展》,《翰墨传承——锋华书道院第一届学生作品展》；3月6日，承办《承德市女摄影家协会纪念“三八”国际妇女节摄影展》；5月下旬，承办由中共承德市委宣传部、承德市旅游和文化广电局主办的，由承德市教育局、科技局、商务局、团市委、市文联及各县市区宣传部协办的《创意承德2018暨2018河北省文化创意设计大赛承德分赛》；7月中旬，承办由中共承德市委宣传部、承德市旅游和文化广电局、双桥区委宣传部主办的《不忘初心 红色足迹电影海报展》；8月，承办《我和我的祖国——颜真卿书法拓本展》和《我和我的祖国庆祝新中国成立70周年 承德市书法美术作品展》;9月下旬,承办《祖国生日 艺萌献礼》——艺萌学校十年校庆书画展览暨全国书画大赛颁奖典礼；10月25—28日章宏治馆长带队参加“我和我的祖国”“到人民中去”河北省群众文艺展演活动,其中承德市群艺馆音乐作品《满乡嫁女》,围场满族蒙古族自治县文化馆曲艺作品《阿赫杜游赛罕》，宽城满族自治县文化馆《满乡情》三个节目代表承德市参加了此次展演。10月，承办由中共承德市委宣传部主办的《庆祝中华人民共和国成立70周年 双桥区书法大赛优秀作品展》并组织馆办团队庆祝新中国成立70周年文艺演出活动两场；11月，由双桥区教育体育局主办《我与祖国共成长 中华人民共和国成立70周年双桥区师生书画展》以及由兴隆县委宣传部、兴隆旅游和文化局、兴隆县文联主办的《“龙脉山水”大美兴隆——兴隆县书画家作品展》。12月，在承德剧场举办2019年承德市群众艺术馆精品展演。

【“非遗”申报】 做好各项申报、命名等工作，进一步夯实非物质文化遗产保护基础，挖掘、整理承德市非物质文化遗产资源。经市旅游和文化广电局党组和非遗专家评审组推荐，承德市17项非物质文化遗产名录申报第七批省级非物质文化遗产代表性项目，经过省文化旅游厅确定并公布承德市共14项列入第七批河北省省级非物质文化遗产代表性项目，省级项目腰痛宁胶囊组方及马钱子等药物的炮制工艺、霸王鞭、山桃木雕刻技艺、燕山大板申报第五批国家级非物质文化遗产代表性项目。完成承德市国家级项目布糊画、抡花、二贵摔跤三个项目的国家级资金申报工作。

【“非遗”展演】 “非遗”展演、“非遗”进校园等活动如火如荼。在国家“文化和自然遗产日”期间，为进一步提高人民群众非物质文化遗产保护意识，传承、弘扬中华优秀传统文化，承德市“非遗”保护中心组织相关非遗传承人，在双滦文化广场举办“文化和自然遗产日”非物质文化遗产宣传展示、展演活动。为弘扬承德市特色文化、构建文明学校、和谐校园，以“非遗”活动传承为理念，让地方“非遗”传承走进校园为宗旨，3月，承德市“非遗”保护中心将省级非遗项目霸王鞭带到了南营子小学，通过阳光体育大课间的形式，让霸王鞭在学校得到较好传承。利用暑期继续举办第五季青少年暑期非遗体验活动，邀请丰宁满族剪纸两项非遗项目传承人石俊凤老师为孩子们进行丰宁满族剪纸的历史传承和传统技艺的讲解、传授，受到全市青少年及家长的广泛认可和一致好评。市群艺馆与隆化县文化馆共同举办“同享非遗 共建平安”非遗进军营大型展示展演活动，以此增强广大官兵对非物质文化遗产的认识，进一步扩大承德市非物质文化遗产宣传辐射面，丰富军营文化生活，推进本土文化宣传，进一步加强军民共建，共创和谐社会。

艺术研究

【论文发表】 2019年，“承德寺庙与大搞文化园区”“传统音乐审美视野中的避暑山庄清音+番乐”论文发表在《黄河之声》2019年第1期，“舞台服装设计中的色彩运用与搭配”论文发表在《戏剧之家》2019年第1期，“民美唱法对美声唱法的借鉴”论文发表在《青春岁月》2019年第7期，“传统表演艺术旅游资源开发模式分析”论文发表在《青年生活》2019年第12期，“舞台服装设计的色彩应用”发表于《科技风》2019年第23期，“浅谈舞台服装设计中的服装的鲜明独特性”论文发表在《科技风》2019年第18期，“声乐演出艺术的个性化研究”论文发表在《科技风》2019年第25期并获一等奖，“声乐演唱技巧在合唱中的运用”论文发表在《大众文艺》2019年第12期，“演唱技巧及情感分析对声乐延长的重要性”论文发表在《音乐时空》2019年第45期，“舞台技术与舞台美术创造的关系分析”论文发表在《戏剧之家》2019年第12期，“全息投影技术在舞台设计中的运用”论文发表在《戏剧之家》第32期。

【艺术创作及获奖】 2019年创作的部分作品有：《爱远方》《寻梦的太阳》在中国音乐小金钟、少儿原创作品征集中，在一千多首作品中进入全国30强，并入选中国音乐小金钟原创歌曲库和CCTV少儿频道及中国少年儿童艺术基金举办的“畅想少儿梦原创歌曲集”，同时收录网易云音乐、千千静听等新媒体中。为新中国成立70周年创作歌曲《请叫我中国》入选河北省“礼赞新中国 讴歌新时代”歌曲征集，获得河北省第九届金钟奖作品评选铜奖。创作歌曲《未了的情缘》在西安市委市政府举办的全国原创歌曲征集中获一等奖。为民间舞蹈《最美霸王鞭》作曲，获中国第十一届民族运动会展演三等奖。作词歌曲《迎着太阳走》获黑龙江省文艺创作一等奖。为双滦区创作《山村女教师》任编剧。创作完成多幕戏曲剧本《激情岁月》。创作完成丰宁综合舞台情景剧《郭小川》。作品《礼赞》《花海小镇》在承德市庆祝新中国成立七十周年彩色周末演出。作词歌曲《绿色的丰碑》荣获文艺振兴奖。作词歌曲《妈妈的味道》获2018年度燕赵十佳歌词。撰稿、编导、表演、指导音乐电视《祖国妈妈》。完成《河北省脱贫攻坚摄影征集》《2019美丽庭院摄影征集》。创作小品《心愿》在承德市彩色周末演出。

【服务社会】 发挥文化志愿者的标志性，彰显专业艺术工作者表率作用，先后服务于：承德市文艺界汇报演出“百花迎春”联欢晚会、承德市财政局合唱团、承德市税务局合唱团制作LED背景视频；为河北省民族师范学院“为梦痴狂”流行音乐会提供策划、指导、演唱、LED视频背景制作；为我们的中国梦、平泉酒厂70周年厂庆、承德市彩色周末提供摄影服务；为承德市流行音乐会2019年跨年晚会、河北省讴歌新时代颁奖晚会、庆祝改革开放40周年晚会提供演唱服务；为河北省庆祝中华人民共和国成立70周年群众歌咏比赛提供辅导、指挥服务；为传统文化进校园、进乡村活动提供主持等等，多次为机关、学校、企业、社区、福利院、农村扶贫提供艺术服务。

附：市旅游和文化广电局领导名录

党 组 书 记：王承军（满族，11 月免）
党组书记、局长：董 宇（11 月任党组书记）
副 局 长：武国庆（9 月免）
副局长、市文化市场综合行政执法局局长：冯保中
党组成员、副局长：孟凡虎（满族）
祝好勇
张廷柱（满族，2 月免）
韩中山
甘彦秋
胡汉波

（供稿 李 想）

广播电视

【概况】 2019 年，承德广播电视工作以习近平新时代中国特色社会主义思想为指导，紧紧围绕市委市政府中心工作，以“不忘初心、牢记使命”主题教育和庆祝中华人民共和国成立 70 周年为契机和主线，以巡察整改回头看为抓手，聚焦主责主业、提升引导力传播力和影响力；创新传播机制、推进媒体融合；完善奖惩激励、激发干事创业热情；坚持问题导向、解决突出问题，实现守正创新发展，为新时代全面建设“生态强市、魅力承德”提供有力思想保障和强大的舆论支撑。承德广播电视台有广播频率 3 个（新闻综合、交通文艺、旅游音乐），电视频道 2 个（新闻综合频道、公共频道），拥有承德广播电视报、承德新闻网（国家重点网站）、承德手机台。为推进媒体融合发展，成立承德广播电视台融媒体中心筹建办公室，运用冀云新媒体平台。广播各频率总播出时间 19710 小时，人口覆盖承德市七县一市五区和北京、河北毗邻市区。主要自制节目栏目有《承德新闻》《百姓热线》《今晚新闻报道》《城市快车道》《我们爱旅游》《我是汽车人》《开心驿站》《向职场出发》《相约在此时》《乐说生活》《有事您说话》《音乐阳光城》《音乐正流行》《音乐享轻松》等；电视各频道自制节目总播出时间 3531 小时，人口覆盖承德市七县一市五区，主要自制节目栏目有《承德新闻》《民生直达》《今日聚焦》《开发区新闻》《今日视点》《法治事业》《双桥新闻》《人文承德》《快乐出发》《天南地北承德人》《中国承德》《天气资讯》《健康》《时尚生活》《全承关注》《新闻早八点》以及新媒体栏目等。

【主题宣传】 紧紧围绕庆祝新中国成立 70 周年主题主线，高位策划报道形式，全面统筹报道重点。把视角对准回顾历史、展示成就。通过开设《壮丽 70 年奋斗新时代 》《我和我的祖国》等专栏专题，以时间为轴，对比今昔，全方位反映全市改革开放、经济建设、社会进步等方方面面取得的成就。通过推出《航记承德》大型航拍新闻报道等内容，以空间为轴，回望地标，通过主持人解说 + 航拍俯瞰的方式，全景式展现了承德市建国以来特别是党的十八大以来取得的成就；记录了各县（市）区跨越发展进程中日新月异的变化，彰显了承德魅力，提升承德人民的自豪感和幸福感。把视角对准各行各业、普通百姓。通过拍摄《我和我的祖国》公益宣传片，记者走进企业、农村、学校、医院、避暑山庄、高铁站、塞罕坝林场等地，与承德市奋战在各行各业的建设者以 MTV 的形式共同歌唱伟大的祖国，增强了建设者的参与感，提升了敬业奉献的热情；通过《70 年变化》系列节目，记者深入基层，以百姓的视角反映他们眼中承德的发展和变化；通过组织“我和我的祖国”河北省庆祝中华人民共和国成立 70 周年群众歌咏活动承德站群众歌咏活动、“放歌 70 年——我和我的祖国”文艺展演活动，引导承德儿女共唱时代赞歌、共享祖国荣光；通过报道“我和我的祖国”演讲赛、庆祝新

中国70周年书画展、电影海报展等群众性活动庆祝活动，突出群众主体地位，提升群众的主人感、现场感和获得感。把视角对准权威解读。从6月下旬开始，在《承德新闻》中摘发《人民日报》的人民网评、新华社新华网评、央广时评等关于“不忘初心、牢记使命”的相关理论文章和评论，摘发“不忘初心牢记使命”的重点报道，及时解读精神，提升政治站位。把视角对准先进典型。开设《“不忘初心、牢记使命”》专栏，推出《身边的初心使命典型人物风采录》系列栏目，报道《“拼命书记”范振喜》《用汗水和执着抒写火热青春的徐亚雄》《退伍不褪色脱贫立新功的王斌》等先进典型，把视角对准特殊人群。报道《水库上的绿洲服务队》《全国教书育人楷模——贾利民》《92岁有着71年党龄的老党员庞均》等特殊人群代表人物，制作《和你一样》《初心不忘的老党员》等纪录片，树立身边榜样，取得积极的社会反响。

【上宣外宣】 做好上宣外宣，讲好承德故事、传播承德声音，树立承德典型，塑造承德形象。全年在中央电视台播发新闻124条、新华社57条、人民视频3条、河北电视台播发392条，在中央广播电台播发67条、河北广播电台播发290条。市广播电视台荣获省台“新闻综合频率2019年度供稿协作银奖”，全年在全国地市台、中央人民广播电台新闻节目中心发稿量获“十强”称号。在美国斯科拉卫星电视网播出专题片20部，在中国黄河电视台的重点栏目《新唐风》播出专题片11部，发挥主流媒体的影响力和公信力，切实提高了承德的知名度、美誉度。在宣传报道中把视角对准时代先锋，坚持以学生为本推进教学改革的贾利民、热心公益的乡村教师李金满、全心全意为患者服务的王汝丰、用青春致力山区教育的小学教师张凤霞、不忘初心艰苦创业成就全国最大的人工机械林场的塞罕坝三代务林人、服务居民的贴心人刘桂平等承德先进典型事迹在中央台和省台播出。把视角对准工作举措。《承德市办实事、解难题、惠民生重点实施十项民心工程》《打通群众服务“最后一公里”》等特色工作省台播出。特色发展成就受关注。《金山岭长城 龙背沧桑 巍巍长城立东方 走向复兴》《三代务林人坚守数十年筑成“绿色长城”》等在中央台播出，从不同角度，用不同笔法，展示了承德市新中国成立70年以来的沧桑巨变和伟大成就，向外界呈现一部“生态强市、魅力承德”的盛世华章。特色生态环境受关注。《塞外杏花开 雄关丽影两相看》《金山岭长城云海美如画》《河北平泉绘就美丽梯田画卷》《白天鹅戏水承德武烈河》《去承德武烈河两岸聆听“花开的声音”》《行走的长城》等在中央台和省台播出，向外界展开一副“生态强市、魅力承德”的山水画卷。特色旅游文化受关注。《美丽中国春潮涌动万里长城金山独秀》《河北承德皇家灯会迎新年》《喜迎新春欢乐过大年燕赵年味浓》等在中央台和省台播出，向外界展示一副“生态强市、魅力承德”的幸福画卷。

【民生报道】 深入各行各业，走到百姓身边，讲述精彩故事，记录凡人心声，播发《普速铁路的“轨道医生”》《最美“火焰蓝”》《最好的礼物》《120坚守跳动的生命线》专题报道，真实反映平凡人的贡献，对未来的美好期望，全面展现承德市经济发展和民生建设的新成就。在2019年全省“新春走基层”践行“四力”表彰中，市广播电视台新闻综合频道、广播新闻中心荣获先进集体，4名记者荣获先进个人，《环保战线上的兄弟连》《最美“火焰蓝”》2篇报道荣获优秀作品。录制电视问政，权威解读政策信息。通过《百姓热线》与市长热线“12345”联动，搭建了政府、媒体、公众三位一体的平台，近百家职能部门做客直播间，直播180余次，共接听群众反映问题、意见、建议热线4000多个，其中答复率100%，解决率85%以上。

【媒体融合】 平台搭建初步完成。依托长城新媒体集团的“冀云”融媒体平台，共享省级融媒体平台的技术优势、服务优势及内容优势，快速建设“中央厨房”，2019年11月2日，承德融媒体中心正式上线，全媒体立体化格局形成。整合新闻资源。打破原有部门界限，汇集新闻核心产品矩阵，完成资源整合。全媒体报道初显成效。在京沈高铁承沈段开通运营报道中，运用全媒体形态进行全程现场直播《承德，高铁来了》《迈向高铁新时代》，这次尝试和创新，成为省媒体融合先导案例。

【荣誉奖项】 全年在河北新闻奖和河北广播影视奖评选中，全台有26篇作品获奖，其中：河北新闻奖一等奖2篇，二等奖7篇，三等奖5篇；河北广播影视奖一等奖5篇，二等奖6篇，三等奖1篇。在河北省广播电视局举行的首届“十个名”创建活动中，承德市广播电视台获得6个奖项，位列全省各城市台第一。电视剧《最美的青春》获得“五个一”工程奖；在中国电视艺术家协会主办的“人文中国第七季——变迁”纪录片、专题片推选活动中，《阿六叔的围城》荣获“人文中国第七季——变迁”电视纪录片“中篇好作品奖”，《八顷村纪事》荣获“人文中国第七季——变迁”电视纪录片“中篇优秀作品奖”；在第二十一届电视外宣“彩桥”节目创优评析活动中，《铁匠记忆》获得三等奖，2019年中国旅游电视周上，纪录片《抡花》以及旅游栏目《快乐出发》分别荣获旅游专题类好作品、旅游栏目类好作品奖。

【安全保障】 加强技术设备更新维护，杜绝安全播出隐患。加强了对技术台站的检修维护工作，有效降低系统故障率，确保机器设备和系统的安全稳定运行；更换了在雾灵山上转播105.8兆赫广播节目的10千瓦调频发射机，确保了节目优质传输；安装了全频道调频发射天线，使发射机均达到满功率播出的要求。更新更换网络监管设备，确保广布电视台网络办公安全；对高压供电系统和配电系统进行检修，确保高压设备用电安全；对小功率调频覆盖网优化方案进行实施调整，实现了89.1兆赫和100.6兆赫两套广播节目对滦平县城区有效覆盖。确保了三套广播节目在双滦区的良好覆盖。

【检查监测】 加强安全播出检查监测，提高安全播出保障能力。加大频道频率监听监测，提高了5G频率频道的规范工作，上报了C频段卫星地面接收站保护清单，与联通公司签订了防5G干扰协议。保障了“新中国成立70周年重大活动”期间广播电视安全播出、网络安全和设施安全工作。全年未出现任何人为责任事故，广播电视停播（传）率符合全省安全播出规定要求。

附：市广播电视台领导名录

党委书记、台长：梁世杰（5月免）
苏永民（满族，6月任）
党委副书记、总编辑：杨正义（满族）
党委委员、O五转播台台长：伊志山
党委委员、副台长：赵德强
计卫泽
李新华
党委委员、一零八五转播台台长：
杨润忠（蒙古族）

（供稿　刘学梅）

承德日报

【概况】 坚持以习近平新时代中国特色社会主义思想为指导，认真贯彻中共十九大和十九届二中、三中、四中全会精神，全面落实习近平总书记对新闻宣传工作重要指示批示精神，把握正确的政治方向，坚持正确的舆论导向，认真实施“新闻立社、经营强社、人才兴社、团结旺社”的发展战略。紧紧围绕市委、市政府中心重点工作，认真落实意识形态工作责任制，扎实开展主题宣传，为统一全市干部群众思想，凝聚各方力量，切实提高主流媒体的舆论引导能力，对全市各项工作的顺利开展起到了重要的推动作用。

【荣誉奖项】 全年，《承德日报》共11篇作品获得河北新闻奖、5篇作品获城市党报新闻奖。其中，消息《承德凡西营粉煤灰成功融入农林产业链》获得河北新闻奖一等奖。《承德晚报》共4篇作品获得河北新闻奖、5篇作品获中国晚报赵超构新闻奖，9篇作品获中国地市报新闻奖。

【舆论引导】 《承德日报》在重要版面显著位置先后策划、组织、推出了“办好民生实事”“创建全国文明城市进行时”“坚决打赢精准扶贫精准脱贫攻坚战”等50余个专栏，近千余篇稿件。推出《2019承德市两会特刊》《聚焦我市“3+3”绿色主导产业》等5个系列评论20余篇稿件。通过立体、多元的报道方式，全方位、多维度、全景式展现了新时代生态强市魅力承德建设的亮点与成就。抽调专门人员，精心组织、设计，推出了“壮丽70年·奋斗新时代——庆祝新中国成立70周年承德经济社会发展成就展百版典藏特刊”，集中反映党的十八大以来，全市在政治、经济、社会、文化、生态及脱贫、民生、党建等方面取得的巨大成就、发生的巨大变化、展现的新气象新作为。第二批“不忘初心 、牢记使命”主题教育开始后，报社第一时间刊发相关新闻消息及社论、评论，及时准确地把中央和省、市委的指导意见、重要部署传送到各级各部门和广大党员干部当中。在做好规定动作，开设“不忘初心、牢记使命”主题教育专栏的基础上，创新宣传报道形式，从不同角度开设“不忘初心 牢记使命——典型人物风采录”“不忘初心 牢记使命——专项整治进行时”等专栏及“不忘初心·牢记使命”主题教育专刊，刊发《“智慧”手点亮光明烛——记2019年全国教书育人楷模、兴隆县六道河中学校长贾利民》等200余篇重点稿件。

【舆论监督】 开设“百姓视点”“呼声与建议”“记者调查”“警示台”“提个醒”“群言堂”等栏目，日报群工部和晚报新闻热线部先后策划采写《餐桌浪费依然存在舌尖节约任重道远》《文明乘坐电梯应成为生活自觉》《酷暑高温下请坚守城市文明》《暑期“进补”要适度 家长应还孩子快乐假期》等稿件，在发掘新闻深度，提升新闻高度，触摸社会新闻温度，扩大新闻传播广度等方面，特别是服务读者、服务市民方面得到读者一致好评。

【深入基层】 按照社党委推进融合发展，践行“四力”要求，组织记者深入一线采访，捕抓“活鱼”越来越多接地气、冒热气、带露珠，图文并茂的一线原创作品跃然纸上。《武烈河水清如许天鹅碧波舞婆娑》《承德水“好”鸭先知》等稿件以群众喜闻乐见的视角，通过以小见大的方式，生动反映了承德生态的变化。《志愿军烈士杨立荣的“家”找到了》《隆化于海龙在天津勇救落水老人》等稿件突出新闻时效性、新鲜性，及时传递社会正能量。《承德投资建设项目审批改革见真章 时限压缩至24个工作日，为全国最短》等稿件深入基层采访，认真提炼主题，精心修改打磨，体现了记者的敬业精神。《滦平县21个乡镇面向全部农村人口实施“先诊疗后付费”》等稿件，深入基层倾听群众声音，反映最生动、最鲜活的改革发展举措。

【上宣外宣】 总编辑课题组精心组织谋划选题，多方跑办，不断加大对上宣传力度，多篇反映承德经济社会发展成就的稿件在《人民日报》《经济日报》等中央媒体刊发，营造了良好的舆论氛围。据不完全统计，全年在省级、国家级主要媒体、重点媒体刊发稿件 120 余篇，圆满完成了市委宣传部交办的上宣、外宣任务。特别是转发在经济日报上的《让绿色发展成为永恒主题——河北承德推进国家可持续发展议程创新示范区建设纪实》一文，详细介绍了承德市在生态文明建设和绿色发展进程中取得的辉煌成就。在重点媒体刊发的稿件中，摄影作品表现尤为突出，全年共计在中央媒体发照片48张，其中新华社36张，《人民日报》3 张、《光明日报》5 张、《经济日报》4 张，引起强烈社会反响。

【报网融合】 在构建的新媒体运行平台基础上，融媒体中心充分利用报社的新闻源，积极发挥新媒体时效性强、传播力广的特点，切实推进融合发展步伐。全年，在和合承德网和今日头条官方账号上刊登文章 1000 余篇，并积极为学习强国软件供稿 400 余篇。除官方公众号外，利用新开设的抖音、快手等社交账号，积极和读者进行线上交流，不断拓宽权威媒体新阵地。清明节假期期间，刊发在抖音账号上的《跨越时空的祭奠 烈士杨立荣牺牲 68 年后与亲人终“团员”》点击量达 4.7 万，获得千余个赞。消息《承德隆华小伙天津南开区桥下英勇救人》经抖音账号转发，点击量达到 182.3 万，获赞 7.3 万。融媒体中心的“两微一端”平台，协助两报积极开展宣传，取得了良好的效果。

附：承德日报社领导名录

党委书记 、社长：王立功
党委副书记、总编辑：周 易（蒙古族）
党委委员、副社长：叶振杰（蒙古族）
王 喆（女，8 月免）
张 强
党委委员、副总编辑：李全江
付晓伟（3 月免）
李筱玉（女，满族）
宋子健（女，满族，4 月任）
苏建辉（4 月任）

（供稿 李佳宁）

文物

综 述

2019年，承德市文物保护与利用工作围绕市委、市政府中心工作和文物保护职责任务，推进文物保护利用工作。夯实景区文物安全，落实安全消防措施，在景区推行安全生产责任体系，明确安全职责内容和范围，加大执法监督力度，开展景区综合治理。加强文化遗产保护，避暑山庄及周围寺庙文化遗产保护工程通过验收，开展古建体检，进行详细勘察和评估；推进文保项目落实，进行古建岁修保养；承德博物馆建成开馆，已对游客开放。提高文物保护管理、展览展陈水平，做好长城国家文化公园承德段相关工作。推动文博宣传，避暑山庄博物馆和承德县、围场、丰宁、隆化、滦平、宽城、兴隆、平泉8个县（市）博物馆开展多项系列宣传活动。景区建设额管理实现新突破，推进智慧景区建设，强化景区管理服务，创建文明景区。文创产业及文化活动迈出新步伐，开发文创产品，推动文化创意活动，服务项目由观赏游向文化体验游转变；打造文化精品，推出避暑山庄迎宾活动。避暑山庄及周围寺庙拓展营销渠道，展开多方位市场营销，吸引游客，刺激景区门票收入，全年共接待游客310万人次，实现门票收入3亿元。

景区文物安全

【概况】 2019年，坚持“安全第一、预防为主”的方针，把安全消防工作作为重点，健全避暑山庄及周围寺庙建筑预防保护性防护机制。推行安全生产七级责任制，严格各项安消防管理措施，强化监督检查，进行消防演练。加强安防宣传教育，在加强内部职工安防教育培训的同时，向广大游客和市民宣传、普及文物安全知识，利用春节、清明、“两会”、“安全生产月”、“安全生产咨询日”等特殊节点时段，在各景区内外设立咨询宣传站进行宣传。全年文物安全形势稳定，未发生火灾隐患。

【完善组织制度】 成立消防委员会、安全生产领导小组、综合治理领导小组，指导基层组建本单位的安全组织，层层签订责任状。在景区推行安全生产七级责任制体系，安全职责内容和范围明确清晰，制度上墙明示，安全责任网格化管理，人人肩上有安全职责，景区处处有人管，确保管理无死角，全覆盖。将“双控”机制与七级责任制体系相结合，“双控”机制解决风险与隐患的辨识、管控、治理；七级责任制解决岗位职责，两相交织，使得责任人更清楚了解本岗位的安全职责范围、所辖区域风险点、管控措施；检查、督导人员清楚风险点、隐患点，发现问题有既定治理措施，理顺岗位、职责、风险点、管控与治理措施对应联系关系，提高科学研判、分级管控、综合治理能力。

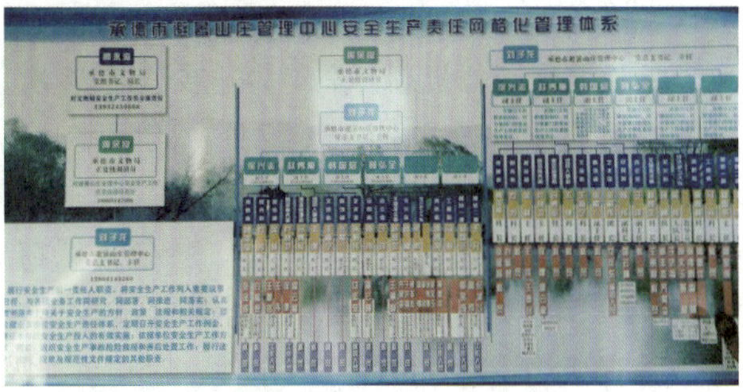

承德市避暑山庄管理中心安全生产责任网格化管理体系

【安全消防管理】 严格各项安全消防管理措施，强化监督检查。全年共迎接省、市安全消防大检查13次，举行消防演练12次，组织综合安全检查48次，举行12次消防演练。同时在全系统内查隐患、定制度，实行线性管理，整改各类隐患150余起。用火用电专项检查15次，将全系统的用电管理进行系统的检查和梳理，同时对用电不规范的单位及景区内违规用火用电的施工单位进行处理，有效地强化了安全意识。实施文物平安工程。电气火灾智能防控一期工程已经完成，处于验收阶段，同时争取二期工程立项审批，并储备“十四五期间”安全消防项目12个，年内申请国家、省文物保护项目5项，已获批2项，争取项目资金约3200万元；加强重大活动和节假日的景区安全工作，保障关键节点的安全。完成了“两节”“两会”“五一”等重要节点的安全防范工作，特别是清明节、“70周年大庆”期间的安全工作，做到提前安排，认真部署，严格要求，狠抓落实，实现了节日期间的平稳、安全、有序。

景区防火演练

【景区综合治理】 加大文物执法督察力度，开展景区综合治理，稳固景区旅游环境。实行局领导联系对接县区工作机制，全年共开展巡查26次，共查出和自我整改安全隐患22处，问题整改率达到100%。按照治安巡查、检查制度要求，打击和遏制景区内违规、违法活动，拎包、扒窃、打架斗殴等治安、刑事案件的发生明显减少。全年共计查获法轮功宣传品310余件，对钓鱼、吸烟、跳墙、倒票行为持续治理，总体形势好于往年。

【文物安全知识宣教】 在加强内部职工安全教育培训的同时，向广大游客和市民宣传、普及文物安全知识，利用春节、清明、“两会”、“安全生产月”、“安全生产咨询日”等特殊节点时段，在各景区内外设立咨询宣传站进行宣传。发放宣传品2.4万余份，全体干部职工和广大游客、市民了解了大量安全知识。“七五”普法进入攻坚期，严抓基层单位一线工作人员的法制教育培训工作，为相关人员办理法制培训和执法证件，对基层中层以上领导干部进行2次安全培训。

2019年12月4日，普法宣传活动向市民及游客发放宣传手册

【县区文物安全保护】 加大县（市）区文物保护工作力度，实行局领导联系对接县区工作机制。提升县区文物保护管理水平，包保领导每季度至少与县（市）区沟通对接一次，了解工作进展，协调解决问题，及时帮助协调处置突发的文物保护和文物安全事件。参加相关活动等，县（市）区按季度向活动小组办公室反馈工作开展情况。认真完成对全市省级以上重点文物保护单位的安全巡查、执法督导检查工作，全年开展巡查26次，在全市部署开展文物建筑火灾隐患排查整治工作，共查出和整改安全隐患22处，对督察过程中发现问题做到了有要求、有整改、有反馈，

问题整改率达到 100%。2019 年市文物局储备县（市）区“十四五”文保项目 67 个，上报河北省局项目 20 个，总计资金 9902.2 万元，涉及文物保护修缮、消防防雷、展览展示等多个方面，为全市文物保护工作持续开展奠定基础。

文物保护与利用

【概况】 健全避暑山庄及周围寺庙建筑预防保护性防护机制。开展古建筑体检普查工作，编制《避暑山庄及周围寺庙古建筑保护调查表》和配套的《避暑山庄及周围寺庙古建筑预防性保护规程》。组织专业技术人员对避暑山庄及周围寺庙所有古建筑进行详细的勘察和评估，记录各个古建筑的历史沿革、基本情况、保养维护情况，勘察安全隐患，调查病害，分析病害成因，并有针对性的提出保护建议。逐步建立古建筑基本信息数据库和项目库，为古建筑的保护、研究和利用提供基础数据和保护依据。

【文物保护利用改革】 为深入贯彻落实中央下发的《关于加强文物保护利用改革的若干意见》以及河北省两办下发的《关于加强文物保护利用改革的实施意见》，切实推进承德市文物保护利用改革工作。印发了承德市《关于加强文物保护利用改革的实施意见》，并抓好市县两级工作落实。

【文化遗产保护工程】 历时 10 年投资 6 亿元的避暑山庄及周围寺庙文化遗产保护工程通过国家、省文物局的验收。通过工程的实施，基本消除文化遗产的安全隐患，提升了保护管理水平，达到了工程预期目标。承德普陀宗乘之庙保护修缮工程荣获“全国优秀古迹遗址保护项目”称号。

【革命文物保护利用】 制定了《承德市革命文物保护利用工程（2018—2022 年）实施方案》，为使革命文物得到科学有效保护，相关县区积极申报革命文物保护修缮项目。双桥区苏联革命烈士纪念碑修缮项目和兴隆县六拨子“人圈”遗址——万人坑保护修缮项目已获河北省文物局批复，正在按要求开展相关工作。兴隆县还为辖区内“人圈”遗址设立了 20 块保护标志，进一步提高了人们对革命文物的保护意识。

【长城国家文化公园保护与传承】 按照河北省文化和旅游厅及市政府关于做好长城国家文化公园有关工作的要求，市文物局成立了长城国家文化公园承德段文化保护与传承、研究发掘工作专班和专家组。召开了相关县区文物部门负责人参加的长城保护项目调度会，专题研讨谋划长城保护、展览展示等项目工作，共谋划项目 14 个，资金总概算近 6 亿元。

【古建岁修保养】 2019 年，河北省局下拨承德市古建筑日常保养维护经费 220 万元，市文物局投入 400 万元对避暑山庄及周围寺庙、金山岭长城开展扫垄维护、保养加固等古建筑养护工作。平泉市、围场县也与省局相关部门沟通，争取 2020 年省级古建筑日常保养维护经费，对辖区内清真寺、东庙宫等文物古建开展日常养护工作，使古建保持良好状态。

【文保项目】 推进殊像寺会乘殿保护项目、承德避暑山庄文物保护利用设施项目、普宁寺石质文物修缮项目、避暑山庄石质文物二期项目、普佑寺石质文物二期项目、普陀宗乘之庙万法归一殿佛画像修缮项目等国家、省级重点项目 6 个。完成了博物馆道路整修、博物馆古建筑油饰保养、山庄木桥大修、文津阁假山抢险、文园狮子林道路整修、东宫木栈道区域改造、避暑山庄古树支撑杆装饰树皮、避暑山庄电表箱装饰、普陀宗乘之庙墙体整修、须弥福寿之庙大红台整修等 18 项古建筑重点修缮工程。初步建成项目库。抢抓中央财政投入文物保护经费大幅增加的机遇，共编制“十四五”期间市本级文物保护项目100余个，涵盖文物保护、基础设施、景观复原、科技保护、文物监测等方面，涉及资金20余亿元。

【文物保养维护】 加强文物保护基础工作，提升文物保养维护管理水平。山庄博物馆与故宫博物院合作建立古钟表联合修护研究室，对馆藏4件钟表进行除尘去锈上油、恢复机械转动等保养维护措施，提升馆藏文物修复工作水平。对外庙文物库房的15个橱柜40余件文物开展文物防震加固工作，保障库房文物牢固稳定、管理便捷。为外庙文物库房的瓷器、佛像、供法器等文物配置90个文物 匣，完善文物储藏条件。对普佑寺东西顺山房展出的175尊罗汉雕像开展虫害药物消杀保护工作。实施山庄古栎歌碑防护罩和山庄博物馆碑林防护设施项目。加强文物档案管理工作，对全市92处市级以上文物保护单位的“四有”档案进行全面完善更新，共整理续补文档资料66.88GB。

【田野考古】 田野考古工作稳步进行。在2018年的基础上，承德市田野考古队对避暑山庄山区余下26处建筑基址进行徒步调查，并将山庄山区40余处建筑基址的调查结果，包括坐标、四至结构、保存现状等数据建档，为下一步复建和对外展示工作提供重要数据支持；9月，受承德县政府委托，完成了承德县东窑16万平方米的考古调查及勘探工作，并撰写了考古报告。

【展览展陈】 进一步提高展览展陈水平，完成避暑山庄正宫区《兴盛时期的避暑山庄》《云山胜地楼复原展陈》《烟波致爽殿复原展改陈》《钟表、挂屏展改陈》和山庄湖区《春好轩殿堂改造》5个展陈提升项目，扩大展览面积，将山庄文化与新时代文化进行深度融合，增强展陈效果。举办《天堂苏州 百园之城——苏州园林赏石盆景艺术展》《一园南北三狮竞秀》主题联展，联展分别在避暑山庄、苏州狮子园以及北京圆明园开展，展览以“走出去、引进来”的合作理念为依托，通过遗产地文化资源共享的形式交流展览，提升了避暑山庄的影响力。各县（市）区博物馆依据本辖区文化特色，先后举办承德县《“物华天宝人文荟萃”民俗展》、兴隆县《不忘初心、牢记使命——党旗、党徽、党章专题展》、滦平县《紫塞金山——金山岭长城文物展》等内容丰富、主题鲜明的精品展览51个。

【文博宣传】 推动全市文博宣传工作。为深入贯彻落实国家文物局、河北省文物局关于开展“5•18”国际博物馆日宣传活动的通知要求。及时印发活动通知，推动避暑山庄博物馆及承德县、围场、丰宁、隆化、滦平、宽城、兴隆、平泉8个县（市）博物馆开展多项系列宣传活动。

承德博物馆

【概况】 承德博物馆（原为“承德民族团结清文化展览馆暨承德博物馆）历时三年建成正试开馆。馆内设地上、地下主题展厅，展出文物。博物馆对公众开放。

【博物馆建设】 承德博物馆位于狮子沟桥交通节点的东北角，西临普宁路，南接环城北路。项目总用地面积54088.1平方米，总建筑面积25163平方米，总投资为4.16亿元，资金来源由河北省预算内基建投资和省财政厅合计约2.7亿元，其余由承德市财政安排。承德博物馆由一栋主体建筑、两栋配套建筑以及室外工程组成。主体建筑地下、地上各1层（局部2层），总建筑面积25163平方米，其中，地上建筑面积11287平方米，地下建筑面积13876平方米。按功能划分为：

展厅、库房、多功能厅、附属用房、管理技术用房，并设有休息厅、安检区、存包处等公共服务空间。

【博物馆开馆】 按期完成承德博物馆建设任务。作为“承德市重大文化工程、重大民生工程、重大民族团结示范工程”的承德博物馆，历时三年现已完成建设任务，于2019年11月18日正式开馆。承德博物馆对充分展示承德历史、文化、人物、自然、社会发展、建设成就等全方位发展历程、对更好地进行爱国主义教育、加强精神文明建设、保护承德历史文化遗产、改善和提升城市品味、对外交流等都具有积极的促进作用。

2019年11月18日，承德博物馆开馆仪式

【博物馆展厅】 馆内设六个主题展厅，共展出文物688件。展厅地上一层，设置基本陈列《文明交流 融合 发展——和合承德从远古走来》展览面积1387平方米、主题展《避暑山庄——一座承载盛世传统文化的古典园林》展览面积580平方米。此外还预留两个临时展厅，分别是300平方米和400平方米。设计布局简练，展厅颜色以素色为主，便于承接多种类型外展。两馆配套技术管理用房及藏品出入口设置在用地的东侧，技术管理用房地上一层，分别设置技术、管理用房以及贵宾接待室。展厅地下一层设置基本陈列《望长城内外——清盛世民族团结实录》展览面积1325平方米。本展厅紧扣清盛世团结的展示主题，立足于康雍乾三朝的时代节点，进而全面阐述承德木兰围场、避暑山庄及周围寺庙在团结各民族过程中所起到的历史意义与个性内涵。三个专题陈列《清宫秘藏——佛教艺术珍品展》展览面积371平方米，《凝固的时光——清代帝后生活展》展览面积286平方米，《翰墨遗香——清代宫廷书画艺术展》展览面积258平方米。展览馆对游人开放。

景区建设管理

【概况】 2019年，景区建设管理工作实现新突破，紧抓整改契机，景区建设工作全面提升。推进智慧景区建设，实施景区门禁系统改造升级，加强景区日常管理服务工作，对存在问题进行整改，创建文明景区。

【智慧景区建设】 实施景区门禁系统改造升级，已完成整体方案设计，软件系统开发，设备临时用房建设等项目内容。全部项目计划2020年2月底前完工，项目建成后将实现全部景区实名制售验票，身份证、人脸识别入园，门票预约等手段合理调控高峰入园人数，大数据分析客源信息，强化安全管理等五项功能。推进5G进景区，目前已在避暑山庄博物馆、文园狮子林、烟雨楼建成3处5G基站，标志着避暑山庄已成为全国首批、河北省首个覆盖5G信号的AAAAA级景区。推进景区智慧导览系统建设，与中国移动承德分公司初步达成建设景区AR的意向，研究制定建设景区360°全景智能导览，重要景点的AR增强现实功能，扫描二维码信息引导等智慧导览系统的意向，已进入审批、招标阶段。

【景区管理服务整改】 完善《景区服务管理办法》等相关工作制度。强化景区日常管理服务的督导检查工作，实施整改问题督办等制度。全年共检查整改问题2100余件。做好通报问题整改工作。在省文旅厅对避暑山庄及周围寺庙景区进行通报批评后，文物局高度重视、迅速反应，立即就整改工作进行安排部署。按照市委、市政府的相关要求,以及聘请专家对景区进行重新全面“体检”的意见，从旅游交通、游览设施、安全管理、环境卫生、综合管理5个方面，进一步明确整改重点任务、标准、要求，限定完成时限，明确整改责任，每周调度通报进展情况，确保2020年3月底前完成各项整改任务，打造AAAAA一流景区新形象。

【创建文明景区】 加强创建文明景区工作，开展“知清史、懂文物、爱山庄、爱外庙、有作为”知识竞赛活动，助力景区事业发展。在景区设立党员示范岗29个、党员责任区9个、学雷锋志愿服务站15处。组织党员志愿者在景区内开展为游客提供义务咨询、义务讲解、文明引导、旅游宣传、环境整治等志愿者服务活动，服务游客6000余人次。

文创产业及文化活动

【概况】 文创产业及文化活动迈出新步伐。打造多个文创项目、文化活动。开发文创产品，推动各项文化创意活动，开展文创大赛，打造文化精品，推出避暑山庄迎宾活动，不断提升避暑山庄的影响力。

【文创产业】 深度解读景区文化，打造多个文创项目、文化活动。对标故宫，开发文创产品。与北京市文化创意产业发展服务有限公司签订了合作协议，为直接引进故宫文创发展理念、利用故宫文创发展资源，借力深入挖掘避暑山庄及周围寺庙景区文化内涵做好渠道支撑。目前合资公司旗下的避暑山庄文创基地设在蒙古包度假村，预计年底前对外开放。同时借助故宫将举办迎接紫禁城建成600周年第一展“当扎什伦布寺遇上紫禁城”文物展的时机与西藏刚坚集团进行洽谈对接，在2020年“五一”期间推出“当扎什伦布寺走进承德”主题展览，并借此机会推出系列贵金属产品和系列文创产品，并在中国建设银行、老凤祥、周大福、南方航空等渠道全面发售，引爆承德山庄外庙文创的关注热潮。

【文化创意】 推动各项文化创意活动开展。策划主题为“把山庄、外庙文化带回家”首届文创大赛，共收到来自全国各地的文创作品247件，社会反响积极，为山庄和外庙文创产品发展营造良好势头；策划、设计避暑山庄及周围寺庙景区私人定制、深度体验旅游项目，从路线、方式和服务着手为客户量身打造具有浓郁避暑山庄及周围寺庙景区专属风格的旅行服务。服务项目由简单的观赏游向深度文化体验游进行转变，项目包括游客可置身于楠木殿、烟波致爽殿之中，近距离体验皇家文化，享受专属游船服务，可在普宁寺内聆听禅语讲经，深度体验佛文化，斋堂斋饭等，计划于2020年“五一”开始上线推广。

【文化精品】 打造文化精品，推出避暑山庄迎宾活动。通过还原六世班禅东行、土尔扈特东归、英使马戈尔尼觐见、收复大小和卓等史实，在丽正门内进行展演，展示山庄厚重的历史文化，使游客一进入山庄就感受到山庄文化的魅力。

市场营销

【概况】 2019年避暑山庄及周围寺庙景区展开多方位营销，市场营销效果显著。通过调整门票政策促进景区门票销售。制定大团队政策，并与承德市旅行社协会签定了旨在推动外八庙景区销售的一庄一区门票销售协议，给予旅行社门票优惠政策，拓展门票销售渠道，增加销售量；通过开展营销活动提升景区品牌影响力。开展名人讲山庄活动，扩大影响力。通过组合营销开拓市场。与北京旅游集散中心合作，开通北京—避暑山庄直通车，稳定北京市场客源的，同时利用京沈高铁打开东北市场；开展影响活动，提升景区品牌影响力，刺激景区门票收入。全年共接待游客 310 万人次，较 2018 年增长 6%，实现门票收入 3 亿元。

【拓宽营销渠道】 通过组合营销开拓东北市场。随着京沈高铁沈阳至承德、哈尔滨至承德的逐段开通，4—10 月，通过开展新闻发布会、推介会、微信朋友圈广告、特殊门票优惠政策等一系列营销活动，有效促进了东北旅游市场的销售，全年东北游客数量增加 65%。通过合作营销开拓北京市场。与北京旅游集散中心合作，在北京核心区皇城游览线路上运营以避暑山庄冠名的仿古铛铛，扩大景区在北京的知名度，开通北京—避暑山庄旅游直通车，在正面宣传的同时为北京至避暑山庄稳定客源增加输入线路；通过节庆活动促进景区门票销售。以“十一”国庆为主线开展了“迎国庆”避暑山庄特惠游，“庆国庆”五星红旗飘扬避暑山庄，购票抽奖、飞花令等活动，促进了景区“十一”门票销售；通过新媒体开展网络营销。通过官方微信公众号、微博、今日头条三个网络平台，为游客提供服务、推送信息，开展网络营销。利用“五一”国际劳动节、中秋节、“十一”国庆节等重要节庆节点，以门票打折优惠的方式吸引东北市场的游客，增加门票的销售量。

【蒙曼讲山庄】 8 月 13 日，“蒙曼讲避暑山庄”活动在避暑山庄及周围寺庙景区举行，当天 20 家媒体现场进行了报道，央视新闻移动网视频直播点击量超过 160 万，避暑山庄官微图文直播阅读量超过 13 万，拍摄成片视频在各大视频网站进行传播。“蒙曼讲山庄”取得了良好的效果，深入挖掘了避暑山庄及周围寺庙的文化内涵。蒙曼以其独一无二的历史文化学者视角，用移步观景的“导游”方式，一路串讲，对中国传统文化进行深入浅出、文史纵横的解读，将“形貌如中华成一统，名胜集全国于一园，文化融华夏五千年”的避暑山庄特质，生动有趣地介绍给了广大游客。提升了景区的影响力。河北卫视、承德电视台进行了专题报道；网易、搜狐、中国旅游新闻网等 10 家主流网站，今日头条、一点资讯等 6 家客户端和热门旅游频道、我们在旅游等 5 家微信公众号（每个公众号粉丝量不少于 30 万）进行了传播。央视新闻移动网视频直播点击量超过 160 万，避暑山庄官微图文直播阅读量超过 13 万。三是掀起了一次研讨山庄外庙的文化高潮。“蒙曼讲山庄”活动受到了游客和市民的广泛关注，大家在活动前殷切期待、活动中积极参与、活动后热烈研讨，在网络上寻找活动的视频、文字直播，品读蒙曼对山庄外庙的解读，甚至翻阅资料学习山庄外庙文化。通过本次活动，扩大承德避暑山庄及周围寺庙景区的知名度，进而刺激门票销售。

【新闻发布会】 12 月 9 日，在承德避暑山庄景区召开“河北承德避暑山庄发现大量侏罗纪恐龙足迹”新闻发布会，中国地质大学地球科学与资源学院院长万晓樵，中国地质大学副教授邢立达及研究团队、承德市文物局调研员周余良参加此次会议。CCTV 新闻频道等重要媒体对此次发布会内容进行了报道。通过这次实地踏察研究，绝大部分足迹分布在承德避暑山庄，这个世界闻名的中国皇家园林的地面上，是世界罕见的将古生物遗迹化石与人文历史相结合的案例。景区借助这次新闻热点，开展借势营销，达到很好的宣传效果。

附：市文物局领导名录

党组书记、局长：高永海（满族）

党组成员、副局长：高士堂（挂职）

相　阳

单洪斌（蒙古族）

王大伟（蒙古族）

李建来

党　组　成　员：乔治海

（供稿　叶子烨）

公 路

【概况】 全年普通公路完成基础设施建设投资35.65亿元。其中，新改建普通干线公路14条段357千米，建成通车110千米；建设农村公路1600千米。完成安全生命防护工程1036千米。全市公路通车总里程达到23492千米，整体路网已实现市区到首都及周边城市、市区到县城、县城到乡镇、县城到主要旅游景区运行时间不超过2小时的交通圈，以市区为中心，辐射各县（市）区、联通外埠的“一环八射”高速公路网络已基本形成，除兴隆外，其余县区均实现高速通达。全年实施大中修养护工程54项，完成投资2.3亿元。路政管理、超限超载治理取得新成效。重载交通长寿命混凝土技术、桥梁维修加固体外预应力施工工艺等一批新技术、新工艺研发推广成功。全市县城20千米范围内农村客运线路公交化运行率65%，超额完成省定60%的年度任务目标。市区公交线路完成调整、新开10条，中心城区主要大街实现信息实时播报全覆盖。调整丰宁、宽城4条农村班线，5个偏远行政村不通车问题得到解决。

【高速公路】 承平高速前期取得重大突破，完成《项目技术标准经济分析研究报告》编制、评估及报批工作；在京津冀三地与交通部共同签署的《北京六环路国高功能外移及首都地区环线局部路线调整方案备忘录》中，促请明确承平高速建设项目仍按首都地区环线建设和力争与北京2020年同步推进开工两项事宜，为项目尽早落地提供有力支撑；同步推进PPP实施方案、投资人招标文件、征地拆迁费用测算等要件修订，为下步加快实施夯实了基础。

【普通公路】 完成投资35.65亿元，占计划的116%。其中，新改建普通干线公路14条段357千米，建成110千米，完成投资19.75亿元；农村公路完成1600千米，完成投资13.6亿元。“四好农村路”建设全面铺开，完成主街道硬化400个村，实现贫困村及所辖自然村道路全部硬化，为全市打赢脱贫攻坚战助力。建设美丽农村路17条段185千米，其中隆化康庄驿路、双滦云盘路、兴隆水韵诗情路3条特色路，被命名为“河北省美丽农村精品示范路”，双滦区被评为“四好农村路”省级示范县（区）。丰宁完成农村路748公里，创下历史之最。

平泉榆大线

【公路管养】 专项养护工程方面：完成省交通运输厅下达的养护工程54项，完成投资2.5亿元。其中：路面养护工程242.53千米/17项，项目总投资1.5亿元；桥隧维修加固工程1014.4延米/15座，完成投资2449万元；安防、灾害治理等工程153.817千米，投资5955万元；国家公路网交通标志调整工程全长1172.499千米/8条路线，总投资1660万元；绿化工程31.315千米/2项，总投资2575.08万元。服务区和停车区建设3个已完工并投入使用，1个已完成主体工程，4个正在跑办土地手续。

在全省普通干线公路小修养护技能决赛中，承德市代表队荣获一等奖。同时，坝上环线旅游公路服务体系建设和承担的河北省普通干线公路隧道成为提质升级示范工程。在第三届省旅游发展大会道路交通保障工作中做出突出贡献，受到中共承德市委、市政府表彰，并在全市通报表扬。

【路政管理】 创建以路政管理和安全监管为责任主体，实行“一路一长”的“三级路长制”公路路政管理模式。全年查处路损案件175起，处理超限超载车辆1379辆次，路政管理破案率和索赔率均达到100%，超限超载率控制在2%以下，圆满完成了各项工作目标任务。

先后组织开展路域环境、平交道口、非公路标志、路面污染、路面加水点、违法涉路施工等方面专项治理活动。截至年底，规范道口5处，清理杂乱标牌14块。抓住“美丽乡村”建设契机，继续开展路域环境治理试点村建设，基本实现一村一景观、“五一”特色、“十一”亮点的旅游风景线。开展路域环境综合治理专项行动，整治路面扬尘污染，基本实现穿村镇路段设施完好，路面洁净无障碍，路界内无摆摊设点、倾倒垃圾、种植农作物等现象。如期完成干线公路沿线广告设施清理工作，截至4月30日，全市完成报省台账在册广告设施1169块拆除任务，并拆除全年新排查出的广告塔91块、中小型广告牌匾804块。持续推进货车绕城通道建设，全市11县（市、区）绕城通道已建成6条，在建4条。加快新能源车辆推广，全市新能源车1143台（纯电动公交车884台、天然气公交车283台），占公交车保有量的76%。同时，加大交通运输环保执法力度，及时整治公路沿线堆物堆料、抛洒、扬尘等问题。

【治理超限超载】 对全市279家货运源头公示企业重新摸排，剔除关停并转企业，增补新出现的超载源头企业。严格落实“一超四罚”和“黑名单”制度，共录入“黑名单”车辆144台、从业人员151人，约谈道路运输企业70余家，吊销道路运输企业1家，查处源头企业50余家。完成公路限高限宽设施检查卡点专项清理工作，对全市干线公路和农村公路限高限宽设施开展全方位、全覆盖、零角度摸排调查，对合法合规的普通干线公路86处龙门架式设施和县、乡、村级公路96处限高限宽设施进行确认，对不合法合规的县级公路2处限宽设施予以拆除，确保货运车辆通行和群众出行便利。积极开展抓治超、保春运、保安全集中整治专项行动、“迎国庆、保畅通、促发展”京津冀联合治超专项行动等治超专项行动5次，严厉打击违法超限超载运输行为。

公共交通

【城市公交】 2019年，全市公共交通系统完成公交线路调整，新开10条。中心城区主街实现信息实时播报全覆盖，顺利完成市政府“民心工程”中要求的所有线路优化调整任务。65～69周岁老年人于12月1日起可免费乘坐公交车，年内完成证件办理2万张。纯电动公交车中409台投入运营，上线率94%；322台纯电动公交车行驶里程满3万千米，较2018年增加53台，提高19.7%。

【出租客运】 开展从业人员教育培训及车辆报废更新工作，从业人员“从业资格证”考试共组织12期。截至年底，781人经考试合格取得“中华人民共和国道路运输从业人员从业资格证”。报废更新出租车达到90台，完成年初制定的工作目标。深入开展“打非治违”“扫黑除恶”等专项行动14次，定点巡查300余次，纠正违规车辆850余台次，查扣非法营运车辆139台次、违规出租车267台次。强化服务，连续9年组织爱心送考活动，全年共精选出150台出租车和500台电召车辆参加活动，圆满完成接送考生任务，得到社会各界认可。

出租车司机张建民被评为承德市第七届道德模范，并获得2019年“最美家乡人”等殊荣。

【“互联网＋客运”】 结合全市实际情况，代拟《承德市网络预约出租汽车经营服务管理暂行办法》和《承德市小微型汽车租赁管理办法》，已通过市政府常务会，待履行完程序后适时出台。全市旅游客运已经搭建起网络预约平台，游客可以通过“携程”、“途牛”等网站，进行旅游包车预约。宽城龙庆公司与“帮邦行”互联网出行平台达成战略合作意向。

【城乡客运一体化】 围绕“四好”（建好、管好、护好、运营好）农村公路积极开展工作，通过开展“双通”（通沥青路、通客运）摸底调查，对丰宁、宽城等4条农村班线进行调整，解决了偏远地区5个行政村的不通班车问题。全市县城20千米范围内的农村客运线路公交化运行率达到65%，超额完成省定目标任务（49%），32%的乡镇基本完成农村客运班线公交化改造。

【推广发行ETC】 全年省定任务为24万辆，截至12月4日已累计完成进度的96.75%，完成进度在全省排第二位。12月5日提前15天完成省政府下达的24万辆发行任务。

附：市交通运输局领导名录

党组书记：寇占武

局长：张富民（满族，11月免）

房国民（满族，11月任）

党组副书记、副局长：王艳刚（满族，11月任党组副书记）

机关党委书记：张立新

党组成员、副局长：李月武

臧志福

杨春东

付铁柱（兼）

（供稿　杨文静）

铁　路

【车务段设备管辖及任务】 承德车务段管辖京承线自127千米至254.308千米，计15个站；锦承线自335千米至417.294千米，计8个站；承隆线自0千米至57.019千米，计4个站；京通线自115.708千米至244.565千米，计16个站；唐呼线自179.339千米至377.03千米，计7个站；京哈高速线自192.828千米至260.943千米，计3个站。管辖一等站1个、二等站3个、三等站7个、四等站39个，高铁站3个，乘务车间1个，乘务员公寓1个。段管内有专用线20条、专用铁道2条。固定资产原值 12835 万元。

下属客运乘务车间担当承德至通州西6420/6419次，承德至兴隆县6434/6433次，承德至平泉6435/6436、6455/6456次，承德至隆化57041/57044次，计5对旅客列车客运乘务工作。非在编集体工担当承德至昌平北4473/4472/4471/4474计1对旅客列车客运乘务工作。

【车务段生产与经营】 全年，承德车务段运输收入85464万元，运输总支出41139万元，旅客发送量276.1万人，货物发送量603万吨，日均装283车，日均卸464车，中转时间3.9小时，停站时间15.9小时。截至12月31日，实现连续安全生产 3000 天。

附：承德车务段领导名录

段　　　　　　长：彭兴山
党　委　书　记：刘金硬
党委副书记、纪委书记：刘洪涛
工　会　主　席：李士军
副　　段　　长：叶晓虎
　　　　　　　　韩志明
　　　　　　　　秦保祝
　　　　　　　　邢建国
　　　　　　　　李　伟

（供稿　于长水）

【工务段设备管辖及任务】 承德工务段管辖正线 9 条：锦承、承隆、京承、京通、唐呼、京锦联络线、唐呼京通联络线、唐呼京承联络线、多丰线。线路总延长 1041.699 千米，其中：正线 829.6 千米、站段岔特线 212.099 千米（到发线 131.832 千米）；道岔 712 组，其中：正线 335 组、站段岔特线 377 组（到发线道岔 174 组）。桥梁 537 座 /57106 米，隧道 190 座 /227070 米，涵渠 1134 座 /34413 米，天桥 1 座 /30 米，地道 5 座 /157 米，灰坑 2 座 /100 米，调节河流建筑物 605 座 /108.119 立方米，桥梁建筑物总换长 187185 米。道口 24 处，其中工务看守 5 处、车务看守 5 处、地方监护 7 处、客车监护 7 处。担负锦承线与沈阳铁路局赤峰工务段分界 335.000 公里至 417.770 千米；承隆线里程 0.183 千米，终点 57.756 千米；京通线与北京工务段分界 61.5 千米至与沈阳铁路局分界 244.565 千米；京承线与北京工务段分界 127 千米至 254.293 千米；唐呼线（上、下行）与丰润工务段分界 158.800 千米至与张家口工务段分界 335.500 千米；京锦联络线 0.000 千米至 1.095 千米；唐呼京通联络线 274.261 千米至 285.061 千米；唐呼京承联络线 208.683 千米至 216.939 千米。固定资产原值 245681.55789 万元。

【工务段生产与经营】 深化强基达标、提质增效，实施质量变革、效率变革、动力变革，扎实推进安全生产标准化规范化建设，大力深化维修体制改革，安全生产和经营管理各项任务均圆满完成。段安全生产保持基本稳定，在工务系统生产经营考核中，设备质量、安全质量考核多次名列前茅，年内未发生责任行车事故和故障，顺利实现第 7 个安全年。各项经营指标完成较好，职工人均收入 12.76 万元，较上年提高 10.36%。标准化规范化建设全面推进，维修体制改革进一步深化。在设备质量方面，完成线路计划维修 69.148 千米，道岔计划维修 86 组，道岔工电联合整治 188 组；更换道岔 33 组；更换再用轨 6.286 千米；京通线隧道大修列换枕 13745 根；锦承、承隆线大机清筛 61.964 千米；京通线窑上站货 3、货 4 道改造；整治非标无缝线路，完成铝热焊接 498 头，现场胶接绝缘接头 88 头；完成桥梁维修 80/7802 座／米，隧道维修 28/11625 座／米，涵渠维修 239/5315 座／米；完成梁体封闭涂装、更换人行道板、更换桥面、防护架改造、清理隧道煤烟、地道及隧道漏水整治、整体道床病害整治等大修和专项整治任务 51 座；完成承隆线铺设毛细防排水板 300 米；全面完成京承、锦承线路基维修；路外施工安全可控。在经营业绩方面，

2019 年 7 月 16 日至 17 日，京通线白河桥梁更换桥枕

进一步完善财务管理及相关制度的修订和完善，严抓成本控制，认真落实全面预算管理各项要求，全年各项经营指标完成良好。2019年度运输成本有权总支出3.64亿元，实际支出3.63亿元，节支108.20万元，其他业务收入3340.58万元，实现利润1867.16万元，超额完成1107.16万元，创效工资完成150万元，超额完成20万元。

附：承德工务段领导名录

段长、党委副书记：赵继华

党委书记、副段长：申　伟

党委成员、纪委书记：董海臣（满族）

党委成员、工会主席：韩永宏

党委成员、副 段 长：刘　东（满族）

韩树柏

黄建国（蒙古族）

崔　冬

赵世佳

（供稿　仝　竞）

航空和高铁

【优化航线降低补贴】　2019年，在保持航线班次稳定的情况下，延伸拓展新航点。承德—石家庄航线经多次与河北航空公司协商沟通，于6月25日起将承德—石家庄—厦门航线每日一班，改造为每周二、四、六执飞承德—石家庄—杭州，每周一、三、五、七执飞承德—石家庄—厦门。西安—承德—大连航线经与华夏航空公司多次对接、洽商，先后于4月2日夏秋换季后改造为西安—承德—烟台航线执行，10月29日冬春换季后改造为西安—承德—天津航线执行，班期每周二、四、六不变，定额补贴由原来的7.9万元／班下调至7万元／班。改造优化航线，上海—石家庄—承德航线合同到期后，经与春秋航空公司协商，在合同中增加长段销售考核机制，长段吞吐量不达标的情况下，按标准减少每班补贴。考核机制实施后，该航线长段吞吐量增长到平均每班57人次，较之前平均水平提高36%，航线补贴平均每班下降2000元（7.7万元／班）。在保障承德—石家庄班期稳定的前提下，10月航班换季后，将上海—石家庄—承德每日一班改造为每周三班（二、四、六）执行。推进保底补贴改为定额补贴。广州—石家庄—承德航线经与包机商多次协商，双方最终确认在10月27日起改为定额补贴方式执行，每班补贴10.8万元。严格控制航线补贴，对各条航线的补贴均有不同程度的下调，全年预估补贴9393.73万元，较年初预估航线补贴下降约1000万元（其中降补航线包括西安航线、上海航线、广州航线）。提高航线客座率，主动与包机商沟通、协商，对部分舱位价格实施调整，并有针对性地对涉及与春秋航空公司加班（每周一、三）临近时刻的石家庄—承德航线，将其舱位价格下调至与春秋航空价格持平。该航线1—12月份平均补贴7.3万元／班，平均客座率达到76%，调控效果明显，航班收益明显提高。通过朋友圈广告、客舱行李架广告投放等新的方式，对承德旅游资源及航班信息进行了宣传。经过上述努力，全年平均客座率达到82.85%，比2018年上升5.34个百分点；航线预估补贴9393.73万元，比2018年下降26%；平均每人补贴221.3元，比2018年下降24%。全年吞吐量424388人次，超额完成全年40万人次的计划目标。

【安全平稳运行】　高度重视机场安全运营及各项工程安全生产工作，建立健全“一个台账、四个清单”，对重点领域、重点环节、重点部位加强监控，做到无死角、不遗漏，确保安全生产责任落实到人、措施落到实处。加强安全生产隐患大检查，加强重点领域及环节的风险管控，发现问题及时整改。抓好建设施工安全预防整治，认真做好边坡位移修复等项目建设施工安全工作，建

航油工作者

立风险管控和治理台账，全面提升建筑施工安全管理水平。督促机场公司做好应急值守和物资储备，把极端雨雪天气应急保障工作作为重点，加强值班值守，做好应急准备和现场救援。加强安全生产教育培训，提高员工安全意识，增强安全预防和处置本领。

【“十四五”规划编制】 为满足航班航线快速发展的需要，实施二期改扩建工程，委托中国民航机场建设集团公司开展了机场总体规划编制工作。经多次与设计单位修改、完善，并征求了机场公司、航油公司等意见，同时向省发改委进行汇报，并提出了设立航空口岸事宜，现已初步形成了规划方案。规划调整事宜经省发改委及民航华北地区管理局原则同意，拟于2020年完成机场总体规划调整，并争取将改扩建工程纳入国家民航“十四五”规划。近期，计划新建20000平方米航站楼，作为国内航线使用，现有5000平方米航站楼向西扩建至10000平方米，楼内进行海关、检疫等国际流程改造，作为国际使用。增加6个C类机位，新建旅客过夜用房、综合保障用房，配套扩建特种车库、消防站、停车场，改造货运库、搬迁气象站，新建通航设施等。估算总投资约6.1亿元。远期（2040至2050年），在机场现有航站区东侧或跑道南侧规划新航站区，以满足日益增长的客货运量需要。

【发展通用航空】 按照中共承德市委、市政府安排部署，以承德机场为基础平台，先期实现承德、平泉、围场、丰宁之间通用航空飞行，逐步连通与北京、张家口及内蒙古自治区等地机场，开展通用飞行服务和空中旅游服务。远期形成以承德机场为集散中枢、8个通用机场为支线、多个起降点为补充的“一运八通多点”域内网络布局，以及连通周边城市的“扩散式”的区域网络布局。平泉开通至石家庄、天津短途运输航线，一并开展护林防火、航拍航测、无人机试飞等通航业务；围场通用机场完成竣工验收，并通过机场使用许可审定；丰宁机场启动前期工作，选址初步在丰宁西北部大滩镇北梁村，已初步完成了通用机场的选址踏查工作。滦平通用机场完成场址选址报告编制，正履行军方空域审核及民航行业审查程序。平泉航空护林站正式建成开航，开展航空护林作业飞行188架次。

【机场功能和安全设施】 新建机场综合保障用房，初步设计及概算经专家评审后，已通过政府常务会议审议，正在履行行政审批程序。已做好履行施工图审查，预算编制，财政评审等程序的准备工作。同时与规划、人防、消防、环保、水保等部门对接，待初设概算批复完成后，办理项目相关手续。为保证机场边坡、边沟及周边村民生产生活安全，拟增加排水出口、修建钢筋混凝土排水沟及配套设施，工程总投资2404.16万元，9月19日召开了项目立项（代可研）评估会并形成专家意见，已开展初步设计工作。导航台道路硬化工程通过验收，航站区西北角边坡位移修复工程，已完成全部工程建设。机场周边设施完善工程，包括排洪沟出口拦砂坝工程、围界工程、第一级边坡及侧净空绿化工程，已完工。为保证机场全年平稳渡汛，经过实地踏察，广泛收集机场信息与水务防汛部门实地指导后，形成机场排水临时措施修复方案并于6月20日完工。已协调中石化、中航油，确定将机场加油站成品油证过户中石化。

（供稿　夏琦宇）

【高速铁路】　京沈客专承德南至沈阳段自2018年12月29日开通后运行安全平稳，始发终到高铁列车由最初的2对增至7对，实现承德与沈阳、大连、哈尔滨和吉林等城市的通达，全年旅客到发量达到54.1万人次（其中到达25万余人次）、实现运营收入6104.7万元，平均始发上座率达33%。其中，国庆黄金周10月1日旅客发送量达3033人次、创全年单日旅客发送最高值。

境内征地拆迁工作及高铁线下工程已全部完成。截至年底，全市已累计筹集完成市县配套京沈征拆资金11.83亿元，占地方配套总筹资额15亿元的78.87%。市、县两级已累计发放补偿资金26.15亿元，占调概后总征拆资金37.5亿元的69.73%。重点完成了企业搬迁、电力线路迁改、公路改线及收费站迁改、兴隆县滨达炸药库改建等重点拆迁遗留问题，开展了弃渣场、搅拌站、施工便道等临时用地复垦复耕工作，全面启动了全市压矿补偿等工作。

京沈客专

（供稿　宁武勇）

自然资源和城乡规划

自然资源利用与管理

【国土空间规划体系建设】 深入贯彻落实国家、省战略部署，牵头制定承德市《关于建立国土空间规划体系并监督实施的实施方案》，明确了工作基本原则、总体框架，成为全市建立国土空间规划体系并监督实施的纲领性文件。完成现行“两规”以及国土空间开发保护现状和未来风险评估。基本完成全域资源环境承载能力和国土空间开发适宜性“双评价”，以及土地规划、城市规划实施情况“双评估”。国土空间规划重点领域专题研究形成初步结论。同时，对全市功能定位、生态保护、产业布局等19个领域开展专题研究，初步搭建“多规合一”空间信息平台，为规划编制夯实坚实基础。

【绿色矿业发展示范区】 以建设国家绿色矿业发展示范区为抓手，在积极配合生态环境、应急管理部门做好露天矿山环保达标和安全生产达标的基础上，强力开展矿山生态修复攻坚。深入推进矿山生态治理，采取拉台覆土绿化等措施开展全市矿山生态环境恢复治理工作，完成修复绿化10.02平方千米，累计完成62.02平方千米。对120处责任主体灭失矿山迹地进行综合治理，治理面积5070亩。深入推进淘汰取缔工作，对违法违规、资源枯竭、安全生产无保障的矿山企业坚决予以关停，全年关停取缔矿山企业42家。深入推进整合兼并，鼓励骨干矿山企业集团在环保达标的前提下，积极开展矿产资源整合，全年压减矿权59个。

【土地利用及管理】 2019年，省自然资源和规划厅下达承德市土地利用计划指标9727亩，并分解下达到各县（市、区），有效保障省、市重点项目、易地扶贫搬迁项目、新产业项目等用地需求。上报省政府审批的建设用地批次和单独选址项目103个，批准总面积15417.96亩。供应国有建设用地使用权637宗，面积2.66万亩，同比下降7.36%。土地出让金93.17亿元，同比下降46.91%。处置闲置土地991亩，批而未供土地10573亩。

【自然资源基础调查】 全市第三次国土资源调查工作总体进展良好，11个县（市、区）初始数据成果全部通过国家级核查，质量合格。地质调查支撑服务生态文明建设示范区稳步推进，市政府与中国地调局签订了《地质调查支撑服务承德生态文明建设战略合作协议》，并具体实施1:5万2400平方千米水文地质调查、1:5万2400平方公里土地质量调查和1:5万800平方千米资源环境承载能力评价3个项目，总投资4560万元，项目实施进展顺利，并取得初步成果。

【扶贫攻坚】 为丰宁、围场、隆化3个深度贫困县各安排新增建设用地指标462亩，为其他贫困县（市）各安排150亩，对农业产业化、易地扶贫搬迁、乡村振兴、脱贫攻坚等项目用地做到应保尽保。积极推进增减挂钩结余指标流转，转让收益返还项目所在县，助力扶贫攻坚。省自然资源厅下达承德市城乡建设用地增减挂钩节余指标跨省域调剂任务575亩，经市政府批准，分别分配给围场县200亩、隆化县200亩、丰宁县175亩，用于跨省交易，可实现交易资金1.725亿元。

组织申报易地扶贫搬迁增减挂钩项目 21 个批次，涉及拆旧复垦面积 3715 亩。

【确权登记】 加快推进“房地一体”农村宅基地和集体建设用地确权登记工作。全市 205 个乡(镇)，已全部完成村镇地籍调查数据成果汇交，并通过质检。完成宅基地使用权权籍调查宗地数 803783 个，集体建设用地使用权权籍调查宗地数 6849 个。按照国家 2020 年底基本完成农村宅基地确权登记颁证的工作要求，指导滦平县先行开展宅基地确权登记颁证工作。

规划管理

【规划编制】 为加强城市规划管理，协调城乡空间布局，改善人居环境，促进城乡经济社会全面协调发展，组织编制完成各类规划 13 项。其中，专项规划 7 项，包括地下空间开发利用规划、古城风貌复原规划、城市总体风貌规划、生态修复规划、城市修补规划、老城区“多规合一”规划、公厕布点规划。优化城市空间结构，合理配置城市基础设施，保护历史文化资源，促进城乡经济社会全面协调发展。组织编制重点地段城市设计和景观环境整治方案 6 项，包括闫营子地段、双塔山周边地段、狮子园地段、安远庙桥至承朝高速出口地段城市设计和狮子沟周边地段、“两馆”周边地段景观环境整治方案。重点对空间布局、城市天际线、建筑形态以及建筑体量、高度、色彩等进行规划管控，提升城市品质。以上规划均经市人民政府批准实施，切实有效指导城市建设。

【历史文化名城保护】 对滦河老街和二道牌楼历史文化街区进行深入调研，就两个街区保护有关情况以专报的形式上报市政府，研究事项得到市领导肯定。推动非历史文化名城县进一步普查历史建筑，加快确定公布挂牌，并督促对 2018 年前已公布的历史建筑完成挂牌工作。继承优秀历史文化遗产，积极申请 2020 年历史文化名城保护资金，共争取省级专项资金 1000 万元，主要用于寿王坟历史文化街区保护规划编制、二道牌楼历史文化街区文庙片区环境整治与改造和承德第六中学日式平房历史建筑修缮项目。按照河北省住房和城乡建设厅《关于进一步推进历史文化名城保护工作的通知 》要求，完成部分历史建筑信息补录工作。

【城建档案管理】 全市建设档案管理工作始终坚持从实际出发，实行分类指导。对全市重点工程跟踪服务，实行提前介入和有针对性的业务指导与培训。重点在开工前与建设单位签订《承德市建设工程档案移交责任书》，从工程办证开始就介入工程档案监督检查指导工作，以确保工程竣工档案的完整性、规范性。全年共签订移交责任书 76 份；组织现场验收 160 余次；完成现场档案专项验收 225 个单位工程，接收进馆工程项目 125 项；进馆入库档案资料 11382 卷；核验纸质、电子档案 11382 卷。接收声像档案 198 个工程，工程照片 4608 张，录像视频 54700 秒，载体光盘 105 张，数据量约 210GB；整理扫描档案资料 8790 卷。全面实行工程档案电子化登记、著录、工作。完成纸质档案电子版 6.2 万卷。为方便、快捷、高效提供查阅利用奠定了基础。全年接待查阅档案资料 1752 人次，提供利用档案 3163 卷，复印 1 万多张，取得了良好的社会效益和经济效益。

利民举措

【“放管服”改革】 2019 年，动态调整“承德办事一次成”事项清单，组织上报第四批 14 个事项、第五批 8 个事项清单，第一至五批“承德办事一次成”事项达 73 项，行政权力事项“办事一次成”

实现率达 90%。

【不动产管理】 全年颁发不动产登记证书 68480 份，证明 65926 份。自 2016 年实施不动产登记工作以来，全市已累计发放不动产权证书证明 22.2 万份。全年共计核发“一书两证”150 份。其中，《建设项目选址意见书》15 份；“建设用地规划许可证”55 份，规划用地面积 198.19 公顷；“建设工程规划许可证”80 份，审批建筑面积 208.36 万平方米。其中，居住面积 132.36 万平方米，公建面积 30.45 万平方米，商业面积 31.5 万平方米，工业面积 14.05 万平方米。审批道路桥梁总长 12.48 公里。

【依法行政】 积极落实机构改革工作部署，健全自然资源和规划管理制度体系。建立起业务部门组织起草、法制机构合法性审核的规范性文件管理工作机制，深入开展行政规范性文件清理，组织对涉及自然资源和规划领域的 24 件政府规范性文件进行集中清理。其中，废止市政府名义制定的规范性文件 10 件，修改 5 件。理顺管理职能，组织修订完成 167 项行政权力清单。

持续推进行政执法三项制度建设，制定印发《承德市自然资源和规划局关于推进行政执法公示制度执法全过程记录制度重大执法决定法制审核制度工作实施方案》《行政执法公示实施办法》《行政执法全过程记录实施办法》《重大执法决定法制审核实施办法》，组织修订完善行政执法事项清单、执法人员清单、音像纪录事项清单等。组织对土地复垦、土地出让、采矿和地质普查等 11 个项目开展“双随机”检查。依法办理行政复议、应诉案件，全年共收到行政复议案件申请 27 件，受理 26 件，办结 26 件。

附：市自然资源和规划局领导名录

党组书记：高中卫

党组副书记、局长：王鹤松

党组副书记、市地质矿产勘查开发局局长：吴双麒

党组副书记、副局长：戴廷耀、白晓峰

党组成员、副局长：朱绍强、杜振学

党组成员、纪检组长：靳传新（11 月免）

党组成员、副局长：于明东、范明杰、方青春

党组成员、市规划设计研究院院长：刘东达

党组成员、副局长：张志远

（供稿　魏舜煜）

城乡建设与管理

城市道路及市政建设

【彩云岭隧道内凹陷处理】 工程内容包括：对危石下方进行混凝土填充、在隧道顶部进行防水铺装、铺设边坡防护网。总投资 183 万元，资金来源为财政投资。工程于 10 月完工。

彩云岭隧道

【打通断头路】 项目西起水泉沟路，东至现状碧峰门路，道路全长 160 米，平均路宽 16 米。总投资 1564 万元，资金来源为市财政投资。计划 2020 年 6 月完工。

【人行过街天桥】 项目位于石洞子沟小学北侧，跨石洞子沟路，主跨 24 米，宽 4.3 米。总投资 544.39 万元，资金来源为财政投资。计划 2020 年 5 月完工。

【红石砬沟口平改立】 起点与既有红石砬沟路顺接，终点连接承下路。道路全长 704 米，道路宽 20 米，新建铁路框构桥和公路桥各一座。总投资 7580 万元，资金来源为财政投资。计划 2020 年 11 月完工。

【钓鱼台路改造】 红石砬沟旱河桥至东南山大桥，全长 5408 米。三条支路，冀东花园北侧道路 120 米，汽车东站北侧道路 152 米，乾正家园北侧道路 387 米。总投资 22307 万元，资金来源为财政投资。三条支路 2020 年 9 月完工，主路工程计划 2021 年 10 月完工。

【凤凰山大桥拓宽】 拆除大桥两侧已有人行道，向东侧单幅加宽 8.5 米，桥梁全长 700 米，将该桥改造为双向 4 车道。总投资 9876 万元，资金来源为财政投资。计划 2021 年 11 月完工。

【会龙山隧道】 起点为小老虎沟会龙街，终点与红石砬沟路相接，全长 1040 米，宽 15 米，其中路基段 140 米，隧道段长度为 900 米。总投资 15820 万元，资金来源为财政投资。计划 2021 年 10 月完工。

【二仙居旱河南路三期】 起点为潘塔路，终点至公交公司，道路全长 3940 米，宽 18 米。总投资 27617 万元，资金来源为财政投资。计划 2022 年 10 月完工。

建筑业及管理

【概况】 2019 年，全市具有资质等级建筑业企业 913 家。其中，一级资质企业 26 家，二级企业 231 家，三级企业 656 家。年末从业人员 8.9 万人。全年实现建筑业总产值 183 亿元。其中，在外省完成产值 3.91 亿元，同比下降 3.2%；签订合同额 115.4 亿元，同比下降 9.1%。全年房屋建筑施工面积861万平方米，竣工面积125万平方米。其中，住宅808万平方米，商业及服务用房25万平方米，办公用房3万平方米，科研、教育、医疗用房8万平方米，文化、体育和娱乐用房4万平方米，厂房及建设筑物8万平米、其他房屋58万平方米。

【建筑工程质量管理】 全面落实“两书、两牌、一档案”制度，即建筑行业各单位签署《法定代表人授权书》《质量终身责任制承诺书》，建筑施工现场大门口显著位置设置公示牌，每一项工程建立档案等制度。落实竣工验收专家评价制度，对不符合要求的工程项目或未实施专家评价的工程项目，一律不予签发监督报告。加强工程质量监督执法，多次组织开展建筑工程质量综合巡查和暗访检查，对违法违规行为进行处罚，对存在问题的建筑企业下发《整改通知书》，结案率98%以上。推进工程质量监督管理标准化、信息化，开展工程建设领域专业技术人员职业资格“挂证”专项清理工作，开展建筑市场秩序专项整治行动。

【建筑市场管理】 2019年，面对竞争日趋激烈的建筑市场，调整建筑业市场结构和行业组织结构，推行行业组织自律，发挥行业协会的作用，增强大企业实力，保护企业进行研究、开发和推动技术进步，促使企业具有垄断性专利技术，实现行业的有效竞争，形成和建立起自己的市场竞争优势。对双桥区建设工程的施工分包、进冀企业市场行为、预储金管理实施细则贯彻落实、清欠工作等情况进行了全面检查。从检查看，双桥区内各建筑企业认真贯彻执行了有关规定，加强了建筑材料和节能市场管理。在检查中，对施工现场建筑节能及建材检查40项，在建筑节能落实、材料设备使用备案和施工现场建材质量上有所提高；对预拌混凝土企业进行了检查，绝大多数预拌混凝土生产企业质量保证体系较健全，生产和检测设备符合要求。

【工程监理】 建筑市场管理已逐步完善监理制度，基本形成建设监理体制。规范建筑市场行为，指导工程监理企业提高服务质量，形成特色服务品牌，打造良好的品牌形象。加强对项目监理机构人员的管理，实行备案制度，形成一支初具规模的监理队伍。施工现场监理基本实现程序化，制度化，截止年底，全市监理企业共18家。其中，甲级8家，乙级8家，丙级2家。从业人员1284人。签订工程监理合同额1.56亿元。为承德市工程监理市场的管理与发展，规范建筑市场工作起到重要作用。

【清欠工资整治】 全年全市住建部门共接到市中心区（包括市直管项目和双桥区、高新区项目）欠薪投诉案件18起，协调解决农民工工资1300万元，涉及农民工420余人，案件起数、涉及金额和涉及人数同比分别下降了79.46%、63%和56%，实现了“一减少、三下降”的工作目标。

住宅与房地产

【落实调控政策】 围绕“房住不炒”的定位，坚决落实中央确定的“稳地价、稳房价、稳预期”的工作目标，出台相对温和适中的调控政策，房价快速上涨的势头得到遏制，市场预期逐步趋于理性，房地产市场总体保持健康平稳发展态势。加强市场督导调研，对库存波动较大、房价上涨过快的县（市、区）房地产市场进行了重点督导。召开中心区在建项目企业负责人座谈会，及时了解市场实际情况。结合全市在房地产调控政策执行中遇到的具体问题，体现满足刚需、支持改善、遏制炒房的总体思路，在严格执行好省、市有关房地产调控政策的基础上，及时进行政策的补充完善。每月做好房地产市场信息统计和分析工作，形成数据分析报告，同时结合调研结果，全年多次向中共承德市委、市政府领导进行专题汇报。为推进房地产供给侧改革，进一步优化商品房供应结构，按照省住建厅要求，调研并起草完成市中心区住房2018—2022年规划。

【规范房地产市场秩序】 先后下发《承德市住房和城乡建设局关于进一步优化商品房预售资金监管工作程序的通知》和《承德市住房和城乡建设局关于进一步明确商品房预售资金重点监管额度的通知》，对商品房预售资金监管工作程序进行优化，对重点监管额度进行调整，既保障商品房预售资金优先用于工程建设，有效防范工程烂尾风险，又能方便企业使用，提高资金周转效率。截至年底，市中心区55个商品房预售项目全部签订了“三方”监管协议，商品房预售资金监管覆盖率达到了100%，实现预售资金监管系统化网络化管理。进一步加强了二手房交易结算资金监管，根据《承德市二手房交易结算资金监管办法》，市中心区17家已取得备案证，主动申请网签资格的房地产经纪机构开展了二手房买卖合同网上签约服务。根据《承德市住房和城乡建设局关于规范商品房现房销售管理的通知》，进一步加强了现房销售信息备案工作，全年办理4宗、2.66万平方米、371套现售商品房备案。根据《河北省住房和城乡建设厅关于开展2019年度房地产开发企业资质“双随机一公开”核查工作的通知》的要求，依据《中华人民共和国城市房地产管理法》《城市房地产开发经营管理条例》《房地产开发企业资质管理规定》的有关规定，于4月24日至6月18日，对全市584家房地产开发企业的资质情况进行了核查，确认277家企业符合资质核查标准，资质核查合格；252家企业资质核查不达标，限期整改；55家企业因未提供参加资质核查材料、资质证过期或存在违规经营问题等原因，提请审批部门降低房地产开发企业资质等级或予以注销。8月至12月，配合房地产稽查专班开展了房地产中介市场专项整治活动。10至11月，开展中介结构“双随机、一公开”检查。

【住房保障】 按照省政府下达的工作任务，市政府与各县（市、区）政府签订了年度工作目标责任书，编制印发了《承德市2019年保障性安居工程建设工作实施方案》，明确了年度棚改项目开工、基本建成、保障房分配及保障性安居工程质量等9项主要工作目标。棚改项目开工1519套；棚户区改造基本建成住房2869套。棚改项目开工率、基本建成率分别为166%、152%；完成住房补贴户数6209户。

附：市住房和城乡建设局领导名录

党组书记、局长：关利军
党组副书记、副局长：罗士学
党组成员、副局长：李国富
副局长：贾珍山（8月免）
党组成员：常英瑞（满族，9月免）
党组成员、副局长：常庆新
党组成员、建安总公司党委书记兼总经理：刘福东
党组成员、副局长：刘庆珍（满族）
党组成员：姜秀凤（女，满族，9月任）
冯国发
张凤栋
建安总公司副总经理：刘炳瑞（满族）
于希龙（满族）

（供稿 王家晨 高天悦 牛 杰 张悦新 张晓辉 解 元）

城市管理

【概况】 2019年，全市城市管理工作贯彻落实国家和省关于城市管理和综合行政执法工作的法律、法规、规章及相关侦测，补齐城市基础设施短板，改善城市人居生活环境，提高城市管理执法水平，各项工作都取得新的成效，重点工作实现新的突破。先后被评为全面深化改革优秀单位、全市“双创双服”活动优秀市直牵头部门、市级文明单位、全市优秀提案和先进承办单位；在河北省第三届园林博览会活动中，荣获优秀组织、优秀设计等4个奖项；城市建设统计快报工作被省住建厅通报表扬；市数字化城市管理监督指挥中心被评为河北省“双创双服”活动优秀青年集体暨河北省青年文明号；志愿服务大队被评为河北省学雷锋先进志愿服务组织；监察一大队被评为全省“强基础、转作风、树形象”专项行动表现突出单位；规划执法大队被评为全市劳动模范先进集体；市委、市政府领导先后13次批示，对城管工作予以充分肯定。

【重点工程】 水污染防治计划启动50项工程，实际启动51项。其中，已完工12项，在建39项。全市累计新增污水处理能力1.525万吨/日，完成污水管网新改扩建90余千米，9县（市、区）建筑垃圾消纳设施开工建设，年底具备建筑垃圾消纳处置能力，中心城区和县城污水处理率分别达到95%和90%。

市政老旧管网改造工程。共改造供水、供热、燃气、排水老旧管网190.568千米。其中，供水管网改造13.668千米，占任务量的103.5%；排水管网改造53.97千米，占任务量的142%；供热老旧管网改造120.9千米，占任务量的105%；燃气管网改造2.03千米，占任务量的101.5%。

市中心城区公共停车场新建改造工程，已完成了中心城区31个停车场的智能化升级改造工作。改造后新增停车泊位2050个，占总任务量的205%；新建立体车库4座、增加停车泊位253个，占总任务量的200%。其中，汇水湾小区建成3座，增加停车泊位211个；市中心医院妇儿医院建成1座，增加停车泊位42个。

城乡垃圾处理设施建设工程。完成了兴隆县水泥窑协同处置生活垃圾、隆化县第二生活垃圾填埋场和平泉市城乡一体化垃圾集中处理3个项目建设。9县、（市、区）垃圾消纳设施开工建设，截至年底，已具备建筑垃圾消纳处置能力。积极推进承德环能热电3期4号炉续建项目，超额完成了省定任务。

市中心城区天然气置换焦化煤气工程。按照市政府重点工作安排，拆除了承钢集团4.3米焦炉2台，在双滦区建设天然气掺混站1座，10月底前完成了市中心区8万多居民、450多户工商户天然气掺混空气替代工作。

市中心城区清洁取暖替代工程。抓好市中心区高污染物禁燃区内散煤清零工作，督导3个区重新划定了建成区和高污染物禁燃区范围，采用清洁取暖方式替代散煤燃烧452户，完成高污染物禁燃区散煤清零工作。其中，双桥区完成295 户（通过接入集中供热方式完成56户，通过电代的方式完成80户，通过拆违、搬离等方式完成159户），双滦区通过拆迁方式完成157户。市中心区新增集中供热面积250.57万平方米，占总任务量的156%。其中，双桥区64.31万平方米，高新技术产业开发区14.27万平方米，双滦区43.59万平方米。

【城市绿化亮化】 全市共实施园林绿化工程59项，总投资2.83亿元，完成植树70万株，新增绿地面积230公顷。其中，市中心区完成园林绿化工程23项。申报河北省四星公园2个、三星级游园2个，省级园林式单位8个、小区15个、街道3条；创建市级园林式单位5个，小区18个，街道2条。

完成中心城区春节、国庆期间街区亮化和节日装点工作，主要在京承高速路南出口、市行政中心周边、承德大桥、火神庙环岛等12处节点部位设置“不忘初心、牢记使命”“欢度国庆”“举国同庆”等红色主题的亮化灯组与主题雕塑26组，在市区迎宾路、武烈路、南营子大街、丽正门大街等14条主干道悬挂国旗2800余面、灯笼600余盏，在各沿街商户门店悬挂国旗8000余面。

城市亮化灯组

【“洁净城市”创建】 以推行精细化、标准化管理为手段，从限制垃圾落地时间、量化道路浮尘重量、提高道路机械化清扫率、延长清扫保洁时间和拓展环卫保洁区域入手，完善软件管理、提升硬件设施，逐步构建了城市环境卫生量化指标工作体系，建立城市管理长效机制。平泉市、双桥区被评为洁净城市，在省住建厅通报中受到表扬。

启动城市垃圾分类建设工作，印发《承德市生活垃圾分类工作实施方案》《承德市生活垃圾分类工作指南》和《关于进一步推进全市党政机关等公共机构生活垃圾强制分类工作的通知》，明确垃圾分类投放的标准及要求，确定了以党政机关单位作为试点先行推行垃圾分类工作。在中心城区开展垃圾分类知识宣传，动员全社会参与生活垃圾分类活动，促进生活垃圾源头减量、源头分类，为开展垃圾分类工作奠定了坚实基础。完成新建改扩建公厕55座。其中，新建18座，改扩建37座。

【整治违建及广告牌匾】 开展了房地产开发项目清理规范大排查工作，排查出存在问题项目23个，已解决19个，占比83%。全市入统省台账房地产的违规违法项目267个已全部解决，完成率100%。开展侵占生态保护红线区域违法违规房地产项目排查整治行动，对自然保护区、风景名胜区核心景区、重要河流湖库管理范围、饮用水水源地保护区和生态保护红线区域的房地产项目进行全面深入排查，共排查出违法违规房地产项目14个，全部按时完成整改。开展违法违规建设专项整治行动，对全市范围内违法违规建设全面排查，对各县（市、区）上报项目逐个梳理核实，对未取得施工许可擅自开工15个项目，已全部整改完毕。开展违法建设专项整治行动，全市共拆除违建101.5万平方米，超额完成了目标任务。开展解决房地产遗留问题专项整治行动，全市共解决遗留问题项目362个（中心区207个）。其中，列入省台账项目267个（中心区112个）。省台账中“入住（回迁）难”项目133个、“征收（拆迁）难”项目22个、“办证难”项目112个。“办证难”项目首次实现登记率100%，分户转移

整治后的牌匾广告

登记率 62.96%，扣除未出售住宅、按揭购房等情况外，分户转移登记率达到 75.44%，超出省考核标准 60% 的要求。列入省台账 80 个涉及信访问题项目，基本得到解决。

全年全市需要整治提升的户外广告牌匾 63754 处。(其中，市本级 16208 处，县区 47546 处)。已拆除各类不符合要求的广告牌匾 62516 处，完成计划的 98.1%。

【综合执法】 建立健全全市城管行政执法责任制，建立 7 个台账（巡查、处罚、典型案件曝光、巡查日志、转办督办、信访投诉举报、案件移送台账），完善 4 项制度（全过程记录、集体讨论、法制审核、案卷管理制度），制定《行政执法规程》《行政执法规范》《涉诉案件处理程序》，制定处罚案卷模板，推进执法规范化。规范执法工作流程，重新调整行政执法清单、行政权力清单，修订后的清单共 253 项。修订完善了行政处罚自由裁量权，修订后的裁量标准共 442 项。严格落实执法案卷法制审核制度，所有一般程序案件从执法主体、事实证据、适用法律、执法程序等几方面进行全面审核，全年立案查处行政违法案件 66 件，作出行政处罚决定 40 件。做好城市管理立法工作，组织起草了《承德市供热管理条例》《承德市养犬条例》《承德市城市机动车停车场所建设和管理条例》《承德市地下管网管理办法》，引入第三方参与立法，组织开展立法调研、征求县（市、区）人民政府及市直相关部门的意见建议，组织召开了立法听证会，在充分吸收合理意见的基础上，形成了送审稿和草稿，按程序报审。

附：市城管局领导名录

党组书记、局长：颜振乾

党组成员、副局长：唐春金

解洪峰

王云霄（1 月免）

万忠然（满族）

周占成

（供稿　郭　健　韩　平）

村镇建设

【农村危房改造】 2018—2019 年度，省下达承德市农村危房改造任务 18385 户，占全省总任务 49225 户的 37.3%，居全省任务第一位。要求 2019 年 6 月底全部竣工。截至 6 月 20 日，已竣工 18386 户，竣工率 100.01%，提前 10 天完成改造任务，补助资金已全部拨付到户。

省下达承德市 2019—2020 年度改造任务 3360 户，经过各县（市、区）住建、扶贫、民政、残联等 4 部门大排查，新增改造任务 646 户，全部纳入省 2019—2020 年度改造资金补助计划，共落实年度改造任务 4006 户。省要求围场、隆化、丰宁 3 个脱贫出列县 10 月底前完工，其他县（市、区）年底前全部竣工。全市已均按照省时间节点的要求提前全部竣工，竣工率 100%，确保了 2019 年围场、隆化、丰宁 3 个县脱贫出列对危房改造任务的要求。

隆化县唐三营镇羊圈子村九组村民李东明住房经改造修缮后收获了满满的获得感

【农村生活垃圾处理】 先后制定《承德市 2019 年农村生活垃圾治理工作实施方案》《承德市住房和城乡建设局关于切实加强农村生活垃圾清

理工作的通知》《承德市住房和城乡建设局关于加快推进沿河村庄生活垃圾处理体系建设的通知》和《承德市2019年农村生活垃圾治理行动实施方案》。加快收集转运设施建设，到年底，全市2457个行政村，配置非露天垃圾池和垃圾箱42957个，配备清运转运车辆2944台，配备保洁员1.7万余人，2289个村生活垃圾得到有效治理。全市实行城乡一体化垃圾治理的行政村达到2301个，占比为93.6%。

按照《河北省城乡生活垃圾处理设施三年行动计划》的安排，列入省农村人居环境整治任务的12座转运站建设完成16座，超额完成4座，进一步提升了农村生活垃圾转运能力。新建或扩建垃圾填埋场1座（隆化县第二垃圾填埋场）。双桥、双滦、鹰手营子矿区和承德高新技术产业开发区实现城乡一体化垃圾收集处理全覆盖，其他8个县（市）行政村生活垃圾收集处理率达到90%以上。

农村配备的垃圾清运车

住房公积金管理

【概况】 2019年，全年新开户单位338家，实缴单位4004家，净增单位184家。新开户职工1.44万人，实缴职工22.0298万人，净增职工0.3万人。缴存额32.28亿元，同比增长1.73 %。截至年末，缴存总额259.23亿元，比2018年末增加14.22%；缴存余额115.62亿元，比2018年末增加12.63%。公积金提取额19.32亿元，同比增长9.90%；占当年缴存额的60.88%，比2018年减少6.69个百分点。提取总额143.61亿元，比2018年末增加15.54%；发放个人住房贷款0.3551万笔13.73亿元，同比分别增长11.53%、22.26%。2019年，回收个人住房贷款8.32亿元。累计发放个人住房贷款5.6702万笔132.93亿元，贷款余额77.54亿元，分别比2018年末增加6.68%、11.52%和7.5%。受委托办理住房公积金个人住房贷款业务的银行9家，比2018年增加1家。全年实现增值收益18715.16万元，同比增长17.08%，增值收益率1.71%。个贷逾期率0.034‰，低于0.04%的标准。风险准备金充足率达到100%。无挤占挪用住房公积金等违法、违纪问题发生。

【调整政策措施】 调整提取住房公积金政策，按照《河北省住房公积金归集管理办法》要求，制定出台《关于调整住房公积金提取政策的通知》，取消缴纳物业费提取住房公积金政策、取消全款购买首套90平方米以下住房多次提取政策、取消个人购买、建造、翻建、大修自住住房可提取父母、子女公积金政策，规范大病提取和异地购房核实政策。制定《公积金归集提取管理实施细则》，与市司法局建立公证书信息协查机制，出台《公积金失信惩戒管理办法》，实现退休、偿还公积金贷款按年提取网上办理。下发《关于进一步规范住房公积金贷款“三套房”认定的通知》，对“三套房”认定标准进行规范。下发《关于调整个人住房公积金贷款还贷比例政策的通知》，将测算额度方法由“家庭月收入扣除人均生活费800元、家庭其他贷款月还额、能证明的其他月支付额后，余额为月偿还贷款能力”，调整为“借款人月还款额与月收入比不超过 50%，家庭月收入扣除家庭其他贷款月还额、能证明的其他月支付额后，余额为月偿还贷款能力。取消二手房评估费用，建立二手房贷款预审机制，由先审批再过户变为先过户再审批。

【贷款审办】 优化贷款审批流程，将全市公积金贷款审核业务 4 级审核模式调整为 3 级模式，取消市中心审核贷款环节。压缩审批时限，由原 7 个工作日压缩至 3 个工作日。压缩放款时限，由原 3 个工作日改为管理部落实抵押和保证金手续后即提即放。

推进公积金贷款“最多跑一次”改革，组织、协调主城区管理部、受委托银行、不动产登记部门建立住房公积金贷款和抵押登记业务联办机制，设立综合受理窗口，一次性收取办理事项所需全部材料，并行办理，各部门分工协作，密切配合，实现“一厅式”串联服务。实行公积金贷款预审、预签机制，提前采集借款人信息，所有面签一次预签完成。7 月 15 日，城区管理部和高新技术产业开发区管理部公积金贷款综合服务大厅正式对外办公。

【风险控制】 规范资金管理，推进银行账户精简归并和财务系统升级工作，在用足用好住房公积金的基础上，有序安排资金使用，做好资金流动性监测分析，及时调度资金，全力保障提取、贷款业务资金的正常使用需求。实现业务全程监督，以廉政风险点控制为重点，把内部经常化、常态化审计稽查监督落到实处。做好委托审计和内控机制建设，重点对大病提取、异地购房提取业务进行审计。修整并完善现有委托银行考核办法，加强电子稽查问题整改，进一步完善细化监督方式和监督结果运用，强化第三方监督，对发现的问题及时限期整改。积极配合审计局完成主要领导的经济责任审计。

【技术服务】 完成全国住房公积金异地转移接续平台直连建设，实现了系统内精简归并银行帐户和调整会计科目工作。完成与“冀时办”手机 App 对接，积极推进加入人行征信系统工作，完成全国住房公积金数据平台接入工作，加快网厅个人版、手机 APP 升级改造工作，完成与行政审批大厅网络连接调试工作，完成与中共承德市委网信办共享平台的对接，实现了与住建、民政、卫健、人社、医保、不动产等部门的数据共享。为下一步实现数据植入住房公积金业务系统奠定基础。不断提高“12329”热线服务水平，年内总呼叫量 25.5 万个。

附：市住房公积金管理中心领导名录

党组书记、主任：郭　伟

党组副书记、副主任：魏　民（2 月任）

党组成员、副主任：张跃里（蒙古族、2 月任副主任）

蒯铁民

徐　磊（满族，2 月免）

（供稿　谢　辉）

生态环境

环境质量

【空气质量】 2019年，市区$PM_{2.5}$平均浓度29微克／立方米，同比下降3.3%；综合指数为4.23，同比下降1.9%；优良天数308天、同比增加8天。全市8县3区空气质量均实现了同比持续改善。以打造华北最优的空气质量为目标，印发实施《承德市2019年大气污染综合治理工作方案》，聚焦重点污染因素和季节污染物特征，以“减煤、治企、控车、抑尘”为重点，压茬推进春季百日攻坚、夏季大会战和秋冬季攻坚行动，空气质量达到历史同期最好水平。

【水环境质量】 全市19个地表水国家和省考断面水质达到或好于Ⅲ类比例100%，同比提高5.3个百分点。年度化学需氧量、二氧化硫、氨氮、氮氧化物减排量分别较2015年下降10.63%、31.36%、12.64%、19.76%，超额完成省下达的年度减排任务。按照“强基础、补短板，长短结合、系统施治”的原则，突出抓好水污染综合治理，水环境质量持续改善。

污染防治

【大气污染防治】 狠抓燃煤污染治理，淘汰35蒸吨／小时及以下燃煤锅炉2245台，完成35蒸吨／小时以上超低排放改造27台。狠抓工业企业污染治理。压减焦炭产能59万吨。完成钢铁、焦化、电力行业深度整治项目14个，完成燃气锅炉低氮燃烧改造87台，治理挥发性有机物企业26家，整治工业企业料堆料场84家、建筑工地184个。狠抓机动车污染治理，全面供应符合国六标准的车用汽柴油。划定非道路移动机械禁止使用区域，实施重型运输车辆禁限行。开创砂石“公转铁”绿色运输新模式，依托现有铁路开通绿色砂石运输专列，截至12月底，运输量达2万余吨／月。推广新能源汽车882辆，淘汰国二、国三排放标准柴油货车1212辆，路检路查柴油货车9.7万余辆，查处不合格车辆216辆。狠抓扬尘污染治理，推进建筑施工工地PM_{10}在线监测联网，整治施工工地184个。加强道路扬尘管控，市、县机械化清扫率分别达到86%和83%。城区全面实行烟花爆竹禁燃禁放，查处烟花爆竹违法案件27起、处理违法人员31人。对全市秸秆红外视频监控系统升级改造，监管半径覆盖全市540个村庄，强化人防与技防结合，逐级分片严厉打击露天焚烧行为，秸秆综合利用率达到95%以上。加强通报预警，创新实施全市204个乡（镇）空气质量月通报制度，对空气质量考核连续后三名的2个镇进行了约谈，对秸秆禁烧工作不力的3个县6个镇集中约谈，对工作落实不力的4个市直部门进行专项督办。同时扎实做好重污染天气应急预警工作，实施分级分类差异化管控，成功启动Ⅱ级响应1次，达到“削峰降霾”效果。

【水环境综合整治】 抽调专家和业务骨干组建潮河、滦河两个流域治理专班，下设技术组和现场组，对全流域水环境问题研究分析。将补齐基础设施短板作为关键，2018年以来累计投入59.57亿元、谋划实施“三年百项重点工程”156项。其中，2019年实施重点工程51项（完成17

项，在建34项）。项目建成后增加污水处理能力12.76万吨／日、固废垃圾处置能力8036吨／日。对全市19个国家和省考断面逐一制定管控措施，实行清单式管理，加密监测预警，强化针对性治理。针对汛期等特殊时期，对隆化郭家屯上游、丰宁苏家店至东缸房、围场小滦河支流、老窝铺水电站下游、双滦区等实施应急保水措施，确保汛期水质达到预期范围。印发实施《集中式地表水／地下水饮用水水源地突发环境事件应急预案》，深入开展水源地违法违规建设项目排查整治，水源安全得到有效保障。深入推进流域上下游协同治理，市政府与北京市密云区政府、怀柔区政府签订《潮河流域生态环境联建联防联治合作协议》，开展联合监测和联合执法行动，上下游合力治污迈入快车道。印发实施《承德市潮河流域生态环境保护规划》，加快编制《承德市滦河流域生态环境保护规划》，为流域系统治理提供科学支撑。印发实施《承德市城市地表水环境质量达标情况通报排名和奖惩问责办法(试行)》，对各县（市、区）水质实施月排名，对连续退化的实行预警通报、约谈问责、区域限批等措施。市政府对单月连续超标的隆化县、围场满族蒙古族自治县、双桥区、双滦区政府负责人进行约谈，有力地促进属地落实治污责任。

【土壤污染防治】 有序推进土壤污染治理与修复。印发实施《承德市土壤污染治理与修复规划(2018—2030年)》，建立土壤污染状况调查联动监管机制，对91块疑似建设用地污染地块进行评估并确认排除，完成宽城满族自治县土壤污染治理与修复试点项目工程。加强固体废物污染防治，完成固体废物基本情况调查统计工作，将375家企业纳入“一企一档”动态管理。开展涉医疗废物、工业固体废弃物堆存场所、危化品企业、废铅蓄电池、危险废物规范化管理等专项整治行动，排查发现问题77个，已全部完成整改。强化涉重金属排查整治，对全市234个农用地超标点位周边5公里范围内开展涉重金属企业排查工作，未发现企业涉重金属污染问题。推进矿山环境深度整治，印发实施《承德市露天矿山生态环境整治技术要求》《承德市露天矿山企业环保达标验收工作方案》，以各县（市、区）政府为责任主体，对全市306家露天矿山开展达标整治。截至年底，已完成市级验收127家、正在验收56家。推进农村生活污水治理，因地制宜完成60个村生活污水治理任务，累计有1454个村庄实现有效管控。

环保管理

【生态环境保护】 扎实推进生态保护红线勘界定标工作，丰宁、滦平正在按计划开展勘界定标试点工作，御道口牧场管理区已完成勘界定标工作初步成果。推进全市生态环境风险排查及“回头看”，开展专项整治及生态环境大排查大整治工作，采取专班推进、清单管理、双核双查、办结销号等措施，加快排查整治进度，并对进展缓慢的县市区政府主要负责人发送督办函，确保按期整改到位。截至年底，专项整治工作排查问题452个，已完成整改439个；专项整治工作排查问题65个，已全部完成整改。全市生态环境大排查大整治工作共排查出问题354个，已完成整改340个，其余问题正在有序推进。创建生态文明示范县，对照考核指标持续补短板、强弱项，积极组织自评申报，兴隆县荣获第三批“国家生态文明建设示范县”称号。全面开展辐射安全隐患排查，整改隐患问题19项。组织开展“核安－19”辐射事故应急演练，应急保障能力大幅提升。

【环境执法】 充分发挥自动监控、远程执法等科技手段和信访举报热线、网格化监管体系作用，集中开展了大气环境执法、涉水工业企业排查整治、“利剑斩污”、碧水2019等一系列专项行动，累计出动执法人员4.2万人次，检查企业1.32万家次，下达行政处罚决定387件，罚款金额2733.42万元移送拘留15件，涉嫌犯罪5件，法治震慑效果大幅增强。

【精细管理】 积极化解水源保护与城市发展之间的矛盾，完成双滦区大龙庙、鹰手营子矿区城建、董庄、老厂子、北马圈等5个饮用水源保护区的撤销工作。提前介入双峰寺水源地建设和保护区划定，顺利通过双峰寺水库生态环境评估和蓄水前验收。加强与省、市重点项目单位沟通，提前介入，协调解决问题和困难，环能热电、建龙特钢、临空经济区等多个重大项目取得实质性进展。对隆化、围场、丰宁3个深度贫困县，简化环评审批流程，加快项目审批进度。实施重污染天气差异化管控，对全市1186家涉气企业实行排放绩效评价，对22个重点行业116家涉气企业实行“一厂一策”精细化管控，并将104个重点项目和企业纳入正面管理清单，坚决禁止“一刀切”。开展入企帮扶活动，对全市307家重点企业开展一对一帮扶，通过“五送”（送法律、送政策、送技术、送标准、送服务）、“两建”（建机制、建台账）、“三函”（征求意见函、问题提示函、问题督办函）和“两个清单”（问题企业清单、未来和创新企业清单）的形式，帮助企业提高污染防治水平，累计解决具体问题419个。积极争取资金支持，完善充实生态环保专项资金项目库，全年争取到位省以上生态环保专项资金12.4435亿元，为年度重点治污工程实施提供资金保障。

检测督察

【督察整改】 高度重视中央、省环保督察工作，成立查处整改群众举报问题工作领导小组，专班专攻、销号管理，强力推进中央、省环保督察“回头看”交办问题整改。强化“四个清单”和“五个一”工作机制，挂账督办、逐级签字、逐一销号。中央环保督察“回头看”反馈的16项问题，已完成整改13项，按时序推进3项；省环保督察“回头看”反馈的18项问题，已完成整改14项，按时序进度推进4项；省水污染防治专项督察反馈的83项问题，已完成整改59项，正在推进整改24项；中共承德市委第九巡察组移交的14个具体问题已全部按要求整改到位，常态化措施持续加力、确保实效。

【生态环保宣传】 围绕搭建传统媒体、新媒体、城市平面3大平台，扩大宣传广度，引导广大群众积极参与生态环境保护。在市电视台、市广播电台、市中心广场大屏幕开设《环保在线》专栏，播发节目20期，在省以上媒体刊发稿件30余篇。组建网络宣传队伍，发布微博微信5300余条，制作播发视频短片8个。其中，《爱是最美的烟火》《向最美基层环境人致敬》等短片点击率均突破30万次。利用城市大屏展播环保专题节目32期，制发环保宣传资料7万余册；加强绿色学校创建，双桥区竹林寺小学、滦平县红旗镇中心校通过省级验收并获命名；开展唱响《让中国更美丽》《我和我的祖国》等系列宣传活动，引导公众积极参与环保设施公众开放日活动，广大群众共治共享氛围更加浓厚。

附：市生态环境局领导名录

党组书记、局长：孙　雷

党组成员、副局长：张自强

殷明慧（女）

孙宝顺

隋永新

张铁军

（供稿　苑秋菊）

银行业

综 述

【概况】 2019年，承德市经济保持平稳增长，结构持续优化，全市银行业金融机构坚持稳中求进工作总基调，坚持金融服务实体经济的根本要求，深化金融供给侧结构性改革，认真贯彻落实稳健的货币政策，不断创新金融产品和提高服务水平，合理把握信贷投放力度和节奏，保持贷款总量合理适度增长，有力地支持了地方经济发展。

【信贷投放】 信贷投放总量合理、持续增长、节奏均衡。全市各银行业金融机构认真贯彻落实国家金融政策，坚持稳中求进的工作总基调，围绕上级行的重点工作部署和承德市经济发展需求，特别是调控的地方法人金融机构作为支持民营经济、中小微企业和脱贫攻坚领域的主力军，积极争取各项政策给予支持，在上级政策允许的最大范围内，指导地方法人金融机构做到信贷投放“最大化”。2019年末，全市银行业金融机构本外币贷款余额2470.37亿元，同比增长12.09%，比年初增加253.59亿元，同比少增33.73亿元；人民币贷款余额2470.19亿元，同比增长12.09%，比年初增加253.59亿元，同比少增33.77亿元。全市金融机构存贷比达到85%，在全省排名第二位，同比提升2.6个百分点。

【信贷结构】 贷款结构呈现积极变化。在经济下行压力较大的环境下，全市各银行业金融机构合理把握信贷投放力度和节奏，针对实体经济的重点项目和薄弱环节，稳步增加信贷投放，有效促进结构优化、效益提升，推动经济平稳发展。信贷投放一产稳增，二、三产回落。截至2019年末，全市金融机构第一产业贷款余额42.9亿元，同比增长9.9%，全年增加3.9亿元，同比多增0.2亿元。第二产业贷款余额704.9亿元，同比增长7.4%，较2018年同期回落3.2个百分点，全年增加48.3亿元，同比少增17.4亿元。第三产业贷款余额685亿元，同比增长9.9%，较2018年同期回落6.4个百分点，全年增加61.9亿元，同比少增21.5亿元。行业分布出现积极变化。基础设施建设支持保持较大力度，部分服务业领域贷款增长较快。2019年新增贷款中，电力热力燃气及水生产和供应业、水利环境和公共设施管理业分别增加32.3亿元、13.3亿元，合计占全部新增贷款的17.3%。同时，增加较为明显的还有房地产业、批发和零售业、建筑业、科学研究和技术服务业，分别增加19.3亿元、17.7亿元、14亿元、7.8亿元。其中：科学研究和技术服务业、金融业、信息传输软件和信息技术服务业增长较快，同比分别增长101.4%、58.4%、46.4%。小微、民营企业贷款增量规模持续占较大份额。截至2019年末，全市金融机构小微型企业贷款余额709亿元，同比增长10.1%，全年增加64.9亿元，增量规模占企业贷款增量的53.2%。全市民营企业贷款余额777.2亿元，全年增加97.8亿元，同比增加14.4%，增量规模占企业贷款增量的80.2%。

【金融服务】 着重改善金融服务，持续助力普惠金融。持续推进金融消费权益保护工作，联合政府五部门建立全市金融消费者权益保护工作协调

2019 年 5 月 10 日，与承德医学院共同举办“诚信青春・放飞梦想”诚信文化进校园专题展演

机制。积极开展金融消费者权益保护宣传，组织开展“庆祝新中国成立 70 周年 金融知识进基层”专场演出活动，活动信息被《人民日报》客户端、网易新闻等主流媒体报道，进一步提升金融知识宣传的影响力。牵头成立“承德市统筹金融业综合统计工作领导小组”，加强对银证保机构的管理培训和调研指导。以“数文化”建设为抓手，扎实开展金融统计“三创建”活动，不断提高金融统计数据质量。继续优化农村支付服务环境建设，完成银行卡助农取款点行政村全覆盖验收工作，指导开通承德避暑山庄及周围寺庙移动支付项目，支付服务水平有效提升。有效开展“金融标准化”应用工作，指导推动围场华商村镇银行金融标准化工作在全国树立了典型，被评为全国银行营业网点服务领域“金融企业标准领跑者”。认真做好二代征信系统上线准备工作，全年共查询个人信用报告 15.8 万份。与承德医学院共同举办“诚信青春・放飞梦想”诚信文化进校园专题展演，在加强诚信教育行校合作、形成诚实守信的社会文化氛围方面发挥积极作用。

【外汇政策】 强化外汇政策落地，推动涉外经济发展。有效推动全口径跨境融资宏观审慎管理政策落地，通过现场调研、政策传导、宣传引导，积极推进银行与企业结对子，开通办理全口径跨境融资业务“绿色通道”，大力拓展跨境融资业务，2019 年完成全口径跨境融资登记 6154 万美元。积极支持外资外贸工作，主动参加外贸企业巡回培训，讲解外汇管理政策，盘活企业外汇资金，顺利完成荣盛兴城（兴隆）园区建设公司首笔境外融资 1600 万美元，协助举办全市金融助企“2019 扶龙行动”暨外贸企业银企对接洽谈会，详细解读金融支持外资外贸工作措施，组织安排工行、建行、农行进行融资经验介绍和产品推介，帮助 13 家企业与银行达成约 4.58 亿元的融资意向，有效缓解了外贸企业的融资难题。

【金融创新】 围绕重点领域和薄弱环节，大力推进金融产品与服务创新。积极落实“几家抬”工作思路，配合市委、市政府制定出台了《承德市银行业金融机构评价与激励办法（试行）》《承德市政银企精准对接会商工作机制》等多项政策，推动民营小微企业金融支持政策的有效落实。积极开展“央行行长小微企业座谈及调研走访活动”，深入28家企业了解融资情况，帮助缓解融资难题。督促金融机构大力开展金融创新，组织编印《承德市银行业金融机构信贷政策及主要信贷产品简介》，并在全市民营小微企业银企对接会上进行宣传推介，有效促进了银行和企业的信息沟通，提升了金融服务的针对性和有效性。启动“征信助力小微与民营企业融资发展”专题宣传活动，现场对46家小微与民营企业授信1.52亿元。加大金融扶贫工作推进力度，为通过国家考核验收提供保障。有效运用扶贫再贷款工具，引导金融机构重点加大对最后一批脱贫摘帽的三个深度贫困县的支持力度，组织召开“承德市金融支持深度贫困县脱贫攻坚暨扶贫再贷款运用工作推进会议”，进行政策传达和解读。人行承德市中心支行再贷款运用及管理做法较为突出，多次在全省进行经验交流，2019年辖区累计发放扶贫再贷款21.66亿元，余额21.66亿元，再贷款限额、余额和累放三项指标均排在全省第一位。积极做好2019年度脱贫攻坚省考、国考迎检工作，组织人员对省考发现问题的整改情况进行现场督导和检查，为全市金融扶贫领域顺利通过国家考核验收提供支持。

中国人民银行承德市中心支行

【概况】 2019年，人民银行承德市中心支行以习近平新时代中国特色社会主义思想为指导，扎实开展“不忘初心、牢记使命”主题教育，深入推进“全面从严治党、全面从严治行、全面提升履职成效”治行方略，不断加强党的建设和队伍建设，认真贯彻稳健货币政策，努力维护辖区金融稳定，不断提升金融服务水平，辖区呈现出队伍稳定、人心向上、成效提升的良好发展态势。

【货币政策】 认真贯彻执行稳健货币政策，实现支持地方经济发展的力度稳中有进。人民银行承德市中心支行认真做好新形势下的宏观审慎评估和信贷规划管理工作，强化对地方法人机构信贷投放核查，引导辖区信贷投放总量合理、均衡增长。截至2019年末，累计向地方法人金融机构下达信贷规划200.7亿元，实际新增贷款203.2亿元，继续保持信贷规划和实际执行的精准匹配。充分发挥扶贫再贷款的引导作用，积极为全市争取扶贫再贷款政策支持，年内申请增加再贷款额度8.5亿元，达到27.4亿元，全年累计发放扶贫再贷款21.66亿元，余额21.66亿元，实现再贷款额度、余额和累放三项指标全省占比第一。坚持民营、小微和绿色票据优先办理的原则，全年办理再贴现33笔，金额3802.5万元，金融票据市场协会承德办事处荣获2018年度河北省先进单位称号。

【金融管理】 强化金融管理，维护金融稳定力度明显加大。加强利率市场监测与管理，推动全市LPR（贷款市场报价利率）形成机制的有效落实。强化属地管理，审核完成3家新设金融机构加入人民银行金融管理与服务体系，开展对65家金融机构的综合评价工作。推广运用综合执法检查“6+”新模式，完成对4家金融机构、9个项目的综合执法检查。积极推进金融消费权益保护工作，联合政府五部门建立全市金融消费权益保护

2019年9月6日，召开承德市金融消费权益保护工作协调机制合作备忘录签署仪式暨座谈会

工作协调机制。进一步强化风险监测、评估和预警处置。制定《承德市金融机构打好防范化解金融风险攻坚战实施方案》，印发《承德市非法集资筛查预警机制（试行）》，建立全市防范非法集资案件筛查预警长效机制。在全省率先开展证券业稳健性现场评估工作，有效提升了金融业混业监管水平。完成对12家地方法人金融机构的稳健性现场评估，开展金融机构偿付能力敏感性和流动性压力测试，全面掌握地方法人金融机构的稳健性状况。

【金融服务】 寓管理于服务中，金融服务水平得到有效提升。支付结算业务管理不断强化，稳妥推进辖内取消企业银行账户许可工作，制定《承德市企业银行账户综合评价细则》，建立账户核算台账式管理机制，对全市银行业金融机构进行全面验收，合格率达100%。继续优化农村支付服务环境建设，完成银行卡助农取款点行政村全覆盖验收工作，指导开通承德避暑山庄及周围寺庙移动支付项目，支付服务水平有效提升。持续做好发行基金调拨和货币投放回笼工作，全年累计投放发行基金114.8亿元、回笼现金115.4亿元、净回笼货币0.6亿元，保障了市场现金供应，提高了流通中现金整洁度。国库服务水平不断提升，创新建立《承德市银行业金融机构办理国库业务差错通报机制》，推动国库资金安全高效运转。征信管理不断强化，认真履行信用体系建设“双牵头”职能，稳步推进信用体系建设。积极做好应收账款融资服务平台工作，充分发挥应收账款融资平台融资功能，推动承钢供应链5家企业实现融资12笔、金额1.04亿元，进一步拓宽了中小企业融资渠道。认真做好反洗钱考核评级和执法检查，组织开展对253家义务机构的分类评级和16家法人义务机构的洗钱风险评估工作，促进金融机构反洗钱工作取得阶段性成效，进一步提升反洗钱监管水平。

附：中国人民银行承德市中心支行领导名录

党委书记、行长：夏俊峰
党委委员、工会主任：王少云（女，满族）
党委委员、副行长：宋　耐（满族）
　　　　　　　　　杨风华
党委委员、工会主任：刘世奇（8月任）
纪委书记：付正娇（女）
党委委员、副行长：王惠民（满族）

（供稿　鲁　迪）

银行监管

【概况】 认真贯彻落实党的十九大、十九届二中、三中全会精神和中央经济工作会议精神，积极落实银保监会和省监管工作会议及年中工作座谈会的各项工作部署，牢牢守住不发生系统性风险的底线，推动银行业改革，提升服务实体经济质效，较好地完成了全年工作任务。

【风险治理】 督导银行业机构严格执行信贷资产质量分类标准，将隐性不良及时入表，严控逾期90天以上贷款与不良贷款剪刀差。截至三季度末，全辖不良贷款余额61.17亿元，不良贷款率2.51%；逾期90天以上贷款与不良贷款比率93.92%，总体达到目标。强化高风险机构风险防范化解工作。督促重点机构滦平农商行和高风险机构兴隆县、平泉市联社按“三年处置规则”有效化解信用风险，截至2019年三季度末，三家机构累计清收处置不良贷款7.37亿元。对农村中小机构违法违规行为保持高压态势，已对滦平农商行和宽城农商行贷款“三查”不到位等问题进行立案调查。坚守风险底线，积极防范平台贷款风险。截至2019年三季度末，承德市地方政府融资平台贷款6家，贷款余额124.97亿元，比年初减少5.15亿元。

督促各法人机构定期组织开展流动性风

险压力测试，做好流动性风险化解预案。截至 2019 年 10 月末，承德银行流动性比例 91.23%，流动性缺口率 19.78%，核心负债依存度 66.05%，高于监管要求；农村中小机构平均流动性比例、平均流动性缺口率、平均核心负债依存度等指标符合监管要求。

组织开展案件警示教育活动，引导各机构以案为鉴、以案促改，根植合规文化。举办承德市银行业基层营业机构负责人金融法律法规考试，进一步提高基层负责人经营管理水平和履职能力。联合承德市公安局开展安全大检查，切实维护银行业安全有序运行。组织召开 2019 年承德市银行业保险业信访消保、案防安保、舆情与声誉风险防控工作会，进一步明确银行保险机构相关工作主体责任，确保国庆期间安全稳定。

完善公司治理，法人机构改革稳步推进。承德银行股东管理工作进一步加强，独立董事已配备到位，行长张磊获批第四届董事会副董事长任职资格，董事会决策能力进一步提升。严格执行“成熟一家、组建一家”原则，逐步推进农村中小金融机构改革工作。组织开展农村中小机构股东股权排查以及股东股权管理排查，督促其提升公司治理水平。

【弥补保险监管短板】 组织保险监管知识培训班，邀请辖区寿险、财险公司会计专家进行保险会计实务专题培训。根据辖内保险机构特点，设计了 8 张数据监测表，定期对财险公司车险综合费用率、签单保费等情况进行监测，及时分析发现虚列费用、异地出单等情况。通过召开车险市场整顿工作会议、“一对一”监管会谈、非现场监管提示等措施，督促各财险公司规范车险业务经营行为、执行“报行合一”政策、降低综合费用率，树立依法合规经营意识。针对平安财产保险股份有限公司承德中心支公司车险条款费率执行情况开展专项检查，发现违规问题 4 个，违规金额 22.96 亿元，提出监管建议 4 条，拟进行监管处罚。根据“分局指导、协会承办、公司配合”原则，指导保险协会做好平泉市保险销售从业人员分级管理、分级营销试点工作，制定并完善了《保险销售人员分级管理指导意见》《保险销售人员分级管理实施细则》，拟于 2020 年 1 月在平泉市推进试点工作实施。

【疏通货币传导机制】 强化重点领域金融支持。引导辖内银行业机构围绕承德在京津冀协同发展中的战略定位，全面对接实体经济和民生保障等项目。截至 2019 年三季度末，全辖银行业支持京津冀协同发展相关贷款余额 429.14 亿元，本年累计发放 73.19 亿元；重大工程项目相关贷款余额 208.13 亿元，本年累计发放 31.03 亿元；企业技术改造中长期贷款余额 13.03 亿元，本年累计发放 0.91 亿元。

全力支持民营小微企业发展。持续强化民营小微企业金融服务，督导辖内银行业机构民营企业、小微企业金融服务工作稳步推进，截至三季度末，全辖小微企业贷款余额 893.65 亿元，比年初增加 90.81 亿元，增长 11.31%，辖内银行业机构累计办理小微企业无还本续贷业务 3.53 亿元，有效缓解了民营小微企业融资难、融资贵问题。

2019 年 6 月 1 日，承德市银监局副局长杨明东带领分局相关科室负责人员参加承德人民广播电台“百姓热线”直播节目，介绍了服务“三农”和小微企业、支持乡村振兴、助力脱贫攻坚等工作相关政策及分局具体工作措施

以扶贫小额信贷为抓手，持续加大“三农”支持力度。组织召开扶贫小额信贷工作调度会等专题会议，督导责任银行落实包干责任，切实做好包干乡镇的扶贫小额信贷政策宣传和投放。截至2019年三季度末，承德市扶贫小额信贷累放金额5.79亿元，余额1.87亿元。督促银行业机构加强农村金融服务力度，截至2019年三季度末，全辖涉农贷款余额1191.08亿元，较年初增加108.06亿元，增速9.98%，阶段性完成了涉农贷款持续增长目标。

深入开展消费者保护与信访工作。督促银行保险机构建立健全消费者权益保护工作机制，配强消保队伍，增强消保工作能力和投诉处理能力。组织辖内银行保险机构开展“3·15”宣传周、“送金融知识进校园”、防范非法集资宣传月、“金融知识进万家”等宣教活动，提升公众使用正规金融服务的意识和风险识别能力。做好信访消保投诉事项处置工作，依法分类处理信访事项，有效规避信访法律风险，截至年末，共受理各类书面信访及消保投诉事项20件，接听投诉电话时长776分钟，接收各类投诉118个，接待投诉人来访21人次。以信访核查为线索对工商银行平泉支行工作人员作出了“警告”的行政处罚，保护了金融消费者合法权益，树立了监管权威。

附：承德银保监分局领导名录

党委书记、局长：宋有田
　　　　　　　　高中田（10月任）
党委委员、副局长：高中田（6月任，10月免）
　　　　　　　　焦彦辞
　　　　　　　　杨明东（满族）
党委委员、纪委书记：李应军（7月免）
　　　　　　　　杨　海（10月任）
党委委员、副局长：杨　宽（11月任）

（供稿　应秀杰）

中国工商银行股份有限公司承德分行

【概况】　2019年，面对严峻复杂的经营环境，全行上下认真落实总省行党委决策部署和金融监管要求，紧紧围绕“1221”工程，精准打法，破难前行，各项工作实现了量的突破，体现了质的提升，交出了一份亮点纷呈的年度答卷。截至2019年末，实现拨备前利润6.18亿元，同比增加5625万元，增幅10%，任务完成率102.2%；净利润4.27亿元，同比增加2866万元，增幅7.2%，任务完成率106.4%。还原后实现中间业务收入1.96亿元，同比增加1424万元，增幅7.8%，序时任务完成率100.3%。各项存款日均增量同业首位，各项贷款余额同业首位，个人贷款、住房贷款余额和增量同业首位。普惠贷款超额完成银保监口径和人行降准口径增长计划，精准扶贫贷款任务完成率翻番。年末不良贷款余额4091万元，较年初下降4595万元；不良率0.14%，较年初下降0.19%。法人贷款零不良。整体信贷资产质量处于全省和同业最优水平。运行可控风险事件较上年下降46%。全年无案件、无重大风险事件。连续18年无重大安全责任事故。

【整合业务资源】　个人全量客户增量同业占比首位。宝贝成长卡全省发卡占比58%，宝贝成长金系统占比80%，遥居首位。代理保险摆脱多年颓势，实现跨越式增长，销量同业首位，增幅125%，系统排名首位。储蓄存款日均增量同业占比33.91%，系统最高。全省首家开办美元土地交易保证金账户和业务。辖内丰宁支行在全省率先实现“两院两校七局一资格和乡（镇）村级组织”的全覆盖，智慧丰宁全面开花，智慧党建、智慧优抚已落地，智慧政法、智慧工会、智慧三农实现破冰。拓户、回归、增资、闭环“四个工程”深耕，闭环管理目标客户日均存款提升3.22亿元。成功发放“中国马镇舞马世界项目一期工程”项目贷款3.95亿元，带动智慧丰宁项目落地，实现综合收益最大化。“工银普惠行”持续推进。与承德双百商场合作，开创全国首家采用经营快贷方式为商场入驻商户办理融资业务先河。e抵快贷半年多时间户数达399户，余额近3.3亿元。小微中心获评总行50家优秀小微中心称号。“智慧工行 幸福承德”遍地开花。成功竞标市文物局“避暑山庄及周围寺庙景区移动支付”项目。滦平智慧党建全国首家落地，兴隆智慧景区全省首家落地。

【抓党建促项目】 全面实施“党建+”系列行动，系统排名、竞争实力、社会责任、口碑形象全面提升。政治性攻坚任务ETC，注册总量同业首位，任务完成率全省首位，超过全省平均完成率44个百分点，是唯一一家超额完成任务分行。率先在全省实现法人零不良分行。服务口碑大幅度提升，全年服务工单同比下降17.3%，表扬同比上升217%。制度执行不留死角，超任期干部岗位轮换和员工亲属回避制度全部落实。为此，成为省行级合规文化建设与发展实践“联系点”中唯一的一家二级分行，经验在全省移动课堂进行宣讲。深融社会，工行惊艳紫塞。与市文物局联办“避暑山庄首届文创大赛”，承办“工行杯——放歌七十年·健康你我他有奖征文大赛”，组织“新版避暑山庄联名卡发布暨《诗韵中华·和合承德》大型史诗汇演”，创办“承德市全季全域银企文旅发展论坛”、开展“二手房贷款推介会”“普惠金融新产品推介会”等一系列服务民生，助力实体经济活动，激活满城春意。《承德分行打造三层递进式全覆盖的金融扶贫新路径》入选总行10篇优秀扶贫案例，该行党建、扶贫等工作经验做法被《城市金融报》《中国城市金融》《河北日报》《河北经济日报》《承德日报》等大报大刊和新媒体刊载，社会美誉度和影响力不断飙升。

2019年11月29日，由工行承德分行与承德市文物局联合举办的新版避暑山庄联名卡发布仪式在承德市畅达大剧院举行

【素质提升】 鼓励员工“一岗多证”，全面发展。员工持证率显著提升。广泛组织开展服务明星、技术能手、营销标兵、最美家庭、最美女工、大行工匠等各类先进评选活动，搭平台，激活力，赋能员工。举办4期支行中层以上培训班，全面提升干部政治能力与经营能力。层层签订绩效合约，制定绩效考核明白纸，组织一对一结对帮扶，力促员工绩效收入整体提升。建设完成围场、丰宁、滦平、开发区4家支行标杆职工之家。热河支行女员工关爱室被中央金融工委授牌命名为“女职工关爱室”，是全国工行系统四家之一，河北工行仅此一家。该行职工之家被全国金融工会授予“模范职工之家”称号，是全国工行系统7家之一，河北金融系统唯一一家。

附：中国工商银行股份有限公司
承德分行领导名录

党委书记、行长：赵洪瑕（女）

党委副书记、副行长：邹宗华

芮炳立

党委委员、副行长：张小滨（满族）

党委委员、纪委书记、工委主任：侯志坤

党委委员、副行长：朱习丰

（供稿 张鸿斌 孔令明）

中国农业银行股份有限公司承德分行

【概况】 认真落实总行、分行和市委、市政府及监管部门工作要求和战略部署，服务实体经济，助力“三农”发展，支持扶贫攻坚，防范金融风险，始终把夯实“双基”、加快转型、精细管理贯穿业务经营始终，主体业务稳健发展，创效能力持续提升，风险防控日益严密。2019年末，各项存款余额276.65亿元，较年初增加17.71亿元，居四大国有商业银行第一位。其中：个人存款余额174.68亿元，较年初增加11.87亿元；对公存款余额101.97亿元，较年初增加5.84亿元。各项贷款余额263.61亿元，较年初增加4.99亿元，其中个人贷款余额116.39亿元，较年初增加7.28亿元，延续高速增长态势。实现中间业务收入1.84亿元，拨备前利润6.82亿元，拨备后利润5.77亿元，净利润3.95亿元。信贷管理综合评价保持A类行，内控评价保持一类行，可持续发展基础打得更牢、砸得更实。

【服务实体经济】 以增量提质为着眼点，选定重点领域和阳光产业，调优贷款投放增量。以核心客户、基础设施和弱周期行业为主要拓展目标，投放交通、水利、新能源等重大项目贷款12.33亿元；加大普惠金融发展力度，出台《银企对接方案》和《民营、小微企业服务方案》，编制《小微企业产品手册》，为小微、民营业务拓展提供顶层引领。成功举办全市首场“扶龙行动”民营和小微企业承德农行专场银企对接会，123家民营和小微企业参加现场对接，成果丰硕。全年普惠贷款全面完成监管指标，年末余额10.94亿元，较年初增加1亿元，小微企业贷款4.75万元，较年初增加1亿元；线上“微捷贷”“纳税E贷”等金融产品投放不断加速，投放总额达1亿元，围绕供应链金融做文章，在全国率先实现“链e贷”投放新突破。

【服务“三农”】 深耕细作，站稳服务“三农”，做强县域经营定位，提升“三农”业务品质。出台承德农行“一号文件”，抢抓乡村市场，巩固“三农”县域市场优势地位，把握乡村振兴历史机遇。围绕承德“一环六带”“九大扶贫产业”“五个百万”绿色产业带建设，依托产业增信基金辐射作用，将新型农业经营主体纳入担保范围，全面拓展服务对象，与全市249家农业产业化龙头企业建立金融服务关系，累计发放贷款10.17亿元，覆盖带动1.2万贫困户增收；有效支持县域产业和现代农业发展，积极发挥产业引导基金作用，全力支持乡村基础设施建设，补齐发展短板；强化农村公共服务体系建设支持力度，跟进产权制度深化改革进程，辖内8个县域支行完成与农村农业局“三资”项目对接；致力做好乡村幸福产业贷款投放工作，完成2个旅游项目信贷投放，县域卫生、教育客户拓展取得积极成效。

【助力脱贫攻坚】 坚持“三个不能减”，即工作力度不能减、资源配置不能减、考核机制不能减，围绕贷款投放、产品创新、渠道延伸聚焦发力。继续发挥“政、银、企、户、保”五位一体精准扶贫模式，创新推出“两委贷”“农家游”“菊花贷”“板栗贷”“温泉贷”“蔬菜大棚贷”“菇农贷”等多项服务模式，当年投放5,336.5万元，支持农户649户；坚持“惠农e贷、惠农e商、惠农e付”一体推进，发挥惠农便捷贷客户群体覆盖面广、数量多、潜力大优势，以存量房贷客户、金融资产高客户、存量农户贷款客户为重点，新增惠农e贷模式16个，实现惠农e贷投放6,348户、5.13亿元；围绕农业产业化龙头企业、专业市场、县域批发商、惠农通服务点和农户等5大客群，展开分类差异化营销，支持专业大户、家庭农场1,190户，贷款余额2.34亿元；运用农行电商平台优势，将14家特色企业纳入电商扶贫平台；持续加大水、电、暖、通信等民生基础缴费项目和“新农保”“新农合”营销力度，金融产品客户渗透率有效扩展；加强建档立卡贫困户农户贷款投放管理，以扶贫小额信贷、生产经营类贷款为重点，加大“六业”（创业、立业、安业、助业、就业、善业）精准扶贫贷款投放力度，对当地政府推荐的建档立卡贫困户“应贷尽贷”，实现贫困县支行风险补偿金合作全覆盖，消除扶贫小额信贷白点行；着力构建以惠农通助农取款点为核心，“人工网点＋自助银行＋惠农通工程＋互联网金融＋流动服务”为一体的服务网络，基础金融服务能力持续提升。年末，全行贫困县贷款余额144.94亿元，比年初增加8.38亿元；精准扶贫贷款余额27.47亿元，比年初增加4.38亿元，扶贫人数达到15.22万人。

【创新发展模式】 狠抓存量流量经营，全力推进场景营销。深化“布码”场景建设，强力营销“隐形网点”，使金融场景融入客户生产生活各个领域，做到无感服务、全程服务；消费场景营销突破发展，在6个县区上线供暖缴费、12个县区上线社保养老保险缴费，积极拓展无感加油和校园一卡通项目，率先推进电子社保卡专项营销，发量计划完成率全省第一；产业链场景实现破冰，上线ERP对接有效商户1户，推广直连扫码盒子等线上新型结算工具，上线客户和金额大幅提高，服务商户能力和渠道进一步拓展延伸。创新存款经营新理念，提升经营转型能力。全面推行“以日保旬、以旬保月、以月保季、以季保年”存款经营模式，着力推进“双转”落地进程，明确“六要”原则和“七项重点”工作，全年上线现金票据一体机48台，实现支行全覆盖；优化自助银行和自助设备管理，自助设备开机率提升至99.4%，始终保持全省前列；下大力气推动岗位调整，完成全辖内勤主管转岗落地，高柜转岗客户经理4人、转岗低柜和大堂经理53人，成效显著。实施数字化精准营销，数字化精准业绩率先完成省分行全年计划，必办工作办结率稳居全省第一，荣获总行、省行“我慧营销”数字化销售技能大赛“创新突破奖”“优秀营销案例奖”“大单奖”，收到总行个人金融部和省分行贺信表扬。

【健全风险防控机制】 全面防控信贷风险，扎牢贷前调查、贷中审查、贷后管理基础，成立专业清收团队，深化“贷务通”职能，“控新、降旧、清收”齐发力，不良资产现金清收完成年度任务488%，不良资产处置完成年度任务101%，不良贷款率降至0.43%。全力防控案件风险，扎实推进“合规深化年”建设，出台“双线管理”考核办法，确定62项深化要点，倒逼各支行、各部室落实主体责任，取得实质成效；发挥“三线一网格”系统功能，抓实各级“格主”督导职责，鼓励全行员工履行监督责任。全力防控安全风险，扭住关键人员、关键部位、关键时段、关键设备4个重点，逐项梳理、逐件排查；强化专项检查和常态督查，用好按图索骥查责、季度例会问诊、半年尽职监督、运营质控把关等机制，将安全风险防线打牢、铸实。

【强化作风建设】 狠抓思想政治建设不动摇。

2019年10月12日，农行承德分行组织“不忘初心、牢记使命”主题教育演讲比赛

增强“四个意识”，坚定“四个自信”，做到“两个维护”，出台“三重一大”清单和党委主体责任清单等制度办法；强化理论武装，拓展学习渠道，创新教育方式，开展“学习强国”活动，运用党员过政治生日、演讲比赛等手段，激发学习热情、营造学习氛围。狠抓基层组织建设不松劲。全年发展新党员25人，培养入党积极分子23人，党员队伍不断壮大；出台承德分行《基层党支部议事规则》，用好“点对点”帮扶和“一图一模版”机制，推动支部运行规范化、制度化；修订《营业网点基层党支部战斗力大比拼考核办法》，健全“四看”、“四问”长效机制，推动基层党支部功能全面进步。狠抓党风廉政建设不懈怠。制定下发《纪检监察机构改革实施方案》《党风廉政建设考核方案》《一级支行专职纪委书记考核办法》等意见办法，推动纪委聚焦主业、盯紧主责；制订年度巡察工作计划，修订巡察工作实施细则，对兴隆等3个支行进行常规巡察，对围场等3个支行进行专项巡察，巡察利剑作用充分彰显。狠抓作风建设不止步。制定下发《机关车辆管理规定》等4个制度办法，出台《“放、管、服”措施》、《为基层减负二十三条措施》等务实举措，扎紧规则笼子，力戒形式主义，全力为基层减负，将考核计价项目由原来131个降至33个，全行文件、微信群、手工报表分别下降40%、64%、42%。狠抓主题教育不偏离。紧扣“十二字”总要求，落实“五个目标”任务、“四项重点”措施，市分行党委理论中心组集中学习研讨6次，班子成员讲党课6人次，实现全辖党支部书记轮训全覆盖，得到总、分行主题教育巡导组高度认可。

附：中国农业银行股份有限公司
　　承德分行领导名录

党委书记、行长：马　韬
党委副书记、纪委书记：刘建宁
党委委员、副行长：侯晓东
　　　　　　　　　刘　峰
　　　　　　　　　曹　力（4月任）
党委委员、工会主席：孙士斌

（供稿　胡宪义）

中国银行股份有限公司承德分行

【概况】 2019年，中国银行股份有限公司承德分行面对复杂的内外部形势，积极应对，竭尽全力强党建、抓项目、扩客户、促转型、防风险，各项工作稳中有进。截至12月末，全行实现净收入6.94亿元，实现非息收入1.51亿元，同比增长395万元，增幅2.68%；实现拨备前利润4.83亿元；实现净利润−4.88亿元。人民币各项存款下降18.99亿元，其中，个人存款新增2.45亿元，公司存款下降21.44亿元。人民币各项贷款新增6.54亿元，其中，个人贷款新增8.98亿元，公司贷款新增3.73亿元，票据贴现余额下降6.17亿元；个人贷款新增市场占比28.09%，余额占比14.29%，较年初提高0.97个百分点。

【业务发展】 坚持以效益为中心，突出抓好非息收入增长。开展效益提升竞赛活动，建立净收入日常考核督导机制，开展“双比、双增”劳动竞赛活动，根据竞赛结果奖励或扣减业务费用，调动基层机构抓收入的积极性。累计叙作利率互换业务39亿元，同比增长65%、增加非息收入1579万元；分销各类债券39.2亿元，同比增长110%，分销量及收入两项指标均排名全省第一。信用卡分期收入同比增加673万元；代理保险手续费收入同比增加251万元；借记卡发卡、交易、快捷支付以及来聚财分润增加1014万元。坚持强基础不动摇，着力抓好客户拓展。把客户拓展作为最基础的工作，一手抓新户拓展，一手抓存量维护，持之以恒强基础。抢抓行政事业机构改革之机，分支行联动，成功营销8家市县两级退役军人事务局账户，新开立机构改革类行政事业账户10户。

【特色业务】 手机银行。把手机银行作为“一号工程”“一把手工程”“战略工程”。突出抓好手机银行，抓新户活老户、抓厅堂建场景。承德医学院附属医院手机银行挂号、避暑山庄年票手机银行充值项目落地，针对校园、代发薪单位、商圈、生活圈，持续进行“一分购”“一元购”等活动。手机银行交易金额565.45亿元，同比增长129%；月活客户4.87万户，同比增长71%；手机银行交易笔数是柜台的5倍，全口径线上业务是人工窗口的9.5倍。来聚财。持续推动“来聚财”商圈建设，大力发展来聚财商户利，全年完成4个来聚财商圈建设，新增活跃商户475户，交易笔数38万笔，交易额5.4亿元。ETC。组织员工起早贪黑，牺牲大量个人时间，进社区、进企业、进乡村、上高速，全力推动ETC业务拓展，新增ETC客户3.1万户。

【普惠金融】 强化思想认识，提升普惠金融战略地位，全行上下从大局出发，站在讲政治的高度抓好普惠金融；加强资源配置，拿出专项人事费用、市场费用；依托新业务新产品，继续发挥“一县一品”策略，重点在“冀业通达”“快抵贷”“聚财贷”“小微易贷”“烟商贷款”等方面下功夫，加快投放与储备。同时传导省行对分行管理层的考核要求，完成情况与支行行长、主管行长年末绩效考核挂钩。严格执行“低利率、高效率、不收费”的普惠金融授信政策，对于普惠类贷款均实行零收费，普惠金融平均贷款利率4.23%，较年初降低77个BP。全年普惠型小微企业贷款新增1.15亿元、贷款户数新增238户，超额完成省行及监管任务目标。

【内控管理】 认真贯彻落实省分行“管理整顿深化年”要求，坚守风险底线，努力建设平安中行。坚持重点领域、关键风险优先原则，深入开展盲点整治，强化风险识别和防控，对高风险环节检查实现各机构全覆盖。加强对内控副行长的履职考核，组织开展“风险管理及内控有效性”排查，开展“巩固治理乱象成果、促进合规建设”和“部分重点领域风险排查”等专项治理活动，规范业务操作，促进合规经营意识提升。按照“规范化、标准化、精细化”管理要求，强化运营风险管控，加强日常监控、现场和非现场检查，建立《派驻业务经理履职考核评价办法》，明确派驻业务经理的履职要求，对具体工作内容进行细化、量化，制定工作标准和考核细则。加强对现金、重要凭证、ATM、柜员、印章、银企对账、反洗钱等重要风险点管控，严控各类重大业务差错和中高风险事件发生。建立多元化、多层次的消保知识宣教体系，依托营业网点线下宣传主阵地，开展形式多样、主题丰富的消费者权益保护活动。先后开展了防范电信诈骗、非法集资活动、消费者权益日活动、防范非法集资宣传活动、普及金融知识万里行等活动，在全市金融消费者权益保护工作座谈会上，作为先进典型进行经验介绍。

【资产质量】 强化授信风险管理，狠抓《“三个一批”授信定策管理办法》落地，开展逐户定策，落实管控责任。狠抓资产盘存、重大风险事项报告等机制，严格落实大户信贷经营管理责任，及时调整客户分类、评级、贷后策略，确保授信资产质量稳定。加强全口径贷款逾期管理，综合利用现金清收、核销、法务清收等多种手段化解、处置不良资产。全年累计完成清收6085万元，其中对公不良清收化解2071万元，个贷不良清收化解2612万元，信用卡清收化解1401万元；不良资产余额5166.9万元，不良率0.26%。

【队伍建设】 加强各级人才梯队建设。以基层为重点，以业绩为导向，推荐和选拔各层级人才梯队，组建80余人的梯队人才队伍。制定《承德分行鼓励人才成长的指导意见》，明晰人才培养成长路径，激励员工立足本岗，自我完善、主动成长、勇挑重担。组织开展“琢玉计划”系列培训，“菁英团队”万米徒步拓展，职业素养提升培训，“从精兵到强将”领导力提升培训，提升管理者的职业素养和能力。召开第五届第一次职代会，广泛征求意见，回应员工诉求，解决员工关心关切的问题，激发了全员智慧，凝聚了全行力量。

【文明优质服务】 完善机制，修订《中国银行承德分行文明优质服务考核方案》，制定文明优质服务现场和非现场检查标准及评分细则，加大现场和非现场检查频率，严格评分标准，加大考核力度。制定服务作风整顿实施方案,以“八个一”活动为抓手，推动服务作风整顿工作深入开展。加大业务技能测评力度，严格落实员工技能测评结果与单位绩效考核、一把手任期考核和员工个人利益挂钩机制；制定《业务技能拔尖人才管理办法》，加强技能练功室建设、建立技能拔尖人才奖励津贴、设立技能测评专项奖励基金、开展经常性的业务技能培训及竞赛活动等配套措施，努力提高员工技能水平，在省分行组织的第八届业务技能比赛中，获优秀组织奖。

2019年10月14日，召开服务作风整顿活动动员大会

附：中国银行股份有限公司
承德分行领导名录

党委书记、行长：牛少辉（8月免）
张拥军（8月任）
党委委员、副行长：孙瑞稳
王　刚（满族）
张瑞军（满族）
秦树安（蒙古族）

（供稿　赵玉智）

中国建设银行股份有限公司承德分行

【概况】 2019年，面对复杂严峻的竞争态势，中国建设银行股份有限公司承德分行（以下简称“建行承德分行”）坚持党建引领，认真落实总分行各项决策部署，紧盯“三大任务”，提升“三个能力”，践行“三大战略”，上下戮力同心、奋勇前行，主营业务发展稳中有进，市场竞争力和价值创造力逐步提升。截至2019年末，一般性存款日均余额231.11亿元，日均新增0.4亿元，时点新增−0.23亿元；各项贷款余额287.88亿元，新增21.85亿元。

【支持实体经济】 围绕京津冀协同发展和供给侧改革，大力发展信贷业务，支持实体经济。积极发挥传统业务优势，紧紧围绕核心客户、重点领域，积极做到信贷有份额、全覆盖。截至2019年末，建行承德分行在京津冀协同发展交通体系建设方面，涉及的高速公路、铁路项目，贷款投放余额达 58.16 亿元；在生态环境保护方面，主要涉及新能源项目建设和拥有节能减排技术的热电联产行业，贷款余额为48.59亿元；在产业升级转移方面，主要涉及制造业，贷款余额为7.454亿元；在医疗卫生、农副食品加工等其他行业，贷款余额为0.69亿元。

【普惠金融】 加大和政府、企业的沟通力度，通过与政府部门的密切合作，召开不同规模的银企对接会，提升建行普惠金融产品的认知度。全年举办8场银企对接会，实现1.3亿元现场签约授信，得到了政府部门和社会各界的高度认可，在承德市金融机构上半年综合评价中排名第一。截至2019年末，普惠金融贷款（“8+1”）口径贷款余额20.5亿元，较年初增长5.66亿元，计划完成率130%，全面完成序时进度和银保监会对普惠金融重点领域贷款“两增两控两提高”监管要求，全省系统排名第五，同业新增第一，同业占比约为70%。

【精细管理】 围绕经营目标，细化考核政策。在确保省分行目标全覆盖的前提下，结合自身具体情况，制定2019年综合经营计划总体框架，同时将战略指标以及转型发展的相关要求贯穿于计划始终，在全辖倡导“转型促发展”的经营理念。强化费用管控，规范财务管理。业务管理费用方面，年初下发保障类费用管控指标，明确专人关注费用列支进度，加强各项业务管理费的管控力度；财务规范管理方面，积极践行中央“八项”规定和建总行勤俭办行的理念，落实关键费用的风险管控，突出应收应付科目的清理力度。加强网点建设，提升服务水平。充分考量网点空间布局、功能分区、客户动线、服务衔接和员工关爱，从环境卫生、功能分区、家具更新和定位、四小建设等方面加强建设。

【扶贫攻坚】 建行承德分行党委成员定期深入贫困村，通过走村入户了解真实情况，和扶贫村民共上党课，文体联谊，组织开展扶贫捐赠资金使

2019年1月17日，建行承德分行行长杨占林（右二）赴扶贫点调研慰问

用情况自查工作，确保扶贫资金审批流程规范，资助项目合理。精准扶贫方面，主动履行社会责任，多方协调帮助定点扶贫村引进项目资金，“一对一”结对帮扶全面启动、持续推进，累计为扶贫村募集款物近百万元。通过开展“善心慧思”教育扶贫、“积分圆梦”快乐音乐教室捐建等活动，助力贫困乡村打赢脱贫攻坚战。金融扶贫方面，建立绿色审批通道，优先支持扶贫地区项目审批。几年来对辖内7个贫困县累计投放对公信贷资金占比均在40%以上。截至2019年末，全行精准扶贫项目贷款余额超4.5亿元、效益辐射周围区域3290人。

【防范风险】 防范信贷风险，提升资产质量。落实“风险职责进党委、延伸职责进支部”全面风险管理要求，明确基层机构和经营部门主要负责人为资产质量管控责任主体，对涉及信贷资产的重大事项纳入分行党委议事日程并督促落实，建立“预监管”风险管理体系，完善考核资产考核机制，将资产质量纳入基层机构KPI关键业绩考核和等级行评定考核体系，提高对风险管理的管控能力。强化内控管理，打造合规文化。各机构“一把手”严格履行合规管理第一责任人职责，具体工作责任到人，注重培训和日常管理；加大问责力度，增强全员法纪意识、合规意识、风险意识、底线意识，

提高职业道德风险“免疫力”。深入从严治行，完善问责机制。认真落实“两个责任”，在全辖范围内广泛开展开展理想信念教育、党纪行规教育、廉洁教育，提升员工合规意识，推动全辖“三项教育”扎实开展，毫不动摇地推动全面从严治党主体责任落实到位。

附：中国建设银行股份有限公司
　　承德分行领导名录

党委书记、行长：杨占林
党委委员、副行长：李　峰
　　　　　　　　　池景明（满族）
　　　　　　　　　何长军（满族）
党委委员、纪检书记：许经涛
党委委员、副行长：张秋丽（女）
高　级　专　员：马魁卿
　　　　　　　　　李洪军

（供稿　王文志）

中国邮政储蓄银行承德市分行

【概况】　2019年，中国邮政储蓄银行承德市分行以习近平新时代中国特色社会主义思想为指导，深入贯彻党的十九大精神，以党的建设为统领，坚持以发展为第一要务，坚持适度风险、适度回报、审慎经营、邮银协同、均衡发展、重点突破的指导方针，认真落实金融精准扶贫要求，全力支持实体经济发展，走上了高质量发展的良性轨道，取得了显著的工作成绩。截至2019年12月末，资产总额107.24亿元，较年初增加1.84亿元。实现自营业务收入2.84亿元，同比增幅9.40%；实现净利润0.98亿元，同比净增1.31亿元。

【业务发展】　个人金融转型发展持续推进。坚持存款立行的指导思想不动摇，把稳住核心客户存款作为个金业务的发展重心，以ETC、条码收单、快捷支付绑卡业务为抓手，大力发展代收付业务和结算业务，带动储蓄业务发展。截至12月末，全行个人储蓄余额73.52亿元，其中自营网点个人储蓄余额23.62亿元，邮政代理网点个人储蓄余额49.90亿元。零售贷款健康发展加速推进。“三农”金融坚持“小中做小、小中做优”的发展原则，以客户增长为核心，坚持小额、分散、强抵押、强担保的工作要求，打造城乡双轮驱动，坚持走好“四条道路”，积极搭建银政、银协等合作平台，持续开展整村推进、商户沙龙等活动，不断提升团队能力，实现健康可持续发展。截至12月末，个人经营贷款余额13.76亿元，本年放款14.95亿元，本年净增1.68亿元，同比增长165%。消费贷款落实“稳房贷、增车贷、促消贷”的总体要求，积极营销大型房企，稳固优质中介，持续走访优质单位，不断探索拓展异业联盟等消费市场，积极培育“邮储花呗”等新的业务增长点，持续推动综合类消费贷款业务发展，实现合规稳健发展。截至12月末，消费贷款业务本年放款10.73亿元、本年净增5.8亿元，余额38.38亿元。小企业金融坚持大走访营销策略，持续加强与行业协会等平台的合作，全力推进“三区一链”对接工作，积极主动开展县域行业和园区协会情况调研，以快捷贷为重点，民生贷为突

2019年5月27日，邮储银行承德市分行与承德高新技术产业开发区管理委员会在承德高新区管委会科技大厦三楼会议室举行战略合作签约仪式

破，“无还本续贷”为补充，为解决小企业融资难、融资贵问题贡献积极力量。截至12月末，小企业法人贷款余额4.13亿元。公司金融联动发展稳扎稳打。公司存款业务积极开展“固本提标”“消空白”活动，以提升机构类存款为抓手，坚持“一把手”营销策略，制定科学有效的发展政策，切实抓好重点项目跟进，全力实现项目落地。截至12月末，公司存款业务时点余额16.29亿元，日均余额16.85亿元；公司贷款业务以做好现有客户支用工作为重点，持续提升服务广度和深度，截至12月末，贷款余额26.22亿元。中间业务加快发展蹄疾步稳。信用卡业务坚持“以活动促发卡、以分期增收入”的发展策略，强化“省、市、县”三级联动，持续开展全辖“悦享”系列活动及各支行特色活动，厅堂营销蓬勃发展，外拓营销成绩喜人，客群规模不断拓展，业务收入大幅提升，品牌影响持续扩大。截至12月末，全行新增发卡2.86万张，同比增长74.28%；新客户1.77万户，同比增长62.81%。网络金融业务以互联网金融发展规划为引领，持续推进手机银行、快捷支付绑卡、条码收单业务发展，大力拓展邮储食堂项目，强化线上线下联动营销，打造移动金融生态体系。截至12月末，本年新增手机银行激活客户2.90万户、快捷支付绑卡客户4.09万户、条码收单业务客户3872户、邮储食堂会员客户新增1.17万户。服务实体全力发展卓有成效。认真落实各项经济金融政策，主动扛起政治责任，大力发展扶贫贷款和绿色信贷，支持小微企业和民营经济，全力促进承德实体经济发展。截至12月末，普惠型小微企业贷款净增2.41亿元，完成计划目标的219.43%。金融精准扶贫贷款余额4.6亿元，其中个人精准扶贫贷款净增1913万元，完成计划目标的137%。

【风险防控】 风险管理持续深化。充分发挥风险与内控管理委员平台作用，进一步提升风险政策与决策传导与落实的有效性。深入开展市场乱象整治工作及各项专项检查，着力化解重大风险。制定资产质量考核办法，对重点产品实行分级预警管理，资产质量管控不断加强。组织开展清收竞赛活动，深化呆账核销常态机制，积级探索清收和处置办法，清收力度不断加大。内部控制手段不断细化。持续开展制度梳理和评估、内控调研工作及形式多样的案防合规警示教育活动，推广应用“两个手册”，宣传贯彻“两个办法”，开展“合规诊断行动”，切实加强内控合规管理。及时开展不良资产责任认定及管理责任认定工作，促进资产业务合规有序发展。深入落实反洗钱和消费者权益保护等相关工作要求，提高反洗钱管理有效性，有效落实消保主体责任。授信政策导向更加优化。及时传达并严格执行2019年授信政策指引，研究制定2019年小微企业信贷授信政策指引，为授信业务发展指引方向。实施授信业务经营主责任人制，健全授信风险监测预警机制，对重点关注行业和客户进行持续监测，及时下发相关业务风险提示，充分发挥风险防控的前瞻性作用。以现场检查和非现场监测为抓手，加强作业监督和业务检查，实现授信业务全流程管控。

【基础管理】 计划财务管理规范有序。有效发挥预算管控的引领作用，严格落实标杆管理，对重点业务进行实时资源调配，确保财务资源使用效益最大化。突出绩效考核的导向作用，根据上级行考核情况及时调整考核内容，制定针对性措施，确保全行绩效考核水平得到提升。加强资产负债管理，出台资产负债利率定价制度，梳理定价流程，落实LPR定价政策，确保经济资本效益最大化。严格规范招待费、差旅费、会议费管理，落实账户专用管控，切实防治“小金库”，确保中央八项规定及实施细则精神有关要求落实到位。人力资源管理成效显著。制定辖内一级支行岗位定编工作方案，明确岗位工作职责分工，开展结对帮扶工作，实现人力资源效益最大化。调整市分行本部部分部门职责，全行各单位职责更加明晰。全面开展干部年度考核及日常提醒工作，强化选人用人管理，完善后备人才库，建立长效选人用人机制。制订年度培训计划，培训方式由单一讲堂培训转向外拓实战培训，个商贷款客户经理能力提升、信用卡外拓营销等培训在提升员工综合能力、促进业务发展方面效果明显。运营工作管理质效提升。开展营业主管上收和派驻工作，制定并实施营业主管绩效考核办法，营业主管作为网点柜面业务组织者、协调者和监督者职能得到有效发挥。持续开展业务印章清理工作，集中销毁业务戳记809枚，推广上线业务印章自动化用印，实现业务驱动用印。认真落实人民银行及省行要求，顺利完成取消企业账户开户许可上线工作。

附：中国邮政储蓄银行承德市分行领导名录

党委书记、行长：刘晓东

党委委员、副行长：王金奎（满族）

李魁鹏

杨艳杰（女，回族）

熊　燕（女，满族）

（供稿　梁寒雪）

中国农业发展银行股份有限公司承德分行

【概况】 2019年，中国农业发展银行承德分行认真贯彻落实党和国家政策及上级行部署，以习近平新时代中国特色社会主义思想为指导，以服务乡村振兴和支持脱贫攻坚工作为抓手，坚持稳中求进工作总基调，党的建设呈现出新面貌，信贷支农取得了新进展，转型发展汇聚了新动能，基础管理得到了新提升，各项工作全面持续向好，高质量发展和高水平管理取得了阶段性成效。全年审批中长期贷款36.14亿元，累计投放各类贷款26.94亿元，年末贷款余额108.37亿元，较年初增加9.44亿元；累放精准扶贫贷款19.86亿元，精准扶贫贷款余额53.67亿元，占全部贷款的49.52%。全年累计营销政府债券资金4.18亿元，年末对公存款余额32.98亿元，对公存款日均余额36.25亿元。全年没有发生案件和重大安全责任事故，保持了安全稳定运营。

【助力脱贫攻坚】 聚焦深度贫困地区，充分用好差异化优惠政策，聚焦解决“三保障”突出问题，加大对教育扶贫、健康扶贫、消费扶贫、基础设施扶贫支持力度，投放1.3亿元支持平泉市第一中学迁址新建教育扶贫项目；投放4.5亿元支持平泉市医院整体迁建健康扶贫项目；投放2.39亿元支持围场满族蒙古族自治县医疗功能园区建设健康扶贫项目；投放4亿元支持兴隆青松岭文化旅游度假区塞外江南小镇一期旅游扶贫项目；投放3亿元支持围场御道口国际康养度假区一期旅游扶贫项目。

【服务乡村振兴】 坚持务实创新，全力服务乡村振兴战略。全力保障国家粮食安全。发放中央储备玉米贷款6711万元，收购玉米3628万千克；发放省、市、县三级地方储备轮换贷款11542万元，储备轮换粮食4693万千克；向5家企业发放玉米收购贷款7950万元，累计收购玉米4274万千克；向3家粮棉油产业化龙头企业发放贷款4250万元。全力推进农村产业兴旺，发放2.12亿元支持产业化龙头及加工企业生产。全力推动农村生态宜居。在水利建设方面，审批承德市地表水厂建设项目4.5亿元，投放0.7亿元；审批双滦区污水处理厂提标改造工程项目1.16亿元，投放1.12亿元；审批平泉市水务局污水处理、瀑河生态环境治理项目3.4亿元，投放1.6亿元。在棚户区改造方面，继续投放1.3亿元支持白庙子拆迁改造安置房（棚户区一期、二期）项目；在贫困村提升方面，继续投放0.33亿元支持丰宁县智慧城市项目建设；在改善农村人居环境方面，审批丰宁关道梁48兆瓦风电场工程项目1.63亿元，已投放0.28亿元；审批隆化县城市景观生态治理和乡村振兴建设5.75亿元，投放1.5亿元；在农村流通体系建设方面，审批滦平冀康国际物流总部基地项目2.8亿元。集中推进新项目营销。坚持市县两级行一体联动、市分行前后台平行作业，信贷人员全部下沉一线开展项目营销和推进工作，细化完善了高端营销、帮扶承包、项目督办、推进责任和考核激励“五项制度”，提高工作合力。全年共审批中长期贷款项目9个、融资额度36.14亿元。五是加强高端营销。自年初开始，市、县两级行加强与政府部门及重点客户的高端对接，4月24日在全市银政企对接会上与市水务集团签订《战略合作协议》，合作意向达30亿元。

【提高基础管理】 深入贯彻全面风险管理理念，加强信贷基础与内控合规管理，聚焦重点部位和薄弱环节，着力补短板、强弱项，提升基础工作管理水平。大力实施“存款优化工程”。将客户综合贡献与贷款定价挂钩，与信贷资源配置挂钩，前移存款营销关口和环节，延伸上下游营销链条，加强销售回笼款管理。全面推进审查工作的标准化、流程化和规范化，切实提高信贷审查工作质量和效率。加快“三个中心”建设，构建实施“三直”“三员”“五个一”贷后管理机制，促进信贷风险防控水平全面提升。切实加强风险管控，全年累计收回中长期贷款75笔、金额11.73亿元，累计收回到期流动资金贷款34笔、金额5.77亿元。提升内控管理能力，部署开展2019年基础管理大检查、“巩固治乱象成果 促进合规建设”、“信贷管理专项检查”、“违规涉企服务收费专项治理”和“重点领域风险排查”工作，接受总行监事会专项检查，稳步推进“依法办行、合规办事”深化年活动，健全依法合规长效机制。强化财会管理基础。实现网银业务全辖覆盖，做好集中运营系统、新核心系统、财务管理系统上线各项工作。修订《机关及县支行差旅费管理办法》《车辆管理暂行办法》，厉行勤俭节约，从严规范财会行为。

附：中国农业发展银行股份有限公司
承德分行领导名录

党委书记、行长：徐泽湖
党委委员、纪委书记、副行长：马旭辉
党委委员、副行长：王俊臣
薄国梅（女）

（供稿　薄国梅　吴利国　王　爽）

河北省农村信用社联合社承德审计中心

【概况】 2019年，面对复杂的经济金融形势和激烈的外部竞争，坚持稳中求进总基调，围绕承德“12345”总体思路目标，贯彻落实省联社“四个聚焦、两个提升”总要求，深入开展“不忘初心、牢记使命”主题教育，打好“三场硬仗”，实施“四大战略”，实现“三项升级”，主要经营指标创历史最好水平，在高质量发展道路上迈出了坚实的步伐。截至2019年年末，全辖资产总额1040.68亿元，较上年增加119.71亿元，其中各项贷款604.36亿元，较上年增加72.35亿元；负债总额959.00亿元，较上年增加111.20亿元，其中各项存款867.23亿元，较上年增加108.50亿元；所有者权益81.68亿元，较上年增加8.52亿元；实现利润总额11.98亿元，较上年增加0.96亿元，净利润9.56亿元，较上年增加1.08亿元。

【提升服务水平】 认真落实金融回归本源要求，重点做好服务实体经济、金融扶贫和普惠金融三项工作。坚守“三农”市场定位。加大对农户、种养殖大户、专业合作社以及农业产业化龙头企业的支持力度。全辖涉农贷款纯增50.99亿元，占新增贷款总数的70.68%，余额达到445.33亿元，占贷款总数的73.69%。提升服务小微企业发展质效。全口径小微企业贷款纯增66.66亿元，占新增贷款总数的92.14%，余额达到392.72亿元，占贷款总数的64.98%；普惠型小微企业贷款增加13.77亿元，余额达到80.47亿元，增速20.64%，高于贷款平均增速7.05个百分点，完成“两增两控”目标。全力支持民营经济和实体经济发展。严格控制签发票据和转贴现业务，优先保障实体经济资金需求。票贷比0.02%，贴贷比1.44%，远低于监管上限要求。民营经济贷款余额达到601.67亿元，占全部贷款的99.55%；民营企业贷款余额达到368.41亿元，占企业贷款总数的98.29%。扎实做好金融扶贫。严格管理扶贫小额信贷，余额达到1.44亿元，获贷率和政策知晓率均达100%；进一步加强“政银企户保”贷款管理，余额达到3.99亿元；落实利率优惠政策，具有扶贫带动作用的贷款利率最高上浮40%。在2018年度和2019年度脱贫攻坚国考中未发现问题，交出了“满分答卷”。深入推进普惠金融。开展“双基”共建“巩固提升年”活动，建立农户档案47.08万户，建档比例96.26%，评级比例100%，授信比例98.72%；创建信用村792个、信用乡镇23个、信用示范区18个，建立新型经营主体档案642个，建档比例69.25%。推进“农信村村通”提升工程，建成金融便民店2528家，布放小额循环机395台、间联POS机2134台，提升率达到100%。提高电子银行业务发展质量，开办银联扫码乘公交等10多种新业务，社保卡发卡数和激活数均排全市银行业首位，手机银行存量客户、新版手机银行“随e盾”客户、新型收单活跃商户、ETC业务均有大幅提升。

【深化结构调整】 深入调整存款结构、信贷结构、收支结构，推动各项业务可持续高质量发展。调整存款结构，加大营销力度。紧紧围绕加快发展与控制成本两大核心，与其他4家地方银行签订定期储蓄存款利率自律定价公约，遏制储蓄存款成本上升势头。以首季业务营销“开门红”为切入点，实施全员综合业务营销，各项存款较年初增加108.5亿元，增量市场占有率45.29%，存款余额867.23亿元，存量市场占有率29.79%，存款存量、增量及市场占有率稳居全市各家银行之首。调整信贷结构，做优信贷资产。坚决推进“放小、抓中、控大”的信贷投放战略，强化小额信贷管理，加大中型客户营销，小额信贷净增19.52亿元，余额109.88亿元，不良率1.32%，承德小贷模式作为全省两种小贷模式之一，在全省农信社推进小额信贷业务发展现场会上推广。实行最高授信额度监测台账报备制度，严格管控大额贷款增长。各项贷款较年初增加72.35亿元，增量市场占有率27.15%，贷款余额604.36亿元，存量市场占有率24.46%。深挖增收潜力，提高经营效益。进一步做好资金营运，在资金市场低迷的情况下，非信贷资金收益额10.20亿元，同比增加1366万元，非信贷资金收益率2.63%。加大贷款收息力度，用好信贷系统利息自动扣划功能，实现利息收入48.78亿元，较上年增加3.46亿元。向表外应收息要效益，设定表外贷款应收利息压降10%的目标，开展清收表外贷款应收利息攻坚战，表外应收利息超额完成1.41亿元。实现考核利润19.91亿元，较上年增加1.34亿元。

【坚持改革创新】 坚持以问题为导向，深化体制机制改革，创新管理方式，助推高质量发展。全面铺开绩效工资改革。将绩效工资考核到人作为“一把手”工程，各县级行社均制定百分制和积分制绩效考核办法，激励作用进一步显现，员工积极性显著提升。建立业务营销长效机制。积极开展扫街营销、网格化营销、外拓营销等活动,通过“培训＋合作”“指导＋实践”的方法，增强员工营销意识，提高员工营销技能，初步扭转了坐门等客思想，迈出主动营销的关键一步。网点承包试点持续推进。丰宁和宽城2家行社储蓄所承包试点工作取得较好成效。宽城农商银行试点分理处承包制取得成功，存款纯增3680万元，任务完成率141.54%。丰宁农商银行继续总结分理处承包制经验，第十分理处连续2年超额完成存款任务，余额达到1.21亿元，拟将试点分理处升格为支行，继续扩大战果。

【防范化解风险】 全面贯彻落实省委省政府和省联社党委有关防范化解重大风险的决策部署，坚持推进合规建设，持续化解金融风险，坚决打赢防控金融风险攻坚战。打好不良贷款清收攻坚战。把多渠道多措施清收不良贷款作为长期重大战略，摆开不良贷款清收“擂台赛”，灵活运用司法清收、党政清收、外拓清收、创新清收等十项清收措施，千方百计清收处置不良贷款，表内不良贷款下降1.84亿元，账面不良率4.31%，较年初下降0.93个百分点。把防范和化解高风险机构作为首要任务，推动市政府召开全市农信系统防控金融风险推进改制工作会议，借助党政力量加大高风险机构化解力度，平泉市联社脱离高风险机构，兴隆县联社监管指标大幅改善。持续推进合规建设。完善法人治理机制，加强股权管理，强化股权风险排查，引导股东依法合规履行职责。积极构建合规文化，扎实开展“依法治行（社）”专项行动,大力推进合规文化建设,推行违规积分管理,强化内审工作,实行“表格化”序时审计新模式，提升合规经营和风险防控水平。全面提升风险防控水平。举办清收不良贷款、法律风险防范、小微企业贷款管理、全流程风险管理等一系列培训班，全面提升业务水平和风险防控意识。强化重点环节风险管控，加强“三公”经费和大额财务管理，完善贷款审批、责任认定、责任追究程序，完成公务用车改革工作，堵塞关键环节漏洞和风险点。开展柜面业务、印章管理、信息科技、网络安全等专项检查，消除各类安全隐患，坚决防范案件风险发生。筑牢安全生产防线，加强安保教育培训和应急演练，开展安全保卫明察暗访、安全生产大排查大整治攻坚行动，扎实推进达标升级考评工作，全市9家县级行社本部和334个网点达到A级标准。

2019年12月12日，召开全市农信系统防控金融风险推进改制工作会议

附：河北省农村信用社联合社

承德审计中心领导名录

党委书记、主任：刘　强

党委委员、副主任：冯　琦（满族）

党委委员、纪委书记、副主任：蔡保根

（供稿　吴上卿）

承德银行股份有限公司

【概况】 2019年，承德银行股份有限公司（简称“承德银行”）坚持“安全合规经营”与“高质量发展”主线不动摇，深入推进战略转型、

公司治理、经营发展、风险防控等工作，超额完成全年各项任务目标。2019年末，全行资产总额 1351.46亿元，比年初增加130.03亿元，增幅10.65%；负债总额 1275.08亿元，比年初增加120.86亿元，增幅10.47 %；各项存款余额1029.41亿元，较年初增加157.54亿元，增长18.07% ；各项贷款余额636.31亿元，比年初增加130.45亿元，增长25.79%；净利润11.33亿元，资本利润率15.79%，资产利润率0.88 %；资本充足率12.93%，核心一级资本充足率10.39%，流动性比例92.52%，拨备覆盖率173.79%，不良贷款率1.82% ，各项监管指标全面达标。监管评级连续多年保持2级标准，主体信用评级提升至AA+，稳居国内银行业优质序列；纳税总额破五亿，全行实现各类税金5.28亿元，连续多年名列承德市企业纳税前茅；荣获全国十佳城商行、卓越竞争力品牌建设银行等多项全国重量级奖项，位列“全球千家大银行”榜单第752位，荣获全国同规模城商行竞争力评价第三名。保定分行、张家口分行相继开业，河北雄安分行获批产业准入，全行分支机构达到90家，逐步形成了覆盖雄安新区国家级战略高地，地跨承德、唐山、秦皇岛、廊坊、石家庄、保定、张家口7座城市，有效辐射京津冀区域的金融服务网络。

【转型发展】 聚焦“质量效益”核心，深化业务结构转型，全行整体收益水平和综合竞争力不断提升。资产结构不断优化。注重贷款结构配置，向小微企业、零售客户、金融互联网、普惠金融、生态环保、高新技术等产业倾斜投放，对风险较大、集中度较高的客户，主动压缩授信额度。加快零售业务转型，健全考核激励问责机制，成立零售授信审批中心，研发智慧零售、客户关系、移动审批、信贷影像等业务系统；深入开展与京东、蚂蚁金服等国内头部平台战略合作，研发“承e融”系列自营产品，年末零售贷款总额248.82亿元，占全部贷款39.1%。市场业务轻资本运营成效显著,以“创利增效、轻资本运营”为核心，开展杠杆操作、债券交易、公募基金投资等业务，资金市场业务净收入12.82亿元，净利润2.86亿元。负债结构不断优化。建立全行联动考核问责机制，加强对公存款定价管理，对机构大额资金进行全流程监测和攻坚挖潜；研发上线涵盖34款储蓄产品的智能存款平台，推出聚合支付、手机号码支付、教育缴费等业务功能，全行各项存款突破1000亿元，储蓄存款连续两年增幅超过100亿元，增幅、增速双创历史新高。科技赋能业务水平不断提升。搭建涵盖水务、医疗、交通、校园、旅游等多项场景的综合智慧服务平台，全年共开发、引进、升级各类科技系统63项，连续三年信息科技监管评级保持2级。

【风险管控】 强化合规运营，不断提升风险管理和合规经营能力。加强制度建设与审计检查。开展全面制度梳理与评价，深入推进现场审计标准化；开展科技风险、乱象治理、授信管理、内控及柜面风险、金融互联网等专项审计检查；开展案防合规现场督导调研，组织开展合规知识竞赛、法律法规培训、案件警示教育等，员工合规意识和风险防控能力不断提升。强化资产质量管控。实行对客户全流程评级管理，开展重点领域授信风险排查整治；强化授信合规操作，简化审批流程手续，建设信贷影像、线上审批、电子印章等授信系统；逐户、逐笔制定差异化的清收措施，通过合理展期、重组兼并、以物抵债、协议出售、司法拍卖等方式，提升不良资产处置实效。截至年末，不良贷款11.56亿元，不良率1.82%，低于全省、全市平均水平。

附：承德银行股份有限公司领导名录

党委书记、董事长：王振廷（满族）

党委副书记、副董事长、行长：张　磊
党　委　副　书　记：史文浩（满族）
党委委员、副行长：师文生（满族）
党委委员、监事长：姜　鹏
党委委员、纪委书记：马君慧（女）
党委委员、副行长：张建军（满族）
汪　泳
党委委员、董事会秘书：赵广树
党委委员、副行长：丁德民（满族）

（供稿　王振宇）

交通银行股份有限公司承德分行

【概况】 2019年，紧紧围绕“服务实体经济、防控金融风险、深化金融改革”三项任务，坚持提质增效的工作总基调，以党建工作为统领，以风险防控为保障，克难攻坚、奋力拼搏，扎实开展各项工作，着力推进高质量发展，各项工作取得显著成绩，实现了盈利能力大幅提高、各项业务快速发展、管理水平不断提升、队伍建设明显加强的良好态势。截至2019年末，分行资产规模达到25.32亿元，比年初增加5.2亿元，人民币各项存款时点余额22.63亿元（不含同业），比年初增加7.19亿元，人民币各项贷款余额24.85亿元，比年初增加5.07亿元，无不良贷款。实现经营利润5118万元，比上年增加3876万元，经济利润3292万元。2019年总行省辖分行改革发展中晋级为四类A等行，年度绩效考核在11家辖行中位列第二位，荣获河北省分行“先进省辖行二等奖”。目前分行共设有综合网点2家，普惠型网点2家。

【业务发展】 积极履行社会责任，普惠金融各项指标圆满完成。交通银行承德分行积极支持小微客户发展，利用BOSS卡、产业链融资、线上抵押贷等多种产品支持小微融资，年末小微贷款余额1.39亿元，较年初增加0.23亿元，任务完成率116%，普惠小微客户52户，较年初增加17户，任务完成率113%。进一步加大“三农”支持力度，涉农贷款余额5.11亿元，比年初增加1.56亿元，增长40%；以价值创造为核心，主动调整授信结构。围绕全市基础设施建设，钢铁企业转型，十大绿色产业发展，明确目标客户，分层重点营销，对标政策，提高投放效率。不断加强与重点企业授信业务的深度合作，在做好原有授信规模和产品对接的基础上，挖掘合作的广度和深度，加强和企业的对接和沟通，重点做好新授信产品的营销，2019年累计办理保理业务94笔，累计发放金额15.69亿元，保理贷款余额达到8.4亿元。主动调整信贷结构，压降政府融资平台客户贷款余额1.8亿元。突出零售转型发展导向，2019年新发放个人住房贷款贷1.1亿元，增长88%；精准发力抓好存款增量。主动适应市场变化，多措并举，提升存款业务贡献度及市场占比，树立存款“做优”发展理念，适应市场发展趋势，主动调整负债结构，大力拓展中长期定期存款，稳定负债增长，控制高成本理财规模，压降负债成本。截至2019年末，人民币各项存款时点余额22.63亿元，比年初增加7.19亿元。

【风险防控】 持续健全全面风险管理体系，在承德地区经济发展乏力的大背景下，主动做到风险

2019年10月18日，交通银行承德分行成功举办“案防合规文化”作品大赛

关口前移，强化客户准入管理，主动开展市场调研和行业研究，做到对各类风险早识别、早预警、早发现、早处置。截至2019年末，所有存量贷款五级分类均为正常，无不良；强化案件和内控管理，一方面认真开展案件排查工作，对全行干部员工进行全面排查，覆盖率达到100%。另一方面组织案防合规活动，开展了“交通银行承德分行2019年法治宣传暨合规文化建设活动”宣讲会和“案防合规文化”作品大赛，全员案件风险防控意识不断增强；内控管理水平进一步提高，交通银行河北省分行审计部对交通银行承德分行的内控审计中，交通银行承德分行综合得分86.03分，审计考核等级为B+，中国人民银行承德市中心支行开展的征信执法检查，未发现问题。

【夯实消保基础】 从“抓一把手负责制、抓主管行长精细化管理、抓基层员工规范化服务管理”三方面入手，层层落实，强化考核，切实将消费者权益保护服务入脑入心；强化厅堂联动，提升服务效率，积极开展公众教育宣传活动，配合并参加监管部门发起的各项金融知识宣传教育活动；厅堂“消保小课堂”活动逐步常态化，进社区、进企业、进校园，宣传活动质效显著提升，进一步树立了良好的社会形象。

【渠道建设】 网点布局进一步优化，去年撤销了2家普惠支行和2个离行自助网点，压降高柜2个；科技兴行进一步推进，分行实现所有网点机具智能化；网点效能进一步提升，两家普惠支行成功达标；厅堂服务模式转型有序开展，交通银行承德分行2家综合网点均已顺利完成转型工作，网点业务量与分流率正向双提升，网点业务量及综合替代分流率均有明显提升。

附：交通银行股份有限公司
承德分行领导名录

党委书记、行长：韩晓娟（女）
党委委员、副行长：孙跃武（9月任）
赵利军
党委委员、行长助理：李　静（女）

（供稿　殷健凯）

河北银行承德分行

【概况】 2019年，承德分行按照总行的各项工作部署，聚焦业务发展和指标提升，持续推动分行各项工作合规稳步发展。截至2019年12末，全行各项存款余额49.01亿元，较年初减少1.5亿元。其中对公存款余额21.88亿元，较年初减少7.52亿元。储蓄存款余额27.13亿元，较年初增长6.01亿元。贷款余额44.36亿元，较年初增长15.15亿元。其中：对公贷款增长4.43亿元、个人贷款增长8.6亿元、小微贷款余额增长2.12亿元。

【提升企业形象】 先后引进本地3家知名企业（承德避暑山庄企业集团有限公司、颈复康药业集团有限公司、河北红松新能源投资有限公司）成为股东，企业认可度显著提高。隆重庆祝五周年行庆，开展多场配套活动和立体宣传，河北银行承德分行的认知度进一步增强。“站·台

2019年11月26日，与承德避暑山庄企业集团有限公司、颈复康药业集团有限公司、河北红松新能源投资有限公司举行银企战略合作签约仪式

工程”启动建设。在助推工会会员卡营销潜力挖掘的同时，“以站养人，以台助力”，树立起河北银行“践行社会责任，推进普惠金融”的良好形象。“全面缴费平台”形成。实现“水、电、暖、气、通信、有线、社保”等主流缴费业务全覆盖，既拓宽了批量获客渠道，又展示了服务居民企业硬实力。

【零售业务】 借助“站·台工程”建设，在分行已经搭建好营销“管道”情况下，持续实现产品和服务“灌水”，将各类产品批量“导入”，有效解决工会卡提升问题。按照资产数量制定方案和细则，带动客户管理总资产额增长。不断扩大异业联盟规模，增加普惠活动场次，形成“红色星期五·工会卡送福”、“家电福利内购会”等主打品牌。推进特惠商户与小企业业务联动营销机制；“大平台”拓展批量获客渠道。持续开展了水费、暖气费缴存营销活动，形成了“要缴费来河行”的良好氛围，带动客户增长。大力拓展资金代发业务，做好各县区各类拆迁补偿项目代发工作；以享贷业务为突破口带动个贷发展。建立“微信服务责任人机制”，通过填加借款人为微信好友等方式实现银客互动；固化网点转型效果。在内部管理指标中专门拿出分值用于网点转型考评，提升管控能力。关注每日激励政策落实情况和奖励的及时性，通过实施奖励激发营销热情。通过开展“建档登记簿”“外拓登记簿”评比活动，逐步提升建档登记簿的使用效率和登记质量；稳步推进信用卡不良清收。坚持逐笔跟踪、一户一策，用好清收政策。细化流程，明确管理流程，提早化解风险。发挥法律专业优势，提供专业支撑保障。全年不良信用卡清收回款44户、54.51万元。

【提升业务技能】 在对公授信类业务上打造专业、专注的对公业务营销队伍。优化人员配置，对团队客户经理进行分工，每人对接两家支行。提升客户经理业务营销技能，强化风险意识。依托总行每周一课组织业务培训的基础上，每次额外培训30～60分钟，每两周组织一次考试。积极参与行内外竞赛、展评活动。在总行举办的公司信贷业务技能竞赛中，河北银行承德分行3位选手凭借扎实的知识储备及过硬的心理素质，取得竞赛第一名。圆满完成对公授信业务投放目标。在坚守不发生风险底线的前提下努力增加信贷投放，做大信贷规模。做大做强传统信贷业务。对清洁能源、钒钛基地等加大支持，全年投放3.45亿元。利用投行产品对接客户，满足多元化融资需求。积极开展交易银行业务。积极利用供应链产品，不断实现业务优质发展。

【小微企业业务】 2019年度，小微企业贷款余额7.33亿元，小微贷款户数539户，较年初新增128户。坚持“做真小微业务”定位不动摇。大力引导各机构按照“熟、小、近、好”积极营销小微业务；强化职责分工和流程管控。明确对业务实质性风险负责，做到“负真责、真负责”，切实把好业务准入关。全流程进行作业监督，确保业务办理效率和质量。根据贷前核查、组卷审批和贷款出账“三把尺子”明确环节时限、逐日督导、超时处罚，形成“白天走客户，晚上写报告，周末不休息”工作常态。制定《客户经理业绩量化表》，强化真实业绩考核，调动客户经理工作主动性；推进业务综合效益提升。努力增加产品和服务投放，实现结算流水来行、聚合支付布设、特惠商户合作以及“老带新”等综合收益要求，真正发挥好小微业务的全面带动作用。

【风险防控】 全行授信业务整体发展态势平稳，未发生较大信用风险或出现大额不良贷款。“加压”提高风险防控质量。明确“一把手审核责任前移，风险化解责任前移”，真正履行风险防控主体责任。不断提高检查渗透力。发挥非现场检查作用，先后开展了享贷业务、第三方抵押业务、小微业务结算归行和二手房业务等专项检查。建立屡查屡范问题处罚机制，针对授信业务调查、核查、上报、审批、出账、贷后管理等方面屡次出现的问题，由分行风险管理部建立台账进行登记，按季进行处罚，增强业务人员规范做业的自觉性和主动性；“减压”提升业务办理效率。落实“尽职免责”要求，鼓励业务人员“轻装上阵”开展营销。明确各支行行长负责实质性风险，风险审查侧重合规性风险，以此提升业务办理效率；大力推进风险业务化解。通过走法院、找法官、加大抵押物宣传力度等方式，不良贷款通过拍卖抵押物收回本金111.5万元。滦平县“饮马川”项目按揭贷款目前由开发商代偿，涉拆6户年末余额1705.93万元，无逾期欠息记录。

【服务保障】 持续推进服务质效提升。按照“规范、高效、温馨”总要求，为业务发展创造良好环境。坚持“分行一把手亲自抓，主管行长具体抓，运营管理部总经理专职负责”推动机制，全力保障服务质效提升。通过检查全覆盖促进标准落实，全年安排第三方神秘人检查4次，下发正式通报9份，查出整改问题近百个。为全辖网点统一配置了厅堂杯水服务车。举办首届“服务在我心中、我为行庆献礼”主题演讲比赛，对服务质效的提升起到了推动作用。根据“履好双职、争创双优、确保双收”的工作目标，实现了“零风险、零事故”。

附：河北银行承德分行领导名录

党委书记、行长：石振国（回族，8月免）
徐晓晨（满族，8月任）
党委委员、副行长：张宏斌
党委委员、行长助理：李　波
习鸿健（6月任）

（供稿　李长龙）

张家口银行承德分行

【概况】 2019年，张家口银行承德分行紧紧围绕总行“文化建设提升年”和“科技信息进步年”两大主题，紧密结合承德地区和本行的实际情况，努力创新经营思路，不断强化工作措施，有效拓宽发展空间，持续增强竞争实力，各项工作取得一定成效。截至2019年年末，承德分行各项存款余额53.43亿元，较年初增加17.91亿元；其中对公存款余额6.9亿元，较年初增加1697万元；储蓄存款46.52亿元，较年初增加17.89亿元。公司类贷款实现利息收入11423.71万元，个人类贷款实现利息收入1393.52万元。个人类贷款余额30852.12万元，个人贷款累放金额11324万元，其中个人住房按揭贷款41笔，当前余额22928.09万元，累放金额1907万元，小微易贷当前余额4700万元，本年累放4806.5万元，存单质押贷款当前余额1093万元，本年累放4243万元，个人经营贷款当前余额1327.66万元，本年累放300万元。手机银行存量客户 36415万户，较年初增加23844户；分行累计开卡87886张，2019年新增开卡15738张；暖阳行动绑卡数量23221户，人均134.2户。手机号支付1391个，普惠金融服务点到年底开站4家，其中开业一家，试营业3家。

【业务发展】 紧密结合承德实际情况，严格执行总行授信政策，提升资产质量。针对小微企业主和个体工商户推出“小微易贷”业务，以借款人本人夫妻双方或直系亲属个人住房抵押，关注“张家口银行”微信公众号在线上办理，仅需一次面签即可完成。截至年末，个人经营经营类贷款余额9657万元，其中小微易贷64户，余额4699.99万元，圆满完成银监局下达的普惠型小微企业贷款投放任务。清收欠息。重点清收风险初步显现的授信业务。团队综合运用信用风险管理系统的预警模块、大数据、实地走访、暗访、法院调查等方式，密切关注各企业授信后经营管理、销售业绩等情况。优化方案。充分重视分期还款的“早期预警”功能，积极推行分期还款，对借款期限在一年以上的贷款，以半年为周期确定还款数额。全面完成收息工作。对归还利息存在困难的企业持续跟进，电话催收与上门催收相结合。每天询问企业管理人员归还贷款本金相关事宜，每月对逾期企业下达催收通知单，不定期实地走访催促。成功收回利息640.62万元，通过培训、实操，打造出一支更加专业化、高效化、技术化、业务过硬，能征善战的营销团队。

【风险防控】 根据《关于进一步深化整治银行业市场乱象的通知》等通知和各监督管理会议相关要求，开展了非法集资自查、案件风险排查、整治市场乱象自查工作。提高审批质效严格做好授信业务的审查及风险把控工作，有效促进了风险经理的职责落实和职能发挥。派驻风险经理2019年共协助管理贷款18户（贷款余额46825.47万元），新发放贷款11户13笔（金额26807.80万元）、签发银行承兑汇票4笔（票面金额28000万元），随同团队进行贷前调查17次，现场贷后检查60余次。强化宏观控制积极加强与总行沟通协调，严格做好自营贷款规模管理和分配，保证了分行信贷业务的有序投放。进一步修改完善“分行授信业务审查委员会”工作流程，提高了对“疑难紧急”业务的处理能力，保证了资产业务审批的质量和效率。2019年全年共召开贷审会17次，上会企业16家，累进授信金额7.58亿元。定期完成风险分类的清分审核，完成风险预警信息审批，收集、汇总各条线风险管理报告，掌握各类风险的识别、监测、分析和控制情况，督导各项具体业务制度建设，落实风险管理责任，促进了全行风险管理水平进一步提升。

【产品创新】 以增存增效，增实增为工作思路。制定并下发《张家口银行承德分行2019年“开门红”竞赛活动方案》，在一季度存款旺季狠抓存款。利用元宵节开展“开卡存款享优惠”活动，活动期间存款增长3亿元。同时，积极进行贵金属营销。联合唐山中金金行公司，在全辖开展了2019年“福字币”、“猪年金条”“第四套人民币”套装贵金属展销活动，活动总计销售“福字”纪念币50余套；继续大力推进聚合支付业务，做活聚合支付商户，针对小资金商户以1.4%的活期智能存款产品为抓手，增加商户流动资金的留存率。通过与银联合作，推出使用“聚合码满减”活动，并将继续与河北银联合作推出相关商圈的活动以促进聚合码的拓展与使用。通过暖阳绑卡活动培养客户使用银行卡支付的支付习惯，圈存客户，同时进行分类营销，提升绑卡成功率；针对聚合支付商户，开展商户回访活动，对聚合支付商户进行梳理、划分，建立回访商户小分队，对聚合支付商户进行逐一走访，增强客户的粘性；采取四进模式（进农村、进校园、进企业、进社区）开展大零售捆绑业务营销。

【开展专项宣传】 传播幸福文化，提升“家银”品牌品质。一是与承德广播电视台达成战略合作，并冠名“张家口银行杯”小主播选拔大赛，利用承德广播电视台全媒体资源优势对金融产品与企业文化进行全方位宣传。开展“防范打击非法集资集中宣传月”“金融知识进万家”“网络知识安全宣传周”“征信安全宣传周”“3.15金融消费者权益日”“6.14信用记录关爱日”等活动，并充分利用微信平台，悬挂条幅、摆放展板、发放宣传材料、电子屏滚动播放、现场咨询、微信互动等方式，为居民集中宣传非法集资、网络安全、消费者权益、征信重要性等知识。提升文优服务水平，创建承德分行服务品牌。根据总行网点服务质量检查表及内控管理手册，进一步细化对窗口服务的检查标准，明确对服务违规人员的惩罚力度，从全行统一规范服务流程、服务用语，从服务态度、服务水平、考核机制等基础工作入手，努力培育员工文明服务和优质服务的意识，提高服务水平。

附：张家口银行承德分行领导名录

党　委　书　记：郭东伟（回族）

党委副书记、行长：姚力余

党委委员、副行长：单煜峰

王　玉（满族）

李　明

乔海艳（女，10月任）

（供稿　邹丹阳）

中信银行承德分行

【概况】 2019年，面对各种风险挑战和经济下行压力，中信银行承德分行始终以习近平新时代中国特色社会主义思想为指导，全面落实总分行党委决策部署，以“建设区域最佳股份制商业银行”为目标，坚持转型发展，总体经营呈现良好发展局面。截至年末，承德分行全口径存款余额15.1亿元，各项贷款余额21.14亿元，实现营业净收入8079.85万元，实现拨备前经济利润2435.42万元。

【党建引领】 完成“不忘初心、牢记使命”主题教育工作。通过学习教育、调查研究、检视问题、整改落实规定动作，发现并解决承德分行内外部管理中存在的各种问题，管理水平上了新台阶。发挥党建引领，与双桥区税务局、老年大学等目标客户开展共建活动，促进党建与业务相融合。为4个客户搭建了党费通业务平台，优化各单位党费缴纳途径。根据总分行党支部标准化建设要求，完成“五好标杆党支部”创建工作。增强了党员身份意识，发挥了党支部战斗堡垒与党员先锋模范作用。

【业务转型】 深耕细作，盘活存量，一户一策，细化服务方案，为企业提供最优质、便捷的金融服务。拓宽思路，实现投行业务新突破。落地承德市国控集团转售债券投资业务，盘活债券资产，为政府融资平台提供了便捷融资渠道。充分调研，精准发力，服务新客户。积极支持地方实体经济，加大对战略客户、支柱行业龙头企业及其上下游的服务支持力度。高效服务机构、同业客户。持续走访财政、政府平台、住建、旅游、医院、学校、法院等机构客户，为机构业务打下良好基础；举办“开薪易”开放代发平台产品推介会，邀约40余家大中型企业参会，取得了良好的社会效果。实现农信系统和地方金融法人机构的“业务全覆盖”。以票据贷为拳头产品，大力发展普惠金融业务，开拓了新的业务增长点。

2019年12月5日，中信银行承德分行举办“开薪易”开放代发平台产品推介会

零售业务方面：以客户为中心，提升客户服务水平。制定承德分行零售客户服务实施方案，强化服务品质考核、评优、检查制度，进一步完善服务品质建设，强化日常检查培训工作；通过树立标杆，打造服务星级网点和服务明星，强化榜样带头作用，组织开展分行营销服务大赛；以“厅堂服务十个一”为载体，推进网点服务从标准化到精细化转变，提升全员服务意识及服务技巧；每周服务品质检查总结会及晨夕会情景演练，提高整体服务水平；及时高效处理工单，为客户排忧解难，提高客户服务体验。强化零售发

展体系建设，构造发展良性循环。开展了20余次竞赛活动，充分调动全行员工的积极性；“引进来”“走出去”，组织了“元宵节猜灯谜”“送人玫瑰，手留余香”等80余场客户活动，提高客户感受与品牌影响力。通过产品到期提醒、节日问候等加强与客户的沟通，提升客户体验。增强过程管理，注重细节推动。

【风险内控】 严格授信审批，强化信贷管理。制定专项培训计划，组织专项培训18次。重合规、稳固发展保障。完善内控体系建设，加强专兼职合规人员管理；推进落实“两纵四横”网格化案防监督工作，实际制定细化落实方案，走心入脑；持续开展非法集资风险排查整治、“巩固治乱象成果，促进合规建设”、部分重点领域风险排查、总行全面审计整改落实等专项治理工作；查防并举，组织对财务费用列支、印章管理、个贷业务、外包业务、员工家访、征信业务及非法集资等重点领域、重点工作进行专项排查；持续开展员工行为排查与“十禁”行为教育；积极开展案防合规文化建设，坚持一把手讲案例、讲合规，持续开展系列竞赛活动，落实反洗钱各项工作。强化运营风险防控，巩固发展基础。组织运营工作检查39次，及时发现问题并落实整改；落实重岗轮换工作，定期举行案防、专题警示案例培训；优化凭证集中扫描、清机加钞、对公验印、取消开户许可等各项业务流程，提升网点服务质效。

附：中信银行承德分行领导名录

党　委　书　记：丁峥嵘

党委书记、行长：谢　铁（8月任）

党委委员、副行长：王蓬茂

党委委员、行长助理：张建新

徐凤飞

（供稿　刘　强）

农村中小金融机构

【概况】 承德辖区共有6家村镇银行。均建立了“三会一层”治理架构，重大事项能够通过股东大会表决确定，股东不参与银行的经营管理，各法人机构结合实际情况建立专业委员会，将党的领导纳入了公司章程，股东大会、董事会会议情况及时报送至监管部门，采取措施激励约束高管、人员干事创业，能够以适当的方式进行年度信息披露，但仍存在股权结构不够合理、“三会一层”职责边界不清等突出问题，制约了村镇银行的转型发展。

2019年11月15日，承德市村镇联盟会议召开，出席本次会议的单位有承德银保监分局、围场华商村镇银行、宽城融兴村镇银行、承德县恒升村镇银行、滦平盛阳村镇银行、平泉恒升村镇银行、河北丰宁中银富登村镇银行

【丰宁中银富登村镇银行】 2019年，丰宁中银富登村镇银行各项业务稳步推进。截至2019年末，贷款余额13912.41万元，较年初减少1820.75万元，主要是因为贷款核销和回收因素的影响。小微企业贷款12109.93万元，占比87.04%；涉农贷款余额为10716.45万元，占比77.03%，完成“两增两控”监管要求。全年累计投放贷款290笔，12382.6万元，其中新增客户198笔，贷款4714万元。面对复杂的经济形势和信用市场环境，主动调控信贷投放，严控新

增贷款质量，全力压缩不良资产，年末不良贷款额为432.57万元，不良率3.11%，不良贷款处置取得了显著成效。年末存款余额37602.46万元，较年初减少2811.92万元。其中，对公存款余额24452.51万元，占比65.03%，个人存款余额13149.95万元，占比34.97%。由于定期存款利率较低以及拆迁款下降等因素，存款余额较年初略有下降。财务效益保持增长。全年实现营业收入1496.15万元，税前利润1676.97万元，净利润1554.36万元。在成本管理和费用支出方面，严格落实财务制度及管理要求，坚持勤俭办行，合理配置财务资源，确保收益最大化。年末各项监管指标良好，风险防控得到加强。资本充足率42.1%，流动性比例42.78%，流动性缺口率74.53%，拨备覆盖率176.8%，资本利润率19.24%，实现全年无经济案件、无重大事故、无严重违规违纪问题，安全稳健运行。通过全行员工的共同努力，2019年总部绩效考评等级为B+，为全国获得总部额外奖金的5个行之一。

【滦平盛阳村镇银行】 2019年，滦平盛阳村镇银行稳步开展各类业务，风险抵御能力显著增强。全年共召开董事会会议6次，审议通过议案18项，有效发挥了董事会的科学决策核心作用。召集股东大会2次，汇报了各项决议执行情况、各项经营数据指标完成情况，并将2019年各项工作计划提请股东大会进行审议。

滦平盛阳村镇银行发展方向是“三农”和小微企业及城镇弱势群体。要求全力服务“三农”、小微企业，明确提出小微企业贷款同比增速不低于各项贷款同比增速，贷款户数不低于上年同期水平，合理控制小微企业贷款资产质量水平和贷款综合成本。为保证上述要求落实，从激励上定奖惩，从授权上定约束。确保完成了“两增两控”考核指标。加强信贷规范化管理。指导健全贷前预测风险、贷时预防风险、贷后规避风险机制，完善了贷款准入、退出办法。完善贷款风险责任追究制度和信贷资产质量问责制度，切实解决重放轻管、重贷轻收问题。密切关注信用风险和操作风险，采取有效措施进行防范、规避、化解。强化风险管控。按照制度规范化和程序化的要求，严格贷款程序，强化贷款“三查”制度，建立资产质量问责制，提高贷款五级分类的准确性。指导开展信贷行业风险、操作风险等现场排查，并落实风险处置措施。督促经营管理层加大逾期贷款清收力度，对现有逾期贷款制定清收计划，清收任务落实到人，对可能发生逾期的贷款，提前做好预防措施，指导经营管理层，确保不增加新的不良贷款。

【围场华商村镇银行】 面对复杂严峻的经营形势，围场华商村镇银行严格按照股东大会确立的各项决策部署，牢牢把握“质量”和“效益”工作主线，在全行干部员工团结奋进、攻坚克难的不懈努力下，全行整体经营实力、经营效益和资产质量实现稳健、持续发展，较好地完成了全年各项经营目标。

截至2019年末，全行资产总额46.75亿元，比年初增加5.4亿元，增幅13.05%；负债总额43.15亿元，比年初增加4.2亿元，增幅10.77%；各项存款余额38.8亿元，较年初增加0.85亿元，增长2.25%，日均存款36.92亿元，完成全年任务目标的95.4%；各项贷款余额20.46亿元，比年初增加1.44亿元，增长7.55%，日均贷款19.13亿元，完成全年任务的100.68%；实现利润总额11726万元，拨备前利润10712万元，完成全年任务指标的137.4%；全行资本充足率19.33%，核心一级资本充足率18.29%，流动性比例33.46%，不良贷款率2.70%，拨备覆盖率189.91%，存贷比52.72%，拨贷比5.12%，各项监管指标全面达标。在市场监管总局等8部门联合发起的领跑者活动中，入围2019年度银行营业网点服务领域企业标准“领跑者”名单，获得“领跑者”称号，企业形象与品牌价值进一步提高。

【承德县恒升村镇银行】 承德县恒升村镇银行牢固树立服务“三农”的经营宗旨，在促进农业农村经济发展中实现自身的不断完善和壮大。树立和落实科学发展观，坚持以人为本，坚持把员工利益作为一切工作的出发点和落脚点。一方面在营销发展的基础上，不断提高员工的生活水平和健康水平；另一方面不断提高员工的思想道德素质和业务发展素质，创造出能够充分发挥和实现员工自身价值的内部氛围。鼓励员工多维度加强自身培训，进一步提升员工整体素质，着力进行企业文化建设，为每一位员工营造一个能充分发挥其才干，建设一个能够帮助其成长，满足其价值实现愿望的良好氛围。建立和完善适应本行体制与机制相协调的制度，求真务实，正确处理存贷规模、服务对象、服务产品、服务水平各方面关系，以更为理性、科学的态度推动各项业务向前发展。

强化内部控制的手段。建立和完善组织机构，成立一些专业的、综合的委员会或者领导小组，如风险管理委员会、信贷管理委员会、关联交易委员会、扫黑除恶领导小组、公共事件应急工作领导小组等等。加强制度建设和落实，明确职责，形成完善的岗位责任体系。规范风险预测和预警模式，进一步加强风险管控能力。加强在岗人员培训，提高全员的综合素质。加强内部管控的执行力，强化过程内控和监督。

村行的市场定位是要满足农户的小额贷款需求，服物本地中小企业。在开拓营销市场上，在定位准确的基础上，通过各种渠道，了解客户需求，在风险可控的前提下，以高效、便捷的服务赢得客户的信任和认可。发挥村行更大的金融服务价值。

【宽城融兴村镇银行】 宽城融兴村镇银行作为新型金融机构，始终将“支农、支小”作为实际经营的重中之重，深耕细作县域市场，不偏离市场定位与政策目标。截至2019年12月末，宽城融兴村镇银行共有一家营业网点，在职职工26人，各项存款余额35661.85万元，较上年增加7317.31万元，各项贷款余额27078.34万元，较上年增加13564.1万元，存贷比例为75.93%。其中农户贷款余额18889.76万元，户数340户，较上年增加14845.18万元，增速367.04%；涉农贷款余额20272.31万元，较上年增加13637.73万元，增速205.56%；农林牧渔业贷款余额10269.24万元，较上年增加5912.24万元，增速135.70%。小微企业（普惠型）贷款余额3395.28万元，户数88户，占所有贷款余额比例的12.54%，较上年增加1739.28万元，增速105.03%。累计发放小微企业（普惠型）贷款4593.10万元，累计支持户数95户。

深耕小微和“三农”，助力实体经济。作为一家新成立的金融机构，面对宽城满族自治县城激烈的市场竞争，宽城融兴村镇银行始终坚持“立足地方、支持“三农”和小微企业”的定位。针对小微企业资金需求“短、频、急”和抵押担保不足的难题，宽城融兴村镇银行不断优化业务流程。充分发挥地方法人机构决策链条短，审批机制灵活、高效、快捷的优势。按照“短流程、高效率、能控险”的原则，坚持区别对待、有保有压的信贷原则，严格按照国家产业政策和县域实际，在保证资金安全情况下发放贷款。重点支持县域符合国家产业政策且环评达标的小微企业流动资金贷款及个体工商户生产经营消费抵、质押贷款。合理配置信贷资源，不断调整和优化信贷结构，积极提供信贷及服务。修定完善了信贷业务流程，对业务发展部授予一定的信贷审批权限。在细分市场，细化营销的思路下，积极创新经营理念，主动融入县域市场，优化信贷资源配置，重点培植民营经济中的优质客户。加大支持现代农业发展的力度，大力支持发展涉农企业及农产品深加工项目。重点加强对种养大户、农业合作社、产业化龙头企业的信贷支持，促进农业产业化、规模化发展。

量体裁衣，解决小微企业燃眉之急。受经济下行压力影响，加之宽城县产业结构单一，主导产业采矿业形势严峻，停产减产企业较多。企业经营异常困难，结息难度加大，当地小微企业发展多因担保难而无法落实贷款，根据各家小微企业不同情况，实行“筛选一批、培植一批、巩固一批”的营销策略，因地制宜，量体裁衣，尽最大努力满足其多层次、差异化的个性需求，及时将贷款发放到企业，为小微企业发展加油助力。

多元创新，为客户提供更多便捷优质服务。根据金融创新理念，实施了多元创新。创新服务理念，始终践行对外承诺的“征信良好、资料齐全，三天放款”；创新流程设计，针对企业、农户、个体经营户等不同客户设计了有针对性的调查流程，减少不必要的环节，有效提升工作效率；创新金融产品，推出了“循环贷”信贷金融产品，“一次授信、循环使用，最长时间可达三年”，为不同客户提供适销对路的信贷服务；四是创新担保方式，推行公务员担保、多户联保等担保模式，破解小微企业和农户“担保难”问题。通过建立全面的创新体系，顺应市场变化和“三农”需求，开发“量体裁衣”式的金融服务产品，不断提升客户需求的满意度。

践行社会责任，切实减轻农民负担。积极开展了各类减费让利优惠活动。免除短信提醒费，手机银行、网银等业务的工本费和跨行转账手续费，累计减免客户费用高达10万余元。同时，为进一步减轻农民负担，在各村推进营销时，给予种植、养殖户最低上浮比率的优惠政策，较常规贷款利率下降1.2个百分点，为鼓励农民自主创业，扶持壮大当地特色产业做出了积极贡献。

【平泉恒升村镇银行】 平泉恒升村镇银行为完善金融服务实体经济体系，发挥村镇银行在服务“三农”和小微企业新生力量的作用，更好的发挥支持实体经济战略的举措。

2019年初制定全行的业务发展目标，同时做到按季度合理掌握信贷投放节奏，并根据自身发展战略、风险管控能力核定相应的实体企业投放比例，灵活控制实体企业融资规模和比重，确保信贷投放稳步增长。使信贷资金在实体经济的发展上发挥真正的作用。深入民营企业，仔细研究地方经济发展环境，做好风险防控工作。按监管政策的要求，针对民营企业相关政策要落实到位，于2018年7月印发了《平泉恒升村镇银行小微企业续贷管理办法》办法中明确了续贷业务应遵循的基本原则、适用范围、操作要点、风险管控等要素，实行动态管理、逐级审批的模式，形成风险可控、高效审批的运行机制，同时要做到适当放宽民营企业贷款风险容忍度，坚持“尽职免责”的原则。

截至2019年10月末，平泉恒升村镇银行对实体企业总授信62户，金额2934.29万元。该行贷款审批未对实体企业设置歧视性要求，相反，平泉恒升村镇银行授信管理办法本着统一授信、适度授信、优先授信、分类授信的原则，其中优先授信是指坚持为“三农”和小微服务的宗旨和方向，优先满足农户、农村工商户、农业产业化经济组织、中小微企业贷款授信。创新担保方式，在大力推广土地使用权、商品房等传统抵押方式的同时，引入动产担保、企业担保、政府平台担保等，积极探索权利质押、现金流贷款，逐步从实体企业多元化的需求入手，为小微企业解决更大的融资需求空间，为实体经济提供更优质的金融服务。

（供稿　应秀杰）

保险业

综　述

【市场运行】 截至2019年底，承德共有市级保险公司40家，其中财产险20家，人身险公司20家。2019年，承德市保险业实现原保险保费收入76.13亿元，同比增长8.46 %。其中，财产险业务保费收入21.76亿元，同比9.73%；人身险业务保险收入54.38亿元，同比增长7.98%。

【风险保障】 截至2019年底，承德财产险承担风险保障金额12284亿元，同比增长34.54 %；保险业赔款与给付支出21.72亿元，同比增长−4.32%。其中,财产险公司赔款支出10.60亿元,同比增长1.3%；人身险公司赔款及给付11.12亿元，同比增长−16.5%。

【税收贡献及就业】 2019年度保险公司缴纳及代收代缴税费2.25亿元，同比增长−0.4%，其中，保险公司、保险从业人员直接缴纳税费0.67亿元；保险公司代收代缴车船税1.58亿元。通过吸纳大学毕业生、社会失业人员、农村富余劳动力在保险业就业，以及带动汽车修理、楼宇经济等关联产业发展,为社会提供了大量就业机构。截止到2019年12月底，保险业为承德市提供就业岗位25136个。

【助力农业发展】 承德市在2007年开始试办农业保险以来，各级政府通过财政保费补贴进行扶持，从最开始的能繁母猪保险拓展到现在的种植、养殖、林业三大关系民生产业的保险。在现行的政策性农业保险有中央政策性的玉米种植保险、水稻种植保险、马铃薯种植保险、甜菜种植保险、奶牛养殖保险、能繁母猪养殖保险、育肥猪保险、育肥猪B条款和森林综合保险；省级政策性的温室大棚种植保险；地方政策性的瓜果蔬菜种植保险、价格指数保险、谷子种植保险和向日葵种植保险等。涉及领域包括种植、养殖和森林三大领域14类农险品种。2019年推出了食用菌种植保险、中草药种植保险、基础母牛养殖保险等创新农业保险产品。政策性农业保险的发展，为稳定农业生产提供了有力保障，对支持承德市农业生产，保障和促进农民增收起到积极的作用。

【助力扶贫产业】 保险公司与县域合作开办“政银企户保”涉农贷款保证保险业务；推出“扶贫保”“农业贷款保证保险”等险种；创新建立“险资直投＋风险保障”助推产业扶贫新模式，通过政府政策支持、财险机构“险资直投＋风险保障”形成闭环式的生态金融服务链条，破解产业扶贫中融资难、融资贵、风险高的外部制约，支持地方特色农业产业发展，助力精准扶贫。

附：市保险协会领导名录

副　会　长：任宝林

常务副会长：米学贵（5月免）

秘　书　长：吴静云（女，满族）

（供稿　任宝林　赵　璇）

中国人寿保险股份有限公司承德分公司

【概况】 截至2019年末，全市系统共有正式员工398人，在各县区设立四级机构11家全年累计实现首年期交3.93亿元，达成省定计划的114.18%；全年累计实现保障型10年期1.35亿元，达成省定计划的109.11%；全年累计实现短期险1.32亿元，达成省定计划的103.56%。中标“城乡居民大病保险和城镇职工长期护理保险”业务。个险代理人全年月均持证人力6000人，银保保规队伍月均举绩人力、季均有效人力、客户经理举绩率、客户经理实动人力均超额达成省定目标。团险渠道全面达成各项队伍考核指标，综合排名全省第一。保持市场领先地位，总体市场份额35.27%，全市寿险行业第二。客服工作水平稳固提升。新单犹豫期电话回访成功率100%，客户电子化回访替代率80%以上，全省并列第一；亿元保费投诉量0.48，始终控制在0.6以内，监管转办有效投诉发生量较2018年减少4件；投诉撤诉率100%。

【保险理赔】 2019年短期意外险赔付26155件，金额6222.2万元；长期寿险给付3092件，金额7053.46万元 ；委托代理合同（替代基金险种）5702件，金额2855.13万元。理赔时效1.16天，高于全省平均水平。

【支农惠农】 通过与当地政府沟通协作，取得政府相关部门的支持和配合，大力发展惠农小额保险业务，积极服务当地民生。“农村小额保险”专门针对农村家庭设计，按户计收保费，每户100元，保险期限1年。保险金额按全家人口数平均分摊，意外伤害及伤残保额36000元，意外医疗保险金额9000元，另外还有定期寿险500元。全年仅农村小额保一项，中国人寿便提供了高达33亿元的保险保障，为出险农民减轻了医疗费用压力，发挥了家庭“稳定器”的作用。

【风险保障】 通过与金融机构建立兼业代理协作关系，由金融机构代办“国寿安心贷借款人意外伤害保险”。“国寿安心贷借款人意外伤害保险”以在国家正式金融机构借款的借款人为被保险人，按照借款金额的5‰收取保险费，以借款金额作为保险金额，保期一年，被保险人一旦遭遇意外伤害而致死亡或残疾，公司向贷款金融机构支付保险赔偿金（死亡的按保额赔付，伤残的根据伤残评级程度赔付），既减轻了借款人及家庭在借款人遭遇重大意外伤害后的还贷压力，还在一定程度上为金融机构按时回收信贷资金提供保驾护航作用，对推动实体经济特别是小微企业发展发挥了积极促进作用。

【普惠型民生保险】 积极参与社会保障体系建设，通过参与政府招标工作，成功中标承德市政府2019年“城乡居民大病保险和城镇职工长期护理保险”业务，进一步推动政保业务持续稳定发展。

【服务经济】 为贫困人群撑起“保护伞”，与扶贫办签署合作协议（省公司签署，地市落实），助力承德脱贫攻坚，为贫困人口成功承保了“扶贫保险”业务，扶贫保险业务按照贫困人群分类计收保费，每人保费在100—300元之间不等，因疾病住院，依据治疗费用金额，按照不同比例予以报销。2019年全年为20.47万人提供总保额高达173.33亿元的扶贫保险保障。积极为帮扶贫困村办实事办好事，全年落地项目10余个，帮扶200余万元，绝大部分贫困户实现了精准脱贫，得到了当地政府的好评，其中，“爱心超市”项目得到了省公司的认可。选将营驻村工作组给省公司评为“2019年度助推脱贫攻坚先进集体”，驻村工作组3个组长被评为“2019年度助推脱贫攻坚先进个人”。

附：中国人寿保险股份有限公司
承德分公司领导名录

党委书记、总经理：张立春（满族）
党委委员、副总经理：李晋生（11月任）
党委委员、总经理助理：芦佳傲（1月任，挂职交流）
党委委员、副总经理：王秀梅（女，满族，11月免）
金虹艳（女，回族，11月免）
侯　杰（满族，7月免）
刘宝庄（10月免）

（供稿　王海静）

中国太平洋人寿保险股份有限公司承德中心支公司

【概况】　2019年，中国太平洋人寿保险股份有限公司承德中心支公司把推进“数字太保”作为公司头号工程，借力“神行太保”和“中国太保”官微两大利器，全力打造移动互联下的智能化保险服务，切实提升客户体验，争做市场上服务最好的寿险公司。2019年，完成公司规模保费18.84万元，当地市场排名第一；个险期缴29593万元，市场份额占比36.7%，排名第二；10年期及以上期缴22824万元，市场份额占比40.7%，排名第一。团险意外险保费17495万元，市场份额占比42.8%，排名第二。政保合作业务稳居市场第一。2019年年初，公司反洗钱工作被人民银行评为3B级（承德保险行业最高级）；执行人民银行金融管理政策综合评价工作被评为A级（承德保险行业最高级）。

【推出太保微医通】　公司紧扣2019年客户服务节“健康态·慧生活”主题，推出了“太保微医通”手机版和家庭版，将高品质健康服务带给广大客户。该设备具有视频问诊、微医名家、智能检测、健康档案、名医讲堂、紧急救援等六大功能，可一键接通，方便快捷。视频问诊、名医讲堂、健康档案、专家预约、预约挂号、一键呼救。让客户做到疾病隐患早预防，日常小病有人管，重大疾病有人医。

【业务升级】　保障升级，协助符合条件的重疾险老客户通过加保“爱满加”升级保单，提升保障水平。理赔服务再升级，推出“扫码快赔”理赔新举措，将扫码标识张贴在公司职场、学校、医院、社区、代理机构等方便客户使用的场所，客户扫描二维码，即可进入自助理赔，让理赔更便捷。院后服务升级，自5月16日起对“太保蓝本”中的“重疾专车”服务进行升级，将“同城到家、异地到站、距离80千米以内”升级为“在市区医院出院、200千米以内专人陪护到家、200千米以上送到车站或机场”，进一步提升客户体验。大力推动“中国太保”官方微信关注活动，客户通过“中国太保”官方微信可以实现以下保险服务：包括在线投保、我的保单、我的积分、增值服务、理赔报案、电子信函订阅等。

【延伸服务领域】　2019年，承德中心支公司还

2019年5月21日，开展防范非法集资宣传教育活动

把保险服务延伸到街头、学校，深入到社区、农村，提高自身保险服务水平、增强百姓保险意识。“3.15”组织保险街头宣传活动，为广大市民进行全方位、多角度的保险咨询服务。组织专项惠民体检甲状腺彩超活动，为客户免费体检。此次活动得到了客户们的一致好评。开展2019年“携手筑网·同防共治”防范非法集资宣传教育活动，在社区、大街、广场、学校积极组织开展防范非法集资宣传教育活动。集中宣传，悬挂“提高防范意识，警惕非法集资”横幅；现场针对公众投机心理，心存侥幸等问题，进行针对性答疑解惑；现场发放防范非法集资宣传折页800份，提示公众远离非法集资。宣传起到预期效果，提高了群众识别和防范非法集资的意识。

【中标城乡居民病保项目】 12月27日，成功中标城乡居民大病保险项目A包项目，服务参保人群148万人，覆盖市本级，承德县，丰宁、围场年保费规模1.11亿元，承办管理费3.8%。12月30日，成功中标承德市城镇职工长期护理保险承办A包项目，覆盖市本级。兴隆、滦平年保费规模6150万元，承办管理费5%。

附：中国太平洋人寿保险股份有限公司承德中心支公司领导名录

党委书记、总经理：任翔州

党委委员、资深副总经理：张艳艳

于振满（9月免）

党委委员、纪委书记、高级副总经理：王楠勋

党委委员、副总经理：刘春阳

（供稿　王　娟）

中国平安人寿保险股份有限公司承德中心支公司

【概况】 中国平安人寿保险股份有限公司承德中心支公司成立于2003年9月，下辖滦平支公司、隆化支公司、滦河营销服务部、承德县营销服务部4个营业网点。平安人寿承德中支截至2019年12月在职代理人 577人，累计承保保费16569.95万元，其中首期保费5227.44万元，续期保费11342.51万元。2019年全年理赔结案1035件，总赔付金额103.55万元，满期给付468.97万元。2019年实现全年纳税总额143.09万元。

【人员培训】 平安人寿承德中支培训部根据总、分公司的相关制度和规定搭建了专业、规范的培训运作平台，为业务队伍提供以法律法规及监管机构规定、销售技能和产品知识为核心的培训课程，帮助业务队伍养成良好的销售习惯、工作行为和职业道德。2019年公司培训部持续推动代理人队伍专业化和合规化的提升，采用线上、线下多种培训形式就相关内容开展专题训练。2019年中支培训部共举办各类培训班260余期，共计培训代理人队伍4000余人次，为代理人队伍的稳定合规发展奠定了基础。

2019年10月，平安人寿承德中支组织爱心公益行活动，为市环卫工人送去毛巾、手套、帽子等生活用品

【合规经营】 为进一步规范公司合规工作，提升合规工作管理水平，防范风险发生，公司成立以机构总经理为领导小组组长、各部门负责人为领导小组成员，机构运营总为执行小组组长、各部门指定联络人为执行小组成员的风险防控管理委员会，全面统筹部署落实各项合规工作。2019年全年，公司未发生司法案件、监管处罚和重大违法违规问题。公司通过建立专职、兼职合规人员及管理层合规考核机制，促进合规工作有效落地；通过不定期开展合规宣传培训，有力提升内外勤人员合规意识，树立合规经营理念；通过建立内控管理、制度管理、督察防控管理等体系机制，防范公司内外勤人员可能出现的违法违规问题。

【服务客户】 为了给广大客户提供更方便快捷的服务，2019年承德中支大力推动线上服务业务，累计服务客户9181人次，其中7834位客户通过线上渠道办理了相关业务，1347位客户通过线下柜面渠道办理了业务。同时公司通过加强首问管理、品质宣讲、保全服务时效、投诉案件管理、VIP客户增值服务等形式提高客户满意度。

附：中国平安人寿保险股份有限公司
承德中心支公司领导名录

总 经 理：郭铭洲

副总经理：陈力新（10月免）

（供稿 胡 然）

中国人民财产保险股份有限公司承德分公司

【概况】 中国人民财产保险股份有限公司承德市分公司（以下简称“公司”）是中国人保财险在承德地区设立的三级机构，同时，公司在全市铺设了55家营业网点，在职员工600余人。公司保险服务网络实现市、县、乡、村全覆盖，保险保障服务覆盖机动车辆保险、家庭和企业财产保险、农业保险、责任信用保险、意外健康保险、船舶和货运保险等各个领域。近年来，公司通过创新保险融资支持、防贫保险保障等服务方式，有力的支撑了当地脱贫攻坚战略。公司是行业内历史悠久、规模大、实力强的综合性保险公司。

2017年至2019年，连续三年在执行承德人民银行金融管理政策综合评价中被评为A级；自2012年起，连续8年在承德保险行业协会组织的“保险理赔服务现场查勘测评”中拔得头筹；2019年，公司荣获人保财险全国系统“地市级分公司经营业绩50强”荣誉称号，同年，获评人保财险河北省分公司“经营管理综合奖”和全省系统2018年度“先进分公司”称号。

【健全保险体系】 充分发挥技术、人才、服务优势，在民生保障、社会治理、灾害救助、支农惠农等领域，全方位发挥风险保障作用，护航承德经济社会发展。2019年，累计为全市经济社会提供4603.42亿元的风险保障，同比增长29.18%，累计处理各类赔案49987件，支付赔款4.11亿元，同比增长17.63%，缴纳和代缴税款8530万元，有效发挥了社会“稳定器”和经济“助推器”的作用。2019年，机动车辆保险共计承担风险保障金额1612.94亿元，处理交通事故33070件，支付交通事故赔款2.78亿元。截至2019年，共开办农业保险险种38个，覆盖承德市农、林、牧领域主要农作物和畜禽的主要品种。2019年，共为17.59万农户，97.28万亩农田、73.53万头牲畜家禽，1429.85万亩森林，提供104.27亿元的风险保障，共计受理43257户农户索赔。通过开办农业保险，防止因灾致贫、因灾返贫现象的发生，让广大农户在保险护航下增强灾后恢复生产生活的能力。

积极参与社会风险管理和社会保障体系建

设，不断健全覆盖国民经济和人民生活各个领域的风险保障网络。2019 年，为 70.05 万农民的房屋提供了 235.98 亿元风险保障，为 83.32 万居民提供治安风险保障 144.01 亿元，为 1.4 万名精神病患家庭提供了 2.6 亿元风险保障，为 2.52 万教职人员提供 147.38 亿元风险保障，为 22 万学生提供 109.15 亿元风险保障；积极落实精准脱贫要求，防贫保险在 7 个区县落地，协助政府有效防控贫困边缘人口因病、因灾、因学致贫返贫；探索“人民法院 + 人民保险”新模式，与市法院签订战略合作协议，大力推广诉讼财险保全保险，以保全促执行，共为 500 余名原告提供了 6.85 亿元保障金额。

聚焦解决优势产业、小微企业、民营企业和个体工商户融资难问题，积极推广信用保证险。全年信用保证险提供风险保障金额 1.76 亿元，为贷款个人和小微企业获得融资提供有力增信支持。

【推进隆化模式】 2018 年，创新性地建立了隆化特色肉牛产业扶贫模式，为全县肉牛民营企业提供“保险 + 融资”的”一站式“综合金融服务，形成了政府政策支持、人保险资直投、人保保险保障的闭环式生态金融服务链条。2019 年，该模式持续加快复制推广速度，在其他多个县复制成功，为当地养殖、种植民营企业和农户等投引入保险融资 2.11 亿元，提供 36.81 亿元的保险保障，并帮助 3156 户贫困户脱贫。

2019 年，在中国大连高级经理学院组织开展的“新时代新担当新作为”国有企业优秀管理实践案例大赛中，公司编写的《创新发展动能，助力产业扶贫——打造“险资直投 + 联办共保”隆化新模式》获评“优秀案例奖”。经亚洲开发银行等 7 家国务院扶贫办直属机构联合评选，“隆化模式 ”于 2019 年底成功入选第一届全球减贫案例，并入选由《人民日报》评比的“质普惠、畅金融 – 中国普惠金融实践案例 ”。

【“车驾管”服务站全市覆盖】 为持续深化“放管服”改革工作，实现“就近办、马上办、网上办、一次办”理念，公司主动与承德交警支队沟通、接洽，在全市范围建设“车驾管”社会服务站，为承德百姓打造“家门口的车管所”。

2019 年，公司实现与公安交通管理综合应用平台专网服务系统的对接，在全市范围成立 13 家车驾管社会服务站，实现全市覆盖（除营子区）。

2019 年 3 月 6 日，中国人民财产保险股份有限公司承德市分公司首批车驾管服务站投入使用

【科技助力养殖发展】 2019 年，与科技技术公司合作，引入其牲畜面部识别技术，以大数据挖掘理论为指导，将日益成熟的图像识别和深度学习技术应用于养殖险的承保理赔环节，提升了养殖险承保理赔的便捷性和精准性，简化了业务流程。同年，公司引入无人机查勘技术，用于人力较难涉足的特殊地区、损失范围较大的灾害时期的保险查勘验损，通过高空拍摄收集损失情况及空间分布，提升工作效率和质量。

【大灾理赔】 2019 年 5 月 15 日，晚七时至八时之间，兴隆县发生冰雹气象灾害，其中安子岭乡、半壁山镇、蓝旗营镇、大水泉乡、三道河乡农户房屋受灾。兴隆支公司接到灾情汇报后及时向公司汇报，公司迅速启动大灾应急预案，省、市、县三级联动积极抢险救灾。次日凌晨，按照预定方案成立7个现场查勘组和一个资料收集组，分散至受灾乡镇进行查勘验损工作。此次大灾共涉及33个行政村，3009户农房，全部查勘完毕仅用时7天，共计支付赔款61.18万元。期间，公司陪同应急管理厅先后三次到兴隆调研，公司快速响应、及时赔付、优质服务得到了应急部门的高度认可，也得到了当地老百姓的一致好评。

附：中国人民财产保险股份有限公司承德分公司领导名录

党委书记、总经理：王　青

党委委员、副总经理：武军生（满族）

杨延波

鲁振申（满族）

（供稿　朱多多）

中国太平洋财产保险股份有限公司承德中心支公司

【概况】 2019年，中国太平洋财产保险股份有限公司承德中心支公司认真贯彻落实分公司“转型突破、能力提升、对标先进，推动实现高质量发展”的主基调，全力推进经营目标达成，确保“双优双对标”、“双向双优化”。车险业务坚持“保质增速、客户至上、理赔减损”；非车险业务加大优质的新领域、政保类业务快速发展；农险业务取得了固成果、拓新土，创新突破亿元大关，坚持依法合规经营的成绩。车险、非车险、农险三箭齐发的核心工作经营理念充分发挥到位，并有效落地实施。在全辖干部员工的共同努力下，较好的完成了全年各项工作计划，全年实现保费收入37133万元，保费增速同比提高14.3个百分点，预算达成率102.29%。市场份额17.02%，同比上升0.63个百分点。综合成本率91.7%。公司整体实现考核利润2361万元，完成了“双优双对标、双向双优化”的发展要求，超过了序时进度。向总分公司申请150万元专项帮扶资金，为围场满族蒙古族自治县改善村级卫生室条件。

【业务发展】 以高质量发展、有效益经营为目的，坚持对标先进、稳健发展的主基调。车险条线按照分公司“全面对标、夯实基础、转型突破”的发展要求，保持住了压舱石的稳健作用，主动应对监管、市场变化，不折不扣的执行监管“报行合一”要求，执行分公司精细化、刚性预算管理，以交叉销售、个人营销、电网销等自有渠道为切入点，深化渠道建设，提升经营能力，全渠道抓续保，商业险续保率大幅提升，再上新台阶。业务发展内生动力逐步增强，基础管理工作得到有效推进。非车险条线抓队伍建设，增强内生动力，补齐经营短板，全面梳理业务增长点，把握机遇，实现业务突破。以四级机构跨越发展以及“百场万人、重装出击”星火传承为契机，积极开展三次传承工作，切实推进非车险跨越发展在四级机构有效落地，进一步提高机构内生动力和核心竞争力。农险条线固化成果，再接再厉，趁势而上，加大创新险种开办力度。在队伍建设上切实提升队伍的专业技能和综合素质，及时做好各项培训工作，做好种养殖险的风险管控，坚定不移地加大e农险5.0的推广应用力度。加强承保理赔档案管理工作，做到依法合规经营，坚决不触碰经营红线，严守合规底线。

【理赔工作】 理赔工作，严守合规底线，严肃理赔纪律，严格落实理赔人员“三不准”原则。车险理赔工作，加强内部质检，加大追偿力度，强化减损举措，降低成本，助力业务发展。继续加大对各项减损类工作指标的关注，利用好科技的力量加大理赔减损力度。积极落实推进“神马工程”，配合前端不断打造客户经营体系。积极响应分公司各项服务举措，积极推进AIC、“431”新科技应用，金钥匙、女性客户专属服务、公路侠、医管家、警保联动、劝导站建设、合作车商精准送返修等工作，全力打造“太好赔 4.0”品牌形象。非车险理赔工作，从事后理赔向主动防控转变，从静态理赔向主动协同转变，从单一理赔向事中服务转变。以品牌和协同为抓手，形成服务新格局，主动融入公司，为经营做贡献。以数据指标管理、风险管控以及“专享赔”服务品牌推广为工作重点，对标一流、对标先进、对标行业，全面提高整体风险管控能力。

【内控管理】 加强内控管理，确保各环节可控。按照银保监局以及上级公司统一部署，及时组织传达学习监管机关和上级公司各项文件精神，开展“守底线、明规矩、知敬畏”基层风险警示教育宣导、防范非法集资宣传、打击“黄赌毒”和黑恶势力专项整治、违规销售非保险金融产品专项自查、保险中介市场乱象整治、巩固治乱象成果促进合规建设等工作。由总经理室成员带队，法律合规岗牵头，车险、非车险、客服、财务、理赔等各条线部门组成专项检查组，对各支公司及中支本部各业务档案的真实性、完整性进行了检查，进一步规范操作，及时发现问题，积极整改，从源头上规避监管风险。

在反洗钱宣传方面，公司能够认真落实人民银行反洗钱工作要求，加强反洗钱组织建设，建立健全反洗钱内部控制制度，认真履行反洗钱客户身份识别义务，按时上报大额和可疑交易报告，认真组织开展反洗钱宣传培训，坚持依法合规经营，带头维护正常的保险秩序，中心支公司被承德市人民银行评为保险业金融机构 2018 年度执行人民银行金融管理政策综合评价 A 级。

附：中国太平洋财产保险股份有限公司承德中心支公司领导名录

党委书记：李志广
总经理：贾梅（女，满族）
党委委员、副总经理：黄五一
总经理助理：张杨（女）
党委委员：夏超（6 月任）

（供稿　于大鹏）

中国平安财产保险股份有限公司承德中心支公司

【概况】 中国平安财产保险股份有限公司承德中心支公司截止到 2019 年公司员工总人数 102 人。中国平安保险承德中心支公司始终秉承“诚信第一、效率第一、客户至上、服务至上”的服务宗旨，坚持客户导向，将客户体验作为公司经营最根本的出发点和落脚点，勇于创新，锐意变革，向客户提供全方位、个性化的保险产品和服务，在实现公司价值的同时为客户创造价值。

【“金融＋科技”战略驱动】 公司贴近客户最迫切，最真实需求，切实为客户打造“安心、简单、温暖“的服务体验，让客户享受到更科技、更便捷、更丰富的服务。在不断为客户创造价值的同时，平安产险承德中支积极践行企业社会责任，为社会公益事业添砖加瓦，贡献力量。河北省保险行业协会。

【提升服务技能】 公司秉承“平安保险，服务人民”的社会使命，打造“以人为本、和谐奋进”的理念。目前，在全市设有支公司 10 家，鹰手营子矿区设有服务网点。公司拥有 365 天 24 小时的全天候专线服务电话，和电子商务平台在内的销售服务体系，拥有覆盖全省所有城市遍布城乡完善的机构网点。平安产险贯彻落实国家支农惠农政策，大力开展涉农特色险种服务，例如“惠农平安险”、平安“家财宝”等，为地方经济发展贡献力量。平安产险还大力发展线下服务，公开社会招聘，发展线下代理人，促进当地就业。承德地区保险行业发展还在起步阶段，市场潜力很大，在总公司带领下，平安财险承德中支以金融＋科技为路线，为年承德当地经济发展作出贡献。

【风险防范建设】 平安产险在经营过程中面临的主要风险防范有“反洗钱”“反保险欺诈”及内部管理风险。针对反洗钱，本年度为反洗钱法实施十周年，高度重视，搜集反洗钱案例，整理反洗钱知识，制作反洗钱宣传资料，下发全员学习、宣导。配合分公司开展反洗钱自查自纠工作，对发现问题的也及时作出了整改，这些工作的开展在公司营造了反洗钱学习氛围，促进了反洗钱文化建设。对于反保险欺诈，公司定期组织员工进行反保险欺诈培训，分公司定期也会发送反保险欺诈案例，供员工学习参考，增强了全员反保险欺诈意识。针对内部工作管理风险，公司组织开展合规文化，每天发送合规文化小知识，每天晨会播放合规小视频，供员工学习，警钟长鸣，树立合规文化理念，规避内部工作风险。

【理赔服务】 为解决客户出险后的难点、痛点，依托总公司科技实力及互联网技术，推出好车主全流程线上理赔、人伤暖心服务两大线上极致服务产品，开启互联网理赔服务体验新模式。

AI 自助理赔服务：主要针对简易事故案件，利用智能风控、智能图片定损、生物识别三大核心技术，实现客户线上一站式纯自助理赔结案。AI 自助理赔服务拥有现场查勘“零”等待、车辆“秒”级定损、客户刷脸拿钱等线上化功能，实现了科技与保险相融合，为客户提供更加便捷、高效、安全的理赔服务。

人伤暖心服务：是平安产险根据“一客户一场景一服务一模式”，对客户进行精准定位和画像，推出了“小额人伤一站式快易免、住院案件院内调解、伤残案件主动上门”三大系列服务。

附：中国平安财产保险股份有限公司
承德中心支公司领导名录

总 经 理：杜　玮

副总经理：袁鸿飞

（供稿　王昆鹏）

综 述

【概况】 2019年，全市共有各级各类学校1619所，在校生649802人，教职工52349人。市教育局在市委、市政府的领导下和省教育厅的指导下，贯彻党的教育方针，落实立德树人的根本任务，以办人民满意的教育为目标，解决社会关注、群众关心的热点难点问题，推进教育治理体系和治理能力现代化。

【提升综合水平】 学前三年毛入园率达到88.9%，在公办和普惠园就读幼儿占比74.6%；义务教育阶段入学率达到100%，巩固率达到98.2%，超过全省平均水平1个百分点；高中阶段毛入学率达到90.9 %；适龄残疾儿童入学率达到96%；在全省率先建设老年学校60所。丰宁县、双桥区、宽城县、承德县通过省政府教育履职评价和语言文字督导评估。滦平县被国家语委评为“全国语言文字推广基地”。

【解决焦点问题】 为解决“三点半”难题，承德市率先于全省在市、县城区中小学开展课后服务工作，市、县城区165所中小学校全部实现提供服务，参与学生近13万人，参与教师8293人，学校覆盖率达100%，实现提供服务、满足需求两个100%，在一定程度从源头上解决了学生家庭负担重、在职教师开展或参与有偿补课的问题，获得了广大学生及家长的赞誉，承德市的经验在全省基础教育工作会议上做了典型发言。为促进优质教育资源共享，更加高效利用名师资源，满足学生及家长对优质课程的需求，建立了承德“名师空中课堂”线上辅导平台，组织省级名师工作室主持人、特级教师、市级学科带头人等进行授课。开播以来，共授课495节，在线听课学生376106人次，收到了良好的效果。为规范校外培训机构和“小饭桌”，对校外培训机构和小饭桌进行“拉网式”排查，针对是否存在安全隐患、超前超标培训、培训结果与招生入学挂钩等问题进行检查。对检查出的培训机构无审批手续、小饭桌超范围进行教育培训等问题限期督促整改，群众满意度进一步提升。

【校园安全】 坚持“安全工作要确保万无一失，否则一失万无”理念，压实工作责任，与各县（市、区）教体局、驻市各院校签订了安全、综治、维稳工作目标责任书，充分利用“全民国家安全教育日”“安全生产月”等有利时机集中开展安全宣传教育主题系列活动。加大督查整改力度，实施双控台账动态管理，切实消除学校安全隐患，控制学校安全风险，全市“互联网＋网格化”的学校安全网格化管理模式初步建成。秋季开学，市政府印发了《承德市校园及周边安全环境综合治理行动实施方案的通知》，对全市校园安全管理薄弱环节、安全基础条件较差区域进行全面整改，提升校园及周边的安全防范水平，确保校园师生安全。强化“三防”建设，全市城镇公办学校和规模以上农村校配备专职保安1317人，配备视频监控摄像头39661个，配备一键报警装置500余个，市主城区和县城中学全部实现三个100%，各种安全防护设施较为齐备，各学校基本上都实现了封闭管理，全年未发生安全责任事故。

【老年教育】 推动老年教育与现有教育资源共享，与市委老干部局联合下发《关于积极推动老年教育与现有资源共享建设老年大学（学校）工作的实施方案》，并召开全市老年学校建设工作会议，明确建设标准。通过整合“学校、社区、老干部活动中心”等三类资源，在全省率先完成60所老年学校的建设任务，覆盖全市所有县（市、区），其中县城45所，乡镇15所，其中利用教育资源建设18所，社区资源36所，老干部活动中心6所，建设面积近1.6万平米，招收学员5757人。承德市被河北省教育厅评价为全省唯一成立老年教育科、全省率先推进老年学校建设的地区。

基础教育

【概况】 2019年，全市共有幼儿园999所，在园幼儿80057人，教职工7561人；小学452所，另有教学点861个，在校生272030人，教职工19943人；普通中学127所，其中：初中88所、高中21所、完中2所、九年一贯制16所，在校生204800人，教职工17568人，其中：初中在校生144666人，教职工11844人；高中在校生60134人，教职工5724人；特教学校9所，在校生1147人，教职工260人。有民办小学、初中、高中学校13所。

【学前教育】 学前教育普及普惠发展，围绕“幼有所育”目标，全市新建、改扩建幼儿园60所，总面积3.86万平方米，投入资金7813万元，农村幼儿园办学条件得到全面改善，60%农村幼儿园达到二类标准，80%达到三类标准。积极回应老百姓关切，千方百计扩大城镇学前教育资源供给，加强城镇小区配套幼儿园治理和普惠性幼儿园认定工作，全市新认定普惠园20所。围绕“内涵发展”方向，组织全市省级示范幼儿园内涵建设工作现场观摩，促进了学前教育质量的提升。宽城二幼等四所幼儿园通过省示范幼儿园验收，城市省级示范幼儿园达到34所，农村省、市示范园达到100所。

【义务教育】 义务教育向优质均衡迈进。着眼城乡义务教育一体化、优质均衡发展，加快缩小区域、城乡、校际差距。实施“两类学校”（乡村小规模学校和乡镇寄宿制学校）建设，新建、改扩建项目校20所，面积10.85万平方米，使农村学校办学条件进一步提质升级；推进主城区学校建设，年内规划项目9个，其中世纪城学校已竣工投入使用，其他学校已开工建设。消除“大班额”和“超大班额”有力推进、成效明显。学校内涵建设，落实《义务教育阶段学校管理标准》，全面对标研判，查漏补缺，督促指导县（市、区）和学校进行自查核查。鼓励引导学校探索推进学校内涵发展的途径和方法，在平泉市召开学校内涵建设现场会，有效推动了全市各学校内涵发展。减轻中小学课业负担，制发了《承德市中小学生减负工作实施方案》，通过强化监督管理、规范学校办学行为和课外培训机构发展等举措，优化了区域教育生态环境。

【素质教育】 坚持全面贯彻党的教育方针，真正把中小学素质教育、德智体美劳全面发展落到实处。以习近平新时代中国特色社会主义思想“进教材、进课堂、进头脑”和社会主义核心价值观教育为核心，以文明校园、绿色校园等创建工作为抓手，发挥课堂教学的主阵地、主渠道作用，利用校园文化和活动载体，组织师生开展庆祝中华人民共和国成立70周年等一系列活动，学校未成年人思想道德建设、艺术、体育等工作蓬勃开展。以《关于加强中小学生研学旅行的意见》为指导，承德市各县（市、区）的90多所中小学、近10万余名学生投入到研学旅行活动中；采取申办制方式，举办全市中学生运动会；校园的社团活动、主题教育和社会实践丰富多彩，读书教育、传统文化、艺术、校园足球、冰雪运动等活动形成常态，为学生们拓宽视野、增长见识、强健体魄、陶冶情操搭建了广阔舞台。市教育局被评为市级文明单位，全市110所学校被评为市级文明校园，省级素质教育示范校达到29所，市级素质教育示范校达到88所，15所学校被命名为河北省奥林匹克教育示范学校，10所学校被命名为河北省校园冰雪运动特色学校。

【普通高中教育】 普通高中教育向多元特色发展。推进高中阶段教育普及攻坚计划，主动适应"新高考"对教育资源的需求，平泉一中、兴隆一中、鹰城一中等三所高中异地新建工程已开工建设，预计2020年建成投入使用。吸引民间资本投资教育，促进公办、民办教育良性有序竞争。在2018年承德县的承实高中基础上，2019年又批办了滦平县的承德文茂高级中学。推进"新高考"改革。全面落实《河北省普通高校考试招生制度改革实施方案》，深入组织开展高中校长培训和学生家长政策解读。按照高考综合改革的要求，优化教育资源配置，改革教学组织管理，运用现代信息技术手段，探索开展分层教学、走班教学方式，最大限度满足学生选课需求。按照河北省采取的"3+1+2"模式，全市普通高中学校2018年秋季入学的学生完成选科走班。推进高中多样化发展。承德二中发挥外国语学校优势，与中国留学人才发展基金会国际教育中心联合招收国际班，第一批国际班学生28名；河北蒙中突出蒙汉双语教学特色，蒙汉双语教学班、蒙语对等交换招生工作成效明显。

【特殊教育】 严格落实河北省省残联、教育厅等四部门《关于确定面向全省招收残疾学生的中等职业学校、盲生高中、聋生高中的通知》精神，做好宣传和转介工作。落实《承德市第二期特殊教育提升计划实施方案（2017—2020年）》，对辖区内所有适龄残疾儿童（6～14周岁）进行详细调查，切实解决适龄残疾儿童少年招生入学工作中的难点问题。进一步加强随班就读工作和送教上门教育服务，加快资源教室建设速度，完善资源教师配备，努力实现残疾儿童少年入学"零拒绝"、接受义务教育"全覆盖"，确保建档立卡的适龄残儿童少年入学就读。市特殊教育学校迁址新建工程已开工建设，将按照国家建设标准，建设成从学前到高中的特殊教育学校。

中等职业教育

【概况】 2019年，全市共有中等职业学校26所（含民办）。抓教学质量提升、促进就业，部署和指导第二轮"中职120质量提升工程"项目校，制定2019—2021年三年项目建设总体方案和年度建设方案。推动产教融合，推广职教学校经验。开展农民各类职业技能培训。

【质量提升工程】 开展"中职120质量提升工程"项目建设及绩效评价、"教学诊断与改进"、年度质量报告编制、人才培养方案制定专项培训工作。结合河北省教学诊断与改进工作复核工作对承德市贯彻落实情况进行专项调研。在承德工业学校举办了全市中职学校学生专业技能大赛，促进大赛制度化、体系化、全覆盖。

【校企合作】 推动产教融合、校企合作，与发改、工信等相关部门沟通，了解掌握承德市产业发展规划、发展现状，组织职业院校与本地行业、企业对接走访，了解承德市企业人力资源现状和具体需求。在此基础上起草完成承德市《深化产教融合的实施方案》。推广承德工业学校、承德县职教中心经验做法，全面开展校企合作试点工作，推动行业企业参与人才培养全过程，进行“订单班”“冠名班”、引企入校等探索。

【新型职业农民培养】 2019年，全市6所项目校招收新型职业农民培养学员2092人，超额完成592人。各级职业院校积极配合人社、扶贫、安监等部门，开展各类职业技能培训，累计完成培训8万人次。

高等教育

【概况】 全市共有普通高校6所，其中省属2所，市属4所。承德医学院、承德师范学院，加强教学、科研、招生工作，发挥高校优势，培养高精尖人才，拓宽大学生就业渠道。4所高等职业院校不断提升服务地方经济能力，围绕承德市产业发展对人才的需求，引导支持职教开发新专业，不断优化专业结构。支持驻市高校和市属高校围绕承德市“3+3”主导产业发展，优化专业学科结构，发挥学科优势，打造特色品牌，提升科研创新能力。承德石油高等专科学校、河北旅游职业学院、承德护理职业学校、承德应用技术职业学校开展产学研用结合教学，自建或与企业合作共建研究中心、实验室、技术研发中心、众创空间、实训中心等基地，开展科技成果转化和其他技术服务。

【承德医学院】 承德医学院是一所隶属于河北省人民政府领导的全日制高等医学本科院校，坐落在历史文化名城—承德市。校园占地74.89万平方米，建筑面积19.2万平方米，固定资产总值7.8亿元。现有教职工2229人（含直属附属医院），其中专业技术人员1876人，正高职称219人、副高职称495人，博士和硕士人员1254人。有享受国务院特殊津贴专家、全国优秀教师、河北省突出贡献专家、省级教学名师、省级青年学科带头人、百人计划特聘专家、省“三三三”人才工程和中青年骨干教师80余人。有硕士研究生导师867人，博士研究生导师5人。坚持开放办学，不断扩大对外交流与合作，先后与丹麦哥本哈根大学等10多所国外院校和10余所国内知名高校及医疗机构建立了友好交流与合作关系。学校聘请30名国内外知名学者为客座教授，其中5位中外籍院士为特聘教授。

2019年，严格遵守高校招生“六不准”和“十公开”的要求，完成普通本专科和专接本招生计划，面向全国28个省（直辖市、自治区），共招收2330名新生。年内，共有全日制在校生10109人，其中本科生8226人，专科生666人，硕士研究生932人，留学生285人。此外，2019年申报口腔医学、医学检验技术两个本科专业已获批，于2020年开始招生。现有本科专业12个，其中临床医学、中医学等6个专业纳入一本招生；现有国家级特色专业建设点2个、专业综合改革试点1个、卓越医生教育培养计划改革试点项目2个；有河北省一流本科专业4个，本科教育创新高地2个、品牌特色专业2个，省级专业综合改革试点3个，省级精品课程9门、精品资源共享课程1门、精品在线开放课程4门，省级实验教学示范中心4个，省级优秀教学团队2个，省级大学生校外实践教育基地1个，省虚拟仿真实验教学项目2个。有硕士学术学位授权一级学科4个，涵盖25个二级学科；硕士专业学位授权一级学科5个，涵盖32个专业领域。有省级重点（发展）学科8个，省级医学重点（发展）学科4个，国家重点中医专科1个，省级临床重点专科建设（培育）单位17个。现有省级重点实验室1个，建有中药药理实验室等4个中医药(二级）科研实验室；省级产业技术研究院1个，河北省高校应用技术研发中心1个；河北省中医药重点研究室1个；市级研究所（工程技术研究中心）21个；校级研究所（研究室）16个。

加强教学管理与质量监控，全年下达并落实必修课任务共计1350项，专业选修课任务50

项。推广使用超星尔雅、智慧树网络在线通识课，购买通识课程40门，拓展学生人文社科类自主学习资源，给学生提供丰富多彩的通识课。推进教学管理信息化进程，投资建设教务管理系统，升级完善信息化教学管理平台，构建教务综合管理平台。引进先进教育理念，推进以自主学习为中心的教学模式改革，推进微课、翻转课堂、混合式教学，构建线上线下相结合的教学模式。组织完成并落实承德医学院2018版本专科人才培养方案部分专业及课程的培养方案调整工作。

加强科研管理，增强科技创新能力。至2019年共申报各级各类课题200余项，新立115项，争取课题费542万元，课题结题验收51项。科研成果获省部级学术著作奖1项，作为合作单位获河北省科技进步三等奖1项，获市厅级奖励63项。加强科研平台建设，1月，承德医学院工作站被河北省科协遴选为模范院士专家工作站，并通过国家认证。以学校作为依托单位申报的河北省（承德）中药材产业技术研究院通过立项评审。河北省中药研究与开发重点实验室在绩效综合评估中取得良好等级，将获得80万元绩效后补助经费；以学校为理事长单位联合省内中药材企业、高校及科研院所组建而成的河北省中药材产业技术创新战略联盟在科技厅联盟评估中被确定为优秀档次，将获得联盟建设科技专项50万元经费支持。肿瘤在体研究室建设项目、病原防控研究平台建设项目、实验动物公共服务平台项目共获得中央财政支持地方建设项目专项经费487万元。学校投入120万元用于加强院士工作站、基础医学实验平台、中药研发平台等科研平台建设。加强学术交流与合作，学术影响不断扩大。先后组织召开燕山大学—承德医学院“医工结合“学术研讨会；聘请山东第一医科大学、解放军总医院、北京大学等客座教授开展学术讲座。学校教师参加国内外学术交流200余人次，大会主题发言10余人次。

2019年，是学校党建质量提升之年，全校各级党组织和广大师生，深入学习贯彻党的十九大和十九届四中全会精神，全面贯彻落实党的教育方针，开展“不忘初心、牢记使命”主题教育。暑期组织中层干部在上海交大开展学习培训，集体参观中共一大会址和嘉兴南湖，重温入党誓词、点燃思想火种、汲取精神力量。举办学生党校学习培训班、青年马克思主义者培训班。举行“青年大学习”主题活动，组织游览承德避暑山庄和周围寺庙群，对2000余名学生党员、预备党员和积极分子、1100余名新生进行爱国、爱党、爱校教育，校史馆全年接待参观人员2000余人次，弘扬红色文化，培树社会主义核心价值观。开展健康向上的文明校园创建活动，开展了“网上祭英烈”“我们的节日 · 中秋”“烈士纪念日”等一系列主题活动，繁荣校园文化，举办第十八届学生体育节、第二十四届学生社团活动月、第二十二届科技文化艺术节、中医节、护理节、心理节。建设校军乐团、合唱团、舞蹈队、广播站、礼仪队、仪仗队等学生文化团体，铸魂育人，以文化人。加强反腐倡廉教育，深入开展政治性警示教育，不断增强领导干部廉洁自律意识，设立学校纪委微信公众号“廉洁承医”，召开警示教育大会，组织中层以上领导干部集体观看警示教育专题片、违纪违法典型案例，下发《警示录》等警示教育资料，进一步筑牢拒腐防变的思想堤坝。学校近年先后10次荣获“省级文明单位”称号；先后授予河北省校园文化建设“十家单位”、河北省“文明大院”、河北省“文明校园”；学校党委被评为“河北省高校党建工作先进集体”；2015年学校荣获“全国文明单位”称号；2017年荣获河北省首届“文明校园”后复查审核保留“全国文明单位”称号。

（供稿　姚大明）

【河北民族师范学院】 学院占地80.35万平方米，建筑面积37.8万平方米。教学仪器设备总值10740余万元，各类实验、实训室120个，纸质图书131万册，数字图书335万册。设16个二级院系，有本科专业50个，其中师范类专业17个，涵盖教育学、文学、历史学、管理学、理学、艺术学、工学、法学、经济学等9个学科门类。现有专任教师676人，教授68人，副教授187人，博士82人，硕士596人。 2019年，引进博士12人，硕士32人，专任教师中硕博占比达到81.19%。选派12名教师分赴相关院校进修访学。选派14名专业教师到企事业单位挂职锻炼。学院48(含4个校内专业)个本科专业招生3200人，其中示范类专业16个，录取1425人，占本科招生计划的44.5%；专接本17个专业录取723人，其中师范类专业14个，录取607人，占专接本总招生计划的83.95%。2019年，学院共有全日制本、专科学生13103人。实施援疆就业“星火计划”，31名学子远赴新疆就业。

新师范建设模式和研究成效得到教育部基础教育司支持与肯定。推进师范专业认证，遴选3个卓越教师培养专业，5个专业参加2020年师范类专业国家二级认证。新增3个本科专业，确定6个校内重点专业、3个特色专业、6个转型发展试点专业、3个卓越教师培养试点专业，组织申报省级一流专业6个。申报民族专业实现招生；编辑《满族非遗概论》著作。获批省少数民族古籍整理研究与人才培训基地。《满族非遗在民族院校活态教学传承的探索与实践》教学成果获国家民委特等奖、河北省教育厅一等奖；获国家民委、河北省教学成果一等奖4项，二等奖4项，三等奖7项，共15项奖励。继续实施课程综合改革，遴选36门优质课程，开展课程教学改革，获批教育部在线教育中心“智慧教学试点校”。扎实推进“三维四段”实践教学体系建设，召开两次承德市教师教育协同发展大会，建立师范生校外实习基地106个。获批加入高校教师发展中心可持续发展联盟，并成为轮值常务理事单位。实现师范教育职前培养职后培训一体化，先后完成“国培”“省培”、援疆“送培”，举办省级名师工作室主持人和德育工作者等培训，累计培训1000余人次，培训工作获省教育厅、教育部好评。通过教育部本科教学工作合格评估。

全年承担各级各类科研项目124项，其中，国家级课题2项，位列全省21个申报单位第9位，省部级课题26项，位列全省68个申报单位第14位；到位科研经费256.75万元。获批首个国家民委“一带一路”国别和区域研究中心——日韩绿色发展研究中心；获批首个省级技术创新中心——河北省文化旅游大数据技术创新中心；获批承德市哲学社会科学研究基地——承德绿色产业研究基地；批准新建“燕山旅游研究中心”等4个校级研究平台；获批省级高新技术企业1家和省级科技型中小企业14家，批准立项15个。

深化产教融合，签署校企合作协议7项。全年选派1名教师、25名学生进行海外研修和交流学习；4月加入河北省孔子学院（课堂）中方院校联盟；9月与马来西亚理工大学签订合作交流协议；10月与日本二松学社大学签订合作协议和学生交流项目合作协议。省级引智项目工作申报成功，受到省科技厅资金支持。

深入落实立德树人根本任务，持续推进“一体四翼”思想政治工作格局和“3421”教学模式，不断完善“十大育人体系”，加强“课程思政”建设，实施“卓越教师”培养工程，3个思想政治案例分获国家民委、省委宣传部表彰，坚持以党建带群建，凝聚同心共进大合力打造了“星火计划”“小太阳”“课前一分钟”等10个党建思政品牌，示范引领效应凸显。构建系统的学生思政工作体系，为学生提供“思想引导、生涯指导、学业指导、心理辅导、困难资助”“四导一助”立体化全方位服务。蝉联“河北省高校辅导员暑期大家访先进单位”荣誉称号。全面推进“第二课堂成绩单”制度。大学生创新训练计划校级立项70项，省级立项35项。第五届“互联网+”大学生创新创业大赛，学院17个项目入围省赛。首次参加央视“五一”晚会、世园会闭幕式，受邀参加央视春晚演出。

（供稿 黄连娜）

【石油高等专科学校】 学校是教育部全国示范性高等工程专科重点建设学校，国家示范性高等职业院校重点建设单位和优秀院校、教育部人才培养水平评估优秀院校、国家优质专科高等职业院校、全国文明单位。学校占地面积1000余亩，校舍建筑面积27万平方米。教学科研仪器设备1.75亿元。图书馆藏书100余万册，收订中外文期刊1361种。

2019年，设有10系4部4中心。开设高职专科专业45个，与河北科技大学联合开办工程教育本科专业4个，与北华航天工业学院联合开办工程教育本科专业4个；与德国安哈尔特大学合作开办中德合作专业4个，与韩国新罗大学合作开办中韩合作专业3个。学校面向20余个省份招生，现有普通本专科在校生共计13000余人，成人学历教育学生3000余人，年承担各类培训2.2万余人日。现有教职工785人，其中高级职称教师249人（教授61人），硕士以上学位教师500余人（博士60余人）。学校有国家级教学团队3个，全国机械行业职业教育卓越贡献人物1人，省管优秀专家1人，省级教学名师4人。入选省级人才工程20人，承德市拔尖人才和学术技术带头人35人。4人入选第二轮河北省高职院校人才培养工作评估专家库，13位教师被聘为教育部高职高专专业教学指导委员会委员，14名教师被聘为硕士研究生导师。有7个教育部教学改革试点专业、3个教育部高等工程专科示范专业，5个区域和行业特色鲜明国家示范重点建设专业，5个河北省高职高专教改示范专业，2个高等职业学校提升专业服务产业发展能力重点建设专业。学校有省级以上精品课程25门，其中国家精品课程（国家精品资源共享课程）10门。主持高等职业教育教学资源库2项，其中应用化工技术专业教学资源库被教育部确定为首批高等职业教育教学资源库。学校教师主编出版国家级规划教材64部，获得国家级教学成果奖2项、国家优秀教材奖4项。学校有河北省仪器仪表产业技术研究院、河北省仪器仪表工程技术研究中心、河北省高校工业数据通信与自动化仪表应用技术研发中心、河北省石油生产虚拟仿真技术及应用工程技术研究中心、河北省流体测控仪表工程实验室5个省级科技平台，至2019年承担市厅级以上教科研课题370多项，服务企业技术课题200余项，90余项成果获奖，先后获得教育部高等学校科学研究成果一等奖、河北省科技进步奖和中石油科技进步奖等多个奖项。

学校建有较为完备的11个校内实验实训基地群，拥有校外实训和产学合作基地420余个。学校与20余所国（境）外院校建立了校际合作关系，与承德市高新区管委会共同建立了政产学研战略联盟和科技创新创业苗圃，与企业共同建立了仪器仪表研发中心，牵头成立承德装备制造职教集团。学校与世界五百强企业中石油、中石化、中海油、大唐、神华等大型能源企业建立长期合作关系，每年有大批学生到企业进行顶岗实习、就业。中国石油天然气集团公司在学校设立了中国石油奖学金，并建立了高技能人才培训基地。

学校是首批职业院校文化素质教育基地、全国产学研合作教育试点单位、全国创业培训试点院校、教育部技能型紧缺人才培养培训基地，全国石油和化工行业职业教育与培训示范性实训基地、全国化工行业特有工种职业技能鉴定站和河北省电子行业特有工种职业技能鉴定站。学校在百余年的办学历程中，秉承“道艺兼修，敬业乐群”的校训和“工艺非学不兴、学非工艺不显”的办学理念，致力于服务地方经济以及石油工业发展。学校学生曾获全国大学生数学建模竞赛、全国大学生电子设计竞赛、全国石油工程设计大赛、全国职业学校创新创效创业大赛一等奖等多个冠军和奖项，毕业生就业一次签约率连续多年列河北省同类院校第一名，曾在“麦可思”就业能力排行榜上位列国家示范院校第一名，并被教育部授予“全国毕业生就业典型经验高校”（全国高校就业50强）。学校近年先后获得河北省先进集体、河北省文明单位、河北省高校党的建设工作先进集体、河北省教育系统先进基层党组织、全国职业院校魅力校园、中国石油和化学工业文化建设先进单位、全国师德建设先进单位、全国精神文明建设先进单位、全国职业教育先进单位、全国文明单位等荣誉称号。校区建筑群被评为全省高校校园唯一的“河北省首批十佳公共建筑”。

（供稿　王紫剑）

【河北旅游职业学院】 河北旅游职业学院坐落于开发区高教园区。学院占地面积335334平方米，建筑面积21.18万平方米。学院设有旅游外语、旅游管理等15个教学系（部），开设旅游管理、导游等48个专业。学院建有3个省级示范专业，1门国家级精品资源共享课程，5门省级精品资源共享课程，3门高职高专教指委精品课程。建有2个中央财政支持的高职教育实训基地、2个中央财政支持的专业服务产业能力建设项目和4个国家级高职高专骨干教师培训基地，校内建有各类实训室131个，校外实习实训基地160余个。截至2019年底，学院有教职工748人，其中教授44人，副教授221人（含2名高级讲师），全日制在校生9050人。河北旅游职业学院是河北省唯一以旅游命名、以培养旅游类、现代农业、现代管理和信息机电类高技能专门人才为主的综合性公办全日制高职院校，是河北省重点建设的示范性高等职业院校。全国高职院校国际影响力50强单位，旅游职业教育校企合作示范基地，全国唯一一家中央国家机关工作人员定点培训单位，河北省高技能人才培训基地、河北省旅游人才培训基地、中国旅游教育协会常务理事单位、河北省旅游职业教育集团理事长单位、河北省旅游协会教育培训与规划分会会长单位。

以产教融合校企“双元”育人为根本，持续推进教育教学改革。争取“双高建设计划”项目，启动第二轮创新发展行动计划申报建设工作。修订2019年人才培养方案，加快专业调整步伐，推动实现每个专业至少有一个具有较高知名度的深度合作企业、一个高水平的校内或校外实训基地、若干密切衔接的中职院校的建设目标。推进信息化教学改革，开展教师教学能力比赛，逐步推行线上线下混合式教学模式。

开展科研课题研究，学院共申报各类课题及成果180项，立项125项，结项课题60项，科研成果获奖11项。获科研资助资金总计22.99万元。

采取引进、培养、选聘等多种形式，不断提高师资队伍的整体素质和水平。本年度新引进32名硕士以上学历教师，派出教师参加培训约400人次，国家培训22人次，累计完成3280学时。暑期外派教师参加培训达100多人、17人次参加线上培训，累计2550学时。30位教师下企业挂职锻炼，共402位教师具备双师素质资格，学院双师比得到了进一步提高。

招生总规模控制在2300～2700人之间，比2018年减少招生1000人，从招生规模上主动回调；学院首次实行按计划录取，适度调控各专业大类规模。探索和扩大“中高职衔接、两校联一企”的“三位一体”招生办学合作新模式，除吸收合作学校储备生源外，不再招收实验班学生。学院持续推动就业工作“三四二四一”工程，持续完善就业教育、需求岗位开发、就业基地建设、就业推介、就业调研、就业反馈、就业考核与评价“七位一体”的就业工作体系，就业工作成效显著。

国际教育与交流取得了新突破，招收49名来华留学生，同比增长36%。境外实习、就业呈现多样化趋势，学院已向塞舌尔旅游企业输送八批187名境外实习生，22名中外教师在此项目中获益。38名学生重返塞舌尔旅游企业并成为塞舌尔旅游企业的正式员工。学院率先与立陶宛帕涅维茨应用科技大学、拉脱维亚里加酒店管理学院、中东职业教育国际联盟签署战略合作协议并挂牌建立“国际旅游学院”。后又拓展瑞士HTMI国际酒店旅游管理学院带薪实习项目、日本旅游企业带薪实习项目、马来西亚对外汉语教师实习项目。

持续改善办学环境和条件。投资近600万元，重点做好3号教学楼维修改造工程、北院体育看台改造、南院路面改造、艺术设计机房、心理服务中心5个建设项目。完成原校园网络向新网络中心迁移工作，实现教学区域无线网络全覆盖。修订完善学院安全稳定组织机构、安全管理制度、安全预案及操作规程等6项。稳步推进《河北旅游职业学院安全风险辨识及隐患治理项目清单管理双控制度》建设，落实《河北旅游职业学院2019年社会管理综合治理和安全稳定工作目标管理责任书》三级签状工作；完成2019年平安校园建设档案建设工作并顺利通过考核。

以立德树人为根本，加强学生思想政治教育。紧紧围绕学生“成人成才”教育，深入推进“导师制”，探索“三联两导”学生管理新模式，形成了全员、全域、全过程育人的趋势。学院强化思想引领，主题教育活动特色鲜明，通过开展“庆新中国成立70周年合唱比赛”“拥抱新时代，千人大合唱”“习言习语进校园”“教师爱车送学子”等主题教育活动，引导广大同学坚定理想信念，系好人生第一粒扣子。打造“青年学习班”“青马工程”“团学干部团建培训”等工作品牌，全院举办活动14场，培训团员青年1500人，推动党的理论在广大同学中入脑入心。大力培育和践行社会主义核心价值观。

2019年，作为“党支部建设年”，扎实开展“不忘初心，牢记使命”主题教育，广泛开展立德树人根本任务“大学习、大讨论、大落实”活动。加快构建学院党委、系党总支、支部、党员“四位一体”组织体系，落实《党支部工作条例》，全面提升党支部建设标准化、规范化、制度化水平。实行党总支（支部）书记述职评议考核制度，全面落实教师、党支部书记“双带头人”培育工程。

（供稿　丁兆利）

【承德护理职业学院】 承德护理职业学院，原为承德卫生学校，2010年3月，经河北省人民政府批准、教育部备案，升格更名为承德护理职业学院，实施专科层次高等职业技术教育，保留中专教育职能，是一所以培养医疗卫生护理人才为主的高等职业院校。

学院占地190443平方米，建筑面积99204.46平方米，固定资产2.09亿元，教学仪器设备总值2825.72万元，图书馆纸质图书29.958万册。学院现有教职工331人，其中专任教师262人，具有研究生学位教师129人，教授26人，高级职务教师119人。学院设有“四系一部一中心”，包括护理系、涉外护理系、医学系、药学检验系、思想政治理论课教学部以及国际护士培训中心。开设护理、临床医学、口腔医学、助产、药学、医学检验技术、医学影像技术、医学美容技术、口腔医学技术、中医康复技术、老年保健与管理等10余个专业，全日制在校专科学生9024人。现有非直属附属医院1家，省内外实习就业基地57家；校内建有临床护理、口腔、药检、医学基础四个实训中心以及人体生命科学馆和心理咨询中心。

教学工作以提高职业能力、促进就业创业为导向，实施护理专业“1.5+1.0+0.5”人才培养模式改革。学院在《河北省高等职业教育创新发展行动计划（2015—2018年）》中承担的33个任务和7个项目通过教育部和河北省教育厅验收，并承接新一轮创新发展行动计划中的骨干专业、生产性实训基地、护理大师工作室和老年护理在线开放课程四个建设项目全面启动实施。学院成为全国首批“1+X”养老照护和母婴护理职业证书试点院校，400多名学生参加养老照护培训。2019 年，专科学生护士执业资格考试平均通过率为 76%。

加强教师队伍建设，选聘硕士研究生 4 人，调入本科教师 1 人。投入 60 余万元围绕职业教育政策、养老护理等重点内容组织教师外出培训学习 119 人次。深化校企合作，促进教师双向流动，聘请校外教师 23 人次到校讲学。学院教师参加或指导学生参加全国全省多项职业技能大赛，获得一等奖 2 项、二等奖 7 项、三等奖 11 项。医学系黄呈森老师被河北省教育厅授予“河北省师德标兵”称号。

科研课题立项 27 个，其中省级课题 9 项，结题 24 项；发表论文 62 篇，其中，中核心期刊 9 篇；参编教材、著作 23 部，主编、副主编 8 部。获市级以上优秀科研成果 11 项。

改善办学条件，新增教学仪器设备 765.32 万元，对助产实训室、图书馆、计算机室、录播室、智慧黑板、实验室耗材等进行了装备更新、改造添置，投入 80 余万元增购纸质图书 1.68 万册和同方知网数据库。投入 172.2 万元进行了山体护坝建设、开水房改造、纱窗制作安装维修、教师办公桌椅和现代化办公设备购置等。针对猪肉等物价上涨问题，启动了学校学生物价平抑基金，为学生食堂和 461 名特困生发放补贴 12.3 万元。

2019 年，学院面向 19 个省市招生录取专科新生 1903 人，其中：面向社会四类人群扩招录取 13 人，录取承德、张家口地区农村定向免费培养临床医学专业学生 91 人。“3+2”联合办学转段 1319 人。毕业生 2196 人，就业率 97.48%。组织 82 家用人单位来校参加招聘会，达成就业意向 1885 人次；为 239 名特困毕业生发放求职补贴 47.8 万元，特殊群体毕业生 408 人（包括建档立卡毕业生 77 人），就业率 100%。英语培训出国就业或学习 37 人。承德市第二期乡村医生定向培养班在学院开班，共计招收 334 名学员。

落实高校党建和思想政治工作会议精神，树牢“四个意识”，坚定“四个自信”，按照中央、省市委的统一安排部署，扎实开展“不忘初心、牢记使命”主体教育。制定《基层党建质量提升年活动实施方案》，建设 6 个标准党员活动室，教师党支部书记“双带头人”配备实现 100%，21 个基层党组织书记党建述职全覆盖。加强党风廉政建设，强化“一岗双责”责任落实。

至 2019 年，学院先后被授予“全国教育系统先进集体”“全省职业教育先进集体”“省级文明校园”等荣誉称号，并先后被确定为“国家护理专业领域技能型紧缺人才培养培训基地”全国老年护理师资培训基地”“国家执业医师临床实践考试基地”“承德市教育科学研究工作先进集体”。

（供稿　王佳颖）

【承德应用技术职业学院】 承德应用技术职业学院坐落于承德市高新区，2016 年 11 月，为贯彻落实京津冀协同发展国家重大战略部署，天津市人民政府与河北省人民政府签署《关于对口支援建设高等职业院校框架协议》，天津市对口支援承德市建设一所高等职业院校，承德应用技术职业学院应运而生。学院是由承德市人民政府举办的全日制普通高等职业院校，由河北省人民政府和承德市人民政府共同管理，以承德市人民政府管理为主。学院作为天津中德应用技术大学协作校区接受其提供的办学指导。学院占地 446.38 亩，建筑面积 13.19 万平方米，总投资 10.9 亿元。先进的配套实训设备、附属设施投资 2.3 亿元，一期办学规模 5000 人。

学院以服务京津冀地方产业发展为目的，充分体现科学性、前沿性、应用性的办学定位，重点建设二三产业专业群，培养适应承德市及京津冀区域经济结构调整、产业转型升级和创新驱动发展需要紧缺的应用型、复合型技术技能人才。现设立智能制造、电子信息、现代服务、交通运输、学前教育、艺术设计 6 个系，组建 8 个专业群，23 个专业。2018 年首批招生 6 个专业，涵盖四大专业群，初步形成了专业系部框架。2019 年新增专业 11 个，招生专业达到 15 个，共录取新生 1682 人，超额完成了首届本地办学招生计划，并实现全国招生。2019 年首次招收提升人员 373 人，其中学前教育 259 人，电子商务 75 人，新能源汽车 39 人，采用“集中教学 + 线上教学 + 自主学习”的教学方式。至 2019 年，在校生超过 2100 人，含弹性学制入学学生。

作为援建项目，学院由天津中德应用技术大学提供职业教育品牌、教育教学指导、专业建设标准、师资培训等优质资源支持，制定了专业建设规划、人才培养方案、教学计划、教学大纲、师资队伍建设规划方案及各项管理制度。根据学校专业设置，选拔了符合高职院校任职条件的专任教师队伍，高职员工队伍建设有序推进，新增研究生学历以上师资 219 人，师资力量雄厚。全体专任教师及管理人员均赴天津中德应用技术大学接受业务培训，完全具备高职院校教育教学和管理能力。坚持以教师发展为核心，深入实施师资队伍建设“2666”工程和个人成长“13510”规划，对青年教师、专业带头人和骨干教师培养力度进一步加大，教师队伍结构不断优化，教师队伍素质显著提升，一支有朝气、有活力、富有进取意识和创新精神的师资队伍正在形成。

坚持把推进教研教改工作作为提高师资队伍建设水平、提高教学质量水平的重要抓手，推动教研教改工作，教研教改氛围更加浓厚。2018 年有 13 个校级课题立项，2019 年有 25 个校级课题、11 个市级课题和 10 个河北省规划课题立项。

制定“13510”发展规划和“三基地”“三示范”建设目标，未来将把学校建设成为服务承德及京津冀地区经济社会发展的高质量应用技术人才培养基地，促进就业、助力技术技能人才终身发展的一流职业培训基地，直接服务二、三产业转型升级发展、产教学研训一体的创新创业及实用技术研发基地。努力把学校办成全国教育扶贫的示范、京津冀教育协同发展的示范和中高职衔接一体发展的示范。

启动数字化校园建设项目，投入资金 1578 万元。校园网建有 1100 多个无线终端和配套的 Poe 交换机、防火墙、网络运维管理平台，实现了校园无线网络全覆盖。校园网接入互联网带宽达到 3500 兆，实现了在校学生在学校教学区无线上网。建立了完善的信息资源保障体系，购置多种网络数据库，拥有数字图书 10 万册，自建数字化资源有大幅度提升，有效保障了师生员工的教科研及学习需求。信息化教学管理中心，利用云计算、大数据、人工智能等新技术，构建全方位、全过程的教学管理支撑体系，该体系能够对全校师生课堂教学与学习行为跟踪管理，实现统计分析、数据挖掘和学情预警等功能，教师根据学习行为数据重新认识课堂，找出问题，有针对性地开展教学，实现以学生为中心，以学定教。利用平台系统数据进行教学诊断，精细化管理课堂，有效进行督学导学，使教学管理工作更加便捷高效。

依托天津中德应用技术大学的办学指导，以“校企合作、国际合作、从严治校、双创育人”为支柱，秉持“厚德励能、成才报国”校训，发扬“艰苦创业、勤奋进取、勇于担当、追求卓越”的学院精神，以“精道艺、重知行”为学生发展目标，为新时代中国特色社会主义事业培养高素质应用型人才，为青年学子实现技能成才、技术报国的理想助力。

（供稿　朱亚涛）

教师队伍建设

【概况】 全年国家、省、市三级培训教师 34658

人次；全市通过多种形式招聘教师2947人，全部补充到教学一线。在全省率先探索建立高校、地方政府、中小学“三位一体”的教师教育协同发展机制，实现了教师职前培养和职后培训的有效衔接。371名教师获得国家、省、市授予的先进称号，其中贾利民被评为全国教书育人楷模，赵艳芳、赵亚磊、闫帅被评为全国优秀教师，上板城初中获得全国教育系统先进集体荣誉称号。

【师德师风建设】 坚持把师德师风作为评价教师队伍素质的第一标准，将2019年作为“师德师风提升年”，持之以恒开展中小学在职教师有偿补课专项整治，全市中小学校、幼儿园普遍实施了“签名承诺自律”“社会监督公示”两项行动，查处在职教师有偿补课3人次，违规聘用在职教师参与有偿补课的校外培训机构1个。同时，注重培树典型、弘扬正能量，教师节期间，除获国家表彰教师外，河北省教育厅授予承德市16名教师“河北省师德标兵”称号；市委办公室、市政府办公室通报表扬50名优秀校长、100名师德标兵、200名优秀教师。

【提升专业化水平】 2019年，推动研训一体，开展教育科研工作，组织“山庄大课堂”“同课异构”“送教下乡”和优质课评选等活动。全市630所学校、6798名教师参加“一师一优课、一课一名师”评选，晒课 7450节。申报并开展具有针对性和创新性的课题研究，全市有4项课题在省教育科学规划办立项，其中重大课题1项，重点课题1项。组织11所普通高中参加“首届普通高中生涯规划教育论坛”，开展京冀高一年级语文、数学“同课异构”活动，进行典型示范，开展课例研讨。

【职前职后培训】 师资职前培养和职后培训工作，按照“国培项目”“省培项目”和全员远程培训任务，做好赴京跟岗培训、骨干校长培养、骨干校长高级研修班、农村校长素养提升工程培训、高中校长提高培训等送培工作。 探索建立高校、地方政府、中小学“三位一体”的教师教育协同发展机制。依托河北民族师院在全市建立了教师教育改革创新试验区，创建91所实习基地校和20所创新教育实验基地校，通过“协同教研”“双向互聘”“岗位互换”等方式进一步开展教师职前培养和职后培训。河北民族师院15个院系与24所创新实验基地校、106个实习基地校进行实地对接，开展课题研究、双向互动教科研等活动，确定了5项重点研究课题，13项普通研究课题。课题研究吸纳中小学一线教师参与，初步实现了高校教师和中小学教师在教学科研上的互动和衔接。

教育改革

【概况】 为做好教育改革工作，加强改革政策研究，在深入调研基础上，起草了《关于深化教育体制机制改革的实施意见》《全面深化新时代教师队伍建设改革的实施意见》等纲领性、指导性文件。结合承德市实际研究制定了《承德市基础教育“三名工程”实施方案》，为培树具有示范引领作用的高素质教师、校长队伍和高品质学校提供了政策支持。按照“一县一案”的要求，各县（市、区）均制定了《深化教育教学改革全面提高义务教育质量的实施方案》；双滦区“创新乡村教师机制”做法被《中国教师报》评选为2019全国区域课改十大样本之一。

【教育队伍管理和培养】 教育队伍管理和培养改革，依托河北民族师范学院开展了小学全科教师公费定向培养工作，2019年招录6个县195名本科起点小学全科教师新生。完成河北师范大学在承德市招收公费师范生和小学全科教师的需求申报工作，河北师范大学为承德市4个设岗县培养16名公费师范生、22名小学全科教师。开展“县管校聘”试点工作。确定滦平县为试点县区，支持试点县开展工作，通过到试点县进行专项督导调研、与试点县研讨、召开专门调度会等方式，逐步完善“县管校聘”办法及实施细则，为解决农村中小学编制、职称等问题做出有益尝试。推进中小学教师职称改革。制发《关于市直属学校教师申报高级教师职称须到乡村学校、薄弱学校任教有关要求的通知》等文件，对乡村学校和薄弱学校的界定、选派程序、任教期限及工作考核、实施时间和范围等方面做了具体规定。同时，坚持对新政策实施持续跟踪，不断健全完善相关政策，确保新政策落地落实。在市编办的支持下，创新编制管理，采取“周转编”方式，为承德一中补充亟需学科教师10名。

【教学改革】 推进课程改革，以高中英语和语文为抓手，推进国家课程区域化研究与实践，编写的《高中语文专题整体性阅读》已完成1-6册的重新修订，《高中英语阅读理解与分层训练》第四册已完成定稿。《中国教师报》开辟专栏对承德市高中语文课程改革进行报道。推广国家课程校本化实践成果，形成以六道河中学为代表的一批校本课程体系构建典型。启动中小学教育质量综合评价工作，通过政府招标的形式，聘请第三方对学校校长领导水平、教师教学能力、学生认知能力、师生关系、学校氛围等方面进行综合评价，市直属、承德县、丰宁满族自治县、隆化县、高新区的部分中小学参加测评，参评人数43632人。

【招生制度改革】 在巩固学前教育网上招生、义务教育划片招生、高中阶段统一招生等招生方式改革成果的基础上，制发了《关于开展中小学违规招生行为问题专项整治实施方案》《关于规范义务教育阶段学校招生的通知》，在市直属学校全面实施、各县（市、区）试点实施了“双随机”均衡编班的做法，全面实现“阳光招生”，有效抑制了无序招生、挑班选班现象；全市共投资733万元，用于更新考试巡查系统和标准化考点升级改造。落实“科技强考”，采取多证核对、人机比对等多种检测手段和措施，严防高科技作弊。全年共组织国家级考试7次、省级考试3次、其他类考试4次，实现了“考试无差错”“平安无事故”的目标。

【教育信息化改革】 坚持把教育信息化作为推动教育现代化的有力支撑，年内以实施“智慧教育”公共服务平台改革和建设为抓手，加快教育信息化发展。推进“联网达标”攻坚行动，年底前全市学校实现了100%联网达标。随着全市教育城域网和“智慧教育”公共服务平台建成并上线运行，组织开展应用培训10余场，参训人员达1600余人次。在全市培育选树双滦区实验小学等100所“智慧教育”公共服务平台应用典型学校。充分利用“乐教乐学”平台、“智慧教育”公共服务平台和“国家基础教育公共服务体系”等资源，推进“网络学习空间人人通”建设，不断提高应用效度。“1+N”专递课堂、“同步课堂”建设步伐正在日益加快。2019年，全市中小学教育技术装备投入共10325万元。

教育交流

【概况】 2019年，与京津冀教育交流互动，推进京津冀教育一体化，与天津市合作，建立教师培训基地；推进京津冀教育一体化，与北京教育合作，建立助学、助教基地；与北京、天津合作，培养技术技能人才，全年共计200多新型职业农民学员到北京市两个区考察学习并接受培训。

【京津冀教育交流】 推进基础教育教师培训基地

项目，由天津师范大学牵头，天津市教委、承德市教育局共同组织，在围场建立了教师培训基地，天津市教委提供经费支持。签约以来，共举办三期培训班，近 500 人参加培训。通过“中国好老师”公益行动平台专项行动推进京津冀教育一体化，全市有 17 所市、县（区）级基地校与北京 16 所学校建立了发展共同体，共有 109 所项目校参与，京承互动百余次，带动了薄弱学校发展。与北京市教育系统机关工委合作，利用北二外、中央美院、北京对外经贸大学三所高校在承德建立的六个助学助教基地，分别在北京、承德两地举办英语教师训培班、骨干教师培训班，共培训教师 150 余名。

【技术技能人才培养】 丰宁满族自治县、滦平县、承德县三所县职教中心分别与北京怀柔、密云职业学校开展人才培养合作，在专业课教学和实践教学阶段，师生成建制到合作学校，怀柔、密云职业学校免费为学生提供专业课教学、安排教师跟岗学习。目前三所学校合作培养规模约 200 人。毕业生共享合作学校就业渠道，基本实现在北京就业。滦平县、丰宁满族自治县职教中心在新型职业农民培养方面分别与密云区、怀柔区职业学校开始合作，2019 年共计 200 多新型职业农民学员到北京市两个区考察学习并接受培训。平泉市职教中心、宽城满族自治县职教中心分别与天津市西青区中等专业学校、红星中等专业学校等签署联合办学协议，招收承德学生以“1+2”形式分段培养（承德二年、天津一年）。

【资源共享】 天津市塘沽中专等部分中职学校与承德市平泉市职教中心、兴隆县职教中心等开展专业共建，指导承德中职学校专业建设，推动资源共享。天津市东丽区职教中心、西青区中专、武清区、津南区中专学校分别与对口帮扶的承德县、平泉市、围场满族蒙古族自治县、隆化县职教中心开展管理人员和教师交流互访达 30 余人次。

教育扶贫

【概况】 2019 年，全市精准落实各类学生资助资金 4.65 亿元，受助 135.44 万人次，其中建档立卡户学生 6.35 万人；认真落实控辍保学“七长”责任制和五级包保工作机制；在全省脱贫攻坚成效考核中教育扶贫连续第二年取得“零问题”的优异成绩。《河北日报》以《京津优质教育资源惠及承德贫困学子》为题对承德市东西部协作扶贫进行了报道。

【学生资助】 突出学生资助和控辍保学“两个重点”，其中学生资助实现了各教育段、公办民办学校和家庭经济困难学生“三个全覆盖”，做到了应助尽助、不落一人。做好新增“四类家庭经济困难”（义务教育阶段建档立卡、非建档立卡家庭经济困难残疾学生、农村低保家庭学生、农村特困救助供养学生）非寄宿生生活补助发放工作，28681 名学生享受该政策。

【控辍保学】 在全市推广丰宁县“劝、融、补、送、找”五步治辍工作法，河北省控辍保学现场会在丰宁满族自治县召开。控辍保学通过落实“七长”责任制等有效措施，做到了“一个都不能少”，没有一人因家庭贫困原因而失学、辍学。

【学生营养改善】 在实施好 5 个国家试点县、1 个地方试点县农村义务教育学生营养改善计划的基础上，从 2019 年秋季开学起，新增宽城、兴隆两县试点，为 187 所农村学校的 23885 名小学生，每天提供价值 2.5 元的奶、蛋。

党风廉政建设

【概况】 全市教育系统广大党员、干部紧紧围绕主题、主线、总要求，开展“不忘初心、牢记使命”主题教育；以“基层党建质量提升年”为载体，开展党建品牌常见工作。全面落实从严治党主体责任，坚持从严治党与业务工作同研究、同部署、同检查、同考核、同落实。严格落实意识形态工作责任制“三清单四办法”，建立完善了意识形态工作机制。

【主题教育】 开展主体教育，规范提升党建质量。将“不忘初心、牢记使命”主题教育作为“一把手”工程，把学习教育、调查研究、检视问题、整改落实贯穿主题教育始终。围绕办实事、解难题、惠民生，推进教育提升工程、主城区学前教育三年攻坚行动、中小学课后服务等民生工程，化解了13起信访稳定案件，整改安全隐患79处。以“基层党建质量提升年”活动为载体，建立处级领导干部联系党支部制度，开展党务干部集中培训，加强对基层党建工作的引领和指导，持续开展党建特色品牌创建工作，规范提升基层党建工作质量。承德二中党建工作经验在河北省中小学党建工作推进会上作了典型发言。

【党风廉政专项整治】 将全面从严治党七方面30项工作任务逐一分解，并与直属学校主要负责人签订了《2019年教育系统全面从严治党责任书》，以“明责”促“履责”。强化监督制约，对高等级廉政风险点的监督检查，先后开展纠正“四风”和作风纪律专项整治、群众身边腐败和作风问题等多个专项整治，共查究整改问题56个。

【意识形态工作】 推进意识形态工作，落实意识形态工作责任制“三清单四办法”，建立完善意识形态机制，形成横向到边、纵向到底的责任链条。开展专项行动，按照“管住校园周边、管住重点人、管住网络、管住阵地”的要求，多次召开校园安全稳定工作会议，分析研判形势，做好全市校园防渗透、防倒灌、防策反、防突发事件等各项工作，持续保持学校意识形态的高度统一和稳定。

附：市教育局领导名录

工委书记、党组书记、局长：
王国维（满族，11月免工委、党组书记，12月免局长）
王成军（满族，11月任工委、党组书记，12月任局长）

党组副书记、副局长：魏宝林（满族，2月免党组副书记，3月免副局长）
刘科军

工委副书记：赵相敏（女）

工委副书记、党组成员：史荣军

副局长：杨玉艳（女，满族）

党组成员、督学：刘　伟

党组成员、副局长：樊文广
雒文悦（2月任党组成员，3月任副局长）

（供稿　焦廷勤）

科 技

综 述

2019年，承德市科学技术工作深入贯彻创新驱动发展战略，全面落实国家、省、市科技工作部署，全市科技创新工作有序推进，科技创新体系得到进一步完善。承德市获国务院批准建设国家可持续发展议程创新示范区，成为全国仅有的6个国家可持续发展议程创新示范区之一，是承德市第一个全域性国家级发展平台。承德国家农业高新技术产业示范区申报工作取得进展。新增各类省级以上科技创新服务平台28家，省级技术转移服务机构达到9家，技术合同登记额超过44亿元，创历史新高。持续深化科技体制机制改革、不断优化科研管理，谋划科技项目，激发科技创新主体活力。全年共争取上级财政资金4830万元。新增高新技术企业55家、科技型中小企业381家、科技小巨人企业9家。同时，开展国内外科技交流与合作，加强科技人才引育，助力产业发展，承德市第一家河北省外国院士工作站和省级国际联合研究中心获批成立。科技扶贫和科普宣传工作协同开展，助推全民科学素质提升。

科技管理及改革

【概况】 科研管理主要突出科技项目和科技成果管理，争取省级科技项目，编制下达市本级科技项目，推荐有代表性获奖成果参加科技成果展；推进科技体制机制改革，优化科技创新环境，促进重大科技成果转化。

【项目管理】 聚焦全市“3+3”绿色主导产业，统筹谋划科技项目。全年共争取省级科技计划项目47项、获得支持资金2755万元。其中，承德宇航人高山植物应用技术有限责任公司承担的“结合化浊爽肺中药专利推动沙棘高端功能口服液产业化”项目获得省科技厅重大科技成果转化专项支持200万元。编制下达市本级财政资助项目28项，获得市财政资金650万元；下达自筹经费项目156项。持续推进厅市会商各项议题落实，加强对县（市、区）科技创新工作的指导，深入实施县域科技创新跃升计划，支持创新型县（市、区）试点建设。在河北省发布的《河北省县域科技创新能力监测评价报告(2019)》中，与上2018年度相比，承德市5个县实现位次前移。强化在研项目过程监督和验收管理，推进跟踪管理常态化。逐一梳理在研项目，掌握项目执行进度和执行中遇到问题，督促执行单位协调、推进，力争项目按进度完成。清理延期项目，主动与省科技厅、县区科技管理部门和项目承担单位沟通，摸清事实，按相应项目管理办法处理，做好项目档案整理备份。

【成果管理】 全年共登记市级科技成果109项。其中，农业40项，工业12项，医疗和卫生45项，其他12项。省级科技成果审核和上报105项；其中：农业25项，工业9项，医疗和卫生69项，其他2项。承德市向省科技厅推荐自然科学奖1项，科学技术进步奖8项。经评审，河钢股份有限公司承德分公司完成的“航空材料用高纯五氧化二钒生产技术研究与产业化”获省科学技术进步奖三等奖。河钢股份有限公司承德分公司参与的“钒铬共提清洁生产关键技术及产业化应用”获省科学技术进步奖一等奖，承德市农林科学院参与的“大豆重要性状分子标记发掘与优质抗病高产新品种选育”和承德医学院参与的“细胞因子与心肌损伤的基础与临床研究”分获省科学技术进步奖三等奖。推荐承德天大钒业有限责任公司参加了科技部外国专家服务司主办的“十三五”期间优秀引智成果展。按省科技厅部署，制作了《创新承德》宣传视频并梳理了十余项代表性科技成果在“河北省科技成果展示交易中心”布展。全面展现了新中国成立70周年以来承德市的科技发展成就。

【体制改革】　推进科技体制机制改革，优化科技创新环境，完成列入全市深化改革工作要点的任务事项。落实《河北省科技创新三年行动计划》和《承德市科技创新三年行动计划工作方案》任务。贯彻落实国家和省新出台的科技创新政策，发布《关于深化科技改革创新推动高质量发展的实施意见》《关于深化“放管服”改革优化科研管理的若干措施》等一批促进科技成果“三权”下放，股权、期权激励的文件。发布《承德市技术创新中心建设与运行管理办法》《促进民营经济高质量发展、推动科技创新研发平台建设实施方案》《研发平台建设专项工作实施方案》，进一步完善创新平台建设和管理制度。印发《推进市级重大科技成果转化专项工作实施方案》《承德市市级财政科技专项资金管理办法（暂行）》，促进重大科技成果转化，优化科技专项经费管理。

科技创新

【概况】　坚持示范引领，加强创新载体建设。获批建设承德国家可持续发展议程创新示范区。加强研发平台建设，提升科技创新能力。 围绕产业发展，持续推进科技创新主体培育。

【园区建设】　2019年5月6日，《国务院关于承德市建设国家可持续发展议程创新示范区的批复》正式发布，同意承德市以“城市群水源涵养功能区可持续发展”为主题，建设国家可持续发展议程创新示范区（以下简称：示范区）。承德市成为全国仅有的6个示范区之一，开启承德市第一个全域性国家级发展平台的建设工作。承德市成立以党政主要领导为双组长的示范区建设工作领导小组。5月23日，市委召开理论学习中心组（扩大）会议，邀请中国21世纪议程管理中心总工程师、研究员孙洪进行专题辅导。6月4日，省政府新闻办召开“承德国家可持续发展议程创新示范区建设情况”新闻发布会。6月27日，召开建设国家可持续发展议程创新示范区动员会。完善并印发了《承德国家可持续发展议程创新示范区2019年实施方案》《承德市可持续发展规划（2018—2030年）》及《承德国家可持续发展议程创新示范区建设方案（2018—2020年）》。示范区建设围绕重点任务组织实施水源涵养能力提升、绿色产业培育、精准扶贫脱贫、创新能力提升等四大行动；首批启动实施重点建设项目52个。10月、11月，举办两期“承德国家可持续发展议程创新示范区建设干部综合素质和可持续发展能力提升主题培训班”，近100人参加培训。争创承德国家农业高新技术产业示范区。以河北滦平国家农业科技园区为基础，争创承德国家农业高新技术产业示范区。经省政府同意，省科技厅已向科技部推荐承德市创建承德国家农业高新技术产业示范区（以下简称：国家农高区）并提交承德市报送的《承德市创建国家农高区基本情况》和《承德市创建国家农高区有关指标汇总表》。推进农业科技园区建设。滦平、丰宁两个国家级农业科技园区均以优异成绩通过科技部验收，正式纳入国家级农业科技园区管理序列。其中，河北滦平国家农业科技园区在第七批82个国家农业科技园区验收结果中排名全国第三、省内第一。承德县省级农业科技园区获批建设，主导产业为国光苹果。全市省级以上农业科技园区总数达到9家，实现了省级农业科技园区县域全覆盖。环首都现代农业科技示范带核心区三县已建成省级以上农业科技园区3个、市级园区5个，备案农业科技小巨人企业28家、星创天地18个。高新技术开发区技术产业快速发展。2019年，全市3家省级以上高新区主营业务收入达到518.59亿元，同比增长8.82%；工业总产值348.86亿元，同比增长14.58%；高新技术产业产值总额完成87.29亿元，同比增长19.41%；税收完成40.47亿元，同比增长6.16%；固定资产投资完成108.68亿元，同比增长7.38%。园区创新创业平台建设持续推进，承德高新区、承德县高新区各备案省级众创空间一家。

2019年12月27日，河北省省长许勤主持召开推进承德国家可持续发展议程创新示范区建设工作领导小组第一次会议

【创新平台和技术转移】 持续推进各类研发和转化平台建设，引导科技资源和人才集聚。以成果转化衔接产业与创新，促进科技创新体系进一步优化，引导产业创新良性发展。全市新建省级技术创新中心9家、省级产业技术研究院1家。截至年底，全市共建有省级技术创新中心30家、省级产业技术研究院8家、省级重点实验室2家。组织7家省级技术创新中心和2家省级产业技术研究院参加2019年度省级研发平台建设运行绩效评估，获得优秀档次1家，良好档次2家。组织承德颈复康药业集团有限公司等4家单位申报2019年度新建省级研发平台建设项目，共获得省科技厅260万元资金支持。继续开展市本级技术创新中心申报工作，鼓励本市企业提升自主创新能力，全年认定市级技术创新中心6家，市级技术创新中心总量突破100家。推动国际科技合作基地建设，以国际科技合作基地为依托带动产业发展。宣讲《河北省国际科技合作基地管理办法》，加强国际科技合作基地的管理和培育。新增省级国际科技合作基地3家，其中，河北省中芬智慧供热技术国际联合研究中心是承德市第一个省级国际联合研究中心。年内，承德市已建有6家省级国际科技合作基地。推进高层次科技创新平台建设。鼓励企事业单位以创新需求为导向，建设以院士及其团队为核心的院士工作站，助推转型发展。承德人和矿业有限责任公司院士工作站和河北睿索固废工程技术研究院有限公司院士工作站获批建设，至年底，全市共有院士工作站20家。承德宽航新材料有限公司被省科技厅（省外专局）授予“外国院士工作站”称号，实现了承德市“外国院士工作站”的“零”突破。

整合产业技术创新资源，加快产学研用一体化。组织3家产业技术创新战略联盟开展省级评估，河北省山楂产业技术创新战略联盟和河北省中药材产业技术创新战略联盟被评为优秀等次。新备案省级产业技术创新战略联盟2家，分别是寒区密植果树产业技术创新战略联盟和固废资源综合利用产业技术创新战略联盟。全市省级产业技术创新战略联盟达到6家。河北睿索固废工程技术研究院有限公司和承德神栗食品股份有限公司纳入河北省第三批新型研发机构建设试点培育单位。城乡统筹，提升众创空间、孵化器和星创天地等双创平台的承载能力。全年备案省级众创空间4家、认定市级众创空间5家，全市市级以上众创空间累计达到24家。按照科技部和省科技厅《发展“星创天地”工作指引》要求，组织国家和省级农业科技园区、农业产业化龙头企业、专业合作社申报星创天地。兴隆县栗源星创天地、平泉市亚欧中药材星创天地和丰宁县黄旗皇小米星创天地顺利通过省科技厅备案。全市星创天地总数达到39家，其中国家级8家。推进技术转移体系建设，促进科技成果转化。强化对技术转移服务机构、技术交易市场和技术转移人才培养基地的培育和管理。新增技术转移机构1家，全市省级技术转移机构达到9家。通过组织有关人员参加技术转移经理人培训班、技术合同认定登记业务培训班，优化技术合同认定登记服务等一系列举措不断提升承德市科技成果转移体系的承载能力和技术交易活跃度。本年度技术合同交易登记额超过44亿元，实现大幅增长。

【创新主体培育】 主动调研，重点推进，支持符合条件的单位申报相应科技型企业。依托高新区、产业基地及科技企业孵化器等组织召开了两期全市高企认定培训会，邀请省高企评审专家就申报材料组织、申报认定程序、税收优惠政策等进行讲解。指导各县（市、区）开展科技型中小企业培育工作并开展国家科技型中小企业评价工作。全年新增高新技术企业55家、获得高新技术企业认定省级奖补资金720万元。新增科技型中小企业381家、科技小巨人企业13家。全市有效期内高新技术企业达188家、科技型中小企业累计1970家、科技小巨人企业累计61家。其中，80家企业通过了2019年国家科技型中小企业评价和公示。93家高新技术企业实现增加值增长2.2%，其中新能源增加值占比高达50.04%。加强农业科技小巨人企业培育，17家农业科技小巨人企业通过省科技厅备案，全市农业科技小巨人企业总数达到74家。这些科技型企业涵盖了钒钛新材料及制品、特色装备制造、大数据、绿色食品及生物健康等六大主导产业，是承德市创新发展的重要力量。夯实人才支撑，柔性引进国内外高端人才、培育本土科研力量，为创新发展提供智力支持。承德神栗板栗产业创新团队和河北睿索固废工程技术研究院有限公司尾矿资源化利用创新团队被认定为省级创新创业团队。经市人才工作领导小组认定，新增两个承德市创新创业团队，已拨付市级财政支持资金140万元。全市省级创新创业团队达到10个、市级创新团队累计4个。新认定22名河北省科技型中小企业创新英才，河北省科技型中小企业创新英才总量达到56名。全市引进各类外国专家24人，其中，经济技术类专家9人，文教类专家15人。省级引才引智示范基地达到5家。开展“双创双服”，持续优化创新环境，激发创新活力。按照省市“三深化三提升”活动安排，制定了“高新技术企业培育”“精准服务重点科技型中小企业”“科技企业孵化载体提升”3项活动的实施方案，成立了市科技局“双创双服”活动专班。解决重点科技型中小企业在省政企服务直通信息化平台上反映的问题78项，办结率和满意率均为100%。深入企业，开展“政策大宣讲”“改革创新案例评选”“问题大协调”等专项活动，市、县两级梳理解决共性问题73项，涉及49家企业。帮助8家企业争取省、市科技项目资金460万元。

科技活动

【概况】 精准谋划与其他科技主管部门、高校及科研院所的交流机制，推动创新资源双向流动。开展国际科技合作与交流，利用全球资源带动自主创新。组织开展科普活动，活跃创新氛围，宣传科技政策，助力产业发展。

【京津冀科技合作与交流】 与京津科技部门和院校对接交流，推进“京津研发，河北转化”。举办“津承科技合作对接”系列活动，与天津市科学技术局、东丽区科学技术局领导共同研究推进两地协同创新工作；考察、学习华明高新区建设情况和管理经验。争取天津市东西部扶贫协作科技援助项目，12月27日，天津市科技局在承德县第四小学建设的少年创客体验中心和在承德县第二中学建设的人工智能科教中心建成投用。围绕推进国家可持续发展议程创新示范区建设四大行动的技术需求，赴北京、天津与清华大学环境学院、北京航空航天大学生物与医学工程学院、河北清华发展研究院的专家和相关领导深入交流，寻求京津科技资源的大力支持。服务企业创新，组织“承德企业进院校”“京津院校承德行”系列产学研对接活动。梳理企业需求，主动对接清华大学高端装备研究院、南开大学、天津科技大学等院校相关领域的优势项目和成果。促成平泉市希才应用菌科技发展有限公司、河北绿草地新能源股份有限公司等5家企业与天津大学、天津工业大学等天津高校及企业签署了产学研合作协议；河北绿天生物科技有限公司与南开大学苗志伟教授围绕木醋液和以木醋液为载体的新型肥料开展合作研发。组织有关单位参加津承农业产业扶贫协作发展会和京承农业合作暨避暑山庄区域公用品牌推介会，3个科技合作项目在会上签约。

【国际科技合作与交流】 拓宽交流渠道，组织有关单位参加“中国北京国际科技产业博览会”‘5·18’廊坊经洽会”“深圳第十七届中国国际人才交流大会”等国际科技活动。实施“科技卓越人才国际交流计划”，推荐承德医学院1名人员参加在美国哈佛大学举办的“哈佛领导力”卓越人才高级研修班。

【科普活动】 选拔推荐5名选手参加河北省2019年科普讲解大赛，承德县医院董文获三等奖，承德石油高等专科学校杨博进入决赛展示环节；市科技局获“优秀组织奖”。承德市4家企业和团队在河北省创新创业大赛中获得一等奖；平泉市尚泽果业有限公司荣获河北省创新创业大赛电视总决赛第四名，获得奖金70万元。协调全市18个科普联席会议成员单位制定《科技活动周实施方案》，以“科技创新、强国富民”为主题，集中开展“承德市2019年科技活动周集中宣传活动”“宣传落实科技创新政策活动”“2019年承德市第二届中小学生机器人创客大赛”等48项科普重点活动，提升了广大市民的科学素养和创新热情。组织参加文化、科技、卫生“三下乡”活动，深入农村推广科学方法、传播科学思想。

2019年1月16日，市科技局科普宣传队赴双滦区大庙镇北梁村参加“三下乡”集中服务活动

【科技政策宣传】 为便于相关业务人员准确掌握现行科技政策，促进各类科技政策宣传培训的开展，编印近600页的《科技政策汇编（2014—2019）》，涵盖国家、省、市制定的有关科技政策64项。按照省科技厅要求，联合生产力促进中心成立承德市科技政策培训分中心，由科技厅挂牌，组建了承德市科技政策宣讲团和咨询团。全年举办“研发经费加计扣除培训班”“科技政策解读培训会”“高新技术企业培训班”等多场不同主题的培训活动，引导有关单位准确地享受科技政策，使各项申报和管理工作规范、顺畅。

科技扶贫

【概况】 制定科技扶贫政策；组织实施科技扶贫，以科技创新引领脱贫攻坚；组建专家服务团、建立科技服务站，开展科技服务；开展科技特派员专项行动；结合各级科研计划项目的组织实施，示范推广先进适用技术和成果；发展山区特色产业，带动农民脱贫致富。

【科技扶贫政策】 根据省市关于打赢脱贫攻坚战的总体部署，制定了《关于深入推行科技特派员制度促进农村创新创业助力脱贫攻坚的实施意见》，已与市委组织部、农业农村局等6部门联合印发。制定了《关于建立健全脱贫防贫长效机制巩固提升脱贫成果加强科技扶贫工作的实施方案》。

【科技精准扶贫】 组建平泉食用菌张金霞研究院专家服务团队、承德县国光苹果刘凤芝所长专家服务团队和隆化县肉牛邱殿锐研究员专家服务团队等12个农业科技扶贫专家服务团，推动县域特色产业发展。所有贫困县区的贫困村所在乡镇均建立1家科技服务站。全市共有110名农业科技特派员列入省"三区"人才支持计划专项，获得部、省级经费支持165万元。重点向围场、隆化、丰宁3个深度贫困县的72个深度贫困村开展服务，确保科技特派员深度贫困村全覆盖。开展"食用菌绿色栽培""设施蔬菜反季节、无土化栽培""果树矮化密植栽培及病虫害防治"等专项技术培训296场次，培训农民1.96万人次，示范推广先进适用技术和成果89项。

【发展特色产业】 与山区特色产业技术创新战略联盟合作，围绕滦平中药材、围场马铃薯、兴隆山楂、隆化草莓等产业，建设产业技术创新战略联盟示范基地（试点）4个。滦平县已建成千亩以上种植示范园54个，中药材种植面积达到16万亩，受益农民1.2万人。

附：市科技局领导名录

党组书记、局长：李　威

党组成员、副局长：王亚洲（满族）

钱绍福（满族）

董凤义

刘承军（满族）

（供稿　刘东敏　丛晓颖　黄　敬　陈立权　韩　菡　张立璇　张　哲　付　佳　李芳晨　吴祯至　侯向伟　张　政）

卫健 医保 体育

医疗卫生

【概况】 全市共有各级各类医疗机构4354所。医院85家，其中，综合医院50家（公立17家），中医院13家（公立9家），专科医院22家（公立5家）；基层医疗卫生机构4231家，其中，社区卫生服中心（站）136家，乡镇卫生院203家，村卫生室2671家，门诊部（诊所）1221家。专业公共卫生机构36家，其中，疾控中心12家，妇幼保健机构12家，卫生监督机构12家。全市各级各类医疗卫生机构编制床位22344张，每千常住人口床位6.7张，拥有专业卫生技术人员25556人，其中，执业（助理）医师11287人，每千常住人口执业（助理）医师 2.95人，注册护士9951人，每千常住人口注册护士2.6人，药师1345人，技师1228人。2019年全市各级各类医疗卫生机构总诊疗服务2197.9万人次，住院63.5万人次，平均住院日9.4天。医政管理工作，把医学科技与教育、基层服务能力建设、卫生应急、信息化建设、项目建设、京津冀协同发展作为重点，加强管理和创新，不断提升医疗服务水平。

【医学科技与教育】 2019年，河北医学科学研究重点课题计划，获指令、指导计划课题8项，申报省2020年课题计划项目4项。2018年度河北省医药卫生科技成果奖评比，共获奖项22项，其中一等奖3项，二等奖9项，三等奖10项。2所住院医师规范化培训基地在读学员总数597人，涉及26个专业，其中新招录学员208人（专硕131人，社会人17人，单位人60人），参加住培结业考试人员224人，考试合格223人，合格率99%。2所助理全科培训基地在读学员40人，首批助理全科培训学员18人参加结业考核，考试合格16人，合格率88.9%。签订免费培养农村订单定向本科医学生22名，高职专科医学生36名。140名学员参加全科医生转岗培训。调整生物安全管理市级领导组织，确定领导小组组成、专家委员会成员及主要职责。举办全市实验室生物安全管理视频培训班，开展病原微生物实验室生物安全检查工作，二级以上医疗机构备案47家，备案率87%。开展高致病性病原微生物菌（毒）种及样本运输审批工作，办理准运证书15件次。

【基层服务能力建设】 实施医疗健康雨润工程。全市共选派510名医师下派到209个基层医疗机构开展帮扶工作，农村订单定向免费培养签定本科生22名、高职专科36名，招录乡村医生免费定向培养学员322人，推广使用新技术、新项目72项，为基层医疗机构购置医疗设备360台件。开展“百日会战”、打造花园式卫生院。围绕基层承担基本公卫和基本医疗两大职能，从上报的84家乡镇卫生院抓20家示范样板、100家标准化村卫生室示范样板，以示范引领提质提速。围绕“五强一树八融合”，打造一县一品的环境好、服务好、技术好、评价好的“四好”卫生院，全市203个乡镇卫生院、9个社区服务中心全部参与会战活动，163所乡镇卫生院开展了自评活动，达标乡镇卫生院有95所，占总数的46.3%。健全完善村卫生室建设，消灭卫生室、村医“空白村”，500人以上村均建有卫生室，并至少配备1名村医，90%以上村卫生室能够满足居民基本医疗服务，并能提供中医药服务。全面推行乡村一体化管理。各县市区按照“两证、三制、六统一”，实现乡镇卫生院和村卫生室人员、财务、药械、业务、准入退出、绩效考核等统一管理，实现一体化管理村卫生室2323所，聘用村医2785人。做好家庭医生签约服务。为33141名有康复需求的残疾人提供一定质量的康复服务，建档立卡贫困残疾人实现全覆盖。开展“百名最美家庭医生”评选活动，授予101名基层医务人员“最美家庭医生”称号。

【卫生应急】 补充完善《鼠疫控制》《突发事件医学救援》《突发公共事件应急》《血液保障》等卫生应急预案。制发防汛抗旱卫生应急《一预案五指南》《承德市卫生应急队伍管理办法》（2019版）。市本级共有六类21支卫生应急队伍、应急专家227人，组建北戴河暑期卫生应急保障队伍和人防卫生应急队伍。参加北戴河暑期卫生应急综合演练，河北省心理救援、输入性新发传染病防控桌面推演，全市反恐怖应急演练，市尾矿库洪水漫顶暨洪涝灾害事故应急救援演练，观摩2019国家卫生应急演练暨京津冀联合演练。8月27日，组织开展全市鼠防应急演练。10月15—17日，参加河北省卫健委组织的突发公共卫生事件卫生应急演练取得全省第三名。对北京确诊内蒙古肺鼠疫病例的2名承德密接者和30名与其接触人员全部进行妥善的医学隔离观察，确保我市未发生输入性疫情。严密监测H7N9、群体不明原因肺炎等疫情。全市共接报各类突发公卫事件及相关信息13起，发病644人，无死亡病例报告，均为一般事件。

【信息化建设】 制定《承德市“十四五”卫生健康规划编制工作方案》，开展“十四五”承德市卫生健康服务体系建设、信息化发展、大型医用设备配置研究，开展“十三五”承德市卫生健康发展总体评价。全市30家二级以上医疗机构与市级全民健康信息平台对接，其中27家实现数据上传。全市各县（市、区）乡镇卫生院均已使用基层医疗卫生机构管理信息系统，建立居民电子健康档案314万份。全市乡镇以上医疗卫生机构专网建设基本完成，覆盖率99%，村卫生室专网建设覆盖率46%。三级公立医院完成电子健康卡（码）接口改造、扫码设备购置、与省卡管系统对接工作。

【项目建设】 完成基础建设项目和卫生领域中央预算内投资建设项目进展调查。2016至2019年，承德市卫生领域中央预算内投资建设项目共18个，其中地市级项目1个，县级12个，县级以下5个。规划建设面积143051平方米，规划建设投资5.78亿元，其中中央投资3.50亿元，地方配套2.28亿元。目前竣工项目7个，已开工建设9个，未开工1个，因规划变更调减后自建1个，开工率94.44%。中央投资基础建设项目。2019年下达鹰手营子矿区铜城人民医院整体新建项目，项目总建筑面积7800平方米，项目总投资3200万元，其中：申请中央预算内投资1920万元，县级配套资金1280万元。建成后床位设置100张。争取2020年基础建设项目4个，总建设规模42143.23平方米，总投资14300万元，其中中央投资9181万元，地方配套5119万元。11月13日，在全国卫生健康项目监管工作现场会上作典型发言。

【京津冀协同发展】 落实《京冀承医疗卫生协同发展合作协议》《京东京津冀医疗协同发展合作协议》，全市31家二级以上医疗机构（不包括军队医院）与51家京、津医疗卫生单位签署合作协议，人才培训交流更加频繁，医疗合作成效逐步显现，填补了区域内多项医疗空白。承德医学院附属医院、承德市中心医院、承德市中医院、滦平县医院、承德县医院、丰宁县医院、兴隆县医院已纳入京津冀三地医学影像检查资料共享试点单位。承德医学院附属医院、承德市中医院、承德县医院、围场满族蒙古族自治县医院、承德市中心医院、滦平县医院、兴隆县医院、丰宁满族自治县医院已纳入京津冀三地临床检验结果互任试点单位。全年合作医院选派521人次医疗专家到承德市进行技术指导、业务帮带，组织专科技术培训202班次，合作开展手术4883台，共建专科16个，开展新技术、新项目19个、远程会诊896次，374人次业务骨干免费到合作医院进修学习。加强与平谷区卫计委在医学人才培养方面的深入合作，已为承德市免费培养妇科、普外、泌尿等专业医学人才108人。推进与平谷区卫计委共建软硬镜微创医疗中心，打造以北京友谊医院为顶层、平谷区医院为枢纽、软硬镜微创医疗中心所在医院为成员的跨省市专科医联体，承德市4家医疗机构正式建立软硬镜微创医疗中心。

【爱国卫生】 完成《推进健康中国行动承德实践的调研报告》。宽城满族自治县通过国家卫生县城复审暗访，丰宁满族自治县通过省级卫生县城复审。双桥区、双滦区不断加大硬件建设，保持建成区环境整洁，为2021年申报国家卫生城市做好准备。市卫健委在全市率先启动生活垃圾分类工作，成立领导小组，制定实施方案，按照干湿分离和“四分类”（即有害、易腐、可回收、其他）要求，进行垃圾分类投放收集处置。推进控烟履约。印发《承德市创建无烟健康系统实施方案》，所有单位设立控烟监督员及巡查员，对职工吸烟情况进行调查登记、劝诫。市二级以上医院增设控烟标识323块，设立吸烟区、控烟宣传栏及控烟标语，创建无烟政府机关建设单位12家。市中心医院、双滦区（区医院、承钢医院等医院）、双桥区2家二级医院开设健康素养促进项目戒烟门诊。

【药品采购改革】 制发《承德市人民政府办公室关于落实国家基本药物制度的实施意见》。所有公立医院药品采购全部实行“两票制”。全市共建立全国短缺药品信息直报系统监测点235个，涉及三级医院3所，市县二级医院29所，基层医疗机构203所。3月30日起，全市各县（市、区）卫健局联通国家电子政务外网审核上报短缺药品，解决短缺药品190余种。指导各县区做好国家组织药品集中采购和使用试点中选药品使用监测工作，“4+7”中选药品监测实现全覆盖，上报率、及时率达到100%。1—9月份，全市基层医疗机构共网上采购药品18403万元，其中基药9383万元，国家基本药物采购占比51%；二级医疗机构网上共采购药品82762万元，其中基药25987万元，基药采购占比31%；三级医疗机构网上共采购药品67279万元，其中基药20596万元，基药采购占比31%。

【公立医院综合改革】 出台《承德市加强公立医院党的建设工作的实施意见》，对市属公立医院领导班子进行调整，均配备书记和院长，明确党委领导下的院长负责制，进一步强化公立医院党建工作。调整承德市深化医药卫生体制改革领导小组成员，成立公立医院管理委员会，履行政府办医职能。出台《承德市关于建立现代医院管理制度的实施方案》，省级现代医院管理制度试点医院增加到14家，其余二级以上公立医院全部纳入市级试点。确定市口腔医院和承德县医院为“2019年度市级现代医院管理制度建设样板”。开展县级公立医院综合改革示范创建活动。推进县级公立医院院长目标年薪制。组织开展公立医院绩效考核，结果作为医院院长年薪发放的重要依据，并与院长选拔任用、培养教育、激励约束挂钩。承德、滦平、丰宁、宽城4个县被命名为“2018年度县级公立医院综合改革示范创建县”。隆化县被确定为河北省2019年县级公立医院综合改革示范县创建单位，2018年创建完成的四个县列入巩固提高县，五个县按照创建标准开展示范县创建和巩固提高工作。

【医保支付方式改革】 配合建立医价动态调整机制。全民医保制度基本实现全覆盖。推行以总额控制为基础，按病种、按人均基金支出定额、按人头等多种方式相结合的医保支付方式改革，将31种抗癌新药列入门诊特殊病用药报销范围。

【分级诊疗和医联体建设】 市卫生健康委等6部门制发《承德市推进医联体建设工作方案》。组建县域医共体18个（已覆盖所有县域），依托“雨润工程”组建纵向医联体8个，组建城市医联体17个，组建专科联盟30个（其中，依托京津冀医疗合作，承德市二级以上医疗机构与京津医院组建的专科联盟20个），组建远程医疗协作网1个。重点打造的15家社区卫生服务机构与二级医院组建的标准化医联体已完成人财物统一管理和医保打包支付。

【传染病防控】 全年共报告法定传染病22种，14631例，发病率406.32/10万，传染病报告灵敏度和报告质量稳步提升。全市完成67万余剂次疫苗常规接种，以乡为单位接种率为90%以上，无疫苗质量及接种事故报告，无群体性反应及死亡病例报告。高效调查处置北京肺鼠疫病例密接患者疫情。流感、手足口病、流行性出血热疫情处于可防可控状态。保持疟疾无本地感染状态。充分发挥“互联网＋医校＋家庭合作”优势，利用“健康校园管理信息平台”，高灵敏度监测学校传染病疫情，成功处置流腮、水痘、流感、感染性腹泻等暴发疫情和突发公共卫生事件及相关信息13起。通过市人大对市人民政府《中华人民共和国传染病防治法》及实施办法的履职评议，满意率100%。持续推进国家结核病分级诊疗和综合防治服务模式试点工作。肺结核患者登记治疗管理率94.79%，成功治疗率94.82%，22例耐多药患者均已落实归口管理。9所结核病诊疗定点医疗机构均开展结核菌快速诊断，结核病菌阳性检测率达到56%以上，病原学阳性率较2018年同期上升15%。全市建成艾滋病初筛实验室39个、艾滋病快速检测点221个，艾滋病疫情继续保持低流行态势。全年新报告HIV/AIDS病例63例，较2018年同期下降8%，现管理存活艾滋病感染者／病人493例。举办全市在校大学生防治艾滋病宣传知识挑战赛，承德医学院在京津冀高校大学生艾滋病防控宣传知识挑战赛中，获二等奖和网络最佳人气奖。

【慢性及职业病防控】 双桥区、宽城满族自治县为2019年度河北省慢性病综合防控示范区，承德县为国家级慢性病综合防控示范区，3个县区累计投入卫生健康部门专项创建经费260万元。完成脑卒中高危人群筛查和干预项目，严重精神疾患致贫群众认定确诊478名，排查发现523例人户分离严重精神障碍患者进行细化管理。承接河北省第七期精神科医师转岗培训工作。市卫生健康委、市政法委等10部门联合印发《承德市社会心理服务体系建设工作实施方案》。参加全省2019年精神卫生防治技能竞赛，获得团体第二名。

【地方病防控】 市卫生健康委等13部门联合印发《承德市地方病防治专项攻坚行动实施方案》，与12个县市区政府签订目标责任书。开展1085个点位水氟监测，对98个氟超标生活饮用水点全面落实改水措施。有序开展大骨节病和克山病复核诊断及病例筛查。

【提升中医药服务能力】 实施基层中医药服务能力提升工程“十三五”行动规划，巩固9个县（市、区）全国基层中医药工作先进单位成果。强化42家中医馆健康信息平台基层应用，推进中医医院信息化建设。丰宁满族自治县中医院二期建设已开工建设，兴隆县中医院异地迁建工程完成前期准备工作。开展三级中医医院等级评审后整改工作和新纳入三级中医医院管理的医疗机构内涵建设，动员部署二级中医医院等级评审工作，组织10名中医专家参加河北省评审师资培训。开展第二阶段全面提升4个县级中医医院综合能力工作。继续推进标准化县级中医医院建设和县级中医医院标准化康复科建设，2所县中医院标准化县级中医医院建设和2个县级中医医院标准化康复科建设通过省级验收。围场满族蒙古族自治县中医院与县养老中心中医医养结合试点被列入河北省中医药健康养老基地建设单位。

【强化中医药人才培养】 抓好国家中医药传承与创新“百千万”人才工程，1名国家、4名省级中医优秀人才研修、15名老中医药专家学术经验继承人、1名中医护理骨干培养、2名中药高级人才培养等相关中医药项目正在实施中。新增2个全国基层名老中医药专家传承工作室，工作室经费各25万元。实施名医入冀计划，引进天津市国医大师张大宁先生在市中医院成立国医大师张大宁传承工作室，带徒6人；引进全国名中医陈宝贵先生在围场满族蒙古族自治县中医院成立全国名中医陈宝贵传承工作室，带徒4人。

【弘扬中医药文化】 开展中医药健康大讲堂等活动52次，推动中医药文化和中医养生保健知识在机关、社区、企业、学校等广泛传播，提高中医药健康文化知识普及率。3个中医药健康文化知识角试点建设进展顺利。

【“放管服”改革】 持续深化“放管服”改革。河北省政务服务平台完善政务服务事项11项，公布“办事一次成”事项12项。确定承德市中心医院、承德县医院为2019年“法治医院”建设试点。制发《承德市卫生健康委全面推行行政执法公示制度执法全过程记录制度重大执法决定法制审核制度实施方案》，修改完善各类行政执法全过程记录具体办法和行政执法流程图，实现行政执法行为的全过程留痕、可回溯管理。

【综合监督执法】 全年国抽“双随机”完成1381户，立案处罚132户，罚款11.31万元，完成率90.14%，完结率100 %。市本级“双随机”监管单位共376家，完成抽查任务107家单位，立案4起，罚款1100元，完成率92.24%，完结率100%。开展专项整治行动。全市全年共检查单位8645户，其中公共场所2402户、饮用水255户、职业5户、放射192户、学校495户、医疗卫生2652户、消毒产品3户、传染病防治2572户、餐饮具集中消毒单位25家，血液安全2家，妇幼计生42家。一般程序立案330起，结案271起，罚款56.98万元，没收违法所得31920元，简易程序44起，罚款12850元。共受理投诉举报13件次，接待来访人员6人次。医废处置项目有的建成运行，有的通过专家评审。平泉市洁净医废处置项目正式投入运行，填补了承德市无医废处置中心的空白。承德嘉恒医废处置项目完成专家现场评审。

【建立扫黑除恶长效机制】 持续深化扫黑除恶专项斗争。出台《承德市卫生健康委开展扫黑除恶专项斗争长效常治工作机制》，以积案清零、问题线索清零为目标，开展非法行医、非法医疗美容、医疗欺诈专项整治行动。

人口健康

【概况】 指导基层做好人口监测工作，掌握人口自然增长率；继续落实独生子女奖励扶助优惠政策，特别扶助资金及时落实到位，按照有关要求审查办理。 开展“推进健康中国战略承德实践”

调研，实施垃圾分类、推进控烟履约；关心老龄健康，建立健全老龄工作制度和养老服务工作机构，基础设施和专业技术能够满足老年人健康养老服务的基本需求；开展职业病专项行动，组织职业病监测与申报；开展健康扶贫，实施大病集中救治、慢病签约管理服、重病兜底保障；开展健康教育，组织文体活动，设立“承德卫生与健康”公众号。建立完善药品管理体制机制；深化公立医院综合改革；配合开展开展医保支付方式改革，建立医价动态调整机制，推进分级诊疗和医联体建设；采取切实可行措施，做好传染病防控工作；通过对慢性病、地方病、职业病、精神疾患等疾病采取综合防控、筛查、监测等措施，得到有效控制；加强对食品安卫生、学校卫生和饮水卫生监督检查；做好影响学生健康因素监测工作。落实母婴安全行动计划，做好婚前检查、孕前优生健康检查、妊娠风险筛查、新生儿疾病筛查工作，全市“婚育一站式”综合服务模式、孕前优生健康检查典型经验在全省推广。 提升基层中医药服务能力，推进中医院信息化建设，强化中医药人才培养，弘扬中医药文化，举办中医药大讲堂。完善政务服务改革，做好综合监督执法工作，推行行政执法公示制度，处理医疗卫生违法案件。

【人口监测】 2018 年 10 月 1 日至 2019 年 9 月 30 日，全市出生 30724 人，复合生育率 94.71%，出生率 8.12‰，死亡 17178 人，死亡率 4.54‰，自增率 3.58‰；性别比为 104.91，修正后性别比为 108.15；共办理网上一孩登记 12472 人，二孩登记 15741 人、再生育审批 946 人；按照“一年试点先行，三年全面铺开，五年巩固提升”总体安排，印发了《促进 3 岁以下婴幼儿照护服务发展的意见 》。

【奖励优惠政策】 奖励扶助对象累计扶助 47480 人；特别扶助对象累计扶助 2659 人，其中伤残家庭 802 人、死亡家庭 1857 人。计生特殊家庭家庭医生签约 2243 人，签订《医疗救助授权书》1425 份，购买护理保险 2274 人，签订《赡养协议》1186 份。

【特别扶助资金及政策】 独生子女伤残、死亡由国家标准每人每月 350/450 元，提高到市级标准 500/700 元，除丰宁、宽城、围场、平泉县按照国家标准，其余县区全部按照市级标准发放到位。落实机关、企事业单位职工独生子女父母退休时 3000 元一次性奖励 1256 人。审核办理农村独生子女高考加分 958 人。

【老龄健康】 印发《关于调整承德市医养结合局际联席会议制度组成人员的通知》《关于调整承德市老龄工作委员会组成人员通知》。全市二级以上医疗机构均为老年人开设了优先挂号、优先就医等便利服务的绿色通道，医养结合覆盖率 77%。市附属医院、市中心医院、市中医院、市第三医院、981 医院等均设有医、教、研、防为一体的老年病科。全国长期护理保险制度试点护理服务机构 12 家，定点床位 475 张，参保人数 27.72 万人。出台《承德市 65 周岁以上老年人免费乘坐城市公交车专项工作实施方案》，11 月 30 日起持敬老卡老年人免费乘坐中心城区公交车。

【职业健康】 开展尘毒危害治理专项行动。印发《承德市关于开展矿山、冶金、化工等行业领域尘毒危害专项治理实施方案》《2019 年承德市重点职业病监测项目工作实施方案》。开展尘肺病患者随访与回顾性调查、重点行业职业病危害因素监测、放射性危害监测等重点工作。会同市发展改革委等 10 部门联合印发《承德市尘肺病防治攻坚行动方案》，同各县区签订《尘肺病防治攻坚行动目标责任书》。按照国家卫健委新研发的职业病危害申报系统，组织开展用人单位职业病危害申报工作，各县区申报 605 家，审核通过 548 家。

【健康扶贫】 贯彻落实省卫健委《关于认真抓好2019年脱贫攻坚任务目标责任落实的通知》和市政府《2019年脱贫攻坚目标责任书》。完善先诊疗后付费制度、严格贫困患者住院控费制度、贯彻健康扶贫动态管理制度、严肃履职不作为问责制度。成立工作专班、印发系列工作方案，狠抓"三个一批"行动（大病集中救治一批、实施慢病签约管理服务一批、重病兜底保障一批）。做好国家脱贫攻坚考核迎检各项准备工作，组织6个工作组，全程对县市区健康扶贫领域专项治理等工作指导、检查和督办。10月份作为健康扶贫攻坚月，组织专家队伍集中时间深入基层，"点对点"督查，全面掌握工作中的薄弱环节，认真查漏补缺且回访，确保健康扶贫行动有实效、见成果。

【健康教育】 开展"放歌70年·健康你我他"有奖征文暨承德市"最美医护"颁奖大会，全市共征集文章1214篇，其中卫健系统征集154篇。选取120篇优秀征文集结成书，全书分"众里寻他""健康之声""阡阡陌陌""诗韵山庄"4个章节，以诗歌、散文、传记、科普等形式展示中华人民共和国成立70多年来卫生健康事业的长足发展和良好形象。开展"最美医护"评选活动。评选出河北省"最美医护"6人、承德市"最美医护"80人、"最美医护团队"12个。"承德卫生与健康"公众号全年推送稿件79期共280篇，总阅读量达10万余人次。在市级以上报纸及网站发表稿件1020篇。制作并在媒体播出宣传教育专题片、微视频14部，微图文18幅。全市各县（市、区）举办各种形式的宣传活动50余场，参与人数达到3万余人次，发放宣传折页、宣传品等30余种，数量达20万余份。

【饮食安全保障】 食品安全保障、学校卫生和饮水卫生。市卫生健康委联合市水务局，将饮水监测、监督和公示工作纳入年度工作重点部署。市级、县级均通过政府网站及部门网站公示生活饮用水水源水、出厂水、末梢水卫生安全状况。完成学生常见病和健康影响因素监测工作，共计筛查5414人，检出近视2623人，近视率为48.45%，总体近视率较2018年（50.78%）下降2.33个百分点，实现了儿童青少年总体近视率每年下降0.5个百分点以上的目标。

【妊娠风险筛查】 落实《母婴安全行动计划和健康儿童行动计划（2018—2020年）》。将妊娠风险筛查评估系统整合到承德市孕产妇管理信息系统中，1—11月份孕妇建档27327人，产检87154人次，筛查管理高危孕产妇10513人。婚前医学检查率、孕前优生健康检查目标人群覆盖率50%、80%以上，全市"婚育一站式"综合服务模式、孕前优生健康检查在全省作典型发言并推广。出台《承德市孕妇无创产前基因免费筛查项目实施方案》，确定10所定点筛查机构，1所产前诊断机构，构建起完善的筛查诊治网络。实施免费唐氏筛查项目，1—11月共筛查13646例，合计筛查率92.73%。全面启动孕妇耳聋基因免费筛查项目，确定10所定点筛查机构，成立市妇幼保健院和承德医学院附属医院联合诊断分中心，9—11月共筛查3376例。

【新生儿疾病筛查】 全市新生儿疾病筛查率98.68%、听力筛查率96.72%，筛查、确诊PKU患儿11例、甲低患儿10例、听障患儿11例，患儿均得到及时的干预治疗。启动新生儿先天性心脏病、耳聋基因筛查及诊治筛查工作，新生儿疾病筛查率98.68%、听力筛查率96.72%。

【妇幼保健】 全年为全市36963名育龄妇女补服叶酸，目标人群叶酸服用率97.6%；艾滋病、梅毒、乙肝检测率100%；免费宫颈癌检查46711万人、乳腺癌检查34610万人；免费发放婴幼儿营养包34550人，营养包发放率89.3%。落实基本公共卫生服务孕产妇和0～6岁儿童健康管理，孕产妇系统管理率 87.48%，新生儿访视率 89.82%，3 岁以下儿童系统管理率 87.68%，7 岁以下儿童保健覆盖率 87.91%。开展出生医学证明管理工作专项整治行动，保留签发机构 39 个，终身责任书签订备案人员 326 人，并将申请撤销文件统一提交省备案。

重点医院

【概况】 市区有重点医院 6 家。承德医学院附属医院为省属三级甲等综合医院，承德市中心医院为综合性三级甲等医院，承德市中医院为市级现代化综合性三级甲等中医院，承德市妇幼保健院为妇幼保健专业医院，承德市第三医院为传染病和肿瘤及公共卫生事件收治医院，承德市口腔医院为市属公立口腔专科医院。

【承德医学院附属医院】 承德医学院附属医院前身为 1934 年伪满州国设立的承德国立医院，1945 年更名为热河省立医院，1982 年定名为承德医学院附属医院，经过 80 余年的发展，已成为集医疗、教学、科研、康复、预防保健于一体的三级甲等综合医院。

医院现有本部、南院区两个院区，总占地面积 218 亩，建筑面积 25 万平方米，总资产 18 亿元，开放床位 2400 张。共拥有价值 100 万元以上医疗设备 95 台（套），10 万元以上医疗设备 814 台(套)。设置有层流净化手术间 33 间(百级 7 间、千级 4 间、万级 22 间)。2019 年全年门、急诊 168.78 万人次，出院病人 8.69 万人次，手术 2.78 万例（手术室完成）。

医院设有医疗、医技科室 59 个，职能部门 42 个。现有职工 3422 人，其中卫生技术人员 2758 人，正高 187 人，副高 358 人，博士 30 人，硕士 926 人，医师中研究生学历占比为 79.6%，享受国务院特殊津贴专家 1 名、河北省省管优秀专家 2 名、河北省政府特殊津贴专家 4 名、河北省“三三三人才工程”青年专家 10 名、承德市市管优秀专家 19 名。为培养高级医学与管理人才，医院分批派出多位专家赴美国、英国、加拿大、丹麦、意大利、以色列、马来西亚、瑞典、奥地利等国家进行交流访问，开拓国际视野，同时积极派出专业与管理团队，到国内顶尖医疗机构进修学习，提升医疗与管理水平。

医院获评国家重点中医专科 1 个，河北省临床重点专科建设（培育）单位 17 个，河北省医学重点（发展）学科 4 个，河北省中医重点专科建设单位 2 个。“临床医学”为学术型硕士和专业硕士学位授权一级学科。现为“首批国家级住院医师规范化培训基地”“国家级药物临床试验机构”“首批中华医学会临床药学分会临床药师学员培训中心”“国家卫计委脑防委高级卒中中心”“中国胸痛中心(标准版)”“中国房颤中心”“第四批次心衰中心建设单位”“国家卫计委妇幼司先天结构畸形救助优秀定点医疗机构”“中国创伤救治联盟创伤救治中心建设成员单位”“河北省全科医生转岗培训基地”“河北省骨科专科护士培训基地”“河北省综合医院中西医临床协作试点单位”“河北省残疾人康复人才培养基地”“河北省危重孕产妇救治中心”“河北省危重新生儿救治中心”“河北省心源性卒中防治建设基地联盟单位”。

依托国家卫键委高级卒中中心，神经内科、神经外科、急诊科、血管、疝外科、放射科、超声科、检验科等多学科协作（MDT），开展缺血性和出血性卒中疾病的规范化诊疗；依托中国胸痛中心，急诊科、心脏内科、心脏外科、胸外科、血管、疝外科、呼吸内科、放射科（导管室）、超声科、检验科等多学科协作（MDT），救治急性心肌梗死、主动脉夹层、肺动脉栓塞等各类胸痛患者；依托河北省危重孕产妇救治中心，产科、小儿内科、妇科等多学科协作（MDT），成功救治产后大出血、凶险性前置胎盘合并出血、极低体重早产儿等各种危重孕产妇与病理产科疾病患者；依托河北省危重新生儿救治中心，小儿内科、小儿外科、心脏外科、神经外科等多学科协作（MDT），救治新生儿呼吸衰竭、新生儿败血症、先天性心脏病、新生儿脑出血、新生儿坏死性小肠结肠炎等各种危重疑难患儿；成立重症创伤救治中心，骨科、急腹症外科、神经外科、胸外科、重症医学科等多学科协作（MDT），救治急性重症创伤、多发伤患者。

重视学科专业化建设与疑难危重疾病的综合救治能力提升。目前已熟练开展较多疑难诊疗技术项目，形成以微创、腔镜等现代化手术方式为主的诊疗服务模式。主要体现在五大领域：①血管介入技术领域：开展颅内动脉瘤介入栓塞术、脑血管狭窄支架置入术；在冠脉、电生理、先心病介入等技术基础上，成功开展IVUS、冠脉CTO病变旋磨技术，熟练开展冠心病急性心肌梗死急诊介入治疗术（PPCI），主动脉夹层支架植入术、外周动脉狭窄支架置入术，肾脏内科复杂动静脉内瘘闭塞球囊扩张术等。②微创腔镜（内镜）技术领域：开展腹腔镜胰十二指肠切除术、腹腔镜肝切除术、腹腔镜保留脾脏胰体尾切除术、腹腔镜联合胆道镜胆囊切除术及胆总管取石术、腹腔镜下子宫内膜癌手术、电视胸腔镜肺叶切除术、腔镜下胃癌、结直肠癌、肾癌等切除术、消化道黏膜下肿瘤内镜微创切除术、双镜联合治疗胃壁肿瘤、DSA下微创治疗泌尿系肿瘤等技术；③干细胞移植领域：运用造血干细胞移植治疗淋巴瘤、多发性骨髓瘤及急性白血病等。④重大手术领域：开展不停跳下行心脏直视冠状动脉搭桥手术、主动脉弓置换术、复杂先心病外科手术、胸主动脉夹层动脉瘤切除、多瓣膜联合置换术；骨科开展复杂髋关节翻修术、颈椎病颈椎间盘置换术、腰椎间盘突出椎间孔镜摘除技术等；神经系统开展枕骨大孔区、颅底肿瘤切除术，颅内动脉瘤开颅夹闭术等。⑤各系统恶性肿瘤规范化综合诊疗：以MDT模式，开展各类肿瘤的规范化诊断、手术、化学治疗、分子靶向治疗、肿瘤微创穿刺术、肿瘤射频消融治疗、放射粒子植入技术、肿瘤深部热疗和全身热疗等技术。

重视中医、康复等学科发展。中医妇科为国家重点专科，中医科通过传统的中药口服、针灸、灌肠、贴敷、刮痧、理疗等多种方法，内外同治，形成了有效、完善的综合治疗模式，被授予“全国综合医院中医药工作示范单位”。康复医学科为河北省临床重点专科，依托河北省残疾人康复人才培养基地、国家级智力残疾儿童定点康复机构、市级脑瘫儿童定点康复机构、孤独症儿童定点康复机构，开展脊柱骨关节病损、骨折术后的诊断和治疗，脑血管病、脊髓损伤、颅脑损伤、小儿脑瘫等康复治疗。

近五年，医院承担国家自然科学基金、河北省自然科学基金等各类科研课题共547项；获省部、市厅局级各项科技成果奖286项；在核心期刊发表学术论文1360余篇，其中SCI 论文89篇；开展国家、省级继续医学教育项目216项。

开展社会公益。参与政府指令的自然灾害与传染病等突发公共卫生事件的医疗救助保障，开展健康对口帮扶与基层医院骨干医师培养，对中国出生缺陷与先天结构畸形救助工程、河北省白内障患者复明工程、河北省贫困青少年肢残者矫治工程等各专业疾病免费救治，积极派出援外援疆医疗队。认真落实国家医改政策，推动医联体建设与分级诊疗工作，先后成立承德市急性重症创伤、卒中、胸痛、肿瘤、危重孕产妇与危重新生儿救治、心衰、房颤等专科联盟，推动区域内各系统危重急症救治水平协同提升。

医院的持续发展与业绩赢得了上级各行政主管部门、社会各界和人民群众的充分认可。荣获“第五届全国文明单位”“全国卫生计生系统先进集体”“全国省级医院思想政治工作先进集体”“全国百姓放心示范医院”“全国综合医院中医药工作示范单位”“国家级母婴友好示范医院”“中国医院质量管理奖（医疗2019）卓越奖”“河北省文明单位”“河北省创建‘诚信医院’活动先进单位”“河北省服务名牌”“河北省卫生系统行风建设先进集体”“河北省志愿服务工作先进单位”“河北省护理工作先进集体”“河北省总工会模范职工之家”“2017—2018 年全国医疗服务价格和成本监测与研究网络先进机构”“2018 年度“雨润工程”精准帮扶工作先进集体”等荣誉称号。

【承德市中心医院】 承德市中心医院历经半个多世纪的沧桑巨变和几代人的不懈努力，已发展成为集医疗、教学、科研、预防、保健为一体的综合性三级甲等医院，承德医学院第二临床学院，中国医师人文医学执业技能培训基地，国家级高级卒中中心，国家级胸痛中心，河北省住院医师规范化培训基地，承德市全科医生临床培养基地，红十字承德市急救中心，承德市放化疗中心，承德市临床检验中心，承德市第一司法医学鉴定中心。

医院建筑面积 8 万平方米，开放床位 1000 张，分主院区和妇儿院区两个院区运行。拥有荷兰飞利浦螺旋 CT 机、美国 GE 3.0T 磁共振仪、美国 GE 数字减影 C 型臂 X 光机等高精尖诊疗设备 200 余台，年服务门诊患者 90 余万人次。

现有职工 1549 人，其中高、中级技术人员 892 人，博士、硕士 288 人，硕士研究生导师 73 人。设临床科室 33 个，医技科室 14 个。2012 年起，急诊科被批准为省级临床重点专科建设项目单位；心胸外科、消化内科、心血管内科、神经外科 4 个学科被评为省级重点发展学科；呼吸内科、肿瘤外科、妇产科等 16 个市级重点学科，消化内科、内分泌科、普外科等 9 个市级名科继续在全市引领前沿。

作为承德医学院第二临床学院，秉承“医疗是医院发展的今天，科研是医院发展的明天，教学是医院发展的后天”的可持续发展理念，以医疗为主体，以教学、科研为两翼，整体推进、协调发展，形成了医、教、研相生相长、互促共赢的良好局面。

在“学习、创新、仁爱、和谐”的医院精神的引领下，承德市中心医院始终坚持“呵护公众健康、培养医学人才、成就员工梦想”的医院使命及建设“学习型、学院型、人文型、精益型”医院的发展目标，积极践行“以人为本、全人医疗、人文关怀”的医疗核心价值观，全力打造公众信任、同行尊重、社会满意、员工幸福的品牌医院。先后荣获全国卫生计生系统先进集体、全国百姓放心百佳示范医院、全国脑卒中防治工程示范医院、全国医院人文管理荣誉奖、河北省先进基层党组织、河北省医德医风示范医院、河北省创建“诚信医院”先进单位等诸多荣誉称号，患者综合满意度始终保持在 98% 以上。

【承德市中医院】 医院始建于 1956 年，是一所集医疗、教学、科研、预防、保健、社区卫生服务等于一体的市级现代化综合性三级甲等中医院，为差额事业单位。2010 年 12 月，为推进国家重点中医院国债建设项目，承德市中医院与承德市第五医院合并整合。2014 年底，新建 13 层综合病房楼投入使用，两院区正式合并办公。2016 年 12 月，接受了国家中医药管理局组织的三甲评审，2017 年 4 月，被国家中医药管理局正式批复成为三级甲等中医院。

医院占地面积 23 亩，建筑面积 3.36 万平方米，其中新建综合病房楼 2.53 万平方米，开放住院床位 432 张。职工 690 人（在编 326 人），其中卫生专业技术人员 562 人，高级职称人员 117 人，中职 123 人，研究生以上学历 33 人。省级名医 3 名，市级名医 6 名。科室 60 个，包括职能科室 27 个，临床科室 22 个，医技科室 11 个。国家级重点专科 1 个（康复科）；国家十二五重点专科培育单位 1 个（老年病科）；省级重点专科 5 个（康复科、脑病科、老年病科、肛肠科、护理学）；省级中医重点专科建设单位

3个（肿瘤科、针灸科、皮肤科）；市级医学重点学科2个(肿瘤内科、骨科)(含手足显微外科)。河北省中医药脑血管病后遗症重点研究室1个；市级重点专科研究室4个（康复科中医药中风病重点研究室、老年病科中医药消渴痹症重点研究室、肛肠科中医药肛肠病重点研究室、脑病科中医药癫痫病重点研究室)。

医院拥有美国GE1.5T超导核磁、美国GE16排螺旋CT机、安健动态平板DR、卡姆移动式C型臂X射线机、美国飞利浦彩色超声诊断仪、迈瑞RESONA8彩色多普勒超声诊断仪、日立阿洛卡彩色多普勒超声诊断仪、德国“贝朗”血透机、血滤机、日本奥林巴斯电子胃肠检查治疗仪、德国STORZ高清腔镜系统、肿瘤免疫治疗系统、热化疗灌注系统、肿瘤热疗系统、迈瑞全自动生化分析仪、化学发光免疫分析仪、血液细胞分析仪、美国尼高力全数字精确癫痫定位系统和精密显微外科手术器械等先进的医疗设备。拥有6间层流手术间（开放4间，1间百级、2间万级、1间负压)，能同时开展4台手术。先进的仪器设备极大地满足了临床需求，提升了诊疗水平。

医院在心脑血管疾病、肛肠疾病、糖尿病、脾胃病、肝病、肾病、中医肿瘤的治疗方面具有鲜明特色。针灸推拿科、肿瘤科、康复科、肛肠科、治未病科、手足显微外科为医院特色科室。

近年来，医院把握京津冀协同发展重大机遇，全面争取技术支持，扩大学术交流，开展业务合作，成果丰硕。先后成为河北中医学院附属中医院、承德医学院附属中医院、承德护理职业学院附属医院、北京中医药大学东方学院教学医院、首都医科大学附属北京中医医院协作医院、北京中医药大学东直门医院合作单位、中国中医科学院广安门医院合作单位、河北省肛肠病诊疗中心承德分中心、北京平谷软硬镜微创医疗中心。医院聘请石学敏院士、陈可冀院士为名誉院长，张大宁国医大师在医院设立肾病、脾胃病、内分泌病工作室，收徒授业，推动医院综合服务能力不断加强、服务项目进一步拓展、诊疗水平明显提升、患者满意度逐年提高。

医院秉承“厚德精术，承古纳新”的院训，践行“仁爱济世，服务健康”的宗旨，坚持“弘扬中医文化，突出中医特色，强化中西医结合”的发展战略，坚定“中医立院、名医兴院、特色办院、创新强院”的办院方向，强化“全面覆盖补短板、突出特色抓重点”的办院思路，力行“更新医技器、发展专特优”重大举措，紧紧抓住中医发展大好机遇，乘势而上，顺势而为，取得了阶段性成果，为承德中医药事业做出了应有的贡献。

【承德市妇幼保健院】 承德市妇幼保健院始建于1950年，是全市唯一一所集医疗、保健、预防、科研、教学于一体的妇幼保健专业机构。医院占地1130平方米，建筑面积5300平方米，外租业务用房2100平方米，外借办公用房500平方米，兴隆街分院区业务用房1870平方米。医院开放床位130张，现有固定资产8184万元。拥有10万元以上的先进医疗设备232余台件。医院设有行政、临床、保健、医技等39个科室，其中产科、新生儿科为市级重点学科，生殖医学中心于2015年获得开展人类辅助生殖技术资质。医院现有职工396人，其中卫计324人，占82.1%，高职94人，占23.7%。

医院在各级领导和相关部门的领导和支持下，紧紧围绕妇女儿童医疗保健服务需求，抓住京津冀协同发展战略机遇，与北医三院和北京复兴医院建立了长期合作关系。通过采取有效整合资源，加强管理，提高工作效能；加强人才培养和学科建设，提升服务水平；加强医疗质量管控，保障患者就医安全；加强妇幼网络建设，提升全市妇幼医疗保健服务能力等有效措施，克服了医院基础设施薄弱等制约医院发展的瓶颈问题，使医院得到健康平稳快速的发展。医院年门诊量、住院人次、业务收入逐年增长，医院先后被评为省级文明单位，全省妇幼卫生先进集体、白求恩杯竞赛优胜单位等荣誉称号。

2013 年，医院争取了新建承德市儿童医院和迁建承德市妇幼保健院项目，项目总建筑面积 55000 平方米（地上建筑面积 35820 平方米，地下建筑面积 19180 平方米），住院楼 11 层，保健楼 4 层，门诊医技楼 3 层，编制床位 360 张。其中儿童医院建筑面积 42300 平方米，妇幼保健院建筑面积为 12700 平方米。项目于 2016 年 8 月 22 日正式开工建设，预计 2020 年竣工并投入使用。

【承德市第三医院】 承德市第三医院位于承德市双桥区普宁北路 28 号。前身为承德市肿瘤医院，于 2008 年整体搬迁至现址，与新建传染病医院合并成立，承担本地区传染病和肿瘤的诊断、治疗、急救、科研、教学及重大公共卫生事件救治等任务。现为市新冠肺炎确诊患者定点收治医院、全面接诊新冠肺炎确诊患者及复工复产后定点区域的核酸检测任务。作为结核病质量控制中心、艾滋病质量控制中心，指导市区及各县区的结核病、艾滋病的防控及救治工作。

医院本部占地面积 82 亩，已开发使用面积约 30 亩，实际建筑面积约 15000 平方米。设有感染一科、感染二科、肿瘤内科、外一科、外二科、妇瘤科、放疗一科、放疗二科 8 个临床科室，麻醉科、手术室 2 个临床二级科室，预检分诊、发热门诊、功能科、放射科、检验科、病理科、加速器机房、内窥镜室 8 个医技科室另设五云桥门诊部。现全院职工 340 名(其中返聘 2 人、专聘人员 1 人、借调 1 人)，编制床位数 400 张。实际在编人数 153 人，其中高级职称人员 46 人，硕士以上学位人员 14 人。拥有市级重点学科 3 个，市级重点发展学科 1 个。主持完成 13 余项科研项目，分获省市级科研成果和科技进步奖 22 项，出版专业医学书籍 33 余部，发表国家级核心期刊论著 148 余篇。

医院拥有传染病、肿瘤特色治疗、检查设备：GE64 排 CT、DR、移动 DR、GE 彩色超声诊断仪、GE 数字血管减影造影机、医用直线加速器、铱 192 后装治疗机、钼靶机、体外高频热疗机、奥林巴斯腹腔镜、宫腔镜、支气管镜、贝朗床旁血液净化机、800 速进口全自动生化仪、化学发光免疫分析仪、全自动细菌培养系统、罗氏生化免疫全自动定量分析仪、全自动血球分析仪、全自动多功能组织病理检测系统、富士电子胃肠镜、肝弹力纤维仪等医疗设备。

2013 年 9 月成为“天津市肿瘤医院承德分院”，2015 年成为“首都医科大学附属北京佑安医院承德分院”，并先后成为“北京地坛医院合作医院”“中国人民解放军第二军医大学东方肝胆外科医院帮建医院”“石家庄市传染病医院协作医院”“承德医学院教学医院”“承德护理职业学院教学医院”“廊坊卫生职业学院教学医院”，与北京佑安医院、中科院肿瘤医院建立长期合作关系，定期邀请以上各大医院专家来院出诊、查房、指导工作。开通“京津专家直通车门诊”，实现患者与专家间的无障碍咨询，搭建了优质、高效、便捷的就医桥梁。

医院是承德市城镇职工医保、城乡居民医保定点医院，是全市抗癌谈判药品保障使用定点医院；是中国农村丙肝阳光计划定点医院、河北省肝病医疗救助定点医院、省宫颈癌救治定点医院、市乳腺癌救治定点医院、市总工会爱心医院。医院先后荣获“百姓放心示范医院”“省安全生产管理先进单位”“物价信得过单位”“花园式单位”“市卫生系统先进基层党组织”“2019 年度学雷锋先进志愿服务组织”等荣誉称号。2012—2015 年被评为“省文明单位”。2016—2018 年被评为“市级精神文明单位”。

【承德市口腔医院】 承德市口腔医院为市属公立唯一一所口腔专科医院，医疗保险、工伤保险定点医院，首都医科大学附属北京口腔医院技术合作医院、承德护理职业学院教学医院、河北省口腔专科联盟单位、2019年度市级现代医院管理制度建设样板单位。医院始建于1981年，原名为“牙科门诊部”，1984年正式更名为“承德市口腔医院”，现已发展成集医疗、预防、教学为一体的标准化、信息化专科医院。

医院设有口腔内科、口腔外科、口腔修复科、CAD/CAM工作室、牙周黏膜病科、口腔正畸科、口腔特诊科、口腔种植科、口腔综合科、老年口腔病科、儿童口腔科、口腔预防科、医疗保健科、医学美容科等各专业临床科室，并设有高新区院区、双滦院区2个分院区。全院共有先进的口腔综合治疗机78台，手术显微镜7台、椅旁数字化修复设备1台，年门诊量达9万余人次。口腔修复科、口腔正畸科为“市级名科”；儿童口腔科、口腔正畸科、口腔种植科为承德市“医学重点学科”。同时还是“中国儿童口腔疾病综合干预项目”承办单位，免费为全市7～9岁适龄儿童窝沟封闭预防龋齿。医院现有口腔专业技术人员190余人，“市级名医”5人，市级拔尖人才1人，他们充实在临床岗位上作为各专业的学科带头人在人才培养、临床带教、新项目引进、开展学术科研等各方面都起着主导作用。医院坚持“以人为本、质量第一、诚实守信”的原则，以全心全意为患者服务为宗旨，科学管理、规范操作，在培养人才、医学研究和服务等方面都跻身于我市医疗卫生先进行列，深受社会各界和广大患者的信任和好评。

附：市卫健委领导名录

党组书记、主任：朱守仓（满族）

党组副书记、副主任、市医改办主任（兼）、市计生协常务副会长：

刘雁翔（蒙古族，正处级）

党组副书记、副主任：罗东海（满族，正处级）

党组成员、副主任：孙瑞国

祁玉莲（女，满族）

张秀玲（女，满族）

副　主　任：张松涛（满族）

党组成员、副主任：宋煜敏（女，满族）

孙　臣（满族）

党组成员、副主任、爱卫办副主任（兼）：刘　强

党组成员、副主任：屈　民

（供稿　于瑞强）

医疗保障

【概况】 承德市医疗保障工作是按照国家机构改革要求，于2018年底挂牌成立。成立之初，只有局长1人，2019年1月组建筹备组，3月初组建局班子，6月陆续划转机构、转隶人员。7至12月，机关5个科室和所属5个中心人员陆续转隶调整，并着手职能划转，调整机关和直属单位办公场所，完善规章制度、运行机制，整体工作逐渐步入正轨。按照“边组建、边运行、边完善”的工作原则，全面承接机构改革职能任务，围绕“保基本、防风险、堵漏洞、降成本、减负担、优服务”的工作思路，在强化医保基金监管、深化医疗保障扶贫、健全医保政策体系、促进“四医联动”改革等方面出实招、办实事、求实效，实现了过度时期系统运行有秩序、基金安全有保障、深化改革有成效、待遇落实有提升。医保扶贫、待遇保障和打击欺诈骗保等工作受到省医保局2次表扬，获得了全市政协提案优秀承办单位和政务信息报送先进单位称号。

【基金运行】 2019年上半年月均支出近1.7亿元，预测全年透支近6亿元。面对基金透支风险不断扩大的紧迫形势，承德市医疗保障局坚持发现问题一项，分析研判一项，整改到位一项，实施强化定点协议管理、建立医保联席会议制度和

医保征信制度等3项管控措施，有效解决了“跑、冒、滴、漏”问题。推进“网上审核”、建立基金运行预警分析、实施目标管理、细化基金管控指标和强化年度预算的刚性控制等5项管控办法，初步实现了政府宏观控费、部门协助控费、医保协议控费和医院主动控费的工作目标。自7月份开始，对基金的综合管控效果逐渐显现，支出出现拐点，与上半年相比，下半年平均每月支出下降4000余万元，与年初基金预算相比全年减亏3亿余元，有效化解了基金运行风险，基金收支趋于平稳。

2019年8月19日，承德市与天津泰达医院签订承德市医保定点医疗机构协议

【打击欺诈骗保】 贯彻落实总书记习近平“勿使医保成为新的唐僧肉、任由骗取，要加强监管”的重要指示精神，坚持把打击欺诈骗保、维护基金安全作为首要任务。通过开展专项行动、建立案件线索举报奖励制度、组织联审互查、飞行检查和加强涉法案件联查等4种方式联动，增加打击频次，扩大覆盖面。全年核查省移交案件线索5例，4次参与国家、省局组织的飞行检查，配合省局和自行组织飞行检查7次，组织开展了县区交叉检查、部门联合检查、专项治理等，共检查医药机构3764家，实现了全市定点医药机构全覆盖。全市共查处违规定点医药机构585家，其中通报批评60家，暂停医保服务102家，解除服务协议25家，移交其他部门处理16家，约谈314家，限期整改372家，拒付、追回违规资金1.14亿元。先后约谈3家市级医院，发挥了医保监管的震慑作用。

【四医联动改革】 抓住国家、省药品集中带量采购和京津冀协同发展契机，对全市公立医院实施药品集中带量采购、外地协议定点医疗机构执行承德市同级别医院起付线及报销比例2项惠民举措，不断加大宣传力度，扩大公众知晓面，倒逼其他医药机构降低药价，形成连锁效应。在全省率先完成国家、省药品集中采购跟进落实，年内全市25种中选药品采购总量210万盒，完成约定采购量的200%以上，在全省排名前列，采购总金额3380万元，与带量采购前相比节约资金3360万元。采购药品价格平均降幅52%，最大降幅超过90%。落实31种抗癌新药列入门诊特殊病用药报销范围，实现患者门诊就医报销即时结算，全年共办理特药审批3708人，为10491人次报销医保基金3726万元。将京、津18家优质特色医院纳入市医保定点，取消原来到京津就医报销比例降低的门槛，实现了与市同级别医院报销比例相同，让全市参保群众享受到更多的优质医疗资源。推进异地就医备案网上即时办理，取消了提交个人申请、转诊转院手续等材料，改变了必须在工作日、到经办大厅办理备案手续的状况，实现了全市所有参保人仅凭身份证号，“不见面、零跑腿”网上即时备案。全年全市网上备案21343人次，网上备案率在全省排名前列。

【医保扶贫】 联合市扶贫办建立医保和扶贫部门信息共享联动机制，将贫困人口全部纳入基本医保、大病保险和医疗救助“三重保障”制度范围。全市47.95万贫困人口全部参保（含脱贫享受政策人员），并实现市域内“一站式”直接结算。将慢性病纳入门诊保障范围，做到随来随受理，每月一认定。全年共认定慢性病患者58516人，确保了应纳尽纳。2019年全市贫困人口共发生

2019 年 8 月 22 日，医保扶贫及医保基金运行现场会与会人员参观考察围场满族蒙古族自治县医院

门诊、住院 228.48 万人次，政策内费用 17.93 亿元，共计报销 16.4 亿元，政策范围内报销比例为 91.2%。省委书记王东峰在承调研期间对围场医保扶贫工作给予肯定。

【医保服务】 调整完善城乡居民基本医疗保险和大病保险政策措施，将城乡居民大病保险筹资标准由 60 元提高至 75 元，起付线标准下降到城乡居民人均收入的 50%，报销比例提高至 60%。同时进一步完善医保结算系统，实现大病保险、意外伤害保险出院即时结算。全市共为 9 万人次落实大病保险待遇 20723.25 万元，为 18386 人次落实意外伤害保险待遇 9286.28 万元。全市开通异地就医结算定点医疗机构达到 57 家，每个县至少有 1 家跨省定点医疗机构实现就医结算“一卡通”。全年累计为跨统筹区来本市就医 630 人次落实医疗保障待遇 453.18 万元，11201 人次到市外其他地区就医落实医疗保障待遇 9429.34 万元。职工生育保险和基本医疗保险合并实施正式启动，基金共济能力和管理综合效能得到进一步提升。长期护理保险试点建设扎实推进，典型经验在《中国劳动保障报》等媒体刊发。

附：市医疗保障局领导名录

党组书记、局长：曹金岗（满族）

党组副书记、副局长：司景成（蒙古族，2 月任）

党组成员、副局长：王大伟（蒙古族，12 月任）

（供稿　刘　畅）

体　育

【概况】 2019 年，承德市体育工作按照全省体育工作会议精神、市“两会”工作部署，树牢“四个意识”，坚定“四个自信”，做到“两个维护”，坚持冰雪主线，突出生态文明，较好地完成了各项工作任务。

【冰雪运动】 出台冰雪运动发展扶持政策。按照《河北省冰雪产业发展规划（2018—2025 年）》“突出做强张家口、承德两个冰雪产业核心区”的要求，编制印发《承德市冰雪产业发展规划（2018—2025）》和承德市《关于加快冰雪运动发展的实施方案》。河北承德国家雪上项目训练基地建设。4 月，河北承德国家雪上项目训练基地正式落户承德后，国家体育总局局长苟仲文 8 次到基地调研指导，承德市市委书记周仲明、市长常丽虹、副市长郭士刚也多次现场踏查，召开专题会议进行协调。市体育局协调国家体育总局、省体育局等部门，推进基地的各项具体工作落实，将基地项目建设纳入省政府“一会三函”审批范围，极大缩短了项目审批时限。协调做好基地医疗、食品安全、电量增容、移动通信、网络信号等服务保障工作。基地 7.5 千米冬季两项赛道及附属设施、河北承德塞罕坝国家冰上训练中心、体能训练馆、游泳馆、气膜训练馆建设工作正在积极推进。从 2018 年年底开始，有 6 支国家集训队共 400 多名运动员到基地进行集训。承办河北省首届冰雪运动会部分赛事并组队参赛。在河北省体育局的大力支持下，承德市完成河北省首届冰雪运动会冰球、速度滑冰、越野滑雪 3 个项目承办工作，新华社、国家体育总局、央视新闻移动网、

《人民日报》等国家、省市级媒体进行宣传报道，助推承德市冬季旅游发展。承德市代表队在省首届冰雪运动会参加了速度滑冰、轮滑、冰球、陆地冰壶4个项目的比赛，共获得金牌7枚，奖牌19枚，在全省位列第五名。作为承办赛区之一，承德赛区获得特殊贡献奖、突出贡献奖、体育道德风尚奖等奖项。开展群众冰雪赛事活动。培育冬季赛事品牌，推广普及群众性冰雪运动，扩大承德冬季旅游影响力。举办承德市首届冰雪运动会，开展2019年中国承德“木兰秋狝”杯雪地摩托车越野大奖赛（连续五年）、第五届承德市冰上龙舟争霸赛、第六届承德市职工冰上趣味运动会、第六届全市小学生滑冰车比赛等30项赛事活动。承德市冰上运动中心（中国残疾人冰上运动训练中心）于7月竣工，并投入使用，可承接短道速滑、速度滑冰、花样滑冰、冰球、冰壶等冰上运动赛事，实现年内省定各县（市、区）滑冰场地全覆盖的任务目标。推进冰雪运动进校园、进家庭活动。举办2019年河北省“双百双万”冰雪运动进家庭、进校园启动仪式暨“双百双万”体育骨干教师培训班。承德市各县（市、区）100所学校分别开展了河北省“双百双万”冰雪运动知识公开课。为市直全市80所中小学发放“陆地冰壶”器材，推进冰雪运动实现四季推广和冰雪运动进校园的进程。培养冰雪运动人才。举办全市青少年速度滑冰比赛、全市青少年滑雪培训比赛、全市滑雪和速度滑冰裁判员培训班、全国青少年冬夏令营（河北承德站）轮滑、冰球、冰壶项目训练选拔等赛事活动，承办河北省滑冰项目裁判员集训和业务交流。市体育局与市教育局、市冰雪轮滑运动协会成立了承德市青少年男女混合冰球队。第二届全国青年运动会冰球项目比赛成功落户承德。第二届全国青年运动会是由国家体育总局举办的全国综合性体育运动会。7月28日至8月7日，二青会冰球比赛在承德举行。来自全国各地的33支队伍、900多名运动员参赛。本次赛事进一步扩大承德冰雪运动知名度，带动全市乃至全省冰雪运动特别是冰球运动的普及与发展，促进和提升冰球运动水平。

【全民健身】 推动全民健身与全民健康深度融合。推动全民运动健身模范市争创工作，制定下发《承德市创建全民运动健身模范市实施方案》，举办河北省体医融合运动处方培训班（承德站），在承德德美健康体检中心举行慢性病专项干预——高血压项目启动仪式。为围场满族蒙古族自治县、丰宁满族自治县和隆化县三个深度贫困县各配备一套体质监测仪器，各建成一所健身与健康融合中心。承办举办全民健身赛事活动，不断提升全民健身水平。落实《承德市全民健身实施计划（2016—2020）》，进一步动员广大群众参与体育运动。承办举办全市第三届企鹅派对跑暨“体育扶贫在行动”主题跑步大会、第33届（承德市连续10届）奥林匹克日活动、第六届登鸡冠山大型户外健身活动、新年登佟山活动、市直机关职工运动会等，指导双桥区举办避暑山庄徒步大会、双滦区体育节等，共开展100多项赛事活动。全民健身场地设施建设。实施各级各类全民健身体育工程283个。其中，完成民族地区行政村农民体育健身工程16个、街角机关企事业单位体育便民设施工程15个、易地扶贫搬迁集中安置区农民体育健身工程148个、新时代城市社区体育健身示范提升工程4个、农民体育健身工程100个。利用拨付给丰宁、围场、隆化三个深度贫困县的各200万的全民健身场地设施建设专项资金，用于建设异地扶贫搬迁集中安置区社区健身中心。

【竞技体育】 优化项目布局，加强竞技体育综合实力，推进新周期项目设置工作。各县（市、区）在着重巩固、发展和保障田径、射击、举重、柔道、摔跤、跆拳道六个重点项目成绩的情况下，努力打造发展射箭、武术散打、武术套路、速度滑冰、轮滑等潜优势项目，提升潜优势项目水平和成绩。增加设立有一定基础并具承德特色的冰球、冰壶、水上项目、滑雪等新项目。开展市级训练基地、传统校、俱乐部认定工作。制定出台了《承德市青少年体育传统项目学校认定管理办法》《承德市青少年体育俱乐部认定管理办法》《承德市青少年训练基地(业训网点)认定管理办法》,命名12所市级体育传统项目学校、1家市级青少年俱乐部、9家市级青少年训练基地、15个青少年业余训练网点,并给予相应器材和经费扶持。配合省体育局冬季运动管理中心组建冬季两项运动队。确定承德市9人入围省体育局冬季运动管理中心组织的冬季两项运动员集训,为组建省冬季两项队伍提供后备人才。承办、举办和参加青少年体育赛事活动。承办国家射箭队2020年东京奥运会选拔赛、省田径丙组比赛、省青少年摔跤锦标赛分站赛和决赛、省青少年男子篮球乙组锦标赛、省青少年女子足球丙组锦标赛、省青少年田径锦标赛女子预赛、省摔跤项目苗子运动员集训等赛事活动。举办全市中小学生田径运动会及青少年篮球、乒乓球、羽毛球、足球、速度滑冰、轮滑、滑雪、游泳比赛。举办了全国青少年体育冬夏令营活动等,青少年选手直接参与人数达5000人以上。组队参加省2019年度田径、游泳、射击、摔跤、跆拳道等项目锦标赛及冠军赛,取得了较好成绩。运动员、教练员、裁判员队伍建设。承办省冰雪运动会滑冰项目裁判员集训和业务交流活动、省摔跤项目教练员、裁判员培训班,组织开展了摔跤、游泳、田径、滑冰、滑雪、羽毛球、篮球等项目裁判员培训,参与培训人数达1200人以上。通过培训提升了裁判员理论素养和执裁水平,建立裁判员梯队,达到良好的培训效果。全年审批一级运动员10人,二级运动员68人,全年对23个项目进行运动员注册,注册总人数2000余人。

【体育产业】 做好体育消费券试点城市发行工作。2019年,河北省体育局拿出1500万元的消费券补贴用于鼓励全民健身消费,承德市作为全省体育消费券四个试点发行城市之一,截至2019年底,全市已有11家项目场馆接入平台,累计使用消费券135.6万元,占总消费券使用量的10.23%。带动个人运动健身直接消费约465.3万元。带动比例约为1∶2.69。其中,滑雪项目使用消费券26.7万元,占全省滑雪消费券使用比例的5.74%。做好体育执法工作。完成体育场地普查工作,调查数据已通过省体育局和国家体育总局验收。全市体育场地面积为755.316万平方米,人均体育场地面积为2.1105平方米。提前完成《河北省全民健身实施计划》中“到2020年人均体育场地面积达到1.8平方米”的目标。做好政策引领工作。市体育局会同市发改委制定《承德市加快推进社会足球场地建设方案(2019—2020)》,明确承德市2016年至2020年社会足球场地建设任务52块,根据人口数量已将52块建设任务分解到各县(市、区)。各县(市、区)已制定建设方案,截至2019年底,已完成新建、改建社会足球场地28块,任务完成率达到53.8%。申报省级体育产业基地。推荐雍乾狩猎公司、中国马镇冰火节、天马飞行小镇、滦平畅乐游等11个市级体育产业单位和项目申报省级体育产业示范基地。经过省体育局评选认定,御道口雍乾狩猎有限公司被评定为省级体育产业示范单位,中国马镇冰火节活动被评定为省级体育产业示范项目。

【体育协会】 推进体育社团与行政机关脱钩工作。国家、省已完成体育社团与行政机关脱钩工作,承德市此项工作正在稳步推进中,经市体育局与市脱钩工作领导小组多次沟通,确定28个单项协会脱钩名单。制定了承德市体育类协会脱钩工作方案,指导协会做好相关工作,到2020年6月完成协会脱钩全部工作。组织开展社团年检工作。根据国务院《社会团体登记管理条例》和民政部《社会团体年度检查暂行办法》规定,组织实施2019年度全市性社会团体年度检查。指导开展社会体育赛事活动。注册了国际自行车联盟（UCI）中国“一号风景大道”国际自行车赛事。承办了承德“塞罕坝”杯首届一号风景大道马拉松赛、2019第十届环中国暨中国“一号风景大道”国际公路自行车赛、京津冀国际自行车公路挑战赛，指导协会举办了中国城市篮球联赛CCBU（承德赛区）暨第五届“琢酒杯”承德市俱乐部篮球联赛、“中华民族一家亲，同心共筑中国梦”千人广场舞展示和广场舞比赛、金山岭长城国际马拉松赛、承德市“武术六进”活动启动仪式暨传统武术展演、男子足球超级、甲级、乙级联赛等赛事活动，承办河北省国际象棋青少年锦标赛。健身气功得到普及推广。举办承德市健身气功站点联赛暨“全国百城千村”健身气功交流展示活动，为健身气功爱好者提供互相切磋学习和提高的机会，有利地促进了该运动项目的普及推广。培训一级、二级健身气功社会体育指导员300余人，为健身气功的发展打下坚实的基础，并邀请河北省专家到丰宁、围场两个贫困县进行健身气功指导。

【体育设施利用】 奥体中心做好全民健身、承接赛事及低免开放工作。全年承接各种赛事活动56项，同比增长近20%，体育场、南广场及健身路径全天候免费开放，篮球、羽毛球场地使用率达到100%，同时做好体校训练、赛事和师院的教学训练服务工作。体育场为全民健身提供场地。协调体校训练和群众健身、各类占场活动的关系，保证每天早晨免费对市民开放5小时，做好服务工作。完成游泳馆及配套公寓亮化改造工程，并投入运营。奥林游泳馆运动员公寓于4月开始营业，对游泳馆主楼楼体进行亮化改造施工，改善游泳馆夜间的整体环境，促进了游泳馆经济效益的提升。

【法治和平安建设】 制定《承德市体育局2019年高危险性体育项目执法检查工作方案》，通过严格执法，切实保障人民群众健身安全，规范健身场所管理。严格执法检查，全力做好行政监督工作。全年共组织执法检查9次，主要是对承德市滑雪场所和游泳场所的监督检查。高度重视安全生产工作，切实抓紧、抓细、抓实。按照“党政同责、一岗双责、失职追责”和“管行业必须管安全、管业务必须管安全、管生产经营必须管安全”的原则，全年党组会议、专题会议共研究安全生产工作7次。组织直属各单位全体干部职工开展专题培训，提高安全意识，有效防范安全事故的发生。重视人员密集场所安全运营，加强监督检查力度，做好高危险性体育经营场所执法检查工作。

附：市体育局领导名录

党组书记、局长：李战争

党组成员、副局长：王启宏（满族）

党组成员：刘惠芬（女）

党组成员、副局长：张　延（满族）

池景生

裴福斌

（供稿　谭　静）

社会生活

收入与消费

【概况】 2019年，承德市全面落实党中央国务院、河北省委省政府决策部署，紧紧围绕“12345”总体思路目标，督办191项重点工作、20项民心工程和“3811”工程。牢牢坚持发展第一要务不动摇，攻坚克难，奋发作为，统筹推进稳增长、促改革、调结构、惠民生、防风险等各项重点任务。全市经济保持平稳健康增长，社会事业长足发展，民生保障不断增强，为建设新时代生态强市、魅力承德奠定基础，经济基础的扎实，保障了居民收入呈现稳步增长态势。

【城乡居民收入】 据抽样调查，2019年承德居民人均可支配收入21828元，增长10.9%，高于全省平均水平1.4个百分点。城镇居民人均可支配收入32365 元，增长9.5%，高于全省平均水平1.1个百分点。农村居民人均可支配收入12101元，增长12.0%，高于全省平均水平2.4个百分点。 城镇居民人均可支配收入32365 元。其中：工资性收入20126元，转移净收入6847元，经营净收入2502元，财产净收入2889元。农村居民人均可支配收入12101元。其中：工资性收入6926元，转移净收入2134元，经营净收入2846元，财产净收入195元。

城镇居民收入稳步提高。政府部门协调拓宽就业渠道，促进就业率，随着基础设施提升、城市改造等项目的推进，增加了就业岗位也增加了收入；机关事业单位工资改革不断推进，绩效奖励标准提升。调整企业最低工资标准；城镇居民养老金近年来连续增长，2019年每人每月增加80元，城镇低保由原来每人每月600元提高至650元；减税降费规模进一步扩大。通过减税降费，进一步激发市场主体活力，大规模降低小微企业融资费用，切实为企业减负。

农村居民保障待遇稳步提高。农村低保标准提高。2019年农村低保标准提升为每人每年4300元，农村特困人员基本生活标准为每人每年5590 元；农村居民基础养老金上调。2019年1月起，全市城乡居民基础养老金标准每月提高到108元。依托精准脱贫有利契机，各项惠农补贴加快落实。随着乡村振兴战略的推进，农业农村各领域改革不断深化，带动农民收入较快增长，城乡居民收入差距逐步缩小。

【城乡生活环境】 2019年，城镇居民家庭人均住房建筑面积34平方米。90%以上的家庭户居住楼房、用自来水、实现集体供暖、使用液化石油气或管道天然气。居民家庭住房比以前宽敞了、配套设施更加完备，居住环境明显改善。

农村居民家庭人均住房建筑面积29.7平方米，比2018年增加0.4平方米。近几年在政府相关部门的大力帮扶下，对全市各县区农村的部分危旧住房进行翻建改造， 大大改善了农村居民居住条件。调查中：达到安全级别（A级）的占79.5%,达到比较安全级别(B级)的占18.8 %。

家居门前实现了道路硬化。88%的城乡居民户通有水泥和柏油路面。63%的城乡居民户使用经过净化处理的自来水，30%的城乡居民户使用受保护的井水和泉水，获取饮用水不存在困难，居民饮水安全是有保障的。通过美丽乡村建设和振兴乡村战略的实施中的厕所革命，使城乡居民如厕有了很大改变。调查中显示：使用水冲式卫生厕所占 61.8%、卫生旱厕占 11.3%、普通旱厕占 25.8%。随着城乡一体化的不断深入，电信网、广播电视网、互联网三网融合覆盖全域。水、电、暖等生活条件正在逐步改进升级，城乡面貌发生了可喜的变化。

【恩格尔系数】 近年来，居民食品消费支出在消费支出所占比重持续下降，恩格尔系数总体水平不断降低，总体是城镇降低，农村上升。2019 年城镇居民生活消费支出 23098 元，居民人均食品消费支出 5601 元，占居民消费支出的 24.2%，比 2018 年下降 1.1 个百分点；农村居民生活消费支出 9329 元，居民人均食品消费支出 2820 元，占居民消费支出的 30.2%,比 2018 年上升 3.3 个百分点。

【耐用消费品普及】 2019 年，耐用消费品普及率提高，升级换代步伐加快。城镇居民家庭主要耐用消费品百户拥有量情况如下：家用汽车 42.9 辆，洗衣机 100.1 台，电冰箱 101.6 台，彩色电视机 104.3 台，计算机 69.5 台，其中：接入互联网计算机 50.8 台，微波炉 65 台，空调器 49.3 台，淋浴热水器 92.1 台，移动电话 234.9 部，其中：接入互联网移动电话 187.9 部。这几大项耐用消费品中，消费普及率较高的有：移动电话、电视机、洗衣机、电冰箱，几乎每个家庭都有。拥有量比上年都有所提升。从耐用消费品来看，汽车拥有量近几年大福攀升，汽车已经不是家庭消费不可及的消费品，正以很快的速度进入每个家庭生活之中。家庭现代化水平的不断提升和普及，给人们的生活带来舒适与方便。农村居民家庭主要耐用消费品百户拥有量情况如下：家用汽车 22.8 辆，摩托车 63.9 辆，洗衣机 95.5 台，电冰箱 99.5 台，彩色电视机 107.7 台，计算机 26.8 台，微波炉 17.1 台，淋浴热水器 46 台，移动电话 242.6 部，其中：接入互联网移动电话 185.3 部，所有主要耐用消费品都比 2018 年有不同程度的增长，城、乡生活用品水平差距在不断缩小，移动电话、电视机、洗衣机、电冰箱、通信设备城乡差距几乎不存在。

【消费结构】 近年来城乡居民消费结构不断升级，食品消费虽然在八大项消费中依然占最高比重，但逐年在下降。消费方式大幅转变，网购消费、食品外卖越来越普遍。消费观念也逐渐从追求商品的实用价值转变为追求品质享受和服务体验。收入的提升带动了“享受”领域的消费增长，消费档次不断提升。人们更加注重在身体健康、医疗保健、文化教育等方面的资金投入。

2019 年，八大项消费占生活消费的比重为：食品烟酒占 26.07%、衣着 7.64%、居住 24.28%、生活用品及服务 5.69%、交通通信 11.62%、教育文化娱乐 10.06%、医疗保健 12.52%、其他用品和服务 2.13%。在 2018 年和 2019 年两年消费比重变化情况看：除居住和生活用品及服务消费 2019 年下降外，其他各类消费都有所提升。居住类消费下降主要是因近年来各项政策调控房地产市场，房屋价格稳中有降，使得购买、修善、租赁价格下降。2019 年文化教育和医疗保健比重增加较大。随着收入的稳定增长，这两项消费呈现逐年增长的态势。

2018 年、2019 年八项消费占生活消费的比重示意图

单位：%

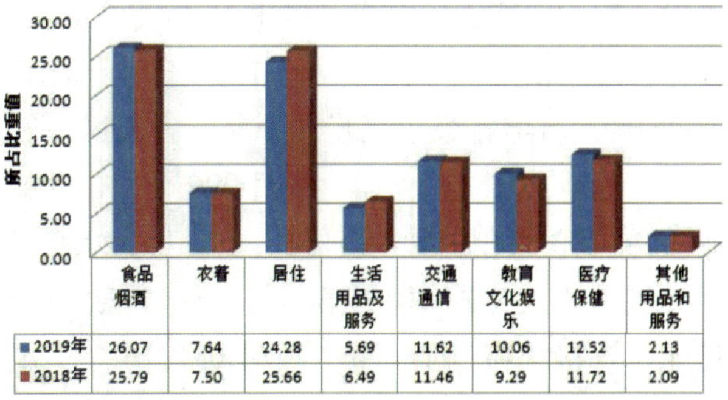

	食品烟酒	衣着	居住	生活用品及服务	交通通信	教育文化娱乐	医疗保健	其他用品和服务
2019年	26.07	7.64	24.28	5.69	11.62	10.06	12.52	2.13
2018年	25.79	7.50	25.66	6.49	11.46	9.29	11.72	2.09

附：国家统计局承德调查队领导名录
党组书记、队长：刘长龙
党组成员、纪检组长：郝立芬（女，满族）
（供稿　迟宪辉）

人力资源和社会保障

【概况】 2019年，全市城镇新增就业4.9万人，城镇失业人员再就业1.5万人，就业困难人员就业8073人，城镇登记失业率3.32%，高校毕业生就业率达到96.3%。全市城镇职工基本养老保险、失业保险、工伤保险、城乡居民基本养老保险参保人数分别达到80.26万人、24.74万人、47.69万人、178.5万人。城乡居民养老保险参保率达到98.6%，各类保险待遇发放率全部达到100%。

【就业创业】 在实现更高质量和更充分就业上持续用力，就业工作联席会议升格为就业工作领导小组，全市就业工作合力增强。加大政策落实力度。开展失业保险援企稳岗“护航行动”和技能提升“展翅行动”，就业补助资金支出2.1亿元，惠及4.2万人，失业保险基金用于稳就业支出1亿元，惠及18.3万人。做好重点群体就业工作。深入实施高校毕业生基层成长、就业创业提升年、青年见习和“三支一扶”等计划。借力京津冀协同发展和东西部扶贫协作，全市农村劳动力转移就业3.9万人。完成2家企业269名去产能职工安置工作。农民工杨山获得河北省“最美农民工”称号。开展创业带动就业。全市建设创业孵化基地26家，新增省级示范基地1家，省级退役军人孵化基地1家，吸纳创业项目996个，带动就业3394人，大创园智翔机器人团队卫冕2019年世界机器人大赛冠军。发放创业担保贷款1.29亿元，直接扶持创业625人，带动1216人实现就业。返乡创业工作代表河北省在国家人社部召开的座谈会上做了典型发言。提升就业服务水平。出台《关于推进全方位公共就业服务的实施意见》，推动基层服务平台信息化改造，着力提升基层公共服务水平。集中开展“春风行动”、就业援助月等系列专项就业服务活动，组织招聘会180场，帮助1.5万劳动者实现就业。

【社会保险】 研究制定促进可持续发展总体方案及若干措施，全面落实职工养老保险基金中央调剂制度，可持续能力显著提升。深化机关事业单位养老保险改革，完成了1.5万名“中人”视同缴费年限认定工作，核心业务全部启动。创新建立城乡居民养老保险待遇确定和基础养老金正常调整机制，成为全省唯一在国家、省基础上进一步提高待遇水平的地市，每年为近50万人增发待遇2390万元。创立工伤认定调查核实与商业保险机构合作“承德模式”，重点案件实地调查率达到100%，消除案件隐患713件。推进合作银行社保卡服务网点建设，实现社保卡立等可取，发放电子社保卡20万张，在全省率先实现社保卡补换卡全免费。推行“人脸识别”认证系统，强化CA证书等信息化手段应用，成为全国首个工伤认定决定、鉴定结论电子送达的地市。落实社保降费率、降基数政策，城镇职工养老、工伤、失业保险总计为企业降费8.9亿元，促进企业降成本、市场增活力、个人得实惠。提高社保待遇标准，企业退休人员基础养老金实现“十五连增”，为全市16.9万名离退休人员增发养老金2.9亿元，工伤保险伤残津贴和供养亲属抚恤金分别提高280元、120元。推进被征地农民参加社会保险工作。建设工程按项目参加工伤保险实现全覆盖。各项社保待遇全部按时足额发放。深入开展“社保基金风险防控提升年”活动，进一步完善风险防控体系，在所有县区设立基金监督机构或基金监督专岗，开展风险防控问题整改、社保信息核查、打击欺诈骗保、基金风险专项检查等活动，有效防范基金管理运行风险。

【人事人才】 借机借势推动技能人才队伍建设。深入贯彻落实习近平总书记关于技能人才建设的指示精神，全面推行终身职业技能培训制度。整合各类培训资源，新建国家高技能人才培训基地1家，省级以上技能大师工作室3家，全年开展就业创业培训4.5万人，组织职业技能鉴定9826人。深入开展职业技能提升行动、职业技能培训工程等专项行动，培训紫塞工匠、现代服务业和冰雪产业、“高精尖”和紧缺技能等各类人才6.94万人，均超额完成省市目标任务，全市技能人才总量达到18.9万人。高层次人才引进力度不断加大。围绕市委市政府加快构建绿色产业体系目标，采取“2+6+N”模式深入开展“进名校、引英才”系列活动。通过组织开展重点大学专场招聘，发布《紧缺人才需求名录》，举办、参加高层次人才交流洽谈活动，引进高层次人才393人。为37名从事绿色产业人才落实奖补资金117万元。不断提升人才队伍服务水平。加快推进职称制度改革，打通高技能人才与工程技术人才职业发展通道，为4家单位下放评审权限，全市共推荐高职2340人，评审通过中职2660人、初职4734人。积极做好专家选拔推荐，河北省政府特殊津贴专家7人，省“三三三人才工程”二层次人选5人，承德市三层次人选63人。规范事业单位人事制度管理。建立事业单位岗位设置动态调整机制，有效拓展人才发展空间。规范公开招聘、选聘制度，为各级事业单位公开招聘1848人，人数为历年之最，选聘硕士研究生以上高学历人才341人。完成398名事业单位另册管理人员专项考试考核工作。做好表彰奖励工作，颁发“庆祝中华人民共和国成立70周年”纪念章2000余枚。健全完善工资制度。完成事业单位正常增资工作，年人均增资920元。义务教育教师平均工资收入全部实现不低于当地公务员工资收入水平，公立医院薪酬制度改革持续深化。

【劳动关系】 做好保障农民工工资支付工作。开展“冬病夏治”、治欠保支、冬季攻坚等专项检查，严厉打击恶意欠薪违法行为，共为1921名农民工追讨工资待遇1840万元。狠抓欠薪违法行为联合惩戒，3家严重欠薪企业列入“黑名单”，评定8家省级劳动保障守法诚信优秀企业，拖欠农民工工资问题得到有效遏制，被省人社厅表彰为清理整顿人力资源市场秩序先进单位。完善劳动关系制度建设。做好企业工资宏观调控，推进国企负责人薪酬制度改革，建立最低工资和工资指导线发布制度，引导企业合理确定工资水平。加强对企业劳动用工服务，完成3022家企业1.4万劳动者劳动用工备案工作，开展集体协商“百日行动”，全市建立工资集体协商制度企业5034家，覆盖13.8万名职工。加强劳动人事争议调解仲裁。深入推进仲裁院标准化建设，推行仲裁案件快速处理机制，创新实施“互联网＋调解”和仲裁法律文书免费邮寄措施，全年受理仲裁案件2770件，涉案总经济标的3500余万元，结案率达到98%。稳慎做好信访维稳工作。坚持通过法定途径分类处理信访诉求，结合主题教育活动开展，集中化解了一批疑难遗留问题，全年共办理信访案件160件、1084人次，有力维护了中华人民共和国成立70周年大庆、全国两会等重大节日敏感时期的社会稳定。

【人社扶贫】 推进就业扶贫。把贫困劳动力实现就业作为脱贫最直接有效的途径，推进就业扶贫“5+5”模式和劳务协作“351”工作机制，全市贫困劳动力累计实现就业16.3万人，扶贫车间吸纳、返乡创业带动、有组织劳务输出、扶贫公益性岗位安置四种渠道累计实现就业2.84万人，超额完成全年目标任务，承德市就业扶贫经验被人社部推广。推进技能扶贫。全面实施“1+3+4”技能扶贫培训模式，“扶智＋扶志”同步推进，全年共培训1.18万人，实现就业9444人，对有需求劳动力培训率达到100%。开展技能扶贫“千校行动”，全市招收建档立卡贫困学生 279 人，京津职业学校免费招收贫困家庭学生 281 人。全面落实社保扶贫政策。对符合城乡居民养老保险扶贫政策的 27.46 万贫困人员全部参保，实现建档立卡贫困户参保率、政府代缴率和待遇发放率“3 个 100%”。提升失业保险脱贫互助实效，将三个深度贫困县失业保险金标准提高到 1512 元。人事人才扶贫。开展东西部扶贫协作专业技术人才交流，派出和接收专业技术人才 222 人和 195 人。开展“定向评价、定向使用”职称评审和岗位聘用，促进人才、智力、技术等要素向贫困地区流动。

2019 年 2 月，举行全市“春风行动”就业扶贫劳务协作大型招聘会

【深化改革】 实施“一网、一门、一次”改革。构建“内部融通、外部联通、上下贯通、一网通办、全市通办”的人社公共服务体系。探索组建人社公共服务中心，筹建人社综合服务大厅，涉及社会保险 111 项业务全部上线运行，实现“全省第一、全国领先”，改革做法得到承德市委、市政府和河北省人设厅主要领导高度肯定，被列为承德市改革典型案例，在全省人社系统推广。

附：市人力资源和社会保障局领导名录
党组书记、局长：房宝占（满族）
党组副书记、副局长：张铁军（女，满族）
党组成员、副局长：郭晓辉
党组成员：裘长安
党组成员、副局长：任永志
副局长：董晓东（满族）
武卫东

（供稿 王 婴）

社会福利

【概况】 2019 年，把推进养老事业发展，加快推进养老服务体系建设，保障养老服务政策落地落实；推进社区和居家养老工程，提升养老服务质量，制定《承德市社区和居家养老工程实施方案》，切实保障社区和居家养老工程顺利实施。关爱留守儿童，保障孤残儿童，开展“福彩圆梦孤儿助学工程”。

【养老服务体系建设】 推动养老事业发展。为贯彻落实国务院办公厅《关于加快推进养老服务发展的实施意见》、河北省人民政府办公厅《关于加快推进养老服务体系建设的实施意见》文件精神，应对人口老龄化，加快推进养老服务体系建设，以承德市人民政府办公室名义印发了《关于加快推进养老服务发展的通知》，明确了各部门职责分工，切实保障了养老服务政策落地落实。全面推动承德市养老服务体系建设，民政局召开全市社区和居家养老工程推进会，推进社区和居家养老工程。按照省、市“双创双服”活动总体部署，制定《承德市社区和居家养老工程实施方案》，明确工作思路和目标，确定重点任务和分工，切实保障社区和居家养老工程顺利实施。至 2019 年底，全市主城区新建居家养老服务中心 2 所，县（市）新改扩建居家养老服务中心 6 所。开展养老服务质量提升行动。按照《2019 年养老院服务质量建设专项行动实施方案》要求，对照《养老院服务质量大检查指标》内容，开展重大风险隐患清除攻坚。经过养老机构集中整治，承德市 47 家养老机构存在 145 处安全隐患，发现隐患后，下发《关于养老院服务质量建设专项行动暨养老院安全问题专项治理进展情况的通报》，要求各地持续跟进，对于隐患较多的机构重点督办。至11月12日，养老机构重大风险安全隐患已全部清除，《养老机构服务质量基本规范》达标。为全面贯彻落实习近平总书记关于“开展质量提升行动，提高养老院服务质量”的重要指示精神，按照“五查五改、对标达标”要求，通过印发通知、部门联查、参观交流、组织培训等多措并举，全市120家养老机构，符合《养老机构服务质量基本规范》。按照市委组织部《关于对省考核指标运行情况进行调度分析的通知》，民政局涉及指标为推进服务质量，此项考核得满分2分。

2019年5月13日，市民政局召开全市社区和居家养老工程推进会

【养老机构星级评定】 为加强养老机构规范化建设，发挥高标准养老机构示范作用，不断提升养老院服务质量和管理水平，转发《河北省民政厅关于开展养老机构星级评定的通知》，成立领导小组，明确时间节点，严格参照标准，组织县（市、区）开展养老机构星级评定工作。全市参评星级养老机构共30家，其中参评四星级养老机构1家，三星级养老机构6家，一星、二星级养老机构23家。经民政局初审、第三方机构评审、省厅评审结果核查最终确定承德市四星级养老机构1家，三星级养老机构6家，二星级养老机构13家，一星级养老机构8家。社区和居家养老工程9月底前全部完成，副省长张古江给予表扬。

【关爱留守儿童】 关爱留守困境儿童。起草印发了《承德市农村留守儿童关爱保护和困境儿童保障工作成员单位职责任务分工的通知》，建立协调机制，明确部门职责，加强部门协作。组织业务培训。全市235个乡镇（街道）设立了儿童福利督导员，2645个村（居）委会设立了儿童主任，定期走访，及时掌握留守儿童家庭、监护、就学等基本情况。从2018年下半年开始，组织对全市儿童福利督导员、儿童主任进行业务培训，截至2019年底全市儿童主任、儿童福利督导员的配备及培训实现全覆盖。开展特色活动。组织冬（夏）令营，带孩子走出家门，开阔视野。与妇联共同开展“周末妈妈”活动，组织有爱心的妈妈周末与留守儿童对接，弥补母爱。开展“红色之旅”，服刑人员子女回访、希望之星、圆梦书桌等活动，让孩子们充分感受社会关爱。举办“爷爷奶奶”培训班，提高隔代家长的监护能力和家教水平。对困境儿童进行物质、医疗帮扶。

【孤弃儿童生活保障】 承德市印发《关于进一步加强孤儿和事实无人抚养儿童保障工作的实施意见》，新增了事实无人扶养儿童保障范围。在原有基础上新增了重病的范畴，并会同承德市医疗保障局、承德市卫生健康委共同确定重病、地方病范围。根据《河北省财政厅、民政厅关于下达2019年中央财政困难群众救助补助资金的通知》要求，河北省孤儿基本生活费中央财政补助标准每人每月增加150元；民政局联合承德市财政局共同印发《关于调整孤儿基本生活最低养育标准和制定事实无人抚养儿童基本生活补贴标准的通知》，在原有标准基础上再提高150元，社会散居孤儿每人每月1000元；社会福利机构养育孤儿每人每月1450元；事实无人抚养儿童每人每月1000元。全市孤儿共计1120人。其中机构养育孤儿43人，社会散居孤儿1077人，共发放基本生活费 97.135 万元。实施孤儿医疗救助，与市医保局协调，将孤儿纳入医疗救助范围，孤儿参保及医疗费按救助政策报销，落实《河北省“孤儿医疗康复明天计划”项目实施暂行办法》，自此孤儿医疗费用从参保到医药费的报销，从社会统筹到个人支付实现全方位衔接。确定定点机构。经与市卫健委协调确定并公布了“孤儿医疗康复明天计划”项目市级定点医疗机构，其中市级定点医院 7 家，县级 22 家，2 家市级定点假肢矫形器装配企业。开展“福彩圆梦孤儿助学工程”。将符合条件的孤儿纳入助学范围，发放助学项目资金。全市共资助大学生 300 人，每人 5000 元。

社区建设

【概况】 承德市现有 177 个社区居委会，其中市辖区 115 个，社区“两委”成员 920 多人，大专以上学历 80% 以上。注重多渠道提高社区工作人员素质。“两委”正职月生活补贴由 2500 元提高到最高 4300 元，落实“三险”。对获得国家社工师资格的社区干部，每月享受津贴 200 元至 300 元。全市 36 名社区书记转为事业编制。城市社区、城镇社区工作服务经费已分别达到 30 万元、15 万元，市级财政设立 100 万元专项以奖代补资金，引导、鼓励和支持社区综合建设或重点项目。

【社区治理】 推动城市社区协商共治工作。对各县（市、区）社区协商工作进行督导，进一步规范社区协商工作，基本构建“五位一体”的社区治理体系。承德市双桥区桥东街道世纪城社区为群众提供小方便、记好小台账、办好小事情、解决小问题“四小服务”便民措施。通过打造“十五分钟便民服务圈”等方式，建立了属于自己特色的“四小服务”，解决事关民生的“大问题”，真正达到社区资源共享，架起了为民服务的连心桥。世纪城社区工作法是民政部在全国遴选的 100 个优秀社区工作法之一。在全市学习推广双桥区世纪城社区全国优秀社区工作法。印发《关于推广学习双桥区桥东街道世纪城社区工作法的通知》，推动各县（市、区）学习借鉴纪城社区工作方法。总结提炼一批具有本地特色的社区工作法。6 月承德市城市社区治理工作经验作为典型，在全省第十四次民政会议上进行交流发言。

2019 年 9 月 12 日，世纪城社区携手你好西餐厅开展家庭手工月饼制作亲子活动

【群众自治】 加强基层政权建设，落实河北省民政厅《关于认真开展村（居）委会换届工作“回头看”的通知》要求，对全市村（居）委会换届工作“回头看”进行安排部署和检查，夯实村（居）委会换届成果。全市 2459 个村全部建立村务监督委员会，建立健全村民会议和村民代表会议制度，规范村级民主决策的程序，全面推行“四议两公开”工作法。推动建立起基层党组织领导下自治、法治、德治相结合的基层社会治理机制。开展农村社区试点工作，实现试点单位全市所有县（区、市）全覆盖，提前实现了河北省要求的试点全覆盖。推动双滦区全国农村社区治理实验区开展实验任务，顺利通过民政部中期评估。

【城乡基础建设】 巩固城乡治理根本，争取 2020 年度省级社区建设补助项目 17 个，资金

423万元。持续推进民政系统扫黑除恶专项斗争工作，加大问题线索排查力度；坚持系统治理、源头治理，完善相关制度，严防黑恶势力侵蚀基层自治组织。承德市扫黑除恶专项斗争工作作为先进被省厅推荐到省扫黑办。承德市城市社区综合覆盖率达到100%；农村社区综合设施覆盖率达到60%以上，超额完成年初省厅任务目标。

社会事务

【概况】 按照政策规定，依法做好婚宴登记工作；提升婚姻管理信息化水平。做好殡葬管理服务工作，同时开展违建墓地专项整治，引导群众遵纪守法，破除陋习，推进节地生态安葬。

【婚姻登记】 不断提升婚姻登记服务水平，市民政局组织各县（市、区）民政局婚姻登记机关认真开展婚姻登记规范化自查整改工作，做到依法登记，规范服务。2019年，全市共办理结婚登记21163对，离婚登记12345对。

【婚姻档案补录】 为进一步提升全市婚姻管理信息化水平，推动部门信息共享。按照民政部和河北省民政厅文件要求，各县（市、区）已完成中华人民共和国成立以来的历史档案补录工作，共补录结婚登记297681条，离婚登记18050条。

【殡葬管理】 做好清明节期间文明祭扫安全保障工作。组织开展主题宣传活动，引导广大群众遵纪守法，破除陋习，文明祭祀。市民政局联合11个相关部门开展违法违规私建“住宅式”墓地等突出问题专项摸排工作，并对2018年开展的殡葬领域突出问题专项整治行动中存在的问题进行了“回头看”，通过开展专项摸排，全面摸清了现有公墓底数，进一步巩固公墓管理及殡葬服务市场整治成果，落实监管责任，健全长效机制。为推进殡葬改革工作，加强承德市殡葬管理工作的组织领导，及时研究解决殡葬方面重大问题，建立殡葬管理工作联席会议制度。推进节地生态安葬，加强农村公益性公墓建设。2019年为550余名困难群众免除基本丧葬费用约110万元。

社会救助

【概况】 2019年，承德市社会救助工作深入贯彻落实“兜底线、织密网、建机制”总体要求，按照市委、市政府推进农村特殊困难群体社会救助全部纳入整体安排，进一步编密织牢兜底保障网，全面落实各项社会救助政策，扎实推进社会救助兜底脱贫工作。全市共争取上级困难群众补助资金8.978亿元，主要用于城乡低保、特困人员救助供养、临时救助等支出。

【困难群众救助】 全面提高城乡保障标准。印发《关于提高全市最低生活保障和特困供养标准的通知》，将2019年城乡低保年标准分别提高到7800元和4300元。至12月，全市各县（市、区）均达到省定标准，全市农村低保年平均标准为4318元，人均补差230元／月；城镇低保年平均标准为7800元，人均补差364元／月。全年累计发放低保金5.25亿元，其中农村低保金4.31亿元、城镇低保金0.94亿元。深入开展精准核查工作。全面开展集中核查活动，复核城乡低保对象和农村建档立卡贫困人口，将符合条件的及时纳入，不符合条件的及时清退。2019年，全市新增城乡低保对象4.55万人、退出2.21万人，做到应保尽保、应退尽退。年内，全市累计共有城乡低保对象19.2万人。

【兜底保障扶贫】 市民政局联合市财政局、市扶贫办出台《关于推进农村特殊困难群体社会救助全纳入的实施方案》，对建档立卡贫困户（非建档立卡户参照执行）中靠家庭供养且无法单独立户的重度残疾人、重病患者、困难老人、未成年人等完全或部分丧失劳动能力的农村特殊困难群体，按照单人户纳入低保，推动农村低保扩面提标。对现有农村特殊困难群体开展全面摸底排查，全市农村低保对象达到17.25万人，净增加农村低保对象2.8万人，保障率达到6.9%，比年初提高1.2个百分点，超额完成省定目标任务。加强农村低保与扶贫政策有效衔接。加强民政与扶贫、医保、残联等部门的信息沟通，对未纳入农村低保的建档立卡贫困对象进行数据比对和全面排查，将0.71万未脱贫贫困对象纳入低保范围，实现应保尽保。至年底，全市建档立卡贫困对象中有9.7万纳入农村低保。人均收入超过当地低保标准的，给予不低于1年的渐退期，全市共有1.74万人享受“渐退期”政策。

【特困人员救助供养】 全市共有农村特困供养人员26662人，城镇特困供养人员209人，享受全护理补贴1374人，半护理补贴2462人。不断提高农村特困供养水平，2019年1月起，城乡特困供养基本生活年标准分别提高到10140元和5590元以上，全年累计发放特困供养金1.98亿元。着眼解决失能半失能特困人员日常生活照料的难题，推进集中供养，失能半失能对象的集中供养率，提高到45%以上。

【临时救助】 全面开展“救急难”工作，对于陷入急难困境的群众给予救助。把因医疗、教育等刚性支出较大造成基本生活困难的对象全部纳入临时救助范围。急难型临时救助省略家庭经济状况核对、民主评议和公示等环节，直接予以救助。将小额（1300元以下）临时救助审批权下发乡镇政府，突出发挥临时救助时效性、灵活性强的特点，为建档立卡贫困人口特别是返贫的人口提供应急性、过渡性救助。全年共救助困难群众3.46万人次，累计发放救助金6117万元，平均每人次救助1765元。

【提高救助经办能力】 为加强基层社会救助经办能力，承德市全力落实《关于加快推行政府购买服务加强基层社会救助经办服务能力的实施意见》，通过政府购买服务方式，加强县、乡两级的社会救助经办服务能力，各县（市、区）均已落实到位。

社会组织

【概况】 2019年，承德市本级依法登记社会组织304个，其中社会团体242个、社会服务机构61个、基金会1个，遍布城乡，涉及社会生活各个领域。形成了门类齐全、层次不同、覆盖广泛的社会组织体系，在政治、经济、文化、社会和文明建设中发挥着越来越重要的作用。

【组织评估】 开展评估工作是社会组织规范化建设的重要手段之一，是促进社会组织健康有序发展的重要保证。年初，市民政局制定并下发《承德市民政局关于开展2019年度社会组织评估工作的通知》，要求市属社会组织积极参加评估工作。要求2014年前参加评估的社会组织重新参加评估，对成立满两年一直没有参加评估的社会组织必须参加评估。年内，共有4家社会组织提交了自评报告，其中2家申请5A级，2家申请3A级。

【组织党建】 坚持把“两个覆盖”作为社会组织党建工作的前提基础。针对社会组织党建基础差、底子弱、缺人员、无经费、少抓手等诸多困难和问题，精准研判，综合施策，主动作为。党组织覆盖率超过90%，党的工作覆盖100%。探索发挥“两新”组织党组织政治核心和政治引领作用的有效途径和方法，发挥先进基层党组织的标杆、导向和示范作用，树立“红色旗帜”，扩大“红色影响”，唤醒党员入党初心，增强党员政治意识、大局意识、核心意识和看齐意识，让党员有归属感、责任感、荣誉感；设立“党员先锋岗”“党员服务岗”活动，成立“党员志愿服务队”等活动载体，树立党员服务品牌，激励党员的模范先锋作用。

【发展社会组织】 出台《承德市民政局关于大力培育发展社区社会组织的意见的通知》，加大对社区社会组织的培育扶持力度。积极发展生活服务类、公益慈善类和居民互助类社区社会组织，推动将其纳入城乡社区便民利民服务网络，为社区居民特别是低保对象、特困人员、空巢老人、困境儿童、残疾人等各类困难群体提供多种形式的生活服务和志愿帮扶。加快发展农村社区社会组织，引导其有序参与乡村治理体系建设，在脱贫攻坚、就业创业等方面发挥作用。全市共有177个城市社区，培育发展城市社区社会组织1522个，平均每个城市社区拥有社会组织8.6个；共有2459个农村社区，培育发展农村社区社会组织10082个，平均每个农村社区拥有社会组织4.1，超额完成省定目标任务。

【行业协会商会改革】 2019年6月14日，国家发展改革委、民政部等10部委印发了《关于全面推开行业协会商会与行政机关脱钩改革的实施意见》(以下简称国家《实施意见》)，9月9日，河北省发展改革委、民政厅等10部门转发了《关于全面推开行业协会商会与行政机关脱钩改革的实施意见》，对全面推开行业协会商会与行政机关脱钩改革作出部署。要求各市在2020年6月30日前完成全面脱钩改革工作。承德市本级已经印发《全面推开行业协会商会与行政机关脱钩工作方案》，并于12月9日召开动员部署会议，全面开启了脱钩工作，预计2020年5月份完成脱钩任务。

【脱贫攻坚】 开展京津冀社会组织跟党走，助力脱贫攻坚”活动。“2018年全年，共有80多家社会组织在承德市实施了助力脱贫项目，涉及款物5000余万元。为进一步深化活动成果，2019年，京津冀民政部门继续动员广大社会组织参与市省助力脱贫攻坚行动。年初，民政局进行征集项目，编辑扶贫手册。紧紧围绕精准脱贫、精准扶贫目标要求，聚焦捐资助困类、人才帮扶类、公益慈善类、救灾救济类、爱心捐赠类及基础设施建设向8个贫困县及市直相关部门征集项目并将项目筛选、汇总，编辑了《扶贫手册》。召开会议，推介项目。京津冀三地民政部门，分别召开了动员社会组织参与脱贫攻坚动员会议，民政局派出专门工作人员参加会议，发放扶贫手册，并就重点项目在会上推介。9月7日，三地民政部门在承德市丰宁满族自治县召开“社会组织助力脱贫攻坚项目签约大会”，民政部副部长詹成付、河北省副省长张古江参加会议并讲话，肯定了三地民政部门在动员社会组织助力脱贫攻坚工作所做出的努力。据不完全统计，三地100余家社会组织在承德市开展扶贫项目，涉及款物1.5亿元。

附：市民政局领导名录

党组书记、局长：常金超

党组成员、副局长：丁朝东（满族）
窦立新
巴　江（蒙古族）
贾国军

（供稿　靳适维　秦　颖　陈建民　姚瑞军　王丽莉　王明军）

优抚安置

【概况】 2019年，按照国家、省、市相关政策要求，退役军人优抚优待、退役军人公共服务优待、军人荣誉体系建设、军转干部安置、退役士兵安置、退役军人创业就业、赴疆辅警招录、就业培训、军休干部接收安置、走访慰问工作得到很好落实。按照市政府要求做好双拥模范城创建工作。

【优抚优待】 优抚对象医疗保障。全年下拨医疗补助资金1175万元，其中上级补助资金1165万元，市级配套10万元，有效地保障优抚对象的基本医疗。通过实施“一站式”医疗等服务，减免、补助、救助优抚对象医疗费用649万多元，4975多人次。全年为重点优抚对象发放门诊补助1648万元。义务兵家庭优待。确保义务兵家庭优待金按新标准及时足额发放到位。全年优待义务兵家庭优待金1968户，发放优待金4000.4万元，其中争取省财政支持3227万元，市本级配套145万元。

【公共服务优待】 退役军人公共服务优待工作。2018年11月30日，河北省委办公厅、省政府办公厅印发了《河北省退役军人公共服务优待办法（试行）》（以下简称《优待办法》），《优待办法》是省委、省政府贯彻落实习近平总书记“让军人成为全社会尊崇的职业”重要指示精神的重大举措，是强化“四个意识”，落实“两个维护”的具体体现，对进一步做好退役军人管理服务工作、营造尊重尊崇军人的社会氛围具有重要的现实意义。在市委、市政府的支持下，承德市开设面向公共服务机构和场所1252个，优先通道404个，优先窗口1518个，设置优先标识1845个，对持优待证退役军人实行优先政策。避暑山庄及周围寺庙、塞罕坝机械林场等20个政府投资的旅游景区、景点全部实行退役军人持优待证免门票费政策。至年底，全市已发放优待证112905个，其中，退役军人111721个，烈士遗属600个，因公牺牲军人遗属110个，病故军人遗属125个。

【抚恤补助待遇】 根据《省民政厅省财政厅关于调整部分优抚对象等人员抚恤和生活补助标准的通知》，自2019年8月1日起，承德市再次提高部分优抚对象抚恤和生活补助标准。调整后，残疾军人最高的一级因战、因公、因病抚恤金标准每人每年分别为89350元、86570元、8377元，最低的十级因战、因公抚恤金标准每人每年分别为10520元、9460元。烈士遗属、因公牺牲军人遗属、病故军人遗属定期抚恤金标准每人每年分别为28700元、24760元、23330元。抗日战争时期的在乡复员军人生活补助标准每人每月提高到1545元，解放战争时期的在乡复员军人生活补助标准每人每月提高到1500元，1949年后在乡复员军人生活补助标准每人每月提高到1495元。带病回乡退伍军人生活补助标准每人每月提高到760元，参战参试退役人员的生活补助标准每人每月提高到750元。居住在农村和城镇的无工作单位、年满60周岁的烈士子女的定期生活补助标准每人每月提高到630元。60周岁以上农村籍退役士兵每服一年义务兵役每人每月补助标准提高到40元。全市共下拨各类优抚补助资金1.6487亿元，其中，争取上级资金1.6453亿元，市本级配套资金34万元，保证了重点优抚对象抚恤补助金按月足额发放。

【军人荣誉体系建设】 落实《中共河北省委办公厅、河北省人民政府办公厅、河北省军区政治工作局关于印发〈河北省为烈属、军属、退役军人等家庭悬挂光荣牌工作实施办法〉的通知》和《关于做好为烈属、军属、退役军人等家庭悬挂光荣牌工作的通知》精神，持续做好为烈属、军属、退役军人等家庭悬挂光荣牌和建档立卡工作。截至2019年底，累计悬挂光荣牌114584块，其中，年度新增2303块，并全部完成建档立卡。按照省委办公厅、省政府办公厅、省军区政治工作局关于印发《河北省为立功受奖现役军人家庭送喜报实施办法的通知》精神，继续开展为立功受奖先军人家庭送喜报活动，全年为426名现役军人家庭送喜报。

【军转干部安置】 2019年，承德市共接收计划分配军转干部21名，其中副团职3名、营职6名、连职8名、技术干部4名。3名行政副团职军转干部由市委组织部根据考试考核成绩予以安置；其他18名营以下及专业技术干部，由退役军人事务局统一安置。对军转干部，通过统一考试、双向选择和指令性分配相结合的办法进行安置。发挥党政机关、政法系统安置的主渠道作用，重点在党政机关、政法机关和中省直单位予以安置，确保政法部门接收军转干部的比例不少于安置计划数的30%。1名行政副团职军转干部因病退档，其他20名军转干部安置任务全部按时完成。

【退役士兵安置】 2019年，承德市共接收符合政府安排工作条件退役士兵137人，其中各县接收97人，按照属地管理的原则，由各县进行安置；市本级（含四区）接收40人，由退役军人事务局统一进行安置。坚持公平公正公开原则，把退役士兵服役期间的表现作为主要依据，通过"积分排序、按需选岗"的办法，确保服役时间长、贡献大的退役士兵有限选岗。根据省厅"要在事业单位和规模较大、效益较好的企业单位安置"的要求，137名符合条件退役士兵安置任务全部完成，安置质量显著提高。

【退役军人就业创业】 针对退役军人事务部门初建，退役军人就业创业工作刚刚起步的实际，认真研究，深入谋划，确保工作开局思路清、方向明、措施实。全面梳理自主择业军转干部、复员干部和自主就业退役士兵就业创业优惠政策，印发了《关于推进全市退役军人就业创业工作的实施意见》，明确工作方向和目标任务，为全市退役军人就业创业工作提供了遵循和规范。夯实就业创业工作基础，健全职业技能教育培训体系。建立承德市教育培训基地及行业目录。依托普通高校、职业院校和社会优质培训机构建立教育培训基地30家，开展个性化、点餐式培训，提升退役军人职业能力和技能水平。开展职业技能培训。承德市依托教育培训基地，依据本人意愿，组织退役军人培训780人次，培训专业包括驾驶、计算机、电子商务、电工四类，涉及培训机构11个。开展全员就业创业意识（适应性）培训，旨在通过培训使广大退役军人"不忘初心、牢记使命"，坚定理想信念，强化法治意识，保持军人本色，了解就业形势，实现角色转化。承德市2019年度返乡退役军人（包括自主就业士兵、转业士官、自主择业军转干部和计划安置军转干部）共831人，除复学退役军人外，全部参加适应性培训，参训率100%。创新工作方法，多措并举促进退役军人就业创业。依托省退役军人事务厅"退役军人网上招聘平台"开展招聘工作，截至2019年年底共登记企业195家、用工需求2640人，共有1533名退役军人进行注册，成功入职93人，全省排名第一。举办承德市2019年退役军人专场招聘会，大力促进就业。年内，全市共举办退役军人专场招聘活动28场，参加企业1000余家，提供了包括教育、安保、消防、驾驶员、商务接待等5000余个岗位，300余名退役军人达成工作意向，在广大退役军人群体中产生了良好反响。

【赴疆辅警招录】 开展跨区域协作，完成赴疆辅警招录工作。按照全省统一部署，利用报纸、网络和张贴公告的形式进行广泛宣传发动，为新疆生产建设兵团第二师铁门关市招录选送退役军人辅警7人，随迁家属21人赴疆就业，开创了承德市退役军人到新疆建功立业的先河。

【组织报考高职院校】 按照《河北省高职扩招专项工作实施方案》要求，组织动员全市71名退役军人成功报考高职院校，为退役军人深造学历开创良好的开端。

【筹建就业创业促进会】 筹建承德市退役军人就业创业促进会，吸纳全市关爱退役军人、热心拥军工作的各类企业和各界人士，以帮助退役军人就业创业为目的，搭建政府与社会、军队与地方、退役军人与爱心企业的合作平台，协助政府部门做好退役军人就业创业工作，为维护社会和谐稳定、建设“美丽承德”助力。2019年年底，市、县两级退役军人就业创业促进会建设任务已全部完成。

【数据信息采集】 落实《退役军人事务部办公厅〈关于开展退役军人和其他优抚对象数据修正工作〉的通知》和《中共河北省委退役军人事务工作领导小组办公室印〈发关于做好退役军人信息更新完善工作〉的通知》精神，在全省率先完成退役军人和其他优抚对象数据修正工作。承德市退役军人事务局制定《退役军人和其他优抚对象信息更新完善工作方案》，并印发《退役军人信息更新完善台账》《退役军人信息更新完善台账填写说明》，退役军人信息数据完善率100%。此后，退役军人和其他优抚对象信息采集工作进入常态化，承德市退役军人事务局业务系统数据制定严格审核标准，在工作前期保证数据质量，形成全市数据准确、统一规范的“一套数”。

【军修干部接收安置】 按照省下达军休干部移交计划，按照应接尽接的原则，及时接收军队退休干部，2019年共接收退休干部6人，在接收工作中加强与移交部队的沟通，严格交接流程，完备各项手续，圆满完成全年接收工作。落实政治待遇。定期组织军休干部进行政治学习，及时传达党的各项方针政策，学习新的军休政策，听取意见，使军休干部能够更好的了解相关政策。组织军休干部参加短期疗养，“七一”赴沈阳“9·18”历史博物馆参观学习，组织老干部健康体检，举办第二届趣味运动会，老干部参加钓鱼比赛等项目。“八一”、春节等重大节日对每位军队离退休干部进行慰问，发放慰问品。落实好军队离退休干部的生活待遇。把“关心军休干部健康状况”作为突破的重点，落实各项医疗费用的报销。及时发放军队离退休干部工资和离退休干部遗属生活补助金。及时落实军休干部和无军籍职工的各种津贴补贴。

【走访慰问】 2019年春节、“八一”期间下发了《关于在春节期间深入开展走访慰问的通知》和《关于做好2019年“八一”期间拥军优属拥政爱民工作的通知》，及时组织走访慰问驻承部队官兵、优抚对象。了解驻承部队的工作生活等情况，为他们解决实际困难，进一步加强军地之间的交流，密切军民关系。

【开展纪念活动】 为缅怀革命先烈，继承先烈遗志，弘扬民族精神，热河革命烈士纪念馆、董存瑞烈士陵园以及各县区烈士纪念单位，在烈士纪念日等传统节日和国家纪念日期间，广泛深入开展多种形式的纪念活动。清明节期间，全市范围内组织了主题为“传承·2019清明祭英烈”活动，全市各烈士纪念单位（设施）累计接待党政机关、企事业单位、大中专院校、中小学和各界群众到烈士陵园和革命纪念馆进行祭扫活动人员达320余批次，接待参谒人员10万余人次。清明节期间烈士纪念活动安全有序，营造出弘扬烈士精神，崇尚英雄、捍卫英雄、学习英雄、关爱英雄的良好氛围。9月30日烈士纪念日，退役军人事务局和热河革命烈士纪念馆承办了承德市烈士纪念日烈士公祭活动。市委、市人大、市政府、市政协、军分区全体领导，市法院院长、市检察院检察长，双桥区“四大班子”、武装部领导，烈军属、老战士、市直党政机关代表、武警官兵代表，大、中专院校、中小学校师生代表及社会各界群众一道向烈士纪念碑敬献花篮，深切缅怀为民族独立、人民解放、国家富强、人民幸福英勇献身的革命先烈。各县区党委、政府同日也开展大规模的纪念活动。5 月 25 日，举行“董存瑞牺牲 71 周年”纪念活动。

【双拥模范城（县）创建】 为做好新一届全国和省级双拥模范城（县）创建工作，以承德市人民政府办公室名义下发关于《承德市创建全国双拥模范城（县）工作方案的通知》，通知将国家重新修订的《全国双拥模范城（县）考评标准》进行任务分解，要求各相关单位及时搜集、整理、上报 2016 年以来双拥工作有关资料信息和数据。在 6 月 19 日召开双拥工作推进会。会议由市委常委、政法委书记、副市长苏铁成主持；市退役军人事务局局长李树德对《承德市创建全国双拥模范城（县）考评目标分解》进行情况说明；市委副书记安国富对下一步双拥工作进行部署，提出工作要求。

附：市退役军人事务局领导名录

党组书记、局长：李树德（满族）

党组成员、副局长：高志祥

王　海（5 月任）

（供稿　石国君）

民族宗教

【概况】 2019 年，全市民族宗教工作在市委、市政府的领导下，深入学习贯彻总书记习近平关于民族宗教工作的重要论述，以铸牢中华民族共同体意识和加强宗教中国化方向引领为主线，深化民族团结进步创建，推进民族地区高质量发展，解决宗教领域突出问题，提高民族宗教法治化水平，提升机关党建水平，开创民族宗教工作新局面，其中市民宗局承担的省政府重点工作涉及承德市目标任务均按进度安排完成。承德市是民族大市，全市有满、蒙、回、朝鲜等 54 个少数民族成分（无乌孜别克族），少数民族人口 176.53 万人（满族 153.49 万人，蒙古族 18.81 万人，回族 3.16 万，其他 51 个少数民族共 1.07 万人），占全市总人口的 46.26%，占全省少数民族人口的 46.98%。除营子区外，其余县区均为省民族工作重点县区。有 3 个自治县（丰宁 1987 年建县；宽城 1989 年建县；围场 1989 年建县），3 个民族县（市）（在河北省享受自治县相关政策待遇，滦平，2002 年省政府批准；隆化，2002 年省政府批准；平泉，2004 年省政府批准），有 26 个民族乡（全省 50 个），1775 个民族村（含自治县、民族县、民族乡所辖村），全市 780 个建档立卡贫困村中有民族村 643 个。承德市佛、道、伊、天、基五教俱全，有 5 个市级宗教团体，有信教群众 7.4 万人，认定备案教职人员 188 人，宗教活动场所 150 处，百人以上教徒聚居村 189 个，其中单一宗教信教人数千人以上或占全村人口 30% 以上的重点教徒聚居村 38 个。兴隆、围场、滦平、平泉、隆化、双桥区为省宗教工作重点县区。

【民族工作】 深入开展民族团结进步创建“六进”活动，落实《关于全面深入持久开展民族团结进步创建活动 铸牢中华民族共同体意识的意见》，于 5 月份以市委市政府名义出台了承德市的《实施方案》。紧扣“中华民族一家亲、同心共筑中国梦”主题，8 月 30 日，组织开展第十个“民族团结进步宣传月”活动，通过民族文艺表演、展板展示、发放宣传资料等方式，宣传承德市民族团结进步工作取得的成绩，来自全市各县（市、区）民族工作部门干部、少数民族群众共 100 余人参加活动，社会反响良好；完成全国第七次民族团结进步模范集体和模范个人表彰的选拔和推荐工作，在中华人民共和国成立 70 周年前夕，承德市共有2个集体（围场满族蒙古族自治县人民政府、双桥区潘家沟街道办事处）、2名少数民族代表（市民宗局梁六十三、西地村王桂玲）分别被国务院表彰为全国民族团结进步模范集体和模范个人；以省民委“三送”活动为契机，会同省民宗厅集中为少数民族和民族地方送文化、送科技、送健康活动5次，发放价值40万元的药品，为16个民族村各赠送体育健身器材，深受各族群众好评；指导宽城、围场两县做好自治县成立30周年庆祝活动，两县于7月初本着“隆重、热烈、绿色、节俭、安全”的原则举办庆祝活动，集中展示了中国民族区域自治制度的成功实践和两县30年来取得的巨大成就；做好参加第十一届全国少数民族传统体育运动会项目的筹备和组织工作，承德市由河北民族师范学院、河北蒙古族中学、隆化县职教中心等3个单位共88人组队代表河北省参加2个竞技项目和4个表演项目的比赛，共获得3个二等奖、3个三等奖的成绩。组织参加全省少数民族健身操、全省“民族团结杯”业余乒乓球赛，分别获得第三名和优秀组织奖；协助省民委分上下半年两次组织召开河北《满族丛书》的编写座谈，推动承德市承担的8本书籍的编纂工作开展。河北省少数民族古籍资料整理与人才培训基地落户河北民族师范学院，古籍资料整理工作顺利开展；加强对少数民族流动人口的服务管理，以城市民族工作调研为契机，到县（市、区）调研城市少数民族流动人口服务管理工作，探索工作思路；站在讲政治的高度加强对清真食品生产、加工、制作、销售等重要环节监督监管，在元旦、春节、中秋节、国庆等重要时间节点对企事业单位、学校、幼儿园等清真食堂、商场、超市、集贸市场等容易发生问题的地方监督检查。结合“双随机、一公开”工作重新梳理了“一单两库”，把对清真食品监督管理与对少数民族流动人口管理相结合，在协调关系、化解矛盾、维护稳定等方面发挥积极作用，向省民委实行月报告制度，年内未发生因清真食品引发的民族矛盾和问题。

【民族经济】 贯彻落实河北省委、省政府《关于进一步加强和改进民族工作的实施意见》《加快民族地区发展的若干意见》《关于促进我省少数民族和民族地区发展的实施意见》等相关政策措施文件；做好2019年省政府对围场、宽城现场办公的组织服务和各项协调工作，共支持两县（市）项目376个，支持资金66.2亿元（其中无偿资金29.22亿元，贷款36.98亿元）。年内，已落实项目资金46亿元；打好贫困民族地区脱贫攻坚战，在少数民族发展资金的立项和资金安排上进一步向深度贫困县倾斜，全年共争取少数民族发展资金6078万元；加强对少数民族发展资金使用情况的监督管理，先后两次到县（市、区）对少数民族发展资金使用情况进行专项检查，确保资金使用规范、安全、高效；落实民贸民品贷款贴息政策，全市有28家民贸民品企业享受到2018年度贷款贴息共1911.77万元，同比增加42.16%。加强对民贸民品企业动态管理，经初审，承德市拟调增民贸企业16家，调减企业7家；进一步推进环京津少数民族特色村镇示范带建设，全年累计投入资金1.05亿元，其中省级以上少数民族发展资金718万元，带动其它财政性资金2807.8万元，社会其他投入3531.5万元，创建质量、水平和效果明显提升；加强对少数民族特色村寨的动态管理（省重点工作），经各县（市）申报，民宗部门审核，市局实地考察的基础上，向省民委申请增补7个村寨，全市特色村寨试点村（含已挂牌）总数达到44个，居全省首位；协助省民委承办了全省民族乡脱贫攻坚专题培训班，来自全省民族地区民族工作干部、民族乡镇负责人共50人参加了培训；聚焦民族地区脱贫攻坚，于12月8日至13日组织全市贫困民族村“两委”班子成员和致富带头人共158人参加的农村实用技术大培训，收到良好效果。

【宗教管理】 引导宗教坚持中国化方向，在全市宗教团体和宗教活动场所中开展“双创四进”活动。全市150余处宗教活动场所不论大小都在醒目位置树立旗杆，升挂国旗，举行庄严的升挂国旗仪式。实现了《中华人民共和国宪法》《宗教事务条例》等法律法规进场所，举办各种不同形式的学习活动。各场所通过制作宣传板报、悬挂社会主义核心价值观和中华优秀传统文化展板等形式将活动开展的有声有色。指导市伊协举办“解经”研讨班暨卧尔兹演讲大赛；市基督教“两会”、市天主教爱国会举办了坚持中国化方向培训班，进一步强化对场所负责人和教职人员的正面教育引导。通过“双创四进”等活动，激发承德市宗教界人士和信教群众的爱国热情，提高宗教界和信教群众知法、懂法、守法素质，推动宗教道德与中华传统美德的共荣共生。

【解决突出问题】 以中央宗教工作大督查为契机，依法依规解决宗教领域存在的突出问题取得显著成效。在天主教界大力开展独立自主自办教会教育活动。指导天主教爱国会落实民主办教三项制度，理顺与教区的职能定位，积极培养优秀教职骨干参与民主办教。建立健全长效机制，主动协调各县（市）、区全面落实党中央、国务院和省委、省政府关于“建立健全县乡村三级宗教工作网络，落实乡村两级责任制”相关要求，初步搭建起主体在县、延伸到乡、落实到村、规范到点的宗教工作网络，形成宗教工作属地化管理和网格化管理新格局，并进一步完善了定期协调调度、目标管理、信息反馈报告、重大专项工作督导、激励约束等制度机制，全市宗教事务管理工作逐步走向规范化、制度化、法制化轨道。

附：市民族宗教事务局领导名录

党组书记、局长：张　忠

党组副书记、副局长：苏玉友（满族）

党组成员、副局长：高士堂

官向前

高海滨

郭玉琢（满族）

（供稿　黄自强）

县（市、区）

围场满族蒙古族自治县

【概况】 承德市围场满族蒙古族自治县总面积9219平方公里，年末户籍总人口535835人。2019年，全年地区生产总值实现154.6亿元，增长7.2%，其中第一产业实现增加值57.7亿元，增长7%；第二产业实现增加值36.8亿元，增长1.7%；第三产业实现增加值60.1亿元，增长11.6%。全部财政收入实现12亿元，增长3.2%；一般公共预算收入6.06亿元，增长4.13%；社会消费品零售总额实现60.6亿元，增长9.7%。城乡居民人均可支配收入分别实现27001元和10118元，分别增长9.3%和12.3%。全年共开工重点项目108个，完成投资113.9亿元；新增风光电装机20万千瓦，全县风光电总装机达到354.64万千瓦；全年接待游客450余万人次，实现旅游收入33亿元，同比均增长20%。

【脱贫攻坚】 坚持把产业就业扶贫作为主攻方向，确保“两不愁。推广功能农业、生态林业等7大扶贫模式，整合涉农资金4.92亿元，实施农业产业化项目29个，构建了“三变、三联、三个带起来”产业扶贫脱贫新路径，全县贫困户一重、多重产业覆盖率分别实现100%和80%。实施技能培训、就业援助、创业助推三大攻坚行动，累计培训贫困劳动力5294人，建设扶贫车间10个，提供公益性岗位5247个，助力10909人稳定增收。生态林业扶贫模式在2018年生态环境部组织的中国南宁生态文明论坛上作为典型扶贫模式进行交流发言，并相继在中央广电总台、新华网等主流媒体推广。坚持把政策落实作为第一民生工程，确保“三保障”。开展“控辍保学”专项行动，实施农村义务教育学校营养改善计划，累计资助贫困学生86078人，解决97所农村中小学、4.4万名学生营养餐问题，全县义务教育巩固率基本实现100%。坚持把健康扶贫作为防止因病致贫返贫的关键之举，落实9.6万名贫困人口家庭医生签约服务，提高55.97万人次医疗保障救助待遇，全部定点医疗机构均实行先诊疗后付费，“春雨工程＋智慧分级诊疗”模式成功入选第二届中国优秀扶贫案例。全年累计完成危房改造3039户，易地搬迁工程建成安置区30个，建设配套园区19个。坚持把改善人居条件作为关键举措，确保“稳达标”。以22个深度贫困村“双基提升”工程为重点，统筹推进全县基础设施建设，新改建农村道路440公里；完成机井配套1173眼，解决7万余人饮水安全问题；实施电力、通信基站、信号塔等项目271个。2019年，全县实现108个贫困村退出，7866户、17598人稳定脱贫，贫困发生率下降到0.28%，顺利通过河北省扶贫成效考核和贫困县退出验收。

【生态资源】 持续加强生态建设。统筹推进重点流域、重要通道生态修复和绿色生态廊道建设，加快实施自然保护区、湿地公园等生态建设项目，接续实施国土绿化行动，推进山水林田湖草综合治理、京津风沙源治理、再造“三个塞罕坝”等重大生态工程建设，完成国土绿化20.54万亩、湿地保护24万亩，完成7个乡镇20个行政村2618亩生态廊道绿化任务，生态环境持续改善，全县森林覆盖率达到58.8%，木兰林业集团成功中标张家口冬奥会绿化和雄安新区“千年秀林”工程。全面开展环保治理。严格落实大气污染防治“1+17”政策体系，取缔或改造35蒸吨／小时及以下燃煤锅炉、经营性小煤炉257台，累计整治“散乱污”企业75家，全县空气质量综合指数3.68，居全市首位；PM2.5平均浓度30微克／立方米，达到历史同期最好水平。推进冬季清洁取暖行动，落实省市冬季清洁取暖战略部署，完成兖矿炉具配送3.56万台、型煤配送11万户、7.74万吨。全面落实“河长制”，推进“三年百项”工程，加大水资源保护、水岸线管理、水污染防治、水生态修复等工作力度，统筹实施小滦河、伊逊河流域水污染治理等环保工程，加强水源地保护，地下水水质优良比例、地表水断面水质达标率和饮用水源地水质达标率全面提升，小滦河承德围场段被评为河北省“秀美河湖”。扎实开展“5+1”专项整治、河湖“清四乱”行动，共清理各类违法违规问题69件，破坏生态环境问题5宗，河湖“清四乱”问题114个，已全部整改完成。加快构建长效机制。编制完成《木兰围场可持续发展概念性空间规划》《全县自然资源资产负债表》，生态产品入市步伐不断加快。

【现代产业】 生态文化旅游产业再升级。高标准编制《自治县全域旅游发展规划》《围塞风景线建设项目专项规划》，康熙饮马驿站等关键节点项目全面运营，国家雪上项目训练基地运动赛道等重点项目建成投用，哈里哈山水林田湖草小镇、御道口国际汽车文化旅游度假区等涉旅项目加快推进，举办国际马拉松赛、环中国国际公路自行车赛等国际赛事，“国家一号风景大道”成为生态文化旅游新地标。全年，共接待游客450余万人次，实现收入33亿元，同比均增长20%。食品医药产业提质量。坚持向高端化、规模化、品牌化不断迈进，实施千万元以上农业产业化项目20个，压减籽粒玉米3.6万亩，新建省级农业科技园区、科技示范基地9个，建成中国北方地区最高标准优质肉羊产品生产基地，全县市级以上农业产业化龙头企业达到50家、实现年利润1.52亿元，成功承办全国“一村一品”交流现场会、全省功能农业扶贫现场会、天津东西部扶贫协作肉羊产业大会，9个产品获得河北省名牌产品称号，27个单品通过有机农产品认证，逐步融入“承德山水”区域公用品牌。能源环保产业扩规模。抢抓国家政策机遇，统筹实施风光水电及生物质燃料项目建设，山东兖矿集团煤炭高效清洁技术产业化合作项目签约实施，华润神仙洞、龙源棋新等10个重点风电项目顺利实施，新增村级光伏扶贫电站133个，新增风光电装机20万千瓦，全县风光电总装机达到354.64万千瓦。加快推进硅砂、沸石等非金属矿产深度开发，推动产业发展实现生态化开采、集约化加工、有序化经营、高效化产出。

【深化改革】 全年推进改革任务198项，一大批长期制约产业、行业、企业发展的体制机制障碍得到有效破解。加快推进“放管服”改革，不断加大“一网通办”推进力度，全县87%行政权力事项和100%公共服务事项实现“办事一次成”。农业农村改革不断深化，312个村集体经济组织认定和产权改革赋码颁证全部完成。加快开发区改革步伐，持续加强开发区“九通一平”建设，将开发区打造成为引领项目建设的高地和战略投资的洼地，累计入园企业达到122家，实现主营业务收入、固定资产投资分别增长15%和30%，保持在全市第一梯队，跻身全省开发区中等行列。

【开放项目】 深入实施“开放带动、项目引领”战略，引进、承接、实施总投资137亿元的协同发展项目16个，完成投资62亿元。抢抓省政府来围现场办公有利契机，共对接项目207个、支持资金38.18亿元，已落实无偿资金项目146个、资金19.76亿元，落实贷款项目7个、贷款7.88亿元。参与百家民企进承德、廊坊经洽会等系列招商活动，华润风电合作开发、海暄新能源电池生产等4个亿元以上项目签约，累计引进市外资金35亿元。实施重点项目“1122”工程，集中开展重点项目百日攻坚行动，共开工重点项目108个，完成投资113.9亿元，其中省市重点项目29个，完成投资72亿元。扩大创新创业。深入开展“双创双服”活动，实施创新发展战略、创新型企业培育工程和创新人才引进计划，建立了以企业为主体的技术创新体系，深化产学研合作，不断推动人才、政策、资源、要素向创新型企业集聚。落实《自治县支持优势工业企业发展政策措施》，不断激发企业科技创新发展活动，年内新增高新技术企业3家，科技型中小企业达到128家。推行减税降费，制定实施《关于全面落实减税降费专项计划实施意见》等政策，累计为企业减免税收1.27亿元。加大对民营企业帮扶支持力度，加强社会诚信体系建设，构建亲清政商关系，破解企业用工、用地、融资难题，年内新增市场主体3358户。

【城乡建设】 县城品质不断提升。高标准编制完成《城南新区控制性详细规划及城市设计文本》，确立了“面向未来的坝上山水新城”的战略定位，形成了“一心、一带、多组团”的空间布局结构、县城“南扩”的主体框架，为县城高标准扩容绘就了“蓝图”。推进“产教城”融合发展，抓旧城升级改造，县城雨污管网建设、老旧小区改造提升等42个城建项目全部完工，县城发展的硬件支撑能力显著增强。创新城市管理机制，充分发挥县城综合执法机构职能，构建了“统一指挥、运行高效”的大城管体系，县城管理水平全面提升，省级文明县城创建成果持续巩固，城镇化率达到41%。乡村振兴稳步推进。围绕增加农民经营性、财产性、工资性收入，大力推广“政府+科技+金融+公司+合作社+贫困户”六位一体股份合作模式，实现了农民租赁土地分租金、入企打工挣薪金、入股分红得股金的“三金”收入。同时，以开展农村人居环境整治三年行动为抓手，大力实施厕所革命、畜禽粪污综合治理、农村面源污染治理等系列工程，共清理农村生活垃圾6.8万立方米以及残垣断壁、柴草垛等近1万处，完成无害化厕所改造1.13万座、村庄绿化2700余亩，建设美丽庭院2万余个，成功承办全省美丽庭院现场会。基础设施全面加强。深入实施水电路讯“四网重构”战略，总投资4172万元的克勒沟段、朝阳地段、银窝沟段二三级公路改建工程和钓鱼台隧道改建项目全部竣工通车，县城至四合永、棋盘山公交线路正式开通运营，公共交通服务体系日趋完善；加快实施水利工程配套及改造、御道口自来水厂和污水处理厂等项目12个；总投资50亿元的“五镇五驿”围塞风景线项目启动实施，景区、开发区、县城建成区无线Wi-Fi网络项目建设加快推进，实现了智能导游、产品在线预订、信息推送全覆盖，基础设施保障水平显著提升。

【民生工程】 社会事业健康发展。坚持量力而行、尽力而为，全心全意为群众解难题、办实事，全年民生领域支出29.7亿元，占全部公共财政预算支出的69%。10项民生工程20件惠民实事全部完成年度目标任务。教育教学质量稳步提升，公开招聘各类教师704名，中高考成绩继续保持全市前列，中考及格率、优秀率、高分率、平均分四项指标均名列全市第一。医疗功能服务园区完成主体工程建设，建成以县医院、中医院为龙头，带动部分乡镇中心卫生院和乡镇辖区卫生院的两个医共体，建立42.4万人电子健康档案，县乡村医疗一体化服务水平不断提升。社会保障持续提升。全年新增城镇就业5095人，城镇登记失业率控制在3.42%以内。城乡低保年标准分别提高至7800元和4300元。加强退役军人管理服务，持续强化退役军人服务保障，累计兑现政策资金4248万元，安排就业岗位371个，每一名符合政策的退役士兵均享受到应有待遇。

【综合治理】 社会综合治理不断加强。坚持把社会治理作为重要任务，打赢防范化解重大风险攻坚战。深入开展法治围场、平安围场建设，加大信访案件化解力度，圆满完成新中国成立70周年安保维稳任务，持续开展扫黑除恶专项斗争，“两站一中心”建设加快推进，共打掉犯罪团伙6个，破获涉恶类刑事案件24起，社会治理体系和治理能力现代化水平不断提高。全力抓好安全生产、森林草原防火、防汛减灾、防疫灭病、应急处置等各项工作，切实保障人民群众生命财产安全，社会大局和谐稳定。

【思想文化引领】 强化思想文化精神引领，主流舆论阵地持续壮大。围绕自治县成立30周年，组织开展“辉煌三十年、喜看新围场”新闻发布会和主题集中采访活动，开设“辉煌三十年 生态新围场”“强力推进精准脱贫”等专栏，充分展示全县各项事业发展的生动实践和显著成绩。全年在中央级媒体刊发稿件92条，省级媒体刊发稿件150余篇。积极适应媒体融合发展趋势，加快县域媒体融合发展，县级融媒体中心建设完成。全方位、多角度、深层次挖掘各行各业、各条战线上的先进典型，大力宣传先进典型、感人事迹，全年共培树爱岗敬业、道德模范等先进典型57个。文化事业繁荣发展。安排文化旅游产业发展专项资金300万元，通过补助、以奖代投等方式，对重大文化产业项目给予扶持和奖励。全年新增规模以上文化企业2家。围绕“新中国成立70周年”“自治县成立30周年”等主题，共组织文艺专场演出40余场，送文化、戏、图书、电影下乡4284场。加快县乡村三级文化阵地建设，投资974万元，大力实施“三馆”基础设施升级、文化站升级改造、贫困村公共文化服务设施、文化广场、文化活动室新建等工程，文化服务事业发展的硬件支撑能力不断增强。网络舆情管控有力。全年共处置各类网络舆情31余起，发布舆情预警11期，下发舆情通知单20期。结合全县网络安全工作实际，委托第三方网络安全公司对全县60家党政机关、重点企事业单位的网站进行了安全检查，共发现网络安全漏洞1100余个，关停网站16家，下发整改通知单26份，全县网络综合治理体系明显优化。

附：围场满族蒙古族自治县领导名录

县委书记：刘众民（满族）
副书记：甄毓敏（女，满族）
　　于景国
　　候国天（挂职，9月免）
县人大主任：杨国华（满族）
副主任：韩国忠（蒙古族）
　　白雅琴（女，满族）
　　段云峰（蒙古族）
　　张　开（满族）
县政府县长：甄毓敏（女，满族）
常务副县长：池大勇（满族）
副县长：王金良（满族，11月免）
　　张卫华（挂职）
　　曹广明（挂职，8月免）
　　安宝亮（挂职，8月任）
　　刘继群（挂职）
　　陆　媛（女，满族）
　　王　海（4月免）
　　秦二利（满族，9月任）
　　王国志（满族）
　　李伟光
　　宋砚林（蒙古族，4月任）
　　石树俭（挂职，9月免）
　　郝立国（12月任）
县政协主席：马玉文（满族）
副主席：李秀荣（女，蒙古族）
　　曲景友（满族）
　　延禹龙（满族）
　　韩淑杰（女，蒙古族）
县纪检委书记：宋汉生（满族）

（供稿 孙兆岭）

丰宁满族自治县

【概况】 丰宁满族自治县，隶属于河北省承德市。位于河北省北部、承德市西部，地处燕山北麓和内蒙古高原南缘。地理位置界于北纬40°53′～42°00′，东经115°54′～117°20′之间。县域总面积8765平方千米。是河北省第二大县。自然地貌由东南向西北呈阶梯性增高，分为坝下浅山区、接坝深山区、坝上高原区三个不同类型的地貌单元。年平均气温0.9℃～6.2℃，最热月为7月，平均气温22℃，最冷月为1月，平均气温-12℃。极端最低气温-42.3℃。全年无霜期110～145天，坝上地区有效年积温1082℃，坝下地区有效年积温1489℃。日照2903.6小时/年，昼夜温差大。年降水量350～550毫米。全县有耕地106万亩，主要农产品有玉米、水稻、小麦、谷子、莜麦、胡麻、马铃薯、各种豆类等，是全国玉米商品粮基地县，杂粮杂豆基地县。全县林草资源丰富，有林面积达到572万亩，草原面积736万亩。 2019年，丰宁县共辖10个镇（大阁、凤山、大滩、土城、黄旗、黑山嘴、天桥、胡麻营、鱼儿山、波罗诺）、16个乡（万胜永、草原、苏家店、外沟门、四岔口、汤河、杨木栅子、五道营、小坝子、窟窿山、石人沟、王营、西官营、选将营、南关、北头营），1个新丰路街道办事处，1个丰宁经济开发区，309个行政村，11个居民委员会（社区），2748个村民小组。年末全县户籍总人口为409460人。有满族、蒙古族、回族、汉族等36个民族。少数民族人口295584人，少数民族人口占总人口的比例为72.19%，其中满族人口为268514人，蒙古族人口为23509人，回族人口为2445人，藏族21人，苗族400人，彝族49人，壮族274人，布依族35人，朝鲜族35人，侗族8人，瑶族39人，白族10人，土家族51人，哈尼族9人，哈萨克族1人，傣族6人，黎族17人，傈僳族23人，佤族6人，畲族100人，景颇族2人，仫佬族1人，仡佬族5人，锡伯族3人，独龙族3人，毛南族2人，鄂伦春族2人，布朗族2人，纳西族4人，柯尔克孜族2人，拉祜族1人，东乡族1人，达斡尔族2人，俄罗斯族1人，裕固族1人。民族自治县的主体民族满族，占全县总人口的65.58%。

【经济发展】 2019年，开工亿元以上重点建设项目74个，完成投资94.6亿元。固定资产投资完成86亿元，占计划任务的90%，列承德市第一位。完成地区生产总值119.5亿元，增长7%；其中：第一产业完成29.6亿元，增长5.0%；第二产业完成33.6亿元，增长5.7%；第三产业完成了56.3亿元，增长9.0%。全部财政收入16.47亿元，增长20.9%。财政支出57.86亿元。增长39.2%。其中一般公共预算收入9.01亿元，增长21.1%。财政收入创历史最高水平，总额列承德市八县（市）第三位，增幅列第一位。城镇居民、农村居民人均可支配收入达到25765元和9586元，分别增长8.9%和12.4%；社会销售品零售总额56.9亿元、增长9.4%，规模以上工业增加值增速10.1%；固定资产投资增速4.3%；粮食总产量178798吨，下降8.06%。

【能源建设】 丰宁海拔在600～2213米之间，地势高，风能、光能资源丰富，适合开发风电、光电。初步列入可利用能源储量约1400万千瓦，其中：水能500万千瓦，风能500万千瓦，太阳能400万千瓦，生物质能转换为能源的潜力约为60万吨标准煤。2019年底，全县已经开发水电装机370万千瓦（已建成10万千瓦，在建360万千瓦）、风力发电装机190万千瓦（已建成140万千瓦，在建25万千瓦、未开工及正在申报25万千瓦）、太阳能发电装机27万千瓦（全部建成）。由国家电网新源公司开发建设，总装机360万千瓦的丰宁抽水蓄能电站项目正在加快建设。由大唐国际、河北建投、大唐新能源、山东鲁能、远景能源集团五家企业开发建设。目前，已建成并网发电的140万千瓦（大唐国际风电场60万千瓦、河北建投风电场75万千瓦、山东鲁能并网5万千瓦）。太阳能光伏。丰宁年日照小时数平均为2903小时，年太阳辐射总量达到5603～5813兆焦／平方米，属于太阳能利用条件较好地区。2019年，全县太阳能光伏电站由北控、顺琦、慧通、宁阳四家公司建设，项目总装机18万千瓦，目前已全部并网发电；村级光伏电站项目共170个，总装机8.1万千瓦；户用光伏安装1665户，总装机0.89万千瓦。

【脱贫攻坚】 丰宁坚持把脱贫攻坚作为首要工作和第一民生工程，贫困村全部达标退出，8622户18747人稳定脱贫，贫困发生率由年初的5.98%降至年末的0.31%，以优异的成绩通过省级验收，代表省接受了国考验收，全县实现脱贫出列。聚焦“两不愁”。产业扶贫继续推进，全年投入资金5.37亿元，实施产业扶贫项目913个，新增带动贫困户26288户，建档立卡贫困户产业覆盖率100%。推行培训、考证、就业“三位一体”模式，贫困劳动力就业35394人，就业率78.7%。光伏扶贫、旅游扶贫、生态扶贫、科技扶贫、金融扶贫、消费扶贫共同发力，贫困人口户均增收5130元。农村低保提标至4500元，保障率9.92%，位列全市第一。2731名特困人口得到稳定的生活保障。聚焦“三保障”。义务教育保障。控辍保学走在全省前列，落实学前教育“两免一补”“三免一助”“雨露计划”政策资金2312万元，受益学生1.7万名。接受社会帮扶资金594万元，资助贫困学生5322名。为715名贫困大学生发放补助214万元。基本医疗保障。贫困人口享受先诊疗后付费26725人次，大病专项救治3142人，慢病认定达 14893人，新建和改建村级卫生室149所。城乡居民基本医疗保险、家庭医生签约、“一站式”结算全覆盖。住房安全保障，投入补助资金5736万元，完成3547户危房改造及“暖心房”工程，8867人受益。易地搬迁10882人，28个集中安置小区全部分房入住，24个配套产业园区，扶贫车间竣工投用，安置区“四个体系”协调运转，群众搬得出、稳得住、能融入、逐步能致富。累计投资2.04亿元，实施饮水安全工程1129处，解决了1.09万户2.74万贫困人口季节性吃水困难问题，全县饮水安全全覆盖。聚焦“强基础”。投入资金3.24亿元，新建和改造农村道路748公里，行政村和较大自然村硬化连通。供电保障率有效提升，行政村主村移动信号、光纤宽带、有线电视全覆盖。投资632万元，实施91个贫困村公共文化服务提升工程。投资1.98亿元，开展农村垃圾、厕所粪污、生活污水、村容村貌。特困户环境卫生治理5个专项行动，实施项目346个，农村生产生活环境明显改善。聚焦“零增量”。出台脱贫成效巩固提升“1+10”方案，对6150户14370名重点对象实施监测。应急救助政策不断完善，全年共有3855名防贫对象获得低保兜底，1049名防贫对象获得临时救助。安排1000万元，设立防贫保险基金，有效防范因灾、因病、因学、因事故导致的返贫致贫风险。丰宁全县脱贫攻坚多项工作走在全国、全省前列。“道德银行＋扶贫爱心超市”模式得到全国人大副委员长郝明金肯定性批示，丰宁被国家文旅部确定为“非遗＋扶贫”试点县，典型经验在《中国扶贫》杂志刊登，向全国推广；全省易地扶贫搬迁现场会和控辍保学现场会在丰宁召开，五区同建闭合式搬迁模式和“五步工作法”在全省推广；产业扶贫、易地搬迁、旅游扶贫、东西部协作，社会帮扶等8个方面的经验做法，在《人民日报》、新华社、中央电视台等主流媒体广泛报道。

【现代农业】 国家级农业科技园区通过科技部验收。平安高科“维乐夫”品牌获得中国驰名商标称号。全县市级以上龙头企业55家，产业化经营率达到61.5%。全年实施千万元以上农业产业化重点项目20个，远鹏中药材基地、黄旗小米产业园，爱尚羊肉羊基地、国超肉牛基地等一批规模大、带动强的项目竣工投产。张百万、樱桃沟高端设施园区投产，全县4000余亩设施果蔬实现全年生产，全年供应。整治土地4.5万亩，建成高标准农田3万亩，新增耕地0.36万亩。顺利通过省级农产品质量安全县验收。平安高科“维乐夫”品牌获得中国驰名商标称号。农产品通过10多个知名电商平台在线销售，新发地丰宁特色食品精品馆开馆运营，销售渠道不断拓展。全县省级以上专业合作社14家，市级以上家庭农场19家。

【工业转型】 全县规模以上工业增加值增速达到10.1%，位居全市第二位。全县风力发电装机容量达到175万千瓦。抽水蓄能电站上水库大坝完成封顶，各项建设进展顺利，力争2021年首台机组发电。河北建投风电场及钒钛储能、大唐国际风电场项目基本完工。经济开发区引进特色装备制造、商贸物流，电子科技、绿色食品加工等规模企业累计达到67家，其中：怀丰产业园引入汽车零部件生产企业9家，宏亭、雁阳等项目年内投产达效，汽车零部件产业基地初步成型。恒钏建材发泡陶瓷一期项目投产达效。出台《关于大力促进民营经济高质量发展的若干意见》，严格执行减税降费政策，民营经济主体达到2.33万家。

【生态环境】 丰宁立足京津冀水源涵养功能区建设，持续开展“国土绿化三年攻坚行动”，完成选林20.8万亩。《封育禁牧条例》颁布实施，探索试行社会化管护模式。打造出112线门营万亩和“国家一号风景大道”沿线双万亩两处精品工程。深入开展“1+5”专项整治行动，拆除违法建筑221处，取缔清理砂场6处，恢复地貌1070亩。完成21家露天矿山整治工作。制定出台《大气污染综合治理三年作战计划》，强力推进冬季燃烧污染治理，推广型煤炉具3.8万套，洁净煤替代散煤工作取得阶段性成效。改造燃煤锅炉109台，完成京北热力、园区热力超低排放改造。持续开展燃油和散煤质量管控、拆除“黑加油站”8处，查处违法销售散煤71起，查扣劣质散煤897吨。县域空气质量综合指数3.79，位列全市第一，$PM_{2.5}$平均浓度28微克／立方米，下降12.5%，二级以上天数319天，增加18天。进一步压实河长责任。依法拆除和取缔县城饮用水源地一级、二级保护区内养殖场8家，拆除各类涉河违建255处，省考天桥断面全年地表水达到Ⅱ类水质，集中式饮用水源地水质全面达标。凤山污水处理厂，垃圾填埋场投入使用，完成五道营村、大金营村、两间房村、横河村污水处理站建设。

【文化旅游】 出台《支持旅游产业发展暂行办法》，启动《全域旅游发展规划》编制和《旅游业管理条例》修订工作。集中开展旅游质量综合提升行动，培训各类旅游从业人员1300余人次，“一部手机游丰宁”上线运营。加快推进“后旅发”项目建设，中国马镇·七彩森林通过AAAA级景区景观质量评审。打造坝上花海景观3.2万亩。举办“坝上草原追梦节”“中国马镇芒果音乐节”“中华民族大赛马”“纪念郭小川诞辰100周年”等系列活动，丰宁知名度、美誉度和影响力不断增强。累计接待游客285万人次，增长14%，实现旅游综合收入16.7亿元，增长15%。“非遗”传承与保护得到联合国教科文组织高度认可。《丰宁文化艺术志》出版。全年组织各类文艺专场演出22场，送戏下乡156场。

【城乡面貌】 完成《国土空间总体规划大纲》编制工作，全县309个村庄规划任务全部完成。投资7636万元的外沟门至多伦界战备路，投资6200万元的宁丰路等7段城区道路改扩建工程竣工。投资2.46亿元的国道111线黄旗至选将营二级路，投资4800万元的张承高速连接线华泽桥以北“二改一”工程基本完成。外金线凤山至滦平界二级路工程进入拆迁征占和清表阶段。投资6.88亿元的“一主四副”综合治理工程主体完工。满韵龙湖公园竣工。继续开展“双违”整治，拆除违法违规建筑323处。完成雨污分流管网改造10.3千米，供热管网改造2.7千米，北新区污水管网建设2千米。以健康养老城、政法园区、教育综合体、政务服务中心等项目建设带动北新区快速发展。房地产市场秩序好转，房产价格稳中有降，住宅小区品质、物业服务水平明显提升。城乡基础设施和人居环境不断改善。智慧城市“一中区、两平台、六模块”上线运行，公安“两站一频”基本完成，公共信息资源逐步整合，城市管理水平有效提升。

【民生事业】 全力推动年初确定的28项民心工程。城镇新增就业4256人，城镇登记失业率控制在2.76%以内。切实保障劳动者权益，为500余名务工者追讨工资650万元。化解房地产遗留问题52个。全县各类集资房、家属院、棚改房、经济适用房办理不动产登记的政策障碍得到破解。投资420万元完成12个老旧小区改造提升工程。新改建县城水冲厕所24座。新建保障性住房60套，享受实物配租1024户，住房租赁补贴102户。第七小学和第五幼儿园正式投入使用，完成39所乡村中小学、幼儿园改造，办学条件不断改善。新中医院项目主体完工，120急救中心纳入北京急救体系，顺利通过省级卫生城复审。圆满完成新中国成立70周年大庆等重要时期安保维稳任务。深入开展扫黑除恶专项斗争，持续抓好安全生产、森林草原防火、食品药品安全和疫情防控等工作，社会大局和谐稳定。国防动员、双拥共建持续推进，退役军人服务保障和创业就业工作走在全省前列。

【改革开放】 行政机构改革圆满完成，政府部门职责平稳划转。完成16大项24小项经济体制改革任务，市场活力不断增强。公布“办事一次成”事项793项，压缩审批环节117个，压缩审批时限占法定时限的58%。全面推行重点项目、民心工程并联审批，提高审批效率45%。开发增强“双创”支撑能力、精准服务实体经济、推进项目建设、优化营商环境4个方面20个专项工作，实体经济不断壮大。全县1800万以上纳税大户达到14家，纳税总额达到7.52亿元，占全部财政收入的45.7%，创历史最高水平。县内银行业金融机构贷款余额214.8亿元，增长10.2%，金融支撑能力不断增强。农村承包地“三权”分置改革基本完成，颁发经营权证书8.6万本，完成200个行政村农村产权制度改革。推进医疗体制改革，促进优质医疗资源向基层下沉，加快医疗卫生信息化进程。“怀丰一体化”稳步推进，引进北京外迁企业累计达到31家，产业协作、劳务合作、生态共建、教育医疗共享等领域对接合作成效明显。深化与北京科技协作帮扶机制，组建产业专家团队7个，林果、食用菌、肉羊等产业扶贫工作站9个。成功引进朴诚乳业、汇伟包装项目，面向珠三角地区招商引资实现新突破。

附：丰宁满族自治县领导名录
县 委 书 记：方志勇（满族）
副 书 记：杨宪军（满族）
庄爱新（1月免）
王荣昌（4月任）
县人大主任：刘海平（满族）
副 主 任：应翠平（女，满族）
李兆春
孙明臣（满族）
孙瑞芳（女，满族）
县政府县长：杨宪军（满族）
常务副县长：桑爱民（满族）
副 县 长：孙海丰（满族）
薛宏霞（女）

张立民（满族）
张国强（满族，4月免）
王青山
袁卫国（满族，4月任）
张煦玺（挂职）
林树刚（蒙古族）
李文合（挂职）
高　萍（女，挂职）
万　军（挂职）
寇占英（挂职，6月任）
县长助理：刘云鹤（挂职）
县政协主席：郭　锐（满族）
副 主 席：张建兴（蒙古族）
丛雁飞（满族）
韩世君（ 满族）
王　和
县纪检委书记：李文江

（供稿　薛有岭）

隆化县

【概况】 2019年，隆化县下辖25个乡镇、357个行政村、9个居委会；总面积5473.45平方千米，农作物播种面积94021公顷，粮食作物播种面积33542公顷，粮食总产量202160吨，同比增长0.85%；总人口448745人，人口自然增长率4.01‰；全年地区生产总值143.2亿元，同比增长6.8%，其中第一产业增加值48.9亿元，同比增长8.2%，第二产业增加值30.7亿元，同比增长2.4%，第三产业增加值63.6亿元，同比增长7.9%；完成全部财政收入11.4亿元，同比增长20.7 %，其中公共财政预算收入5.1亿元，同比增长13.3%，公共财政预算支出44.3亿元，同比增长18.7%；社会消费品零售总额53.7亿元，同比增长9.6%，固定资产投资同比增长7.2%；在岗职工21497人，同比下降1.8%，在岗职工工资总额116592万元，同比增长10.15%，职工人均工资54236元，同比增长12.16%；农民人均可支配收入10239元，同比增长12.6 %；城镇居民人均可支配收入28610元，同比增长9.0 %；年末城乡居民储蓄存款余额153.42亿元，同比增长17.5%。

【经济发展】 面对经济下行压力持续加大、生态约束日益趋紧、转型升级任务繁重、脱贫摘帽决战决胜的复杂形势，紧抓京津冀协同发展有利契机，深入推进供给侧结构性改革，全县经济保持稳中有进、稳中向好的发展势头。培育现代产业体系。坚持把培育壮大“1+2”特色产业，作为调整产业结构、加快动能转换的关键支撑，鼓励支持企业狠抓科技创新，延长产业链条，提升市场竞争力。全县三次产业结构调整为28.6：30：41.4，产业结构更加优化。文旅康养产业蓬勃兴起。总投资154亿元的21个文旅康养项目进展顺利，乡村旅游经营户突破500家，承办全市旅发大会，茅荆坝森林公园晋升为国家AAA级旅游景区。全年全县共接待游客260万人次，实现综合收入23亿元。钒钛新材料及制品产业快速提升，钛能轧钢、英曼卡建成投产，3D打印全产业链基本形成，以高端带动低端的钛产业发展基础进一步夯实。食品医药产业不断壮大，实施千万元以上农业产业化项目10个，郭家屯冀北大牲畜交易市场、章吉营衡润10万只种蛋鸭养殖项目建成投产，全县合作社总数达到1662个，市级以上农业产业化龙头企业发展到54家，带动能力进一步增强。

【项目推进】 坚持做到对全县40个重点项目，周调度、旬汇报、月总结，加快项目推进速度。全县已开工重点项目31个，完成投资42.1亿元，银泰服装箱包、纳米气凝胶等10个、总投资23.2亿元的项目建成投产；明珠休闲养生、天地壹号土猪等10个、总投资36.1亿元的项目完成主体；凤凰谷、温泉文化旅游小镇等8个、总投资62.7亿元的项目加快推进。大力推行专业团队招商、市场化委托招商等工作机制，举办“隆化产业招商北京推介会”，五丰智慧康养新城、日昌升建筑新材料等19个项目签约，预计全年引进市外资金40亿元以上。

【改革创新】 以深入推进“三深化三提升”活动为契机，全面推行“办事一次成”，331个服务事项实现“一窗受理”，企业注册开办时间压缩至2个工作日以内，全年新增市场主体3649家。成立企业发展服务中心，大力帮扶实体经济发展，8家企业成功融资10亿元，鸿兆、恒全等5家企业实现规上管理。扎实推进农村土地“三权分置”和集体产权制度改革，村级集体资产清产核资、农村集体建设用地使用权、宅基地使用权确权登记发证工作全面完成。深入推进创新驱动发展，全年新增高新技术企业3家、市级以上研发中心4家，绿色有机食品认证标志达30个，获评“中国好粮油”示范县。

【脱贫攻坚】 贯彻习近平总书记关于扶贫工作的重要论述，紧盯“两不愁、三保障”，靶向发力、精准施策，脱贫攻坚取得了突破性进展。全年投入各类扶贫资金6.8亿元，全县90个贫困村摘帽出列，6591户、17464人稳定脱贫，贫困发生率降到0.39%。通过省级考核验收。扶贫脱贫精准到人。创新实施“智慧扶贫云平台”，全县农村人口全部实行“ABCD”四类管理。通过精准识别、精准管理、精准退出，做到了真扶贫、扶真贫、真脱贫。经验做法在省扶贫办简报专题刊发，得到省、市领导充分肯定。产业扶贫全面覆盖。坚持“精准到户、累计到数”，大力发展农业“一主两辅”、休闲旅游、家庭手工业等产业。累计发放“政银企户保”“险资直投”“小额信贷”资金15.5亿元，“政银企户保”金融扶贫模式，入选全国产业扶贫十大典型案例。全县肉牛饲养量达到48万头，蔬菜种植面积达到13万亩、中药材16.8万亩、草莓7500亩、特色林果3.5万亩；建成集中光伏电站80兆瓦、村级电站128个、扶贫车间49个。全年举办就业招聘会7场，培训贫困劳动力1.1万人次，开发扶贫专岗5076个，选聘护林员2729人，全省就业扶贫现场会在隆化县召开，就业扶贫经验做法被人社部、河北省人社厅宣传推广。全县所有贫困人口全部实现产业就业全覆盖，两项以上覆盖率达80%以上。扶贫政策落实到位，全年改造危房884户，修缮老旧房屋3982户，保证了群众“住有所居、居有所安”。易地扶贫，累计安置搬迁2351户8155人，33个集中安置小区全部搬迁入住，58个产业园区全部建设完成。教育扶贫，落实“雨露计划”“两免一补”“三免一助”等助学政策，全年落实各类教育扶贫资金1639.1万元，义务教育阶段贫困家庭学生实现“不失学、零辍学”。健康扶贫，严格落实参保缴费资助、“先诊疗、后付费”、“一站式”结算、家庭医生签约服务等各项政策。全县落实贫困人口参保资金2377万元、医疗救助资金6781万元，家庭医生签约17万人。健康扶贫“医共体建设”典型经验，在国务院医改领导小组简报刊发。兜底保障，充分发挥国家政策保障功能，为31638名农村低保对象、3020名特困人员、10679名重度残疾人、7540名低保残疾人，发放各类补贴补助资金1.3亿元。“大扶贫”格局初步形成。牢牢抓住生态环境部、民革中央、东西部扶贫协作、“千企帮千村”以及省“五包一”“三包一”等帮扶有利契机，加大项目、资金争取力度。全年各帮扶单位共支持资金3.4亿元，实施项目110个；各级驻村工作队共协调资金6亿元，实施项目386个；全县9179名帮扶责任人，开展“暖心活动”，得到广大贫困群众广泛拥护，为全县脱贫攻坚工作顺利推进，提供了有力支撑。

【城乡融合】 以新一轮国土空间规划为契机，加快融合“城乡总规”和“土地利用规划”，全力构建城乡融合发展新格局。县城面貌得到明显改善。安洲街、桃李街等10条主干道路、4座桥梁亮化提升全部完成，新增绿地面积20公顷，铺设管网14.6千米。特别是统筹开展“双违”整治、棚户区改造等各项工作，依法拆除“双违”3.3万平方米，改造老旧小区18个，县城品位进一步提升，发展空间进一步拓展。环卫市场化扩面运行，建筑垃圾处置场、餐厨垃圾处理厂、第二垃圾填埋场、粪便处理厂、渗滤液处理厂建成投用，县城机械化清扫率达81%，生活垃圾处理率达100%，通过省级园林县城复查验收。园区承载能力增强。坚持把隆化省级经济开发区作为承接产业转移、提升发展质量的重要平台，持续加强基础设施建设。加快开发区改革发展，“一区五园”规划通过专家评审论证，高新技术、食品药品、新型建材3个产业园区道路工程全部完成，入园企业达到97家，全年实现主营业务收入、税收同比分别增长12%和11%。农村基础设施持续完善。全年全县共新打机井457眼，新建高压线路203千米、低压线路80千米，新增配电变压器310台；铺设通村道路148.3千米，修建贫困村街巷路33.9万平方米、非贫困村道路195千米，姚中线、宁石线改建工程全面开工，张承高速隆化连接线建成通车，群众生产生活条件得到明显改善。

【综合治理】 牢固树立“绿水青山就是金山银山”的理念，深入推进生态文明建设，持续改善生态环境，不断厚植发展优势。加强大气污染治理。推进大气污染防治百日攻坚行动，不断加大对燃煤锅炉、机动车等整治力度，全面推行集中供热、洁净型煤等清洁取暖方式。全年共配送型煤6.1万吨，安装炉具2.6万台，洁净型煤覆盖6.8万户。全县$PM_{2.5}$浓度下降到每立方米29微克，好于二级以上天数达到314天，在全省排名靠前。提升水环境质量。落实“河长制”，深入推进“湿地水源地周边综合执法”、河道“清四乱”等专项行动，加强集中饮用水源地保护。44个规模养殖场粪污处理设施建设完成，清理河道垃圾10万立方米，全县河流国考断面水质稳定在Ⅲ类标准以上，地表水、集中饮用水源地水质全部达标。推进土地资源保护。全面落实国家和省、市政策要求，不断加强土壤污染治理与修复，持续巩固“大棚房”治理成果，耕地违规利用和面源污染问题得到有效防范化解。尤其是稳步推进国家绿色矿业发展示范区建设，深入开展“三达标”工作，环境空间容量进一步提升。生态项目建设。扎实推进国土绿化三年行动，实施京津风沙源治理、山水林田湖治理等生态建设工程，全年造林6万亩、义务植树80万株，治理水土流失75平方千米，实施小流域治理14平方千米。同时，生态环境排查整治问题整改完成23个，省环保督察“回头看”反馈问题整改全部完成。

【民生保障】 坚持以人民为中心的发展思想，紧盯事关群众切身利益的现实问题，持续加强普惠性、基础性、兜底性民生建设。全年投入民生领域资金36亿元，同比增长16.5%，28项民心工程全部完成，逐步解决群众在看病、上学等方面反映的问题。提高教育教学质量。实施学校建设项目43个，下洼子幼儿园、二中、职中分校建成投用，特教学校、第五小学、民族幼儿园完成主体，131所教学点实现网络教学，全县高考本科上线1111人，61名学生被“985”、“211”名校录取，2人考入清华、北大，整体成绩进入全市第一梯队。增强医疗保障能力。推进医疗卫生体制和公立医院改革，县医院迁建、妇幼儿科综合楼等项目完成主体，全县25所乡镇卫生院、340个村卫生室全部达标，有效提升了医疗保障水平。成功争列全国紧密型县域医共体建设和省公立医院综合改革示范试点县，以县医院、中医院为龙头的“网核型”医共体全市领先，县乡村三级医疗资源互通共享，医共体建设经验做法列入全省卫生健康领域典型。提升社会保障水平。抓好就业再就业，下大力度、突出重点，推进高质量就业、创业，城镇新增就业4913人，下岗失业人员再就业1315人，就业困难人员再就业729人，城镇登记失业率控制在4.5%以内，就业困难家庭实现动态清零，就业形势保持稳定。全面落实安置优抚政策，完善帮扶解困机制，妥善解决退役士兵保险接续问题，退役军人管理水平进一步提高。持续加强供热供气保障，完成天然气置换运营17.1万户，下洼子、铁路家属楼等片区1631户实现集中供热。

【社会治安】 深入贯彻依法治国基本方略，全面加强社会主义法治建设，全力保障国家政治安全、社会公平正义、大局和谐稳定、人民安居乐业。开展扫黑除恶专项治理。坚持推进“八开展、八跟进”专项行动，创建“无黑城市”，共破获涉恶类刑事案件51起，打掉恶势力犯罪集团1个、团伙2个，抓获犯罪嫌疑人77名，逮捕38人，移送起诉81人。信访维稳保障。坚持和发展新时代“枫桥经验”，聚焦“北京不去、河北不聚”目标，深入开展“矛盾排查化解”和“百日攻坚”行动，及时获取预警信息，对排查出的矛盾隐患，逐人逐案落实包保责任制，挂账销号、动态管理，最大限度将矛盾纠纷消灭在萌芽状态，共排查信访隐患1236起，解决1231起，圆满完成新中国成立70周年国庆、全国“两会”等重大安保任务。群众生命财产安全保障。扎实开展安全生产大排查大整治、打非治违等专项行动，排查企业906家，发现安全隐患603项，全部整改完成，安全生产形势持续稳定。同时，扎实做好国家安全、森林草原防火、防汛抗旱、食品药品安全等各项工作，有力巩固了和谐稳定的社会局面。

【从严治党】 坚持把抓好党建作为最大的政绩，全面推进从严治党，为经济社会发展提供强有力的组织保障。落实意识形态责任制，弘扬社会主义核心价值观，不断加强思想文化建设，持续强化新闻舆论引导，“隆化融媒体中心”正式挂牌。做好网络意识形态工作，发现并处理有害信息16.9万条。落实“三级书记抓宗教”工作机制，严格执行“三项制度”，开展“双创四进”活动，扎实推进中央宗教工作督查问题整改和“回头看”工作，维护了宗教领域和谐稳定。加强干部队伍建设。认真践行新时代党的组织路线，牢固树立“五个突出”选人用人导向，激发干部队伍活力。先后调整干部7批290人，8名经验丰富、善于攻坚的乡镇长重用为党委书记，4名成绩突出、扎实肯干的扶贫站长得到提拔。推进机构改革，经验做法先后被《河北组工通讯》《河北经济日报》刊载推广。开展“不忘初心、牢记使命”主题教育活动。牢牢把握目标任务，认真对照要求，突出“四个贯穿始终”，带动全县主题教育取得明显成效。深入开展学习教育，推进“两学一做”学习教育常态化、制度化．组织县委理论中心组学习9次，带动各级理论中心组学习200余次。全面深刻检视问题，对照党章、党规、围绕“四个对照”“四个找一找”“三问三查三看”查找差距，整理梳理5方面17个问题，形成问题清单和整改方案。抓好整改落实，紧密结合“担当尽责、基层减负、营商环境”等9个专项整治，抓整改、促落实，共发现问题224件，已全部整改完成。不断巩固基层战斗堡垒。推进“基层党建质量提升年”“脱贫攻坚党旗红”等系列活动，开展“基层党组织软弱涣散、党员教育管理宽松软、基层党建主体责任缺失”专项整治工作，全县37个软弱涣散党组织全部转化完成，“人才返乡”经验做法，得到承德市委主要领导的肯定。推进党风廉政建设。严格落实中央八项规定及其实施细则精神，开展纠正“四风”和作风纪律专项整治，全年共查处违反中央八项规定精神问题109件，党纪政务处分56人，通报曝光典型案件29件。

附：隆化县领导名录

县委书记：陆文龙
副书记：李　东
　　王荣昌（满族，2月免）
　　高春林（满族，2月任）
县人大主任：王胜军（满族）
副主任：李　华（满族）
　　赵桂华（女，满族）
　　李大东（蒙古族）
　　徐奉军
县政府县长：李　东（满族）
常务副县长：王东利（蒙古族）
县委常委、副县长：刘明杰（挂职，1月任）
　　刘士杰（挂职，5月任）
副县长：龚宏光（满族，10月免）
　　张松明（满族）
　　苗立国（满族）
　　王　慧（女 满族）
　　黄智冬（满族）
　　段雪峰（挂职）
　　郝　岩（4月免）
　　范宝中（10月任）
　　田双喜（挂职，8月免）
　　俞虹霞（女，挂职）
　　聂忆黄（挂职）
县政协主席：刘殿民
副主席：刘海明
　　李　兵
　　代海宏
县纪检委书记：杨桂珍（满族）

（供稿　方瑞芬）

承德县

【概况】　承德县位于冀东北，辖23个乡镇和1个街道，378个行政村，总面积3648.1平方千米。截至2019年末，全县总人口427635人，其中：乡村人口320685人、城镇人口106950人，自然增长率4‰。2019年全县地区生产总值完成127.4亿元，增长6.5%，其中：第一产业增加值41.5亿元，增长10.5%；第二产业增加值29.7亿元，增长2.7%；第三产业增加值56.2亿元，增长6.5%。实现全部财政收入14.88亿元，同比增长6.9%。其中：一般公共预算收入7.45亿元，同比增长6.2%。公共财政预算支出29.98亿元，同比增长11.1%，其中：教育支出6.3亿元，增长9.8%；社会保障和就业支出4.2亿元，增长5.3%；医疗健康支出4.4亿元，增长39.7%；节能环保支出2.1亿元，增长20.7%。全年民营经济增加值73.9亿元，同比增长6.7%，民营经济增加值占全县生产总值的比重达到57.99%。全年农林牧渔业增加值42.2亿元，增长10.33%；粮食播种面积50.3万亩，比上年增长6.29%，粮食生产总量19.86万吨，增长7.63%，平均亩产达到395千克；园林水果、食用坚果产量分别为23.89万吨、0.28万吨；肉类总产量8.06万吨，增长0.6%。全年全部工业增加值增速比上年增长2.1%，其中规模以上工业增加值增长5.9%，规模以上工业总产值增速同比增长9.87%；实现建筑业增加值6.2亿元，比上年增长5.5%。全年社会固定资产投资增速同比增长6.18%。全年实现社会消费品零售总额62.7亿元，同比增长7.3%；完成外贸出口总值745万元，实际利用外资230万美元，新注册外资企业1家。2019年末，县域内电视节目覆盖率达到95.02%，有线电视用户数4.05万户，入户率达31.0%，拥有文化馆1个，文化站23个，公共图书馆图书总藏量达12.11万册。2019年末，全县境内公路总里程2935.5千米，其中：高速公路118.7千米，国省干线205.7千米，农村公路2611.1千米（其中：县级公路363.3千米，乡村路436.9千米，村级路1810.9千米）；有邮政局（所）27处，邮路总长度304千米，农村投递线路 2245 千米（单程），全年完成邮政业务总量 1388 万元；年末固定电话用户 18821 户，移动电话用户 355002 户，比上年增加 11544 户，各类互联网用户 73520 户，比上年增加 4177 户。2019 年末，全部金融机构人民币各项存款余额 213.5亿元,同比增长 5.7%。全县共有学校 67 所，在校学生 49850 人，教职工 3862 人，专任教师 3085 人；乡镇以上医疗卫生机构 28 个，拥有床位 2118 张，医疗卫生技术人员 1562 人，其中：临床专业人员 755 人，护理专业人员 618 人。全县城镇居民人均可支配收入 30338 元，同比增长 9.2%，农村居民人均可支配收入 12385 元，同比增长 11.4%；全县林地面积 445.7 万亩，森林覆盖率达到 60.9%；空气质量优良天数 289 天，同比增加 15 天，细颗粒物（$PM_{2.5}$）平均浓度 36 微克／立方米同比下降 12.2%。

【经济发展】 坚持把加快发展作为解决一切问题的关键,聚力园区“主战场”,抓牢项目“牛鼻子”,稳基础、强后劲。园区项目建设。园区基础设施更趋完善，下板城园区总投资 5 亿元的一期基础设施工程基本完成,六沟园区起步区“三纵三横”道路及管网工程完成 90%，津冀产业园获批“河北省首批省际合作重点产业园”；临空经济区机场备用路具备通车条件，起步区基础设施建设加快推进。深入推进“36524”项目攻坚行动，全年实施重点项目 44 个，省市重点项目数量位列全市第一，开工率和投资完成率名列前茅。特色主导产业体系形成。文旅康养产业，万新班夫国际旅游度假区、国防梦文旅度假区、博爱颐园养老中心等项目加快推进。大数据及电子信息产业，持续放大国家新型工业化（大数据）产业示范基地品牌效应，吸引多家知名企业来县考察，合作洽谈取得实质进展；华明服务外包产业园 3 座职场具备运营条件，聚集中唐国盛、无界控股等 6 家服务外包及电子商务企业,初步形成集群效应。特色装备制造产业，金龙输送机、中驰电力、天成印刷、铱格斯曼飞机零部件等装备制造企业继续保持良好势头，斌达伟业智能钢构高点起步，润顺祥机械制造、菲美得机械制造即将投产；承德县装备制造业被河北省政府确定为全省 107 个之一，也是承德市域唯一一个省级装备制造类特色产业集群。“1+2”特色主导产业呈现良好发展势头。传统优势产业发展。在经济下行的形势下，县内企业保持了奋发有为、不甘落后的进取状态。铁矿铁选业坚持绿色矿山创建与综合利用双向发力，规上企业纳税同比增长 22.3%；乾隆醉酒业“板城”品牌知名度、美誉度进一步提升，纳税突破 2 亿元；顺天宫坊植物蛋白饮料实现开业首年开门红；冀东水泥、正桥矿业主营业务收入稳步增长；鸿城环保科技 EPS 保温结构一体化专利板材被市主管部门重点推广。

【脱贫攻坚】 始终坚持以脱贫攻坚统揽全局，精准扶贫脱贫工作取得阶段性重大成果。2018 年脱贫成效考核和易地扶贫搬迁、东西部扶贫协作两项单项考核分别被河北省政府认定为“好”的等次，并顺利实现脱贫摘帽。聚焦“两不愁、三保障”突出问题，大力实施“六个专项、六个提高”专项行动，深入开展“三看三查”，全面完成 2019 年 2 个村、509 户 1328 人减贫任务，贫困发生率由 2018 年底的 0.48% 下降至 0.1%。脱贫成果持续巩固。聚焦贫困人口脱贫和后续巩固提升，整合扶贫资金 1.22 亿元，实施扶贫产业项目 60 个，培育壮大市级以上龙头企业 14 家、农民专业合作社 63 家、家庭农场 16 家，建成农业扶贫产业园 21 个，累计带动 4.1 万贫困人口顺利脱贫、稳定增收。教育、健康、饮水、住房、金融、科技等各行业扶贫工作成效显著。政策保障持续加强。制定出台了《承德县打赢脱贫攻坚战实现稳定脱贫后续巩固提升“三防四提一兜底”工作方案》等政策性文件，对“低保”“五保”“大病患者”“贫困边缘户”等群体进行重点监测，对新增贫困人口和返贫人口做到了应纳尽纳。在落实好基本扶贫政策保障的基础上，投入400万元设立防贫保险基金，再构筑起一条防贫“保障线”。产业扶贫典型做法被《经济日报》《半月谈》等权威媒体刊载，财政扶贫资金绩效管理主要做法得到财政部、国扶办的肯定。

【生态环境】 推进“1+4+10”生态环境大排查大整治，生态环境质量持续改善。坚守“水清”底线。严格落实“河长制”，开展水环境质量提升、城镇生活污水整治、畜禽养殖整治三项行动，推进河湖“清四乱”问题专项整治攻坚行动，国控、省控河流断面水质全部达标，城市集中式饮用水水源地水质达标率继续保持100%。坚守“天蓝”底线。取缔、改造燃煤锅炉236台，完成“散乱污”企业整治动态清零，依法推进散煤综合治理，冬季清洁取暖在农村全面推开，2019年细颗粒物（$PM_{2.5}$）平均浓度36微克／立方米，同比下降12.2%；优良天数289天，同比增加15天。坚守“地绿”底线。实施土壤污染防治等4个专项行动，土壤环境污染得到有效防控。扎实推进国土绿化三年行动，完成国土绿化任务11.36万亩，全县森林覆盖率达到60.9%。深入实施矿山修复“4321”工程，完成生态治理1万亩，建龙、正桥、黑山、冀东4家企业成功创建国家绿色矿山，50家露天矿山完成县级环保初验，全市建设国家绿色矿业发展示范区“2019双百行动”现场会和2019年度河北省绿色矿山建设现场会先后在承德县召开。

【城乡建设】 持续用力做大做强县城、扮美扮靓乡村。县城提质扩容加快。坚持“一主两副”县城发展格局，实施县城提质扩容三年行动。北外环路建成通车，滨河路基础工程全线贯通，城市框架进一步拉开。西区开发建设加快推进，“四路一网”工程全面启动，大杖子、胡杖子棚改工作取得实质进展。持续巩固国家级园林县城创建成果，精心打造综合公园、特色街道，县城建成区新栽树木8.5万株、新增绿地39.3公顷。环卫市场化运营良好，机扫率达到83%，宜居度进一步提高。乡村产业和环境双提升。农业主导产业蓬勃发展，果品、食用菌、蔬菜生产规模分别达到90万亩、3.2亿棒、18万亩，肉鸡饲养能力稳定在7000万只左右，乡村旅游年接待游客260万人次以上。一批农村垃圾处理设施、场站投入使用，人居环境持续改善；持续加强村庄硬化、亮化、绿化、美化建设，村容村貌不断提升；深入推进“厕所革命”，改造无害化厕所1.36万座；建设美丽庭院24230户、精品庭院4846户。基础设施日益完善。加快推进公路路网建设，全年完成投资5.5亿元，赤曹线、承围线、榆大线等干线公路顺利推进，完成公路改造工程110千米，县内道路“微循环”进一步畅通；加快电网改造升级步伐，投资1.12亿元，实施农村电网改造升级工程61个，新建、改建线路370余千米，动力电、高速光纤宽带实现全覆盖；投资3515万元建设高效节水灌溉项目，成功创建“全国第二批节水型社会建设达标县”。

【深化改革】 坚持抓改革、强服务、促创新，不断为加快发展注入新活力。审批效能大幅提高。“办事一次成”改革纵深推进，“互联网＋政务服务”平台建设全面推进，实现了证件资料共享复用，县级政务服务平台网上办理率达95%；不动产交易登记、食品经营许可等事项实现“只进一扇门、只排一次队、只交一次材料”；重点企业、重点事项代办、帮办服务全面推行，公司设立登记业务银行代办率居全市首位。改革红利不断释放。严格落实减税降费政策，大力推行“减税降费红利账单”服务，全年共减免税金1.53亿元，实现应减尽减、应退尽退、应享尽享；深入推进国有企业改革，承德县国控公司、城发公司、城东公司实现转型，进一步盘活国有经营性资产，企业发展活力明显增强。金融服务成效明显。结合县内小微企业融资需求，引导金融机构创新“小微快贷”“网捷贷”等金融产品，累计授信金额达11.65亿元，有效缓解企业融资难题；加快推进企业上市融资进程，金菇菌业、时代文化传媒、华鑫数据成功挂牌“新四板”，企业上市工作全市第一。创新动力显著增强。全国农村综合改革小城镇标准化试点工作扎实推进，完成产业振兴等5项标准体系建设。实施创新主体培育、创新能力提升等四大工程，净增高新技术企业4家、科技型中小企业36家、科技小巨人企业2家；天成科技入选河北省首批“专精特新”示范企业；北塑、绿草地等10余家科技型中小企业与京津科研院所深入开展对接合作，成功引进转化科技成果13项。

【法制建设】 全面推进民主法治建设，基层社会治理体系更加健全，治理能力和治理水平不断提高。开展普法教育。深入落实党委（党组）中心组集体学法制度，扎实开展“七五”普法宣传和“法律九进”活动，组织“三深化三提升”送法下乡等法制宣传活动，进一步营造全民学法、懂法、守法、用法的浓厚氛围。科学依法决策。充分发挥依法治县委员会作用，对事关全县发展的重要战略、重大投资项目、重点民生工程等，坚持广泛深入调研，听取各级人大代表、政协委员意见建议，努力使决策更适应新发展理念，更符合承德县实际。推进依法行政。坚持依章办事、依法执政，不断提高政府执行力和落实力。制定出台了《全面依法治县委员会工作规则》，修订完善《承德县政府法律顾问工作制度》，聘请4名律师作为政府法律顾问，有效保障依法行政、法制政府建设各项工作的顺利开展。强化基层治理。加大矛盾纠纷排查化解力度，全年共排查调处各类矛盾纠纷2139件，化解信访积案117件，依法处理“非访”等违法行为26人。开展扫黑除恶专项斗争，累计破获涉黑涉恶类案件141起，抓获犯罪嫌疑人256人，综合考评位列全市第一。做好风险防范。加强安全生产和食品药品安全监管，紧盯重点领域和薄弱环节，深入排查风险隐患，有效遏制各类重大安全生产事故发生。坚决防控政府债务风险和金融风险，严控政府新增债务规模，抓好拖欠中小企业账款等债务存量化解，确保社会大局和谐稳定。

【社会民生】 坚持以人民为中心的发展思想，省市县三级32项民心工程及县十六届人大三次会议确定的薄弱学校改造、饮水安全巩固提升等十件惠民实事全面完成。教育事业继续在全市领跑。教育教学质量稳步提高，2019年高考继续保持全市领先，学前教育、义务教育、职业教育均名列全市前茅。投资1322万元，完成乡镇寄宿制、乡村小规模两类学校建设项目31所；学校装备水平实现大幅提升，中小学标准化建设加快推进，教育资源配置更加合理，通过河北省政府对县级政府履行教育职责评估验收。卫生健康事业全面提升。重点解决基本医疗有保障，省定的医疗机构“三个一”、医疗技术人员“三合格”、医疗服务能力“三条线”全面达标；公立医院改革纵深推进，医共体建设有序推进；乡村一体化建设全面推开，主要成果得到国家卫健委和省卫健厅充分肯定，并在省政府举行的新闻发布会上进行了成果发布；顺利通过国家级慢性病示范区验收，成功创建省级健康促进县。文化事业蓬勃发展。打造板城大舞台、文化下乡巡演、非遗展演等文化活动品牌，全年共组织惠民演出156场次，百姓文化生活更加丰富；扎实开展公共文化“五进”活动，公共文化服务能力显著提升；成功创建省级公共文化服务体系示范区。社会保障水平稳步提升。圆满完成社保参保扩面任务，城乡低保、五保全面提标；城镇新增就业4886人，城镇登记失业率控制在4.02%，超额完成年度目标；开展清理拖欠农民工工资专项行动，处理拖欠工资1800余万元，有效维护了农民工合法权益。平安建设保持平稳向好。深入开展安全生产责任落实年活动，突出重点行业领域专项整治，安全生产形势持续稳定向好；深入开展食品药品风险隐患排查，全面加强重点行业、重点区域、重点环节监管，有力确保了百姓“舌尖上的安全”；深入开展“扫黑除恶”专项斗争，始终保持严打高压态势，工作成效综合考评全市第一。

【党风廉政建设】 落实管党治党主体责任，以永远在路上的恒心和韧劲推动全面从严治党向纵深发展。加强意识形态主阵地建设。牢牢掌握意识形态领导权、主动权，完善意识形态工作管理体系和监督问责机制，扎实做好意识形态风险监测预警。深入推进媒体融合，县融媒体中心正式揭牌运营，成为全省首批、全市首家入驻“冀云”省级技术平台的县级融媒体中心，一大批宣传报道承德县的新闻稿件在《人民日报》、新华社、《经济日报》等媒体刊发。深入实施精神文明创建活动，省级文明县城创建取得阶段性成效。开展“积善承德”主题道德实践活动，丁玉龙等4人上榜“中国好人榜”。加强领导班子和干部队伍建设。深入践行新时代党的组织路线，突出“好干部”标准，严肃政治标准考察，坚持在脱贫攻坚一线、急难险重任务中选拔优秀年轻干部。2019年，共提拔使用科级干部133名，其中扶贫驻村干部19名，占14%；乡镇一线干部53名，占40%，干部队伍整体水平、综合能力、工作作风得到新提升。加强基层组织建设。健全完善“1+4+N”党建制度体系，大力开展基层党建质量提升“三年攻坚”行动，探索推行了“十化五星”“一建四共”“五抓五提”等工作机制，实现在全县农村、城市社区、县乡机关、非公和社会组织等各领域基层党组织星级化管理考评全覆盖。承德县“十化五星”经验做法及乾隆醉酒业党建典型经验分别被《组织人事报》、新华社、人民网、中共河北省委组织部进行宣传推介。党风廉政建设。持续整治群众身边腐败和作风问题，全年共处置问题线索250件，立案查结72件，党纪政务处分84人，组织处理109人，移送司法机关3人。瞄准重点领域、重要岗位和关键环节，开展扶贫领域腐败和作风问题、环保领域突出问题、人防系统腐败问题、涉黑涉恶等领域专项治理，全年共处置问题线索530件，立案240件，党纪政务处分239人，移送司法机关3人。落实中央八项规定和实施细则，深化纠正“四风”和作风纪律专项整治，开展基层减负年活动，坚决反对形式主义、官僚主义，全年共查处“四风”问题129件，处理181人，其中党纪政务处分119人。加强政治性警示教育，用足用好“四种形态”一体推进巡察、派驻监督，高质量完成巡视整改“回头看”，全年共完成两轮17个县直单位、县属事业单位和4个乡镇的常规巡察，延伸巡察12个行政村，营造了不敢腐、不能腐、不想腐的良好局面。

附：承德县领导名录

县委书记：齐建文（满族）
副书记：刘志琦
　　　　韩　旭（女）
县人大主任：许志忠
副主任：赵金瑞
　　　　马江宏
　　　　计德辉（满族）
　　　　黄福林（蒙古族）
县政府县长：刘志琦
常务副县长：白晓利（蒙古族，6月免）
　　　　王亚君（满族，7月任）
副县长：李淑金（女）
　　　　薄国平（满族，2月免）
　　　　李　银
　　　　杨大伟（蒙古族，7月免）
　　　　苏艳华（女，满族）
　　　　赵宝树
　　　　白永义（9月任）
　　　　刘凤喜（挂职）

魏　威（挂职，6月免）
邢培林（挂职，12月免）
县政协主席：李文水（满族）
副　主　席：孙德功
张淑珍（女）
孟令钧
县纪检委书记：朱铁铮（满族，4月免）
李立全（满族，4月任）

（供稿　赵晓民）

平泉市

【概况】 平泉市位于河北省东北部，冀、辽、蒙三省交界处，总面积3294.1平方千米，耕地面积56367公顷，总人口47.96万，辖15镇4乡、12个居民委员会、238个村民委员会。2019年，平泉市坚持以习近平新时代中国特色社会主义思想引领航向，团结带领全市人民，以乡村振兴为统领、以生态环保为重点、以绿色发展为目标，统筹推进稳增长、促改革、调结构、惠民生、防风险等各项工作，全市经济社会保持了平稳健康发展的良好态势。实现地区生产总值135.1亿元，其中，第一、二、三产业实现增加值分别为41.5亿元、28.1亿元、65.5亿元；共有规模以上工业企业51家，规上工业增加值16.8亿元；民营经济增加值93亿元；粮食总产量20万吨；食用菌产量29万吨，产值25.8亿元；全部财政收入11.9亿元，公共财政支出33.6亿元；社会消费品零售总额74.8亿元；城镇、农村居民人均可支配收入分别达到31327元、14097元；年末城乡居民储蓄存款余额231.4亿元。扎实推进“放管服”改革，在承德市率先推行“一窗受理”，“办事一次成”实现率达94.1%。

【项目建设】 累计谋划亿元以上项目160个，其中12个项目录入国家重大建设项目库；参加“平泉　北京招商推介会”等招商活动9次，签约东方万佳空气净化器等项目45个，累计引进市外资金69.9亿元，完成外贸出口额3940万美元。持续优化项目建设的软、硬件环境，深入开展“进百企解千愁”活动，累计为企业解决各类问题210个、减税降费1.3亿元以上。经济开发区标准化厂房一期基本建设完成。累计实施逸江南家具生产等千万元以上项目228个，其中新开工亿元以上项目45个、完成投资20.5亿元。平泉市“三个三”项目工作经验得到承德市政府肯定，并在承德市推广。坚持“三抓一促”强项目，抓牢产业链条延伸、企业家素质提升、科技创新“三位一体”推进项目达产达效。累计开展各类企业家培训5期。坚持以科技创新提高企业核心竞争力，新增国家级高新技术企业7家，全市科技进步贡献率达59%，带动航研冷机制造等20个项目实现达产达效。

【脱贫攻坚】 实施全民素质提升工程，转变农民思想观念。规范提升农村风气，开展“农民思想观念素质提升”等主题宣讲活动35场，重点打造南五十家子等村规民约示范村76个。以技能培训增强贫困户自我发展、自我致富能力，建设省级新型职业农民培训基地2个，普训农民9800人次，农民群众科学技术、孝亲敬老和遵纪守法等综合素质全面提升。平泉市被评为首批省级乡村治理体系建设试点县，3项创新经验列入“全国农民教育培训发展典型案例”。实施全民健康工程，严防因病致贫返贫。投资300万元，为10万余名45～64岁居民免费体检，检出病例4.5万人次，提出医学建议7.6万人次，群众满意度达100%。针对村医年龄“高”、技能“低”和基层医疗院所“空”等问题，免费定向培养村医100名，培训在岗村医546名，18个村标准化卫生室建成投用，农村医疗卫生服务水平不断提升。医保救助“三重保障”机制全面落实，因病致贫返贫风险大幅降低。实施全民致富工程，铺就致富"路子"。依托"一主两辅（食用菌为主，设施菜、林果为辅）"特色产业，建设扶贫车间31个，实施资产收益扶贫项目30个，深化"人均百株果"工程，为建档立卡贫困户及边缘户新栽植果树37万余株。打造"一村一品"扶贫示范村22个，南五十家子镇后甸子村等3个村被评为省级产业扶贫样板村，亚欧果仁等3个扶贫园区被列为省级扶贫产业园区。全年实现819户、1950人稳定脱贫，贫困发生率下降到0.04%。平泉市被评为2019年度全国食用菌产业精准扶贫先进单位，被河北省推荐申报为全国落实"四个不摘"先进典型。

【工业经济】 累计实施鸿路绿色装配式建筑等千万元以上工业生产性项目89个，其中特色装备制造业项目15个、完成投资7.5亿元；千万元以上工业技改项目9个，兰泉净水设备生产等4个项目列入河北省重点技改项目库。特别是实施北方活性炭等战略新兴产业项目75个，其中电子信息项目5个，新兴产业日渐壮大。奥斯力特公司荣获全国创新创业大赛"优秀企业"称号，山庄集团成为全省首家开通5 G的企业。

【现代服务】 文化旅游深度融合，谋划实施总投资128亿元的太平洋康养等项目35个、完成投资1.7亿元。美食一条街建成投用，举办第一届美食节，山庄老酒文化产业园AAAA级工业景区创建完成河北省级公示，承办承德市第三届旅发大会。全年实现旅游综合收入14.4亿元。物流电商加快发展，全市物流吞吐量达到10万吨，本地产品网上零售额突破1亿元，服务业带动能力初显。

【现代农业】 围绕京津特色农产品供应基地建设，完成种植结构调整8600公顷，建成现代农业产业园1.64万公顷，成功创建国家食用菌产业综合标准化示范区，平泉市被评为2019年河北省唯一的国家级现代农业产业园创建市。累计实施振邦果蔬深加工等项目23个，列入省级农业产业化重点项目4个。新增国家级龙头企业1家，尚泽果业荣获河北省第七届创新创业大赛一等奖。"平泉香菇"荣获中国农产品区域公用品牌和最佳市场表现品牌。品牌价值突破20亿元。新认定地理标志证明商标1件，"瀑河源"获得绿色产品认证，"亚欧"成功注册马德里国际商标。食用菌产业集群成为全国示范产业集群，平泉市被评为国家农产品质量安全县。

【生态环境】 空气环境质量稳定向好。完成洁净型煤推广8万户，淘汰燃煤锅炉529台，实现秸秆禁烧监测全覆盖。全年空气质量达标天数300天、增加14天。$PM_{2.5}$平均浓度31微克／立方米、下降26.2%，下降比例位居承德市各县区首位，空气质量跨入河北省前20名行列。水环境质量持续改善。"河长制"有效落实，污水处理厂扩建项目和19个乡镇垃圾转运站建设完成。2个国考断面水质均达到II类水体标准，优于国家考核标准一个档次。土壤环境质量稳步提升。平泉市2 8家产废单位全部纳入"固体废物动态信息管理"，回收残膜260吨，项目区土壤有机质提高2.6%。推广测土配方施肥4.45万公顷，减少化肥用量126吨，农药化肥使用量持续负增长。生态建设扎实推进。第三次全国国土调查工作扎实开展，增加耕地8266公顷。新增林地4万公顷，治理水土流失20平方千米。航空护林站建成开航，森林覆盖率提高到59.6%。开展违建别墅问题清查整治和违法违规用地、建设、采矿、采砂、破坏生态环境问题专项整治，整改违法违规用地48宗。推进绿色矿山建设，关闭散乱矿12家，完成生态复绿304公顷，承德市绿色矿山建设现场会在平泉市召开，平泉市矿山环保达标数量居承德市首位。可持续发展能力持续提升。预存占补平衡指标1300余公顷，为可持续发展提供有力的土地保障。加粗延长5条循环经济产业链，实施京美食用菌深加工等循环经济类项目11个、完成投资6亿元。全市万元GDP能耗下降4.3%，国家可持续发展试验区复审成绩位列全省第一名。

【城乡建设】 《城乡总体规划》完成总规纲要方案。累计实施高铁新区路网等城建项目105个、完成投资25亿元。实施泽州路鲜花布景等项目10个，人工湖、湿地公园基本建成，新增城市绿地22.4公顷。新建便民停车场5800平方米，硬化背街小巷25条，交通拥堵、停车难等问题逐步缓解。八沟大街等5条街路达到“以克论净”标准，城市道路机械化清扫率达90%，平泉市被授予河北省“洁净城市”称号。101国道城区段改线等工程竣工通车，城市、城乡、镇村公交实现互联互通，开创了城乡道路客运一体化的“平泉模式”。乡村建设，编制完成《平泉市乡村振兴战略规划》。椁椤树省级乡村振兴示范区等7个示范点加快建设，建成示范村76个。以农村人居环境整治为突破口，累计投资7580余万元，深入推进四个专项行动，改造无害化厕所2.6万座，87个村实现污水不出户、不出村。兴建村级文化广场89个，创建美丽庭院8521户。农村集体产权制度改革、土地“三权分置”改革深入推进，流转土地面积1.5万公顷，实现村集体收入1.2亿元。

【社会事业】 47件民心工程基本完成，累计民生支出28亿元，占一般公共财政预算支出的83.2%。教育教学质量稳中有升，新补充教师287人，平泉一中一本上线率、高分率均居承德市前列，近5年实现考入清华北大接连不断，一本录取率逐年递增。平泉市一中迁建项目完成主体，文苑街小学、三幼等10个项目建成投用。医疗卫生服务能力持续提升，建立居民电子健康档案38.8万份，实现老年人及高血压、糖尿病等患者规范管理。市医院迁建项目一期完成主体，平泉市基本公共卫生服务项目在全省绩效评价中排名第二。文化体育事业繁荣发展，举办文化展览10次，圆满完成庆祝新中国成立70周年系列文化活动，铢铢镲、凌河大鼓列入省级非遗名录。举办辽河源第二届国际山地马拉松等体育赛事11项，蒙中木球和旋转秋千项目分获全国少数民族运动会二等奖。平泉市荣获河北省县级体育工作优秀奖。

【社会保障】 城乡社保和救助体系进一步健全，各类保险新增扩面5475人，累计发放各类救助和保障金9800余万元，受益群众达5.5万余人次。新增城镇就业5100人，在人社部返乡创业工作座谈会上，平泉市作典型发言。完成老旧小区改造8个、农村危房改造134户，平泉市农村危房改造工作受到国务院通报表彰，是河北省唯一受表彰的市（县）。

附：平泉市领导名录

市委书记：董正国（满族）
副书记：曹佐金
苏永民（满族，5月免，）
孙潇（满族，5月任，10月免）
崔东鑫（10月任）
市人大主任：王忱
副主任：王景海
张永志（满族）
孙树田（1月任）
市政府市长：曹佐金
常务副市长：孙潇（满族，5月免）
尚晓辉（10月任）
副市长：胡维民（满族）
曹静（女）
张靖楠
任强
王占军（满族）
孙长君
邢晓光（挂职，6月免）

辛晨华（挂职，7 月免）
黄有勇（挂职）
张惠荣（女，挂职，1 月任）
市政协主席：李　勇（蒙古族）
副　主　席：吴景寅（满族）
李永星
蒋宝维
杨兆永（满族）
市纪检委书记：王　猛（满族，10 月免）
王　明（11 月任）

（供稿　徐志友）

滦平县

【概况】 滦平县位于河北省东北部，承德市中西部。地处北纬 40° 39′ ~ 41° 16′，东经 116° 40′ ~ 117° 47′ 之间。东西直距 84.8 千米，南北 67.3 千米，总面积 2993 平方千米。年末耕地 22501 公顷。滦平县下辖 10 个镇，10 个乡（其中满族乡 8 个），1 个街道办事处。2019 年末，全县有 121873 户，331287 人，其中城镇人口 96820 人，乡村人口 234467 人。2019 年，滦平县委、县政府坚决落实党中央、国务院、省委、省政府、市委、市政府重大决策部署，紧紧围绕经济建设中心，坚决打好三大攻坚战，较好地完成了年初确定的各项目标任务。全县生产总值完成 145.1 亿元，同比增长 6.9%。其中：第一产业增加值 30.9 亿元，同比增长 6.9%；第二产业增加值 52.2 亿元，同比增长 3.1%；第三产业增加值 62 亿元，同比增长 10.7%。三次产业结构比为 21.3:36:42.7，与 2018 年同期相比，一产占比提高 2.1 个百分点，二产占比下降 2.1 个百分点，三产占比与 2018 年同期持平。农林牧渔业总产值 49.4 亿元，同比增长 5.8%，其中：农业产值 23 亿元，同比增长 7.6%，林业产值 4.8 亿元，同比下降 12.6%，畜牧业产值 20.7 亿元，同比下降 8.5%，渔业产值 582 万元，同比下降 0.7%，农林牧渔服务业产值 8776 万元，同比增长 4.2%。全年农作物总播种面积 49 万亩，其中粮食种植面积为 16466.7 公顷，粮食总产量为 7935 万千克，亩产为 321 千克；油料种植面积达到 341.3 公顷，产量 60.2 万千克；全年蔬菜播种面积 7533.3 公顷，总产量达到 54965.5 万千克。中草药种植面积 8200 公顷，产量达到 3092.7 万千克。规模以上工业利润总额 15.2 亿元，比 2018 年增长 81.7%。城镇居民人均可支配收入 33082 元，比 2018 年增长 10.1%。农村居民人均可支配收入 11411 元，比 2018 年增长 12.8%。全县经济结构进一步优化。

【整治违建】 始终坚持用实际行动落实习近平生态文明思想，扛起“两区”建设政治责任，扎实做好潮河上游违法建设破坏生态环境问题整改工作。严格整改标准，做到该拆除的坚决拆除到位、该处罚的坚决处罚到位、该保留的予以保留。投资约 1.5 亿元、总面积 55.9 万平方米的修复治理工程全部完成，共栽植各类乔灌木 18.48 万株、种植花草地被 53.75 万平方米，恢复了项目拆除和破坏地块的地貌和植被。总投资 3.54 亿元、日处理污水能力 1.3 万立方米的巴克什营集中污水处理工程一期开工建设；投资 1779 万元的新潮河大桥正在进行主体施工。整改工作得到中央纪委国家监委、省委省政府、省纪委监委、市委市政府的充分肯定。

【生态环境】 始终保持环境保护、监管、治理高压态势，打了一场环境保护“翻身仗”。扎实落实“河长制”，河湖“四乱”整治数量和进度位居全市前列；投入近 15 亿元的京津冀生态文明建设示范区基本完成；8 项河道生态综合治理工程全部竣工，治理河道 49.21 千米、绿化流域面积 39.55 公顷；全县新增节水灌溉面积 7475 亩、治理水土流失面积 42 平方千米；潮河古北口断面水质均值达到地表水环境质量Ⅰ类标准。大力开展冬季清洁取暖，推广洁净型煤53347户、83924吨，完成率位居全市第一；$PM_{2.5}$年均浓度降至31微克每立方米，同比下降20.5%；全年二级以上优良天数达到293天，同比增加18天；环境空气质量综合指数4.05，同比下降10.6%，全省排名第13位；河北省大气办提前两个月解除对滦平县新增大气污染物排放建设项目环境影响评价限批措施，为河北省首例。实施国土绿化行动，森林覆盖率达到61.68%；完成绿化面积10800公顷，绿色矿山整治面积1432万平方米，6家矿山企业入选国家级绿色矿山名录库，入选数量占河北省14%，承德市最多。

【脱贫攻坚】 始终把扶贫脱贫作为重中之重，全员上阵、夙夜在公，形成脱贫攻坚强大合力。整合投入各类涉农资金2.18亿元、整合率达到100%，代表河北省在全国贫困县涉农资金整合座谈会作典型发言，在全国推广；光伏扶贫带动83个村、9033户贫困户稳定增收，“探索光伏产业与农业融合发展”入选第二届中国优秀扶贫案例；建成“一城两带”18个易地扶贫搬迁安置点，集中安置13251人，分散安置1826人，稳步推进“三区同建”，实现1965户贫困搬迁对象产业就业扶贫全覆盖；大力开展东西部扶贫协作，累计实施京冀对口帮扶重点项目41项，帮扶资金1.43亿元，引进北京34家企业落户滦平；新发放扶贫小额信贷1391.8万元，累计发放扶贫再贷款5.4亿元，实现“能贷尽贷”；全县贫困人口基本医疗保险参保率、建档立卡学生资助率、饮水安全率、住房安全率均达100%；增加低保人口2105人、社会救助17818人，兜底保障更加有力；滦平县“十有五进六到位”健康扶贫促进工作模式在省内推广、全国交流。2019年，全县实现467户、1234名贫困人口脱贫退出，剩余未脱贫人口69户、198人，贫困发生率降至0.078%，5月5日被省政府正式批准退出贫困县序列。

【项目建设】 始终把项目作为蓄力崛起，跨越赶超的主动力，迎难而上、克难而进。举办北京、上海两场大型招商引资推介会议，与五矿、中煤等大型央企、国企、知名民企达成合作意向项目52个，投资规模超500亿元；新签订中冶科工战略合作、上海电气装配式建材、复星集团文旅产业、裸心岭精品民宿、国开新能源基地等各类重点项目23个，投资规模达316.5亿元；金山岭国际滑雪旅游度假区、阿那亚　金山岭等4个省重点项目，北宇能源科技产业园、县医院新院区等28个市重点项目稳步实施，完成投资46.6亿元，占年任务的142.94%；组织召开各类政银企对接活动385场次，累放贷款88.42亿元，增长7.67%，其中向中小微企业累放贷款45.86亿元，增长7.33%，有效解决企业融资难、融资贵问题；强化用地保障，新增“占补平衡”指标2200亩，解决批而未供土地6280亩，处置闲置用地94亩。全年实施亿元以上重点项目120个，完成投资102.5亿元，引进市外资金49.6亿元。

【产业发展】 始终坚持绿色高质量发展，三次产业增加值占GDP的比重由2018年的17.8:39.3:42.9优化为18.1:38.4:43.5。现代农业向科技化转型。调减籽粒玉米种植面积3万亩；获批建设高标准农田4万亩；完成有机梨基地建设1.44万亩；农业标准化覆盖率达到70%以上，主要农产品检测合格率达到98%以上；在京津冀第四届药发会上，承德县中药材产品斩获最佳创意设计奖、大健康产品优秀奖；滦平国家农业科技园区创建取得河北省第一、全国第三的好成绩。传统矿业向绿色高质转型。完成工业技改项目13个；新增规上企业5家；绿色铸造、绿色建材两园建设加速推进，砂石骨料加工能力达到5000万吨以上。高新技术产业不断壮大。高新区企业总收入达到183.61亿元，同比增长19.84%；实现税收10.47亿元，同比增长14.93%；省级以上科技研发机构达到16家，入园高新技术企业达到18家，引进落地亿元以上项目8个，累计入园企业达到44家。旅游产业建设不断完善。高标准建设旅游厕所10座，文化旅游资源“掌中行”共享云平台正式上线，成功举办2019金山岭长城　全球旅行商推介、中英“双墙”对话、第七届金山岭长城杏花节、第七届金山岭国际马拉松、第二届农民丰收节、西沟梨花节等各类主题活动。全县旅游综合收入达到17.8亿元，同比增长23%；入境游客人数达到224万人次，同比增长21%。

【城乡建设】　始终把解决城乡二元结构矛盾，作为提升全县人民幸福感的有力抓手，夯实基础、提质增效。城市建设推进。新续建安馨家园、花语城等12个高品质小区，房地产市场运行保持稳定；实施棚户区改造，958套返迁安置房建设稳步推进；完成背街小巷雨污分流改造2.1千米，硬化街道小巷12条、2万平方米；强力推进北部新城建设，新县医院及医养结合体、庄普酒店等项目主体完工。乡村面貌改变。高质量完成14个乡镇总体规划、8个村村庄规划编制工作，城乡统筹发展更加科学有序；投入资金2.66亿元，打造乡村振兴示范片区7个；完成104个村、2.36万户美丽庭院创建工作；持续开展农村生活垃圾治理、厕所革命、农业生产废弃物资源化利用、村容村貌提升等农村环境整治专项行动，三年任务一年完成，顺利通过省市农村人居环境整治示范县验收。发展根基牢固。新建10千伏线路346千米、0.4千伏线路128千米，新增配变容量81570千伏安，电网结构不断优化；县城至大屯一级路、南环外延、国道101线改造、省道巴沽线改造等基础设施项目顺利推进；北部新城综合管廊主体及道路全线贯通；改造乡村道路10.3千米、新改建二级以上公路104千米；张承高速红旗连接线项目建设完成。

【改革创新】　完成政府系统机构改革。全县24个政府部门实现改革平稳过渡；不断深化财税体制改革，累计争取上级专项资金20.2亿元、财力性补助资金2.9亿元，争取地方政府债券2.5亿元，综合债务率控制到58%，有效降低了债务风险；以“三深化三提升”为主线，扎实推进“双创双服”活动，深入实施“承德办事一次成”改革，行政权力事项“一次成”占比达到90.27%、公共服务事项“一次成”占比达到100%，全面推行个体工商户登记全程电子化，“一窗受理、审核合一”，大大缩短企业开办时间，全年新增市场主体3641个、企业1025家；县人社系统获得全国2017—2019年优质服务窗口荣誉称号；推行医药卫生体制改革，落实25种“4+7”药品带量采购政策，取消县内40家公立医院耗材加成，药品报销目录新增癌症及罕见病等治疗用药148种，高血压、糖尿病门诊用药实现报销，切实减轻群众就医用药负担；实施教育体制改革，采用“衡中模式”的承德文茂高级中学正式开班；完成农村集体产权制度改革，成立合作社246家，有效激发农村活力；跟进互联网经济建设，淘宝大学正式开班，全县电子商务网络零售额突破11.56亿元，是河北省唯一获评2019年电子商务进农村综合示范县的县区。

【民生事业】　始终坚持以人民为中心的发展思想，想民所想、急民所急，群众幸福感不断提升。全县机关单位敞开大门，为群众免费提供停车、饮用热水、卫生间、安全电源等服务；继续实施城区公交免费乘坐政策，新开通公交线路2条，免费公交延伸至新一中校区，开通早、晚自习公交，极大方便师生；县一中2019年普通高考本科上线率98%，综合量化位列全市第二，入选2019年首届中国县城百强中学；顺利通过全国农村职业与成人教育示范县复检；滦平县获评首批“全国语言文字推广基地”称号；农村房屋改造提升、城乡居民养老、便民市场建设、中小学课后延时服务等33项惠民工程相继完成，群众在发展中得到更多实惠；认真开展电视问政，当面接受群众监督，扬尘污染、消防隐患、供热取暖、物业管理等一批群众关注的问题得到切实解决；筑牢宣传思想文化阵地，社会主义核心价值观成为社会主旋律；着力做好重点信访群体维稳工作，圆满完成中华人民共和国成立70周年、全国“两会”等系列安保任务；深入开展“扫黑除恶”专项斗争，社会治安得到进一步改善；严格推进安全生产、食药安全、网络安全等工作，安全稳定形势持续向好。国防动员、民族宗教、外事侨务、人民防空、拥军优属、广播电视、气象地震、防灾减灾、邮政通信、妇女儿童、残疾慈善、统计调查、粮食物价、档案管理、金融保险、住房公积金保障等各项事业都取得了新进步。

附：滦平县领导名录

县委书记：赵振清（满族）
副书记：于　山（满族）
　　李　浩（满族）
县人大主任：赵继成（满族）
副主任：杨生元（满族）
　　陈伟峰（满族）
　　赵振芳（满族）
　　郎贵福（满族）
　　赵喜树
县政府县长：于　山（满族）
常务副县长：曾庆鹏（满族）
副县长：王连福（满族）
　　张云龙
　　宣国锋（蒙古族，10月免）
　　石树俭（10月任）
　　王江平
　　杨庆伟（满族，1月免）
　　孙立侠（女，满族）
　　张天辉（挂职，10月免）
　　王江波（挂职）
　　杨一枫（蒙古族，挂职）
县政协主席：王海隆（满族）
副主席：王国平（满族）
　　刘云利（满族）
　　左春兰（女，满族）
县纪检委书记：赵旭东（满族，3月免）
　　郭德启（满族，3月任）

（供稿　赵春燕）

宽城满族自治县

【概况】 宽城满族自治县位于承德市南部。县域总面积1952平方千米，耕地面积12.3万亩。县辖宽城镇、汤道河镇、板城镇、龙须门镇、亮甲台镇、松岭镇、峪耳崖镇、碾子峪镇、桲罗台镇、化皮溜子镇、大石柱子乡、塌山乡、苇子沟乡、大字沟乡、铧尖乡、东黄花川乡、孟子岭乡、独石沟乡等18个乡镇（10镇8乡）、1个街道办事处（城区街道办事处），1个经济开发区（河北宽城经济开发区）；205个行政村、5个社区（居民委员会）。至2019年末，全县总人口262930人，同比增长0.4%。全县28个民族，其中满族人口194901人，占总数74.4%。汉族人口65041人，占24.8%。其他回族、蒙古族、壮族、朝鲜族、苗族、土家族、布依族、彝族、侗族、瑶族、白族、傈僳族、藏族、达斡尔族、黎族、土族、水族、畲族、仡佬族、鄂温克族、怒族、独龙族、佤族、仫佬族、哈尼族、布朗族等26个少数民族人口共1999人。全年生产总值148.6亿元，比2018年度增长6.6%。固定资产投资37.8亿元，同比增长7.3%。规上工业增加值增长4.1%，社会消费品零售总额增长8.3%，全部财政收入

27.1亿元，增长11%，公共预算收入10.9亿元、增长5.5%。三次产业结构比调整优化为12.9:45.8:41.3，新兴产业增加值占GDP比重提高0.8个百分点，高新技术产业增加值增速高于规上企业5个百分点。农村居民人均可支配收入14215元。城镇居民人均可支配收入34801元。年内荣获全国绿色矿山突出贡献单位、河北省民营经济发展先进县、河北省县城建设示范县、河北省农产品质量安全县、河北省农村道路交通安全管理示范县、河北省县域节水型社会达标县、河北省体育工作考核评价最佳县等多项荣誉。通过国家卫生县城复审和省政府对县政府履行教育职责评价，成功创建省级慢性病综合防控示范区。

【文化旅游】 总投资8亿元的庆贺源漂流、天门山生态旅游开发一期项目竣工试运营。潘龙湖大型水上视觉秀、峪耳崖淘金小镇等项目稳步推进。花溪城水世界、首旅寒舍运营良好，以生态山水游为主的旅游业不断丰富。潘家口段长城现状修正全面完成，王厂沟爱国主义教育基地被评为河北省关心下一代爱党爱国教育基地，天门山景区入列京津冀文化产业协同发展中心文旅精品项目，马架沟村入选河北省乡村旅游重点村。全年接待游客198.6万人次，实现旅游综合收入15.9亿元，分别增长28.1%和29.9%。

【乡村振兴】 高标准建设“美丽乡村”，5个特色小镇建设项目进展迅速。8个乡镇103个行政村实现环卫一体化。完成村庄绿化亮化美化104个，改造农村无害化卫生厕所10320座。化皮溜子镇获评全国乡村治理示范乡镇，化皮花果满乡乡村振兴示范区入列全省11个乡村振兴示范区，获得奖补资金2000万元。马架沟村、任杖子村获批省级美丽宜居乡村，尖宝山、南天门等6个村入选省级森林乡村。乡村振兴取得显著成果，新增省级农业产业化龙头企业3家，农业产业化经营率达到70.65%。新增经济林1.8万亩、食用菌500万棒、中药材3000亩，压减籽粒玉米种植面积2.25万亩。打造标准化生产示范园21个、新增有机农产品和绿色食品企业3家，农业标准化生产覆盖率达到65%以上。社会保障全面加强。新增城镇就业4542人，下岗失业人员再就业745人，就业困难人员再就业370人，职业技能培训1140人，城镇登记失业率3.52%，全部超额完成年度目标任务。城乡居民基本医疗保险、养老保险参保率分别达到96%和98.5%。

【脱贫攻坚】 深入开展“分类管理、精准施策、挂图推进”专项行动。持续聚焦“两不愁三保障一安全”，建档立卡贫困户实现产业全覆盖，双重产业覆盖率达90.9%，就业覆盖率达67%。解决了131户贫困人口饮水安全和1403户（包含“四类重点对象”和其他户）住房安全。农村低保由每人每年3900元提高到4300元。制定出台《关于建立精准防贫机制的实施意见》，县财政全额出资缴纳防贫保险，有效防止了返贫问题的发生。全年实现317户995人脱贫、7个贫困村退出，脱贫攻坚战取得阶段性胜利。

【基础设施】 投资1.74亿元，实施民族街保障性安居工程配套道路及管网改造、大南沟小南沟雨污分流改造、老旧小区改造、滨河街改造、金山街绿化、教育园区北路绿化及夜景亮化、鲜花造景等13个县城基础设施及配套工程，改造供热供水老旧管网18.6千米，城市面貌及功能持续提升；京建线、承秦出海路辅线、北凌线3条干线公路通过省市验收，宽塌线、峪三线板城至半壁山段、大唐线等7条农村公路开工建设，其中4条实现竣工通车，以县城为核心的全域“一小时”城乡路网结构基本形成。完成孟子岭至化皮35千伏输电线路改造等电力基础设施项目80个，新建改造电力线路158千米，增加台区布点

131 处，小康用电示范县建设任务全面完成。

【环境治理】 坚持政府主导、企业主体、社会广泛参与，实施绿色矿山建设项目 36 个，重点企业露天矿山全部通过达标验收，京城、天宝、铧尖金矿成功入列国家级绿色矿山，总数达到 6 家，位居全市首位。累计投资 1.68 亿元，整治完成矿山生态环境重点点位 366 个，治理面积 1.29 万亩。国家绿色矿业发展示范区先行县创建工作卓有成效，京城、天宝绿色矿山创建经验，受到国家自然资源部认可并全国推广。盛丰、兆丰两家钢厂平稳运营，年产钢坯、带钢分别达到 360 万吨和 283 万吨，分别增长 1.4% 和 10.5%。升华、天海压力容器产量达到 150 万支，增长 20%。荣茂铸钢二期工程竣工投产，出口量实现翻番倍增。环境治理“蓝天行动”深入推进。投资 3600 万元，淘汰取缔燃煤锅炉 486 台，完成洁净煤保供推广 3.29 万户，秸秆综合利用实现县域全覆盖。完成企业自备加油站规范整治，乡镇大气监测系统全面升级。“碧水行动”全面开展。投资 5700 万元，实施了潘家口水库入库水质和重点河流断面水质保障工程。完成流域面积 50 平方千米以上河道划界竖桩，整改河湖“四乱”点位 105 个，治理小流域 50 平方千米，清河口集中饮用水源地水质稳定达标。“净土行动”扎实有效。深入推进“1+5”专项整治，整治违法违规建筑面积 230 亩。新增人工造林、封山育林 3.6 万亩，村庄绿化 800 亩。推广有机肥 1 万亩，测土配方施肥 19 万亩，化肥使用量减少 5%，除草剂得到有效控制，耕地土壤污染治理与修复试点工程全面完成。

【放管服改革】 推进“承德办事一次成”和放管服改革，一网办理成效明显，92% 的行政权力事项和全部公共服务事项实现“一次办成”。持续深化商事制度改革，企业开办时间压缩至 3 个工作日以内，新增市场主体 2305 户，总数达到 18652 户。严格落实减税降费政策，减轻企业负担 3.48 亿元。农村集体产权制度改革持续深化，物资公司改制基本完成。深化商事制度改革，企业开办时间压缩至 3 个工作日以内。新增市场主体 2305 户，总数达到 18652 户。严格落实减税降费政策，减轻企业负担 3.48 亿元。农村集体产权制度改革持续深化，物资公司改制基本完成。

【项目建设】 紧紧围绕“1+2”特色主导产业，深入实施重点项目建设“1221”工程，在建亿元以上项目 93 个，完成投资 75.3 亿元，增长 4.4%。结合县域产业基础和特色优势，开展委托招商、以商招商、小团组招商、靶向招商，举办了北京、深圳、石家庄三场专场招商推介活动，与北京市跨区域产业协作中心联合举办了京冀（宽城）协同发展产业对接会。北京宽城商会、石家庄宽城商会正式成立。累计接待中工信、中乐汇、苏州宝顺美、北京金隅等知名客商来宽考察 35 批次。总投资 35.9 亿元的京冀（宽城）协作产业园、教育康养产业聚集区、医养结合产业园等 11 个项目成功签约，26 个项目达成合作意向，中药饮片加工、电子陶瓷、高端民宿、食品加工等项目正在深入推进。科技创新成果丰硕。新认定国家高新技术企业 10 家，新培育河北省科技型中小企业 25 家，新增省级企业技术创新中心、省级工程技术中心、河北省工程实验室各 1 家。

【科技创新】 新认定国家高新技术企业 10 家，新培育河北省科技型中小企业 25 家，新增省级企业技术创新中心、省级工程技术中心、河北省工程实验室各 1 家。新申报获批专利授权 60 件、注册商标 1144 个、马德里国际商标注册 3 个。1 家企业、2 名企业家荣获承德市政府质量奖。加强科技创新成果转化，中钢研非晶带材及制品项目正式投产。经济开发区获评省级高新技术企业发展先进开发区。

附：宽城满族自治县领导名录

县 委 书 记：祁海东（5 月免）
谷宏健（8 月任）
副 书 记：张 成（满族）
孙成伟（满族，2 月任）
张希跃（挂职）
县人大主任：张品川（满族）
副 主 任：葛月龙（满族）
张志敏（满族）
李 丛（满族）
姚乃兴（满族）
魏金魁（满族）
县政府县长：张 成（满族）
常务副县长：崔东鑫（10 月免）
王 猛（满族，10 月任）
副 县 长：刘长清（满族）
赵 刚
杨瑞欣（女，满族，12 月免）
苏艳华（女，满族，12 月任）
白景军（满族）
丁宇超（ 12 月免）
张 华（12 月免）
李满顺（12 月任）
王 朝（满族，挂职）
高秋波（西藏挂职）
县政协主席：王玉荣
副 主 席：张宝山
王子文（满族）
高翠芝（女、满族）
刘瑞学（满族）
刘瑞奇（满族）
县纪检委书记：胡 伟（4 月免）
关利强（满族 ,4 月任）

（供稿 谷盛林）

兴 隆 县

【概况】 兴隆县位于承德最南端，地处京津唐承四城市结合部，形成“一县连三省”的独特区位。全年平均气温 6.5 ~ 10.3℃，夏季平均气温 22℃，比北京、天津、唐山等地区低 8 ~ 10℃，空气负氧离子含量每立方厘米高达 8000—10000 个，是京津“凉岛”和“天然氧吧”。全县总面积 3116.4569 平方千米，耕地总面积 9620.84 公顷（以上两项为 2018 年数据）。2019 年，辖 15 个镇、5 个乡，总人口 32.83 万人，人口自然增长率 4.17‰。全年地区生产总值 112.7 亿元，同比增长 3.2%；第一产业增加值 24.1 亿元，同比下降 18.1%；第二产业增加值 40.9 亿元，同比增长 2.9%；第三产业增加值 47.7 亿元，同比增长 18.0%；民营经济增加值 73.5 亿元，同比增长 4.2 %；粮食产量 22435 吨，同比增长 0.94%；全部财政收入 12.3 亿元，同比增长 11.3%；一般公共财政预算收入 7.2 亿元，同比增长 6.6%；财政支出 32.04 亿元，同比增长 12.3%；社会商品零售总额 64.4 亿元，同比增长 9.3%；固定资产投资同比增长 6.0%；城镇非私营单位从业人员在岗职工（含劳务派遣）年平均工资 59959 元，同比增长 13 %；农村居民人均可支配收入 13849 元，同比增长 12.2%；城镇居民人均可支配收入 28887 元，同比增长 9.9%；城乡居民存款余额 166.5 亿元，同比增长 13.2%。经济总量、运行质量实现“双提升”。

【项目建设】 贯彻落实全省“3811”工程目标任务，开展重点项目建设质量年活动，项目实施个数及投资均超额完成年度目标任务。全年实施亿元以上重点项目 82 个，完成投资 57 亿元，其中战略性新兴产业项目 10 项，完成投资 9.7 亿元；传统产业升级项目 12 项，完成投资 7.1

亿元；农业产业化项目3项，完成投资2.7亿元；现代服务业项目16项，完成投资14.8亿元；基础设施21项，完成投资13.5亿元；房地产项目20项，完成投资8.9亿元。开工建设鑫澳技改扩能、兴隆山景区2个省重点、22个市重点项目，完成投资31.5亿元。谋划储备亿元以上项目110个。

【生态建设】 深入实施生态立县战略，生态建设取得重大突破，成功创建全省首个“国家生态文明建设示范县”。大气质量持续向好。累计淘汰燃煤锅炉136台，保供推广洁净煤4.8万户，散煤管控“全覆盖”，散乱污企业“动态清零”，$PM_{2.5}$平均浓度降至34微克，二级以上天数281天，优良率达到77%。水源水质大幅提升。采取整治排污口、清理河道、修建污水处理站等措施，第二污水处理厂、建龙污水综合处理工程投入运营，建设农村污水处理站75座，水源保护区拆违整治强势推进，全县11个地表水考核断面、3个集中饮用水源地水质稳定达标。土壤污染防治有力。扎实推进土壤环境污染状况调查监测，持续加强固体废物污染管控、重金属污染防控和农业面源污染综合整治，畜禽规模养殖场排污设施配建率达100%、资源化利用率达到86.7%。强力推进绿色矿山建设“三（环保、矿山恢复治理、尾矿库综合整治）达标”行动，关停矿山45家、复绿90家，营林造林12.4万亩，“5+1”（即违法违规用地、建设、采矿、采砂、破坏生态环境和违建别墅）专项整治全面完成。畜禽规模养殖场建成排污设施31个。在河北省率先实施的生活垃圾水泥窑协同处置工程具备运行条件，“村收集、乡转运、县处理”城乡垃圾一体化处置模式基本形成。大气、水等主要环境要素指标始终保持全省前列，森林覆盖率（71.25%）稳居华北地区县级首位，连续六年入选“中国深呼吸小城100佳”。

【脱贫攻坚】 易地扶贫搬迁圆满收官，并作为典型经验在全省推广。搬迁安置任务全部完成，23个集中安置小区全部竣工入住，搬迁人口2078户、6627人，其中：建档立卡1133户、3491人。在安置小区（点）建设扶贫微工厂，购置数控山楂去核机409台，解决了1000余人的就业问题。严格落实“四不摘（不摘责任、不摘政策、不摘帮扶、不摘监管）”要求，全力以赴抓巩固，合力攻坚促提升，5个新纳入建档立卡管理村实现脱贫出列，贫困人口减少到382人，贫困发生率降至0.15%，高质量通过省级年度扶贫成效考核及第三方评估。聚焦“两不愁三保障”（不愁吃、不愁穿，义务教育、基本医疗和住房安全有保障），累计投入扶贫资金2.2亿元，实施产业项目27个、基础设施项目169个，建设科技扶贫示范园区10个；争取东西部扶贫协作援助资金7100万元，实施协作项目22个；产业、就业、教育、医疗、住房保障全面提升，生产生活条件持续改善。创新建立订单购销型、资产收益型利益联结机制，解决贫困劳动力就业1.6万人；全面推行监测预警和防贫保险机制，全县1.5万户、3.5万人纳入防贫监测对象，有针对性强化因病、因学、因灾等救助帮扶措施，确保脱贫不返贫、非贫不致贫。

【产业结构】 以供给侧结构性改革为抓手，明确“1+2+1”（文旅康养产业＋食品医药产业和京郊科研服务产业＋星空科普产业）特色产业发展路径，新旧动能加速转换，一二三产融合发展。第三产业势头尤为强劲，国家全域旅游示范区加快创建，兴隆山景区等21个旅游项目提质升级，建成AAA级景区2个（天子山景区、青松岭文化旅游度假区），诗上庄、迷子地、老营盘3个村获评“省级乡村旅游重点村”，全年接待游客465万人次，旅游综合收入38.7亿元，以文旅康养为主的第三产业税收占比超过60%，增加值增速15.2%。园区产业支撑有力，“三只松鼠”

和“百草味”北方加工基地、瑞泰等10个项目竣工投产，规模以上工业企业达到25家，鑫澳入库省级“专精特新”（“专”即专有技术或采用专有技术、专门工艺研制生产的，专用性强、专业特点明显的专门产品。“精”即采用先进适用技术或工艺，精心设计、精心制造，按照精益求精的理念完成生产过程的产品。“特”即采用独特的工艺、技术、配方或特殊原料研制生产的，具有地域特点和企业特色的产品。“新”即依靠自主创新、集成创新或引进消化吸收再创新方式开发的，区别于其他传统产品的升级换代的全新产品）中小企业。园区主营业务收入累计完成83亿元，实现税收4.3亿元，成为全县工业高质量发展的重要支撑，获评“2019中国最具影响力产业园区”。现代农业提质发展，实施千万元以上农业产业化项目18个，省级龙头企业达到8家，农民专业合作社发展到1061家，培育“三品一标”（无公害、绿色、有机食品和地理标志）林果基地3000亩，果树标准化生产基地达到24.5万亩，成功入选“兴隆山楂中国特色农产品优势区”，获评“河北省农民合作社高质量发展示范县”。

【人居环境】 围绕“一区一中心一基地”（国家生态文明建设示范区、环首都休闲养生微中心、京津优质果品供应基地）建设，全力推动新型城镇化。全面启动国土空间规划编制工作，城乡空间布局和结构进一步优化。城市功能不断完善，投资7.6亿元，实施北环路改造等市政基础设施项目15个；改造老旧小区42个；高铁场站、产城教园区等4个片区加快建设；田径运动训练基地实现提质升级；“智慧兴隆”高效运行，“网格化”管理逐步加强。农村面貌大幅提升，以乡村振兴战略为引领，深入开展农村人居环境综合整治，强力拆违8400余处；投资1.2亿元，实施农村污水处理工程45个；采取以奖代补方式，累计改厕2.8万座，绿化美化村庄200个，建设美丽庭院3.3万个，成功列入“全省厕所改造长效机制建设试点县”，塔前村获评“全国乡村治理示范村”。基础设施加快改善，（北）京沈（阳）高铁兴隆段工程基本完工，改造提升国道112线、省道北（营房镇）凌（原市）线等国省干线公路33千米，建设农村公路140千米，实施农村电网工程79项，荣获全省“中国梦　劳动美”干线公路养护技能竞赛一等奖。

【改革创新】 扎实推进“承德办事一次成”改革，93%的行政权力事项、全部公共服务事项实现“一次办成”，企业开办时间压缩至3天以内；深化财税金融改革，减轻企业负担1.2亿元；教育、医疗、农村等领域改革稳步开展；特种设备“1234”（即建立一套档案，准确把握特种设备安全状况；抓住安全监管专业化队伍建设、安全监管清单流程化管理两个关键，夯实特种设备安全工作基础；厘清县局自身监管、乡镇属地管理、设备使用主体三个责任，提供特种设备安全工作保障；突出特种设备安全“双控”建设、隐患排查、危化行业专项整治、气瓶安全监管信息化四个重点，确保特种设备安全平稳运行）监管工作机制，作为“兴隆经验”在全省推广。立足京津冀、放眼长三角，开展招商引资活动26场次，落地项目12个，总投资48.6亿元；引进市外到位资金35亿元，实现外贸出口1229万美元。开展“三深化三提升”（深化“双创双服”活动、提升高质量发展水平，深化纠正形式主义、官僚主义、享乐主义、奢靡之风和作风纪律专项整治、提升工作效能和营商环境，深化20项民心工程、提升保障改善民生水平）活动，不断激发市场活力，新增各类市场主体868个；举办首届中国·兴隆山楂产业发展峰会，中国农科院“山楂产业研发中心”落户兴隆，研发课题9项，转化科研成果2项；中小企业和高新技术企业达到138家。

【民生福祉】 坚持以人民为中心的发展思想，在财政收入增速放缓的情况下，民生投入丝毫没有减少，全年民生保障支出21.8亿元，占财政总支出的83.7%。城镇新增就业4965人，登记失业率3.10%；各类保险参保率稳定在95%以上，新纳入农村低保2015户2450人、“五保”130户130人，做到了分类保障、动态管理、应保尽保；改造农村危房249户；新一中加快建设，新二小建成投用，全县农村基础设施薄弱校基本消除，再次获评“全市教育工作先进县”；县医院顺利通过省级“健康促进医院”创建验收，并作为先进典型在全省健康促进大会上作交流发言，县中医医院易址新建加快推进，安子岭乡卫生院主体完工；公共卫生服务向基层延伸，农村居民健康体检完成9.1万人，兴隆县被命名为“全国基层中医药工作先进单位”；人口计生水平稳步提升；退役军人优抚安置政策全面落实，社会事业加快发展。

【综合治理】 全力推进扫黑除恶专项斗争。累计破获涉恶类案件105起，抓获犯罪嫌疑人153人，打掉恶势力集团1个，恶势力团伙3个，一般涉恶类犯罪团伙16个，批准逮捕80人，移送起诉135人；“打伞”核查问题线索21件，党政纪处分44人，组织处理18人。信访稳定工作扎实有效。坚持“河北不能聚，北京不能去”，县级领导带头接访下访约访，加强矛盾纠纷排查调处，依法解决群众合理诉求，进京集体访、进京个体访持续下降。法治兴隆建设不断加强。“基本解决执行难”工作成效稳居全省前列，“诉前调解”经验在全市推广，“行政执法三项制度改革试点”工作顺利通过省级考核验收。安全形势保持稳定。坚持“隐患就是事故、事故就要处理”，深入推进安全生产大排查大整治攻坚行动，统筹做好网络、防汛、防火和食品药品等各类安全工作，完成新中国成立70周年、全国“两会”、第二届“一带一路”国际合作高峰论坛、亚洲文明对话大会等重大活动期间和敏感节点安保任务，发挥了首都政治“护城河”作用。

附：兴隆县领导名录

县委书记：薛青松（满族）
副书记：焦　军
　　　　裴鹏飞
县人大主任：马德军
副主任：贾海超
　　　　王立群
　　　　李桂霞（女）
　　　　冯秀玲（女）
县政府县长：焦　军
常务副县长：迟运鹏
副县长：马广春
　　　　高春青
　　　　强占坡
　　　　杨文利
　　　　周庆耕（挂职）
　　　　许建民（12月免）
　　　　董业良（12月免）
　　　　王传华（挂职，12月免）
　　　　李含斐（挂职，11月免）
县政协主席：马建权
副主席：郭宝君
　　　　杨青山
　　　　刘啸林（4月免）
　　　　徐冬梅（女）
县纪检委书记：那　红（女）

（供稿　白海霞）

双桥区

【概况】 双桥区行政区划总面积651.67平方千米，耕地面积2654.13公顷，38.6万人，其中少数民族人口占13.5%。2019年，全区固定资产投资完成33.8亿元，民营经济实现营业收入371.95亿元，增长8%，实现利润15.13亿元，增长4.52%。服务业税收占总税收比重达到78.4%。偿还政府债务本息14.64亿元，债务总量削减6.2%。

【政治生态】 坚持高站位高标准营造风清气正的政治生态，切实推动全面从严治党。破除形式主义、官僚主义，加强监督检查，累计上报2018年以来查处的形式主义、官僚主义问题线索52条，已全部查处完毕。强化查处整改力度，全力查处省市交办的10件涉及全区民主生活会专项监督中发现的问题，对涉及干部下发整改通知书，涉及问题已全部整改到位。推进"两个责任"落实，区委主要领导全面落实"第一责任人"责任，对全面从严治党工作亲自安排部署，建立对"两个责任"日常督导、重点检查、督查督办常态化机制，为"两个责任"落实提供坚强制度支撑；完善监督体系建设，组建辐射区、镇、村三级的监督员网格库，发挥微信新媒体资源平台监督作用，积极引导人民群众主动参与监督；持续查纠"四风"和作风整顿。开展"天价烟"专项治理行动，推动整治领导干部利用名贵特产类特殊资源谋取私利问题，深挖公款吃喝、公车使用等"四风"问题，发现问题线索39件，制发全区通报6期，起到教育震慑效果。

【经济建设】 坚持发展为第一要务，全区经济保持平稳增长。应对经济下行压力，综合施策推动经济发展稳中向好。全力开展重点项目攻坚行动。实施亿元以上项目50个，列入省、市重点的金坤文化创意产业园、北部新城教育工程等11个项目全部开工，固定资产投资完成33.8亿元。促进民营经济发展，成立企业发展服务中心，累计为企业解决问题100余个，全区民营经济实现营业收入371.95亿元，增长8%，实现利润15.13亿元，增长4.52%。落实减税降费政策。减免企业负担近4亿元，居全市之首。有效防控债务风险。最大限度化解存量、严控增量，偿还政府债务本息14.64亿元，债务总量削减6.2%。

【主导产业】 立足双桥"两区一城"发展布局，持续推进"1+1"主导产业发展。区域发展布局日臻完善。在老城区，兆丰国际酒店主体封顶，红星美凯龙商业综合体开工建设，多元住宿体系和高端商贸等服务业日益成熟。在避暑山庄文化旅游产业示范区，普宁文化休闲小镇、承德博物馆投入运营，进一步提升了文化旅游产业承载力。在北部新城，隆承国际马戏大剧院、冰上运动中心成为新地标；双峰寺水库下闸蓄水、双峰寺地表水厂开工建设、254省道改线通车，为加快建设生态宜居、产业发达的城市新区奠定了坚实基础。坚持创新发展理念，发挥企业创新第一动力作用。绿天生物"畜禽养殖废弃物资源化处理技术集成与示范"等4个重点项目已申报2019年承德市科技支撑计划；承德华富玻璃工程技术有限公司、承德远方视光中心分别列为省级、市级工程技术研究中心；承德电子商务产业园创客空间认定为市级众创空间。

【文化旅游】 创建首批河北省全域旅游示范区，承办第三届承德市旅发大会，奋战125天建成北方最大的承隆国际马戏大剧院，创造了双桥项目建设速度记录，打造出"勇于担当、务实高效、团结协作、事争一流"的双桥旅发精神。全年接待游客量和旅游收入分别增长15%。宽广超市嘉和店被国家商务部评为绿色商场，满汉全席酒楼73道菜点入选2022年冬奥会菜单。

【生态环境】 持续开展"蓝天、碧水、净土"攻坚战，保卫承德市区蓝天。开展扬尘面源治理，将36家城市规划建设用地范围内的建筑工地纳入日常监管范围，在27家涉及土建施工的工地安装PM_{10}在线监控设施。开展清洁型煤替代工作，型煤以及炉具配送实现全覆盖，型煤配送达到11000余吨。淘汰燃煤锅炉27台，实施燃气锅炉低氮燃烧改造11家，完成1.55万户洁净型煤推广和295户禁燃区清洁取暖替代任务，$PM_{2.5}$平均浓度29.3微克／立方米，优良天数增加3天，全年无重污染天气。深入开展河湖“四乱”清理整治，整改涉水及排污问题44个，新建污水管网4000余延长米，粪便无害化处理厂投入使用。持续捍卫净土，完成全国第二次污染源普查，双庙一带矿山地质环境恢复基本完成，开展绿化造林、村庄绿化11800亩。

【改革开放】 政府牵头的97项改革任务基本完成。“放管服”改革成效突显。推进“承德办事一次成”改革，推行“无差别受理、一证化审批”模式，首创“一证化”改革在《经济日报》等媒体刊发，并在全市推广，区级91%的行政权力事项和100%的公共服务事项“一次成”，市场活力进一步激发，净增市场主体3091户。重点领域改革取得实效，经过努力，税收实现属地征管，财税体制改革具备条件，农村综合改革扎实推进，承包地确权登记颁证基本完成，调整种植业结构5210亩，3家“双30强”企业获批省级重点龙头企业，创建市级农业示范社3家，农业产业化经营率达到80.16%。全方位开放格局加速构建。坚持“走出去、请进来”对接企业、商会30余家，签约永昌威秀（承德）国际度假区等合作项目5个，成立双桥区首个域外招商平台——上海粮仓双桥俱乐部，引进市外到位资金19.2亿元，实际利用外资4731万美元，创历史新高。

【城市建设】 城区基础建设有力推进，东山路管网工程、贾营路管网工程、上窝铺出村路、靶场路全线通车；维修养护次干道支路2万余平方米，路长制全面推行；改造LED路灯8600余盏，城市照明率达到98%以上；完成10处危险边坡护坝抢险加固，新建改建水冲公厕4座。

【脱贫攻坚】 全区累计纳入建档立卡贫困户57户143人，已实现55户139人建档立卡贫困户稳定脱贫，剩余2户4人将在年底脱贫出列。开展专项行动，做到一次入户，四位一体精准识别。深入开展“乡村振兴党旗红”活动，推进扶贫领域群众身边腐败问题专项治理，对发现的2件作风问题和1件问题线索进行处理。开展扶贫领域明察暗访，实现在册行政村走访检查全覆盖。

【惠民利民】 城乡居民养老保险和医疗保险参保率稳定在95%以上，城乡低保标准分别提高到每年7800元和4300元，累计发放低保资金2110万元；建立区退役军人管理服务中心和12个镇街服务站，设立了关爱退役军人基金会，为各类优抚对象发放优抚金1090万元。18个老旧小区改造全部完工，惠及居民4074户；累计分配经济适用房、公租房1580套，为1091户困难家庭发放保障性住房租赁补贴；剩余5个城中村改造回迁房全部开工建设。

【教育卫生】 世纪城学校等3所小学投入使用，新增学位3145个。推进医联体建设，“四医联动”持续深化，建设标准化村卫生室15所，签约家庭医生10万余人，为1.8万老年人免费体检，24.5万居民建立健康档案，常规疫苗接种率达到95%以上，荣获“河北省慢性病综合防控示范区”和“河北省无偿献血先进区”称号。

【防范风险】 争取上级政策资金和债券，全年共争取上级专项转移支付资金1.17亿元，一般转移支付资金1.6亿元；新争取土地储备债券3.26亿元，再融资债券1.35亿元；强化债务风险管控，将债务化解进度与土地出让计划挂钩，综合考虑债务化解和市场需求研究制定了2019—2022年土地出让计划；防范化解社会金融风险，开展了双桥区 2019 年防范打击非法集资集中宣传月活动，发放各类宣传资料 18 万份，提高群众对非法集资的警惕性。

【扫黑除恶】 推进扫黑除恶打“伞”工作,区委、区政府高度重视扫黑除恶专项斗争，多次召开会议听取汇报，党政主要领导亲自研究部署，进一步明确重点、压实责任，政法机关建立互联互通机制，实现问题线索共享、集中排查、集体研判、甄别处置和快速反应一体化。已摧毁恶势力犯罪集团 3 个，铲除恶势力犯罪团伙 4 个，打掉一般犯罪团伙 18 个。破获涉黑涉恶类刑事案件 77 起，刑拘 120 人，逮捕 109 人，起诉 135 人，依法审理涉恶类案件 11 件 64 人。

附：双桥区领导名录

区委书记：杨海龙（满族）
副书记：杨玉甫（满族）
　　　　马学敏
区人大主任：张　新
副主任：刘　斌
　　　　方国忠（满族）
　　　　蒋志民
　　　　窦向红（女）
区政府区长：杨玉甫（满族）
常务副区长：何元武
副区长：关　越（满族）
　　　　王文龙（满族）
　　　　赵瑛楠（女，满族）
　　　　邢建军（满族）
　　　　任运阳（挂职）
　　　　吕　伟
　　　　王鹿云（12 月任）
区政协主席：刘敏儒
副主席：韩智军
　　　　闫亚丽（女，满族）
　　　　赵卫刚
区纪检委书记：张友余

（供稿　马华玉）

双滦区

【概况】 双滦区为承德市中心区，区政府坐落在双塔山镇滨河大街 58 号，距市区 11.5 千米，距北京 210 千米、天津 320 千米。境域介于北纬 40° 57′ 26.71″，东经 117° 47′ 37.25″之间，海拔在 360 ～ 1300 米之间，平均海拔 700 余米。政区北接承德市隆化县，西连滦平县，东与承德市双桥区相交，南与承德县接壤。总体地势，北高南低。地形南北狭长。滦河自区内分布有丰富的铁、金、钒、钛、长石等资源。最大河流为滦河，境内流长 33.07 千米，流域面积 451 平方千米。京承、承朝、承赤、承唐、张承五条高速干线穿区而过，是承德市交通网的重要枢纽。市内公共汽车 5 路、12 路、15 路、2 路、3 路、25 路通达区内各地，有 51 路、52 路、53 路、54 路、55 路、56 路、57 路 7 条公交线路，在双滦区域内运行。2019 年，区域总面积 451.74 平方千米，辖 5 个镇、1 个乡、63 个行政村、3 个街道和 18 个社区居委会，25 个社区。2019 年末全区户籍总人口 148616 人,其中女性 73579 人；出生人口 1500 人，人口出生率 10.51‰；死亡人口 598 人，死亡率 4.19‰，人口自然增长率 6.32‰。全区有少数民族人口 42712 人，其中满族 38255 人，回族 1402 人，蒙古族 2704 人，其他少数民族 351 人。城乡居民存款余额 110.9 亿元，同比增长 10.9%；城乡居民贷款余额 65.5 亿元，同比增长 15.9%。全年城镇居民人均可支配收入 37698 元,比上年增长 9.5%，农村居民人均可支配收入 14442 元，比上年增长 11.8%。空气质量 PM2.5 全年平均 26 微克每立方米，空气综合指数 4.27，达标天数 311 天。全区实现地区生产总值 135.5 亿元，比上年增长6.5%。其中，第一产业增加值2.6亿元，增长6.4%；第二产业增加值84.8亿元，增长0.5%；第三产业增加值48.1亿元，增长17.8%。三次产业增加值占地区生产总值的比重为1.9:62.6:35.5。全部财政收入完成25.8亿元，比上年下降9.3%。规模以上工业增加值同比增长1.2%。实现利税11.2亿元，同比下降35.9%。全区高新技术产业增加值同比增长22.28%。全区实现社会消费品零售总额27.4亿元，比上年增长9.4%。

【科技服务】 打造区域性跨境电子商务交易中心、金融结算中心和物流寄发中心。承德市信息化产业园建成运营，已入驻企业20家。国家检验检测认证产业园、物态云仓小镇等项目加快建设。引进大连德泰供应链科技，填补供应链金融业务空白，绿色金融业态更加丰富。区、镇、村三级农村电子商务运营服务体系更加完善，农村电商提质上档。商贸物流园区年销售收入220亿元，同比增长10%。

【深化改革】 深化“放管服”改革。推进“承德办事一次成”和“互联网+政务服务”改革，479项政务服务事项纳入政务服务网办理，在全市率先实现公共资源交易全流程电子化招投标和远程异地电子评标。政务服务平台覆盖区、镇街、村居三级，在全省率先实现“24小时不打烊”政务服务，行政审批局获评“全国政务服务创新先进单位”。推行“互联网+督查”机制，提高项目手续办理效率，先进经验在全省推广。推动各项减税降费政策落实，全年新增减税2.8亿元，新增降费1862万元。

【基础设施】 双偏线和张承高速红旗连接线开工建设，张承高速连接线与国道101贯通，双滦南外环路网基本形成。新建、改造农村公路98千米，荣获省级“四好农村路”示范区荣誉称号，列为全国公路建设系统观摩点。白庙子、枫林绿洲等区域5条市政道路竣工投用。完成污水管网建设16.4千米，供热管网改造32.5千米，新增入网面积41万平方米。城区供水管道新增10.9千米，城区供水覆盖率达到95%以上。启动伊水创新产业新城项目，为进一步拉大城市骨架奠定基础。

【城市建设】 以创建全国文明城市、省级文明城区为契机，依法清理取缔各类占道经营、店外经营等违规行为为2900余起，整治拆除各类问题广告牌匾432处。新增公共停车位930个。粉刷全区无物业管理小区墙体12.9万平方米，清理各类“小广告”1.3万余处，全区环卫盲区基本消除，城乡生活垃圾无害化处理率保持100%。全区亮化设施完好率及亮灯率保持98%以上。实施13项城区绿化工程，新增城市绿地面积45.8公顷，建成区绿地率达到37%。

【乡村振兴】 全区63个行政村全部完成集体资产清产核资并通过省级验收。农村土地承包经营权确权登记证书发放率达到90%以上。推进省级扶持壮大村集体经济试点，规范农村集体经济股份合作组织运营，村集体收入超过5万元以上的行政村达到44个。农业种植结构调整，压减籽粒玉米4640亩，发展葡萄、草莓等果品和中药材种植。发放惠农补贴285.9万元。建成50亩草莓标准化育苗基地，新增标准日光温室80栋，全区设施农业种植面积达到8000亩。农产品质量安全监督和检测体系进一步完善，获评第二批“国家级农产品质量安全示范县区”。围绕农村生活垃圾整治、“厕所革命”等11个专项，实施38个行政村人居环境整治，硬化主街和巷道13.6万平方米，完成无害化厕所改造2885户，建成美丽庭院1267户、精品庭院253户，新安装、维修路灯1724盏。建设分散式污水处理设施200套，滦河镇5个村全部实现城镇污水集中收集处理，实施农村建筑垃圾及小广告清埋环卫市场化服务项目，实现农村建筑垃圾与生活垃圾分类收集处理。

【招商引资】 建立考察招商常态化机制。参展廊坊经洽会、厦洽会、上海进博会，举办莆田、义乌大型招商推介会。全年累计开展90次招商活动，签约项目50个，在谈项目41个，意向签约金额达到72亿元。盘活20万平方米闲置楼宇，吸引天乾地坤、联想新视界等28个科技型企业签约落地，建成创业孵化基地2家，孵化商户120余户。全年引进市外资金35亿元，同比增长16.3%。

【文化旅游】 以国家级文化产业示范园区创建为引领，推进旅游交通网、旅游服务网和智慧旅游网"三网"建设。全年实施重点文化旅游产业项目23个，完成投资8亿元。《鼎盛王朝·康熙大典》大型实景演出、双塔山景区收入创历年新高。全年累计接待游客525万人次，文化旅游综合收入60.2亿元。

【综合治理】 生态环境综合治理。落实烟花爆竹禁燃禁放工作，开出全市第一张秸秆禁烧罚单。深入推动散煤管控，淘汰燃煤锅炉74台。持续开展扬尘专项整治，规范整治建筑施工场地29个。启动机动车尾气遥感监测，抽检机动车8000余辆次。狠抓工业企业物料扬尘和无组织排放治理，完成国电滦河发电厂煤场棚化工程和中滦煤化工料棚建设。关停中滦煤化工一期项目，压减焦炭产能59.1万吨。加强绿色矿山达标复产工作，5家露天矿山完成"三达标"。深入推进"河长制"，对各流域进行系统化、网格化排查、梳理。开展河湖"清四乱"专项行动，35项问题全部完成整改。规范国考断面上游种养殖，对沿河61家汽修企业进行整治，有效解决国考断面石油类超标问题。完成小流域治理面积6平方千米，水源节灌工程72处，湿地修复工程13.3万平方米。四道河水源地建成投用。规范产废企业动态管理，对40家危废、固废产生单位实现全程监管。完成24块疑似污染地块土壤状况调查。持续开展绿化建设，完成植树造林4500亩，森林覆盖率达到38.5%。全力推进中央、省、市环境保护督察整改，按期完成各级环保督察、巡察交办问题98项，整改率达到100%。

附：双滦区领导名录

区委书记：王贺民（满族）
副书记：刘　洋
　　　　刘　杰（满族，10月免）
　　　　厉　辉（10月任）
区人大主任：傅云林（蒙古族）
副主任：徐小平
　　　　周建军（满族）
　　　　王青春
　　　　赵素娟（女，满族）
区政府区长：刘　洋
常务副区长：杨玉兴（2月免）
　　　　孙喜明（满族，2月任）
副区长：张宝东（4月任）
　　　　刘啸林（4月任）
　　　　黄新民
　　　　左文娟（女）
　　　　李长海（12月免）
　　　　程彦龙（满族，4月免）
区政协主席：刘凤宇
副主席：田　睿（蒙古族）
　　　　马玉兵（满族）
　　　　谢汉杰（满族）
　　　　张宝东（5月免）
区纪检委书记：孙喜明（满族，2月免）
　　　　李立军（2月任）

（供稿　王乃民）

鹰手营子矿区

【概况】 鹰手营子矿区位于河北省东北部，燕山山脉主峰雾灵山东麓，距承德市中心区110千米，周边与兴隆县和承德县相毗邻，为承德市远郊区。全区总面积149.31平方千米，共辖4个镇，15个行政村，87个村民小组，1个街道办事处，10个社区，区政府驻地鹰手营子镇。2019年，全区共有人口61583人，其中男性30968人，女性30615人。全年全区完成地区生产总值283208万元，比上年同期增长7.4%，其中，第一产业增加值7829万元，第二产业增加值142630万元，第三产业增加值132749万元。完成全部财政收入102688万元，比上年同期增长178.5%，完成一般公共预算收入37666万元，比上年同期增长132.3%。全区社会消费品零售总额158394万元，比上年同期增长6%。城镇居民人均可支配收入28947万元，比上年同期增长9.7%，农村居民人均可支配收入11652万元，比上年同期增长11.6%。

【主题教育】 2019年，在全区深入开展“不忘初心、牢记使命”主题教育活动。围绕习近平新时代中国特色社会主义思想，党的十九大和十九届二中、三中、四中全会精神以及党章、党规、党纪等内容，开展理论中心组学习15次，开展集体学习、交流研讨、参观交流、基层宣讲等活动430余场次。区级领导干部通过学习、调研，对照党章党规找差距，共检视问题330余个，全区围绕9个专项整治发现问题66个，建立长效机制22项。通过开展主题教育活动，党员干部服务群众、服务发展的意识进一步增强，担当作为、干事创业的氛围进一步浓厚，改革创新、推动工作的能力进一步提升，遵守党规、严守党纪的观念进一步强化。同时，区委常委会研究意识形态及相关工作6次，分析研判意识形态领域情况2次，向市委汇报2次，向全区通报2次，召开专题培训会议2次，牢牢掌握意识形态工作的领导权和主动权。

【项目建设】 开展“双创双服”和“项目攻坚”活动，落实领导包联、工作专班、会商会诊等项目推进机制，破解瓶颈制约，推进项目建设。谋划实施重点项目15个，其中，省重点项目1项，市重点项目4项，开工率100%；新谋划亿元以上项目20项，完成年计划的100%。省重点年产100万吨钒钛高科无缝管装备项目，部分设备已定制，园区路及铁路框架桥工程已完成工程量的80%，主体工程正在办理规划等手续；总投资2.3亿元的年产6000吨钒氮合金二期项目和总投资1.6亿元的五氧化二钒生产线改造升级项目已运行投产；总投资1.2亿元的寿王坟棚户区供热配套管网和投资0.59亿元的“三供一业”物业维修改造工程已完工；总投资4.5亿元的怡达承接非首都功能疏解暨京郊健康食品产业园项目，已落地企业25家，有23家具备生产条件；总投资1.3亿元的保障性安居工程配套中学项目已完成主体工程75%，综合楼主体，男、女生宿舍楼主体封顶；投资0.86亿元的“三供一业”供电改造工程已完工工程量的92%；总投资3.75亿元的北马圈子棚户区改造项目，基本完成前期各项准备工作；总投资23.5亿元的钒钛新材料升级改造项目用地已完成征收拆迁，前期手续基本完成。以申报补短板债券项目为契机，先后四批次入库项目19个，上报独立工矿区改造搬迁项目5个，上报保障性安居工程配套基础设施项目1个。抢抓机遇，用好用足上级支持政策。通过参加“廊坊国际贸易洽谈会”“第十七届中国(承德)国际经济贸易洽谈会”“怡达省级现代农业园区京津招商会”等招商活动，签约各类项目6个，签约金额9亿元。累计争取到位市外资金7亿元。跑省进京，争取上级政策资金支持，向上级汇报转型发展进程中遇到的困难和阻力，得到国家、省市相关部门和上级领导的理解与认可，形成了进一步支持营子矿区转型发展的共识，全年争取上级无偿资金 13982 万元。

【科技引领】 2019 年 2 月，区科技局职能划归区发展改革局，区发展改革局主动对接市科技局，全面承接相关职能。制定了《科技研发平台建设》《科技企业孵化载体提升》等 5 个专项方案，突出科技在经济发展中的引领作用。加强科技计划项目的申报。指导河北怡达食品集团有限公司准备申报河北省山楂加工技术创新中心。协助承德燕北冶金材料有限公司在钒钛新材料综合开发利用领域申报“钒渣提钒同时制取碱式硫酸铬的生产工艺技术研究”项目。培育科技型中小企业、提升企业创新能力，全区新增科技型中小企业 6 家，复审 2 家，新申报高新技术企业 2 家，待省认定，全区科技型中小企业达到 47 家。推进科技创新平台建设。与中泰证券、首创财富投资和信达资产 3 家大型投融资企业达成战略合作协议，为空间内企业提供便捷、高效的现代供应链金融、投融资以及上市辅导等服务；与中国农业大学、天津科技大学、沈阳农业大学紧密合作，为空间内企业开发产品、技改提升提供技术和智力支撑。

【工业经济】 2019 年，营子矿区采取措施，保持工业经济平稳增长。持续加强对重点企业和重要行业的调控、检测及分析，力保全区工业经济平稳健康运行。破解企业要素制约。为确保投资项目的顺利实施，采取异地搬迁单位、村落，协调解决项目用地的征用，治理采空区等措施，提升了工业项目建设的速度。加大资金支持力度，完善配套设施。主动承接非首都功能疏解，成功签约并入驻北京食品加工相关企业 25 家，落地 23 个项目，项目总投资近 5 亿元。投资 1000 万元，改造了园区供电设施。全区规模以上工业企业总产值 623718 万元，比上年同期增长 23.7%；工业增加值比上年同期增长 15%；营业收入 662700 万元，比上年同期增长 0.04%；工业利税 51372 万元，比上年同期增长 70.9%。在工业企业中，冶金和建材行业发展较快，带动了全区工业经济的发展。燕北冶金 1—10 月工业总产值累计完成 43.13 亿元，同比增长 37.8%，企业产销两旺；建材企业金隅公司 1—10 月工业总产值累计完成 7.22 亿元，同比增长 33.4%，该公司水泥产品价格提高，生产形势喜人。

【民营经济】 2019 年，营子矿区调整了民营企业工作领导小组，成立服务民营企业专项工作专班。结合区情，出台了《关于大力促进民营经济高质量发展的若干意见》，通过找准重点支持方向、强化要素保障、强化财政政策支持、强化创新驱动、优化发展环境、实施民营企业扶持计划、完善政策落实机制等 7 个方面 18 项举措激发民营企业的潜力和活力，促进民营经济高质量发展。年内营子矿区有民营企业 85 家，其中，工业企业 31 家，规模以上工业企业 5 家。1—10 月全区民营经济实现营业收入 62.6 亿元，同比增长 6.31%；上缴税金 8.4 亿元，同比增长 3.81%；利润总额 1.59 亿元，同比增长 4.75%。民营经济增加值占 GDP 的比重为 79.3%。

【农村改革】 农村改革工作取得成效。依法依规稳步推进农村集体资产股份制改革试点工作。全区所有行政村都完成了机构组建、方案制定、清产核资、权属界定、资产评估、公开公示、归档造册、审核备案、健全台账等任务，完成了清产核资结果信息录入，8 月份，清产核资工作全面通过验收，均为优秀档次。全区 15 个行政村有 14 个完成了股份制改革任务。推进农村土地确权颁证工作。开展确权登记颁证“回头看”，对确权登记颁证工作关键环节落实情况进行全面核查，做到面积、合同，登记簿、证书“四相符”，地块、面积、合同、证书“四到户”。

【农业产业】 调整优化玉米种植结构。建立台账，绘制布局图，层层落实到镇、村、户及地块，2019年调减面积500亩，至4月底已全部完成。累计完成2700亩，提前一年超额完成市下达的2300亩的任务目标。扶持龙头企业。申报了省级精品园区，并通过多次赴省农业农村厅跑办，为怡达集团争取到政策和资金支持。坚持以国家级龙头企业怡达集团为主体，开展“专题招商、以商招商、产业链招商”，建设现代农业园区的做法，受到省市领导的肯定，全市园区建设现场观摩会在营子矿区召开，营子矿区第一次承接全市农业相关会议。争取领军企业品牌。与省市沟通争取，怡达集团成功申报河北省2019年度农业领军企业品牌，争取到创建资金150万元。农产品质量安全。营子矿区列入第四批创建“省级农产品质量安全县”行列。营子矿区结合区情，制定《农产品质量安全县创建项目实施方案》，推进农产品质量安全县创建工作。自7月4日始，开展农产品质量安全宣传活动，共发放宣传单1000余份，出动宣传车5台次，现场解答咨询服务20余人次。全年配合第三方北京谱尼检测公司抽取产地蔬菜和畜禽产品样品各5个；抽取蔬菜样品165个。加强种子、农资经营执法检查，全年共扦取38个品种81个样品；抽取农药标签10个，全部合格；抽检畜禽样品6批80个，全部合格，没有发现使用违禁兽药和饲料添加剂、不经检验检疫上市、不符合食品安全规定等违法违规情况。

【科技服务】 营子矿区在区农业农村局果树技术服务队的指导帮助下，涌现出几十个经济效益较好的果园，有苹果、葡萄、杏、桃、李子、梨、核桃等品种。围绕区政府重点工作，确定培养精品果园43处。举办培训班18期，培训700余人次，现场讲授苹果、桃、山楂、板栗等先进栽培技术。10月末，组织果农到宽城县西岔沟村、承德县新杖子村参观学习苹果、板栗和樱桃等果树修剪技术，11月，举办营子矿区第一届农村林果实用人才技能大赛，充分发挥林果业技术骨干的示范引领作用。对金扇子204沟进行衰老树的更新复壮，改接换头工作，免费发放新品种接穗5万根。为83户建档立卡贫困户提供果树修剪、病虫害防治等技术服务。开展套袋等技术指导，年完成套袋15万袋，开营子矿区套袋技术先河。在寿王坟镇南沟村跟踪指导10户果农建设示范苹果园，辐射带动45户土地流转户发展果园经济。全区有30人获得果树技术员称号，参加承德市果树技术比赛有4人获得三等奖、2人获优秀奖，果农李景利、魏志春获得“高素质农民创新创业先进典型”荣誉称号。全区苹果丰产，总产量5万余公斤。跳沟村李景利、刘晓明等人的果园10年不结果，2019年喜获丰收，南沟村李忠苹果园的苹果平均单重300克，下树即被抢购一空。喇嘛沟村的兴延草莓园，越夏草莓销售到北京，效益突破50万元，石满果园，年收入突破15万元。

【水利工程】 2019年，营子矿区共新建、续建水利项目9项。继续实施柳河南马圈子至火道沟段河道治理工程，总投资2484万元，修建防洪堤5305延长米，因耕地、林木、房屋征占等问题，工程一度停滞，至年末完成工程量的85%。继续实施2017年度京津风沙源治理二期工程草地建设项目变更作业设计，投资75万元，建设水源工程10处、节水工程15处，新打机井16眼，建蓄水池7座、水利配套设施2处，配置水泵18台，铺设管路9800米，新增灌溉面积900亩。实施2018年抗旱应急项目，投资40万元，为金扇子村2、3组202户707人解决饮水困难。实施投资50万元的柳河北马圈子镇金扇子村堤防水毁应急修复工程。实施2018年地下水超采高效节水灌溉奖补资金项目，总投资132.3万元，争取省级补助资金126万元，在3镇4村发展管灌节灌设施，新增灌溉面积350亩。实施2018

京津风沙源治理二期工程水利建设项目，总投资266万元，完成小流域治理4平方千米，水蚀经济林地治理1200亩，封育治理4800亩，修建护地坝938米；修建水源、节灌工程各23处，新打机井27眼，建蓄水池4座、水利配套设施11处，新增灌溉面积1265亩。实施投资51万元的柳河、老牛河河道划界竖桩项目，进一步明确柳河、老牛河河道管理范围，为河道、水域、岸线的各种活动提供规范性标准。实施了投资23.08万元山洪灾害防治项目和投资30.85万元的2019—2020年度的河道保洁及拦蓄工程设施维护项目。

【住房保障】 加快棚改续建项目进度。东风小区1号楼。计划投资1200万元，建设用地3247.96平方米，建筑面积6541.78平方米，建设一栋多层住宅，共安置居民60户，已竣工。桥南路东侧城市棚户区改造项目。计划投资3600万元，建筑面积1.8万平方米，主要建设内容为一栋主体14层、局部12层的商住楼，共148套房用于安置棚户区改造回迁居民。至年末完成工程的90%。寿王坟铜矿工矿棚户区改造项目。含货币化补偿款计划投资1.6亿元，占地面积5.2万平方米，建筑面积5.3万平方米。小区建设住宅726套，货币化补偿568户，配套建设商业用房、幼儿园、服务中心、室外管网、道路、供水、供电、供热及景观绿化工程。已全部完工，2019年9月9日开始分配入住。推进北马圈子镇棚户区改造新建棚改项目前期工作。该项目概算计划总投资3.75亿元，占地面积5.1万平方米，地上、地下建筑面积共13万平方米，建高层建筑12栋，回迁房1100套。区政府多次召开专题会议调度项目工作，全区相关部门形成合力做好前期工作，全力推进项目实施，年底已具备施工监理挂标条件。

完成农村危房改造和暖心房建设年度计划。完成年度危房改造计划。2019年，营子矿区共对12户四类重点对象实施危房改造，于9月底完成验收工作，13.95万元补助资金已全部发放到位。全部完成脱贫攻坚危房改造任务。为实现贫困家庭住房安全目标，做到精准扶贫，聘请具有鉴定资质的第三方机构对全区228户建档立卡贫困户房屋安全状况进行全面鉴定，根据鉴定结果，逐户出具住房安全证明。自2012年开展农村危房改造工作至2019年末，营子矿区落实危房改造政策的建档立卡贫困户共计153户，其中维修141户，翻建12户，住房安全率达到100%。实施“暖心房”民心工程。结合营子矿区实际，本着“决不让一户群众住着危房奔小康”的原则，对不属于四类重点对象危房改造范围的低收入边缘群体，且所居住的唯一住房属于危房的农户，实施“暖心房”民心工程。全年，共实施“暖心房”危房改造民心工程31户，实施“场地危险”改造2处。圆满完成住房保障任务。2019年，上级下达营子矿区住房补贴家庭任务为280户，至年底，营子矿区享受补贴家庭为334户，全年发放补贴资金45万元，完成了上级下达的年度任务。

【基础设施】 推进城市综合开发和市政建设。为北山地块综合开发提供优质服务。金隅示范小区是全市唯一的大规模装配式建筑示范小区。营子矿区在规划审批、争创优质工程、安全生产等方面为企业提供全方位优质服务。在2018年完成过河管网建设的基础上，正在进行北山西出口边坡防护挡墙建设，已完成工程量的50%，做到基础设施建设与房地产开发同步进行。8月16日，全市装配式建筑推进工作现场会在营子矿区召开，与会人员到金隅示范小区施工现场，观摩了装配式建筑技术的应用。推进雨、污分流管网改造二期工程。工程包括喇嘛沟改迁管网、金扇子片区新建污水管网和主城区管网清淤补漏。原喇嘛沟污水管，改迁管总长度约822.29米，主管沿河道南侧敷设至鹰城大街后，再沿鹰城大街敷设，最终接到站前路污水管网，已铺设改迁管网500米，完成总长度的61%。金扇子片区敷设范围包括金泰小区、马圈子新民居、金扇子小学、镇卫生院等区域，污水主管网位于204沟，新建管网总长度1454米，已铺设新管道1300米，完成总长度的89%。继续推进兴隆矿业“三供一业”物业改造项目。按照中央关于剥离企业办社会职能的要求，2018年4月，营子矿区接受了兴隆矿业职工家属区的物业管理职能。2019年，对接受的职工家属区实施“三供一业”物业维修改造工程。针对每个小区的不同情况分别制定改造方案，有重点地解决围墙脱落、供排水管道破损、屋面漏水、环卫设施差、小区治安无保障等问题。工程计划投资5900万元，于6月份开工，年底基本完工。改造面积50万余平方米，惠及居民8000余户。改造后的小区干净整洁，舒朗有序，路灯、休闲、消防、安防等配套设施齐全，小区的生活环境及整体面貌得到改善。

【生态环境】 营子矿区采取7项主要措施，稳步改善全区整体生态环境。以降低$PM_{2.5}$为重点，全力打好蓝天保卫战；以改善断面水质为抓手，全力打好水污染防治攻坚战；统筹推进土壤及生态环境保护；强化监管执法，保障全区环境安全；加大资金投入，提升环境基础设施；提升环境治理和服务水平，助力经济发展和民生改善；落实上级环保督察整改建议，推动环境突出问题加快解决，大气环境质量得到进一步改善。全区环境空气质量综合指数为5.00，同比下降2.3%；二级以上天数279天，同比增加10天；$PM_{2.5}$浓度每立方米40微克，同比降低2.4%，全面完成年度目标任务。水环境质量状况良好。上级考核营子矿区地表水水质监测断面2个，即柳河26号桥和老牛河断面，指标均达到考核指标要求；考核1个集中式饮用水水源地，水质达标率继续保持100%，全部达到年度目标任务要求。

【民生保障】 2019年，营子矿区牢固树立和践行以人民为中心的发展思想，民生投入占财政支出的80%以上。建档立卡贫困户全部脱贫出列。围绕“两不愁、三保障”目标和饮水安全，深入推进特色化和精准度高的6项产业就业帮扶政策，确保每户贫困户享受两项以上产业就业帮扶措施，全区建档立卡贫困群众226户575人全部脱贫出列，在全市脱贫攻坚考核中取得“好”的等次。就业和社会保障水平显著提高。城镇新就业3325人，新增农村劳动力转移就业533人，城镇登记失业率3.71%。城镇居民基本医疗保险、养老保险参保率分别达到96%和98%以上，城乡低保年标准分别提高到7800元和4300元。教育事业提质增效。投资1.3亿元的新鹰城一中项目开工建设，中考再创佳绩，全区义务教育学校全部实现与北京优质学校结对帮扶，城乡之间、学校之间教育质量进一步均衡发展。医疗卫生事业不断发展。航天中心医院承德分院医疗医技水平进一步提升，门诊人数突破10万人次，医联体建设取得初步成效，基层医疗机构技术管理水平显著增强。文化娱乐活动丰富多彩。创建“欢乐盛夏”鹰城大舞台，为实景演出、鹰手营子传说非遗展示、舞台剧、百姓才艺表演等搭建了平台，全区人民文娱生活色彩缤纷。群众安全感稳步提升。安全生产、食品药品安全、防火防汛和疫情防控形势总体平稳，法制鹰城、平安鹰城建设扎实推进，在2019年全省扫黑除恶专项斗争群众问卷调查中，营子矿区群众安全感全省第一。

附：鹰手营子矿区领导名录

区委书记：谷宏健（8月免）
高浚力（蒙古族，8月任）
副书记：高浚力（蒙古族，8月免）
杨志勇（8月任）
牛立杰（女）
区人大主任：王　军
副主任：李瑞民
周辅民
邓会民

孙树军（满族）
区政府区长：高浚力（蒙古族，9 月免）
副区长、代区长：杨志勇（9 月任）
常务副区长：高春林（满族，3 月免）
孙立良（满族，3 月任）
副 区 长：辛国勇（3 月免）
李国星（4 月任）
吴国志（3 月免）
韩淑珍（女，满族）
胡连成（蒙古族）
王 宇
李晓静（4 月任）
区政协主席：蒋国成
副 主 席：杨永水
朱克玉
赵 妍（女）
董喜军（满族）
区纪检委书记：王 明（满族，11 月免）
王耀霆（满族，11 月任）
（供稿 杨伟平）

承德高新技术产业开发区

【概况】 承德高新区于 1992 年 6 月经省政府批准建立，初始规划面积 6.2 平方千米。2012 年 8 月，经国务院批准，升级为国家级高新区。现托管 2 个镇、38 个行政村，托管面积 320 平方千米，规划建设用地面积 55 平方千米，建成区面积 15 平方千米，人口近 11 万。2019 年，应对经济下行压力千方百计抓项目，综合施策稳增长，全年地区生产总值增长 4%；规模以上工业增加值与 2018 年持平；服务业增加值增长 14%；固定资产投资增长 6.4%；全部财政收入增长 7.4%，一般公共预算收入增长 8.1%。特别是在全区产业结构和产业布局同步调整情况下，服务业保持快速发展，财政收入持续增长，并在国家级高新区排名中前进 2 位，实现了经济总量、运行质量“双提升”。

【重点项目】 建立“7 个专项指挥部 + 四位一体”包保机制，分两条战线抓好 40 个重点项目。10 个续建项目、10 个投资超亿元新开工项目、10 个基础设施重点工程和 10 项民心工程全部开工建设，完成投资 18.9 亿元。全年列入省重点项目 2 个，市重点项目 15 个，完成投资 17.3 亿元。滦河主河道及河道管理线范围清理整治、白河污水主管网及上板城监狱“三供一业”2 个项目全面竣工，其余 5 个专项指挥部均顺利完成年度目标任务。特变电工、微智园二期、恒通装配式制造等产业项目相继落地；润通京承光缆、南区滨河路、三纬路、上板城主路白河南段、承秦高速上板城连接线等基础设施和民心工程全面实施，进一步夯实了高新区长远发展基础。高新区承察承德天然气销售有限公司承建的张—承—唐天然气长输管道项目被省发改委列为河北省 2019—2022 年天然气储运体系建设重点工程。3 月 26 日，与亚联国际贸易有限公司（香港）、亚联国际物流有限公司签订亚联商业保理项目合作协议，项目总投资 5000 万元。4 月，冯营子初中、上板城初中、闫营子小学三所学校正式开工建设。桑祥石油化工(河北)有限公司在高新区完成注册。该公司由阳光油砂（香港）有限公司、上海挪波商贸有限公司共同出资设立，注册资本 2 亿美元，主要经营原油销售及进出口和成品油销售业务，该公司将在东西营片区建设总部。 5 月，与中国邮政储蓄银行承德市分行签署战略合作协议。双方按照“双方推荐、自主评审、择优支持、商业运作、专业管理”的原则，对科技型企业科技贴息贷款融资业务进行经营管理。高新区提供 600 万元企业贷款贴息资金，邮储银行为辖区内科技型企业发放企业贷款不低于 1 亿元。8 月，与承德华富玻璃技术工程有限公司签订承德高新技术产业开发区管理委员会、承德华富玻璃技术工程有限公司投资协议书。9月30日，崔梨沟滨河路及娘娘庙大桥正式通车。10月，六经路（中德学校段）正式通车。 11月，高新区“双创双服”验收工作组对上板城农贸市场项目完成验收。

【政策支持】 全年累计为重点企业提供产业扶持资金和各类专项资金4951万元，全面落实各项减税降费政策，累计减免各类税费2.15亿元；帮助企业协调解决生产要素供应和项目用地历史遗留问题36个。持续加强创新平台载体建设，中关村创业创新大厦、承德科技创新中心、大学生创业园建成投用。为163个创新项目兑现科技政策性引导奖励资金1710.2万元。为20家企业提供科技贷款贴息600万元，撬动银行贷款1.2亿元。与省科技投资集团合作建立1亿元的科技创投基金事宜取得实质性进展。全年新认定科技中小企业98家，累计达到310家；新认定高新技术企业16家，累计达到56家（由双桥区迁入2家）；新增“科技小巨人”企业2家，累计达到11家。

【生态环境】 大气污染治理。发挥“环保管家”作用，建立全区空气质量常态化监测体系，及时采取有效措施应对重污染天气。全面完成11427户洁净型煤推广任务，取缔燃煤锅炉6台，改造燃气锅炉9台。建筑工地全部安装在线监控设备；累计苫盖裸露面积25万平方米。$PM_{2.5}$平均浓度同比下降3.4%。水环境治理。3月，启动白河北路污水项目工程。项目工程位于上板城地段南部，污水管线分为白河北路、上板城小学东路两段，管道总长3278.75米，估算总投资2126.27万元。全面落实河长制，推行河湖保洁员、巡查员、专管员“三员合一”管理方式，建立河湖生态巡查管护中心和三级河长手机APP巡河系统，发现并解决问题44件次。强力治理河湖“四乱”问题，共拆除清理地面附着物约2.8万平方米。国控上板城大桥断面水质均值达到Ⅲ类标准。城市集中式饮用水水源地水质达标率保持100%。土壤污染防治。对列入“全国污染地块土壤环境管理系统”的14个待开发地块开展了土壤污染状况调查，为下一步土地开发使用做好基础工作。深入推进露天矿山整治，完成3家矿山企业整治。

【城乡统筹】 提升城市建设管理水平。“四桥七路”完成“两桥四路”，以高铁枢纽为核心辐射全城的路网架构基本形成。推进园林城市建设，新建并投入使用旅游级厕所3座；建设林荫式停车场2400平方米，新增绿地3.7万平方米，建成区绿地率达到44.65%。开展生态环境问题“五个专项”整治行动，发现并解决问题79宗，拆除违建80多处、2万多平方米。城市建筑垃圾消纳场初步具备消纳能力。农业农村工作迈出新步伐。投资2516万元实施农村生活垃圾治理、村庄污水治理、农村厕所改造及村庄基础设施建设，完成2614座无害化卫生厕所改造，18个村生活垃圾得到有效治理；12个村生活污水得到有效管控。新建、改造12所标准化村卫生室，实现了标准化村卫生室全覆盖。打造狮子沟村和土洞子村2个美丽乡村，投资8000余万元建设了集休闲体验、特色种植、特色民宿、采摘种植于一体的“都市农业”。农业农村改革进一步深化，农村土地承包经营权确权发证率达到96.1%。

【民生保障】 围绕“两不愁、三保障”目标，推行“光伏+”产业扶贫模式和资产收益扶贫、种植结构调整带动、保险保障等扶贫措施，户均增收5000多元，全区82户191人建档立卡贫困户脱贫工作顺利通过市级验收。在全区财政十分困难的情况下，投资4亿元启动了4所学校建设。新建6所普惠制幼儿园，3所已实现运营，弥补了全区在公立学前教育方面的短板。财政出资1.1亿元为4300多名失地农民缴纳了养老保险。以滨河社区为试点，建设智慧养老信息化平台指挥中心、社区居家养老服务中心、社区医疗卫生诊所为一体的服务平台，在全市率先开始了社区居家养老服务探索创新。同时，社会就业、民政、卫生等方面工作扎实推进。

【社会稳定】 加大公开接访和矛盾纠纷排查化解力度，共接待群众来访485批次2779人次，圆满完成全国“两会”、新中国成立70周年等敏感时期安保任务。大力开展平安高新区创建，完成2个乡镇37个行政村综治视联网建设联网工作，在全市率先实现了综治视联网互联互通。深入开展“扫黑除恶”专项斗争，累计打掉恶势力犯罪集团3个，恶势力团伙2个，一般犯罪团伙3个。深入开展“打非治违”、安全生产事故大排查大整治攻坚行动和“两化”“两体系”深化工作，各类安全生产风险隐患得到有效管控，全年未发生安全生产责任事故。应对政府债务压力，全年出让土地641.2亩，土地出让收入10.84亿元，争取新增专项债券5.86亿元，累计偿还政府债券本息12.98亿元，有效控制了政府债务风险。深入开展非法金融风险排查整治，有效防范化解金融领域风险。解决房地产开发遗留问题，34个项目通过市解遗领导小组会议明确了处理意见。

【党的建设】 深入开展“不忘初心，牢记使命”主题教育，推动学习习近平新时代中国特色社会主义思想往深里走、往心里走、往实里走，突出抓好不担当不作为等9个专项整治，进一步激发了广大党员干部的干事创业热情。全面完成了市委巡察反馈意见整改工作，对创元集团开展了常规巡察。深入开展“基层党建质量提升年”活动，机关党建和村级党组织建设进一步规范，成立7个社区“大党委”，完成7个软弱涣散基层党组织整顿转化，基层党建质量不断提升。

附：高新技术产业开发区工委领导名录

工委书记、管委会主任：
傅海旺（满族,3月免主任，12月免书记）

工委副书记、管委会主任：
王国辉（3月免副主任，任主任，12月免副书记、主任）

工委书记：王国辉（12月任）

工委副书记、管委会主任：
孙潇（满族，12月任）

工委专职副书记：刁志（满族，2月免）
郭建平（女，2月任）

工委委员、管委会副主任：
杨文东
王志一
魏民（2月免）
杨玉兴（满族、2月任）

工委委员、纪工委书记：
郭建平（女,满族,2月免）
王双清（2月任）

工委委员：景联华（女）
王钧（蒙古族）
王天一
董智慧（10月免）
薛文忠（蒙古族）
白春龙
王中明（11月任）
李秀香（女,满族,2月任）

（供稿 安冉）

御道口牧场管理区

【概况】 2019年，御道口牧场在市委、市政府的领导下，以“生态优先、绿色发展”为主线，持续深入开展发展质量、发展环境、农垦经济、生态建设、基础设施、民生福祉“六大提升工程”，经济社会保持平稳健康发展。全年实现地区生产总值9.03亿元；固定资产投资3亿元；完成财政收入1.06亿元，其中，一般公共预算收入3112万元。御道口牧场农垦实业集团公司实现营业收入6175.77万元，同比增长16.5%；净利润858.83万元，同比增长17.27%；资产总额61379.45万元，同比增加约3327.23万元，增长5.73%，实施总投资额约3亿元，项目5个。全年完成人工造林0.7万亩，其中“再造三个塞罕坝林场”项目0.2万亩、农业开发项目0.5万亩。

御道口牧场管理区入口

【景区品质提升】 把生态旅游作为引领发展的主导产业，优先培育、重点发展。围绕景区品质提升，编制了创建国家AAAAA级旅游景区系列规划（包括景区提升总体规划、景区大门及游客服务中心修建性详规和培训规划），开展创建A级景区、文明景区和国家一号风景大道示范区“三创”活动。 围绕丰富旅游业态，谋划引进签约国家体育总局国家雪上训练基地项目、承德塞北庄园项目、承德市御道口翰墨林度假村、承德市御道口川泉草原温泉生态康养综合体、承德御道口航空旅游接待中心项目、承德御道口一号风景苑度假村项目、御道口兆丰国际酒店项目、承德御道口赛罕木都项目8个。《木兰秋狝大典》实景演出如期盘活、实现商演，《追梦坝上草原》满蒙特色文化体验园开园，吸引15万游客入园。围绕旅游品牌培树，在北京、天津等重要客源地开展多种形式宣传，承办首届国家一号风景大道草原马拉松赛、第十届环中国国际公路自行车赛和雪地摩托车越野锦标赛，景区美誉度和影响力不断提升。围绕“旅游＋体育”产业融合，推动国家雪上项目训练基地成功落户管理区，国家队运动员正式入驻并开展备战训练，成为国家队备战东京奥运会和北京冬奥会的重点基地、省市普及冰雪运动的重要平台、管理区发展冬季旅游的重大引擎。

【宣传促销】 举办各种活动，吸引游客，宣传促销。1月中旬，举办雪地摩托车越野锦标赛；6月末，举办承德首届“塞罕坝”杯一号风景大道国际马拉松赛；8月中旬，举办第四届国际旅游文化季启动仪式暨献礼祖国70年红歌演唱会；9月初，举办第十届环中国国际公路自行车赛。对御道口牧场景区全网推广，设计制作景区网站，微信公众号、官方微博、官方网站全网推广运营服务，在全国排名靠前的门户网站完成新闻媒体、旅游类社区平台以及新浪博客平台美文发布，在北京地区形象推广完成北京公交、高铁、地铁、楼宇框架、北京电台广告等宣传来提高景区的知名度和影响力。御道口游客服务中心和票务系统建设完成已投入使用。全年景区内无火灾火警和各类安全责任事故发生，旅游安全接待实现零目标，实现了管理水平的提升，社会效益、环境效益的同步增长。全年购票入园51.4万人次，实现旅游门票收入1600万元。

【现代农业】 依托优质的林草资源、旅游资源为“现代、生态、绿色、休闲”的现代农业打造提供先决条件。御道口牧场管理区省级现代农业园区正式申报成功，完成2019—2020年现代农业绿色发展规划编制，为农业园区建设提供重要规划支撑。泓宇昊德现代农业产业园区建设项目投资5500万元建设的一期年产10万吨有机肥生产设备安装完毕并试生产。把现代农牧业作为富民增收的特色产业，重点培育、加快发展。加快推进野生金莲花保护及观光基地建设，基地面积达到1500亩。加快泓宇昊德现代农业产业园区建设，投资5500万元建设的一期年产10万吨有机肥生产设备安装完毕并试生产。发展节水灌溉农业。申请高标准农田建设项目2000亩。发展绿色农业，建立有机马铃薯基地1个，1000亩；有机鲜奶生产基地1个，生产规模5000吨。调整种植结构，种植油菜975.7亩，打造国家一号风景大道沿线花海景观，重点打造御道口风景区游客服务中心入口“中国梦”大地艺术景观一处，总投资2426235元。完成2019年御道口牧场管理区农民教育培训50人次，投资15万元，聘请河北旅游职业学院和承德市农广校讲师教授现场讲授示范，把好技术、好经验普及应用于农牧生产的产前、产中和产后全过程，将农牧业发展同生态建设并行新理念传递给千家万户。引进试种京欧钙果（欧李）10亩，总投资170300元，2019年长势良好，等待观察2020开花结果情况。引进试种“京优”莜麦60亩，长势良好，2020年准备推广。推广应用绿色防控技术，完成草原监测20处，鼠虫害监测20处，全年完成森林虫害防治8万亩，草原鼠虫害防治15万亩，草地森林得到有效防控。

【牧业发展】 发挥国有土地和天然草场优势，推动养殖业规模发展，承德三元、伊利承德赛优两个“千头奶牛示范区”投入运营，年内共引进优质奶牛1614头、产奶5000吨；全区累计出栏肉牛4763头、肉羊7059只，肉牛、肉羊存栏分别稳定在15000头和14000只。奶牛养殖规模达到0.23万头，年产奶量1万余吨。全区累计出栏肉牛4763头、肉羊7059只，草食畜牧业饲养量稳定存栏肉牛1.8万头、肉羊1.8万只、马0.3万匹。圈舍补贴面积2.1万平米，全区规模养殖场达到8个，标准化养殖场总面积达到18.6万平米。青贮窖补贴0.2万立方米，贮藏容积达到120万立方米。养殖小区水源井建设完成5个，保证新建养殖小区的牲畜饮水。驯鹿产业园项目完成前期投入，引入驯鹿50只，进行试运营；澳洲羊驼项目进展良好，准备签约程序；林蛙养殖项目正在实施，完成养殖场建设3000平米。

【安全生产】 坚持“党政同责、一岗双责”，落实安全生产责任制，统筹抓好建筑工地、风光电企业、景区景点、道路交通、森林草原防火、食品药品等领域安全生产工作。印发《区场危险化学品行业安全生产整治攻坚行动方案》《安全生产专项行动整治方案》等文件，确保行业领域生产安全。管理区管委会分管安全生产领导带队，经济发展局、相关分场（综合服务中心）负责人对辖区企业进行督导检查工作，对发现的问题隐患现场下达限期整改指令书，责令企业限期整改到位，并对企业基本情况进行登记，建立“一企一档”台账。突出重点事项，推进攻坚行动。对辖区风光电企业、加油站、搅拌站进行督导检查；聘请承德宏安注册安全工程师事务所分别对管理区（场）风光电企业、加油站、商砼搅拌站及酒店宾馆共计40余家企业开展全面检查，共排查企业65家次，发现并整改问题隐患119条，促进了区（场）安全生产工作上台阶。开展宣传教育活动，组织印发《关于开展第一届安全文明家庭和安全文明之星推荐命名活动的通知》，在全区（场）范围内开展征集推荐活动，按照市级要求，共推荐2家“全文明家庭”和2名安全文明之星”；组织开展了安全生产月、组织安排河北省2019年“人寿财险杯”应急知识竞赛、“化工行业安全知识网络竞赛”活动。各行业主管部门加强危险化学品、风光电、森林草原防火、消防、景区景点、宾馆饭店、大唐燃气管道、校园安全、电气火灾综合治理、特种设备等重点行业领域的安全监管。

【森林草原防火】 严格全面落实行政领导负责制和部门包保责任制，自上而下层层签订防火目标责任书共计1960份。对管护人员实行划段分片网格管理，切实把防火责任落实到人头、地块、山头，形成了草有人护，山有人巡，火有人管，责有人担的立体网格体系。坚持把宣传教育作为落实“预防为主”方针的重要举措，下发防火宣传工作实施方案，确保草原防火意识深入人心。以森林草原防火为重点，紧紧围绕不发生森林草原火灾的目标，突出火源管理，在防火戒严期内在29个主要道口设立检查站，对进入山林草地人员进行防火宣传检查登记，坚决把火种隐患堵在林外。严格落实野外用火审批制度，凡需野外生产用火的单位或个人都必须经过逐级审批，并落实防火措施后方可组织施工。做好应急准备。认真落实领导带班和24小时值班制度。加大检查督导力度，定期通报情况，做到高火险期不结束督导检查不停止。加大基础设施投入，全力做好防火物资和防火人员待遇保障。跑办争取项目资金，通过积极跑办争取，成功列入承德市滦潮河上游森林火灾高风险区综合治理项目县，可研已获国家批复，预计批复资金600万元，通过项目实施建设，区场森林草原防扑火硬件和软件环境必将得到极大改善，瞭望监测，火险预警、火源控制、火情发现、指挥决策、组织扑救等方面都将得到加强。经过区（场）各部门、单位及驻场企业的共同努力，实现了全年零火情火警，2019年4月，森林草原防火与保护中心被承德市委、市政府评为先进集体，全年安全生产形势保持了持续稳定态势。

【清洁能源】 把清洁能源作为稳定财源的支柱产业，精心培育、科学发展。按照“生态优先、科学有序”的原则，在现有基础上限制风电规模、扩大单位面积容量，在科学布局前提下加快推进光电规模，林洋20万千瓦光电项目获冀北电网入网审批，全年6家风光电企业累计装机达到75.55万千瓦，年发电12.46亿千瓦时，实现税金7895.3万元。把风电、光电产业作为稳定财源的支柱产业，精心培育、科学发展，风光电占管理区全年财政收入的75%。

【招商引资】 努力破解机制障碍，补齐发展短板，扎实开展“三深化、三提升”活动。制订了《产业发展扶持政策》和《土地出租出让管理办法》，持续开展“招商引资项目攻坚”行动，共谋划产业发展、基础设施提升、民生改善、生态环境建设保护四大类项目71个，年内签约项目11个，计划总投资18.62亿元；开展前期项目10个，计划总投资109.82亿元；新开工项目4个，续建项目4个，完成投资4.33亿元。天然气综合利用工程已完成土地调规、规划和总场部管网铺设、中低压管道安装；企业家庄园式俱乐部，完成主体建设。不断加大对外开放合作力度，积极与澳洲羊驼企业对接，利用本地资源优势，开展战略合作，进行3轮洽谈，目前已与澳方签订合作意向。

【项目建设】 全年完成京津风沙源治理等草地建设项目2个，总投资672万元，草地改良1万亩，典型区域治理5400亩，草原管护能力提升御克公路两侧防火清理898亩，人工饲草基地0.5万亩。完成再造三个塞罕坝林场项目、农业综合开发治理项目等林业项目4个，总投资815.4万元，完成人工造林7000亩（其中农业综合开发5000亩，再造“三个塞罕坝林场”项目2000亩），封山育林10000亩，生态效益补偿款、退耕还林资金拨付27万元，完成生态效益补偿金172.4万元。

成功申请草地项目1个，投资965万元，已完成方案编制；林业项目2个，总投资912.6万元。争取2019年度“再造三个塞罕坝林场”项目的围栏封育3.5万亩，其中封山育林3万亩、造林0.5万亩。

【生态保护】 做好河长制、水资源管理、水土保持等河湖生态保护工作。2019年完成9条河、5个湖泊的一河（湖）一策方案编制，重点河道小滦河完成划界方案编制工作，完成御道口牧场管理区市政公司及30余家企业的取水许可申请工作，完成《御道口牧场管理区河湖生态管护机制实施方案》《河湖管理员实施细则》编制。根据河北省人民政府统一发布了河北省生态保护红线，管理区初步划定生态保护红线面积为393.65平方千米，占全区国土总面积的43.25%，生态保护红线类型为水源涵养、水土保持。为进一步提高管理区生态环境保护工作力度，加强生态资源管控，明确生态保护红线界限，经河北省生态环境厅同意，启动了生态保护红线勘界定标工作，8月2日完成招投标工作，8月20日生态保护红线勘界定标工作基本完成，正在进行生态保护红线评估及成果验收工作。开展违法违规用地、建设、采矿、采砂和破坏生态环境暨违规别墅专项整治工作。开展违法违规用地、建设、采矿、采砂和破坏生态环境问题排查整改工作，共发现破坏生态环境问题1处，已于2019年7月3日对破坏区域进行植被恢复。违建别墅核查整治，与市、县级相关部门对接，研究相关法律法规政策，研究制定了《违建别墅问题清查整治专项行动实施方案》《关于成立违建别墅问题清查整治“回头看”工作领导小组及有关工作要求的通知》等文件，对涉及的39个疑似图斑逐个进行实地核查，协调市、县有关部门及企业单位木兰围场民族文化园项目，桃山后湖景区旅游服务设施用房，承德围场休闲体育产业示范基地项目，太阳湖度假酒店等4宗违建别墅问题进行整改，目前全部处置整改完成。

【农垦改革】 做好剥离办社会职能改革后续工作，妥善安置“三供一业”、基础教育、基本医疗等领域职工194名。完成农垦国有土地确权登记发证2505宗，133.57万亩，占总面积97.5%，超出省市下达90%的任务目标。组建农垦集团，7月24日，承德市人民政府下发《承德市人民政府关于孙儒等任职的通知》，决定：孙儒任承德御道口农垦实业集团有限公司董事长。市委于9月9日决定：孙儒任承德御道口农垦实业集团公司党委书记。张志文、刘铁彪、黄国林、刘彦海、王书任承德御道口农垦实业集团公司领导班子成员。集团班子、内设机构及子公司职能划定，议事规则、经营管理、薪酬管理、机关管理、党的建设等规章制度制定全部完成。2019年年底前人员到岗到位并开展工作，困扰多年的政企不分局面彻底改变。

【民生福祉】 坚持发展成果与人民共享，不遗余力为职工群众办实事、解难题、谋福祉。推进安居工程不动产登记发证工作，12月底前，组织和完成1350户居民办理相关手续前期工作。开展天然气入户工程，完成安装240户。居民区巷道改造项目完成安居小区内道路、平房小区道路“白改黑”1400余米，路面修补约700平方米，雨水管网改造1700余米，新换排水、供暖等各类井盖60余个，安居小区安装室外消火栓15个。实现牧场职工医院与围场县医院托管合作，医疗服务水平和保障不断提升。开展人居环境整治，硬化生产队道路8条7574延长米，建设公共厕所10座。竭尽全力为职工做好事，完成525名职工年度健康检查和受众达1200多人次的两节慰问、困难职工及子女的帮扶慰问活动。不断扩大社会保险政策宣传范围，增强社会保险承载能力，企业职工养老保险、医疗保险、住房公积金缴纳、工伤保险参保率达到99%以上，实现应保尽保；城乡养老保险、医疗和生育保险参保率达到99.5%以上，基本实现全覆盖。组织家庭农场职工赴张家口、秦皇岛等地开展劳动技能培训，累计培训500多人次，职工群众的增收致富能力不断提高。

附：御道口牧场管理区领导名录

管理区党工委书记：刘众民（满族，兼）

管理区党工委副书记、管委会主任：

侯国天（9月免副书记、11月免主任）

刘　杰（满族，9月任副书记，11月任主任）

管理区党工委副书记：

孙　儒（满族，5月免）

管理区党工委副书记、管委会副主任：

冯志春（满族，11月免副主任、任副书记）

管理区党工委委员、纪检组长：

张志文（满族，9月免）

管理区党工委委员、管委会副主任：

张宝儒（满族）

王海岩（满族，12月任副主任）

管理区党工委委员：刘铁彪（9月免）

黄国林（满族，9月免）

（供稿　延国龙）

人物

全国工人先锋号

河北怡达食品集团有限公司生产一部包装车间

车间员工不断创新新产品、拓宽生产线、坚守岗位的付出，怡达食品集团由成立至今的单一品种果丹皮、山楂片，拓展到现在10余系列400余种产品的山楂休闲食品、罐头食品、健康饮品等三大类产品，山楂休闲食品行业排名第一，罐头产品行业排名第三。拥有专利45项，启动山楂黄酮、山楂牡荆素、山楂核馏油、山楂核酸等科研项目35个。覆盖全国10万余家商超卖场以及天猫、淘宝、京东、苏宁等30余家主流电商平台，产品出口亚、欧、美、非等18个国家和地区，成为全国乃至全世界最大的山楂制品企业集团，是农业产业化国家级重点龙头企业。

全国“五一劳动奖章”获得者

邓金辉

邓金辉，男，36岁，汉族，现任承德宽丰长丰矿业有限公司选厂车间主任。爱岗敬业、遵纪守法、勤奋好学、勇于创新，先后荣获集团先进个人、技术能手、承德市劳动竞赛先进个人、优秀先进中层干部、集团公司先进干部等多项荣誉称号，2017年荣获度河北省“五一劳动奖章”，2019年荣获全国“五一劳动奖章”。

河北省“五一劳动奖章”获得者

石凤武

石凤武，男，44岁，汉族，中共党员，车工高级技师，现为承德技师学院现代装备制造系教师。2016年在大型职业技能挑战节目“中国大能手”中勇夺“数控刀客”总决赛冠军，获“中国大能手”荣誉称号；荣获河北省金牌工人称号、河北省优秀指导教师称号、河北省技工学校优秀教师称号、河北省中等职业学校教学能手称号、“承德市拔尖人才”称号，2019年荣获河北省“五一劳动奖章”。

魏艳东

魏艳东，男，31岁，汉族，中共党员，铣工技师，现为承德热河克罗尼仪表有限公司职工。2018年参加第八届全国数控大赛河北省选拔赛，获得加工中心操作工职工组第一名，并代表河北省参加全国比赛，获得全国三等奖。2019年先后被评为河北省技术能手、高新区技能竞赛先进个人，2019年荣获河北省“五一劳动奖章”。

逝世人物

戈力

戈力（1919—2019）男，汉族，1919年8月出生于山西省平遥县，1937年4月参加革命工作，1939年4月加入中国共产党。1937年4月至1938年3月在山西牺盟会参加革命工作，任会员、少年先锋队队员、决死队政工队队员；

1938 年 3 月至 1939 年 9 月任教导师军士一团政治部政工队队员、延安抗大七大队学员；1939 年 9 月至 1943 年 5 月任冀中整训兵团 24 团连长、参谋，抗大学员、冀中九分区司令部参谋；1943 年 5 月至 1945 年 10 月任雁北支队司令部、晋察冀一分区司令部十区队参谋；1945 年 10 月至 1947 年 3 月任冀热辽军区三十旅作教科长、司令部教育科长；1947 年 3 月至 1949 年 10 月任赤峰市卫戍区司令部参谋处处长；1949 年 10 月至 1950 年 5 月任热河省荣军管理处科员、省法院书记员；1950 年 5 月至 1956 年 12 月任热河省公安厅狱政处管教科负责人；1956 年 12 月至 1982 年 4 月任河北省承德地区劳改处编辑；1982 年 4 月至 1983 年 9 月任河北省承德地委政法委副书记（副厅级）；1983 年 9 月离休。

戈力注重学习、勤于思考、勤奋工作、积极进取，由一名普通的农家子弟成长为一名领导干部，多次变动工作岗位，都愉快服从组织安排，干一行，爱一行，对待工作兢兢业业、勤勤恳恳、任劳任怨，从不计较个人得失，特别是在政法委工作期间，勤奋务实，扎实工作，为政法事业发展做出了积极贡献。他政治坚定，立场鲜明，具有强烈的革命事业心和政治责任感，始终以党的事业为重；他模范地遵守党章和党内政治生活准则，原则性强，作风扎实，为人正派；他密切联系群众，谦虚谨慎，艰苦朴素，严于律己，率先垂范；他一生简朴，为政清廉，严格要求家属子女，是慈父、是良师、是益友，深受广大干部群众的尊敬。戈力离休后，仍然关心承德的改革、发展和稳定，对全市的各项事业给予了热心关注，并做了很多有益的工作，体现了一名老领导、老干部的革命本色。

张国钊

张国钊（1937—2019）男，汉族，1937 年 2 月出生于河北省滦县，1956 年 9 月至 1961 年 7 月，在南开大学化学系学习，1961 年 9 月至 1969 年 2 月，在承德石油学校（前身为河北石油学院）担任教师，1969 年 3 月至 1971 年 12 月，在承德石油机械厂担任工人，1972 年 1 月至 1979 年 1 月在承德石油机械厂供销科担任采购员，1972 年 3 月至 1977 年 6 月借调到石油工业部机械制造局工作，1979 年 1 月至 1980 年 7 月任承德石油机械厂财务科副科长，1980 年 8 月至 1988 年 7 月，在承德石油学校担任教师，其间于 1985 年 1 月至 1986 年 12 月担任承德石油学校分析教研室主任，1987 年 1 月至 1989 年 3 月担任承德石油学校化工系副主任，1988 年 3 月至 1993 年 3 月担任承德市七届人大副主任(不驻会)，1993 年 3 月至 1998 年 3 月担任承德市八届人大副主任（不驻会)，1988 年 8 月至 1998 年 6 月承德石油高等专科学校教师，1997 年 11 月至 1998 年 6 月担任承德石油高等专科学校教授，1998 年 6 月退休。

张国钊积极投身党和国家的教育事业，教书育人，为人师表，悉心育学子，桃李满天下。他严格要求自己、密切联系群众，关心青年教师成长，起到了老教育工作者的表率作用，赢得了广大师生的尊敬和爱戴。张国钊常年从事分析化学和油田应用化学方面的教学和科研工作，1985 年被推荐为石油工业部石油钻井工程技术标准化委员会钻井液分委会委员，1987 年担任石油钻井液处理剂企标标准化小组副组长；1985 年获得石油工业部科技进步二等奖，1988 年又分获石油部科技进步二等奖和河北省新产品三等奖，在分析化学教学、科研、培训油田标准及化验人员、审定钻井液企业标准等方面做出了重要贡献。张国钊注重对国家油田化学人才的培养，通过开办检验人员培训班等各种方式为中石油培养了一批又一批的专业技术人员，获得各种进口精密仪器的奖励。张国钊关心学生成长，培养学生成才，言传身教，以渊博的知识教育学生，以高尚的人格感染学生，受到了历届学生的爱戴和好评。张国钊担任承德市人大常委会副主任期间，积极履职尽责，认真履行法律赋予的各项职权，参与承德发展方略的决策和法制法规的制定等，在推动全市经济社会发展中发挥了自己应有的作用。退休后，张国钊依然心系党和国家的教育事业，为学校的发展和青年教师的培养而辛劳奔走，为承德市的发展建设建言献策，用他自己的实际行动印证了一位老教育工作者和老领导的高风亮节。

曹焕毅

曹焕毅（1940—2019）男，蒙古族，1940年12月生于内蒙古兴和县，1957年6月至1961年11月在内蒙古自治区商都县四初小担任小学教师，1961年11月至1963年12月在张家口军分区任战士，1963年12月至1975年10月张家口军分区作战参谋，1975年10月至1976年5月任赤城县人民武装部部长，1976年5月至1980年11月任张家口军分区副司令，1980年12至1987年12月任承德军分区副司令，1987年12月至1990年4月任承德地区体委主任，1990年4月至1991年3月任承德地区人大联络处副主任，1991年3月至1993年5月任行署土地局党组书记、局长，1993年5月至2001年6月任承德市土地局调研员，2001年6月退休。

曹焕毅曾荣获全国学《毛著》和全国学雷锋先进个人，于1964年8月被毛泽东主席接见。在退休之后，他不但积极参加市局老干部支部的各项活动，还创新党组织活动方式，组建家庭党小组，坚持学习党的路线方针政策，撰写学习笔记和理论文章，在思想上、行动上始终与党中央保持一致，用实际行动影响带动晚辈向善向上，爱国爱党，树立了良好家风。曹焕毅时刻以雷锋精神为榜样，用一生践行雷锋精神，组建防火小分队，义务护林防火，守护山庄安全。他创建万树园社区巡逻队，推进平安社区建设。他出资3万元资助老年合唱团参加全国比赛，还组织为汶川、玉树地震灾区捐款。他积极开展文学创作，宣传承德，传播正能量，为精神文明建设做贡献。他积极为国土资源事业和承德发展建言献策等等先进事迹数不胜数。因个人实绩突出，曹焕毅于2014年、2018年两次被评为河北省离退休老干部先进个人。在他的带动和影响下，他们家庭被评为全国五好家庭、河北省文明家庭、河北省最美家庭。曹焕毅坚持原则、刚正不阿的精神值得我们发扬，勤奋敬业、艰苦奋斗的作风值得我们传承，他乐于奉献、大公无私的情操值得我们学习，为人正派、清正廉洁的品德值得我们尊敬。

承德市2019年国民经济和社会发展统计公报

承德市统计局　国家统计局承德调查队

（2020年2月28日）

2019年，在市委、市政府正确领导下，全市上下坚持以习近平新时代中国特色社会主义思想为指导，坚决贯彻习近平总书记对河北对承德工作重要指示批示，坚定推进做优生态、全面脱贫两大任务，坚持稳中求进工作总基调，践行新发展理念，统筹推进稳增长、促改革、调结构、惠民生、防风险、保稳定，全力推动绿色发展、创新发展、高质量发展，经济社会实现平稳健康发展，为加快建设新时代“生态强市、魅力承德”奠定了更加坚实的基础。

一、综合

初步核算，全年全市生产总值1471.0亿元，比上年增长6.5%。其中，第一产业增加值298.0亿元，增长4.5%；第二产业增加值488.5亿元，增长1.3%；第三产业增加值684.5亿元，增长11.7%。三次产业增加值占地区生产总值的比重由上年的19.4∶35.5∶45.1调整为20.3∶33.2∶46.5。

全年全部财政收入230.0亿元，比上年增长6.5%。其中，公共财政预算收入112.5亿元，增长7.6%。公共财政预算支出415.4亿元，增长13.1%。其中，一般公共服务支出40.7亿元，增长15.4%；教育支出80.2亿元，增长13.1%；社会保障和就业支出51.0亿元，增长17.7%；卫生健康支出43.0亿元，增长16.7%；节能环保支出23.1亿元，增长31.3%；交通运输支出25.8亿元，增长19.7%；文化旅游体育与传媒支出8.5亿元，增长79.5%。

全年民营经济增加值966.5亿元，比上年增长7.2%，增速比生产总值快0.7个百分点，民营经济增加值占全市生产总值的比重达到65.7%，比上年提高0.1个百分点。民营经济中，第一产业增加值38.6亿元，增长5.8%；第二产业增加值479.7亿元，增长3.9%；第三产业增加值448.2亿元，增长10.9%。

据抽样调查，居民消费价格比上年上涨3.3%。其中，食品烟酒类上涨5.6%，衣着类上涨1.0%，居住类下降0.4%，生活用品及服务类上涨0.2%，交通和通信类下降1.3%，教育文化和娱乐类上涨4.3%，医疗保健类上涨10.2%。工业生产者出厂价格上涨6.0%。其中，轻工业生产者出厂价格上涨3.6%，重工业生产者出厂价格上涨6.3%（居民消费价格指数见附表三）。

二、农业

全年全市农林牧渔业增加值302.7亿元，增长4.4%。从结构看，食用菌、中药材、肉牛等特色产业发展较快，产值占农林牧渔业总产值的33.6%，比上年提高1个百分点。

全年粮食种植面积420.8万亩，比上年增长1.6%。其中，谷物331.5万亩，增长0.7%；豆类9.4万亩，增长3.2%；薯类97.8万亩，增长5.2%。在谷物播种面积中，玉米252.9万亩，增长 0.9%；稻谷 7.9 万亩，增长 0.2%。蔬菜播种面积（播种并收获）93.3 万亩，增长 7.0%；中草药材播种面积 32.94 万亩，增长 2.3%；瓜果播种面积 2.7 万亩，增长 45.1%。

全年粮食总产量 144.6 万吨，比上年增加 4.6 万吨，增长 3.3%，粮食平均亩产 344 公斤，比上年增加 6 公斤，增长 1.7%。在粮食总产量中，谷物 102.7 万吨，增长 4.5%；豆类 1.8 万吨，增长 5.0%；薯类（折粮）40.2 万吨，增长 0.2%。在谷物中，玉米 87.7 万吨，增长 6.6%；稻谷 3.1 万吨，下降 6.9%。蔬菜及食用菌总产量 402.6 万吨，增长 7.9%。其中，食用菌（干鲜混合）达到 67.3 万吨，增长 8.8%。中草药材总产量 16.1 万吨，增长 4.7%。瓜果总产量 6.7 万吨，增长 76.2%（主要农产品产量见附表一）。

全年园林水果、食用坚果产量分别为 98.6 万吨、17.3 万吨。其中，苹果产量 60.0 万吨，增长1.4%；梨产量11.8万吨，下降4.8%。受冰雹、干旱等自然灾害影响，红果、板栗、核桃产量分别为 20.6 万吨、14.7 万吨、1.1 万吨，分别下降 14.6%、21.5%、3.6%。

全年肉类总产量 38.1 万吨，下降 2.0%。其中，猪肉产量 13.8 万吨，下降 7.9%；牛肉产量 10.8 万吨，增长 2.6%；羊肉产量 2.2 万吨，增长 4.8%；禽肉产量 11.4 万吨，增长 4.7%。禽蛋产量 10.9 万吨，增长 11.6%；奶类总产量 9.7 万吨，下降 2.7%。年末牛存栏 71.2 万头，增长 4.0%；羊存栏 90.5 万只，增长 5.8%；家禽存栏 2302.6 万只，增长 1.6%。全年肉牛出栏 65.4 万头，增长 3.4%；羊出栏 156.2 万只，增长 3.0%；家禽出栏 7750.5 万只，增长 8.0%。

水产品养殖面积 2.6 万亩，比上年下降 1.5%。其中，水库养殖 1.4 万亩，下降 30.7%。水产品总产量 0.4 万吨，下降 10.1%。

三、工业和建筑业

364 家规模以上工业企业工业增加值比上年增长 1.4%。从控股情况和登记注册类型看，国有控股企业增加值增长 3.2%，股份制企业增加值增长 0.8%。从门类看，采矿业增加值增长 6.2%，制造业增加值下降 1.4%，电力、热力、燃气及水生产和供应业增加值增长 4.2%。从轻重工业看，轻工业增加值下降 4.4%，重工业增加值增长 1.9%。

在规模以上工业企业中，68 家黑色金属矿采选业增加值增长 6.3%，6 家黑色金属冶炼及压延业增加值下降 0.9%，两行业占规模以上工业的比重为 53.1%，拉动规模以上工业增长 1.0 个百分点。食品制造业增加值下降 8.1%，农副食品加工业增加值增长 21.8%，酒和饮料制造业增加值下降 13.1%，电力、热力生产和供应业增加值增长 4.5%，装备制造业增加值下降 3.9%，医药工业增加值增长 5.5%，煤炭开采和洗选业、石油加工炼焦和核燃料加工业、化学原料和化学制品制造业、非金属矿物制品业、黑色金属冶炼和压延加工业、电力热力生产和供应业等六大高耗能行业增加值增长 0.8%。93 家高新技术产业企业实现增加值增长 2.2%，其中新能源增加值占比高达 50.04%。

规模以上工业企业实现营业收入 1430.3 亿元，比上年增长 9.2%；实现利润总额 88.0 亿元，增长 6.7%。每百元营业收入中的成本为 82.4 元，减少 0.3 元；工业企业资产负债率为 73.3%，下降 0.3 个百分点。年末亏损企业 93 家，累计亏损额为 10.4 亿元，比上年下降 47.3%。

规模以上工业企业产品销售率为 99.9%，比上年增长 0.6 个百分点。规模以上工业企业产品产量中，铁矿石原矿 22611.8 万吨，增长 14.6%；生铁 1223.2 万吨，增长 3.6%；粗钢 1227.3 万吨，增长 2.6%；钢材 1070.1 万吨，增长 8.9%；水泥 1211.8 万吨，增长 19.6%；发电量 169.8 亿千瓦时，增长 3.3%，其中风力发电量 80.2 亿千瓦时，增长 5.2%，光伏发电量 8.7 亿千瓦时，增长 12.5%；中成药 2932.5 吨，下降 23.0%；白酒 3021.5 万升，下降 10.8%（规模以上工业企业主要产品产量见附表二）。

初步核算，全年建筑业增加值106.5亿元，比上年增长2.3%。资质等级以上总承包及专业承包建筑企业178家，有施工活动的企业161家。签订合同总额227.8亿元，下降14.7%。其中，本年新签合同额124.6亿元，下降24.4%。房屋建筑施工面积778.9万平方米，下降3.2%。房屋建筑竣工产值73.6亿元，下降34%。

四、固定资产投资

全年固定资产投资额（不含农户）比上年增长6.1%。其中，城乡建设项目投资增长7.5%。从产业看，第一产业投资下降16.7%。第二产业投资增长8.5%，其中工业投资增长8.4%。工业投资中，黑色金属矿采选业增长40.3%；黑色金属冶炼及压延业下降3.4%；医药制造业下降47.5%；农副食品加工业下降21.1%；汽车制造业增长490.1%；电力热力生产及供应业增长8.1%；工业技术改造下降5.0%。第三产业投资增长7%。其中，交通运输、仓储和邮政业增长46.7%；水利、环境和公共设施管理业下降26%。国有投资增长11.1%，民间投资增长10.1%。

全年房地产开发投资181.6亿元，比上年增长3.5%。其中，商品住宅投资136.5亿元，增长2.7%。房屋施工面积1771.9万平方米，增长17.8%；房屋竣工面积292.5万平方米，增长2.4%。商品房屋销售面积237.4万平方米，下降19.2%。

五、国内贸易与对外经济

全市社会消费品零售总额691.7亿元，比上年增长8%。其中，城镇消费品零售额503.3亿元，增长7%；乡村消费品零售额188.3亿元，增长10.8%。

201家限额以上企业（单位）全年实现零售额108.2亿元，比上年下降9.2%。限额以上批发零售企业零售额中，粮油、食品类20.7亿元，下降5.2%；烟酒类9.8亿元，下降6.6%；服装、鞋帽、针织品类11.4亿元，下降4.2%；日用品类4.0亿元，下降2.7%；金银珠宝类1.4亿元，下降12.1%；家用电器和音像器材类3.9亿元，增长0.3%；文化办公用品类1.9亿元，增长0.3%；石油及制品类27.7亿元，下降24.0%；汽车类10.8亿元，下降0.5%。

全市实际利用外资5456万美元，比上年下降73%。其中，外商直接投资2618万美元，比上年下降84.8%。在外商直接投资中，电力、热力生产及供应业2393万美元。年末实有“三资”企业117家，比上年末增加12家。全年新批“三资”企业13家，比上年末减少1家；新批合同总金额4.7亿美元，比上年下降65.4%，其中新批合同外资额2.1亿美元，比上年下降54.8%。

据海关统计，全市进出口总值3.3亿美元，比上年增长1.9%，其中出口2.7亿美元，比上年下降12.1%。

六、文化和旅游

年末全市拥有广播电台9座，广播节目11套，中、短波发射台和转播台4座，广播覆盖率为96.03%；电视发射台和转播台10座，电视发射功率为17.65千瓦，电视覆盖率为98.21%；有线电视用户数达41.9万户，入户率达30.0%；拥有文化馆10个，文化站205个，剧院9个，公共图书馆图书总藏量达95.63万册。

成功举办了第三届承德市旅游产业发展大会，大会以“文旅融合、绿色发展”为主题，形成了“一走廊、四组团”的国际旅游城市核心区发展新格局，并推出了“武烈河百公里旅游文化产业走廊”核心品牌。围绕新中国成立70周年、“三深化三提升”、“我和我的祖国”暨2019年度彩色周末演出季等主题，举办了“乐享河北非遗遇上春节”、“八进”演出等群众文化活动。举办了奥地利维也纳之声交响乐团《新年音乐会》、儿童剧《当安徒生遇见格林》、“滦水系深情、满蒙一家亲”乌兰牧骑专场文艺演出、迎新年黄蓝巴士乐队专场音乐会等36场“高雅艺术进承德”文艺专场演出，促进了承德演艺市场的繁荣。

据市旅游部门提供，全年接待境内外游客8271.09万人次，比上年增长18%；实现旅游收入1055.67亿元，增长22%。

七、交通、邮电

全市公路客运量768.1万人，客运周转量78281.9万人千米；公路货运量4623.4万吨，货运周转量1204642.6万吨千米。各级公路总里程23496千米。其中，高速公路759千米，普通干线公路2787千米，农村公路19950千米。省道S308巴沽线下二寨至虎什哈段等4条段110千米已建成通车；建成农村公路1678千米，建设生命安全防护工程897千米，行政村主街道硬化率达100%，贫困村所辖自然村道路硬化率达90%以上；县城20公里范围内农村客运公交化运行率已达到60%，市区65周岁以上老年人免费乘坐公交车方案实施。自通航以来，承德普宁机场累计开通12条航线，通达14个城市，其中2019年新开通航线3条，全年旅客吞吐量达42.4万人次。京沈高铁承德段工程全面完成，与东北各大城市实现通车。

全年实现快递业务总量1284.09万件，下降28.9%；邮政业务总收入5.52亿元，增长4.2%；快递业务总收入3.12亿元，增长2.2%；订销报刊杂志累计份数5005.6万份，下降3.5%；年末全市有邮政局（所）225处，邮路总长度（单程）4292公里，增长17.6%。电信业务总收入（移动、联通、电信公司）22.3亿元，比上年下降0.9%。移动电话年末用户405.4万户，增长4.6%；互联网宽带接入用户90.7万户，增长12.0%。

八、金融和保险业

年末金融机构人民币各项存款余额2907.5亿元，比年初增长8.8%。其中，住户存款2084.6亿元，增长14.8%；非金融企业存款377.7亿元，下降1.5%。年末金融机构人民币各项贷款余额2470.2亿元，比年初增长12.1%。住户贷款余额1007.0亿元，增长19.2%。其中，短期贷款348.8亿元，增长33.6%；中长期贷款658.2亿元，增长12.8%。非金融企业及机关团体贷款1463.2亿元，增长7.6%。

据保险行业协会提供，全市人身险保费收入54.4亿元，比上年增长8.0%；赔款、给付金额11.1亿元，下降16.6%。财产险保费收入17.4亿元，增长11.6%；财产险赔付金额8.2亿元，增长18.9%。交强险保费收入4.3亿元，增长2.9%；交强险赔付金额2.4亿元，下降0.7%。

九、科学技术和教育

全市新认定高新技术企业55家，新增科技型中小企业381家，科技型小巨人企业9家。争取国家和省科技项目46项，争取项目资金4165万元，争取示范区专项资金6000万元，创历史新高。创新示范区纳入国家战略，承德建设国家可持续发展议程创新示范区正式获国务院批复，成为全国6个创建城市之一和承德市第一个全域性国字号发展平台。科技创新服务平台建设工作取得长足进步，新建省级科技创新服务平台22家，全市各级科技创新服务平台达264家，为推进产业创新发展提供了有力支撑。

全市拥有幼儿园999所，学前三年毛入学率达88.9%，在公办和普惠园就读幼儿占比达74.6%，省级城市示范性幼儿园27所，70%的农村幼儿园达到农村二类园以上标准。义务教育阶段入学率达到100%，巩固率达到98.2%，超过全省平均水平1个百分点。高中阶段毛入学率达91.8%，省级示范性高中14所，在省级示范性高中就读学生数占高中学生数的比例达78%。适龄残疾儿童入学率达到96%。在全省率先建设老年学校60所。

全市拥有普通高等学校6所，专任教师2966人，在校学生54874人；中等职业教育学校25所，专任教师2290人，在校学生36894人；普通中学127所，专任教师14089人，在校学生20.48万人；小学452所，专任教师19338人，在校学生27.20万人。

十、体育、卫生和健康

成功承办举办了环中国国际公路自行车赛国家“一号风景大道”赛段比赛、京津冀国际自行车公路挑战赛、雪地摩托车越野锦标赛、第33届奥林匹克日活动、企鹅派对跑暨“体育扶贫在行动”主题跑步大会等100多项赛事活动。积极推进河北承德国家雪上训练基地项目建设，圆满完成了河北省首届冰雪运动会承德分赛区承办和参赛任务。全年共完成民族地区行政村农民体育健身工程16个、街角机关企事业单位体育便民设施工程15个、易地扶贫搬迁集中安置区农民体育健身工程148个、新时代城市社区体育健身示范提升工程4个、农民体育健身工程100个。

全市拥有体育场馆171个，体校及业余体校4个，重点体校及业余体校1个，体育俱乐部25个，体育社团组织85个。2019年新增二级运动员67人，社会体育指导员（二级）424人。全年开展群众体育活动162次，约115万人参与其中。在省及以上级比赛中共获得金牌97枚、银牌84枚、铜牌76枚。

年末全市拥有公立卫生健康机构2843个，其中医院34个；公立卫生健康机构医生（执业医师和执业助理医师）8707人，注册护士8324人；公立卫生健康机构床位2.24万张，其中医院拥有1.49万张；公立卫生健康机构在岗职工2.72万人，其中卫生技术人员2.08万人。

十一、人口、居民生活和社会保障

据公安部门统计，年末全市户籍人口382.5万人，比上年末增加0.9万人。其中，男性196.5万人，女性186.0万人；城镇人口138.2万人，乡村人口244.4万人。据人口变动抽样调查，全市常住人口358.27万人，城镇化率为53.26%。

据抽样调查，全市居民人均可支配收入21828元，比上年增长10.9%。按常住地分，城镇居民人均可支配收入32365元，增长9.5%；农村居民人均可支配收入12101元，增长12.0%。

年末全市城镇职工基本养老保险参保人数80.5万人，城乡居民社会养老保险参保人数178.6万人；城镇职工基本医疗保险参保人数46.8万人，城乡居民基本医疗保险参保人数293.5万人。工伤保险参保人数47.7万人；生育保险参保人数32.1万人；失业保险参保人数25.1万人。全年城镇新增就业人员49032人，年末城镇登记失业人员22209人，城镇登记失业率为3.32%。

全年城市居民最低生活保障人数1.9万人，农村居民最低生活保障人数17.3万人；年末养老机构120个，床位1.5万张；社会福利院1个，福利院床位220张；城市社区服务中心177个，社区服务中心覆盖率达100%。

十二、生态保护

全年新营造林198万亩，草地治理修复8.5万亩，水土流失治理640平方千米。市区空气质量达标天数为308天，比上年增加8天；市区$PM_{2.5}$浓度年均值为29.3微克每立方米，下降3.6%；全市19个地表水国、省考断面水质达到或好于Ⅲ类比例达100%，提高5.3个百分点。

2019年主要农产品产量一览表

附表 1

产品名称	计量单位	绝对数	比上年增长（%）
粮食	万吨	144.6	3.3
玉米	万吨	87.7	6.6
稻谷	万吨	3.1	−6.9
豆类	万吨	1.8	5.0
薯类（折粮）	万吨	40.2	0.2
油料	万吨	2.6	4.5
食用菌（干鲜混合）	万吨	67.3	8.8
食用坚果	万吨	17.3	−19.2
园林水果	万吨	98.6	−3.6
肉类总产量	万吨	38.1	−2.0
猪牛	万吨	13.8	−7.9
牛肉	万吨	10.8	2.6
羊肉	万吨	2.2	4.8
禽肉	万吨	11.4	4.7
禽蛋	万吨	10.9	11.6
奶类总产量	万吨	9.7	−2.7
牛出栏	万头	65.4	3.4
羊出栏	万只	156.2	3.0
牛存栏	万头	71.2	4.0
羊存栏	万只	90.5	5.8

2019年规模以上工业企业主要产品产量一览表

附表 2

产品名称	计量单位	绝对数	比上年增长（%）
粗钢	万吨	1227.3	2.6
钢材	万吨	1070.1	8.9
生铁	万吨	1223.2	3.6
水泥	万吨	1211.8	19.6
白酒	万升	3021.5	−10.8
饮料	万吨	38.5	16.8
中成药	吨	2932.5	−23.0
发电量	亿千瓦时	169.8	3.3
风电	亿千瓦时	80.2	5.2
光伏	亿千瓦时	8.7	12.5

附表 3

2019年居民消费价格指数一览表

类 别	累计同比指数（上年=100）
居民消费价格总指数	103.3
食品烟酒	105.6
粮食	98.6
鲜菜	96.8
畜肉	133.4
水产品	90.4
蛋	101.6
鲜果	110.9
衣着	101.0
居住	99.6
生活用品及服务	100.2
交通和通信	98.7
教育文化和娱乐	104.3
医疗保健	110.2
其他用品和服务	105.0

说明：1. 公报中部分数据为快报数。

2. 生产总值、各产业增加值绝对值按现行价格计算，增长速度按可比价格计算。

3. 公报中一、五、六、七、八、九、十、十一、十二中部分数据由相关部门提供。

2019年地区生产总值及增速

单位：万元、%

指标名称	按当年价格计算	比上年增长
地区生产总值	14710010	6.5
农、林、牧、渔业	3027330	4.4
农、林、牧、渔专业及辅助性活动	47472	−2.2
工业	3827356	1.1
采矿业	1039587	0.4
#开采辅助活动	10	11.8
制造业	2095598	0.3
#金属制品、机械和设备修理业	6876	2.7
电力、热力燃气及水生产和供应业	692171	5.2
建筑业	1064619	2.3
批发和零售业	831353	6.3
批发业	328366	4.7
零售业	502987	7.4
交通运输、仓储和邮政业	777788	18.2
铁路运输业	155234	14.7
道路运输业	596798	19.6
装卸搬运和仓储业	8171	43.7
邮政业	10361	0.5
住宿和餐饮业	152654	6.7
住宿业	30358	4.3
餐饮业	122296	7.2
信息传输、软件和信息技术服务业	157510	23.4
电信、广播电视和卫星传输服务	121513	27.8
互联网和相关服务	2379	56.2
软件和信息技术服务业	33618	6.1
金融业	1231304	7.9
货币金融服务	1087847	7.7
资本市场服务	6198	22.3
保险业	137060	8.4
房地产业	704960	0.5
租赁和商务服务业	189440	6.3

指标名称	按当年价格计算	比上年增长
科学研究和技术服务业	160662	15.5
水利、环境和公共设施管理业	45352	19.9
居民服务、修理和其他服务业	143844	6.3
教育	643336	17.0
卫生和社会工作	488301	15.9
文化、体育和娱乐业	94904	8.3
公共管理、社会保障和社会组织	1169297	18.7
第一产业	2979858	4.5
第二产业	4885089	1.3
第三产业	6845063	11.7

注：该数据为 2019 年初步核实数据。

分县（市、区）生产总值及增速

（2019 年）

单位：万元、%

县（市、区）名称	地区生产总值		第一产业		第二产业				第三产业		人均地区生产总值	
							工业					
	绝对值	增速	绝对值	增速	绝对值	增速	绝对值	增速	绝对值	增速	绝对值（元）	增速
全　市	14710010	6.5	2979858	4.5	4885089	1.3	3827356	1.1	6845063	11.7	41080	6.2
双桥区（含高新区）	2191822	5.8	11288	−13.5	693747	−3.5	399899	−0.3	1486787	11.1	47607	5.7
其中：高新区	681922	4.0	5852	−15.6	416774	−1.3	351793	−0.6	259296	14.9	59298	2.3
双桥区	1509900	6.6	5436	−10.4	276973	−6.5	48106	1.4	1227491	10.4	43438	6.4
双滦区	1355317	6.5	26182	6.4	847601	0.5	774794	0.2	481534	17.8	82996	4.8
营子区	283208	7.4	7829	4.5	142630	4.6	137437	4.6	132749	10.1	44741	7.3
承德县	1274325	6.5	414876	10.5	297617	2.7	236574	2.1	561832	6.5	32401	6.4
兴隆县	1127096	3.2	241368	−18.1	408558	2.9	381353	2.6	477170	18.0	35200	3.2
平泉市	1350512	6.3	414847	6.3	280841	1.1	209742	−1.6	654824	9.6	29695	6.0
滦平县	1450996	6.9	308732	6.9	522349	3.1	409061	2.7	619915	10.7	49220	6.6
隆化县	1431867	6.8	488883	8.2	307254	2.4	182629	1.4	635730	7.9	38011	6.9
丰宁县	1194812	7.0	296340	5.0	335530	5.7	228609	3.3	562942	9.0	32627	6.7
宽城县	1485938	6.6	192062	6.9	680768	3.1	614056	2.5	613108	11.6	57729	6.3
围场县	1546643	7.2	577451	7.0	368195	1.7	253203	0.7	600997	11.6	36128	7.2

注：2019 年地区生产总值及相关数据为初步核实数据。

财政收入情况

（2019 年）

单位：万元

指标名称	2019年	2018年
全部财政收入	2300385	2159951
#公共财政预算收入	1124678	1045531
一、税收收入	814463	820885
增值税	321090	331812
营业税		2049
企业所得税	84118	75218
个人所得税	30831	38744
资源税	34018	20344
城市维护建设税	57066	61150
房产税	27284	27346
印花税	15660	15787
城镇土地使用税	41352	34595
土地增值税	55134	65040
车船税	16308	15509
耕地占用税	34148	19658
契税	89484	107941
环境保护税	7886	
其他税收收入	84	
二、非税收收入	310215	224646

全社会固定资产投资完成情况

（2019 年）

单位：%

指标名称	比上年增长	投资构成	
		2019年	2018年
全社会固定资产合计	5.0	100	100
1.固定资产投资	6.1	98.5	97.4

指标名称	比上年增长	投资构成	
		2019年	2018年
按构成分			
#城乡建设项目投资	7.5	66.4	65.5
#房地产开发投资	3.5	33.6	34.5
按三次产业分：			
第一产业	−16.7	4.3	5.5
第二产业	8.5	28.3	27.7
第三产业	7.0	67.4	66.8
2.农户	−37.8	1.5	2.6

分县（市、区）社会消费品零售总额

单位：万元

县（市、区）名称	2019年	2018年	比上年增长%
全　市	4863306.1	4505113.1	8.0
双桥区	1400515.0	1337048.2	4.7
双滦区	386327.0	352308.6	9.7
营子区	41892.5	39429.1	6.2
承德县	320015.1	297547.4	7.6
兴隆县	251081.8	229182.1	9.6
滦平县	272787.5	247860.7	10.1
隆化县	327801.0	298390.6	9.9
丰宁县	335295.7	305770.9	9.7
宽城县	442302.9	407452.4	8.6
围场县	451199.6	410343.5	10.0
高新区	187721.7	173090.3	8.5
平泉市	446366.3	406689.3	9.8

注：1.根据第四次全国经济普查结果对2018年和2019年数据进行调整。

2.增速为比上年增长计算结果。

索引

使用说明：

一、本索引包含分目、主要条目，按照首字汉语拼音字母顺序排列。

二、索引文字采用宋体字，数字表示内容所在的页码。

A

B

C

D

E

F

G

H

J

K

L

M

N

P

Q

R

S

T

W

X

Y

Z